U0612452

行藏问计

文远竹 著

SPM 南方出版传媒 广东人民出版社
·广州·

图书在版编目（CIP）数据

王阳明大传 / 文远竹著 . — 广州：广东人民出
社，2021.9（2025.5 重印）

ISBN 978-7-218-14666-9

Ⅰ.①王… Ⅱ．①文… Ⅲ.①王守仁（1472-1529）
—传记 Ⅳ.① B248.21

中国版本图书馆 CIP 数据核字（2020）第 243199 号

WANG YANGMING DAZHUAN

王阳明大传

文远竹 著

版权所有 翻印必究

出 版 人：肖风华

责任编辑：李力夫
责任技编：吴彦斌 周星奎
装帧设计：焱 玖

出版发行：广东人民出版社
地 址：广州市海珠区新港西路 204 号 2 号楼（邮政编码：510300）
电 话：（020）85716809（总编室）
传 真：（020）85716872
网 址：http://www.gdpph.com
印 刷：三河市中晟雅豪印务有限公司
开 本：787mm×1092mm 1/16
印 张：64.5 **字 数：**774 千
版 次：2021 年 9 月第 1 版
印 次：2025 年 5 月第 2 次印刷
定 价：168.00 元（全三册）

如发现印装质量问题，影响阅读，请与出版社（020-85716849）联系调换。
售书热线：（020）85716826

目 录

第三章　龙场悟道

第四章　苗夷内乱

第五章　乱象丛生

第六章　南京蒙冤

第一章　打虎风云

一　六部九卿上联名折诛杀"八虎"

许多年后，躺在那艘驶向生命尽头的夜航船上，王阳明回想起他生命长河中的朵朵浪花：钱江遇险、龙场悟道、鄱阳水战、天泉证道……让他感到惊异的是，这些浪花竟然都是在大明正德元年那个闷热的十月被激起的。

那时他年轻气盛，血气方刚，正与一群士子振臂高呼，从北京城崇文门东城角的泡子河一路喊着口号，游行到了皇城午门内的金水河。那个时候，整个世界仿佛都沸腾了，活像一锅滚烫的馄饨在上下翻滚。

他记得那一天正午，皇城大街像刚掀开的蒸锅一样，弥漫着一股热气。街上少行人，只闻知了声，更加让人昏昏欲睡。

崇文门东城角的泡子河边一座名叫"漱风亭"的凉亭里，一群青年士子围坐在一起正热火朝天地讨论辩驳。凉亭石柱上悬有一联，上联是：不染不妖只因本性真；下联是：无影无踪乃知全是空。亭前一弯曲水，十亩荷花，杨柳环绕，清风习习。置身凉亭之中，让人心旷神怡，超凡脱俗。

只见为首的一位青年，身材高大，方脸上两挑剑眉之下，一双眼睛炯炯有神。此人姓李名梦阳，字献吉，官居户部郎中，是时下才华横溢、享誉士林的大才子。李梦阳与同朝为官的何景明、王九思、边贡、康海、徐祯卿、王廷相意气相投，经常在一起诗文唱和，倡导"文必秦汉、诗必盛唐"，人称"七子"。

饮过几盅酒后，紧挨李梦阳而坐的何景明神叨叨地说："听说昨晚皇上在刘瑾等阉竖诱引下，微服出宫，去了趟胭脂巷，一夜未归。"

何景明的话音刚落，与座士子禁不住七嘴八舌议论起来。这胭脂巷是北京城出了名的风尘之地，来自全国各地的烟花女子云集于此。在正派的士人眼里，这胭脂巷是一个龌龊不堪的地方，很难将当今圣上与其联系起来。

李梦阳站在亭中，一仰脖满饮一杯，操着一口西北口音大声说道："而今满目所及，尽皆蝇营狗苟之辈，世风日下，人心不古。宋儒提倡'文必追秦汉，言必称孔孟'，我辈几近抛之脑后。当今世人，能做到周濂溪所说'出淤泥而不染，濯清涟而不妖'的又有几个？就说刘瑾这个死太监吧，置太祖高皇帝亲手制定之纲纪铁规于不顾，罔上欺下，挟帝上出入不堪之地。如此下去，我等大明臣子脸面何存？"

"说得好！"随着这声喝彩，王阳明从墙角处踱了出来，站在了凉亭台阶之下。他身材颀长、面容瘦削、颊骨凹陷、两鬓垂须，头戴绛色方巾，身着藏青轻纱道袍，走起路来飒飒带风。

李梦阳等人连忙起身相迎，嗔怪道："阳明先生何以姗姗来迟？"

王阳明本名王守仁，字伯安，现任兵部武选清吏司主事。因早年在故乡浙江余姚阳明洞结庐读书讲学，朋友都称其为"阳明先生"。

他与众人一一行过揖礼，落座后，爽朗一笑："此处雅集，颇有兰亭真趣。在下赴会来迟，虽则失礼，却事出有因。我刚出门时，在本部书办处发现一篇绝妙好文，因是本部堂官等六部九卿联名上奏的奏章，因而书办留有底稿。"

却说正德皇帝朱厚照整日里跟着一群太监忙于声色犬马，斗蟋斗狗，朝廷的事情全交给身边宠信的"八虎"直接去办。这"八虎"说的是刘瑾、马永成、谷大用、张永、罗祥、魏彬、邱聚、高凤这八个太监。朱厚照不爱上朝，更懒得跟他父亲孝宗皇帝留下来的那帮老臣打交道。近来圣旨往往不经内阁直接从内廷发出，连内阁阁臣和六部九卿都蒙在鼓里。阁臣们商量好的事，"八虎"径自改议，正德皇帝多半连看都懒得看一眼。"八虎"中尤以刘瑾最为霸道、奸诈。朝政乱得跟一锅粥似的，老臣们也是忧心忡忡。

几个月前，八十多岁的吏部尚书马文升就因为屡屡上疏劝谏，说了刘瑾几句坏话，竟然被刘瑾矫旨致仕。没多久，兵部尚书刘大夏因奏请遵遗诏裁撤各地的镇守太监及额外的"传奉武官"得罪了"八虎"，惨遭诬陷，以七十三岁的高龄竟被充军肃州。

刘大夏离京那天，王阳明去给这位堂官送行，只见他身穿布衣徒步穿过大明门，叩首而去。王阳明等下属为之叹息泣下。京城父老携筐送食，刘大夏所经之处，皆罢市焚香。看到这一情景，王阳明深感震惊，心想，公道自在人心，这话实在不假。

马文升和刘大夏是孝宗最为倚重的老臣，他们遭受如此不公正对待，激起文武百官的公愤。吏部尚书韩文每次退朝，跟属下谈到时局，总是忍不住老泪纵横。

王阳明与李梦阳官阶虽相差好几个级别，但年纪相仿，文风相近，意气相投，经常在一起切磋辞章，指点江山。有一天傍晚，王阳明来户部衙门找他的老朋友李梦阳探讨古文，碰巧又撞见韩文在花园里长吁短叹，便上前劝道："韩公为国家大事忧心，有何良策？"

韩文摇摇头，把双手一摊："就是束手无策啊，否则也不会在这里光叹气了。你说说，你有什么办法？"

王阳明答道："当务之急是发动十八道御史和六科言官参倒'八虎'！韩公德高望重，当率六部九卿诸大臣联名向皇上上一道折子，力陈利害，晓之以理，动之以情，对'八虎'发动猛烈攻势，阁臣必将群起响应。到那时，这'八虎'岂不成了死老虎？"

"这是与虎谋皮啊。不过事已至此，我等老臣岂能坐视不理？俗话说'文官谏死，武官战死'，大不了舍掉这副臭皮囊吧！老夫就不信了，满朝文武竟然斗不过几个阉人！"韩文越说越气愤，后来转念一想，又道："这道联名折，最为关键，一定要请一个大手笔执笔才行呐。"

王阳明指着身旁的李梦阳说："献吉兄才大如海，又是韩公的属下，请其执笔，最为妥当。"

这个李梦阳不仅写文章在文坛享有盛誉，做官也是一个"刺儿头"，在朝中以硬骨头出名。早在弘治年间，即上书弹劾张皇后兄弟寿宁侯张鹤龄"招纳无赖之人，攫取私自利益而祸害百姓，其势犹如猛虎"。张鹤龄在弘治皇帝面前辩解，摘录李梦阳上书中"皇上优厚张氏"一语，诬蔑李梦阳毁谤张皇后为张氏，其罪当斩。当时，张皇后正被弘治皇帝宠爱，皇后的母亲金夫人又在弘治皇帝面前哭诉，皇帝不得已将李梦阳关到了锦衣卫的诏狱里，不久又找机会把他放了出来，仅罚了他一年俸禄。金夫人不依不饶，哭诉不断，但弘治皇帝再未听她的，且在僻静处召见张鹤龄，将其一顿臭骂。张鹤龄吓得当场叩头如捣蒜，并保证不再纠缠此事。大臣都知道弘治皇帝有意保护李梦阳，便奏请皇上不要重罚李梦阳，让锦衣卫用木杖象征性地把他打一顿给金夫人出下气算了。就这，皇上也没有同意，他对尚书刘大夏说："你们这些人尽出馊主意！李梦阳万一不经打，打死了咋办？朕岂能杖杀忠臣来取悦后宫呢？"

有一天，李梦阳在上朝途中碰巧遇到张鹤龄，两眼冒火，气愤难忍，破口大骂，还不解恨，上前又挥起马鞭打掉了张鹤龄的两颗门牙。从此，张鹤龄这位寿宁侯怕了李梦阳这个户部郎中，远远看见他就躲着走。

听了王阳明的推荐，李梦阳也不推辞，当场拍了胸脯："只要韩公率诸位大臣据理力争，写奏折乃区区小事，卑职一定化笔为刀，让天子阅后为之动容。"李梦阳说到这，想起他此前的英勇之举，大声说道："想当年势如猛虎的寿宁侯，不也被卑职挥鞭打得满地找牙吗？而今集天下之力，对付区区几个阉党，岂不易如反掌？"

韩文一听此言，顿时气血上涌，捋须昂肩，当场拍板："说得好，就这么办！老夫这把年纪，死何足惜？跟这几个阉党拼了！"于是便有了王阳明刚才所说的那篇绝妙好文。

"是什么好文章？阳明先生快些拿出来让我等奇文共欣赏！"听王阳明这么一说，与座士子中早就有人迫不及待地大声催促。

王阳明不紧不慢地端起桌上一杯酒，抿了一口，卖起了关子："在下打听到这篇奇文出自在座某位大才子之巨笔。大家如能猜出来，我就马上为大家诵读，如果猜错了，莫怪我三缄其口哦。"

"这还用猜吗？六部九卿联名折子，非李梦阳谁敢执笔！"有人高声嚷道。

"此奇文正是献吉兄之大手笔。"王阳明说着，从怀里掏出一张折叠好的笺纸，在桌上徐徐展开，正欲诵读，一直坐在一旁微笑不语的李梦阳走上前来，用手按住那张已经摊开一半的笺纸，双手一抱拳："在下拙文，不敢劳烦伯安兄念叨，待我为各位默诵一遍，还请多加指正。"

李梦阳抑扬顿挫地朗诵了起来。众士子或凝神静听，或击节称赞，或摇头晃脑，或摩拳擦掌。当李梦阳提高嗓音朗诵完最后一句"今永成等罪恶既著，若纵而不治，为患非细，伏冀陛下将永成等缚送法司，以消祸萌"时，全场先是鸦雀无声，紧接着像火山爆发，谩骂喧嚣之声骤起。士子们再也按捺不住，全都站起身来，大声数落"八虎"罪行。

"阉竖乱我朝纲，只知诱引皇上玩鹰犬狐兔，政事荒废，下情不达。而今经筵、日讲都停了，使圣学久旷，义理不明，黑白颠倒，真是亲小人而远贤臣啊！"

说到这里，王阳明喉咙打转，哽咽失声。与座士子也无不唏嘘感慨。

王阳明接着说："各位有所不知，在下近观天象，发现五星侵犯，星斗昼现，白虹贯日，灾相频现。就在前日，正殿枭吻及太庙脊兽各有摧折，天坛树木和禁门房柱也遭烧毁，这实乃天心示警呀。"

李梦阳站起身，扯着嘶哑的嗓子吼道："阉佞不除，我等当拼死力争，以不愧于天下苍生！"

李梦阳话音刚落，王阳明振臂一呼："走！我们现在就去内阁值房面见各位阁老，今日不参倒'八虎'，就在宫门外长跪不起，誓不罢休！"

这一群青年士子本已义愤填膺，哪经得住如此鼓动，纷纷跟在王阳明身后，径直向内阁所在的紫禁城涌去。

就在此时，紫禁城乾清宫东暖阁外的走廊上响起一阵急促的脚步声，一个身材肥胖的大珰跑着小碎步气喘吁吁地来到廊下，只见他身穿红色圆领小蟒朝天的丝质太监补服，头戴无翅官帽，腰系玉带，脚蹬官靴，手里拖着一个精致的香木折匣。乾清宫的管事牌子张得富一见此人连忙在他面前跪下行礼，嘴里轻声说："小的给王老公公叩头，万岁爷正在里面歇息哩。"

来人正是司礼监掌印太监、提督东厂王岳。在明代司礼监位居内府二十四监局之首，司礼监掌印太监的职责是代皇帝批阅奏章、传达皇帝谕旨，俗称"内相""大内总管"，别说宫中小太监人见人怕，就连内阁大学士见了也得礼让三分。

王岳一边用衣袖揩去额头的汗，一边低声问："万岁爷什么时候躺下的？"

张得富答道："才躺下不久，不到半个时辰。"

王岳喃喃道："有急折，通政司加急关防！这可如何是好呢？"

张得富见王岳满头大汗，连忙起身从怀里掏出白丝巾伸手要帮他揩拭额头的汗。王岳很不耐烦地伸手去挡，不料脚下一滑、身子一晃，"啪"的一声，他左手拖着的折匣重重地摔落在台阶上，里面几封奏章从匣里掉了出来。

张得富大惊失色，趴在地上一个劲地磕头，脑袋碰到大理石地板上"嘣嘣嘣"的响，连声说："小的该死，小的该死。"

王岳抬起脚本想踹他一脚，脚伸到半空又放了下来，骂道："看你这笨手笨脚的熊样！癞狗扶不上墙的家伙！还不快把折子捡起来。"

"哪个狗奴才在外面吵闹啊？活得不耐烦了？"暖阁里传来略显

稚嫩但却不无威严的声音。

王岳瞪了一眼面如土色的张得富，"啪"的一声一巴掌打在自己脸上，大声回道："奴才该死，搅了万岁爷的午休！奴才王岳启禀万岁爷，有加急折子。"

"进来回话。"

王岳轻轻推开大门，弓腰进到里间，跪下行了叩头礼，说："有通政司递来的加急折子，奴才不敢怠慢，送来请万岁爷御览。"

一位穿着淡黄色长袖夏衫的少年从床上坐起，伸了个长长的懒腰。这位少年正是当今皇上朱厚照，年方十六岁，只见他长条脸，尖下巴，脸色苍白，一双三角眼，白多黑少。

皇上骂道："什么破折子！难道天塌下来了不成？大中午的，存心不让朕歇口气吗？念！"话音刚落，便有两名宫女递上茶杯，捧着盥洗盆，请他漱口。

王岳跪直身子，打开折匣，捧出一本贴红的折子，小心翼翼地拆开加盖通政司关防的火漆，说："万岁爷，这是一道六部九卿的联名折子，领衔的是吏部尚书韩文韩大司徒。"

"哦，出什么大事了？"皇上带着血丝的小眼睛一下子睁得大大的，眼神掠过一丝不安。

去年五月，明孝宗朱佑樘驾崩，皇太子朱厚照即位至今，才一年零五个月。但朱厚照也知道，这六部九卿是吏、户、礼、兵、刑、工六部的尚书和都察院左都御史、大理寺卿、通政使，都是朝廷中响当当的人物。如果没有他们，朝廷一天都没法运转。如果他们闹情绪，他这个做皇上的，日子也不好过。

王岳打开折子念道：

伏睹近岁以来，太监马永成、谷大用、张永、罗祥、魏彬、刘瑾、邱聚、高凤等，置造巧伪，淫荡上心，或击球走马，或放鹰逐兔，或俳优杂剧，错陈于前；或导万乘之尊，与人交易，狎昵媟亵，无复礼体。日游不足，夜以继之，劳耗精神，亏损圣德。遂使天道失序，地气靡宁，雷异星变，桃李秋花，考厥占候，咸非吉征。缘此辈细人，唯知蛊惑君上以行私，而不知皇天眷命，祖宗大业，皆在陛下一身！

王岳正拖腔拖调地念着，只听见"啪"的一声脆响，抬头一看，皇上捏在手中的茶杯失手掉在了地上，摔得粉碎，握杯的那只手还悬在半空中。皇上那张原本苍白的脸由于气愤变成了青紫色，嘴角一阵抽搐："这些大臣想干什么？想造反吗？他们说朕身边的太监，其实是在说朕的不是嘞，别以为朕听不出来！朕是皇上，他们是臣子，朕反倒是归了他们的管不成？"

"回万岁爷的话，这臣子都是皇上的臣子，都得受皇上的管制。不过，这些大臣联名上折，并不多见，还请皇上耐心听听方好哩。"

"你，你，你起来，起来念。"

"谢万岁爷恩典。"王岳抖抖索索地从地上爬起来，微微躬着身子，接着念起来：

高皇帝艰难百战，取有四海；列圣继承，传之陛下。先帝临崩，顾命之语，陛下所闻也，奈何姑息群小，置之左右，为长夜之游，恣无厌之欲，以累圣德乎？前古阉宦误国，汉十常侍，唐甘露之变，是其明验，今永成等罪恶既著，若纵而不治，为患非细，伏冀陛下将永成等缚送法司，以消祸萌。

王岳念完折子，心里直打鼓。他执掌司礼监有好几个年头了，每天的主要职责便是跟通政司转来的京城各大衙门和各地督抚州县呈上来的奏折打交道，也就是将这五花八门的奏折分门别类，分轻重缓急按顺序递呈给皇上。皇上按惯例会将这些折子批转给内阁票拟，对于内阁拟出的初步意见，皇上如果同意便让司礼监用朱笔照原样再誊抄一遍，这叫"批红"；如果不同意，便发回内阁重新拟票，直到皇上满意为止。经司礼监"批红"的这些话，便成了皇上的谕旨，任何人都不得违抗。每天经王岳手处理的奏折，少的也有七八封，多的有上百封，内容各异。但像这样直接将矛头指向皇上，而且要拿皇上身边亲信开刀的奏折，他还是有生以来第一次看到。

王岳觑了一眼皇上，他好像没睡醒似的，目光呆滞，神情沮丧，懒洋洋地将身子窝在椅子里。王岳蹑手蹑脚地走到他跟前，将奏折恭恭敬敬地放到文案上，轻声说："万岁爷，折子奴才念完了。"然后垂手在旁肃立。

"这个、这个什么'甘露之变'，是、是什么意思？"皇上问。

"回万岁爷，这说的是唐朝末年，宦官专权，唐宪宗、唐敬宗皆被宦官所杀。到唐文宗时，有次借观赏甘露为由，想诛杀宦官头子。可惜这个计划没有成功，唐文宗最后被宦官逼迫，郁郁而终。"王岳在说这段话时，脑海中不觉浮现出刘瑾、马永成、谷大用等人在宫内宫外胡作非为、盛气凌人的样子，像是吃了一碗蛆，心里那个难受！

刘瑾这几个太监的年龄与皇上相仿，皇上还在东宫当太子爷时他们就跟在身边伺候了，是皇上的少时玩伴。当今皇上是孝宗弘治皇帝的长子，两岁时便立为太子。皇上本有个弟弟，三岁时夭折，于是他成了独苗，从小便是紫禁城里大闹天宫的顽主。刘瑾等人便投其所好，终日里陪着他为"狗马鹰犬，歌舞角抵"之戏。弘治皇帝驾崩后，刘瑾等人更是没了管束，成日里挖空心思，助少年天子行乐，什么好玩玩什么，将大内搞得是鸡飞狗跳，乌烟瘴气。"八虎"中尤以刘瑾最为乖巧，鬼点子最多，深得皇上欢心。王岳也是在东宫服侍多年的老太监，论资历讲级别，都在"八虎"之上，但这"八虎"仗着有皇上撑腰，经常不把王岳这个大内总管放在眼里。早就看不惯"八虎"那副德性的王岳一接到通政司转来的联名折，心中暗喜，顾不上皇上正在午休，便急匆匆地往乾清宫赶。他决定借此机会对"八虎"来个致命一击。

王岳朝皇上身边的两个宫女使了个眼色，这俩宫女知趣地端着茶壶等物什退了出去。

"万岁爷，奴才有句话不知该不该讲？"

"有话就讲，有屁快放！"

王岳俯下身子，低声道："这六部九卿的联名折子，言辞是激烈了些。但依老奴看，刘瑾这几个奴才也是闹得忒不像话了点，根本没把祖宗纲纪放在眼里，只知肆意妄为，不知体恤国本。如不严加惩处，难抚天下臣民之心啊。"

王岳说着，又从折匣里掏出几本折子递给皇上："万岁爷，这几封折子是御史赵佑、六科给事中陶谐等人递进来的，也都是弹劾这几个奴才的，而且说不将这几个奴才下狱誓不罢休。"

这监察御史、六科给事中都是从新科进士中挑选出来的血气方刚的年轻人，级别虽只有正七品、从七品，权力却大得很。他们是专门负责对百官挑刺、向皇上打小报告的言官，而且享有"言者无罪"的特权。

皇上接过这几本折子胡乱翻了下，忽地从椅子上蹦起两尺高，将折子全都扔在地上，骂道："这一群臣僚都在与朕作对！都没安好心！他们骂这八个奴才，不就是在打朕的脸？把这八个奴才送法司去，那还有谁陪朕玩角抵蹴鞠，又有谁陪朕去廊下家看市戏？他们是欺负朕年轻，不把朕放在眼里！"

皇上委屈得眼眶发红，眼泪夺眶而出。

王岳手忙脚乱地捡起散落一地的折子，劝慰道："万岁爷息怒，这些言官的折子是不太中听，但却是循国法而谏言，有理有据，实难驳斥哩。"

"那依你看，如何是好？难道准奏不成？"

"依老奴之见，刘瑾这几个奴才虽然跟老奴一样侍奉万岁爷有些年头了，但既然已激起六部九卿和各路言官的共愤，不严加惩戒也说不过去。一旦没了六部九卿这些外廷宰辅臣工的支撑，咱这朝廷就像戏台子没了生末旦净丑，没得戏唱啰！跟江山社稷比起来，咱们这些奴才的身家性命都贱如草芥哩。"

"你的意思是要杀掉刘瑾、马永成他们几个？"

"回万岁爷，这不是老奴的意思，是大臣们的意思。"

皇上一屁股瘫坐在椅子上，半晌无语。

二　青年士子内阁请愿

正午时分，午门内东南角文渊阁里的内阁衙门，静寂得针掉在地上都听得见响，站在大门口的司阍无精打采，哈欠连天。大热天，上至阁臣、下至书办都有午休习惯，往常这一最为繁忙的中枢机构这时候却显得格外冷清。

内阁值房大门紧闭，首辅刘健和次辅谢迁、辅臣李东阳正在里面会商。刘健是个干瘦的老头，长脸高颧，双眉紧锁，此时拉长了脸，长脸显得更长。他操着浓重的河南口音说："联名折子今早就递进宫里去了，言辞恳切，我们做臣子的，该说的话都已经说尽了。就是不知道皇上看不看得到这折子，不会被司礼监截留了吧？"

"应该不会。太监擅自截留奏折，按大明律斩立决。再说了，司礼监的王岳虽是东宫旧宦，但为人忠厚正直，与'八虎'有本质不同。"谢迁答道。

"东阳，你说皇上看了折子会不会有所触动？现在正午也过了，宫里有啥动静没有？"刘健急切地问道。

坐在靠近门口处的李东阳一直少言辞，这会欠了下身子，答道："回元辅的话，现在宫里还没有任何旨意。皇上虽年少，但聪慧神武，一旦鉴览联名折，我想一定会拨乱反正，以正朝纲。"

"哎，只好听天由命了。当今皇上登基以来，一开始有事还跟我们阁臣们商量，近来往往乾纲独断。我们内阁差不多成了聋子的耳朵——摆设了。"刘健是个心直口快的人，有什么想法在肚子里往往憋不住。

正在这时，值房的大门突然"哐"的一声被推开了，一名书办跌跌撞撞地闯了进来，气喘吁吁地说："启禀阁老，不、不好了，外面来了好、好多人。"

"混账，谁让你闯进来的！没看到门口挂着'机密重地，闲人勿闯'的铁牌吗？"刘健大声呵斥。

"小的该死，小的该死，只是外、外面突然来了好、好多人，小的一看情况紧、紧急，赶紧来禀、禀报。"书办跪在地上吓得面如纸色，说话结结巴巴，语无伦次。

"瞧你这点出息，你且起来，有什么事慢慢道来。"

书办站起身，匀了匀呼吸，低着头说："大门外来了一群爷，他们叫嚷着要见阁老，还要向皇上请愿哩，门口警卫拦都拦不住。"

"哦，有这种事，为首的是谁？"

"李梦阳，还有一个是兵部的王守仁。"

"呵呵，我以为是谁呢，原来是这两个家伙。"刘健站起身，朝谢迁、李东阳笑了笑，"走，我们出去看看他们在搞什么名堂。"

刘健三人出了值房，穿过一排走廊来到院子里，只见二十几个青年士子聚在影壁后面，正七嘴八舌地讨论着什么。刘健在石阶上站定，大声咳嗽了一声，场面顿时安静了下来。大家见到三位阁老，纷纷要行跪拜之礼。

"免礼免礼，都起来说话。"刘健双手往上抬了抬，威严地朝人群说道，"你们结伴而来，面见老夫，所为何事？"

"我们要面谏皇上，捉拿阉党！阉党不除，誓不罢休！"人群中有人吼了起来。

王阳明这时从人群中站出来，"扑通"一声跪倒在刘健脚下，痛哭流涕："当今君父有难，为群小所惑，我们做臣子的，不能为君除害，为民请命，苟活又有何益？下官今日愿以死相谏。"

人群中一片哭泣之声。

刘健见此情景，鼻尖发酸，眼角泛起了泪花。谢迁、李东阳站在刘健身后，也是唏嘘不已。刘健将王阳明扶起，问道："你是何人？何以伤心至此？请起来说话。"

"卑职王守仁，冒犯阁老，请求降罪。"

刘健将他上下打量了一番："你就是王守仁王阳明？老夫早就听说你的大名，今日一见，果真是一身正气。"

"卑职位卑未敢忘忧国，今日我们这群人已经下了死的决心，要去敲响登闻鼓，向皇上泣血死谏。"

"各位的爱国忠君之心，老夫深为感动，老夫也未尝不想跟各位一起去面谏皇上，痛陈利弊，以正乾坤。可是，哎——"刘健讲到这里长叹一口气，"朝廷自有章法礼节，一切都得循章法而行哟。"

"什么章法？太祖爷的铁规不是章法吗？太监乱政那可是死罪！"李梦阳嚷道。

"各位臣僚，当今皇上聪慧异常，相信诸位的一片赤诚一定会感动上苍。有人要乱我朝纲，天理不容。好在邪不压正，乌云怎能蔽日？诸位也不必太过忧心，只要人家精诚一致，匡扶社稷，一定会无往而不胜。"刘健扯着嘶哑的嗓子大声说道，几近哽咽。

"你们这么大阵仗，咋不叫上老夫！"门外传来一声喊。紧接着进来一位矮胖的老者，穿着正二品锦鸡官服，吊梢眉，小眼睛，山羊胡须参差不齐。来人正是户部尚书韩文。院子里的人群赶紧往两边避让，让出一条道来。

刘健三人从台阶上走下来，与韩文互行揖礼。韩文的夏布官服已是湿得跟淋了一场雨似的。他实在热得难受，虽在大庭广众之下，但也顾不上什么礼节，用衣袖使劲揩着额头的汗，急切地说："听说士子们来内阁请愿，老夫闻讯赶来也凑个热闹，以壮声势。"

韩文甩了一把汗，看到刘健、王阳明等人尽是哭丧着脸，有点看不过去，嗔怪道："你看看你们，平常一个个都是说话掷地有声的朝廷命官、大老爷们，事到临头怎么却学起孟姜女哭长城来了呢？"

看到韩文如此滑稽的样子，刘健等人忍不住破涕为笑。刘健上前拉住韩文的手说："有韩公在，我们无忧矣。"

韩文与刘健都是直性子人，同朝为官多年，向来过往甚密。刘健虽是首辅大学士，韩文在他面前也不拘礼节，拽着他的手就说："走，咱们进值房说话。"

刚上了几步台阶，韩文突然想起什么似的，回头指着李梦阳和王阳明说："你们俩也进来吧。"

在首辅值房里，刘健、韩文、谢迁、李东阳等人依次坐定。韩文的官阶虽在谢、李之后，但年资却在谢、李二人之上，一番礼让之后，便坐在了刘健左手侧的客位上。李梦阳、王阳明在紧靠门口的空地上垂手侍立。两名衙役将新换的冰块在墙角码好，一一泡上薄荷甘草凉茶，又绞了冰水浸过的湿毛巾来让大家擦了汗，便将门掩上，退了出去。

刘健咳嗽一声，朝李梦阳、王阳明做了个手势："你俩也坐下吧，此处没有外人，不必拘礼。"

李、王二人道完谢，在最下手的两张椅子的椅沿上直腰坐下。

刘健侧头问韩文："时下局势恶化，百官不能安于职守，纷纷来内阁请愿，老夫一时束手无策，准其去宫门击鼓吧，怕惊了圣驾；不准吧，百官群情激昂，如决堤之水，堵之不慎，怕引发事端。韩公对此有何良策？"

韩文长叹一声："老夫听闻士子们来内阁请愿，亦喜亦忧。喜的是朝中士子良知未泯，与国休戚。忧的是任其胡闹，反给阉党口实，捉蛇未成反被蛇咬。"

刘健扫视了一眼谢迁、李东阳二人，见他俩都双眉紧锁，面无表情，便说："是啊，老夫此刻的心境与韩公略同。联名折一早就递进去了，宫中还没有传出消息。士子们又堵在内阁值房里，想必没有皇上的旨意，他们也不肯罢休。"

"宫里有动静了。"韩文悄声道。

大家纷纷向他投去关注的目光。

韩文说："我来之前，正好有宫里宝钞库的中官来户部要银子，听他讲，皇上中午看了联名折子，惊悚不已，现正召集司礼太监王岳、范亨、徐智等人在商议此事呢。"

"有这事？这说明我们上的联名折初见成效啊！"刘健听到这个消息有点兴奋，转念又想起宝钞库中官去户部要银子的事，又问："韩公，怎么皇上又向户部要银子了？这次是什么名目？"

"这次中官是传了皇上的口谕，要户部解银二十万两，说要在西苑建一新宅名曰豹房，供皇上休憩之用。"

"什么豹房？一定又是刘瑾等人想出的花招！宫闱禁地岂能豢养野兽？什么休憩之用，我看是淫乐之用吧。这个钱不能给！"刘健越说越气愤，额头上青筋暴出，双眼圆睁。

"想给也给不了呀。现在户部的太仓银只剩下不足五十万两，在京的官吏加起来有一两万人，每个月应发的本色俸银就要十万两。如果再将太仓银挪去修豹房，不用等到明年春节，满朝文武都得去喝西北风！"韩文气得山羊胡子乱颤。

"还有，边疆几十万将士御寒冬衣的钱还没有着落哩。总不能让他们穿着短袖夏衫去到雪地里与鞑靼作战吧？"王阳明在旁插话。

"是啊。今年春天过了，要等到明年春天，全国十大权关才能将岁入银解入太仓，满打满算也就二百五十万两银子，这里面还常有拖欠，实打实能收足二百万两银子就算是丰年了。"李东阳说起这些，眉头紧锁。

"当今万岁爷是不当家不知柴米贵呀，去年登基时，大笔一挥，光赏赐这一项就花费了一百四十多万两，而且全部是从户部支付的太仓银。我记得先帝孝宗皇帝即位时的赏赐，只动用了户部库银三十万两。哎，我这个正德朝的大管家，当得真是不容易哦。你们忘了，前几天，我是硬着头皮将皇上用盐引购纱的旨意顶了回去。"韩文做了个咬牙顶头的滑稽动作。

刘健等在座的大臣却怎么也笑不出来。按照朝廷制度，皇帝不得随便动用太仓银支付赏赐。其日常开支都从内宫宝钞库支付，而宝钞库的收入来源主要是宝和店、宝延店等京城内市几家皇店收入和全国各地开矿的税收。可是当今皇上终日里由"八虎"陪着，挥金如土，纸醉金迷，即位还不到一年，内宫宝钞库的银子便被挥霍得所剩无几，于是便打起了太仓银的主意。

李梦阳接过韩文的话头说："按照户部规程，岁入银两定额为每年一百五十万两，而支出银两定额为一百万两左右。如果这两种定额都不变，加上太仓银的历年盈余，太仓藏有的银锭结余应维持在二百万到四百万两之间。但是，近年来由于拖欠和免征，各地预期的税收很少能收足。像去年，赶上先帝驾崩、新皇登基，太仓年度支出银两已达五百万两。这样下去，太仓早晚成为空仓。"

"关键是各地坐吃皇粮的硕鼠太多，再多的钱也不够用啊。"王阳明供职兵部，对各地亲王、兵员开支了如指掌，"本朝有亲王三十位、郡王二百一十五位、文官二万零四百、武官十万，再加上卫所旗军九十万，廪膳生员、衙吏九万。这些人的禄俸粮每年超过三千万石。天下夏秋税粮，不到二千七百万石，出多入少，故王府久缺禄米，卫所久缺月粮，各边缺军饷，各省缺俸廪。"

听了王阳明这一番话，大家都默然无语。良久，刘健铁青着脸缓缓吐出几句话："国力日艰，积重难返啊。可当务之急是如何扳倒刘瑾几个阉党，不然，外面围着一圈人，没法交代啊。"

大家你看看我，我看看你，都默不作声。

"刘元辅，"王阳明突然站起身来，朝刘健一拱手。众人齐刷刷把目光投到他的身上。他用抑扬顿挫的越地语调说："卑职以为，'八虎'是太监，我们当务之急就是要在这太监里找到内应，跟我们里应外合。不然，我们在明处，'八虎'在暗处，要扳倒他们谈何容易哦！"

"言之有理，你接着讲下去。"刘健示意他坐下，他干瘦绷紧的脸上稍稍松弛了一点，挤出一丝笑容。

"要除掉'八虎'，单凭内阁和外臣的力量很难稳操胜券，关键是要让皇上痛下决心。'八虎'朝夕陪伴在皇上身边，皇上对他们言听计从。现在六部九卿及各路言官的折子虽让皇上有所触动，但他心里究竟在想些什么，我们外臣不得而知啊。我们现在是闭着眼睛打老虎，小心打虎不成反被虎伤！"

"你的意思我们也明白，可是从太监里面找内应，这不是与虎谋皮吗？"刘健叹了口气。

"太监也不是铁板一块，里面也有正义之士。"

"譬如？"

王阳明压低嗓音说出两个字："王岳。"

"可是王岳毕竟也是太监，我看也不是什么好鸟！我们要除掉'八虎'，难道他们不会兔死狐悲？就怕他们是一伙，我们与其结盟岂不是引狼入室？"韩文放下手中摇着的纸扇，一副忧心如焚的样子。

"我倒是认为，对付阉党，不能操之过急，太急恐生乱。"一直正襟危坐、沉默不语的李东阳此刻表达了他的看法，"与王岳等司礼监内官结盟，不是不可，但要慎之又慎。内阁与司礼监一直是互相牵制，向来不合，积怨已久。王岳虽说在众多太监里算是忠厚之人，但我们也不能将匡扶社稷这样的重任全部押宝在他身上呀。我认为，当务之急是赶紧联络上王岳，先摸清楚他的真实想法，再作打算不迟。"

谢迁摇了摇头："可是王岳现在深居内宫，如何能联络上他呢？再说太祖朝就颁了禁令，严禁内官与外臣私下联络，我们阁臣与司礼监大珰们平时也没有什么私交啊。"

"哎——"刘健又是一声长叹。

韩文也是面有难色。

正当在座几位黔驴技穷、无计可施之际，王阳明又站了起来，自告奋勇地说："卑职想到了一个人，可以联络王岳，并保准能拉他与我们结盟。"王阳明此言可谓语惊四座，刘健等人再次将热切的目光聚焦到他的身上。

"此人正是王岳王公公的义女，人称'云中燕'的张燕娘，卑职恰好与她熟络。"王阳明不紧不慢地说道。

众人的目光不觉由热切转为惊愕。

三　皇庄公然卖官鬻爵

却说三个月前，正值京军十二团营一年一度的会操前夕。担任兵部武选司主事的王阳明奉兵部尚书刘大夏之命，前往西营房大教场巡视会操事宜。兵部武选司是兵部中的小吏部，与吏部文选司相对应，承担着考察核选武官的职能。而京军团营会操除了演练之外，更重要的是通过比武选拔擢升军官。

王阳明很清楚，这京军十二团营最初源于明成祖朱棣亲自下令组建的"三大营"，即五军营、三千营、神机营，是明军精锐中的精锐，内可捍卫京师，外可征讨北元。当今正德皇帝的曾祖父明英宗朱祁镇九岁即位，从小在深宫娇生惯养，连马都不会骑。有一天他听信太监王振的蛊惑，一时头脑发热学当一代英主，竟贸然亲征，却在土木堡这个地方被蒙古瓦剌部头目也先俘获。随驾出征的"三大营"主力几乎全军覆没，京中剩下的多为老弱。面对着即将兵临城下的蒙古兵，兵部尚书于谦为了组织"北京保卫战"，在仓促之间，把留守京师的京军老弱病残动员起来，再征募民兵，檄调南北直隶两畿与山东、河南的运粮军、备倭军等，临时编制起十支团营共十五万人。到了英宗的儿子宪宗朱见深当皇帝时，将京军十营扩充为十二营，称为奋武营、耀武营、练武营、显武营、敢勇营、果勇营、效勇营、鼓勇营、立威营、伸威营、扬威营、振威营，统称"京军十二团营"。

会操的消息一传开，十二团营的营房便沸腾了起来。一则由于团营会操的成绩直接关乎每一营的声誉和营官、将士的前途；二则今年的会操是正德皇帝登基后的首次会操，依循惯例，兵部和团营提督府会增加擢升军官的名额，以示皇上恩典。

那天一早，王阳明去兵部衙门点了卯，喝了几口凉茶，翻了翻最近一期的邸报，换了一身便服，吩咐衙役去马房牵出他的坐骑"狮子骢"。出了西侧门，王阳明骑上马，踱至王府大街，扬鞭一挥，"狮子骢"向京军西大营所在的德胜门方向飞奔而去。

眼看京军会操之日迫近，王阳明心想今日正好有闲暇，何不去京军营房附近转一转，体察一下民情，也算是微服私访一番。"狮子骢"不愧是西域名马，步履如飞，一溜烟工夫，前面就可看到德胜门的箭楼了。没想到七月天说变脸就变脸，刚才还是艳阳高照，但几声惊雷过后，大雨便毫无征兆地倾盆而下，王阳明顿时淋了个"落汤鸡"。恰在这时，前面路口一家酒楼映入眼帘，门前竖着一块大招牌"阅马楼"。他在酒楼前勒住马辔，翻身下马，没等他站稳，早就有店里的伙计跑来将马牵去喂草了。

王阳明迈入大堂，抖了抖长袍上的雨珠，上到二楼，找了一个靠窗的座位坐下，朝店小二叫了一声："温一壶黄酒，再来两碟点心！"小二一脸的机灵，跑过来一边抹桌子，一边上下打量王阳明，满脸堆笑地献殷勤："客官请去里间雅座歇息，掌柜的已备好上等龙井。"说完便伸手去扶王阳明起身。王阳明有些不悦，心想胡乱喝点热酒暖暖身子就好了，还非要去什么雅座喝龙井。但禁不住小二的热情，只好移身往里间踱去。

一跨入里间，顿感凉爽宜人，与大堂的闷热恍若两重天。王阳明扫了一眼墙角，只见大铜盆里放着齐腰高的大冰块，暗自纳闷：这个阅马楼不简单，这么大块的镇冰在王公贵戚府上都不多见。再定睛一看，冰块上赫然印着"内府冰库"的纹样。正疑惑间，只听得房门"咯吱"一声响，店小二推门进来，左手捧着点心盘，右手拎着茶壶，笑眯眯地说："客官请用茶，这是采自西湖边上的上等明前茶。"说完斟茶入盏，满屋飘香。

这时，楼下传来一阵骚动声。王阳明推开窗一看，雨后初晴，窗下是酒楼的后院，东墙和西墙两侧摆放着两张长条桌，各自挂着牌，上书"显武""振威"几个宋体大字。一群人正争先恐后地抢购一张张花花绿绿的纸条。他纳闷道："这是做甚？"小二答说："在买营票哩。"

"营票？"王阳明不解其意。

小二笑了笑："今年京营会操轮到显武、振威二营对垒，买营票如同赌钱押宝，买哪家的营票，便是赌哪家会操胜出，也如同押哪家的宝。"

"这营票是团营发行还是各酒楼自印？"

小二笑而不语。

王阳明品茶的兴致一下子消失得无影无踪。一年一度的京营会操，是关系社稷安危的头等大事。前方将士正在长城内外抵抗蒙古兵的入侵，京师却有人在借会操敛财，真是咄咄怪事，让人心寒。

王阳明强压怒火，返座喝茶。小二掏出一本册页递到他面前，封面写着《进阶奠挚表》。

王阳明道："这又是做甚？"

小二躬着身子，笑答："客官可是参加今年团营会操的军爷？"

"哦？你认得我？"王阳明故作惊讶。

"看客官脚踏兵马都督府的官靴，身骑战马，身手矫健，不是军爷还是谁？"

"哈哈，你小子眼挺尖的。这是什么东西？"王阳明伸手去接这本册页。

小二却将拿着册页的手缩了回去："这是今年会操晋阶的价目表，明码标价，童叟无欺。只要出了钱，保您高升嘞。"

见王阳明有些犹豫，小二又接着讲："吃军粮拿军饷，风里来雨里去，刀光剑影里讨生活，容易吗？出点身外之物，求一个光宗耀祖的官儿当当，这个算盘三岁小孩都算得清。"

王阳明瞪了他一眼，小二伸出手在自己嘴上拍了两下："小的该死，狗嘴里吐不出象牙。小的不是说军爷是三岁小孩，小的是说三岁小孩都会打算盘。"

"那你的意思是说我还不如三岁小孩？"王阳明故意跟他拌嘴。

"您瞧瞧，您瞧瞧，我这笨嘴拙舌的，是唱戏敲铜盆——不着调哩。"小二说着又轻轻刮了自己两个耳刮子。

王阳明伸手接过册页，板着脸一看，大吃一惊，只见分门别类，好不明细，不同官阶列着不同价位，管队升领队要价二百两纹银，领队升把总五百两纹银，都指挥、号头官依次类推，一万两纹银便可拿下副都督。

"这个宝贝册子，一般人小的还不给哩，见军爷相貌堂堂，一看就是坐衙升堂、做官做府的料。我说军爷您哪，赶紧把这订金给交了，小的以后还得指望您多多提携哩。"

王阳明突然把脸一拉："会操是朝廷大典，纲纪严明，将校晋阶乃事关国家社稷，岂可使钱求得？分明是唬人的瞎话！"

"我的军爷啊，什么瞎话也不敢在军爷面前瞎掰。如有半句瞎话，您把小的这猪脑壳掰下来当球踢！"小二拍了拍自己的头，嘴里说着，"实不相瞒，本店乃当今内官监掌印太监、总督团营刘瑾老公公所开的皇庄，万岁爷义子钱爵爷也有股份呢。晋阶表也是经刘老公公本人亲自审定的。出的银子，悉数上交万岁爷，用于建造豹房，加强武备。"

"一派胡言！竟敢污蔑圣上，你有几颗脑袋？"王阳明拍案而起，将册页摔在地上，起身就走。刚一开门，两个彪形大汉双手叉胸堵在了门口，喝道："不交一成订金，今天休想出门！"

王阳明后退两步，心想好汉不吃眼前亏，先脱身为妙。便说："此是大事，容我考虑。今番出门，没有多带银两。"

店小二这时窜上前来，打起了圆场："这位军爷，都是自家人嘛，不要伤了和气哟。银两没带身上，不打紧的，让这两位兄弟陪你回家跑一趟吧？"

"那就只好如此了，辛苦两位兄弟跟我走一遭。"王阳明径直下楼，两大汉紧贴身后而行。走到拐角处，王阳明突然转身，双手将这二人推倒，飞身跑到大堂，迎面碰到一个小厮上前拦他。王阳明使出一招连环腿，将这小厮踢出一丈远。那两大汉从地上爬起，一左一右从身后扑上来，想将他摁倒在地。王阳明身子一欠，一个"乾坤大挪移"躲过偷袭，再顺势一个扫堂腿，二人便来了个"狗啃屎"。

王阳明冲出门外，没料到几个身穿军装的兵弁提着木棒围了上来，他只好退回大堂，拎起木椅当武器，左冲右突，与兵弁抗衡。碗筷也成了他手中的"飞镖"，打得众兵弁鬼哭狼嚎。大堂里的顾客乱作一团，地上锅碗瓢勺一片狼藉，为王阳明单兵突击提供了有利的地形。但毕竟孤木难支，王阳明的肩膀和背部都挨了两棒，眼看就要败下阵来。这时，只听见一声炸雷般的怒吼："兵痞拿命来！"一位黑脸汉子双手举着两把菜刀从厨房里杀了出来，菜刀在他手里舞得飒飒作响。众人还没回过神来，当头的两位兵弁已被砍伤在地，其他人吓得不敢近前。

"快跑！"黑脸汉拉起王阳明，朝大门外的马厩跑去。趁着黑脸汉掩护之际，王阳明解开"狮子骢"的缰绳，跨上马，伸出一只手，喊了声："好汉，上马！"

黑脸汉将手中菜刀甩了出去，一个箭步，抓住王阳明的手，纵身上了马。"狮子骢"奋蹄疾奔，绝尘而去，转眼消失在雨雾之中。

在一座庙宇前，"狮子骢"停了下来。两人下马，进庙暂避。此庙名为"北顶娘娘庙"，庙内供奉着碧霞元君、眼光娘娘、子孙娘娘等神祇。庙内古柏苍天，环境清幽。

两人胡乱找了处斋房坐下，要了两杯茶。

王阳明抱拳道："今日承蒙兄台出手相救，在下不胜感激！"

"哈哈哈哈，"黑脸汉爽朗一笑，"王守仁，你不认得我了？我可是疑似故人来啊。"

王阳明仔细端详，大喜："原来是你！黑胡子！"

"正是我，黑胡子郏文也！"

两人热情地拥抱在一起。原来，此人名叫郏文，是王阳明少时玩伴，曾一起跟随张三丰的再传弟子"铁胳膊"王二学习内家拳法，也算是同门师兄弟。因长得黑黑壮壮，貌似胡人，因此得了个绰号"黑胡子"。

老友久别重逢，甚是欢喜。听郏文讲，他在前朝弘治年间中了武举，现任京营振威营把总。刚才正在楼下喝茶，认出王阳明来，眼看他招架不住，便急中生智，跑去后厨摸了两把菜刀，把他救了出来。

王阳明说完刚才打斗的缘由，郏文一声长叹："现在卖官鬻爵已经蔚然成风，军中腐败日甚一日。忠厚耿介的将士靠边站，钻营讨巧、奴颜媚骨的人却成了'香饽饽'。团营中会吃喝嫖赌的将校比比皆是，能带兵打胜仗的军官寥寥无几。纵使国家有事，靠这些酒囊饭袋能管屁用！"

"哎，我身为兵部武选司主事，眼看军纪如此混乱，坏人当道，难道束手不管？岂不是忝为人臣，尸位素餐？"

"其实这段时间我也一直在暗中调查卖官和营票的事，都是刘瑾他们一伙在捣鬼。卖官的事平时也有，而今更甚。"

"这么贵，一年才拿几两银子俸禄的军官们出得起吗？"

"羊毛出在羊身上，没有人会做亏本的买卖。没钱不打紧，有的是钱庄专门给他们这种军官放贷。出了血本的军官会想尽办法搜刮下级兵士和驻地民脂民膏，除了还本付息，还有得赚，何乐而不为？"

"你也动心了？"

"哈哈，我要动心现在就不只是把总了，怎么说也是副统领了吧？当初习武时，师父教导我们的话我可没忘呢：'习武之人，武德为上''不动心，富贵于我如浮云'。买官卖官、瞒上欺下、鱼肉百姓的事，有起码做人良知的人都不会做，何况我这个武举人哉？"

"出淤泥而不染，不为名利物欲所动，良心未泯，坚守本性，人不堪其忧，回也不改其乐也。佩服，佩服！"王阳明一口气说了一串褒奖话，对儿时伙伴的表现感到由衷的欣慰。邪不压正，朗朗乾坤自有浩然正气在。王阳明突然又想起刚才在酒楼里看到后院里卖营票的事，问道："黑胡子，你知道营票是怎么回事吗？"

"营票是向老百姓敛财的一种手段。刀、枪、剑、步、骑、射以及阵法、攻防、工事各个课目，都可买票押宝。不管谁输谁赢，庄家都可抽成。更有甚者，有些大庄家还借机收买营官，搞假比试，操纵会操结果，搞得军中怨声载道。买营票的老百姓跟赌徒无异，蒙在鼓里，任人宰割。"

"大街上公然买卖营票，都督府和顺天府衙门的人不管吗？"

"怎么管？都督府和顺天府还能管得了宫里的人？再说了，都督府和顺天府自己就是其中的大庄家，自己管自己？"

"几个太监，狐假虎威，拉虎皮做大旗。我这个兵部武选司主事，正好要来管一管！我就不信，我们兵部还管不了几个扰乱军营的太监和奸商。"

"兵部当然可以管，但官司打起来，要讲证据。你说他们买官卖官、操纵会操结果，如果拿不出铁证来，恐怕只能是搬起石头砸自己的脚哦。"

"明码标价的《进阶奠挚表》，我亲眼所见，这还算不得证据？"

"当然算不得。只是一面之辞，对方不承认，甚至还可倒打一耙，说你诬告。"

"那如何是好？难道就只能坐看贼子杀人，我们还要帮着递刀？"王阳明显得忧心忡忡。

郑文端起茶杯，喝了一大口，说："老兄莫急，我倒有一个办法。这些天来，我发现有一个人可以成为此案的引线，只要扯住了他，便可顺藤摸瓜找到其他人。"

"谁？"

"刘瑾的侄孙刘二汉，人称'刘衙内''刘霸天'，他就是阅马楼的后台老板。买官卖官的事都是此人经手，操纵比试结果的事也是由他来具体承办。据说此人身上随身携带一份京营买官人员的名单。如果能拿到这份名单，交有司按图索骥，方可办成铁案。"

"这份名单既然被他随身携带，肯定是严加防范。难道我们要从他身上硬抢过来？"

"当然不能硬抢。刘二汉有一个癖好，喜欢捧戏子。这戏子还不是一般唱小曲的，而是当今教坊司头牌张燕娘。刘二汉平时出门都是前呼后拥，只有他去听戏时，就一个小厮跟着。"

"那还说什么，看戏人多，地儿又闹腾，我们正好趁机下手哇！"王阳明喜道。

"问题是，张燕娘的堂会不是一般人想去听就能听得了的，办一张会票需缴会银五百两哩。能进去的人，非富则贵。"

两人正无计可施、闷闷不乐之际，外面大院里响起高亢的啸歌声。两人循声寻去，只见一老者身穿破旧道袍，坐在太阳底下，一边捉着身上的蚤子，一边吟唱"白鹤飞"。仔细一打量，这老道满脸疙瘩，瘦骨嶙峋，花白胡须参差不齐，丑陋无比，样子甚是滑稽。老道看见他俩，停了吟唱，乐呵呵地招手："你俩快来跟我学道！快来跟我学道！"

郏文对王阳明笑道："走！这是个疯道士，理他做甚？我们找个地方喝几盅去。"

老道又对着王阳明嚷道："你五岁都不会说话，五十几岁就把话说完了，还不快来跟我学道！"

郏文扯了扯王阳明衣角："什么五岁五十岁，我看他就是个疯疯癫癫的老匹夫！"

王阳明却不以为然，对郏文私语道："此人甚奇，竟然知道我小时候的事。家母怀孕十四个月方生下我，分娩的当晚，祖母做梦，有仙人从云端下来，送一婴儿给她，于是祖父竹轩公给我起了名字王云。我一直到五岁都不会说话，家里人还以为我是个哑巴哩。"

"后来呢？"

"后来一个和尚路过我家门口，盯着我看了半天，说：'好个孩儿，可惜道破！'此话恰好被祖父听见，心中一惊。原来取名为'云'，道破了我出生的天机，所以我才迟迟不会说话，于是给我改名'守仁'。说来也怪，名字一改，我立马就能说话。"

郏文诧异不已："有此等事？也是奇了！"

王阳明又觉得老道很是面熟，虽神情怪异，骨子里似有股仙气，便转身问："你怎么知道我们想要学道？"

老道忽然从道袍里掏出一条黑丝手巾出来。王阳明一摸胸口，大惊：自己随身携带的手巾怎么像变魔术似的跑到这道士手中了呢？莫非这就是传说中的隔空取物？于是揖手拜道："不知真人在此，晚生失礼了。可是不解的是，这莫非就是您所说的道？"

老道大笑："盗亦有道也！你们难道不想跟贫道学习此盗吗？"

王阳明心想：要想拿到刘二汉身上的买官名单，这招正好派上用场。可是就算有了这招，又如何进到教坊司里头去呢？难道还要学一招穿墙隐身术不成？正嘀咕间，老道又从道袍里掏出一张牙制腰牌来，上面一行篆体小字——"教坊司"。

王、郏二人亦惊亦喜：惊的是这老道简直就是他俩肚子里的蛔虫，能看透他俩的心思；喜的是有了这腰牌，进教坊司不再是难事。

王阳明再拜道："真人为何能洞悉晚生心思？"

"学会奇门遁，来人不用问。"老道眯着一双眼上下打量王阳明一番，忽然跳起身，拍着巴掌叫道："踏破芒鞋无处寻，今日得见此相生，甚喜甚喜！"

王阳明是丈二和尚摸不着头脑。

老道接着念道："他日你将大贵，当建非常功名！到时别忘了我给你看的相：须拂领，其时入圣境。须至上丹台，其时结圣胎。须至下丹田，其时圣果圆。"

老道指着手中的腰牌说："教坊司的堂会，通常会邀请庙里的道士伴奏仙人龙阳子的雅乐。今晚女校书张燕娘出演堂会《琵琶记》，贫道已接到与会奏乐的邀请。"

二人大喜，将老道请至僻静处，详述其锄奸计划。老道听罢，说："贫道乃世外中人，世事纷扰，本与我无关。但奸人当道，视天下苍生如刍狗，贫道也不甘作壁上观。我愿助二位官人一臂之力。今晚二位可扮作贫道的徒弟混入教坊司。取证之事，或可见机图之。"

老道又将王阳明叫至内室，传授其隔空取物心法，再三叮嘱："此法又称鬼手、神仙手，全凭意念之力。是鬼是神仙，全在一念之间。心正则神正，意乱则神迷。切记不可用于淫邪之处，否则将有走火入魔的灭顶之灾。"

当晚，王、郏二人假扮道士，混入娘娘庙乐队。一行来到本司胡同，远远地便听到琴曲悠扬。进到胡同里来，只见灯光杂彩，红男绿女，车马轰雷，官轿穿梭，热闹非凡。在一处牌楼前面，十几名皂隶正在查验放人。牌楼上书三个瘦金体大字：教坊司。

入内停歇后，王阳明吹竹笛，郏文打拍板。在堂会正式开始前，先演了一曲杂耍"跳队子"热场；再接着演了一曲"舞观音"。好在王阳明自幼熟识音律，年轻时学习朱熹的格物致知，一度还格过竹子，竹笛吹得丝毫不露破绽。郏文的拍板打得有点乱，但因为只是杂耍，又是副板，也没人理会。一刻钟后，堂会正式开始。全套宫廷乐舞开场。编钟、编磬奏起，琴瑟和鸣之声响起，配之箫、笙、笛、应鼓、篪、凤笙。在一名协律郎的指挥下，十二名歌手吟唱起"关雎"雅乐。接着便是数十名武舞生和文舞生出场，各执羽籥，另有"四夷"舞士执节配合起舞。

舞者正舞得起劲，郏文突然用胳膊肘碰了一下王阳明，用眼神示意他往台下看。只见一名肥头大耳、满脸横肉、五短身材的男子，头戴缨子帽、金玲珑簪儿，身穿五彩洒线揉头狮子补子圆领红绸衫，腰系四指大宽萌金茄楠香带，脚踏粉底皂靴，正大摇大摆地踱着方步进场。王阳明会意，此人正是刘二汉。

紧接着，全场响起一阵时如急雨、时如私语、嘈嘈切切错杂弹的琵琶之声。张燕娘妆扮的赵五娘粉墨登场，明眸善盼，百媚千娇，唱腔婉转，酣畅淋漓。台下众人听得如醉如痴，刘二汉更是如坠云里雾里。王阳明用隔空取物之法，试图取得其贴身携带的买官人员名册。可是一则初学不精，二则场内太过喧哗，无法凝神聚气，尝试几次都未成功。郏文看在眼里，急得直跺脚，几次将拍板打错。张燕娘临场应变，多番掩饰，才没有乱了阵脚。

这时，刘二汉起身出恭。王阳明的竹笛正好也派不上用场，便从乐队里悄悄溜出，尾随而去。在茅厕门口，正好撞上刘二汉风急火燎地出来，两人身子一碰，刘二汉一个趔趄，险些摔倒，在旁等候的小厮赶紧去扶。王阳明趁其不备，运用隔空取物之法将其贴身所携名册取了过来。刘二汉冲着王阳明嚷嚷了几声，也不费话，急着赶去听戏。王阳明心中窃喜，仍装作若无其事地回到乐队席，抚笛伴奏。

临近曲终，刘二汉一掏贴身口袋，大惊失色，当场跳起来。他将长衫脱下，里里外外翻了个遍，还是没有找到名册，便大叫起来："有窃贼！有窃贼！"然后使唤随身小厮："叫锦衣卫，封锁全场，一个都不许放跑！"他想起刚才出恭时被一个瘦高的道士撞了一下，又气急败坏地喊："抓道士！抓道士！"

全场顿时乱成了一锅粥，台上的演出也只好草草收场。

王阳明趁乱往门口跑去，半道上碰到郏文正往里跑。郏文慌忙拦住他："门口查得紧，走后门！"王阳明只好转身折回，转了一圈不得要领，眼见大量兵弁涌入搜查，正焦急间，有人从身后拉了他一把："王大官人，请跟奴婢来。"

四　大太监来兵部兴师问罪，最后却当众磕头

原来是一位丫鬟模样的人，竟然知道王阳明的姓氏。王阳明心中诧异，跟着她七拐八拐进了一间内室。

室内陈设典雅，清香徐来，墙上悬挂一幅吴郡唐寅的仕女图，室中摆着一架焦桐古琴，墙角一盆墨兰正落寞地开着。一位身穿淡绿通袖罗袍，下着玉色绫裙，头上珠翠堆盈，鬓畔宝钗半卸的女郎，如杨柳迎风般从屏风后款款而出。王阳明定睛一看，丹凤眼，新月眉，玲珑俏鼻樱桃嘴，脸如皓月，肤如凝脂，此人正是刚才台上出演《琵琶记》的张燕娘。

王阳明俯身行礼："学生兵部主事王守仁，惊扰女史，还请恕罪。"

张燕娘手执团扇半掩面，粲然一笑："数日前，师父已告知奴家，先生将于这几日大驾光临鄙舍，奴家洒扫以待数日矣。适才奴家献艺，劳烦先生伴奏，在此谢过。"

王阳明道："女史师父何方神圣？竟能预知前事，甚奇也。"

张燕娘笑答："正是娘娘庙无为道者，他四海云游，行事怪异，也被人唤作疯癫道长。奴家跟他学琴，不按章法，却颇有所得。师父日前跟我说起，他曾在南昌铁柱宫打坐过，算是先生故人呢。"

王阳明这才恍然大悟，教他隔空取物的老道原来就是他新婚之夜教他导引之术的道士。

那是弘治元年七月，他从家乡浙江山阴前往江西南昌迎娶布政司参议诸养和的女儿为妻。新婚之夜，王阳明陪长辈饮了些水酒，禁不住宴席的纷扰和闷热，出门信足游荡，不觉来到城中一座名叫铁柱宫的道观，见一道士正在盘脚静坐，浓眉炯目，皓首鹤颜，面相奇特。王阳明被其容貌打动，向前行礼："道长从何来？"

"四川人，云游至此。"

"今年高寿？"

"九十六了。"

"敢问道长道号？尊姓大名？"

"自幼出外，不知姓名，也无道号。我爱静坐，人称我无为道者。"

这位无为道者虽近百岁，却极精神，声如洪钟。王阳明当时染了肺痨病，偶遇这一位世外高人，欣喜不已，便向其请教神仙养生秘诀。无为道者拂须一笑："世上本无养生法，无非清净逍遥游，惟清净而后方能逍遥。导引之术可至心清气净，内外澄明。"于是，便教他用脚底呼吸的导引之术，不知不觉入了化境。第二天一早，众人才在道观将其寻到，百般劝说，才肯回家。他依依不舍地向无为道者作别，道者却若无其事地挥了挥手："时光无涯，聚散有时。"

没想到，时隔十九年后，两人在京师又重逢。不过，无为道者已如脱胎换骨一般，容貌让人无法辨认。正在恍惚间，突然门外响起杂乱的脚步声和兵弁们的吆喝声。燕娘低声道："想必是那些兵弁们到了，委屈先生去奴家绣房暂避。"那丫鬟连忙领着王阳明往屏风后躲避。

只听"啪"的一声，房门被一脚踢开。刘二汉领着一帮头戴锦旗头盔、身穿青甲对襟、腰悬佩刀、手持斧钺的校尉冲了进来，看到张燕娘正襟危坐，满脸堆笑道："原来是姐姐的闺房，怪不得刚在门口就闻到了一股香气呢。今天本衙内奉命搜查钦犯，刚才有人看见有个穿道袍的人混进来，只好得罪了。弟兄们，给我搜！"

"大胆！"燕娘唰地站了起来，怒斥道："本司乃皇家御苑，刁徒泼皮也敢擅闯？"

"姐姐莫生气，真的是要抓钦犯，否则借我缸作胆，也不敢在姐姐这香喷喷的闺房里胡来呀。"刘二汉嬉皮笑脸地说，"咱们是锦衣卫，都是吃皇粮的，自家人哩。"他作了个手势，众人便要入内。

"且慢！"燕娘不慌不忙地从衣袖里掏出一块亮锃锃的牌子出来。刘二汉等人一看，大惊失色，趔趄着退了出去。

喧嚣声渐远，王阳明从屏风后出来道谢，好奇地问："刚才学生透过屏风缝隙看到女史用一块不知何物的物什吓退来犯众人，真乃威风八面。"

燕娘掏出块牌子递给他，淡然道："不是啥好东西，一块铜牌而已。"丫鬟在旁边嚷道："他锦衣卫狗仗人势，飞扬跋扈，咱东厂专治他的各种不服！"燕娘嗔道："休得胡说！"

王阳明定睛一看，这是一块椭圆形饰有花边的铜质腰牌，上面赫然刻着几个篆体字：东缉事厂护卫铜牌。这东厂只对皇上负责，百官皆可随意缉拿，锦衣卫也在其监视之列。怪不得刚才刘二汉等人看见此铜牌如丧家之犬般逃窜而去呢。王阳明道："女史乃梨园翘楚，为何执有东厂铜牌呢？"

"实不相瞒，当今厂公王岳老公公正是奴家义父。"看到王阳明惊愕的表情，燕娘将此事的来龙去脉讲了个大概。原来，她生在教籍，自幼在教坊学艺，天生一副宛如燕雀般清脆的好歌喉，舞姿翩翩，身轻如燕，雅号"云中燕"。一日，备受偏头痛困扰多年的王岳来到教坊司巡察，听到她天籁般的歌声，甚觉心情舒畅，头痛顿消，便收为义女。从此，王岳衣食起居，皆由燕娘服侍。燕娘在东厂耳濡日染，还学得一身好武艺。王岳甚是怜爱，授其东厂护卫铜牌，一则像适才那般防身之用，二则也好利用教坊司鱼龙混杂的优势，刺探些百官动态和坊间传闻。

燕娘转身吩咐丫鬟："锦衣卫皂隶肯定将本司围得水泄不通，先生今晚恐怕是出不去了，领先生去干净客房暂住一晚吧。待明日宫中车马接奴家会演时，再一同出行才好。"

王阳明作揖道谢，退出时抬眼看了眼燕娘，见她也正含笑注视着自己，心头一惊，转身便走。

第二天一早，王阳明用过香茶早点，便在客房转悠，看到墙上有一首题诗，字迹遒劲，颇得颜鲁公笔法："美人罗带长，风吹不到地。低头采玉簪，头上玉簪坠。"念罢，觉得甚有趣。再仔细看落款小字：庆阳李梦阳。原来是老友大作，禁不住哈哈大笑。

这时丫鬟轻叩房门而入，手捧尖帽、褐衫、白皮靴："请先生更衣，假扮东厂档头。今天皇上在宫中宴请朝鲜国贡使，待一会儿有宫车来接小姐呢。"

王阳明换装完毕，混入宫中仪仗行列，在皇城东宫墙外乘机溜了号，径直奔向兵部衙门正堂。一路无人敢拦。兵部尚书刘大夏正在堂上办阅公文，远远看到一东厂捕快快步而来，便起身道："不知上差驾到，有何指教？"王阳明近前行礼："刘大司马，是下官王某。"刘大夏睁大眼打量来者，哈哈大笑："伯安为何这身打扮？老夫还以为是大内来人呢。"王阳明道："说来话长。请大司马移步内室，容下官详禀。"在后厅一间密室，王阳明将阅马楼及教坊司所见所闻和盘托出，最后还呈上那份买官名册。

"军官选拔任命、考核擢升乃朝廷赋予我兵部之责。非经部议铨选，他刘瑾区区一个太监，就想卖官鬻爵，岂非痴人说梦？"刘大夏说这段话时，仍自信满满。

"大司马有所不知，太监乱军由来已久。有些是监军身份，有些担任镇守太监，像刘瑾还身兼总督团营。军官擢升本是我兵部职责，但却成了太监们抢食的肥肉嘞。"

"这种事倒是有，太监替皇上监军，他们要提拔几个亲信，咱兵部也没法阻止呀。"刘大夏一脸无奈。

"还有传奉武官，直接绕过兵部，通过内旨授官，往往成为太监们借皇帝之名、大行私利、卖官鬻爵的手段。您去德胜门那边看看，许多连弓箭都没摸过的传奉武官充斥军营，招摇过市，影响极坏。"

刘大夏听罢大怒："腐败蛀虫，害群之马，不杀不足以平民愤！伯安，你速速带人去将阅马楼围了，将刘二汉拿下。还有，照着这个名册，按图索骥去抓，一个都不许放过！"

刘大夏待人向来宽厚，王阳明还从未见他如此暴跳如雷、怒不可遏的样子，知其怒火中烧，一时难以自持，便斟了一杯茶，双手递给他。

"不喝！什么时候了还喝茶！你还愣着干啥？还不快去拿人！"

"大司马义愤填膺，浩然正气，下官深为敬仰，不过还请息怒。下官以为，切不可轻举妄动。"

"我乃兵部堂官，查办几个违法乱纪的军中蠹虫还叫轻举妄动吗？如果这几个小喽啰还治不了，本兵的威严何在？以后还怎么调兵遣将？"

"下官当初也曾与大司马想到一处，以为拿到了买官名册，就可轻而易举查办这些不法之徒。可转念一想，不甚妥帖。太祖爷有旨：'武臣有犯，非奏请不得逮问。'再说，光凭这份名册很难坐实他们的罪行。名册牵涉人员上百，又都是各级军官。一旦激起兵变，刘瑾等人反咬一口，如何是好？"

"那抓也抓不得，难道眼睁睁地看着他们在眼皮子底下作奸犯科？"

"下官倒有一'坐山观虎斗'之计。"

"说来听听。"

"花巨资买官和买营票赌博的人，大多是借了高利贷的，我们只需不动声色地将名册上的军官或调离实职，或贬职外放，再推迟今年的会操，并放出风声说兵部将改革会操规程，改两营对垒为野外拉练，不再分出胜负。这样，买官和买营票的银子打了水漂，矛头肯定直指刘瑾等人，让他们狗咬狗去！"

刘大夏捋了捋花白的胡须，颔首微笑："此计甚妙。"

数日后，兵部衙门如常办公。一位头戴翼善冠，身穿红蟒袍的内官骑着快马扬尘而至，身后跟着十几个圆帽、皂靴、褐衫的锦衣卫缇骑。

一进大堂，来人便大声嚷嚷："简直反了！皇庄也敢砸！快叫你们堂官出来，我看你们兵部成病部了！皇上养着你们这些当兵吃饷的，个个成了病猫了！"原来一大早，闻风而动的团营军官带着上千兵弁将阅马楼围了个水泄不通，高呼"赔我血汗钱""活剥刘二汉"

等口号。刘二汉正在床上做着春梦，吓得衣冠不整地从后花园翻墙而逃。没想到，脚还没落地，就被揪住乱拳打了个半死，一条腿被打折，扣作了人质，要阅马楼的人限期拿银子来赎。围攻人众群情激昂，将阅马楼砸了个稀巴烂。还不解恨，又押着刘二汉来到大明门西侧的五军都督府门前请愿。

刘大夏看到刘瑾气急败坏的样子，心里明白了三分，却佯装糊涂地笑问："不知何事惹恼公公？"

"皇庄阅马楼被砸了，我的孙儿刘二汉也被他们劫了去！"

"啊？有这种事？是本部吏属所为，还是哪支不知好歹的都司卫所所为？本兵这就差人去现场查办！"

"不用查了，是京军团营的人！"

"哦哦，刘公公镇守团营，这倒是您的家事呀。本兵不便插手干涉吧？"

"这、这，"刘瑾脸上有点挂不住，"你口口声声说不插手干涉，那为何平白无故地免了我手下百多号军官的职呢？"

"刘公公指的是武选司的那次选调吧，纯属武职例行轮换嘛。"

"例行轮换？说得好听！咋的都轮换的是孝敬了咱家，不，孝敬咱家万岁爷的那批人呢？"

"不知公公所云。"

"不管你知也好，不知也罢。现在皇上有旨，让这批人官复原职，等候擢升。还有，会操不要要什么花样，按老规矩办。"

"皇上有旨，下官当照旨行事。既有圣旨，自然应有内阁票拟和司礼监的批红，请明示下官。"

"这、这、这是口谕。"

"事涉武官调动和会操事宜，待老夫请旨后再办不迟。我这里还有一本奏请皇上遵先帝遗诏裁撤各地镇守太监二十四人，及裁汰传奉武官六百八十三人的折子。"

"你！你！你这是成心跟咱家作对！咱家可是皇上东宫时的老人了，你就不怕咱家在皇上面前揭你的短？"

"为臣子的，上对得起君父，下对得起黎民，行天地之间，问心无愧，还怕你妖言惑主不成！"刘大夏正气凛然，眼神锋利如刀。

刘瑾不敢直视，垂头丧气，如丧家之犬，忽又由阴转晴，满脸讪笑，近乎哀求地说："刘大司马，这次是孙儿刘二汉一时糊涂，酿成大错，请您老看在我刘某伺候皇上多年的份上，放他一马吧。"又压低嗓音说："能否请您去内室借一步说话。"刘瑾话音刚落，身后缇骑们知趣地退了出去。

"内官外臣，公事公办，自当在公堂之上、明镜之下。"

"那好，那好。我这里有一张明镜，还请大司马关照。"刘瑾说着，从衣袖里掏出一张五万两的银票递给刘大夏。刘大夏背手而立，抬头挺胸，半眯着眼，都懒得瞧上一眼。

刘瑾拿着银票的手悬在半空，哭丧着脸，尴尬至极："小的自幼去势，没有子嗣，就靠这个侄孙养老送终。现在他被那群反贼抓了去，只有您老高抬贵手，才能救得了他呀。您只需大笔一挥，便可皆大欢喜。小的这就给您磕头了。"于是俯身将头磕了下去。

刘大夏鼻子哼了一声："刘公公请自重，老夫还有公务，恕不远送。"说罢拂袖进了内厅。

刘瑾跪在地上，抬头看着刘大夏魁梧的身影，气得面色如纸，嘴角挤出一丝阴险恶毒的冷笑。

五　教坊司女史张燕娘

"接下来的事情想必各位阁老已经知道了。为了平息民怨，皇上下旨三法司会同兵部、五军都督府会审此案，刘二汉被判斩监候，一干人等被重罚。皇上又将刘大夏刘大司马所开列的一百零九名传奉武臣悉数汰除。可是，刘瑾等阉竖怀恨在心，恰逢广西田州土司岑猛作乱，竟然诬陷大司马故意激起事变，将其逮捕下到诏狱，要判其死刑。幸亏各位阁老搭救，才改为充军肃州。"王阳明说道。

"充刘大司马的军，打我们内阁的脸！"刘健一脸怒气。

"七十三岁的老人啦，以乡试解元、进士及第、翰林学士出任军职凡四十余年，平叛乱、治黄河，戎马一生，最后却落得如此下场，让我们士子寒心啦。"王阳明说起这些，几近哽咽。

刘健话锋一转："王守仁，既然你跟王岳义女相熟，联络之事便交给你了，直接向他转达我们阁臣的态度——'八虎'不杀，誓不罢休！"

"元辅是否再斟酌一二？逼得太急，恐怕激起变故，还是稳妥周详些好。"李东阳在旁插话，"东汉末年，宦官曹节擅权，窦武、陈蕃等大臣想除掉曹节，却反被曹节所害。唐文宗时，宰相李训和御史大夫郑经想杀掉宦官仇士良，后来事情败露，导致宦官大肆屠杀朝官一千余人。"

"你不用说了，这事我拍板了，天塌下来，老夫一个人顶着，我已置生死于度外。你如害怕，可趁早撇清关系！"刘健见李东阳态度摇摆，一脸的不悦。

这时，门外"哐"的一声响，像是有人绊倒了花盆。

"谁？"李东阳警觉地厉声问道。

房门缓缓推开，一个肥圆脑袋探了进来。此人名焦芳，新任吏部尚书，与李东阳是同榜进士出身。

"原来是焦芳兄，为何此时造访值房？"李东阳见是焦芳，语气稍缓。

"回禀阁老，焦某来内阁送公文，恰好路过值房，不承想打破房前一花盆，惊扰各位，抱歉得很！"焦芳见大家都板着脸，自个尴尬地笑了笑，慌里慌张地又退了出去。

"这焦芳身为六部尚书之首，这大热的天，还用得着亲自来内阁送公文？其行迹甚是可疑。"李东阳满脸的狐疑。

"他也不是外人，六部九卿联名折上也是牵头人，无妨，无妨。"刘健转身对王阳明说，"事不宜迟，请你速速前去联络。老夫和在座诸位，谁都不准离开，就在值房等你的好消息！"

王阳明打马直奔娘娘庙。他知道，没有无为道者的腰牌，他很难进入教坊司。可是庙里的小道士却告诉他，老道数日前已云游他处，给他留了一张纸条，上面写着："一叶扁舟风波里，他日海上再相逢。"

王阳明牵着马怅然若失地踏出庙门，看到小道士的道袍在风中飘动，想起自己装扮成道士赴教坊司吹笛的事，又扮成东厂捕快回到兵部，堂官刘大夏竟然没有认出来，还以为是上差从宫里来呢。想到这些觉得有趣，禁不住哈哈笑出声来。转念又想，东厂那身行头还在家里，既然能扮东厂捕快混出教坊司，为何不能再扮一次混进去呢？

不一会儿，一身东厂捕快装扮的王阳明出现在教坊司的门口。门卫看到他，低头肃立。他昂首入内，轻车熟路地来到张燕娘的房前，听到房里传出一曲悠扬的琴声，是古琴曲《高山流水》。他驻足门前，倾听着如泣如诉、动人心弦的韵曲，不忍心敲门打断，直到一曲终罢，才轻叩房门。丫鬟推开门一看，赶紧将他让进来，朝内房轻声唤道："小姐，王公子来了。"

燕娘款款起身，来到客厅迎接。她穿着红绸夏裙，裙角绣着展翅欲飞的淡蓝色蝴蝶，外披翠水薄烟纱，一头长发挽成松松的飞星逐月髻，插着镂空飞凤金步摇，淡扫蛾眉眼含春，樱桃小嘴娇若滴，玉颈蜂腰，楚楚动人，肩若削成腰若约素，肌若凝脂气若幽兰，显得风情万种。

这丫鬟甚是乖巧，又是看茶，又是上点心，口里打趣说："小姐这几日一直说起王公子您呢，说您不仅诗文好，足智多谋，还吹得一手好笛子呢。"又指着桌上一幅墨迹未干的涓涓小字，笑道："咱家小姐刚刚还在默写王公子的诗作哩。"

王阳明一看，正是他前几年归乡养病游览西湖时所作小诗。

燕娘嗔怪丫鬟道："好你个死丫头，尽在这多嘴多舌，羞煞我也！"又朝王阳明赔不是："这丫头叫晓红，从小跟我一处长大，虽是主仆之名，实乃姐妹的情分，所以变得没大没小，在客人面前也没了规矩。"

王阳明笑道："守仁少时溺于辞章，而不知身心之学，今已有悔，与李梦阳等老友相约，以复兴儒学为己任。现今再读这些机巧小诗，徒增汗颜。"

"先生胸怀远大，眼界非凡，岂是我等闺中女子可以识得的？奴家每读先生的诗文，总觉神清气爽，一扫胸中烦忧。"

"诗文纵是好，于世于事于己又有何益？徒沽名钓誉，自夸于人耳。使学如韩柳，不过为文人，辞如李杜，不过为诗人。道德文章，还需以道德为先，文章为次。近来我与湛甘泉论学，颇有所得，有志于心性之学，以颜回、闵子骞为榜样，修齐治平，学为圣人。"

"先生所言甚是。奴家虽识字，也才识得自家姓名而已，居高声自远，读书人的高远境界，我们只有仰视的份。不过，这些大道理，听先生娓娓道来，我们也能懂得一二。下辈子如能投得男儿身，定当拜于先生门下，朝夕闻道，岂不快哉！"燕娘说罢，含情脉脉地凝视着王阳明。

王阳明有些恍惚，不敢直视，想到此刻阁老们正在值房等候他的消息，不是儿女情长时，便起身长揖，说起正事："上番承蒙女史相助，得以荡平军中蠹吏。今日着厂服唐突上门，一则感谢，二则又有一件关系国家社稷的要事，烦劳女史鼎力相助。"

燕娘屏退丫鬟晓红。王阳明向其细说值房密议之事。

燕娘淡然道："这些军国大事，本是你们大丈夫的事，我一介女流，怎敢妄为？"

王阳明正色道："女史此言差矣。国家兴亡，匹夫有责。在学生眼中，男女老少、士农学商、贩夫走卒，皆是圣人。何况女史本女中豪杰，见识过人，岂会坐视不理？"

燕娘笑道："别叫女史了，怪生分的，叫我燕娘罢了。难得先生如此看得起奴家。俗话说'士为知己者死，女为悦己者容'，我等虽居烟尘之地，但位卑未敢忘忧国。燕娘的身家性命都交给先生也罢。"说着，裁了一张小纸条，用蝇头小楷写下"阁臣誓除虎尽"几个字。走到窗前，推开窗，拉开窗檐下挂着的一个鸽笼小门，一只雪白的信鸽"咕咕咕"地扑闪着翅膀飞到了她的手掌上。她将小纸条在信鸽腿下隐秘处塞好，轻轻地抚摸了几下它的羽毛，念道："白雪乖乖，快去快回！"信鸽扑腾而去。

这时一阵微风拂来，燕娘发髻吹散开来，身上轻纱撩起，胸前如脱兔乱闯，玉腿若隐若现，一股如兰芝般的体香徐徐袭来。王阳明竟有些心襟飘然。燕娘朝门外轻唤道："将太后赏赐的那盘番茄呈来。"不一会儿，晓红捧着一个精致的漆器果盘进来，上面盛着几个鸡蛋大小红彤彤、娇艳欲滴的果子。燕娘用那春葱玉指轻轻捏起一个，递给王阳明："据说这是西洋神果，传教士前些日子进贡给太后观赏的。西洋人怕有毒，不敢吃，今拿来给先生把玩，瞧个新鲜。"

王阳明接过来，仔细瞧瞧，外形饱满，柔软而富有弹性，欲放到口中一尝。燕娘连忙拦住："这些异域奇果，先生就不怕有毒？"

"此番茄，甚可爱。神农尝百草，纸上终觉浅，凡事不践行，怎知世间难？区区一个小果子，守仁何足惧哉！"王阳明看着燕娘，幽幽地说，"难得燕娘几番仗义相助，今天就算死在你的面前，也了无遗憾！"说着，就大口吃了起来。燕娘听了有些感动，也陪着吃了一个，笑道："虽说西洋人不敢尝鲜，前几日，偏有那胆大的宫女偷尝了几个，美味可口，没有什么不适，反而更觉神清气爽。于是，太后便赏了给我们这些下人们尝尝。不然，也不敢贸然拿出来给先生冒这个险呢。"王阳明也笑答："我也是这么想着，料想燕娘不会拿毒物出来招呼客人。"

两人品尝佳果，甚欢。燕娘说："前次，那打板的道士可是先生朋友？"

"有什么不对劲的？普通道士而已。"

"先生哄我哩，那板打得总慢半拍，害我几次差点大丢脸面。娘娘庙的道士没有这等生手的。"

"哈哈，燕娘果真好眼力。此人名郏文，我幼时玩伴，曾一起练过家子，现为京营校尉，扳倒刘二汉，有他一份不小的功劳哩。当然，如果没有燕娘出手相救，守仁那天恐怕出不了这个大门。"说到这里，想起自己身上还穿着厂服，"对了，守仁身上这身老虎皮，还是燕娘借我的呢，今天来，也是想物还原主。可否借一侧室让我更衣？"

"先生如不嫌燕娘闺房狼藉，请移步内室，让奴家侍奉先生换装。"便引着王阳明穿过屏风，过一回廊，进入一幽静内室。檀香雕花木床上铺着一块绣满牡丹的大红云罗绸罩单，四围挂着粉黄色的绣着彩蝶飞舞的帐幔，正面顶上垂着一袭一袭的流苏，随风轻摆。床边有一梳妆台，上面摆着一面用锦套套着的菱花铜镜和一个紫红漆雕梅花首饰盒，角落里挂着一架古琴，西墙当中挂着一把宝剑，剑鞘镀金，剑柄镶着一颗硕大的蓝宝石。左边紫檀架上放着一个官窑花囊，里面插着满满一囊橙黄花瓣、暗紫花蕊的孔雀菊。窗前摆着一张湘妃竹卧榻，上面随意放着一把琵琶和一本琴谱。

燕娘替王阳明解开厂服外套侧身处的纽扣，轻轻地帮他脱了下来，里面露出一件灰白色的缠枝宝相花纹织锦袍衫便服。燕娘踮起脚尖，想用其纤纤玉手捋平王阳明肩膀处的褶皱，没想到脚心不稳，一个闪失身子失去平衡，眼看就要摔倒，王阳明眼疾手快，连忙伸手去扶，正好搂在了怀里，只觉蛮腰羸弱，绵软若泥。燕娘双颊绯红，轻轻推开，娇嗔道："先生好大力气，捏疼我了。"王阳明也是六神无主："小生鲁莽，燕娘勿怪，燕娘勿怪。"

此时，客厅窗前传来"咕咕咕"的声音，王阳明如遇救星，忙道："莫非是信鸽回来了？"燕娘低头整了整领口，"嗯"了一声。两人出来客厅，燕娘取出鸽腿上的纸片，展开一看，上面写着一行小字："圣意已决，明日斩虎。"王阳明大喜过望，长揖道："我替天下苍生，真心谢过燕娘！阁老们在值房久候，小生这就驰传捷音去。"燕娘摩挲着信鸽的羽毛，不去看他，半晌，慢吞吞地吐出几个字："先生请便。"等他刚转身，又忙扯住他的手袖，从身上掏出一块牙牌，递给他，羞答答地说："有了这块牌子，先生可随时出入本司，燕娘也好随时讨教。"

王阳明打马回到内阁值房，将实情相告。刘健朝着乾清宫方向长跪不起，称颂皇上英明。谢迁也是老泪纵横。李东阳漠然地看着首辅和次辅激动的表情，却显得异常平静，只说了一句："明日便可见分晓。"

次日，天还没亮，刘健率百官早早来到午门外等候。晨曦初露时，午门城楼上的钟声响起，文武百官列队穿过宫门，过金水桥，来到奉天门前空地等候。刘健按捺不住内心的激动，不时朝旁边的谢迁和李东阳递眼色，意思是说：好戏马上就要上演了！谢迁微笑着颔首示意，表示心领神会。李东阳面无表情，若有所思。

刘健前不久刚过了七十三岁生日，俗话说"七十三，八十四，阎王不叫自己去"，他想着等这回扳倒了"八虎"，也该考虑退休致仕、告老还乡的事了。他又回想起年轻时师从理学名家、河东学派的开山大儒薛瑄，饱读儒学经典，始有经世济民之志。英宗天顺四年登进士第出仕，先是在翰林院任学官；宪宗朝任太子讲官；孝宗即位后，即入阁参预机务；弘治十一年始任首辅，至今已历仕四朝，入阁十九年，任首辅八年。他抬头看了看晨雾朦胧中的巍峨宫殿，四十六年前，也就是在这个广场，自己参加英宗皇帝亲自主持的殿试，当时才二十七岁，正是"一日看尽长安花"的年纪。从此，他几乎没有离开过京城，他在脚下这片广场上留下了最深厚的印迹。他见证了这个广场上每日上演的"宫廷大剧"，有政通人和、百业俱兴、八方来朝，也有钩心斗角、兄弟相残、风云突变。他已不记得自己多少次从这个广场来回走过，从踌躇满志、意气风发，到老成持重、勤于政事，再到眼下的老眼昏花、苦心经营，每日周旋于皇上、内宦与百官之间，勉强支撑局面。

好在这一切马上就要结束了，等虎害尽除，我也该跟这个广场说再见了。到时候回到老家洛阳结庐白云山下，含饴弄孙，颐养天年，不亦乐乎！刘健想到这里，脸上露出欣慰的笑容。可是谁来接替自己担任首辅呢？自从明太祖洪武十三年宰相胡惟庸因"擅权植党、谋反"罪被诛杀后，宰相一职从此被废除。后来仿宋制设置殿阁大学士数人，因入值内殿阁，所以称为内阁。刚开始，内阁大学士只是帮皇帝草拟诏谕而已，官衔也只有五品。仁宗朝以后，阁职渐崇。景泰中，阁权益重，朝廷政令皆从内阁而出，而内阁首辅多为太傅、太保，官居一品，从其权力与地位来看，与宰相大同小异了。次辅谢迁和阁臣李东阳如何呢？时人有言："李公谋，刘公断，谢公尤侃侃。"谢迁是成化十一年的状元，为人有正色，年轻时就拒绝过邻居一妙龄少女的挑逗。孝宗即位后，宦官郭镛要求挑选妃嫔充实六宫，谢迁却斗胆向新君进谏："先帝的陵墓还未建成，挑选妃嫔从礼仪上讲，应当缓行。"终被孝宗采纳。谢迁因此也在士林中获得很好的口碑。谢迁今年五十七岁，比李东阳还小两岁，年龄有优势，不过他喜空谈，没有太多主见，他当首辅，万一遇到"八虎"这样的乱局，恐难以维持。李东阳家族世代为行伍出身，入京师戍守，属金吾左卫籍，他打小就是神童，三岁能作径尺大的书法。景帝听说后很好奇，下诏验试，并赐给李东阳果品和钱钞。五岁时，景帝诏请小东阳讲读《尚书》大义。七岁时，景帝下旨将他送入顺天府学为诸生。后来，李东阳与刘大夏、杨一清同在状元郎、翰林院大儒黎淳门下读书，天顺八年殿试中二甲第一。李东阳学识深厚，足智多谋，但城府太深，圆滑世故，让人捉摸不透。让他继为首辅如何？刘健总觉得，选人之道，德才兼备，以德为先。弘治八年，李东阳与谢迁同时入阁。论才，李东阳在谢迁之上，论德，似又不如谢迁气度威严、磊落正直。首辅之位，关系国之命脉，不可不察。德配其位，社稷之福，德不配位，苍生涂毒。想到这些，刘健平添些许惆怅。

正思忖间，忽闻三声鞭响，鸿胪寺唱"入班"。百官分左右两班走进御道，行一拜三叩头礼毕，分立两旁。文官在左，武官在右。刘健抬头往金銮殿里望去，少年天子正端坐金台之上。他知道，等会儿司礼监掌印太监王岳将会站在丹陛之上传旨，刘瑾等"八虎"将会被穿着飞鱼服的锦衣校尉拿下，拖出午门外问斩。刘健心想，待处置了这些作恶多端的阉党，廓清朝纲，他就急流勇退，上疏请辞，将辅佐君上的重任交给谢迁、李东阳、李梦阳、王阳明这些年轻些的臣僚吧。

还未容他细想，一名身穿绛红织金蟒袍的太监从丹陛之上站了出来，展开手中的明黄圣旨，咳嗽一声，似要宣旨。刘健定睛看去，心里顿时凉了半截：此人并非王岳，而是刘瑾！是自己老眼昏花了吗？他低头用衣袖狠狠地揉了一下眼睛，抬头再看。没错，就是这该挨千刀的刘瑾！刘健一时急火攻心，咳出一口血痰来，忙用袖子偷偷揩了。刘瑾好像觉察到位列首班的刘健表情有些异常，得意地扯着尖嗓子念道："奉天承运皇帝诏曰：司礼监掌印太监兼东缉事厂提督王岳，妄议朝政，有负圣望，即刻拘捕王岳发往南京充军，其余同党着锦衣卫缉捕归案。命刘瑾掌司礼监，马永成掌东厂，谷大用掌西厂。首辅刘健年迈、次辅谢迁患疾，恩准其致仕，即日离京。钦此。"

刘健正跪在地上接旨，未等听完，只觉天旋地转，头冒金星，一头栽倒在这熟悉的广场上，不省人事。

第二章　亡命钱塘

一 "烧酒翰林"焦芳

却说那日中午，王岳在司礼监收到张燕娘的飞鸽传书，知道了内阁大臣们的底牌。王岳早就对"八虎"的胡作非为心存不满，他们把宫里上下闹得跟花果山似的，太后已下了懿旨，再不整顿好内宫秩序，要拿他这司礼监掌印太监问罪。刘瑾等人仗着有皇上撑腰，根本不把他这个"内相"放在眼里。许多太监只知有刘内监，不知有王司礼，长此以往，他的位子早晚要被刘瑾给挤下去。王岳捧着六部九卿弹劾"八虎"的联名折，又看看燕娘飞鸽传来的小纸片，心里一阵冷笑："八虎"啊"八虎"，这次不仅要你们虎落平阳，还要你们虎死牛伤。

王岳在匆匆赶往东暖阁的路上，还一直在想，这个刘瑾为啥变得不近人情，魔怔了呢？刘瑾本来是个孤儿，被太监刘顺收为侄孙，后来顶刘顺的职，净身进宫当了太监。刚进宫那会，他跟王岳还有一段师徒关系。这刘瑾人长得机灵，整天跟在王岳屁股后面，师父长师父短地叫着，干什么事也挺利索。后来，王岳把他派去东宫服侍太子，慢慢地，他就长了脾气。等到太子变成了皇上，他都不听王岳这个师父的使唤了。有一次，他擅自领着皇上出宫玩耍，彻夜未归，太后知道了火冒三丈，要拿王岳开刀。王岳动用了东厂的密探，第二天早上才在胭脂巷找到皇上的行踪。王岳把刘瑾叫来训话，谁知道刘瑾一开口就说："我是奉旨行事，谁敢扫了主子的兴？主子降罪下来，你先摸摸你腔子上有几个脑袋瓜子！"王岳气得打了他个嘴巴，骂道："王八羔子！好好的爷们，都叫你们教坏了，老子先砍了你的脑袋！"刘瑾捂着脸，扭头就走，嘴里哼哼唧唧："还不知道谁砍谁的脑袋呢。"望着刘瑾那熟悉又陌生的背影，王岳心里骂道：不知天高地厚的狗奴才，连师父都不放在眼里了，竟敢搬出皇上来压我，尾巴都翘到天上去了！

在东暖阁，当睡眼惺忪的皇上听了六部九卿参"八虎"的联名折有所省悟时，王岳趁机旁敲侧击，并献计除掉"八虎"。皇上却很犹豫，说："刘瑾几个只是朕跟前的奴才，大臣们何必一定要杀掉他们呢？不如将他们遣去南京闲住吧。等大臣们的怒气消了，再做打算。"王岳劝道："大臣们已是下定决心，与刘瑾几个狗奴才决一死斗了。不杀不足以平其愤啊。借刘瑾几个狗奴才的人头，保君臣相得、天下太平，这也算是舍车保帅哦。"

这时，司礼监太监范亨、徐智进来禀报："万岁爷，这里还有一本。"皇上问："谁的本子？"范亨答："是五官监候杨源的。折子上说，近日星象有变，斗牛犯于太岁、紫薇之间，天狼几度异象，人君之位带红光，五行偏位，小人当道。如不除小人，必有闹事起，社稷危矣。"

皇上听到这番话，颇为心动。徐智也在旁敲起了边鼓："恳请万岁爷以社稷为重，不可有妇人之仁。"

皇上左右为难，想了想，很不情愿地说："待明日早朝，将刘瑾八人交大臣们处置吧，要杀要剐，随他们的便！"王岳应诺一声退下，心中暗喜，回到住所忙将宫里这边的情况飞鸽传与燕娘。

谁知道，就在王岳将联名折启奏皇上之时，吏部尚书焦芳却悄悄潜入刘瑾在东华门外的私宅。

焦芳为天顺八年进士。这一科选翰林院庶吉士，大学士李贤一看焦芳籍贯是河南泌阳人，而自己是邓州人，算是南阳府的同乡，便大笔一挥把他列在了名单里。焦芳此人虽被选了庶吉士，却向来不学无术，个性阴狠。他在翰林院时，喜欢喝他老家出产的一种俗称"喝了蹦"的烧酒。这酒劲大，他整日喝得醉醺醺的，光着膀子在翰林院里找同僚摆龙门阵、扯闲篇，讲些江湖野史，于是同僚都戏称他为"烧酒翰林"。一次，大学士万安和人闲聊起焦芳"烧酒翰林"的外号，随口说了一句："像焦芳这样不学无术之人，也想当翰林学士吗？"后来此话传到焦芳耳中，他勃然大怒："这一定是彭华在背后算计俺，俺如果当不上学士，就一把匕首在长安道上把他这老狗给刺了！"彭华出身于江西安福一个书香门第，其父和彭华的两位胞弟先后考中进士，时称"父子四进士"。更有甚者，彭华的族兄彭时为英宗正统十三年状元。时隔六年后，即景泰五年，彭华一举考中会元。兄弟俩双双夺魁，一时传为佳话："兄状元，弟会元，六年间压两京一十三省豪杰。"彭华是一个温文尔雅的学者，主编了《寰宇集》《大明一统志》《文华大训》等许多典籍，当时正担任翰林院学士兼吏部左侍郎，与焦芳同僚，深知他粗陋无学，是个酒色之徒，有几次当着众人奚落过他。焦芳便跟彭华结下了梁子。彭华听到焦芳撂的那句狠话后非常害怕，觉得自己寒窗苦读几十载，满腹的经纶，如果无端在这个蛮子手里送了性命，太不值当，忙去告诉大学士万安："翰林院都是读书人待的地方，学士多他一个不多，万一闹出血案来，反而让天下人笑话。"彭华的族兄彭时在宪宗成化年间任内阁首辅，是万安的座师。既然座师的兄弟打了招呼，万安也要给点面子，不得已，升了焦芳一个侍讲学士。

焦芳有了翰林学士的头衔，又善溜须拍马，钻营投机，见风使舵，在大明官场，循次渐居高位。到弘治中期，居然当到了礼部右侍郎。当时礼部尚书由大学士刘健兼领，焦芳经常在背后骂刘健水平差，刘健批阅过的文件，只要他焦芳觉得有不称意的，不经禀报就挥笔抹去。不久，焦芳改任吏部左侍郎。吏部尚书是马文升，焦芳欺他年老，将人事大权抓在手中，经常擅权独断。同时又勾结言官，在皇上面前说马文升的坏话。

焦芳与刘瑾勾结，此中还有一个渊源。成化八年的进士中有一个叫刘宇的，此人是个小人，靠巴结权要，于弘治年间担任了北方边防重镇大同的巡抚。而大同靠近塞北，出产名马，刘宇便私自挪用军费，在黑市上买了许多良马，作为特产送去给京城阁臣和要害衙门的上司当坐骑，假称是缴自鞑子马贩子的战利品，让京城旧同僚们试骑。刘健和马文升也收了他的马，确实喜爱，觉得刘宇这人还算重感情，办事也利索，进士出身去前线打仗也不容易，曾经向孝宗皇帝举荐过他。孝宗召见兵部尚书刘大夏，问起刘宇此人。刘大夏便将刘宇给京官送马的事如实禀报。孝宗密遣锦衣卫百户邵琪去大同调查此事。刘宇给邵琪送了一份厚礼，让他为自己开脱，不曾想邵琪回到京城就将厚礼上交给了皇上。后来，孝宗再次召见刘大夏，说："刘健举荐刘宇才堪大用，依朕看，此乃小人，岂可大用呢？由此可见，内阁大臣的话也未可尽信。"刘宇听说了此事，从此对刘大夏深为忌恨。等到孝宗驾崩，新帝朱厚照即位，刘宇以右都御史总督宣化、大同、山西军务，便想着搞掉刘大夏的兵部尚书，取而代之。这时候他想到了皇上身边的红人刘瑾。刘瑾此时已由宦官十二监四司中最不重要的钟鼓司掌印太监，一跃成为十二监中仅次于司礼监的内官监掌印太监兼提督团营。因同为军职，内官监又管着营造，刘宇便与刘瑾搭上了线，两人沆瀣一气，引为知己。不过刘宇人在边关，有诸多不便。刘宇是河南钧州人，与焦芳同乡，因而又把焦芳引荐给了刘瑾，以为内应。

正德改元之始，户部尚书韩文有一天在廷议中说，国库空虚，而理财无奇术，唯有劝皇上节用。焦芳知道皇上派了锦衣卫的人在偷听，便故意表示不平："平常百姓家，每日日用开支也有不少，何况是帝王家？皇上又是登基不久，花费自然大一些。俗语说：'无钱捡故纸。'如今各地积欠钱粮不计其数，为何不加紧催征而要限制皇上的用度？"这话传到了皇上耳中，皇上大为高兴，加上刘瑾在旁边替他说话，焦芳便轻而易举取代马文升成为吏部尚书，百官为之侧目。

刘瑾是陕西关中人，也喜饮酒，有一次喝了焦芳送的"喝了蹦"，觉得口感不错，便送了两瓶给正德皇帝喝。少年皇帝平时在宫中只喝过酒性平淡的黄酒、米酒、糊子酒，两杯火辣辣的烧酒下肚，直呼带劲，跨上战马，叫嚷着要去关外打鞑子。刘瑾因此与焦芳成了酒友。这次，焦芳作为六部之首的吏部尚书，虽在众人的怂恿下同意在联名折上联署，内心却想着，现在外臣虽众，气势汹汹，但跟皇上毕竟还隔着一道森严的宫墙。而刘瑾等"八虎"是新君近侍，日夜伴在皇上身边，外臣如能扳倒"八虎"，联名折上有他的名字，自然有他一份功劳；如果外臣扳不倒"八虎"呢？他这个吏部尚书便首当其冲，轻则罢官，重则入狱，自己辛苦半辈子，左右逢源，机关算尽，好不容易才谋得这么一个人前显赫的官职，若是一夜之间成了白丁流民，岂能心甘？他冥思苦想，心生一计：告密！将六部九卿联名折的事私下告知刘瑾。这样一来，"八虎"败，便成了死老虎，外臣欢天喜地，联名折上的内容成了公开的秘密，没有人会追究谁泄密的事；"八虎"胜，外廷便会大变天，内阁重新洗牌，他这个告密者便有机会在"八虎"的支持下脱颖而出，入阁拜相。

告密对于俺来说，就是一个万全之策呢！这样想着，焦芳两脚踏进了刘瑾私宅的大门。刘瑾看到焦芳火急火燎、满头大汗的样子，笑道："焦大老爷今天酒瘾又犯了？贵州都司正好送来一坛好酒，正想唤人去请你呢。"

"都火烧眉毛了，你还有心思喝酒！"焦芳也不坐，抓起管家端来的一盏凉茶，"咕噜咕噜"一饮而尽。

"你慢点喝，小心呛到。"刘瑾满脸挂着笑，打趣道："你说火烧眉毛，我看你这是火烧喉咙吧。"

看着管家退出去了，刚一屁股坐下的焦芳又起身把客厅的门掩了。刘瑾一看不对劲，神情也凝重了，诧异地盯着他，不知他葫芦里卖的什么药。

焦芳将头凑到刘瑾跟前，低声道："阁老们正密议，要杀你呢！"刘瑾大惊，差点将手中捧着的茶杯盖给摔了。焦芳便将六部九卿联名折、士子内阁请愿和他窃听到的内阁值房密议内容一五一十全部讲给刘瑾听。刘瑾听着听着，脸色由红变黄，由黄变灰，最后变成了死人般的惨白。他结结巴巴地说："那、那我，我们去求求阁老们如、如何？只要能保、保命，甘愿去、去南京闲住，永不回、回北京。"

"内阁里除了李东阳对你们态度缓和一点，刘健和谢迁，还有韩文几个部院大臣，已经联络好司礼监王岳，横下一条心要杀你们，不可能有商量的余地。"焦芳斩钉截铁地说。

"那咋办？我们就伸直脖子等着人来宰？"刘瑾一骨碌跪倒在焦芳跟前，全身颤抖，扯着焦芳长袍的边角哀求说："焦兄救我！焦兄救我！看在我此前陪老兄喝酒的份上，给我指条活路吧。"

焦芳去扶他，但他赖在地上就是不肯起来。焦芳又是扯又是拉，就是扶不起来，也恼了："你这是做甚？俺可不是皇上！你跪俺有啥用？又不是俺想害你，快起来说话，小心让人看见！"刘瑾不听，瘫在地上一个劲地抽搐，絮絮叨叨说些求饶的话。焦芳无奈，只好眼看着他一把鼻涕一把泪地全揩在了他崭新的二品官服上。等刘瑾哭醒了，焦芳才缓缓叹出一口气："俺这次来，就是想救你哩。俺有一计，保你无忧。"刘瑾听焦芳这么一说，才从地上爬了起来，破涕为笑。

焦芳接着说："现在只有皇上能救你。你们几个皇上身边的公公，毕竟是东宫时的老人了，皇上不点头，谁敢怎么样你们？眼下，你们几个只有跑到皇上面前去哭、去闹、去求情，反正要让皇上回心转意。皇上开了恩，你们不就没事了？"

刘瑾听完这番话，脸上终于有了点血色，勉强将失落的魂魄重新找了回来。

"记住，你们还要趁机在皇上面前挑拨他跟阁臣们的关系。说刘健、谢迁几个阁老倚老卖老，不把新皇上放在眼里，老臣欺少主。总之，要想尽办法让皇上不信任内阁那帮老家伙。这样，你们不就安全了吗？还趁机把政敌给清了哩。"焦芳越说越来劲，说得唾沫横飞。刘瑾在旁点头如啄米。

当天晚上，刘瑾、马永成等八人来到乾清宫。皇上刚用过膳，无聊得很，正坐在炕上斗蛐蛐玩，听到管事牌子张得富通报说刘瑾等人来了，随口说了句："来得正好，正愁没人陪朕玩呢。"转念一想，下午刚刚下了口谕，明儿一早要这"八虎"好看，忙又改口："不见！"

可话音未落，刘瑾等人就缩着脖子一溜儿地钻进来了，齐刷刷跪下，号啕大哭起来。皇上满脸的不高兴，将蛐蛐罐子往炕沿上一扔："你们这是怎样？哭丧似的，扫兴得很！"

刘瑾哭得死去活来，边哭边诉："我们几个奴才，打万岁爷在东宫起就在身边侍奉，丝毫不敢大意，唯恐服侍不周。我们都去了势，也没了家，这宫里啊就是咱的家，万岁爷就是咱主子，我们只知对主子忠心耿耿，别无二心。就算做错了什么，那也是万岁爷的家事。现在阁老和那些部院大臣，欺负主子年幼，竟敢上什么联名折，管万岁爷的家事。还敢要挟皇上，这简直是反了天了！要杀了我们几个老奴才，这分明是杀鸡给猴看。"

"我们的命贱得很，死了不足惜！可是没了咱几个，以后主子的话还有谁愿意听呢？寂寞了，累了，闷了，又有谁陪您玩儿解闷呢？"谷大用也哭道。

皇上听到这里，又瞄了眼炕沿上的蛐蛐罐，有点心动。

这时马永成跪行到皇上跟前，一把抱住皇上的腿，乞怜道："这些外臣，不仅藐视万岁爷威严，还违规勾结司礼监王岳，里应外合，想置我们八人于死地。说我们飞鹰猎犬只是个借口呗，飞鹰猎犬咋的了？有损国事了？碍着他们那些外臣了？其实他们是奈何不了万岁爷您，拿我们几个奴才当替死鬼哩。末了儿，是想架空万岁爷您啦！"

刘瑾接着说："司礼监是内府监司，是专门帮万岁爷对付这帮外臣的。王岳这个狗奴才，屁股坐反了，这帮外臣才敢掀起这么大的浪！他仗着服侍过先帝爷几天，根本不把我们东宫的人放在眼里，现在他借着外臣的手要除掉我们，其实是想剪掉万岁爷您的羽翼呀。"

皇上鼻子哼了一声："就他们几个，休想！"

刘瑾见皇上态度有所转变，又哭着说："王岳这个直娘贼，还成天在太后面前说您的坏话呢。上次咱几个奴才陪您去胭脂巷微服私访，就是王岳这个王八蛋告的密！他污蔑我们是什么'八虎'，其实他才是最大的吃人老虎。我的万岁爷啊，我们几个老奴没了，今后只有这个大老虎在您身边，处处掣肘您，给您添堵，您的安危也成问题！我们到地底下没脸见先帝爷啊，要死我们也要搭上王岳这王八羔子一起去死！"

皇上听了，火冒三丈，从炕上跳起来，抓起蛐蛐罐摔得粉碎："朕是皇上，不是小儿，不是吃素的！"

于是，便有了第二天早朝时内阁首辅刘健听到被勒令致仕的圣旨后当场昏倒的一幕。

那日，王阳明在后排听到刘瑾宣旨，暗叫一声不好，燕娘危矣！他趁着刘健昏厥、朝班大乱之际，悄悄从午门溜了出来，打马直奔教坊司，却被管事丫头晓红告知，燕娘一大早就出门去了，不知去了哪里。

他调转马头，在本司胡同踯躅而行，心里揣测燕娘的去处。正在此时，他远远看到前方尘土飞扬，几骑锦衣卫缇骑从宫里方向飞奔而来，连忙勒住马头避让。无计可施之下，只得任凭马儿漫无目的地走着。早朝的一幕总在眼前挥之不去，心情郁闷到了极点。原本想惩恶扬善，以正朝纲，眼看内外联手，君臣一心，胜利果实唾手可得，没想到风云突变，又是小人当道，首辅、次辅遭贬斥，还连累了司礼监王岳老公公。还不知道"八虎"阉党要横行到几时呢！燕娘为此事深明大义，鼎力相助，巾帼不让须眉，可千万不能再让她落入虎口，白白送死，否则真是罪莫大焉。马儿走着走着，来到了娘娘庙前。他心想，这可是个清静的地方，何不进去转转？连日来一波三折，也得好好理下头绪。

王阳明来到庙里，四处转悠，左思右想，总想不明白哪个环节出了差池。昨天下午王岳从宫里传出的消息还说圣上决心斩虎，今日早朝为何剧情逆转了呢？这时候无为道者还在就好了，他能未卜先知，正好可帮忙分析时局，出谋划策。还有，燕娘究竟去了哪里？此刻全城正在搜捕，她是否安然无恙呢？

王阳明有些懊恼，在庙里四处闲逛，不知不觉来到了厢房，只见一位身材俊朗的少年，纶巾便服，正背着手欣赏着墙上的字画，举手投足间气度不凡。便上前揖手道："兄台雅望，余姚王守仁此番有礼。"少年转身"扑哧"一笑，原来是张燕娘。王阳明大喜："正在四处找你，你却原来在此！"燕娘道："昨晚辗转反侧，总觉得打虎之事有些草率，恐不够周密，今早来庙里烧香，祈求娘娘保佑。"王阳明长叹一声："此事已败，王公公已被捕，要发配南京为太祖守陵。皇上下旨，还要抓捕王公公的同党。刚才我去教坊司寻你不着，在胡同口看到锦衣卫的人往教坊司的方向去了，想必是冲着你去的呢。我看此地也不可久留，赶紧找个稳妥之地藏起来吧。"

"普天之下，莫非王土。我一个弱女子，岂有容身之处？"燕娘低着头，面有羞色，"如果先生不弃，我愿到先生身边做一奴婢，日夜服侍先生左右。"

王阳明一听此话，赧颜道："此次连累燕娘，守仁有愧！本应在寒舍找间雅室，供燕娘抚琴静养，但眼下刘瑾等人掌控厂卫，寒舍恐怕早就在厂卫的日夜监视之下了。"

"小女子只是说笑呢，先生莫要紧张。"燕娘爽朗一笑，"天下之大，难道容不下我一个弱女子？"

远处忽然传来一阵军鼓声，王阳明想到了郏文，拍手道："附近就是振威营的营房，把总郏文是我发小，燕娘可暂去落脚。厂卫们耳目再多，也不会想到你会藏身军营。"燕娘道："谢谢先生美意，奴家另有去处。"

　　两人正说话间，有小道士慌忙来报："不好了，锦衣卫抓人来了！"燕娘双手握拳，搭到右腰处，向王阳明欠身道了个万福："先生后会有期！"说罢，转身从厢房的侧门闪了出去，迎面正撞上两名锦衣卫旗校提着绣春刀，伸手来抓。燕娘飞起一脚"螳螂腿"，又是一记"鸳鸯脚"，将他俩踢出一丈远。后面又上来两名旗校挥刀砍向燕娘，刀法甚快，燕娘往旁边躲闪，顺势使出一招"天女散花"，这俩旗校还没看明白，脸上就稀里糊涂地吃了几记快拳。倒地的两名旗校这时也爬了起来，与另外两人对燕娘形成合围之势，双方打将起来。

　　王阳明一看，燕娘虽身手敏捷，拳脚挥洒自如，打得对方不敢近身，但毕竟赤手空拳，一时也难以脱身，时间久了，恐要吃亏，便从厢房冲了出来，大吼一声："住手！"

　　旗校们一愣，回头看到一个穿着整齐六品官服的人，威风凛凛地肃立在台阶之上，一下子反应不过来。王阳明向燕娘使了个眼色，燕娘纵身一跃，从墙上翻了出去。王阳明大声呵斥道："何故在道观打斗？扰本官静修！"为首的旗校这才发觉张燕娘跑了，指着他骂道："你个庸官，误我大事！等我们抓了犯人，回来连你一起锁了！"说罢领着其余三人追了出去。

二　格物乃格心

王阳明从娘娘庙出来，已近中午，烈日当空。马儿走得有气无力，连那街旁的杨柳树，也好像筋疲力尽了似的耷拉着枝条。马路上扬起炙热的灰尘，像雾似的凝滞不动。他骑着马在大街上漫无目的地走着，来到了翰林院附近，心想好友湛甘泉的住处离这不远，何不去讨杯水喝？

在长安街南侧一处灰墙小院前，王阳明勒住马头，轻叩柴门。童子打开门，轻唤一声："王老爷来了。"上前接过缰绳，将马牵到后院马厩里去。一位瘦小的中年男子从堂屋里迎了出来，只见颡中双髁隆起，耳旁黑子左七右六，类似二斗，此人是翰林院编修湛若水，号甘泉，与王阳明是推心置腹的好友。两年前，两人在一个文士雅集上一见如故，意气相投，都对时人沉溺记诵之学和口耳之学极为反感，决心共同致力于复兴以身心修行为根本的圣贤之学。那次会面以后，两人都称赞对方为："此等人物，未曾遇见！"

待王阳明坐定，湛甘泉捧出一大碗茶水，乐呵呵地说："这是我老家的广东凉茶，这大热天，正好解暑！"

王阳明一饮而尽，夸赞其甘洌可口，解了一身的困乏。湛甘泉笑道："这凉茶主要是由夏枯草、金银花、桑叶、菊花、淡竹叶、五指柑等药材熬制，可清心火、解热毒。这个季节喝是最好不过。"王阳明长叹一声："百无一用是书生，还不如做一个悬壶济世的江湖郎中呢。"湛甘泉一脸狐疑地问："阳明何出此言？"王阳明便将连日来的所见所闻择其梗概讲了，最后深有感触地说："陆放翁有诗云：'纸上得来终觉浅，绝知此事要躬行。'我们读书人空有一腔报国热情，兴利除害、匡扶社稷、正我乾坤、治国平天下的大道理说起来倒也容易，若真要做起来，比登天还难啊。六部九卿、学林士子连同内阁阁老的直言劝谏，到头来还不如阉党几句摇尾乞怜之话。现在刘阁老、谢阁老被罢了官，司礼监也由刘瑾把持，恐怕天下不得太平了！"

湛甘泉道："韩昌黎有诗'君子法天运，四时可前知。小人惟所遇，寒暑不可期。利害有常势，取舍无定姿。焉能使我心，皎皎远忧疑'。修齐治平，需先修身齐家，再治国平天下。天运无穷，事机难料，我等只有修心性之学，养浩然之气，才能体认天理。天理顺而五德行，五德行则天运明。天有六极五常，帝王顺之则治，逆之则凶。"

"说得好！学问之道，体认为本。我认为，体认还须向内求，方能明心见性。格物致知，格物其实就是格心啊。"

"阳明此言我不敢苟同。我认为，随处体认天理。格物，'格'就是'至'，也就是求索的意思；'物'就是'天理'。那么'格物'就是'至其理'，就是'求道'。格物的目的就是'体认天理'并存养它。格物，也就是'一内外''兼知行''贯动静'。"

"甘泉此说甚妙！然则心性有别，心为内，物为外。"

"天理就是我们心的自然本体。'体认天理'就是在应对事物之中，从而体认到自己内心中正的本体——天理。你说的心，指方寸而言，故有内外之别。我说的心跟你说的不同，是囊括万物而没有遗漏的，故无内外。"湛甘泉用手指了指自己的心，又在空中画了个圈，"陈白沙创立了自己的'主静心学'，主'静'忽'动'，好静坐功夫，陆九渊又主'心'忽'事'，总之都失之偏颇。我提倡'随处'体认天理，则动静心事，都说到了。我以主敬为格物功夫，就是为了修正白沙先生主'静'忽'动'的弊病。"

正说话间，小童呈上来一壶米酒、两盅葛根清肺汤、一盘白切贵妃鸡、一碗咸鱼茄瓜煲、一碟猪肉虾饺。王阳明这才觉得饥肠辘辘，早上天还没亮便随便喝了碗粥去赶早朝，后来又跑去教坊司、娘娘庙，担惊受怕不说，马都跑累了。

湛甘泉举起酒杯，招呼王阳明就餐："都是些家常小菜，不知合你胃口不？你们江浙好甜食，我们南粤偏清淡。你的肺不好，这个葛根汤最适合你了，润肺止咳的。白切鸡嘛，也是粤菜才有。咱们边吃边聊。"

王阳明吃了几筷子，夸了几句菜肴美味可口的话，接着说："经过此次变故，我越发觉得心外无物。世间多磨难，我们没有一颗强大的内心，很难在尘世间立足啊。"他说到此处颇为动情，与湛甘泉互敬一杯酒，又说："甘泉是白沙先生的高足，陈白沙先生与娄一斋先生师出同门，都是吴康斋先生的弟子。说来也巧，弘治二年，我新婚的第二年，携家眷从江西洪都返回家乡余姚，沿信江逆流而上，到达广信府上饶时，顺便拜谒了一斋先生，向他请教宋儒的格物说。当时，一斋先生告诉我，'圣人必可学而至'。这燃起了我内心深处修习格物之学成为圣贤的热情，于是立志以圣学为宗，振兴圣学。"

"哈哈，这也真是因缘际会，机缘巧合。我们都可算是吴康斋的文脉传承，又能在京师相遇相知，岂非天意？"甘泉也感慨道。

"陆象山曾说：'某虽不识一字，亦不妨我堂堂正正做人。'当下有些学林士子，空识得一些异文癖字，却忘了怎么做一个堂堂正正的人。他们对科举功名、辞藻之学趋之若鹜，对修齐治平、格物致知、诚意正心这些儒学之道，却口是心非。举目望去，尽皆淫词巧句、浮夸之徒。其实圣人岂是识字多、文章好、学问大？不识一字，也可做一圣人！道德文章，道德为先，文章为后。"

"可不是吗？我所在的翰林院，乃天下文翰之首，理当是宣讲孔孟之道的地方。可是现在里面充斥着只会写八股文的书呆子和擅写浮华辞章、靠给人写寿文和墓志铭讨生活的人。"

"要是孔夫子在世，也得气死过去。"

"前几日，我听到几个庶吉士在窃窃私语，说当今皇上不是太后嫡出，被我当场训斥了一番。这等风言风语岂是翰林院的读书人可以咬舌的？还有不少学官将皇上建豹房、选西域秀女之事当成茶前饭后的闲话来讲，学风之差，世所罕见。对了，你想必听说过'烧酒翰林'的事吧？这种人不仅当了侍讲学士，而且还成了选拔百官的吏部尚书，真乃滑天下之大稽！"

"你说起'烧酒翰林'，我突然想起今天早朝之事的蹊跷，为何突然就变了天呢？这个焦芳与刘瑾向来交往甚密，昨日中午，我们在内阁值房密议打虎时，他在房门前探头探脑，形迹甚是可疑。莫非是他提前向刘瑾告的密？"王阳明满脸的疑惑。

"如此说来，'烧酒翰林'入阁几无悬念了！真是小人道长，君子道消啊。"说起朝政之乱，湛甘泉也是一脸愁容。

王阳明听他这么一说，又担心起王岳和张燕娘的安危来。

话说早朝过后，刘瑾穿了一身崭新的大红蟒袍，在一众大小太监的簇拥下，大摇大摆地来到诏狱，在王岳面前翻着白眼："你不是说要我的脑袋吗？现在我倒想问问谁要谁的脑袋呀？"

王岳披头散发，双目紧闭，斜靠着墙坐在地上。

刘瑾用手指着王岳，神气地说："你个老不死的，敢跟你爷爷我斗！打小我进宫那会，你就使唤我，我当时心想，总有一天，我要使唤上你，现在这个愿望终于实现了。别说使唤你，奉天殿外跪着的那些王公贵戚、文武大臣，哪一个不听我老刘的使唤？"刘瑾得意地放声大笑。笑声在狭小的牢房里久久回荡，让人毛骨悚然。

王岳睁开眼，平静地注视着眼前这个他再熟悉不过的人。这人自己一手带出道，一路提携，一直把他当成自家兄弟。这人也曾对自己恭敬有加、唯唯诺诺、言听计从。但自从新皇登基以来，他就好像变了一个人似的——蛮横霸道、诡计多端、两面三刀。这又能怪谁呢？自己落到今天这个下场，只能怪自己有眼无珠。如果当初自己不对他刻意栽培，宫里宫外太监好几千，他一个顶职小太监，此刻还在御衣房刷洗马桶呢。可是，就算他这条当年的小蛇已经长成了巨蟒，但在自己这大内总管太监和东厂厂公面前，也只有俯首帖耳的份。这次决定除掉他和其他几个害群之马，也是受到六部九卿联名折的激发和内阁大臣们的怂恿，再说皇上昨日中午也准奏了呀，怎么一副好牌转瞬间就输得一败涂地了呢？究竟是哪个环节出了问题？王岳左思右想，怎么也想不明白。

刘瑾仿佛看出了他的心思，摇着扇子，晃着脑袋，不停地说："你知道你输在什么地方吗？你跟不上时代，看不清大势！当今万岁爷可是位性情的主子。你那一套虚情假意、道貌岸然、装腔作势，早过时了哦！你输就输在自己是奴才，却摸不透主子的性子，能不输吗？我不一样，我可是在东宫伴着万岁爷长大的哦，他眼珠一转我就知道他想说啥，他说上句我就能猜到他想说的下句。说起来，我有这套本领，还得感谢你当初派我去东宫服侍少主子呢。我知道，当初你是烦我，妒忌我的才干，才把我支开。在我去东宫那一刻，我就暗自下了决心，等我回来之时，就是你的末日！没想到吧，我刘瑾今天终于取而代之了！王岳啊，王岳，今天就是岳王爷也救不了你了！你就老老实实给太祖爷守陵去吧！"

王岳终于按捺不住内心的愤怒："刘瑾，你个小人！你引诱少主，打击忠臣，颠倒黑白，扰乱朝纲！你就不怕挨千刀万剐吗？你就不怕到了九泉之下，太祖爷动用家法，剥你的皮，抽你的筋吗？"

听王岳说到太祖家法，刘瑾一下子就拉了胯。太祖家法是指朱元璋在南京宫门前立的那块不准太监干政、违者活剥的铁碑。铁碑上的内容，刘瑾净身入宫第一天就背过，此后每次听老太监绘声绘色地讲起那些被活剥的酷刑，内心都要打个冷战。这次来诏狱本想揶揄王岳一番，抖抖威风，现在说起太祖家法，嘴里像吃了只死苍蝇，没了兴致。刘瑾转身要走，走到牢房门口，回过头，阴沉着脸，恶狠狠地撂下一句话："老家伙，你想去给太祖爷守陵，老子偏不让你守得安生！"

当天午后，一群锦衣校尉全副武装，押解王岳、范亨、徐智三人来到通州燃灯塔渡口，在这里准备换乘官船沿大运河南下杭州。王岳三人肩上扛着木头枷锁，被押上了甲板。

王岳眺望了一眼渡口前方矗立的燃灯塔，心里想起一句诗来：一支塔影认通州。他在北京城里待了将近五十年，曾经是一人之下、万人之上的王公公，此刻沦为阶下囚即将远赴南京充军。不过王岳心想，皇上年少，受刘瑾等奸党蛊惑，此刻能离开这个是非之地，去南京为太祖安安静静地守几年陵，了却残生，也未必不是一件好事。

三人被押进船舱，锦衣校尉们齐刷刷拔出了钢刀。王岳呵斥道："你们想干什么？圣旨只是让我们去南京充军守陵，你们敢抗旨不成？"为首的一名校尉朝王岳等人拱了拱手："不是小的几个想害公公，而是刘瑾老公公下令天黑前要取你们的首级，我们谁敢不听？我们这就送您三位上路。冤有头，债有主，您呀，到了阴曹地府，有怨气也别朝我们兄弟几个撒，就找刘公公去吧。"说罢，挥刀就朝王岳砍去。

恰在此时，船身猛地一摇晃，大家全都摔倒在地。有人大喊道：

"不好了！船舱进水了！"只听到船舱一阵"咕噜咕噜"作响，不一会儿整个船身一歪，就没在了水里。王岳三人戴着木枷锁，整个身子浮在了水面上，锦衣校尉们或被激流冲走，或在水中挣扎。

一条舢板划了过来，几位身穿黑色短褐的人将王岳三人救到岸上。为首一人身材颀长，正是张燕娘。她拿出一把铁锤将三人的枷锁打开，跪倒在王岳面前，哭道："孩儿不孝，让义父遭此劫难。"王岳将她扶起，满心欣喜："真是劫后余生，我以为再也见不到我儿了呢。"燕娘道："女儿今早摆脱锦衣卫的追捕，赶至西山凤仪镖局躲避。探听到今日下午义父将从通州转行水路，便提前埋伏在此，将官船凿开一个大洞，在船下设了机关，只等你们上船便将其掀翻，再将义父和两位叔叔救起。女儿考虑欠周，让你们受惊了。"王岳笑道："多亏我儿妙计，险些被刘瑾此贼害了性命！"镖局一众镖师也上前行礼，口中叫道："拜见厂公。"王岳颔首道："多亏众勇士相救。"

原来，凤仪镖局是王岳在西山设立的一处秘密据点，平时接镖、走镖、护镖，暗中负有特殊使命，由张燕娘任舵主，直接听命于她本人。镖师个个都是精挑细选的武林高手，而且忠诚精干。王岳下在此处的一颗暗子，现在终于派上了用场。

王岳正暗自得意间，一拨人马悄悄围了上来。众镖师跃身上马，摆开雁形阵式，将王岳护在中间。一时箭如雨下，众镖师挥舞长剑，将箭挡下，并趁机射出飞镖，对方弓箭手一一应声倒下。双方短兵相接，不分上下。燕娘纵马舞剑，在敌阵前穿插，接连击中对方几员悍将。镖师个个都是飞镖高手，不仅镖无虚发，而且花样繁多，飞针、流星镖、燕尾镖、雷公钻，让人防不胜防。其中一位须发飘逸的中年镖师使得一手"暴雨梨花钉"，一次发射，二十几枚银针激射而出，其势急力猛，被击中者纷纷落马。

无奈对方人多势众，兵强马壮，又占据有利地形，燕娘等人背水而战，虽拼死力战，却怎么也撕不开缺口，包围圈反而越缩越小。双方僵持不下之际，对方一名头目隔空喊话："张燕娘，你放下武器投降，可饶你不死。哥哥我最爱听你的小曲，你只要跟了我，可保你荣华富贵一辈子！"

　　燕娘定睛望去，此人两只三角眼，一副铁锅脸，几根黄胡子，歪戴着瓦楞帽，身披一件青绸衣，不是别人，正是刘二汉，便骂道："你个死瘸子，判了死罪的钦犯，还敢在这丢人现眼。今天定叫你狗头落地，有来无回！"燕娘挥舞手中长剑，便要打马上前，刘二汉吓得连忙掉转马头躲避。

　　刘二汉阵营忽然大乱，远远可见有一支队伍正从其后方喊杀过来。燕娘乘势领着众镖师掩杀过去。王岳也亲自上马，抢起一把大刀在阵前乱砍，正砍得起劲时，刘二汉突然掏出一把洋火铳，朝王岳胸前"嘭"的一声响，王岳顿时倒在马下，血流如注。趁着燕娘等人回身搭救，刘二汉率一众人马一溜烟似的跑了。

　　十余个身披蒙面斗篷的勇士策马从刘二汉阵后赶来会合，为首的正是王阳明和郏文。原来王阳明中午从湛甘泉家用过午餐出来，在东长安街上恰好遇见锦衣卫押着王岳三人的囚车从街上经过，往通州方向而去。王阳明看见这些锦衣校尉个个暗藏杀气，心想王公公此番凶多吉少，他这次为了打虎挺身而出，置生死于不顾，可谓忠肝义胆，不能见死不救。于是策马扬鞭赶至德胜门振威营，与郏文共商对策。郏文说："这有何难？我叫上手下兄弟，去劫了他就是！"王阳明说："倒不用劫，我们见机行事，暗中保护王公公一行人顺利离开京师地界即可。此事甚为机密，千万不可外泄，否则将招杀身之祸。"郏文说："放心，这些兄弟都是与我在战场死人堆里爬出来的。别说是对付几个只知道为虎作伥的锦衣卫，就是天皇老子也敢把他拉下马来。"
王阳明笑道："尽是胡说。"于是，王阳明、郏文一众人等，换上罩着黑色面纱斗篷的大氅，抄小道赶来通州码头。正赶上双方激战，便出其不意，从后方将刘二汉一方击溃，解了张燕娘等人的围。

燕娘此刻抱着满身是血、奄奄一息的义父，悲痛欲绝。王岳用尽最后的气力说了一句："保护夫人！"便双腿一蹬，断了气。燕娘放声痛哭起来。王阳明在旁，见此情景，也暗自垂泪。

王阳明劝道："人死不能复生，燕娘节哀顺变。王老公公被奸人所害，为国捐躯，也算是死得其所。"又指着身旁的郏文："这位就是上次跟你说起的郏文郏将军，我的发小。这次全靠他出手相助。"燕娘躬身向郏文致谢。郏文回礼道："常听守仁提起，今日一见，果真宛如天仙一侠女也！"

分手时，燕娘私语王阳明："先生若有暇，改日可来西山找我。"

望着燕娘远去的背影，郏文的目光久久不愿离开。王阳明仿佛看出他的心思，问："黑胡子有意燕娘了？"

"我看她对你才是芳心独属吧。"

王阳明怅然道："家有悍妇，不敢有非分之想。"

"人生不如意者十有八九，兄台恨不相逢未娶时，我是'落花有意，流水无情'。"郏文感慨不已，"天色不早，我等这就赶回军营去，就此别过。"然后率领一众兄弟，纵马扬尘而去。

王阳明孤身一人伫立河边。抬眼望去，天上黑云翻墨，一场暴风雨即将来临。

运河笼罩在一片雨雾之中，云谲波诡，帆影依稀。眼前的这条运河，是连接江南富饶之地与京师的黄金水道，承担着将征自江南各省的钱粮、丝棉、铜铁、茶盐等运抵京师的漕运重任。元代漕运河运、海运并举，而以海路为主。大明永乐十三年规定漕运全部经由内河，停止海运，从此漕运全由运河承担。每年光从江南六府通过运河解送至京的漕粮就有四百万石，充作京师各衙门官员和京营将士的口粮。而通州码头是大运河最北端的要津，是天下财货聚散的繁华之地。不过王阳明无心欣赏眼前的景致。小人当道，君子蒙尘。官场险恶，世道艰难。一日之际，晴阴无常，百暖百寒。此刻天气闷热，暮色低垂，王阳明真想纵身一跳，没入这波涛汹涌的运河之中，来个彻底解脱。"君子当自强不息""士不可以不弘毅，任重而道远"，他想起这些圣人之言，强抑住内心的痛苦，愤怒地将头上戴的蒙面斗笠扔进了河中。圣人典籍中有着许多激励人在逆境中奋起、与命运抗争的教诲。我也立志要成为一名圣贤之士！这个坎如果过不去的话，别说兼济天下，连独善其身都做不到哩。我王阳明不会屈服，也不会放弃，我要一以贯之！

王阳明牵着马准备转身离去，看到不远处两辆马车迎面而来，在他跟前缓缓停住。车上下来两人，正是刘健与谢迁，身后跟着几个仆人背着一些行李。刘健看到王阳明失魂落魄地站在码头上，以为是专程来给他俩送行的，激动地说："患难见真情啊。老夫入阁拜相时，门庭若市，今天削职为民，满朝文武却只有一个兵部主事来相送。"

王阳明本想告诉他自己在这里只是巧合，但又不想让老人家知道真相伤心，便顺坡下驴地说："刘阁老为国事操劳一生，今日终于告老还乡，晚辈来送一送，也是应该。"

"离乡几十载，今日终以残躯归老洛水边。离开这个是非窝，粗茶淡饭，小桥流水，也未尝不是一桩乐事。"

"'洛阳亲友如相问，一片冰心在玉壶。'阁老高风亮节，必将青史留名。"

谢迁也走上前，拍了拍王阳明的肩膀，点了点头，用浙江余姚话说道："世侄，以后回余姚老家别忘了来寒舍品尝杨梅酒哦。'旧时王谢堂前燕'，咱东山谢氏和你们会稽王氏可是绍兴府的两大世族。令尊龙山公长我三岁，中状元我却比他早六年，人称'余姚两状元'呢。"

王阳明向谢迁行了一个揖礼："晚辈常听家严说起世伯，称颂世伯秉节直亮，光明磊落。说有次为了揭发御马监宦官监守自盗和腾骧四卫挂空名领空饷，世伯挺身而出，敢于向孝宗皇帝检举揭发，结果兴利除弊，大快人心。"

"哈哈哈哈，好汉不提当年勇，难得你们还记得。"谢迁听王阳明说起这些光辉往事，心情舒畅，脸上也舒展了许多，"令尊龙山公也有着我们余姚人的耿直。记得弘治九年，当时太监李广得宠。有一次，龙山公给皇上进讲《大学衍义》，有一段讲的是唐朝太监李辅国受唐肃宗宠爱，坏事做尽，还勾结张皇后，祸乱朝政的事。当讲到这一段时，站在孝宗皇帝身边的李广一脸的怒气，我们都替令尊捏把汗，给他使眼色。可是龙山公却面不改色，还提高了嗓音，字正腔圆地诵讲完这一段。幸亏孝宗皇帝是一代明君，不仅不怪罪，还听得津津有味。哎，这些陈芝麻烂谷子的事，真是值得回味啊。今日有世侄前来送行，也算是让老夫在世态炎凉的京师感受到了余姚家乡的温情啊。"

王阳明道："今日世伯回乡休养，明日还可东山再起。"

谢迁笑道："东山再起？不指望啰。没人找碴，就谢天谢地了。"

零星小雨下了起来，船家来催。刘健、谢迁向王阳明辞别，准备登船。正此时，官道上一匹快马飞驰而来。马上的人挥手朝这边喊：

"等一等！二位阁老等一等！"

来人正是李东阳，下马参拜道："元辅、次辅两位老先生今日离京归故里，晚生特来送行。"

刘健鼻子一哼："老夫现在已削职为民，戴罪之身。元辅的称呼，我可享受不起。你现在才是内阁首辅。你那同年焦芳，不日也将入阁。你们俩，还有那刘瑾，将权倾朝野。我等草民只有仰视观瞻的份了。"

李东阳面有难色："前辈此言折煞我也！前辈蒙冤，晚生心里也不好受。晚生已向皇上递了辞呈，宁愿回乡种地，以免遭天下人误解。"

"'没做亏心事，不怕鬼敲门。'这套辞职的把戏是演给人看的，我们混迹官场多年，还不清楚？弘治八年二月，我俩同时入阁，这一待就是十年。现在我走了，正好成全了你呀。大丈夫敢作敢当嘛，还怕他天下人耻笑做甚？"谢迁愤愤然登船而去。

"我、我……"李东阳憋红了脸，想辩解又不知道从何说起。

刘健看着这位昔日同僚窘迫的样子，也有点心酸。李东阳是一位干才，可谓才华横溢、英气逼人，这么多年协助自己处理了许多棘手政务，也备受称道。他跟李东阳、谢迁等人同受皇命修撰《大明会典》，修成后，皇上赏赐蟒衣，开了大明朝内阁大臣受赐蟒衣的先河。想当年他们三人在朝堂之上身披大红蟒衣的样子，那是多么的荣耀啊。眼前这位五岁就给景帝讲读《尚书》的神童，而今也已是鬓角花白、年近六旬的老人了，真是岁月不饶人啊。刘健长叹一声："东阳，好自为之吧。"说罢拂袖而去。

眼看船家起锚、扬帆，往东南方向而去，转眼便消失在雨雾之中。雨越下越大，李东阳和王阳明两人站在岸边一动不动，遥望运河与天际相接之处，任凭雨水啪啪地打在脸上，仿佛这样才一解心中烦闷和憋屈。过了许久，李东阳喉咙里发出低沉得只有自己才能听见的声音："你听说过当今皇上不是太后亲生的事吗？"

天上响起一声炸雷。王阳明一惊，转身一看，李东阳目光迷离，脸上满是泪水和雨水。

李东阳望着倾盆暴雨携雷霆之势注入运河之中，河面上却只激起小小浪花，显得波澜不惊。他继续说着："我与刘阁老、谢阁老同受先帝顾命，今二老致仕归乡，独留我一人。满朝文武猜忌我与'八虎'为同党，其实我是有苦难言。眼下，有关当今皇上不是太后亲生，甚至是抱养的风言已不胫而走，传得满城风雨。不仅太后、外戚那里对皇上极为不利，据说一些藩王也开始觊觎大宝，蠢蠢欲动。这个节骨眼上，我若图一时之快，一拍屁股走人，任凭'八虎'胡来，岂不是有负先帝顾命之托？我就算是打脱牙齿也得和血吞！"

王阳明看到李东阳脸上如青铜雕塑一般坚毅的表情，仿佛明白了他的全部心思："李阁老忍辱负重，非常人心思所及，下官极为佩服。"

"王守仁，我今天就交给你一项秘密任务 —— 调查有关皇上出身流言的真相。"

王阳明又是一惊，李东阳灼热的目光紧盯着他，仿佛在逼促他答应，不容他丝毫推却。王阳明只好很不情愿地点了点头。

三　人人皆可为圣贤

大雨过后，秋气渐浓。那日，王阳明正在家里闲坐，湛甘泉派童子送来请柬，说西山石经书院新近修葺一新，想邀他一道去讲学，顺便观赏西山红叶。王阳明大喜，此邀正中下怀，便回书一封应约。

一个风和日丽的秋日，王阳明和湛甘泉，还有翰林院编修汪抑之、崔子钟等好友在各自门生的陪同下来到京城西郊的石经山，只见山峦多秀色，空水共氤氲，云烟迷蒙之间，红叶在风中摇曳。一行人拾阶而上，来到半山腰的孔雀洞，洞口有一石碑，碑文说此是唐宪宗元和十四年幽州卢龙节度使刘总所凿的藏经洞，也是山中庙宇中僧人们经常刻经的场所，刻完的石经藏于洞中，故此山名曰石经山，亦名石景山。洞内有坐佛数尊，面容圆润，身姿衣纹雕刻细腻。洞旁有一眼古井，井旁建有瓦屋数幢，辟为石经书院。

在书院里，大家坐而论道，宾主甚欢。湛甘泉主讲他的"随处体认天理"说，强调"万物一体之仁"。他认为，天地间的万物和"我"本是一体的，天下百姓和我的骨肉亲人一样，都是一家人。他说："程明道有云：'仁者浑然与物同体。'张横渠也说：'故天地之塞，吾其体；天地之帅，吾其性。民，吾同胞；物，吾与也。'朱子强调'性即理'，陆象山则主张'心即理'。我认为，所谓心，是能体察天地而没有遗漏的存在；所谓性，是心的本能，心与性是统一的，不可分割的。由此可见，宇宙浑然一体，万物不是在心外，格物致知的格物，其实就是格心。致知的知就是天理，也就是事物的本质和规律。"

有弟子问："那怎么格呢？"

湛甘泉答说："程明道强调体认之学，强调从实践中去体会。我的老师陈白沙先生，其吃紧功夫全在静修涵养，他居白沙里，筑阳春台，读书静坐，十年间不出户终于悟道。我在此基础上发展了'随处体认天理'说，本以为老师会批评我呢，但白沙先生却对此大加赞赏，称之为'参前倚衡之学'。"

有弟子又问："读了您作的《心性图说》，请先生为我们解说心、人、元气三者的关系。"

湛甘泉答道："概言之，元气就是周濂溪说的太极，心在人中，人在元气中。'天地同是一气'，而心居于中正的位置，所以能使'万物皆备于我'。程朱理学也好，陆陈心学也罢，在我看来都是'合一'的，心与物、理与气、心与理、心与性、知与行、理与欲、虚与实都只是一气、只是一理。就像我写的一句诗那样：'天地我一体，宇宙本同家。'"

汪抑之、崔子钟与诸生分享了他们研习程朱理学的心得，提倡以"格物穷理"为治学第一要义。

最后，王阳明开讲他的心学体验功夫，提倡以陆九渊的"存养德性"为宗，要"此心还此理"，并建议在问学时，去掉朱子学醉心于追求心外事物之理，陷于支离破碎、溺于字词析义而丧失了心之主体的弊病。

对此，王阳明阐释说："朱子是圣人之道的集大成者，发其指要，尽其精微，而且提出了格物致知，方可进入圣贤之域以及知为先、行为理等实践功夫。可是自从元仁宗延祐年间，朝廷开始以朱子《四书集注》取士，朱子博大精深的理学思想便被教材化。参加科考的士子只知背诵朱子的语录，却忘记了朱子学的生活气息和实践意义，其功夫论变得日益模糊。朱子学变成了空中楼阁，甚至成为思想的桎梏。"

此言一出，满座一片哗然。

湛甘泉出来打圆场："阳明先生说得有他的道理，他不是指责朱子，而是批驳朱子学被庸俗化。"湛甘泉示意王阳明接着往下讲。

王阳明清了清嗓子："朱子主张'性即理'，说格物致知，'格'乃'尽'之意，穷尽事物之理，是为格物。但如果格物致知的路向有了问题，即使把所谓的'物之理'都'格'出来，甚至都穷尽了，也不能使自己成为圣贤啊！我十七八岁的时候，遍寻朱子著作阅读，想要学习他的格物穷理成为圣贤。当时家父官署有很多竹子，我便跟一位姓钱的朋友一起'格竹子'，我们二人对着竹子日夜沉思，但是毫无所得。三天后，姓钱的朋友因思虑过度病倒了。七天后，我也劳累过度而一病不起。事后，我们二人叹息说：'圣贤是做不得的，再格下去命都没了！'"

席下诸生大笑。有一学子站起来问道："先生既然认为格物成不了圣贤，那如何才能成为圣贤呢？"

王阳明答道："我们的心原本是具足'圣人之性'的，所以我们人人皆可为圣贤。不然的话，我们就算多么努力向心外格物，都成不了圣贤。六祖慧能说：'心生种种法生，心灭种种法灭。'虽然此禅宗之心与我圣学之心略有不同，但道理却也相通。人若要成为圣贤，也必须原本就具有圣人的本质。孟子说'万物皆备于我'，又说：'尽其心者，知其性也。知其性，则知天矣。'朱熹说'理生万物'，而我说'心外无物'。"

王阳明等人在台上侃侃而谈，时而存疑，时而论辩，诸生在台下听得如醉如痴。转眼已近午时，诸人用过午膳，略为休息。王阳明提议："山景迤逦，我们何不学孔子来个风乎舞雩之游？"于是众人沿山路继续攀登。

一路秋风习习，红叶飞舞，令人赏心悦目。大家一边赏景，一边论学，不知不觉到了山顶一幢巍峨的庙宇前，抬头一看，山门上悬一金匾——碧霞元君庙。庙门旁有一块四米见方的大青石，上面刻石记载说，此庙所在小山名为万花山，传说从前有一位少女来此进香，坐于莲座后，竟变身为肉身菩萨，并能解除同龄姐妹的痛苦，遂被人尊为万花娘娘，山因此得名，此庙也别称"万花娘娘庙"。

进得庙来，众人被庙内栩栩如生的万花娘娘塑像所吸引。塑像雍容华贵，面含微笑，俯视众生。王阳明与诸生正在中庭观看回廊上的历代名人题诗，后院忽然传来"救命"的喊声。王阳明率诸生忙往后院跑去，一个十七八岁的小道姑冲了出来，与他撞了个满怀。小道姑语无伦次地说："不好了！有歹人要劫了我家夫人！"

众人匆忙赶至后院，只见一群人手持兵器，押着一个中年道姑要往外去。王阳明上前拦住，喝道："光天化日之下竟敢强抢女道，还有王法没有！"

对方为首一人瘦脸鼠须，扬了扬手中明晃晃的大刀，吊着尖嗓子恶狠狠地说："这个女道士欠了我们东家几千两银子未还，现在我们是奉命押她回去讨个说法。你们休得挡道，否则别怪我刀子不认人！"

道姑却异常冷静："本道跟你们去就是，休得伤及无辜！"话语中透着几分威严。

歹徒们手里挥着刀，众生却是赤手空拳，只得往后退却。眼看这些歹徒就要出了院门，此时只听鸽笛声响，从三面院墙上纵身跳下十余名身穿黑色夜行服的好汉，有如天兵天将从天而降，将歹徒们团团围住，手中的刀剑斧钺寒气逼人。

几名歹徒挥刀上前，但几个回合便被制服在地。那名瘦脸鼠须的歹徒一个旱地拔葱腾空而起，继而使出一招排山倒海，将众好汉全部掀翻在地。王阳明等人站在十步开外，都感觉到了一股巨大的气浪逼来。鼠须男哈哈大笑："如此鼠辈竟敢跟爷爷作对，简直是找死！"说罢，就要押着道姑走人。

"且慢！吃本姑娘一掌！"一个白色轻纱人影从墙上飘然而下，接着就是"啪啪"一记鸳鸯掌像闪电一样打在了鼠须男的脸上。鼠须男被突如其来的掌击打懵了，有点找不到北。在外围看热闹的人群爆发一阵大笑。

鼠须男恼羞成怒，使出一招"黑虎掏心"向人影抓去。人影一闪身，再顺势一招"麻姑拜寿"将鼠须男推出一丈开外，摔了个"狗吃屎"。围观者又是笑声雷动。王阳明朝白纱人影看去，这不是燕娘吗？她怎么在这呢？燕娘朝地上的鼠须男打趣道："哟，原来是咱们坊里拉胡琴的臧贤呀，今天怎么改行当起劫匪来了？本姑奶奶看在昔日一起共事的份上，饶你性命，还不快滚！"

鼠须男一个"鲤鱼打挺"站起来，看到燕娘一身短装束腰行头，也是吃惊不小，喝道："大胆钦犯张燕娘！本官现奉太后懿旨，捉了此道姑回去问话。你若识相，赶紧让道，否则别怪我大刀不认人！"燕娘笑道："拉胡琴的竟然也能奉太后懿旨？太后知道你是哪根葱！还不赶紧放了夫人！"

鼠须男抽出大刀就朝燕娘砍去，刀法十分凌厉。燕娘从腰间抽出一把金蛇鞭，一记"游龙惊鸿"把鼠须男的大刀打飞了去，又一招"仙人指路"重重地往他的胸口抽了一记响鞭，再一个"血之刺藤"把他直接抽得打了个转，摔倒在地，口吐鲜血。其他歹徒一看不是对手，赶紧放了道姑，扶了鼠须男鼠窜而去。燕娘等人也不追赶，上前向中年道姑跪地行礼甚恭。

王阳明击掌叫好："张女史好身手，让我等开了眼界！"

燕娘道："在先生面前献丑了，三脚猫功夫，只能对付这些跳梁小丑。"转身对道姑低语："此处似不太清静，夫人可否移驾鄙庄暂且歇息？"道姑点了点头。燕娘又邀王阳明去庄上做客。

王阳明觉得眼前这位道姑气宇非凡。宫廷乐师为何要劫她而去？燕娘又为何要拼命救护？王阳明心中疑窦重重，想起李东阳上次交给他的任务，何不趁此机会去探个究竟？

王阳明与湛甘泉等师生道别，跟着燕娘等人从庙门出来，翻过一个小山坡，穿过一个幽暗的峡谷，峰回路转，便可看到一座山庄藏身于竹影婆娑之中。进到里面，有小桥流水、竹楼土堡，也有一些梅花桩和演习场。乍一看，只是一个不起眼的庄园，实则暗哨密布，处处有机关。每一紧要处都有身披斗篷的卫士把持，可谓警卫森严。燕娘说："这就是凤仪山庄了，是西山凤仪镖局的大本营，寻常人是进不来的。"

进到一个阁楼，道姑在上席坐下。燕娘道："这臧贤狗奴才，胆子也忒大了些，竟敢对夫人动粗。"道姑看了看王阳明，欲语还休。燕娘连忙介绍："这位是兵部王主事、阳明先生，也是自己人。"道姑朝王阳明笑了笑，算是打了招呼。燕娘又对王阳明说："这位是碧霞元君庙的仙姑于夫人。"王阳明抱拳道："晚生王某参见仙姑，仙姑今日受惊了。"于夫人笑道："贫道已是方外之人，承蒙先生垂念，折煞贫道了。臧贤乃教坊司一乐工，精通音律，早些年贫道还未归道山时，夜间常失眠多梦，便叫乐工演奏些安神乐曲，其中便有臧贤，也算是相熟。贫道远离红尘已有十余年，谁曾料想这臧贤今天突然带人来劫持贫道，不知道安的什么心！"燕娘道："都怪在下疏于防范，才让夫人受惊。本山庄已布下九阴玄鸟阵，别说他几个歹徒，就是大军压境也破解不了。下次臧贤还敢再来，定叫他有来无回。夫人在此尽管安心休养。"

王阳明和燕娘从阁楼出来，来到楼前一天台，乱石嶙峋之中暗藏一瞭望口。王阳明探着身子往外张望，原来碧霞元君庙就在山坡下，整座庙宇尽收眼底。他恍然大悟：这个凤仪镖局其实就是碧霞元君庙一暗哨啊，这个于夫人果真不简单！王阳明便好奇地向燕娘询问："这位于夫人究竟是何身份？竟劳你们威震江湖的凤仪镖局为她守护？"燕娘略显神秘地笑了笑："贵不可言。"

燕娘接着说："前日南京分舵传来消息，十余名科道官员因上疏参劾刘瑾，反被打入诏狱，正由锦衣卫押解来京，其中有一个叫戴铣。"

"戴铣？就是那个人称'戴雷公'的戴铣？此人是我故交！"王阳明的思绪仿佛回到了弘治九年的那次春闱。他俩的闱房紧挨着，朝夕在一起九天七夜。王阳明心思重，睡眠不好，而隔壁的戴铣每夜高卧，鼾声如雷，让他很是羡慕。但只闻其声，不见其人。待到放闱之日，他终于见到了隔壁这个叫戴铣的考生，体格健硕，胡子拉碴，不修边幅。王阳明跟戴铣说起鼾睡之事，戴铣哈哈大笑，声如洪钟。两人意犹未尽，找了个酒楼谈天说地，竟成莫逆之交。待到放榜之日，王阳明与戴铣相约一道去看榜。考中者欣喜若狂，落榜者如丧考妣。唯有戴铣与王阳明二人，一中一不中，皆面不改色。戴铣一脸的愧疚："怪我鼾声太大，扰了兄台休息，不然兄台一定金榜题名，而且定当在我之上。"王阳明淡然一笑："世以不得第为耻，我以不得第动心为耻。"戴铣于是对王阳明的不动心功夫深为佩服。戴铣考中进士后，在给事中这一言官任上多年，以敢言直谏著称，加之平时说话嗓门大，于是同僚给了他一个"戴雷公"的雅号。后来，王阳明出任兵部武选司主事，而戴铣是兵科给事中。在扳倒刘二汉等人的营私舞弊案中，戴铣以监察官和皇上侍从官的身份上奏呼应，给了王阳明极大的支持。

现在，得知老友被拘，王阳明心急如焚，他不能坐视不理，他要想方设法营救！

四　首辅李东阳破例去了趟司礼监

第二天早朝过后，王阳明一脸沮丧地回到寓所，一声不吭地把自己关在书房里。夫人诸氏端了盘橘子进来，看到他板着个脸，便说："老家捎过来的蜜橘，真的跟蜜一样甜呢，你好歹也尝一口。"王阳明把盘子往边上一推："把香给我焚上，我要写篇奏折。把门带上，谁都不要进来烦我！"

王阳明的心情坏透了，看到眼前一个个红彤彤的橘子，仿佛是一个个绽着鲜血、鼓绷绷的屁股。就在刚才的早朝上，他亲眼看见南京户科给事中戴铣、兵科给事中艾洪，十三道监察御史蒋钦、薄彦徽等二十一名穿戴光鲜的官员，竟然在丹陛之下，当着文武百官的面，被扒了裤子，各被廷杖三十。戴铣当场死于杖下，其他大臣也是被打得血肉模糊。那唰唰作响的板子，不仅打在这二十一名官员的屁股上，还打在了百官们的心上。那一声声惨叫，至今仍在王阳明心中回响。

奇耻大辱啊！这是在打全天下读书人的脸啊！王阳明心想：这二十一人都是进士出身的读书人，而且都是科道言官，他们上疏挽留刘健、谢迁二位阁老。上疏参劾本是他们的职责，就算言辞有误也可免罪呀，竟然被刘瑾诬陷，全都处以廷杖并下至诏狱。大明纲纪何存？读书人的脸面何存？不行，我得挺身而出，替他们伸张正义！他从书柜里翻出戴铣书赠他的《出塞》：

> 汉家开疆土，穷兵逐天骄。
>
> 后有窦车骑，前有霍嫖姚。
>
> 明时重文教，边功谁敢邀。
>
> 迩来逐小丑，已觉战士凋。

诗作苍凉，书法遒劲。这是前几年，他与戴铣一道去延绥、宁夏、甘肃等三边考察防务时，戴铣看到兵备荒废、士气低迷的感怀之作。当时有彗星从京城上空扫过，又加之鞑靼正在侵扰西北边陲，正是内忧外患之际。他与戴铣一路上深察将士疾苦，讨论时政之弊。

那次考察过后，王阳明上了一篇《陈言边务疏》，内陈"边务八策"，即蓄材以备急、舍短以用长、简师以省费、屯田以足食、行法以振威、敷恩以激怒、捐小以全大、严守以乘弊。他在"严守以乘弊"这一策中写道：

> 臣闻古之善战者，先为不可胜以待敌之可胜。盖中国工于自守，而胡虏长于野战。今边卒新破，虏势方剧，若复与之交战，是投其所长而以胜予敌也。为今之计，惟宜婴城固守，远斥候以防奸，勤间谍以谋虏；熟训练以用长，严号令以肃惰；而又频加犒享，使皆畜力养锐。譬之积水，俟其盈满充溢，而后乘怒急决之，则其势并力骤，至于崩山漂石而未已。
>
> 昔李牧备边，日以牛酒享士，士皆乐为一战，而牧屡抑止之；至其不可禁遏，而始奋威并出，若不得已而后从之，是以一战而破强胡。

《陈言边务疏》上达圣听后，戴铣在孝宗皇帝面前极力推崇，称"'边务八策'切中时弊，乃治虏良策，胜过《孙子兵法》十三篇"。皇上也大为赞赏，敕令兵部将臣熟议，并传提督等官施行。

而今睹物思人，老友已阴阳两隔。王阳明百感交集，将胸中抑郁化为笔下文字，一炷香工夫，一篇奏折匆匆草就。王阳明如释重负，推门而出。家仆王能已在门外等候，说："甘泉先生和献吉先生已在客厅等候多时了。"王阳明斥道："怎不早点来报？"王能低着头，嘴上嘟噜着："少夫人说了，不让打扰少爷。"王阳明快步来到客厅，将二位老友迎入书房。

李梦阳义愤填膺，怒不可遏，说："今次早朝的几大板子，将天下读书人的斯文打尽！我那时真想一头在宫墙上撞死！"

湛甘泉也长叹一声："时势维艰，我圣学之道何日方得彰显啊？"

王阳明拿出墨迹未干的奏折给两位老友阅看。湛甘泉见标题写着《乞宥言官去权奸以章圣德疏》，连忙摆手："阳明，你想步戴铣后尘吗？你这瘦弱之躯哪经得起锦衣卫的几板子打呀！我劝你不可意气用事，赶紧收回上折子的想法！"

李梦阳却道："甘泉莫急，姑且看完再说。"便抑扬顿挫地念了起来：

> 今在廷之臣，莫不以此举为非宜，然而莫敢为陛下言者，岂其无忧国爱君之心哉？惧陛下复以罪铣等者罪之，则非惟无补于国事，而徒足以增陛下之过举耳。然则自是而后，虽有上关宗社危疑不制之事，陛下孰从而闻之？

念到这一段，李梦阳击节称赞："绝妙好文！梦阳可否忝名其后，联名共奏？以示声援！"

王阳明道："我是'捐躯赴国难，视死忽如归'，虽词不达意，唯愿一死以谢天下。献吉兄虽有凛然大义，但守仁不敢陷友于危境。"

湛甘泉在旁直跺脚："《论语》曰：'三思而后行。'你们不要逞匹夫之勇，而要深谋远虑！"

"子曰：'三军可夺帅也，匹夫不可夺志也！'我意已决，人以廷杖为耻，我以廷杖为荣！"王阳明大义凛然地说。

"阳明，你执意要上疏，我也不拦你。但能否听我一句劝，将奏折标题中'去权奸'三字去掉？辞能达意即可，以免授人以柄。"湛甘泉又劝道。

"我只是想告诉刘瑾等阉党，读书人的屁股可以打开花，读书人的斯文是怎么也打不灭的！"

"哎，又一个学屈子投江！我圣学何以遭此困厄？夫子救我！"湛甘泉大声嚷嚷着摔门而去。

李梦阳向王阳明长揖一礼："伯安兄慷慨义士，我代天下读书人向你致敬！兄若有难，我将随之。"说罢，高歌一曲《渡易水歌》而去。

刘健、谢迁去后的内阁值房显得格外安静。李东阳名为内阁首辅，但刘瑾权倾朝野，公侯勋戚以下，竞相巴结刘瑾。刘瑾私宅门庭若市。群臣奏章先用贴了红的本子抄录一份投给刘瑾，号"红本"，然后再将原本送通政司，号"白本"，都称刘太监而不敢直呼其名。内阁反成了清水衙门，门可罗雀。刘瑾不会批答奏章，拿到家中，与妹婿、礼部司务孙聪，侄孙刘二汉，松江市侩张文冕等商量处理，交焦芳润色。焦芳作为内阁大学士，不怎么来值房当值，却与刘瑾沆瀣一气。

这一天，李东阳看到司礼监批出来王阳明的奏章，上面朱批写着："打入诏狱，廷杖四十，候有司发落。"

李东阳暗叫一声不好，廷杖三十就要了戴铣的命，就王阳明那身子骨，估计挨不到二十板子就一命呜呼了！再细看奏章，文辞练达，入情入理，堪当奏疏中的典范。就在几天前，王阳明从石经山下来，径直来到他府上，向他陈说了山上的所见所闻以及那个神秘的于夫人。李东阳嘱咐王阳明严加保密，以免此消息为奸人所利用，然后令通政司、翰林院和六科十三道格外留意宫中动静和坊间舆情。新君登基未久，内有各藩王虎视眈眈，外有鞑靼屡犯边关，有关皇上出身的任何传言，都关系社稷安危。在李东阳印象中，当下的正德朝，像王阳明这样道德文章可足称道，又精明干练的能臣简直是凤毛麟角，其他人或迂腐不能用，或奸猾不敢用。李东阳与王阳明渊源颇深。弘治六年，二十二岁的王阳明参加会试，名落孙山。有一次，王阳明的父亲王华带他参加一次宴席，大学士李东阳见王阳明一表人才，十分欣赏，当众鼓励他："你今岁不第，来科必为状元，试作来科状元赋。"王阳明即席写出一篇文章，受到李东阳极力夸赞。据说，这也成为三年后王阳明再次落第的导火索。当时有些人私下嘀咕："若将这小子取为上第，他目中哪还有我们呢？"

当务之急是赶紧将他从锦衣卫的棍杖下面营救出来！李东阳这样想着，自然就想到了掌管诏狱的锦衣卫指挥使牟斌。这个牟斌为人刚正仁厚，在整个弘治朝执掌锦衣卫北镇抚司，治狱公正，诏狱里几无冤案，确属难得。上次，李梦阳打掉了张皇后兄弟寿宁侯的门牙，还参奏他为非作歹、侵吞田庄。张皇后在孝宗面前闹着要治李梦阳死罪。孝宗是一代名君，终其一生除了张皇后，没有册立过其他妃嫔，禁不住张皇后这么一闹，只好下令让牟斌将李梦阳抓入诏狱。牟斌早就听说过李梦阳的大名，在诏狱里不仅没让他吃半点苦头，还好酒好茶地款待有如贵宾。等风声一过，孝宗敕令牟斌放人，李梦阳大摇大摆地从诏狱里出来了，官复原职。寿宁侯被气了个半死，也无可奈何。牟斌由此在文官士林中赢得救助忠臣的好名声。

李东阳差人通知礼部左侍郎李杰、钦天监监副倪谦和锦衣卫牟斌来内阁商议先帝孝宗陵寝落成祭祀之事。锦衣卫除了巡查缉捕，还执掌直驾侍卫仪仗，通知牟斌来议事顺理成章。正事商议完毕，李东阳以询问宫中警跸机要为由留下牟斌。等李杰等人避退后，李东阳直言以告，请他搭救王阳明。

牟斌说："阳明先生乃当朝名流，牟某素来敬仰，无须首辅吩咐，牟某定当善待。诏狱里诸事，下官定会安排妥当，不让阳明先生有过多不适之处。不过，廷杖之事，虽由我卫执行，但刘瑾届时会安排亲信太监监督，我卫力士只木偶而已，打多打少，打轻打重全凭太监的意思。刘太监让谁五更死，我卫上下不敢留他六更亡。"

李东阳怅然无语。牟斌又说："下官听闻刘太监虽粗识文墨，但喜沽名钓誉，好交结风雅之士。阳明先生父亲状元公王侍郎，曾任詹事府少詹事，负责东宫内外事务。当时刘太监正在东宫侍奉当今皇上，与状元公算是旧时同僚。状元公在刘太监面前只需只言片语，危局便可迎刃而解。"

李东阳与王华是挚友，王华宁折不屈的性格他是再清楚不过的了，让王华去向刘瑾求情，只会更加激怒刘瑾，把王阳明更快地往火坑里推。李东阳突然心生一计，决定假借王华名号去为他儿子求情。

内阁值房与司礼监值房相距并不远，一个在乾清宫东侧的文渊阁，一个在乾清宫西侧的上书房。从文渊阁穿过乾清门前的御前广场就到了上书房。但有明一朝，内廷、外廷势若水火，又有太祖严禁朝臣与内官勾结的铁规，因而偶有司礼太监来内阁值房宣旨或议事，鲜有阁臣赴司礼监走动的。想到王阳明在计除"八虎"、联络王岳、密查流言等事上三番五次献策出力，李东阳也顾不得内阁首辅的面子和世俗的非议了，他要破个例去司礼监会一会刘瑾。

李东阳咳嗽一声，叫来小吏，吩咐备轿，随手从立柜里抽出宣化前线的一封军情急奏。

刘瑾眼见李东阳这位首辅大学士兼文坛领袖破天荒地降尊纡贵亲临司礼监，觉得脸上添光，喜出望外。李东阳道："有一前线急奏，拟了个票拟，怕下面人耽误了，顺道拿来与刘公公过目。"刘瑾笑道："不急不急，就算前方打得不可开交，咱们北京城依然是歌舞升平啊。什么急奏过了关山万重，到这里也不算啥急事了。首辅难得来趟我们司礼监，先喝杯上好龙井再讨论军国大事也不迟。"

两人坐在炕上闲叙。李东阳问起刘瑾在东宫少时给皇上伴读的事，夸了他几句从龙之功，话锋一转问他是否记得一个叫王华的东宫讲读。刘瑾说："怎么不记得？当时刘某还是卑贱之身，好几次远远地听他给太子爷，也就是当今万岁爷讲读经书。果真是状元公啊，那个气派哟，那个学问哟，让人好生羡慕喽！"李东阳又问："刘公公听说过唐玄宗时高力士的故事吗？"刘瑾答说："可是《长生殿》里的那个高力士？"李东阳道："正是。高力士宠冠群臣，统帅禁军，尚且为李白脱靴呢。"刘瑾一愣，旋即笑道："刘瑾虽比不上高力士，但也愿意为大学士您脱一回靴！"说着就俯身将手伸向李东阳的官靴。

李东阳把腿一缩，忙道："不敢不敢！刘公公误会了，东阳岂敢让您脱靴？我说的是当今王华才高堪比李白，其公子受困，而刘公公不为之援手，又说什么欲为李白脱靴呢？"刘瑾一脸茫然："实不知其中端倪，请老先生明示。状元公若有难处，老刘愿为之排忧解难。"

李东阳便将王阳明的事细说给他听，说罢还骂了一通："这个王守仁，虽是状元公公子，但却是个胸无城府、人云亦云的愣头青，经常惹是生非。状元公常常家法伺候，不知道打折过多少棍子呢。"

刘瑾恍然大悟，笑道："这有何难？状元公乃我刘瑾旧时上司，径直告我一声就好了，竟劳老先生过问。我让锦衣卫的兵牙子们手下留情，让他知道点国法威严就好了。按皇上的旨意，他们这帮乱上折子的文官是要发配到西北要塞去充军的。不过，既是旧人之子，那就先让他在诏狱里历练历练。"刘瑾说着，从怀里掏出一个纸本，随便点了一下，"等明年开春，就让他去这里，贵州龙场当个驿丞吧。"

五　刘瑾怒下追杀令

初春的燃灯塔渡口春寒料峭，大运河像一位阅尽人间沧桑的老者，悄无声息地托起南来北往的船舶，毫无怨言，也没有悲欢。

王阳明又一次站在这熟悉的渡口，一艘南下的客船泊在码头等候。湛甘泉、李梦阳、汪抑之、崔子钟、郑文等好友来到渡口，置酒为他送别。湛甘泉端起了酒杯，上前与王阳明互饮了三杯水酒，清了清嗓子，当场吟诗两首，以慰好友，里面有两句："自我初识君，道义日与寻。""生别各万里，言之伤我心。"

湛甘泉的岭南口音，听起来像是哭腔。看到气氛有点伤感，李梦阳提议行酒令游戏一番，以壮行色："我作令官，现在出令，谁答不上来，就罚酒一杯，如何？"众人齐赞。

李梦阳指着旁边的马车说："轰字三个车，余斗字成斜，车车车，远上寒山石径斜。"

众人说，这也应景。

汪抑之举起酒杯，接了句："品字三个口，水酉字成酒，口口口，劝君更尽一杯酒。"

众人又夸，更显离愁别绪了。

轮到王阳明了，他想了想说："蠱字三个直，黑出字成黜，直直直，焉往而不三黜。"

王阳明用的是柳下惠直道事人而多次被罢官免职的典故。众人听了，有些酸楚。李梦阳是令官，说："阳明此令好是好，就是太过直白。什么黜不黜的，咱们都是做一天和尚撞一天钟——得过且过罢了。"又指着王阳明身上略显拥挤的丝棉袍子，把话岔开："人家蹲诏狱，不死也得脱层皮。你倒好，长了一身膘。"

王阳明扑哧一笑："囚室太小，吃了睡睡了吃，无丝竹之乱耳，无案牍之劳神，不长胖才怪呢。在狱中无所事事，就写些诗消遣，一共写了十四首，正好可作为分别礼物送与诸君。"说着从背包里掏出一沓诗稿递与李梦阳、湛甘泉等人。湛甘泉随便抽出一张，是一首题为《天涯》的诗作，抑扬顿挫地念了起来：

> 思家有泪仍多病，报主无能合远投。
>
> 留得升平双眼在，且应蓑笠卧沧洲。

崔子钟赞道："阳明此诗有范文正'先天下之忧而忧，后天下之乐而乐'的大志气和大胸怀啊！"

李梦阳见王阳明独自背着一个简单的行囊，便问："你就孤身一人去那夜郎国吗？"

"老爷子年前外放了闲职南京礼部尚书，家眷都跟着他回南方去了。这样也好，无官一身轻，孤身胆更肥嘛。"王阳明朝各位拱了拱手，"千里搭长棚，没有不散的筵席，大家散了吧。"转身就要登舟。

此时远处响起快马蹄声，一红衣女子飘然而至。王阳明定睛一看，正是张燕娘，便上前为其抓稳马嚼环，扶她下马。燕娘从腰间解下一柄宝剑，说："先生此去黔地，关山万重。此是家传宝剑，赠予先生，姑且留作扶杖之用。"

王阳明接过宝剑，将剑从剑鞘里拔出来，宝剑通体晶莹有如青玉，寒气逼人让人不寒而栗。剑柄上镶有一颗青琅宝石熠熠闪着寒光，剑身上刻有三个篆体小字"青琅函"。

王阳明将宝剑退与燕娘："此剑乃千古名剑，守仁不敢受。"燕娘笑道："鲜花赠美人，宝剑配英雄。此剑赠予先生，正所谓实至名归。"燕娘见王阳明身着单薄，在寒风中瑟瑟发抖，便将身上一件云锦大氅脱下披在他身上，又为他亲手系上颈带。王阳明感动得眼眶泛红，将随身携带的一支竹笛回赠燕娘，长揖答谢。

王阳明立在船头，看着岸上众人渐行渐远的身影，最后消失在视野之中。别了，京城！十一岁那年，他随祖父竹轩公进京与父亲同住，十二岁在京城入私塾，后来因娶亲、养病几度回到浙江老家，又三次来京参加会试。最后一次会试，他考了第一名，却因主考官、翰林院侍读徐穆反对，才降为第二。在接下来的殿试中考了二甲进士出身第七名，被安排观政工部，后来又先后出任刑部云南清吏司主事和兵部武选司主事。在任京官的这些年，也曾外派河南浚县主持建造威宁伯王越的陵墓，赴直隶和淮南等地审查犯人，赴山东主持乡试。前前后后长达二十多年，他都在京城度过。他在这里求学、应试、为官、讲学，在这里交结了湛甘泉、李梦阳等一帮志同道合的挚友，弘扬圣学之道，推崇先秦古文，不做空头文章，言行一致，学以致用。他为戴铣仗义执言，便是在践行着"养天地正气，法古今完人"的圣学要义，虽身陷囹圄，贬官蛮荒也无怨无悔。内心坦荡无私，何惧外物纷扰？当他听到被贬贵州龙场的那一刻，内心毫无畏惧，反而感到十分畅达甚至畅快。不就是一次流放吗？这何尝不是一次在天地间行走，向化外百姓传播圣道的良机？孟子云："天将降大任于是人也。"朱子云："格物致知。"就将这次流放当作一次内心的修炼和致知的求索好了！

在京城，王阳明还认识了侠肝义胆又不失娇艳温婉的张燕娘，一位值得将生命托付的红颜知己。她让他平淡的生命多了几笔动人的色彩，也让他的心灵深处激起一丝难以察觉而又刻骨铭心的涟漪。他突然想到他的夫人诸氏，一位知书达礼、善持家务的大家闺秀，有着浙江余姚一带女人惯有的精明和泼辣，但与燕娘比，却少了些许温情和妩媚。哎，鱼与熊掌不可兼得，不多想了，好在自己在这方面比较随缘。

此时河上升起一轮圆月，在夜行船上撒下银辉点点，让人神情恍惚。船家送来水酒和一些下酒小菜。王阳明坐在月色下自斟自酌，叹万古月圆、千年河道，在月下和河边熙熙攘攘、蝇营狗苟的众生，真是卑微如蝼蚁。这样想着，王阳明迷迷糊糊有些瞌睡。

这时，船家嚷着："到岸了！"岸边有两个童子打着灯笼将王阳明接住："我们将军有请。"王阳明张口正要问个究竟，其中一位童子说："先生请随我来，将军已等候多时。"他只好随他们来到一座崔巍的庙宇中。

在数名家将围绕中，一位身披铠甲、威风凛凛的老将军端坐在正堂之上，见王阳明来了，起身迎接："老夫与阳明子神交已久，今日终于得见，幸甚！"王阳明见老将军气宇轩昂，油然而生敬意，施礼道："夜行至宝地，见扰。"老将军看到王阳明腰间佩带的青琅剑，喜道："可否将佩剑与我一观？"王阳明摘下佩剑，双手递与将军："请老将军鉴赏。"

老将军"唰"的一声将宝剑拔出，上下一比划，在空气中划出几道剑痕，连声道："好剑，好剑！"说着便持剑舞了起来。满大殿里充斥着一股逼人的剑气和倏如流星般的剑影。人在剑影中腾跃，剑在人影中舞动，一时分不清哪是剑影，哪是人影。正在众人目瞪口呆之际，老将军一个收身，剑身入鞘，戛然而止。王阳明还没有反应过来，宝剑又重新悬在了自己的腰间。

王阳明好奇地问："老将军的剑法出神入化，敢问有何诀窍？"

"无名之朴，剑心一如。"老将军捋着花白的胡须笑道，"老夫有一兵法，多年觅无传人，今将赠你，万勿相辞。"说着便从袖口掏出一卷帛书。

王阳明一看，为首一行小篆写着："汉伏波将军讨虏兵法。"大吃一惊，连忙俯身再拜："晚生拜过马老将军。"

伏波将军笑道："老夫不嫌鄙陋，将此兵法传与你。他日疆场杀敌靖民，还望阳明子发扬光大。"

王阳明将帛书小心折好，收入胸前内袋，抱拳应诺："承蒙老将军厚爱，晚生无以为谢，试将吟诗一首，以表谢忱。"略一沉思，吟出一诗："卷甲归来马伏波，早年兵法鬓毛皤。云埋铜柱雷轰折，六字题诗尚不磨。"

诗刚念完，隐约听到耳边有人喊他。睁眼一看，是船夫掌着灯，在船头察看，唤道："夜凉了，请客官回船舱休息。"原来竟是南柯一梦！自己不知不觉伏坐在船头的案几上睡着了，可是刚才吟的那首伏波将军的诗仿佛还挂在嘴角边呢。

"卷甲归来马伏波，早年兵法鬓毛皤。云埋铜柱雷轰折，六字题诗尚不磨。"王阳明又默念了一遍，感觉梦境比现实还要真实。他坚信，这不是梦，而是穿越时空的对话。这位东汉开国功臣、伏波将军马援是他从小就崇拜的大英雄。小时候在茶馆里听说书先生讲起马援北征匈奴、西破羌人、南平交趾以及老年病死疆场、马革裹尸的壮烈故事，羡慕不已，恨不得赶快长大，跃身上马，出关杀敌。而今壮志未酬，已成迁客。他看着远处的江枫渔火，心生惆怅，一阵江风吹来，不觉打了一个寒战。王阳明下意识地扯了一下身上披着的那件云锦大氅，发现内裆里似乎有件什么东西。

王阳明回到船舱，将大氅脱下，仔细摸了摸，感觉里面缝了一件书册一样的东西，扯开线缝，掏出一看，果真是一本蓝布封皮的书册。当他看到封皮上的一行小篆字，惊得半天说不出话来，此字与梦境中的竟然一模一样：汉伏波将军讨虏兵法。

难道是天赐此书？或是燕娘暗赠？王阳明暗自称奇，急不可待地翻开此书。书的内页已发黄，但手写章隶小字仍清晰可见，王阳明喜不自禁，高声读了起来：

> 北虏未除，为祸久矣，盖因其骑兵势焰，迅疾如决堤之祸水，乱我阵脚。倘若王师以辎重长钩挫其锋芒，旋即分而围之，弓弩掩杀，各个击破可也。北虏势败，只在垂死一搏。击其要诀，乃"三断"，一曰断其粮草，二曰断其退路，三曰断其妄想。如此，丧家之犬，可尽诛之也。

读到此，王阳明在案几上猛拍一下："此书可下酒也！"

王阳明又来到船头，抬头望见满天星斗交相辉映，船下激流滚滚、浪花翻涌，心中豪气顿生：大丈夫当保国卫民，扫平天下，做一个无愧于天地良心的圣贤，岂能被几个奸佞小人所击倒？他决心重新振作起来，激流勇进，与时运抗争！

此时刘瑾府中灯火通明。在十余名歌妓的宴乐声中，大学士焦芳，吏部文选司郎中张彩，清客师爷张文冕，锦衣卫指挥使扬玉、石文义，乐工臧贤，妹夫孙聪，侄孙刘二汉等一干人等正围着刘瑾喝酒作乐。

刘瑾喝得微醺，眯着眼问扬玉："皇上在西苑要建一个豹房，我上回荐了钱宁这小厮去办差，不知道他的差办得咋样？"

扬玉答道："钱衙内果真是个办事练达的人，而今太素殿、天鹅房、船坞以及两厢别院都已完工。他又移文礼部，从教坊司和河间诸府选送技艺精湛的伶人、女乐充斥其间，渐有明皇当年气象哩。"

臧贤接过话头说："皇上好武，这钱衙内啊，虽是白俊小生，却擅长拉弓射箭，凡事都投皇上所好。皇上是喜欢得不得了，每日在豹房歇宿，还亲自谱写了一首歌曲《杀边乐》，音律甚为雄壮，堪称天籁之音。"

众人趁着酒兴起哄："何不唱来听听？皇上的雨露也让我等均沾一下！"

臧贤便起身调琴，引吭高歌：

> 大漠孤烟兮
>
> 落日暮
>
> 天圆地方兮
>
> 豺狼哭
>
> 战鼓擂动剑气扬兮
>
> 红旗漫卷逐匈奴
>
> 长城破
>
> 西风劲
>
> 角弓鸣
>
> 胥狼山外血成河兮
>
> 汉军今夜飞度
>
> 酒斟满兮
>
> 歌一曲
>
> 春闺梦里万骨枯
>
> 胡姬蜂腰似阿娇兮
>
> 边关冷月赛吴钩
>
> 单于夜逃漠北平兮
>
> 凯歌伴我归家路

歌罢，大伙击节称赞，又是一番好饮。

刘瑾说："这个钱宁，多日不来府上。皇上作了这等雅乐，我等近臣竟然不知！"

石文义答道："钱衙内深得圣恩，每日在豹房与皇上同起居，居则同榻，卧则同席，想必难以抽身与我等粗饮了。"

扬玉也说："可不是吗？前日皇上升了他锦衣千户。听说，再过几日还要赐他国姓呢。"

刘瑾面有愠色："他的养父钱能是我们一个内官兄弟，八竿子打不出一个响屁的窝囊废。啧啧，没想到，花几吊钱买的家奴竟然这等有出息！俗话说'吃水不忘挖井人'，这小子也忒不像话了，从前没事时整天在我府上瞎转悠，摇尾乞怜的。二汉，你说是不？"

"可不是吗？钱宁这厮，以前爷爷您拉完屎的马桶盖子，他都要与下人们争着洗呢，恨不得喝上两口。"刘二汉的话逗得大伙哄堂大笑。

刘瑾也笑得合不拢嘴："这小子现在出息了，有水喝了竟然忘了我这个挖井人！没有我在万岁爷面前举荐他，他还在你们锦衣卫里守大狱呢。扬指挥，你下回见到钱宁这厮，替我转告他，就说他老叔我想他了，让他抽空也来家里转悠转悠。瞎转悠也好，明转悠也好。反正老夫是个内官，不会惦记着他的香屁股！"

众人大笑，焦芳直接把嘴里含着的一口酒，喷到了坐他对面的张彩脸上。张彩边抹脸边说："大学士是把下官的脸当成钱衙内的香屁股，直接喷上了！"

大伙又是一阵笑。

这时臧贤起身要出恭，刘瑾一把拉住他："你别走，我倒问你，这次去南京见着王华王部堂没有？"

臧贤叹了口气："见是见着了，可是热脸贴了人家的冷屁股。"他拍了拍自己因醉酒而泛红的脸，又拍了拍自己的屁股。

大伙又笑。

刘瑾扯着臧贤的衣服让他坐下："别光顾着扯些脸啊屁股什么的闲篇，还有正经事儿呢。今儿个到场的都打个喷嚏，咱大明江山都得抖一抖哟。"

臧贤接着说："前些日，小的奉了祖爷的命，去南京联络镇守太监和世居江南的王爷、士族，也顺道去王华府上拜访，转达祖爷对他的祝贺。这南京礼部尚书，虽说是个虚职，但也毕竟是个尚书啊，跟北京这边的侍郎比，那也算升官了不是？小的还说，咱祖爷最是念旧，惦记着他这个东宫旧宦哩，只要给祖爷写封信，交小的捎回来，别说北京的尚书，入阁拜相也是指日可待呀，可是……"

"可是什么？"

"可是这个王华，完全是个榆木疙瘩脑袋，跟我吊了半天书袋。什么为臣之道，在于知事；什么见善必通，不私其利；什么称事授禄，不为苟得。反正就是一个意思，不给祖爷您写半个字！"

刘瑾把脸一跌："真是不识抬举！有没有跟他讲他龟儿子的事？"

"讲了。他倒说，他儿子王守仁冒死上疏是大义凛然、名垂青史的事，是在给祖宗长脸哩。"

刘瑾大怒："给祖宗长脸？要不是我被李东阳摆了一道，手下开恩，他这个龟儿子早就成了杖下之鬼了！"

刘二汉放下酒杯道："我的好爷爷呀，这个王守仁可是兵部武选司那个？"

张文冕插话说："不是这个，又是哪个？此人喜欢聚众讲学，扯圣人作虎皮，好为人师，人称阳明子。"

刘二汉气得把酒杯摔了，歪着身子站起来嚷道："爷爷为孙儿做主啊！上次就是这个王守仁，把咱们京营会操和营票的事搅黄了，还搭上了孙儿一条腿！孙儿还被判了个斩监候，险些送了小命！"

焦芳在旁火上浇油："王华、王守仁父子是成心跟老公公您作对！您还记得上次那个六部九卿参'八虎'的事吗？也有他王守仁的份！除了刘健、谢迁几个老顽固，年轻点的京官，就数他王守仁和李梦阳最积极。谢迁也是余姚人，跟他是同乡。先帝爷主政时，俺当时还在翰林院，曾经上书提出御边之策，希望能得到先帝爷的垂青。折子却被谢迁这老匹夫压了，说我写的内容华而不实，尽是哗众取宠之词，害我白费一番心思，还在士林中遭人白眼。"

张彩接过话说："依我看，余姚人都不是啥善茬！"

"对！"焦芳说得更来劲了，"太祖开国以来，都是南方人当政，我们北方人受排挤还少吗？我看今后，你们吏部选人得注意了，南方人少用！"

张彩不住地点头："谨遵阁老旨意。"

刘瑾指着扬玉、石文义怒气冲冲地说："他们这是在打我刘瑾的脸啦，也是在给万岁爷难堪！这个王守仁现在何处？"

扬玉与石文义面面相觑，答道："前几天从诏狱里放了出来，启程去贵州龙场，现在可能已到杭州了吧。"

刘瑾脸一沉："你们锦衣卫是干什么吃的？"

六　雷峰塔上徐爱拜入王门

王阳明的船到了杭州，兄弟守俭、守文、守章闻讯前来北新关迎接。兄弟相见甚欢，王阳明向他们说了一通劫后余生的感慨，还写了一首《赴谪次北新关喜见诸弟》的诗，里面有两句："已分天涯成死别，宁知意外得生还。投荒自识君恩远，多病心便吏事闲。"

经过牢狱之灾和舟船劳顿，王阳明的肺疾老毛病又犯了，只好在西湖之畔、南屏山麓的净慈寺休养。

一天早上，王阳明正在雷峰塔上凭窗而坐，饮着一壶龙井，欣赏着满湖山色。守文带着一位年轻的士子来找他。守文介绍说："这位是乡党徐爱，也是我的同窗。我们一道来的省城，准备今年的乡试。"徐爱拿出投师帖子要施弟子之礼，王阳明连忙止住："我乃戴罪之身，又多病，不敢误人子弟。"

徐爱垂手侍立："久闻先生乃今之大贤，又是我余姚前辈，我有心向学，仰慕先生仁德，非为萝茑之夤缘攀附，愿做孤立凌云之乔松。恳求先生不嫌学生鄙陋粗疏，收为门徒，得闻圣道。"

王阳明打量了一下眼前这位士子，中等身材，穿着缝掖之衣，戴着章甫之冠，略显瘦弱，面色白净，目光皎然，举止得体，于是心生好感，微笑道："欲为我室弟子，不妨出一联考一考你。"他扭头看了看塔上一间禅房里正闭目静坐修禅的一位老僧人，灵机一动出了一联："雷峰塔上老僧入定。"

徐爱脱口而出："菩提树下众生成佛。"

王阳明又道："旋呼泉石仙人酒。"

徐爱对道："自叙西湖处士诗。"

王阳明哈哈大笑，对这个同乡后学的机智文采甚为满意。

这时禅房里传出一声响，是一位小沙弥给老僧送茶水开门的声音。守文拦住小沙弥问："里面是何人？一声不响，一动不动的，只顾呆坐。"小沙弥低声道："净慈寺前主持文怀大师。他在这里已坐关三年，整日里不发一语，不视一物。"小沙弥说起这些一脸的恭敬。

王阳明来到老僧面前，仔细端详一番，突然朝他大声吼道："这老和尚整天口巴巴说什么？眼睁睁看什么？"

老僧被吓了一跳，立马站了起来，觉得眼前敢朝他吼的这人不是寻常之辈，便怯怯地问："老衲在此塔上不言不视已三年了，施主却说俺口巴巴说什么，眼睁睁看什么，此话从何说起？"

王阳明却反问他："你是哪里人？离家几年了？"

"河南人氏，十六岁离家，至今已四十余年。"

"家中可还有亲人？"

"只有一老母，不知是否还健在。"

"还想念吗？"

老僧眼圈一红，长叹一声："哪能不想念呢？"

"你既不能断了想念，就算整天不说话，心中却在说着；整天不睁眼看，心中却在看着。"

老僧听到这话，似有所悟，合掌行礼："施主妙论，请开示。"

"父母天性，岂能断灭？你不能断了想念，便是真性发现。虽整天呆坐，徒乱心曲。俗话说：'爹娘便是灵山佛，不敬爹娘敬哪个？'"王阳明话还没落音，老僧便大哭起来。旁边的小沙弥惊得目瞪口呆，不知所措，可能从来没有见过一向持稳的大师如此动情。

老僧双手合十躬身施礼："施主所言极是，老衲明早便归家省视老母。"然后欢天喜地地下楼而去，留下小沙弥呆若木鸡似地站在禅房前。

徐爱欣然道："人们常说，先生常以禅机示人，随便点化，今日晚生领教了。可是晚生不解之处在于，此僧闭关参禅三年，不语不视，也算是高僧了，为何被先生一语击破，仓惶而逃？"

"我看他虽终日苦修，然心有所系，尘缘未了。佛老之道，因缘随化。待到所之既倦，情随事迁时，切不可执于一念。"

守文在旁笑着告诉徐爱："我兄长早年也是佛道中人。"

王阳明笑道："我少时多病，执迷于佛老之道，对神仙境界羡慕不已。记得弘治十五年，我还在刑部任上，审查完江北囚徒，便前往茅山游玩，在山上偶遇丹阳人汤云谷。当时他也向往神仙之学，还向我介绍了呼吸屈伸之术和凝神化气之道。"

"先生还有此等奇事？晚生愿闻其详。"徐爱好奇不已。

"我俩结伴登上三茅之巅，踏访陶弘景遗迹，慨叹现世之秽浊，飘然有脱屣人间之志。汤云谷自以为'信自己的内心'，实际上是'不知道自己不知道'的状态，是一种自我陶醉。我观其相貌，断定他以后会安常处顺。原因很简单，别看他有超凡脱俗的谈吐，但从神情相貌中可看出他依旧眷恋尘世。后来果不其然，他还是踏入了官场。汤云谷终日居敬在公，却在此中实现了'机忘'和'累释'，在乡邻同僚眼中他已俨然一位得道贤士。这就是他'不知道自己已经知道了'。"

徐爱叹道："先生这是审人心，其高超境界实乃我等望尘莫及。"

"后来我也悟出佛老之不足。佛教和道教都坚持虚无，追求长生不老和脱离生死苦海。说到底追求的还是自己的私欲，所以并未得到真正的虚无。佛教怕父子累，就逃了父子；怕君臣累，就逃了君臣；怕夫妇累，就逃了夫妇。都是为这君臣、父子、夫妇着了相，便想着逃避。佛教的目的是'不着相'，但刻意为之就变成'着相'了。而我们儒教，有父子，还他以仁；有君臣，还他以义；有夫妇，还他以别。何曾着父子、君臣、夫妇的相了？"

王阳明眺望了一眼窗外浩瀚的西湖碧波，接着对徐爱说："而道教上阳子之流，号称得道高人，经常干些拔宅飞升和秘术曲技的事，其实都是怪力乱神。我们儒家也自有神仙之道，书上说颜子三十二而卒，但他的精神至今未亡哩。足下信吗？"

"先生所言，让晚生茅塞顿开，深信不疑。愿早日入门听教。"

"可以。"

徐爱大喜，躬下身子，把早就随身准备好的一段杭绣举过头顶："余姚徐爱，愿委贽行礼，请为弟子。"

王阳明接过杭绣："曾子有言，'士不可以不弘毅，任重而道远。仁以为己任，不亦重乎？死而后已，不亦远乎'？"

"弟子谨遵教诲，死不旋踵。"

守文在旁高声道："请行大礼！"

徐爱拱手稽拜，行顿首四拜大礼。

礼毕。又上来一个小沙弥，自称是胜果寺的杂役僧，他们主持澄观法师有书信送交阳明先生。王阳明览信后，笑道："刚才摆弄禅机度化了净慈寺的高僧，正愁在该寺无法久住，胜果寺长老便来信邀我去论道休养。我们何不即刻起身，去凤凰山转悠一番？"

胜果寺位于凤凰山麓，庙宇高峻崎岖，登高可俯瞰西湖，远眺钱塘。寺门有一联：到江吴地尽，隔岸越山多。寺中盘旋弯曲的石径上，布满了薜荔女萝。苍天古树被朦胧的青霭笼罩，在山寺凭轩俯望，可见附近历历城郭。王阳明非常喜欢这里的幽静。杭州的士子们听说他在胜果寺，也聚集过来。王阳明终日与高僧、士子们谈天说地，乐而忘返。

一日午后，王阳明在寺中廊下乘凉。寺中僧人或已午休，或已外出。两名头戴小帽，身穿窄衫，腰悬刀刃的黑脸大汉突然闯入，操北方口音问他："官人可是王主事？"王阳明答道："正是。"两名大汉道："有事跟主事商量。"便上前要押他离开。王阳明问："去哪里？"

二人说："去了便知。"王阳明说："我有病在身，不能迈步。你等有事，在此告知。"二人却说："此去不远，我们扶你即可。"说罢不由分说，一左一右将他挟持住。王阳明没有法子，只得任凭二人连拖带扶，往寺外走去。

走了大约三里多路，有两名男子从后面追了上来。王阳明觉得很是面熟，其中一名瘦长身材的男子问他："先生可认得我？我名沈玉，湖广常德府人氏。正在寺中借住，前日还与同学一道听先生论说心外无物之理。"沈玉指着旁边那位矮胖男子说，"这是我的同窗殷计，我俩正在杭州府游学。刚才见到先生被官校掳去，怕对先生不利，特追过来，看个究竟。"

两名大汉脸色骤变，拔出腰刀，厉声喝道："此乃朝廷罪人，你等还不退却！"

沈玉笑道："朝廷已免了他的官，还加什么罪呢？"

"这是官家的事，我等只管听差。"两名大汉继续挟持王阳明前行。

沈、殷二人也不罢休，不远不近地尾随其后。

暮色时分，他们来到江边一处空房子前。

两名大汉在沈、殷二人耳边悄声说："我等乃锦衣校尉，实奉刘瑾大太监之命，来取王主事性命。你等没相关的，赶紧离开，免伤及无辜。"

沈玉说："我二人乃手无寸铁文弱书生，无力跟官差抢人。王公乃当今名士，我二人是后学之人，既遇上这事，愿送他一程。"

一名大汉拔出腰刀："你们读书人就是这等婆婆妈妈，不见棺材不掉泪。我就此一刀，快刀斩乱麻，你们就等着给他收尸吧！"沈玉连忙拦住："王公名动天下，让他死于刀下，太惨了点吧？一旦激起民愤，累及地方，二位官差恐怕也难以脱身哩。"大汉想了想，觉得有理，便将刀收了回去。

另一名大汉从腰间解下一条一丈多的绳索，扔给王阳明，不耐烦地说："让你自缢，咋样？"殷计说："绳下死与刀下死都一样的惨哦。江边与胜果寺相隔甚远，就算自缢，何来此处？官府也不好向民众交代啊。"

大汉怒道："这也不成，那也不成！此事不完，我等交不了差，也必死于主人之手。"

沈玉劝他们说："上差息怒，可让王公半夜自投江中而死，对外可妄称夜游失足意外而亡。既让王公全尸，又不累及地方，上差也可了事，岂不妙哉？"

两名大汉低头私语片刻，说："那就这样了。"

沈玉又说："王公今夜就要走了，刑场行刑前都要吃一顿饱饭，怎能让王公当饿死鬼呢？不如我们去买酒共饮，使其醉而忘忧。"

两名大汉此时也饥肠辘辘，便准其所请，将王阳明锁在屋里。王阳明对沈、殷二人说："我今晚必死，烦请二位报我家人为我收尸。"

沈玉说："欲报尊府，必得先生手笔，方可准信。"

"我袖中有素纸，可惜无笔。"

"我去酒家借一支无妨。"

沈玉和一名大汉前往镇上买酒，殷计和另一名大汉留在门外守候。不一会儿，沈玉买了酒肉回来。两名大汉打开房门，放二人进去，又将门锁上。

沈玉将酒斟满，递到王阳明面前，不禁哽咽起来。王阳明却安慰他说："我得罪了朝廷，自料必死。我不自悲，你何必为我伤悲？"然后将酒一饮而尽。

沈玉又将酒斟满，王阳明与沈、殷二人又互饮一杯。沈玉又进一杯，王阳明将酒送到嘴边抿了抿，然后放下："不胜酒力了。既有高情，心已领了。等我写封家信，劳你转达。"

沈玉含泪将笔递给他。他从袖中取出纸来，挥笔赋诗一首：

学道无成岁月虚，天乎至此欲何如？

生曾许国惭无补，死不忘亲恨不余。

自信孤忠悬日月，岂论遗骨葬江鱼。

百年臣子悲何极？日夜潮声泣子胥。

之后，王阳明又写了一首很长的绝命词，词后作篆书十字云："阳明已入水，沈玉、殷计报。"

沈、殷二人将绝命词交与两名大汉看。这二人本不通文墨，但见王阳明书法飘逸流畅，也深为佩服。他们知道王阳明投水之心已决，也不催促，坐下拿起酒肉吃了起来。王阳明端坐席上，独自吟咏所作诗词，摇头晃脑，似入梦呓之境。两名大汉与沈、殷四人一边听王阳明吟咏，一边推杯换盏，最后都酩酊大醉。

午夜时分，月黑风高，两名大汉趁着酒兴催逼王阳明投水自尽。王阳明回顾沈、殷二人，深揖道："我投水后，必报我家！必报我家！"然后"扑通"一声跳到了江里。

此时江面一团黑，周遭寂静无声。两名大汉在岸边站了很久，相信王阳明投水自杀已确凿无疑，后转念一想，不留点他自杀的证据，不好回京复命，便又摇摇晃晃地沿着河岸去搜寻，在岸边找到一双鞋，又在水边发现一条漂着的薄绢头巾。两人确信：王主事果然死了！

沈玉对他们说："鞋子和头巾不要都拿走，留一件在这里。明早行人见了，知道王公坠水，传至京城，也可作为你们行事的佐证。"

两名大汉觉得此话有理，便将鞋子留在了岸边，只拿着头巾走了。

却说胜果寺这边，众人发现王阳明不见了踪影，天黑了也没见人回来，住持便带着全寺僧俗提着灯笼四处找寻，找了一晚上也没有任何消息。天明时便一边报官，一边派人报信给正在凤凰山万松书院读书的王守文。守文大惊，正要叫上徐爱等同窗一道出去寻人，这时，沈玉、殷计二人也来了，告诉他事情原委，将王阳明留下的绝命诗词一并交给他。守文一看，正是大哥笔迹，当场失声痛哭起来。这时，有人在江边拾到王阳明那双鞋，送交了官府。官府便差人把鞋转交给王守文。

王守文与徐爱等人来到王阳明自杀的钱塘江边，派渔夫打捞遗体，一连打捞数日，毫无所获。大家都相信王阳明必死无疑。浙江藩司、臬司和杭州知府衙门在江边设立灵堂吊祭，王阳明的家人和旧友、弟子们身着孝服出席。只有徐爱不愿参加，他坚信他的老师足智多谋，不会这么轻易人间消失。他说："先生必不死！天生阳明，倡千古之绝学，岂能就这样说没就没了呢？"

七　老虎洞口酣然入睡

那晚王阳明磨磨蹭蹭地写绝命诗和绝命词时，就在思虑如何脱险。自幼在余姚水乡长大的他擅水性，心想只要入水，一切便由自己决定。北方来的两名锦衣卫官差又喝了不少酒，能奈我何？这钱塘江看似波澜壮阔，实则受江潮影响，近岸处与江心形成一个坡度，此时正是潮退之际，江边应该不深，又有夜色掩护，一旦入水岂不是蛟龙得水？

王阳明脱掉鞋，"扑通"一声响，跃入水中，双脚已触底，他抱起江底一块石头，在水中迈开步子往下游走去。此时只觉得江水像一扇门似的往两边打开，给他让出一条路来。他就这样踏着江底，如履平地，约摸走了半里路，依稀看到前方有一束亮光在他眼前一晃，还听见有人在喊他的名字。近前一看，一个鱼头人身的怪物出现在他面前，自称是巡江使者，专程奉龙王之命前来相迎。王阳明随其来到龙宫，龙王降阶迎接，以酒肉海味款待。王阳明问："我是否已丧身江中？此处可是阴曹地府？"龙王笑道："你命不该死，前程尚远，只是适逢偶然投身江中，正是我的地盘，特派使者相迎，以尽地主之谊。等你用过此膳，便遣使者送你出江。"话音刚落，王阳明只觉双腿往下一蹬，整个身子便倏忽浮出了水面。

岸边有一处亮光，隐隐约约，忽明忽暗，透着一丝神秘。游近一看，原来是江堤下面的一处洞穴，在淡淡月色下，托着江水，泛着粼波。

王阳明爬上去，摸到几张旧渔网、几个旧麻袋，岩壁的竹竿上还晾着一些鱼干，原来这是夜钓的渔夫们临时泊船歇脚的地方。他将身上的外套脱下，晾在竹竿上，这时一阵江风吹来，鱼干的咸香扑鼻而来，这才发现自己的肚子在咕咕作响，便拿起一条鱼干放在嘴里嚼了起来，又酥又脆，真是美味可口。他一连吃了好几块鱼干，又在洞穴的角落里寻到一个竹筒，让他甚感意外的是，竹筒里竟然满满地盛着泉水。竹筒上方正对着的岩壁，有水滴"滴答滴答"地滴落下来。他捧起竹筒尝了一小口，只觉甘甜可口，沁人心脾，便"咕噜咕噜"一饮而尽。他又找了几张旧麻袋铺在地上，身子往上面一躺，扯了张渔网覆在身上，顿觉四肢酸软，浑身舒畅。一股睡意袭来，便沉沉睡去。

在梦里，王阳明时而与儿时伙伴在溪水中畅游，时而与二三同道在西湖泛舟，时而与水师将领在大海里与倭寇激战。最后，他醒来了，听见有人朝洞里吼："躲在这里了！快来抓住他！"他伸出身子往外张望，发现那两个锦衣捕快正提着刀，往洞里钻。他抓起一根竹竿把他俩顶到了江里，趁势往外跑，没想到水里伸出一只手，拉住了他的脚，他怎么也挣不脱。他双腿像灌了铅似的，无论他怎么扑腾、挣扎，都游不动，还有一股力量拉着他的身子往下坠。后面的捕快在水中挥刀向他砍来，他躲闪不及，砍得他手臂溅起一片血花。此时远处飘来一条渔船，他慌乱中向渔船大呼救命。

"你怎么了？快醒醒！"王阳明睁开惺忪睡眼，看到一个老者正蹲在洞口的一条船上朝他喊，天边已曙光初露。刚才他还在梦中，这时才是真的醒来。

王阳明谎称自己遭强盗抢劫，躲藏于此。船家见他身披破渔网，几乎赤身裸体，披发跣足，确实可怜，便搭救他上了船，还送了他一双草履。渔船顺江往东驶去，七天后抵达舟山岛。

王阳明在岛上帮着船家打下手捕了几天鱼。一日傍晚，雨停了，他站在沙滩上，听到远处传来一阵阵梵音，海上有仙山若隐若现。岛上的渔民告诉他，远处仙山乃普陀山，隔海传来的梵音是那高僧们念诵佛经的声音。

王阳明被这梵音深深吸引，晚上睡在船舱里，耳畔仿佛还回响着这和雅清彻的声音。也许是连日来捕鱼太过辛劳，他在若即若离、忽远忽近的微妙梵音之中酣然入睡。

在睡梦中，只见一梵僧驾着七彩祥云，隔空喊道："阳明子，此是观音道场、海天佛国，随我做观音弟子去！"王阳明感觉到脚下被一块祥云托起，升腾而上。此时身后传来一声唤："阳明子，佛道本一家，野鹤孤云原自在。何不随我畅游九天，与天同寿！"王阳明回头一看，只见葛洪驾一白鹤翩然而至。正犹豫间，突然刮起一阵风，他被刮得在云中翻腾，直上直下，一个闪失掉到了海里。海里浮起一片大如席的荷叶，正好将他接住。他便躺在荷叶上，随波逐浪，一群鲤鱼不断跃入荷叶之上，与他嬉戏，好不惬意。猛然一声钟响，他惊落海里……

王阳明睁开双眼，才知原来是一梦。远处普陀仙山的晨钟声空灵浑厚，徐徐响起，这声音像磁石一样在他心中产生着共鸣，吸引他的心向着仙山飘去。

王阳明告别船家，搭一叶扁舟，迎着晨曦，在朦胧雾色中登上了普陀山。普陀岛周遭金沙绵亘，雪浪环绕，渔帆竞发。山上青峰翠峦，奇石嶙峋。古刹精舍间香火缭绕，仿如人间仙境。普陀山东南隔海相望处有一海中悬岛，名曰"洛迦山"，传为观世音菩萨发迹、修行之圣地。远望洛迦山，酷似一尊观世音菩萨安卧莲花池上。王阳明默诵初唐诗人王勃诗作："南海海深幽绝处，碧绀嵯峨连水府。号名七宝洛迦山，自在观音于彼住。"心想，普陀洛迦美景果真名不虚传。

从渡口处循山径而上，磐陀石、二龟听法石、梵音洞、朝阳洞等名胜或险峻，或幽幻，或奇特，山中岩壑奇秀，花木葱茏，泉流掩映。山中古刹甚多，皆供奉观音大士。王阳明来到普济寺，在慈云石东侧见有一古井，水色湛碧，掬一捧饮，沁人肺腑。岩壁上有宋人袁燮题诗："竹屋虚明卧古松，葛仙丹井留遗踪。日长无事同僧话，指点云边三四峰。"这才知道此井乃晋代仙人抱朴子葛洪当年炼丹所凿。

正流连忘返之际，山门前响起喝道之声。王阳明与一众香客躲闪不及，迎头撞上仪仗卫队。为首的不是别人，正是钱塘江畔逼他自杀的那两名锦衣卫官差。王阳明连日捕鱼，皮肤晒得黝黑，又一身渔夫打扮，三人两两对视，那两名官差一时间竟没能认出王阳明来。

队伍中间身穿大红官服的首领瘦脸鼠须，正是前些日在石经山碧霞元君庙里强抢仙姑于夫人的臧贤。太后近些日身体欠安，痰火太盛，夜晚睡不安稳，臧贤奉了太后之命专程来到这普陀山观世音菩萨前烧香祈福。那两名锦衣卫官差闻讯在运河口接到臧贤，给他看了王阳明的头巾，告诉其已溺水而亡。随后便一路护送，坐船过来岛上。

王阳明见队伍过去，哪还有心思游览，大步流星出了山门，抄一条小路，一路小跑往山下而去。走到一个拐角处，一不小心将脚崴了，只得坐在一棵大樟树下歇口气。心想，那二人定是没有认出自己来，否则早当场将他拿下。正庆幸间，山上人声嘈杂，远远看见有人追赶而来。看其衣着，是那官差二人无疑。

原来那二人虽与王阳明迎面撞上，一则确实没有反应过来，只觉得此人怎么那么像王主事；二则就算心里生疑，但在臧贤面前也不敢贸然行动。前几天才邀了功，这次王主事突然死而复生，岂不是犯了欺上之罪？于是，等到臧贤忙着上香礼佛之事时，二人抽出身来，私下商量，万一此人正是死里逃生的王主事，他们定当偷偷将他送上西天。不然事情败露，刘瑾怪罪下来，二人定无活路。于是，二人便循着下山的路一路搜捕。

这边，王阳明看见二官差远远飞跑而来，也顾不上脚伤，一瘸一拐地往山下树林里跑。这二官差眼尖，在山上看见王阳明的身影在石径路上一颠一簸地小跑，更加生疑，便喊叫起来："贼人哪里跑！"

林中荆棘满地，步步牵衣挂袖。王阳明腿上有伤，心里又急，哪里跑得过飞奔而下的这两位大汉。磕磕绊绊绕了十几个盘道，王阳明喘吁吁地气也上不来，一个趔趄摔了一个跟头，眼看二位官差一伸手就能抓住他。他急中生智，抓了一把地上的黄土，猛然撒在了二人的脸上。二人眼睛进了沙，一时看不清，用衣袖去擦。王阳明顺势溜之大吉，抬头看见路旁有一个洞，来不及多想便钻了进去。

进到洞里，方觉别有洞天，里面俨然如一雅室，上方有缝隙透光，如天窗一般，阳光洒满一地，甚是澄净。室内正方一蒲团上端坐一人，穿青纱道袍，胡须斑白，满脸疙瘩。不是别人，正是无为道者！无为道者仿佛知道王阳明正在遭人追捕，也不多话，手一扬，让他避入内室，然后只听一声机关响，内室岩壁自然合拢，将内外两室隔绝开来。

王阳明刚入内室，那两名官差便提刀跑了进来，问无为道者要人。无为道者仍然正襟危坐，纹丝不动，双目微张，双唇紧闭，却从腹部发出威严的声音："不曾见。"

二官差在洞里四处查找，不见人影踪迹，怒道："明明看见这王主事进得洞来，怎么一眨眼就不见了呢？"无为道者又用腹语道："眼见未必为实。"二官差骂骂咧咧道："明明是投江自尽了，咋又在这海岛上活了呢？明明看见进来洞里，却又怎么一溜烟似的消失了呢？想必是你这妖道藏了起来。再不交出来，打你个烂羊头！"说罢举起刀，作砍杀状。

此时，只见两股气流像无声的闪电，瞬间击中两人举刀的手腕。"当当"两声响，两把腰刀重重地摔在了地上。无为道者这才张开口，用另一种声音说："此是海天佛国，菩萨仙人和得道之士聚集之地。你等所见，未必就是实相，也可能是圣贤之人的魂魄精灵。你等若有孽障，必不能在此地留宿过夜，否则，这些魂魄精灵将你等掳入十八层地狱，永世不得超生。"

这二官差本已云里雾里，听到无为道者说此话，又见其丑陋古怪异常，早已胆怯，心想这海上仙山，果然不同凡响，再也不敢造次。

二人捡起佩刀，怏怏而去。

王阳明从内室出来，向无为道者揖手道谢："前番仙人留书称，海上再相逢，果不其言！"

无为道者呵呵一笑："能在这海天之间重逢叙旧，岂不妙哉！"

王阳明向无为道者说起别后景况，几番险些丧命刘瑾之手，已无心前去夜郎之国做个小小的驿丞，愿隐居这海岛之上，参天地之化育，以养浩然之气。

无为道者听罢，长叹一声："你可置身度外，苟然生死，但亲人呢？万一有人说你未死，逍遥方外，不肯赴贬，岂不是抗旨？更有甚者，诬你北通胡人，南遁百越，何以自明？岂不陷宗室尊亲于危绝之地？"

王阳明大悟，请无为道者指点迷津。无为道者说："龙场之地虽险恶，但天高皇帝远，与刘瑾把持的朝廷相比，岂不更为洒脱？何不把其当作一次涉险的远游呢？况且君子志在四方，仗剑天涯，何惧路阻且长？"

无为道者见王阳明还犹豫不决，便为其打了一卦，得"明夷"卦。卦辞是："利艰贞。"象辞是："明入地中。"此卦寓意小人当道，君子蒙尘，在艰难处要学会隐忍，用晦而明，内不失己，外得免祸。王阳明心领神会，作揖道："多谢仙人鼓励。别说是龙场，就是龙潭虎穴，我也去闯它一闯！"随后，他也提起笔，在岩壁上写下一首诗作为答谢：

险夷原不滞胸中，何异浮云过太空。

夜静海涛三万里，月明飞锡下天风。

诗中暗藏"明、夷"二字，暗合无为道者为他打的卦象。写罢，转身告辞。无为道者拉住他："且慢走，你随我来，此二捕快必不心甘，洞口可能有人把守。"

无为道者带王阳明穿过内室，又触动一机关，推开内壁，现出一侧门。无为道者拎来一只灯笼交与他："从此门径直下去，可直通山下码头，你可坐海船过海登陆。"

王阳明辞谢而去，在暗道里约摸走了半炷香的光景，果真豁然开朗，扒开洞口茅草荆棘，便可见沙滩。

岸边泊着几艘海船，正准备扬帆起航。王阳明搭上一艘海船，往西面钱塘方向驶去，没想到却遇到风暴，海船在海中漂了一天一夜，几近倾覆。后来被一个海浪拍到了岸边，船身几乎散架，船上的人四处逃窜。王阳明被海浪冲上岸，一问渔民，已是福建北部。

此时，有巡航的兵船闻讯赶到，士兵看他穿着长衫，皮肤白净，身材瘦弱，不像是船家渔户，形迹甚是可疑，便将他逮捕，押至兵营。王阳明灵机一动，掏出身上的兵部腰牌，对这些士兵说："我乃兵部海防巡察使，前日在钱塘江口乘船视察防务，不巧遇上风浪，所乘船只被冲刷至此，不知此处离钱塘有多少路途？我自江中至此，才一日夜哩！"

士兵们听罢，暗自称奇，见他气宇轩昂，言谈举止乃官家气派，不敢怠慢，拿出好酒好菜盛情款待，并派人向官署禀报。王阳明知道一旦官署知道了自己的身份，再想逃脱就难了，便在酒足饭饱后，瞅准一个机会，溜了号。

王阳明不敢走大路，沿着人迹罕至的偏僻山路一路狂奔三十余里。暮色时分，他来到一座古寺前，叫了半天门，一沙弥探出头来，打量他许久，说寺里有规定，晚上不接纳陌生人借宿。

王阳明说："这荒郊野岭的，天气正寒，出家人慈悲为怀，总不能叫人露宿野外，与野兽同眠吧？"

这沙弥犹豫了一番，指着上山方向说："往前走半里路，有一野庙，似可避风寒。"说完赶紧把门掩了。

王阳明无奈，只好接着往山上走去，不远处果真见一荒废野庙，在月色下突兀地立在旷野中。他进去一看，神像歪斜着，屋角尽是些蜘蛛网，好在香案宽有两尺许，扫扫灰尘，倒可勉强凑合一晚。他此刻奔波了一天，疲惫至极，顾不上环境洁净与否，卧在香案上，扯了些神像上的幌布盖在身上，酣然而眠。

古寺的沙弥听到山上野庙方向，老虎咆哮了一夜，听得毛骨悚然，夜不能寐。沙弥心想，这个野庙常有老虎出没，那投宿野庙的路人必定成了饿虎们的盘中餐。明天一早去探个究竟，顺便看能否从行李里捡点值钱的物什。

第三章　龙场悟道

一　驿站被焚，险丢性命

王阳明一觉睡到日上三竿。野庙外面传来吵吵闹闹的人声，他起身察看，只见昨日拒他借宿的沙弥领着一群货商模样的人在庙前探头探脑，看见他神色自若地出来，一群人惊得目瞪口呆。

经他一再追问，一伙计才告知实情，原来这野庙是一虎穴，洞穴就在他昨晚高卧的香案下面。沙弥一早在寺前碰到这些赶路的商人，便说山上野庙有人被老虎吃了，便领着他们来瞧瞧。没承想这夜宿老虎窝的人竟然毫发无损，怎不吃惊！那沙弥早就羞得面红耳赤，缩头缩脑地从人群中偷偷溜了。

为首一商人朝王阳明拱了拱手："兄台必乃神人也，老虎都不敢接近！这一带山岭常有猛兽出没，我们有缘结识，如不嫌弃，可否与兄台结伴同行？"

王阳明想着自己孤身一人，又无盘缠，让人生疑，有商人作伴，既可解囊中羞涩，又可免了官兵怀疑，岂不正中下怀？便笑道："四海之内皆兄弟。杜工部有诗：'青春作伴好还乡。'能结伴同行，甚好！"

为首这商人名叫李正岩，江西赣县人，与一般商贾不同，原是县学廪生，为人尚侠义。一路上与王阳明讨论为学之道、谋生之法，偶尔聊起时局，也是颇有怨气。王阳明与他说起心学之道，他听得如醉如痴，说："先生莫非阳明先生高足？不然，何得如此精妙之心学法则？前几日，听说阳明先生在钱塘江遭难，不知是真是假？"王阳明笑而不语。李正岩似有所悟，也不多问，此后待王阳明甚恭。

一路上，王阳明与这些行走江湖的货商、伙计打成一片，同吃同住，对其生计思虑、禀性好恶和生活习俗管窥一二，方知世间万事知易行难，只有知行合一才是心学真谛。

几日后，一行人来到福建、江西交界处武夷山下一小镇。暮色正浓，投店暂住。李正岩等人明日一早将赴山中采购茶叶，特邀王阳明一道进山："此武夷山乃福建第一名山，风光绮丽。兄台颇具雅兴，何不与我同游？"

王阳明在窗前驻足良久，仰观武夷群壑，连绵不绝。想起传说中此山乃神仙武夷君居住之地，果真气势不凡，几欲上山一探神山真面目。但想到武夷山乃名胜之地，常有官宦出游。官家在山中隘口设有多处税所，多有朝廷密探。这一众货商进山收茶，颇为招摇，如与之同行极易暴露行踪。如一口回绝，李正岩等人定当多方劝说，不如先应承下来再说。便答复李正岩说："此山风景甚佳，正有同游之意。"李正岩等人听了此话，欣喜不已。

第二日一早，李正岩起床后，正想邀王阳明喝个早茶，却不见其身影，只在他床上找到一封信。信中说，本欲从游，但戴罪之身，恐移祸友朋，凌晨先行离去，远赴发配之地。信中还有一首诗：

肩舆飞度万峰云，回首沧波月下闻。

海上真为沧水使，山中又遇武夷君。

溪流九曲初谙路，精舍千年始及门。

归去高堂慰垂白，细探更拟在春分。

王阳明在信中托李正岩将此诗抄录在武夷山入口的驿站墙壁上，以掩人耳目，迷惑追杀他的刺客。李正岩再看落款，果真乃王守仁！既喜又忧，喜的是连日来与圣贤同行，颇有所得。忧的是分手时才知真人，未及相送，从此天各一方，不知何日再相逢。于是借了店家一匹快马，骑上官道追赶。不多时，在道上寻到王阳明，赠纹银一锭以助盘缠。又欲将快马相赠，王阳明说："不可。此快马一旦上路，势必引人注目。"李正岩只得作罢，与他依依惜别。

王阳明取道铅山，来到上饶娄家巷芸阁，想再次拜见娄一斋。只见芸阁里娄一斋峨冠博带，正襟危坐，诸生深衣幅巾，围侍左右，内外肃然。他在后面找了个空位安静地坐下。一斋正为诸生讲授《朱子语录》，议论慷慨，善发人智，听者忘倦。

一课毕，一斋避席，王阳明趋身上前行礼："晚生王守仁拜见恩师一斋先生。"

一斋上下打量他一番，甚感吃惊，紧紧拉着他的手来到书房，分宾主坐定，说："家兄弘治四年已离世，我乃娄谦是也。"

王阳明再次起身行礼："晚生拜见莲塘先生。晚生唐突，甚为不安。弘治二年，我曾携家眷来府上向一斋先生问学。先生告我'圣人必可学而至'，让晚生茅塞顿开，从此坚定求圣向贤之决心。未曾想到一斋先生两年后即仙逝，让后学顿失雅望。"

"听家兄生前提起阁下问学之事。家兄曾预言，阁下将是我圣学复兴之不二传人。"

"承蒙一斋先生青眼，晚生倍感惶恐不安。"

"数日前听闻阁下自溺于钱塘江口，后又传言得神人救助，正未知虚实。今日见你来访，乃是斯文有幸。"

"晚生幸而不死，将往谪所。以戴罪之身谪居夷地，尽责而已，本无所憾。但行前未能见到老父一面，恐让老父思虑成病。一念及此，心中不能抒怀。"

娄谦低声说："家侄娄性，乃一斋长子，现官居南京兵部武库司郎中。我即修书一封，让他给行方便，你可潜入南京看望令尊。"

王阳明大喜，欲起身告辞。娄谦执意留其一宿。茶叙酒席上两人相谈甚欢，王阳明向娄谦请教一斋先生主敬穷理之道。娄谦说："芸阁之学以'收心、放心'为居敬之门，以'何思何虑，勿助勿忘'为居敬要旨。"王阳明彻然大悟。

正谈论间，有家人通报，再过几日乃一斋公忌日，娄妃派内官从南昌携礼而来，以资祭典。娄谦让南昌来人先去客厅暂坐。王阳明问："南昌娄妃莫非宁王府王妃？"娄谦怅然答道："家兄聪明一世，糊涂一时，竟将长女许配与宁王为妃，不知日后酿何祸乱！"王阳明一时无语，起身告退。

次日一早，王阳明赴城外娄一斋墓前祭扫。临行时，娄府管家送来二十两纹银助以路费。王阳明婉拒不掉，只好收下。王阳明从上饶走小路前往南京，没几日已至龙江关，在娄性安排下潜入城里看望父亲王华。王华喜出望外，喜极而泣。

在南京住了几天，王华催王阳明赴贵州谪所："出仕为官，乃君王臣子，常思为国尽忠，生死早已度外，更不可贪一家之安。"

第二日，王阳明拜别父亲，携仆从王能、刘二、陈小等三人自龙江关起航。娄性早已安排水师兵船在关口等候，躲过沿途税司和巡捕的搜查，直入长江，在江上换上帆船，逆流而上，直达鄱阳湖。

一路上，王阳明在船舱捧读《周易》，手不释卷，对人生和宇宙之妙理颇有所悟，心境坦然，自得其乐，曾写诗戏语，描绘谪途风物人情："灯窗玩古《易》，欣然若我情。""晚堂疏雨暗柴门，忽入残荷泻石盆。""扁舟心事沧浪旧，从与渔人笑独醒。""天际浮云生白发，林间孤月坐黄昏。"

船至鄱阳湖又沿赣江而上，经分宜县来至袁州府。王阳明想起唐代韩愈当年也曾贬谪此地，不禁感慨，又写下杂诗数首。不久，抵达萍乡，拜谒了宋代大儒周敦颐的濂溪祠，用诗句"碧水苍山俱过化，光风霁月自传神"表达其继圣向贤的心境。

由萍乡入湖南境内，不日到达长沙。他特地渡过湘江，来到岳麓书院，寻访当年朱熹和张栻讲学的遗迹。然后，由长沙经湘江、沅江一路向西。在船上，他忆想屈原南征时也曾渡过湘江和沅江，感同身受，作《吊屈原赋》凭吊。

数日后，最终抵达贵州都匀府的清平卫。此时正是山花烂漫、莺歌燕舞之时，经过一年多的长途跋涉终于抵达贵州，边地风情让王阳明心旷神怡，写诗道："莺花夹道惊春老。"

在清平卫，王阳明与三名仆从踏上崎岖盘旋的山路。在正德三年的仲春时节，他们终于抵达贵州龙场。

龙场位于贵州城北万山丛棘中，蛇虺魍魉，蛊毒瘴疠，道路险阻。龙场界面原属洪武五年贵州宣慰司、夷族土司蔼翠所领之龙耳土目。洪武十四年，蔼翠病逝，因子年幼，其年仅二十三岁的妻子奢香夫人摄理了贵州宣慰使一职。奢香夫人原系四川永宁宣抚司、夷族恒部扯勒君亨奢氏之女。她摄理贵州宣慰使一职后，欲沟通中土与西南边陲的交通，修筑道路，开辟驿站，龙场为其所开九驿之首。

当王阳明来到龙场驿时，只有一个年老的驿卒颤颤巍巍地向他办理交接。驿卒说："盼您很久了，您来了，我就该告老还乡了。"

一问，此人年近七十，中原人士，四十岁那年在家乡与人争执失手打伤了人，戍边至龙场将近三十年。他的服役期限早已过了，只是长期没有驿丞到任，他的回乡关牒上没有长官签字，只好一拖再拖，滞留驿上。

王阳明环顾驿站四周，只有一间茅草房，房顶因年久失修漏着光。屋角处支着一张藤床，边上放着两只木桶、一个水缸。屋檐下搭了一个灶台，上面支着一口铁锅，真可谓家徒四壁。看着老驿卒弓着腰，背上一个旧包袱要上路，连忙把他叫住。

老驿卒甚是吃惊，以为要留他："长官还有什么吩咐？您老刚刚上任，小的本不该此刻就走。可是，可是，哎，再不走就走不了了。"

王阳明从身上掏出一块碎银子递给他："归途甚远，权当盘缠，一路多珍重。"

老驿卒推辞不过，只好收了，临走时犹豫再三，欲言又止。王阳明问道："老人家还有话要说？"

"这里是蛮荒之地，土人不通官话，偶尔有几个中原来的，也尽是些杀人越货被官府通缉的强盗。您老可要当心！"

王阳明早有心理准备，淡然笑道："老人家放心，我会当心。"

老驿卒走了几步，又回头："长官，还有，这里的土司也不是善类。前几任驿丞，哎，都是在任上死得不明不白的。这几年来，没人敢来驿里当差，您呀，一定要仔细啰！"

王阳明一听此话，甚是意外，神情凝重地点了点头。

送走老驿卒，王能等三名家仆一脸难色，嚷嚷道："这个茅草屋根本没法住人，四处漏风，摇摇欲坠，比猪圈还不如！"

王阳明听了他们的抱怨，反而释然："咱们这是遭贬来的，就当是充军吧，肯定不是来享福的。不过，这荒郊野岭，风景如画，也没有人管束，可以信马由缰，图个自由自在。今晚咱们在地上铺些干草，对付一宿。明天咱们上山砍些竹子，做几张竹床也不是什么难事。"

龙场驿的周围是满山遍野的竹林。接下来几日，王阳明带着三个家仆伐竹、挖笋、做床、编筐，忙得不亦乐乎。还修整了茅屋，用竹片编成的简易屏风将屋子隔出来一个小客厅。整个驿站充满了人气，终于有点像一个家了。

这一日，主仆们辛劳了一天，晚上美美地吃了一顿蘑菇小米粥，便早早睡下。三更时分，王阳明突然被一股浓烟呛醒，抬头一看，周遭一片火海。他一骨碌爬起来，叫醒王能等人，要夺门出去，可是木门却从外面封得死死的，怎么也推不开。

眼看火势越来越猛，茅屋随时都有塌下来的危险，王能等人急得像热锅上的蚂蚁。王阳明心里也急，但却告诉自己，此时要冷静，要镇定！他仔细察看了下屋里的形势，发现后窗处火势较小，窗台也不高。他吩咐仆人们将毛巾和棉被浸在水缸里，裹在大家头顶上，再操起一根大木棍，"啪啪"两下将窗格砸得稀巴烂，只剩一个窗洞。王阳明将两只水桶里的水全部浇在了窗上，他们主仆几人相互协助，从窗洞爬了出去。王能体形较胖，是最后一个，爬的时候卡在了窗洞里，外面的人怎么拽也拽不出来。这时屋顶的茅草已烧红了天，不时有燃烧着的茅草和屋椽掉落下来，情急之下，王阳明从旁边茅厕里拎来一个尿桶，劈头盖脸地浇在了王能身上。王能打了个哆嗦，一口秽物从嘴里吐出，身子一收缩竟然挤了出来。

主仆四人刚刚跑到屋后的土坡上，整座茅屋便轰然倒塌。眼看辛苦数日整修的家园一夜之间化为了灰烬，王能等人呼天抢地，痛哭起来。王阳明坐在土坡上，面无表情地注视着熊熊燃烧的大火，被火光映红的脸上眉头紧蹙，腮帮紧绷。就这样过了很久，他站起身，拍了拍身上的灰："天无绝人之路，'人有善念，天必佑之'。上次上山伐竹，我发现东坡上有一个岩洞，我们干脆去住岩洞吧！"

四人打了个火把，找到东坡上的岩洞，入到洞内，发现洞里宽敞平整，可容百人，里面有天然钟乳石形成的石桌、石椅、石床，洞口又有小溪流过。王阳明心情大悦，将刚才火海逃生的不快抛之脑后，兴奋地对仆人们说："这里比余姚的阳明洞还要宜人，冬暖夏凉，简直是天赐良洞。打今儿起，我们就以这为家了！"

王能三人一看有地方落脚，也稍为心安，将毛巾、被褥搭在洞口晾好，回到洞里靠在石椅上歇息。王阳明坐在石床上，双目微闭，打起坐来，口里默念："天地玄宗，万炁本根。广修亿劫，证吾神通……"

他在幻境中看到一土司模样的人带着五六个随从，将茅屋围住，大门封死，堆柴纵火。在熊熊火焰中，他驾着一匹白鹿腾空而起。土司和随从们被一阵逆风刮起，吹落在猫跳河里……

清晨时分，王阳明从睡梦中醒来，听到洞口有人声，便叫王能去察看。不一会儿，王能气喘吁吁地跑回来嚷道："不好了！洞口被一群蛮子围了！"

王阳明也是一惊，问道："有多少人？有没有抄家伙？"

"黑压压一片，没看清。"

王阳明摆了摆手："不要慌！且随我来。"

他穿戴整齐，踱至洞口。一群夷人见他出来，俯身而拜。为首一老者身穿鹿皮袄，头上系着乌黑头巾，头巾上插着一支野鸡毛，口中念念有词。

王阳明听不明白。这时，人群里一位能通夷语的中土人士站出来翻译说："头人伍萨说，昨夜梦到驿站大火，有火麒麟腾空而起，飘来东洞。早上醒来，全村人十有八九皆有此梦。头人暗暗称奇，又于神灵前占卜，得神人告曰：'有中土圣贤来此地，你等皆当小心敬事，听其教训，否则不吉。'于是携族人来到驿站，只余残垣断壁。再寻至东洞，果见洞里有人，定是圣人了，特来谢罪。"

伍萨献上了一块腊麂子肉和一壶米酒。王阳明再三推辞，但还是拗不过盛情，只得收下。王阳明邀伍萨入到洞内，与他在石椅上分宾主坐定。有夷人用牛角盛满米酒，请王阳明先饮一口，再递与伍萨。伍萨轻轻抿了一口，咳嗽不止。王阳明见伍萨面色蜡黄，身材消瘦，知其也跟自己一样患有肺疾，便掏出随身携带的一瓶丹药递给他，回头告诉那中土翻译："这是治疗肺疾的五龙丹，请长老一试，必有奇效。"伍萨听明白后，起身俯首致谢。

伍萨回去吃了王阳明赠他的丹药，竟然将多年的肺疾断了根，欣喜异常，隔三岔五便差人送来粟米、果蔬和山间野味，以解王阳明主仆食不果腹之忧。

王能等仆人跟着主人历经千辛万苦，来到这荒野之地，又受了放火的惊吓，先后病倒了。王阳明亲自给他们生火煮粥，为解其思乡之情，还经常唱起越地民歌，讲些方言笑话。

东洞周边竹林密布，松壑凝烟。王阳明用竹枝做了几支短笛和一支洞箫，又用青琅剑削了一节松木做成拐杖，整日里在山间采摘野菜野果，偶尔倚松竹而眠，自得其乐。一日清晨，他采了一篮子竹笋，又在竹林下吹奏一曲《落梅花》，此时微风飒飒作响，如天籁般伴奏。他心情大好，口占一绝：

> 猗猗涧边竹，青青岩畔松。
>
> 直干历冰雪，密叶留清风。

一阵凉风吹来，突然感到一丝寒意，他下意识地裹紧了披在肩上的那件大红云锦大氅。此氅右臂处被烧了一个小洞，虽然经过仔细织补，仍然留了一个显眼的补丁。睹物思人。在这个与世隔绝、瘴疬横行的地方，他想起了远在京城的燕娘，想起了她的侠义和温存，想起了她的款款细语和白皙肌肤，想起了她的智勇双全和柔情似水。他用吴越古调自吟自唱起来：

> 忆与美人别，赠我青琅函。
>
> 受之不敢发，焚香始开缄。
>
> 讽诵意弥远，期我濂洛间。
>
> 道远恐莫致，庶几终不惭。

在风中，王阳明的泪水夺眶而出。他掏出长箫，呜呜咽咽吹起一曲《潇湘水云》，曲罢，已泪流满面。微风拂竹，如美人袅娜多姿，顾盼生辉，更勾起了他的伤感。他接着吟唱道：

> 忆与美人别，惠我云锦裳。
>
> 锦裳不足贵，遗我冰雪肠。
>
> 寸肠亦何遗？誓言终不渝。
>
> 珍重美人意，深秋以为期。

王阳明拔出青琅宝剑，在竹林里，迎着晨风，把剑舞了起来。剑气如同被赋予了生命，蛟龙般在他的周身游走。他的红袍长袂翩跹，翠绿的竹叶在剑气下破碎成片，纷纷扬扬随风飘舞。他分明看见了燕娘披一身月牙色轻纱，犹如月下仙子般从竹林深处飘然而至，袖若行云流水，裙如荧光飞舞，纤腰灵动，回眸浅笑："先生好剑法，妾身且为您伴舞一曲。"于是水袖扬起，醉舞霓裳，和着他剑的节奏，时而如翻江倒海般雷霆万钧，时而如雨后残荷般风姿绰约。粉颈如雪在舞姿翩跹间若隐若现，明眸似漆在顾盼回转间空灵澄澈。王阳明转动手臂，青琅剑在他的指间旋转起来，如疾风般狂舞、旋转、飞升。燕娘将整个身子搭在他的肩上，两人跟着剑气飞腾了起来，在竹林中飘舞。他右手挥剑在空中划了个美丽的弧线，挺肩收起，左手顺势将燕娘拦腰搂住，然后徐徐落下，倚竹而立。燕娘绵若无骨地倾倒在他怀里，双眸含笑凝视着他。他也将整个身子俯了下去……

正当王阳明沉浸在这似梦非梦的遐想之中，无法自拔也不愿自拔之时，陈小的喊声把他拉回了现实。陈小踉踉跄跄地跑了过来："不好了！不好了！伍萨、伍萨来了……"

"慌什么？慢慢讲！伍萨不是经常来吗？"陈小冒冒失失，搅了他的思绪。

"那个土司、土司……"

"什么吐丝？蚕吗？"

"土司、土司带兵打、打、打过来了！"陈小脸色惨白，上气不接下气。

这土司前番深夜纵火欲行加害，这次竟然明目张胆带兵来犯，莫非这土司与龙场驿站有天大深仇？王阳明转念又想，我们整个驿站才四个人，已经病倒三个，他要抓人，只需差二三兵卒即可，何需亲率大兵兴师动众呢？

来到洞口，伍萨趋身相迎，满头大汗，一边嚷嚷，一边做手势比划，显得十分焦急。他身后跟着一对青年男女，男的身材挺拔，虎背熊腰，眉宇间透着英气。女的圆脸庞，大眼睛，娇美动人，乌黑的头发上戴着许多银饰。这男青年倒能说一口流利的汉话，自我介绍说他叫阿加，是隔壁黑虎寨的后生。女的叫沙依，是伍萨的孙女。他们的故事得从几天前的"跳歌节"说起。

二　水西宣慰府的虎纹密信丢了

"跳歌节"是水西夷族的传统节日，这一天，家家户户欢天喜地，杀鸡宰羊。夜色降临，当竹笛划破夜空，三弦响遍村寨，阿哥阿姐们一队队来到歌场，围着篝火，开始打歌。歌场里摆满大酒坛，人们一边喝酒，一边载歌载舞，随着高亢嘹亮的吆喝声响起，一对对男女跳起了"抬菜舞"。

他们把装满菜肴的托盘在手中自如旋转，让人眼花缭乱。他们或用头顶，或用手托，或用肩抬，或一人骑在一人身上，时而"金鹿望月"，时而"野鸡吃水"，时而"苍蝇搓脚"，时而"鹭鸶伸腿"，翻转踩脚，大步舞盘，竞献绝技。为首的一对男女，正是阿加和沙依。两人也是水西各山寨远近闻名的"跳菜"高手。最精彩的，是他俩表演的"口功送菜"和"空手叠塔跳"。阿加口中衔着两柄大铜勺，上面各置一碗菜，而头顶上的托盘也装满了菜，让人叫绝的是他还可以边跳边上菜，动作诙谐。沙依的舞步与阿加的送菜动作配合得天衣无缝。在一片叫好声中，阿加开始表演他的拿手好戏 —— "空手叠塔跳"。他头顶上的托盘装上八个碗，两只手分别托起重叠在一起的四大碗菜。沙依在旁边也不闲着，在阿加每一次抖闪中，迅速将菜碗在空中接住，再一个旋转舞步便将这碗菜准确无误地送到餐桌上，赢得一片喝彩声。他们踏着节拍，边跳边舞，穿梭席间。一条街摆开的流水宴席成了欢乐的海洋。

在一桌招待过路客人的餐桌前，沙依正配合阿加上菜，一个头上缠着头巾，身穿苗服，满脸络腮胡子的中年汉子拦腰搂住了沙依。沙依毫无准备，惊慌中失手将菜碗"啪"的一声摔在了地上。满座皆惊。

络腮胡子借着酒劲，还想调戏沙依，被阿加拦住。络腮胡子的几名随从过来闹事，阿加寨子里的后生也不是吃素的，个个人高马大，打得他们抱头鼠窜。

大家饮酒、跳舞，放歌如旧，不觉夜色已深，到了曲终人散的时候，阿加和沙依心有灵犀地走到了一块。按照当地风俗，在"跳歌节"上，阿妹遇到一见钟情的阿哥，便可以直接将阿哥带回寨子里的姑娘房谈情说爱，还可以共枕而眠。只不过，不得有肌肤之亲。

阿加与沙依共骑一匹马，往龙场寨方向奔去。马儿正春风得意地走着，没想到半道上被使了绊，一头栽倒在山坡旁。原来是刚才那伙苗人设了伏击！

阿加不愧是夺过"火把节"摔跤比赛头魁的健儿，挺身扶起沙依，护在身后，拳脚相加接连放倒几个苗人。络腮胡子恼羞成怒，拔出一把匕首，猛地刺了过来。眼看就要刺到身后的沙依，阿加伸出手一挡，匕首在他手臂上划出一道口子，血流不止。阿加怒不可遏，一腿踢掉络腮胡子的匕首，一招"黑虎掏心"，一拳打向络腮胡子的前胸。络腮胡子往旁边一躲，阿加又使出一招"螳螂腿"，将他踢倒，顺势一脚狠狠地踩在他的脖子上，踩得他口吐白沫。

这时，寨子里的阿哥们闻讯赶了过来，把这群苗人团团围住。络腮胡子的几个手下趁乱捉了沙依，将长刀架在她脖子上，朝阿加这边大声叫嚷："放了我们张总管，否则别怪我们刀下无情！"

阿加抬起腿，大喝一声："滚！"

络腮胡子咳嗽几声，躺在地上动弹不得。他手下冲上来将他扶起，将沙依推向阿加，一溜烟跑了。

阿加一把抱住沙依，问她伤到哪里没有。沙依看到阿加手臂上的血口子，撕下一块裙布，替他包扎好，嗔怪道："你自己都流血了，还问我伤到没？"

阿加笑了笑："这帮苗狗子，咱们好酒好菜地招待他们，他们反而欺男霸女。下次再让我碰到，打断他们的狗腿！"

阿加抱起沙依想扶她上马，低头看到地上有件东西，捡起来就着月色一看，是一封信，正想扔掉。沙依眼尖，瞧到信封上印着的老虎图案甚是有趣，便一把抢了过来，说："这纸上花纹好看，给我玩了。"

龙场寨的姑娘房里，一夜之间人满为患。阿妹们将在"跳歌节"上相中的阿哥们带来这里，有说有笑。阿加和沙依的到来，给大家增添了更多的欢乐。大家围上来，听他俩讲述勇斗苗家恶棍的故事。大家或三五成群，高谈阔论，或两两成对，窃窃私语，不觉东方初白，曙光初露。大家这才在大通铺上和衣躺下。

却说那络腮胡子姓张名渊，本是安宁宣抚司的大管家。他被手下救回凯里岩头苗寨，在床上躺了一天一夜，被灌了很多药，终于回过神来。一摸胸口，信件不见了！嘴里喷出一口鲜血，白眼一翻，又吓死过去。几个郎中围着团团转，又是扎针，又是灌参汤，这才缓过气来。张渊仔细回想，这信件十有八九是在与那夷族后生打斗时掉的。此信关系重大，万一被人捡了去，他的小命不保！他掂量半天，觉得事态严重，纸包不住火，只得硬着头皮去找宣抚使杨友禀报。

安宁宣抚司坐落在岩头寨的最中心，背靠香炉山，俯瞰岩头河，雕梁画栋，甚是雄伟。在内室里，杨友这会正搂着几个小妾喝着小酒。张渊进来后，杨友屏退左右，压低嗓音问："事情办得如何？"

"一切顺利。安宣慰答应助我们一臂之力。不过事成之后，想割夭坝、干地等五十三寨中的一半归其所有。"

"哈哈，这有何难？只要能将杨爱那厮置于死地，让我出了这口恶气。整个播州宣慰司都归了我，还在乎这几个边远山寨？"杨友掩饰不住内心的激动，嘴角不住地抖动，"安宣慰可有回信与我？"

张渊面色顿时煞白，结结巴巴地说："回禀老爷，小的、小的在回来的路上，遭遇龙场暴民偷、偷袭，抢、抢劫，几、几、几送性命。安宣慰给您的信，和、和他回赠您的财物，都、都被抢走了！"

"这还了得！"杨友惊得从虎皮座位上蹦起来，"万一被人捡了去官府告发，世袭的土司要被褫夺了去，咱们的项上人头都得被人当球踢。"

"我有一计，保老爷无忧。"

"快说快说！"

"听说朝廷新近派来了一个龙场驿丞。就算此信被夷民捡得，肯定也看不懂上面的汉字，他们定会将信送去给这个驿丞。我看不如派人去，一把火将这个破驿站烧得干干净净！别说是一张信纸，就是铁片也给它烧化了。"

"不过，这龙场驿丞是朝廷派来的，万一让人知道了，岂不是与朝廷作对？"

"老爷尽可放心。深更半夜，神不知鬼不觉的，谁会知道是我们放的火呢？"

杨友半信半疑地点了点头："只好这样了，火速派人去办！要是这信走漏了半个字，我先砍了你的狗头！"

却说沙依闲来无事，掏出那晚捡到的信来看，上面印的小老虎花纹确实可爱，便照着图案，用铜刀蘸上蜡液，在白布上依葫芦画瓢，将小老虎绘了出来。蜡片上的小老虎活灵活现，又笨拙可爱，博得寨子里姐妹们一片称赞。沙依一口气接连绘了几十幅这样的蜡片，将它们放在蓝靛染缸里浸泡五六天，晾干后在上面又点绘了一些蜡花，再放入染缸里浸泡数日。最后用清水冲洗干净，用开水煮沸，将蜡质煮去，布上便显出蓝白分明、深浅不一的花纹来，中间还隐约可见一些天然"冰纹"，煞是好看。

蜡染的布片晾干后，正赶上水西赶墟。沙依和姐妹们拿着这些新鲜出炉的花布去墟市上卖，半个上午便被人一抢而空。这一天，恰好水西宣慰府的采办俄里在墟市上买东西，看到沙依她们摊子上的蜡染布这么好卖，也挤进去抢购了几张，拿回去给夫人小姐们当饰品。

宣慰夫人奢脉挑了一条当围巾系在脖子上。中午吃饭时，宣慰使安贵荣一抬头，不经意间看到了围巾上面的老虎图案，惊得筷子都掉了，质问夫人："这布是从哪里来的？"

夫人看到安贵荣这副表情，也吓坏了，赶紧叫来俄里。她不知道犯了什么错，一块普通的染花布竟然让堂堂宣慰使、水西地区夷族人的最高长官如此惊愕！

只有安贵荣知道，这布上的老虎图案不简单。老虎是夷族人的吉祥图腾，夷族人都喜欢老虎。但是这布上的老虎与众不同，它是一脚跃起、突然回头的"回头虎"，而且虎身花纹里藏有夷族暗语，亦即十万火急、见符即见宣慰使等意。这"回头虎"是水西宣慰府的密符，知道此符的除了宣慰使本人外，只有分布水西各地的十二分司头人。"回头虎"只用在调兵打仗、机要密函上，经常是多年尘封不用。安贵荣看到一块从墟集上花几个铜板就能买到的染花布上赫然印着代表家族最高权威的"回头虎"符，能不震惊吗？

安贵荣回想了一下，前几天安宁宣抚使杨友派了管家张渊来，说其异母弟杨爱袭了播州宣慰使一职，是"马屎面上光，里面是坨糠"，只知整日饮酒作乐，学汉人吟诗作对，而且重用汉人，欺压苗民，搞得所辖苗地大小寨子都不服。他已联络杨爱手下几个分司，准备掀起内乱，他再趁机平叛。杨爱尚无子嗣，只要趁乱灭了杨爱，再嫁祸于叛兵，父亲留下的地盘便归他杨友一人所有。杨友邀请水西地方出兵相助，事成之后，将杨爱地盘割一半相赠。安贵荣当场表示，此乃播州杨氏家务事，而且自己率夷民出兵苗地，也甚为不妥。

张渊却说："杨爱所占苗地，与宣慰使世代所有的夷地唇齿相依。今杨爱受汉人蛊惑，有意将苗地献与朝廷，改土归流。据说他还自以为会作几篇诗文，想参加科考，去北京考个状元哩。"

"有这等事？放着世袭的宣慰不当，去受那个寒窗苦读的苦？"

"可不是吗？问题是他宣慰使的地献了就献了，咱宣抚使可归宣慰使节制，咱的地还敢留吗？还有，您安宣慰的夷地，到时恐怕也难以保留哦。唇亡齿寒啊。"

"这水西地面，乃蜀汉诸葛武侯所封，至今已历千年，历朝历代，我安家世袭罔替。难道就被这红口小儿异想天开，说献就献了？那我怎对得起地下的列祖列宗哦？"

"宣慰老爷所言极是，咱家主子也是这样想的。不然怎忍心手足相残呢？这不是咱苗家一家的事啊，播州宣慰与水西宣慰，一个管着苗家，一个管着夷家，数百年来守望相助，谁料到咱苗家出了个这样的败家子呢？咱主子就等着您共襄义举啦。"

"好！我这就修书一封，愿与杨宣抚结盟，助其一臂之力。不过，事成之后嘛，啊，嗯？"

"宣慰老爷尽可放心，岂能让咱夷家兄弟白忙活？咱主子再三交代，一定裂地平分！"

安贵荣这才想起，当时他写完回信封缄后，特意在信封上盖了个"回头虎"的印章。交给张渊时，再三叮嘱："此是绝密信函，务必亲手交与杨宣抚。一旦让官府知道，你我两家必死无疑。"临走时，又指着信封上的虎形纹章说："这是我们夷家最高兵符，谁敢泄露此信，就算逃到海角天边，我夷家十二寨也会将他追杀！"张渊信誓旦旦地说，让他一百个放心。

没想到，他这边的话音刚落，那边"回头虎"都印到染花布上了。他气愤不已，怒道："给我传牛管家！"

不一会儿，俄里和牛管家都缩头缩脑地站在门口。俄里将赶墟抢购染花布的来龙去脉如实禀报。安贵荣手一挥，说："赶紧带上几个家丁，将卖布的人全部抓来见我！"俄里应诺去了。安贵荣又怒不可遏地交代牛管家："带上一队人马，骑快马，去凯里，找安宁宣抚府，追回我前几天给他们的密信。密信追不回，就将那个张管家的人头提来见我！"

当俄里赶到墟市时，哪里还有沙侬她们的影子。她们早早卖光了染花布，收拾了行头，兴高采烈地踏上了回家的路。沙侬的步子迈得格外的欢快，除了染花布卖得好，她还想给阿加一个惊喜：她留了块染得最好的布，准备送给他当定情礼物。

她们路过黑虎寨的时候，向寨子里的人打听阿加的住所，得知他们一帮阿哥一大早就去深山里打猎去了。沙侬有点失望，临走前将那封盖有虎纹章的信托寨里的阿叔转交给阿加。她知道，阿加看到这封信，一定会骑上快马来龙场找她。

这边俄里看到墟市上卖布的空摊子，气得直跺脚，只好发动家丁挨家挨户打听卖染花布那几个姑娘的下落。说来也巧，有几个沿街铺面的伙计竟然认得沙依，说她是跳"抬菜舞"的沙依，龙场寨头人伍萨的孙女。俄里便让这个伙计带路，火急火燎地往龙场方向赶。

到了寨口，伙计指了指正在小溪边浣洗的沙依。家丁们二话不说就冲上去把她掳了。

阿加打猎归来，收到虎纹信，知道是沙依找他，骑着马，意气风发地向着龙场寨而来。到了寨口，却得到沙依被宣慰府的家丁掳了去的消息，打马就追。

阿加追到宣慰府，眼看着沙依被一伙家丁押进了府里，急得直跺脚，几次试图混进去，都被门口的护卫拦了下来。阿加心想，硬闯不行，得想点办法。

他在对面一爿茶馆坐下来，心里琢磨着，沙依好好的，宣慰府干吗抓她去？沙依为啥要托人转交他那封虎纹信呢？莫非沙依被抓与这封信有关？

这样想着，阿加从怀里掏出信，仔细端详，除了觉得那个虎纹章比较特别之外，没有看出其他异样，莫非是信封里的信件有啥特别？他拆开封口，展开信纸，不等他看完，豆大的汗珠便从额头上滴了下来。阿加在字里行间发现了一个天大的秘密：水西宣慰司要与安宁宣抚司密谋联手发动一场针对播州宣慰司的战争，最后还要瓜分播州宣慰司的地盘。怪不得宣慰府的人要抓沙依，肯定是为了找回这封事涉机密的信。沙依现在身上没有这封信，自然百口莫辩。现在他只有拿这封信去换回沙依，不然她少不了要受皮肉之苦。

阿加站起身正准备去宣慰府，转念又想，这封机要信件他已经拆了，宣慰府的人定会杀了他和沙依灭口，不如拒不承认捡到了这封信还好些。但问题是怎样才能救出沙依呢？阿加左思右想，没头绪。

正在这时，他听到邻座有人在说，宣慰府的老太君最近一段时间晚上老闹觉，睡不安稳，府里派人专门请了巫师来跳神驱邪。阿加觉得声音有些耳熟，循声望去，这两个说话的人正是他们黑虎寨的大巫师牛叔和他的徒弟小莫。阿加赶紧坐过去打招呼。

这牛叔是夷苗各寨远近闻名的大巫师，不仅巫术高，而且是个睿智和极富正义感的老人。阿加便向他讲述了捡到虎纹信、沙依被抓、拆看信件意外获悉夷苗两地要打仗等一连串的棘手事，央求他想法解救沙依。

"沙依就是那个跟你一起跳'抬菜舞'的阿妹吧？长得怪惹人爱的。"牛叔想了想说，"你装成我的徒弟，等会儿跟我一起混进去，帮我打下手。一切听我安排，不可轻举妄动。"

阿加喜出望外，牛叔又跟他交代了跳神的一些细节。

不一会儿，牛叔三人被人领进宣慰府后堂，设了香案，燃了黄纸。请出老太君在堂前左侧端坐，她的右侧椅子空着，水西宣慰使安贵荣紧靠着空椅子坐下。

牛叔在案上一只土碗里烧了一道符。阿加持皮鼓，小莫持铜锣，一边敲打，一边唱念咒语。牛叔双眼紧闭，两手合十举在胸前，脑袋左右晃动，头上的长辫子甩得老高，口中念念有词，语速越来越快。牛叔突然全身战栗，边跳边舞边唱，时而喃喃自语，如同梦魇；时而厉声高呼，似在驱邪。直到"啊"的一声惨叫，口吐白沫扑倒在地。

等他苏醒过来，他神情肃穆，踱着方步走到香案前，捧起土碗，仰起脖子"咕噜咕噜"喝了半碗漂着纸灰的水，喉结凸起，眼神射出一道锐利的光，让在场的人不寒而栗。

当他再次闭上眼睛后，他像是完全变了一个人，步履蹒跚地摸索着走到了老太君右侧的太师椅上坐下，长舒了一口气，表情也放柔和了些，仿佛他刚才与鬼神争辩取得了不错的战果。他正襟危坐，双手垂放在大腿上，像是睡着了。

突然，令人惊异的事情发生了，牛叔开口说话了，但不是他平时的声音，而是一个老者嘶哑的声音，低沉如呜咽，间或伴随着一两声咳嗽。全场鸦雀无声，静得可以听到每个人的喘息声。

"荣仔，还不给我跪下！"后堂里响起缓慢、沉郁的叫唤声。原来是牛叔在说话。

安贵荣愣了一下，"扑通"一声在牛叔跟前跪下。平时威风凛凛的宣慰使，此刻低垂着头，谦卑地聆听着"父亲"的教诲。他已经把牛叔当成了他父亲，也就是老宣慰使的化身。此刻的牛叔如果不是被他父亲灵魂附体，口中怎么会传出他父亲的声音？口气和神情简直是一模一样，而且还喊出了他的乳名。老宣慰死后，他已经有十几年没有听到有人这样喊他了。

"老宣慰"接着厉声教训道："你知罪不？"

"孩儿不知，请父亲大人训示。"

"你得罪了天神恩体古孜。他派出他的儿子'大力神'斯热阿比率天兵到水西来捉拿你！"

安贵荣凝神静听，大气都不敢出。

"我们夷家祖宗请出射死五个太阳和六个月亮的大英雄支格阿龙应战。你母亲这几晚夜不能寐，神不附体，就是他们在府里打斗给闹的。"

"那、那、那孩儿怎么就得罪了天神恩体古孜？请父亲大人明示。"

"老宣慰"干咳了几声，说："你受奸人蛊惑，纵容兄弟反目，挑起兵端，陷水西夷家千年基业于危境！"

安贵荣想起杨友派管家来跟他密谋的事，额头汗珠直冒。

"天神派出索玛花使者向你示警。你倒好，还将使者给抓了，大不敬！"

"索玛花使者？"安贵荣心里直犯嘀咕。这索玛花使者源于夷家家喻户晓的传说。远古时期，美丽的牧羊姑娘妮璋阿芝是夷族英雄黑体拉巴在山上打猎时认识的恋人，天神的儿子"大力神"斯热阿比嫉妒他俩的恋情，便下凡与黑体拉巴决斗，结果被黑体拉巴摔死。天神为此大怒，放出铺天盖地的天虫到人间毁灭成熟的庄稼。妮璋阿芝和黑体拉巴带领乡亲扎起火把烧了三天三夜，终于烧死了所有的天虫，保住了庄稼。看到这个情景，天神使用法力将劳累过度的黑体拉巴变成了一座高山。妮璋阿芝看到这一切，伤心欲绝，痛不欲生，舍身化作满山遍野美丽的索玛花盛开在黑体拉巴变成的那座高山上。

"老宣慰"几乎用怒吼的声音叫着："索玛花使者，索玛花使者！龙虎，龙虎！圣人，圣人！"说着，跌倒在地，口吐白沫。安贵荣连忙上前扶起。

牛叔再次睁开眼睛，口音和神情又恢复到了他从前的模样。安贵荣询问他有关索玛花使者的事，他竟全然不知，像是大梦初醒。

安贵荣突然想起刚才采办俄里从龙场寨抓回来的那个水灵灵的阿妹。他指着染花布的虎纹问她："这图案是从哪里来的？"沙依马上明白了她的被抓肯定跟那封盖有虎纹章的信有关。这信现在在阿加身上，如果追查下去，势必会牵连到阿加。于是她便一口咬定，这个布上的虎纹是她凭空想出来的。安贵荣看她神情自若，举止不俗，而且面如桃花，身材娇美，早就想入非非，一心想纳她为妾，虎纹不虎纹的事也没心思深究了。正在这时，底下人来回话，说从黑虎寨请来的大巫师来了。

大巫师刚才口中叫嚷的"索玛花使者"莫非就是在染花布上绘出"回头虎"的夷家阿妹？不然，天底下怎么会有这么巧的事？不仅绘的图案一模一样，而且虎纹里的密语也相差无几？安贵荣这样想着，便叫人将沙依带来后堂。

牛叔将香案上的土碗捧起，递与老太君，请她喝掉碗里剩下的半碗符水。老太君毕恭毕敬地喝完，这时正好沙依被带到她的面前。老太君看到沙依十分惊恐，起身行礼，口中念道："公主饶命，公主饶命！"

安贵荣指着沙依厉声道："你究竟是什么人？敢恐吓老太君！"

手下的人冲上去按住沙依的后颈，将她双手反剪。阿加看了，想上前阻止。牛叔扯了一下他的衣角，瞪了他一眼，转身对安贵荣说："宣慰老爷，请送老太君回房休息。"

等老太君被人扶入内室后，牛叔对安贵荣笑了笑："有一句话，不知道该讲不该讲？"

"有啥话，大巫师尽管道来。"

牛叔凑到他跟前耳语道："这小阿妹，是否牵涉到府上一件机要大事？"

安贵荣心里一惊，面上佯装镇定："也没有什么，没有什么啊。下人见她长得乖巧，抓来给老太君当个使唤丫头而已。"

牛叔双目微闭，口中念念有词，手指掐算了一通："不可，不可。不瞒您啦，这阿妹命中与老太君相克，府里怕是留不得，不然老太君恐怕性命不保。"

安贵荣有点不高兴，这么水灵的姑娘岂能说放就放？便说："这个不打紧，我不把她留在府里。我将她安置在外室，送去贵州城长住也行的。不瞒您说，我倒是对这小阿妹有点动心哩。"他挥了挥手，示意手下人放了沙依。

沙依一抬头，正好看到阿加蠢蠢欲动的样子，连忙使了个眼色制止。

牛叔微闭着眼，摇头晃脑念叨了一番，面有惊异之色："这个阿妹，不是凡人，我要带走，送她回宫。"

安贵荣还想再问，牛叔做了一个悍然制止的手势："整个水西四十八部，地连千里，夷家百万，都是宣慰老爷的属地和属民，乖巧的小阿妹就像金沙河里的沙子一样多哩。"

牛叔也不管安贵荣同不同意，带上阿加、小莫和沙依，头也不回地从大门径直走了出去。

出了城，阿加、沙依谢过牛叔，骑上快马，向龙场方向跑去，"春风得意马蹄疾"，不一会儿便到了一个草木葳蕤的山坡下。四下无人，只闻鸟啼。两个有情人紧紧地抱在了一起，深情地吻了起来……

翻过山坡，龙场寨尽收眼底。突然，他们看到离寨子几个山口远的地方，有一支人马杀气腾腾地向寨子逼近，扬起的尘土将远处如黛的青山都遮蔽了。仔细一看，是苗家的旗帜，上面隐约写着"土司"的字号。阿加大叫一声："不好！"然后抱紧沙依打马向龙场寨飞奔而去。

三　一块腰牌吓退六百苗兵

话说那牛管家率人来到凯里宣抚司，二话不说就让他们交出虎纹信。宣抚使杨友满脸堆笑："收到安宣慰的信，我如获至宝，已藏之密室。这是我们两家结盟的信物，我想永久收藏哩。"

"宣抚老爷的诚意我们会回禀咱家老爷。不过，信件看过就好，还请您交回给我们。这是咱家老爷的命令，我们不得不从。"牛管家不依不饶地要对方交出信函。

杨友看瞒不住，便叫来管家张渊，让他如实相告。牛管家一听信件在半路上弄丢了，大惊失色："这封信可关系到我们两家几百号人的身家性命。咱家安老爷来前特别交代：如果带不回此信，便要带张管家的人头回去复命！"

话音刚落，他身后几个护卫拔出腰刀，欲上前擒拿张渊。杨家护卫也挺身而出，兵戎相见。

杨友站起身，喝退自家护卫，笑嘻嘻地跟牛管家说："这事全怪张渊这狗奴才！不过他们是路上遭人埋伏，也算情有可原。听说这龙场新来了一个驿丞，想必此事跟他脱不了干系。不然，整个水西、播州界面谁还有胆子敢劫我们的人？"

张渊听说水西的人要取他人头，吓得不轻，跪在地上一个劲地求饶，说愿意戴罪立功，领一支兵马去龙场夺回虎纹信。杨友骂道："你这狗奴才，这点事情都办不好，还有脸说什么戴罪立功！"

牛管家想到事已至此，能拿回虎纹信是上策，真要动手，他们这几个人也未必是凯里人的对手，便说："既然张管家愿意戴罪立功，如果能找回信函，此事自然一笔勾销。"

"牛管家果真爽快人！张渊你这厮捡回一条狗命！"杨友桌子一拍站起身，"夺回此信非同小可，本司要亲自出马！"

杨友是这样想的，一则此信的确关系到两家联手夺取播州的机密，一旦外泄，不仅计划落空，他本人也有性命之虞；二则听说新来的龙场驿丞非等闲之辈，上次张渊半夜去放火都没烧死这个驿丞，他也想趁机去看看，这人是否有三头六臂。

杨友亲点帐下六百骑兵骁将，拉起安宁宣抚使的大旗，带上张渊和牛管家，风驰电掣般向龙场进发。

没想到，还离龙场几个山口的时候，他们的行踪被阿加和沙依在山坡上看到。阿加快马加鞭来到龙场寨口，不等下马就掏出腰间的牛角，吹起了紧急军情号角。

不一会儿，龙场寨和邻近黑虎寨等寨子的后生阿哥们操起刀叉斧棍，从山林、田埂、猎场、鱼塘等四面八方聚集到龙场寨口。龙场寨的头人伍萨也带着几个管事长老从寨子里跑了下来。伍萨和几个长老你一言我一语，一时拿不定主意。沙依插话说："听说咱们龙场驿来了位圣人，他一定有御敌的办法，我们不如去问问他的意见？"众人连声说好。

在东洞，阿加将身上的虎纹信递给王阳明，他和沙依把连日来的遭遇，一五一十地全都讲了。王阳明闭目沉思片刻，说："来者不善，但应无大碍。你们听我吩咐，可保无虞。"

他指挥大伙分成三队：一队守住寨口；一队在进寨的山路两侧埋伏；一队在附近山坡上布置疑兵，旗帜乱舞，策马扬尘。伍萨和几个长老、阿加、沙依等人留下来，陪他坐在洞口的石凳上喝茶。

刚刚布置妥当，杨友便已来到，大声叫嚣着："世袭凯里七十二苗寨宣抚使杨某在此，你等还不马下参拜！"

王阳明轻摇蒲扇，笑道："原来是杨宣抚远道而来，龙场驿丞王守仁在此恭候。"

张渊喝道："小小不入流的驿丞，见到宣抚老爷还不跪地磕头！"

"我官虽小，也是朝廷命官。宣抚使官虽大，也是苗地土官。岂有朝廷命官向苗地土官下跪磕头的道理？"王阳明慢条斯理地说，"来的都是客，王某诚邀宣抚使下马喝茶。"

张渊还想再骂，杨友制止住他："姑且下马，喝点茶就喝点茶。"

杨友、张渊等人来到洞前，王阳明作揖完毕，请他们在石凳上坐下，让王能等人奉上热茶。

杨友环视四周，趾高气扬地说："你这朝廷命官，怎么住在狗洞里？"他手下人哈哈大笑。

王阳明也不恼，笑道："宣抚使是否听过'晏子使楚'的故事？下官在中原时，住的是高台楼阁。今番来到你们夜郎之国，只好入乡随俗，客居洞穴。你既然说这是狗洞，岂不是骂你们世居之地是犬狗之邦？"

杨友苦笑："我是粗人，不喜欢跟你们读书人斗嘴皮子。"他指了指身后的数百人马，"你信不信？我一声令下，可将你连同你这破洞踏为平地？"

"我当然信，"王阳明不愠不火地摇着扇子，用手指了指洞口立起的旗帜，"可是我不得不提醒你，此洞虽破，但也是朝廷设立的驿站。你敢今日踏平驿站，朝廷明日便会发兵灭掉你这宣抚司上下反贼！"

"哈哈哈哈，"杨友仰天大笑，"你扯面大旗就能当作虎皮？我杨家世受国恩，世守西南苗地，我五岁就袭了校尉武职，什么世面没有见过？你少在这瞎咋呼！"

"宣抚使世守苗地，没有错。可是，这是夷地。您率大兵越界而来，扬言要踏平朝廷驿站，不知居心何为！"

杨友一时语塞，支支吾吾道："我、我、我只是路过。你小小驿丞，对我不拜，我才骂你！"

王阳明起身深鞠一躬："王某如有得罪，还请宣抚使谅解，但不知何以兴师动众？"

"我们有一封盖了虎纹章的机要信，被你们龙场的刁民抢了去。你还不快快交了出来？否则有你好看！"张渊站在杨友身后，指手画脚。

"大胆奴才！本驿站受朝廷委派，负责递送来往官府文书，向朝廷密报西南属地军情。但却不知有什么盖了虎纹章的信，我只认得朝廷兵部的虎纹兵符！"王阳明从腰间解下他当年在兵部任主事时的那块腰牌，正色道："此乃兵部调兵虎符，你可认得？"

杨友看到王阳明手中的这块牙质腰牌，大惊失色。牌面上有两只狰狞的老虎图案，中间还刻着几个篆体字，他只认得前面几个字是"大明兵部"。

"天下兵马皆归兵部调遣。你既是大明武职，见此兵符还不快拜！"

杨友看了看张渊，张渊一时也懵了，呆若木鸡似的站着。又看了看王阳明，不怒自威。他无计可施，只好极不情愿地俯身在地。这时张渊低声在他耳边嘀咕："小小驿丞，定在使诈。就凭一块象牙牌子，信他做甚！"

杨友也是半信半疑，正要起身，这时一阵风刮来，将王阳明身上的大红氅子卷起了一角，露出里面一只凤凰暗纹。杨友一看此纹，顿时吓得呆坐在地。他认得此种花纹，他祖上一位老祖婆被朝廷封为诰命夫人，太后曾经御赐了一件衣裳，上面就绣着此种图案。几百年了，那件衣裳至今还在祠堂里当神一样供着呢。

王阳明又道："贵州都司衙门听闻你司放任下属胡作非为，扰乱地方，已在此设下重兵。"他话音刚落，事先设下的三路人马，擂鼓大作，尘土飞扬。杨友和手下一时吓得手足无措。

王阳明厉声道："今番你来造次，本可尽行剿灭。但念你世代忠良，受人蛊惑，姑且饶你这一次。以后胆敢再犯，一并禀报朝廷，从重发落。"

杨友像一只被人拔了毛的公鸡，无精打采地趴在地上点头称谢，起身时一个踉跄又差点摔倒在地。张渊将杨友扶起，杨友顺手就抽了他一个耳光。

看着杨友一众人等落荒而逃，大家哈哈大笑。沙依深情地看了一眼身边正在欢呼的阿加，阿加当众把沙依抱了起来，旋转了一个大圈。大家的脸上都洋溢着喜悦，王阳明也露出了会心的微笑。

牛管家回到水西，向安贵荣禀报了其所见所闻，尤其是将杨友败走龙场这一节描述得绘声绘色。安贵荣听了，哈哈大笑："一个象牙牌子，就吓退六百精兵，这个杨友不过是一个酒囊饭袋而已！"

"这个龙场驿丞确实了得，不卑不亢，有勇有谋，难怪当地老百姓都叫他圣人哩。"牛管家啧啧称赞。

"龙场？圣人？"安贵荣心想，死去的父亲借牛叔还魂，最后讲的几句话就是"索玛花使者、龙虎、圣人"。这索玛花使者借水西家族密符"回头虎"示警，自然跟虎脱不了干系，那么这圣人是不是就跟龙场有关呢？他又想起张渊讲过，那封机要回函是在龙场界面弄丢的，龙场夷民大多不识汉字，此信或许流转到驿站亦未可知。于是，他吩咐牛管家："给我备一份厚礼，明天去会一会这个龙场圣人！"

第二天一早，安贵荣换上便服，率十余随从，携带金帛、鞍马、糯米、腊肉等礼物，骑马走了一天的路来到龙场。王阳明将安贵荣一行接到，迎入洞中，在石凳上分宾主坐下。安贵荣道："听闻辖地百姓称颂先生乃圣人，今特来拜访。鄙人治驭水西无方，还请先生批评赐教。"

王阳明摆了摆手："王某乃一罪人，窜伏阴崖幽谷之中。今使君高谊，降尊来访，实折煞王某也。"

"先生从京城远道而来我边陲之地，实乃我水西百姓的福音啊。"

"边地风情，民风淳朴，风光旖旎，与中土相比，别有一番风味。"

安贵荣虽是水西酋长，读书不多，但治所循惯例设在贵州城内，与藩臬诸司流官相交甚密，举止言谈颇有士人风范。他与王阳明从风土人物谈起，再说到孔孟之教，最后聊到播州苗地的纷争。

安贵荣说："这播州宣慰司与我水西宣慰司接壤，其先祖杨端本是山西太原人氏，唐时攻克播州苗疆，世袭其地，现由杨氏兄弟杨友、杨爱两人分而治之。这两兄弟最近闹得是不可开交。"

"我也有所耳闻，"王阳明说，"前任播州宣慰使杨辉膝下二子，杨友为兄，但却是宠妾庶出。杨爱为弟，是正妻所生。弟弟袭了宣慰一职，哥哥却只得了个属下的宣抚，于是便结下了梁子。"

安贵荣惊讶道："先生久居京城，为何对我们西南边地的琐事了如指掌？"

王阳明呵呵一笑，略作神秘地说："秀才不出门，便知天下事。这两杨相争，势如水火，路人皆知啊。何况下官在兵部多年，播州地面会剿生苗、世袭武职等事皆分内管辖之事。"

其实，他对播州的了解主要来源于伍萨的介绍。那天他看了阿加给他的那封虎纹信后，意识到播州局势紧迫，战火一触即发，于是向伍萨等人详细打听了事情的原委。

原来这老大杨友长得英俊，很得杨辉宠爱，老二杨爱性格文弱，不得杨辉欢心。杨辉很想把宣慰使职位传给杨友。他的属下安抚使宁韬、长官毛钊据理力争："杨氏家法，立嗣以嫡不以长，不能坏了规矩。"杨辉不得已，于成化年间立次子杨爱为嗣。但为了表达对爱妾和长子的宠爱，杨辉决定给杨友划地，请谋士张渊出主意。张渊献策："夭坝是本州怀远故地，为生苗所据，可诬其为乱，强兵攻占，将功劳归于杨友大公子，以免遭非议。"杨辉觉得此计甚妙，于是上疏兵部，谎称夭坝、干地五十三寨及重安所辖湾溪诸寨屡被"苗蛮"

占据，请求湖、贵会兵征剿。兵部信以为真，便委任杨辉为军事指挥，命令都御史张瓒到播州督战。大军一路攻占湾溪、夭坝等十六座苗寨。张瓒受杨辉贿赂，向兵部虚报战功，说年仅十三岁的杨友"谋勇冠军，手刃七馘"。于是兵部批准在凯里设立安宁宣抚司，授杨友为宣抚使。夭坝等地生苗无辜受害，生苗领袖赍果愤愤不平，率苗众时时攻打安宁，杨友在父亲杨辉的支持下，数次统兵镇压，并在凯里筑城防卫，一时目空一切，自封大将军。杨辉死后，杨爱袭了世职，怨及张渊为其兄谋划到宣抚一职，将他从府里赶了出去。

张渊便跑来凯里投奔了杨友，在他面前挑拨说："这杨爱小儿，弱不禁风，手无缚鸡之力，只知写些酸腐文章，全无乃父之风。宣抚使您才是智勇双全，英明神武，您成为苗人领袖，是众望所归啊。"这番话道出了杨友的心声，于是便有了前面派张渊出使水西宣慰司，共谋攻打播州杨爱，水西宣慰使安贵荣的虎纹信在路上被沙依所拾，最后通过阿加之手送交王阳明的那些事。

安贵荣心想，这龙场驿丞虽是从兵部贬谪而来，但对播州局势如此了然于胸，十有八九是看到了那封虎纹信。于是他试探道："不知先生对当今播州局势有何高见？"

"杨爱、杨友名为兄弟，实为司属。两者相争，既是兄弟反目，为君子不齿，更是以下犯上，置王法于不顾。我倒想问阁下，你对此有何看法？"

安贵荣没想到被对方反问，一时语塞，嗫嚅道："既是兄弟，嗯，又是上下级，呵，是不能作乱。不过，嘿，是其家务事，外人不便插嘴。"

"非也！此岂是家务事？"王阳明脸色一变，"宣慰使、宣抚使，皆朝廷任命的土官，宣抚使受宣慰使节制。如祸起萧墙，必将荼毒播州百姓，波及水西夷民。使君替朝廷世守水西，当深明大义，保境安民，平息事端。能调停杨氏兄弟纷争自然是好，万一不行，也千万不可介入一方拉偏架。否则一旦掀起战乱，朝廷必然大兵来伐，孰是孰非，自有天断。"

"可是、可是，鄙人先前受奸人挑拨，一时糊涂啊！"安贵荣听到王阳明这番话，又想起先前那封虎纹信，真是后悔不已，情急之下追问道，"敢问先生，我有把柄落在他们手中，可如何是好？"

"可是这封信函？"王阳明从衣内掏出那封虎纹信。安贵荣忙伸手去拿。王阳明手一缩，安贵荣没有拿到，心里"嘭嘭嘭"的直打鼓……

四 我的心足以装下整个宇宙！

话说安贵荣欲取虎纹信，却抓了个空，心里七上八下之际，王阳明却哈哈一笑，径直将这封信放到蜡烛上烧了起来。

安贵荣看着这封盖有家族神秘印章的信函徐徐化为灰烬，连日来悬着的心终于落到了心窝里。他长吁一口气，朝王阳明深鞠一躬："多谢先生大恩！"

王阳明淡然一笑："有过能悔者，不失为君子。"

安贵荣让仆人将礼物悉数奉上，说："先生救我于危难，此薄礼，略表心意而已。"

"实不敢受。在下乃流放之罪人，阁下乃守土之使君，哪有守土使君给流放罪人送礼的道理？"

安贵荣执意要送，王阳明推辞不过，只好收下米二石和柴炭鸡鹅，然后说："金帛鞍马，请使君赠予卿士大夫，如施之逐臣，殊骇视听，坚辞不受！"

安贵荣无奈，只好令仆人收回金帛鞍马等贵重礼物。王阳明站在洞口目送，安贵荣频频回首，走出一里路远，才上马离去。

这一日，王阳明收到家信一封，是其弟守文从杭州寄来的。守文在信中告诉王阳明，前不久，刘瑾派来一位叫臧贤的伶人来南京，口口声声称父亲与刘瑾是东宫旧宦，暗示他给刘瑾写封信表表忠心，可立马拜相封侯，被父亲当场骂了回去。刘瑾一怒之下，矫旨罢免了父亲的官职，而今父亲已回到山阴老家闲住。

王阳明合上家信，颓然跌坐在石凳之上，心中涌起对万里之遥亲人的思念。父亲年迈，虽是南京闲职，刘瑾也不放过。不知他的魔爪什么时候会再次伸到自己的跟前？驿站半夜起火，莫非也是刘瑾派人干的？也许过不了几天，自己又会在睡梦中命丧黄泉。想起这些，他心灰意冷，沮丧之极。

荣辱得失和艰难险阻，王阳明已能超然物外，但却无法超脱生死之念。孔子说："未知生，焉知死？"《周易》也有言："天地之大德曰生。"生死观是儒者成贤成圣之路上的一件大事，如果不能超脱生死，就不能实现儒者的理想。朱熹也认为，生死乃是一种"理"，只有至"理"，才能够克服死，让人从生死之念中超脱出来。王阳明不由得感慨道："人于生死念头，本从生身命根上带来，因此不易超脱。若于此处看得破、透得过，此心才算是畅通无碍，此心学才是尽性至命之学。"

王能在旁边嘟囔："又尽说些生生死死的事。咱们在这里饥一顿饱一顿的，跟野人为伍，还老担心被人放火烧死。生也罢，死也罢，又有什么分别？"

王阳明假装没有听到，不去理他，心里却在想，我们在这蛮夷之邦，终日食不果腹，睡不安寝，每日行尸走肉，生与死又有何异？朱子主张格物致知方为成圣之道，也只有格物致知方能超越生死的篱藩。但一旦真正面对死亡时，内心那份对生的不舍、对死的恐惧，还是挥之不去。对此，在锦衣卫的廷杖棍子下，在钱塘江水的窒息中，王阳明有着很深刻的生死临界体验。

王阳明终日恍惚，无精打采。王能、刘二、陈小等以为他是接到家书，思乡心切，也没有太当回事。过了几天，王阳明指挥他们在洞口用几块石板搭建了一个石墩，如同一口石棺，刚够一人容身。他日夜端居默坐，澄心静虑，参悟死之要义，寻求心之宁静。

一天夜里，王阳明在石墩里默坐良久，突然睁开眼抬头望见满天的星斗，周边静寂无声。他在想，星斗灿烂，万古恒常，宇宙万物，纷繁芜杂，要格其物、明其理、致其知，并非易事。在宇宙长河之中，人的生命如此短暂，又如此脆弱，穷其一生，也无法格遍所有事物，更难探明其规律和理性。求之于外，人之"心"与物之"理"总是无法实现交融和共鸣。可是我的心有足够的大呀！我虽在黑夜之中，星空之下，独自打坐于石墩之中，可是我的内心从未有过如此澄澈，我的心灯从未有过如此亮堂，我的心足以装下整个宇宙！我闭眼勿视，一切皆寂。我睁眼静观，万物皆入我胸。原来圣人之道，吾性自足！年轻时去格竹子，后来又向心外之物求天理，真是舍本逐末了。只有以我心为主宰，以我心为本体，方可擦亮心镜，超脱生死之外，洞察万物之理。我们的这颗本心，才是物之元、理之源。心即理！

想到这层道理，王阳明恍然大悟，欣喜若狂地从石墩里一跃而起，欢呼雀跃起来，心中多年的积郁得以疏解，豁然开朗。

王能、刘二、陈小在睡梦中被吵醒，着实吓了一跳，心想：主人莫非突发癔症？不然半夜睡得好好的，怎么突然大喊大叫起来？他们披衣起床，在烛光下看到王阳明眼神澄明，满脸喜悦，神清气爽，与先前判若两人。

眼看南方的雨季就要来了，王阳明久居洞窟，潮气很重，他多年的肺病又有复发的迹象。伍萨提议利用农闲给他修间小木屋，他推辞不过便同意了。伍萨发动全寨青壮年，阿加也叫来了黑虎寨的十几个阿哥，热火朝天地干了起来。众人凿岸取石、斩枝取木，不到一个月小木屋就竣工了。

王阳明还带着仆人在屋子周围种上了竹子，修剪荆棘做成了篱笆，还在后院开辟了一小块菜园子，种上了一些当令蔬菜和芍药。小木屋虽小，但周围环境清幽，屋内窗明几净。"开窗入远峰，架扉出深树。"可远观群山，也可近瞰山泉，苗夷各寨错落有致。王阳明心情大好，将小木屋命名为"何陋轩"，并作了一篇《何陋轩记》，开篇云："昔孔子欲居九夷，人以为陋。孔子曰：'君子居之，何陋之有？'"王阳明虽居蛮荒之地，但仍以圣人自任，希望像孔子一样以德行教化龙场的百姓。

每日清晨，王阳明荷锄出门，在菜园子里锄草翻地，担泉水浇灌蔬菜。闲暇时，他想看看书，可身边只带了一本《周易》，且已经被他翻得烂熟于胸。他呆坐小木屋中，百无聊赖，便开始默记旧时所读的圣人经典，意有所得，便为之训释。几个月下来，五经之要旨和心得都记了下来，终成五十六卷，他将此书稿命名为《五经臆说》。

一日傍晚，一位来自湖广的吏目带着一子一仆前往目的地赴任，路过龙场，下榻在当地一位苗族老乡家。王阳明透过篱笆看到了他们，想向他们打听一些中土的消息，但当时正下着大雨，天也黑了，便想着等明天天亮再过去跟他们打招呼。

第二天早晨，王阳明过去打探消息。老乡告诉他，天还没亮那一行人就已经离开了。他只好悻悻而归。

将近中午时分，有人从蜈蚣坡上跑下来，告诉王阳明说："坡下死了一个老人，旁边有两人哭得很伤心。"

王阳明长叹一声："此吏目死了，可怜啊！"

薄暮时分，又有人跑来说："坡下死了两人，旁边一人坐着大哭。"王阳明询问死者的年纪和衣着后，断定仆人也死了。

第三天一早，又有人跑来报告说："坡下躺着三具尸体！"王阳明大惊，他知道这吏目的儿子也死了。

想到三人曝尸路边，将为野兽所食，王阳明实不忍心，于是带着王能、刘二两位仆人，背着锄头、铁锹来到蜈蚣坡下，准备把尸体掩埋了。王能和刘二刚开始面露难色，支支吾吾地说："这蛮荒之地，每日都有人暴毙，都要我们埋，埋得过来吗？"王阳明便劝道："你们别忘了，我们三人比这三人的命运好不到哪去呢！有朝一日，我们三人也死于非命，到头来尸体都没人埋，你们也会死不瞑目！"

王能、刘二听王阳明这么一说，联想到自己在龙场的艰辛遭遇和黯淡前途，禁不住潸然泪下。接着，他们抄起锄头在蜈蚣坡下的山麓处挖了三个坑，准备把三具尸体掩埋了。王阳明在坟边摆了一只鸡和三碗饭，以示祭奠，并大声念起了他写的悼词。

埋了两具尸体后，王能、刘二搬起吏目儿子的尸体准备放到坑里去，这尸体却突然抖了一下，吓得他俩一把扔下尸体，大叫："诈尸了，诈尸了！"

"鬼神之事，都是怪力乱神！"王阳明嗔道。王阳明走到坟前来，仔细察看吏目儿子，觉得十分面熟，再用手试了下鼻息，感觉仍有呼吸，便吩咐王能、刘二将他背回家里救治。

当地苗医圣手柳卡诊视后说，这是瘴疠寒疟之症，用艾叶在他的大椎穴、三阴交、丹田等穴位上反复施灸，直到灸出水疱就好了。经过一番施灸，吏目之子终于醒了过来，吐出一大口黑水。柳卡说："回来了！"

吏目之了睁开眼，轻唤了一声"阳明先生"，又昏了过去。

王阳明甚是奇怪，这吏目之子为何认得他呢？他仔细端详，终于认出来，此人不就是在钱塘江畔帮他摆脱追杀的沈玉吗？怎么披头散发、胡子拉碴地出现在贵州龙场呢？

柳卡说，应无大恙，于是留下草豆蔻、陈皮、甘草、槟榔、还魂草和几味叫不出名的苗药，交代陈小按时煲了药汤给沈玉服下。

傍晚时分，沈玉神志渐渐清醒，向王阳明讲述了钱塘江畔分别后的经历。沈玉原名冀元亨，湖广常德府人，殷计是他同乡，也是化名。

"我当时听你们报了这两个名字，也觉奇怪。后一细想，沈玉、殷计，不就是'深虑应急'之意吗？"

"那个夜晚，钱塘江畔您纵身一跃，我还以为再也见不到您了呢！"

"劫后余生啊。不过真没想到，在这蛮夷之地，我们又重逢了。你们为何来到这里？又不幸遭此大厄呢？"

冀元亨直抹眼泪，说："我们村庄依靠洞庭湖，本是鱼米之乡，乡亲们世代以捕鱼为生。可是刘瑾当朝后，派来几个太监到我们湖区，向我们征收高额捕鱼税。交不起税的就要被官府抓去挖矿、修路、坐大牢。"

"竟有这等事？以前只听说朝廷派太监到各地矿山征税，现在湖里捕鱼怎么也有太监征税？"

"太监征了还没完，官府还得再征一次。来常德就藩的荣王府，又得征一次。就好比打上一条鱼，鱼头喂了太监，鱼身给了官府，鱼尾送了荣王府。我们渔民连个鱼骨头都没得剩哩。"

"哎，如此横征暴敛，百姓真是苦不堪言！"

"您老讲得没错！老百姓交不起税，又怕坐大牢，只好背井离乡，到外面去投亲靠友，甚至沿街乞讨哩。前不久，洞庭湖涨洪水，好多垸子都被淹了。乡亲们流离失所，太监和王府不仅不救灾，反而趁机驱赶乡亲们，把原来世代居住的村庄和垸子占为皇庄。"

"真是岂有此理，简直鱼肉百姓！"王阳明气得脸色发青。

冀元亨接着说："我们家在常德府也算是耕读之家，家境还算殷实。但经不起层层盘剥，最后也一贫如洗了。正好吏部选拔吏目，家父便报了名应试，被选为贵州安顺军民府的吏目。家里遭了水灾，已无落脚之地，于是家父带上我和家仆千里迢迢来这蛮荒之地就任。原本想吃上官家粮，多活几年命，哪里想得到一路上饥渴劳顿，又遭瘴疬之毒所侵，竟然命丧于此！幸亏先生搭救，不然元亨早变作厉鬼了呢。"他硬撑着要从床上起来给王阳明磕头。

王阳明忙按住他，说："快快躺下，你身体还没有复元，不要多礼。我们同为天涯沦落人，同病相怜而已。"

第四章 苗夷内乱

一 中秋夜播州宣慰使被飞镖所刺

播州宣慰府位于播州城里最繁华的地段，自唐代僖宗年间开始，杨氏世代割据于此。历代宣慰土司不断扩建，以藩王体例，外修王城，内设府邸，外缭以红墙，周围若千丈，规模宏大，气势恢宏。

宣慰使杨爱才二十出头，长得十分白净，喜穿汉服，性儒雅，重文教，深得民心。这一天，他正在书房临摹王羲之的《兰亭序》，安抚使宁韬走进来，站在一旁驻足观看，赞道："主公的字是越来越有右军神韵了。"

杨爱搁下手中的毛笔，说："几日没见你，有事？"

宁韬笑笑："说有事其实也没啥事，说没事好像也有点事。"

"你这人就是这样啰唆。"杨爱顺手递给他一个八月瓜，"园子里刚摘的，你也尝尝鲜。"

宁韬尝了一口，接着说："凯里那边传来消息，安宁宣抚司最近小动作不断，据说已经联络上水西宣慰司，又笼络了一批部落土官。他这是'司马昭之心，路人皆知'啊。"

杨爱只顾吃瓜，一声不吭。

"下官以为，应防微杜渐，不给他做大的机会。否则……"

"否则怎么？他还翻了天不成？"杨爱抬起头，慢条斯理地说，"都是自家兄弟，我看你是多虑了。"

"不管他有没有异心，我看至少要把他传唤过来，训斥敲打一番。"

杨爱手一抬，说："不必，由他去！"

"主公，请您务必听我一劝，否则后患无穷啊。"

"不说这个了。"杨爱摆了摆手，"对了，马上就中秋节了，我想搞一个诗会，邀请我们播州地面的文士名宿来府上雅集。你看如何？"

"这个时候了，主公还有这个雅兴？我看，先解决了凯里的事，再集不迟！"

"你无须多言，照办即可。"

"主公！"

杨爱做了个手势："你下去吧。"

宁韬忿忿然，跺了跺脚，拂袖而去。

几天后，中秋节的雅集照常举行。播州宣慰府悬灯结彩，繁弦急管，桌上瓜果、月饼、黑茶飘香。在丝竹管弦的伴奏下，杨爱与当地文士觥筹交错，诗酒相酬。杨爱兴致甚高，当场吟了一首五言绝句：

> 中秋月如轮，
>
> 苗寨近广寒。
>
> 丹枫红似火，
>
> 宾主皆尽欢。

众人皆举杯相庆，称赞好诗。就在这时，人群里突然冲出一位儒生打扮的人，向着杨爱连发数镖。杨爱应声倒地，人群一片大乱。宣慰府长官毛钊率府中护卫将刺客团团围住，眼看就要生擒，没承想，这刺客舌头一咬，倒地身亡。毛钊下令封锁府中四门，对来客一一盘查，严查刺客同伙，却一无所得。

那边，宁韬率人将杨爱抬入内室，急召郎中救治。杨爱在床上对宁韬耳语："放消息出去，就说我命悬一线，不能理事。"宁韬屏退左右，趋身相告："不明白主公为何如此说，这不故意暴露我方之短，而纵容敌方蠢蠢欲动吗？"

杨爱从床上坐起来，从衣内掏出一副护甲，弹了弹上面的灰，笑道："幸亏穿了这件软猬甲，不然真是凶多吉少了！"

这时，毛钊手里拿着几支镖，急匆匆地进来，嚷道："原来是水西安家！这天杀的老安家！"

宁韬问："你凭什么说是水西安家？"

"这还有假？你瞧瞧，这镖上刻着夷家文字'宣慰府安'呢，我刚刚找人辨认了。"毛钊将手中的镖递给宁韬，"这刺客咬舌自尽了，这是从他身上搜出来的。"

宁韬看了气愤不已，对杨爱说："主公，这水西安家果真受了杨友指使，竟敢对主公下此毒手。我这就召集各部，杀他个鸡犬不留！"

杨爱坐在床上，从宁韬手中接过镖一看，哈哈大笑。宁韬和毛钊面面相觑，不解其意。

杨爱说："你们听说过谁要杀人，还在刀上刻自己名字的吗？这个一看就是借刀杀人，嫁祸于人嘛。"

宁韬和毛钊这才恍然大悟。宁韬问："难道是杨友？不过，他干吗要嫁祸于水西安家呢？他们不是结盟了吗？"

毛钊想了想，说："我明白了！他此举，一则想谋了咱主公性命，他好名正言顺地抢了宣慰的位子；二则一旦失手，也好借此挑起咱播州与水西两家的兵端，他坐山观虎斗，坐收渔人之利。"

"那还有啥说的？我这就吩咐下去，增派重兵严防死守凯里通往播州的各条关隘。"宁韬道。

"不，恰恰相反。我们不仅不要增兵，反而要大张旗鼓地将这些兵马撤走，撤到与水西交界的地方去。"杨爱斩钉截铁地说。

宁、毛二人还想争辩，杨爱咳嗽了几声，低头抚摸着手上的护甲，说："这刺客的镖法还不错哩，有祖传的金丝软猬甲，还被震得有些头晕。你们下去吧，我要小睡一会儿。对了，对外统一口径，就说我伤得很重。还有，闭门谢客！"

第二天早上，播州宣慰府的消息就传到了凯里。刚刚起床的杨友坐在床头一边漱口，一边指着床前的张渊大骂："不是说万无一失吗？怎么又失手了？你就是癞狗扶不上墙！"

张渊耷拉着脑袋，低声道："主公骂得是，都怪小的办事不力。不过，我们在刺客身上埋了个伏笔，现在看来应该奏效了！"

"伏笔，伏笔！守着多大的碗，吃多大的饭，你大字不识几个，尽知道玩些虚头巴脑的。小心唬不住，自己反被别人给毙了！"

"主公放心。我兄弟张深刚刚从香炉山那边派人来报，播州驻守在香炉山一带的兵马都撤去水西交界处了。播州方面显然是中了咱们的离间计。现在我们如果发兵，可以畅通无阻，直指播州！"

"消息可准确？别又是蒋干盗书——上了大当！"

"主公放心，这回是老太太纳鞋底——千针（真）万针（真）哩。"

杨友还是不放心。这时他的一位如夫人火急火燎地走了进来，看见张渊在，欲言又止。

杨友说："张管家不是外人，你有啥说啥！"

如夫人便说："我安插在播州府里的一个丫头刚刚递出消息，说杨爱重伤不起，估计已是生命垂危了。"

杨友哈哈大笑："真是天助我也！"

张渊在旁怂恿道："主公，何不借此机会，以迅雷不及掩耳之势来他个一锅端？"

"本司正有此意。你赶紧让张深的人马联络香炉山的几个部落乘机作乱，我们再以平叛的名义出兵，一举拿下播州府！"

杨友率安宁宣抚司所辖各路兵马倾巢而出，来到香炉山下，与张深的人马会合，顺利突破香炉山口，如入无人之境。杨友骑在高头大马上，放声大笑道："兄弟们，过了山口，就是播州府了！今天晚上我们去宣慰府里吃牛肉，喝美酒，睡美人去！"手下一片欢腾。

杨友万万没有想到的是，就在他们势不可挡，向播州府长驱直入的时候，杨爱暗中调遣毛钊隐藏在香炉山上的精锐兵马，直捣杨友凯里老巢，并且封锁了杨友的退路。其实，此前大张旗鼓地调往水西交界处的只是疑兵，主力仍埋伏在香炉山两侧的山林里。

凯里已是一座空城。夭坝等十六苗寨的生苗常年被杨友欺压，憋抑着的怒火正愁没地方发泄，得知播州宣慰府的兵马来了，在领袖贲果的带领下出寨迎接，并担任向导。凯里城里守城的老弱残兵，望风而降。

杨友接连攻城掠寨，一直打到播州城下，将播州城围了个水泄不通。这时后方来报，凯里城遭杨爱偷袭，杨友赶紧分兵去救。气急败坏之下，杨友一路烧杀劫掠，很多寨子无辜被焚。杨友率兵回撤至香炉山口，不承想毛钊的伏兵四出，亲兵拼了死力才勉强掩护他突出重围。清点人马，折损过半，好不懊恼，心有不甘，重整旗鼓，回兵再战。毛钊一方守住隘口，不管杨友如何骂战，坚拒不出。两军对垒，时而火攻，时而放箭，互有胜负，渐成拉锯胶着之态。杨友无奈，只好在隘口不远处安营扎寨，间或派出小股人马骚扰周边村寨。

却说王阳明有了冀元亨的陪伴，可以在何陋轩坐而论道了。贵州和湖广、云南周边等地许多仰慕王阳明的士子陆续汇聚到了龙场，陪侍左右，听王阳明讲学传道。阿加和他们寨里的几个夷族青年，还有播州的苗族、云南的白族等好学之士闻讯也来旁听，一时之间，何陋轩显得十分拥挤。

冀元亨提议，扩建一座书院，作为诸生读书、休憩之地。诸生纷纷响应，一齐动手，没多久便在何陋轩前面搭建起一座"君子亭"，下引山泉形成曲水流觞之势，在君子亭南侧又建造了一座"宾阳堂"作为迎宾处。离何陋轩不远处的山麓有一个天然洞穴，将其改建成一间书房，王阳明常与众弟子在里面研读《周易》，因而名之为"玩易窝"。在何陋轩的旁边又加盖了几间草房，有讲堂，有斋舍，虽是草创，也渐有书院轮廓。

诸生来请王阳明给书院命名，他说："先只管办学，又不是做生意，叫什么字号有甚要紧？"

"先生还是给书院起个响亮的名字吧。名不正，则言不顺。再说诸生千里万里慕名而来，向牧童问路，总不能说不出个名称来吧？"阿加笑道。

"书院在龙场山冈之上，叫龙冈书院如何？"王阳明捋了捋他齐腰的长须。诸生大喜。

"既然有了书院之名，我就得给你们立几条院规。一曰立志，二曰勤学，三曰改过，四曰责善，而尤以立志为首。志不立的话，就没有什么事可以做得成。就算百工技艺，也没有不立志的。而今求学之人，荒废学业，百无所成，都是因为没有立志。"

冀元亨问："孔子说：'吾十有五，而志于学。'说的就是立志吧？"

"是啊。所以说立志成圣，就能成圣；立志成贤，就能成贤。志不立，如无舵之舟、无衔之马，漂荡奔逸，最终却找不到北。"

诸生纷纷表示："谨遵先生教诲，立志成圣成贤。"

一日，右佥都御史兼贵州巡抚王质的几名同乡路过龙场，来到何陋轩与王阳明闲聊，说起一则趣事。王质有一次乘马从怀来老家来到宣府城外西北十余里处，为父亲挑选墓地，正当犹豫不决准备返回时，胯下之马却在一处草木茂盛、鸟禽集聚之地跪卧不起。王质见此情景，于是决定将父亲安葬在此。村民们认为这是王质的孝行感动上苍所致，于是称此地为"卧马冢"。

一名同乡说："卧马冢类似于《春秋繁露》里讲的牛眠地，王都宪发达都源于卧马冢的好风水呢。今后他位列三公都是指日可待啊。"

王阳明却不以为然："风水之事皆虚妄之言。《尚书》有云：'慎厥终，惟其始。'虽说仁人孝子，老天爷也不会不保佑，但是这不是外界什么风水的力量，而是得之于内心的孝道。孝敬双亲，则心安，心安则气和，和气致祥。这才是福祉绵长、流衍无尽的大道理。"

王阳明的话传到了王质的耳中，他深以为然，于是专程来龙场拜访王阳明，请王阳明将这段话写成文章，用来教育自己的子孙。

过了些日子，王阳明心想，来而不往非礼也，便决定携带写好的《卧马冢记》，去贵州城回访王质。

贵州城一城两衙门，各司其职。贵州承宣布政司衙门管城北，贵州宣慰司衙门管城南。

王质正在巡抚衙门后衙闲坐，手里摆弄着一枚长方形金印，长近三寸，宽约两寸，印纽铸有辟邪神兽。

　　王质见王阳明来了，忙拉他入座："你来得正好，你看看这上面刻的什么字？"

　　印文为九叠文篆书体，不甚常见。更为奇怪的是，印面所铸的阳文均为正字，印到纸上，字体全部为反向。王阳明仔细辨认一番，才勉强认出来上面刻有九个字：大仃国王都行省之印。

　　"何为大仃国？"王质一听很纳闷。

　　王阳明好奇地问此印是从何而来？王质说："前几天按察司抓了一名惯盗，从他身上缴获这枚金印，主审官一看上面刻的字，隐约有国王二字，觉得事关重大，怕有谋反之事，少不了一番严刑拷打。这盗贼只好招了，说是从都司楼老爷家偷的。一查，都司衙门姓楼的老爷只有楼征宇一人，乃都指挥佥事。这个事又牵涉到军方，按察司也不敢审了，就移交给布政司。布政使认不全金印上的字，听说我喜爱金文篆刻，便将金印送来巡抚衙门。"王质看了金印后，也觉得此事蹊跷，尤其是这枚金印，与众不同，既不像是朝廷颁给土司的印，也不像是西南夷族小国自封的王印，这大仃国更是闻所未闻。

　　听王阳明说这印上刻的又是国，又是行省的，王质也糊涂了，便问他是何意思？王阳明摇摇头，说："既是楼佥事家丢的东西，何不问问他呢？"

　　王质说："来得好不如来得巧！你干脆带上这枚金印，去他家跑一趟，当面问问他这金印究竟是从何而来？如有可疑，直接押了过来回话！"

　　王阳明在巡抚衙门两个师爷、几个衙役的带领下来到楼府。楼征宇一看到金印，惊呼："此印如何在你手里？"

王阳明质问道："楼佥事，王巡抚还要我问你呢，此印怎么在你家中？"

楼征宇一听话中有话，一个劲地摆手："此印不是我的，不是我的！"

"不是你的？那贼为何说是从你家偷的，不说是从王巡抚家偷的？"

楼征宇这才恍然大悟，一拍大腿："这就对了，这就对了！"原来前些日楼征宇家里有女眷闹病，便请了一个巫师来家里做法事，完事后留他在府里小住几日。后来他有事走得急，可是没承想，过了几日他又回来说，将一枚长方形的金印落在楼府里了，还将其形状、大小比划了半天，说是祖传的宝贝，平常一刻都不敢离身的，说得煞有介事。楼征宇见他急得不得了，便吩咐家人把府里府外翻检了个遍，也不见有什么金印。这巫师急了，诬陷楼家贪了他的金印。楼征宇也恼了，以为他想讹一笔钱财，便要手下将他赶出去。楼征宇的夫人却愿息事宁人，说不与巫师结梁子，免得对家人不利，愿意按价赔偿。没想到这巫师又口出狂言，说整座贵州城都抵不上他的这枚印，说罢头也不回地走了。

楼征宇见他这个样子，不像是讹自己，又见他举止奇怪，不知其用意。刚才看到王阳明果真拿出一枚长方形金印，这才大吃一惊：原来这巫师所言不虚！

王阳明便问："此巫师何方人氏，姓甚名谁？"

"水西牛叔。"

王阳明暗自一惊，这不是阿加寨子里那位会灵魂附体的巫师吗？此前听阿加说过牛叔装神弄鬼把他和沙依从安贵荣府里救出来的事。便说，牛叔拿不到金印，肯定不甘心，或许还在城内。楼征宇忙吩咐手下封锁城门，缉拿牛叔。

果然不出所料，牛叔此刻正在城南宣慰司衙门里告状喊冤，说楼金事欺负他是水西夷民，骗他入府做法事，暗自霸了他家祖传金印……安贵荣坐衙升堂，听了此事也觉得棘手，心想都司金事本是统兵镇乱的大官，怎会霸占巫师的一枚小印呢？就算霸了，他也不能直接去都司拿人呀。转念又想，水西夷务归他宣慰司管辖，这牛叔上次治好过老夫人的病，还是位能通神的人物，在水西地方颇有威望。这事也不能置之不理，不然传出去，他这宣慰司的威望何存？

这么一想，安贵荣对牛叔好言劝慰一番，答应向贵州按察司衙门交涉此事，唤人安顿他在府衙客房休憩。

正在此时，都司的通缉协查关防来了。安贵荣心想，这楼金事急不可待地来抓人，一定是心里有鬼，贼喊捉贼，看来得先将牛叔送回水西去，金印的事从长计议。

牛叔哪里肯走，说印在人在，要与金印共存亡。安贵荣好说歹说，把他劝上插着宣慰司旗号的马车，再派十余名兵弁护送，直奔南门而去。没想到，刚到城楼下，就被守城官给截了。宣慰司的人喝道："没看到是宣慰司的车吗？让开！"

守城官也不是吃素的，大声吼道："接都司军令，城门戒严。天王老子出城，都要过了老子这一关！"

一方要搜，一方不肯，双方打了起来。守城兵卒人多势众，宣慰司的人只好边打边退，最后被闻讯赶来的都司的人逮了个正着。

王阳明见到牛叔，拿出金印给他看。牛叔见到金印失而复得，欢喜得不得了。问及金印来历，他却含糊其辞，语焉不详。王阳明将他带入私室，直言不讳地说："我知道你是朱允炆后裔！"

牛叔一听，大惊失色，连忙摆手道："不是，不是，我不是建文爷的后人！"

"你个夷族巫师，怎知道朱允炆就是建文帝？"

牛叔被逼问得满脸通红，答不上话。

"大仃国并不是一个国家，也不是一个封国，而是指国家发生了大难，君工被赶出都城，孤苦伶仃，不得已用'王都行省'指代护驾的侍从官员。"

牛叔更慌了，口不择言："这印是我捡的！不，是我偷的！那个，对了，是捡的，反正不是我的！"

王阳明悄声说："牛叔你不要慌，阿加是我弟子，他多次在我面前说起您呢。我现在也不是官府的人，而是被贬龙场的戴罪之人哩。"

牛叔"扑通"一声跪倒在地："王先生救我！我们寨子里的人都说王先生是中原来的圣人！"

王阳明将他扶起，说："我也想救你，但你得跟我实话实说。"

牛叔便将一段尘封多年的往事说了出来，虽然说得平淡，但王阳明听得心惊肉跳。

二 牛叔原来是建文帝后裔

洪武三十一年，明太祖朱元璋驾崩，因太子朱标早于太祖逝世，长孙朱允炆登基，年号建文。建文帝即位后，为巩固皇位开始削藩，这直接导致了各地藩王的不满。建文帝的叔父、坐镇北平的燕王朱棣反应最为激烈。"你敢削藩，我就要夺了你的帝位！"于是，他联合宁王等藩王一道发起了"靖难之役"。战争历时四年，靖难大军终于攻至南京城下。当天，守城的谷王朱橞打开金川门迎降，建文帝率后妃在宫中自焚。经过几天的搜查，终于在宫中找到了建文帝烧焦的尸体。

"这只是燕王的障眼法，其实建文爷已经秘密出宫。"牛叔说，"燕王当了皇帝后，派郑和下西洋其实就是想暗中寻访建文爷的行踪。"

据牛叔讲，太祖朱元璋临终前曾给建文帝留下一个铁箧，内有"临大难，当发"的遗计和一张出逃路线图。此外，他还为孙子准备了度牒、袈裟、鞋帽、剃刀以及十锭黄金。

当燕王大军攻破城门时，建文帝打开了太祖留给他的铁箧，带着他七岁的长子朱文奎和锦衣卫指挥谢锐等十三名贴身随从从南京城东北角的鬼门暗道逃到神乐观。在翰林待诏郑洽的建议下，一行人连夜赶往浙江浦江郑家躲避。

这浦江郑氏是江南望族，而且与大明皇室渊源极深。从南宋到明代，历经三朝，郑氏家族十五世同居共食，和睦相处，时称"义门郑氏"。洪武十八年，太祖朱元璋为了表彰郑氏家风，敕封其为"江南第一家"，还刻意从"郑义门"中选拔人才充任东宫教习。后来建文帝即位，曾亲笔给郑家题匾"孝义家"。

当建文帝有难时，首先想到的避难之所便是这忠义持家的浦江郑家。郑家对建文帝也是拼死相救。有一次官府得到线报，来郑家搜捕。郑家将他藏于井栏上布满蛛丝的白麟溪枯井之中，才逃过一劫。

郑家也住不下去了。建文帝率随从再次出发，一路向西，专走人迹罕至的小径，抵达湖广省常德府。常德府卫所是锦衣卫指挥谢锐家的忠实旧部。

牛叔说，这里面又有一段故事。洪武十三年，镇守云南的元宗室、梁王巴匝剌瓦尔密不肯降明，还杀了明朝派去劝降的使臣。明太祖大怒，派大将傅友德和沐英率三十万大军南征，历时三个月平定了梁王叛乱。为稳固西南，太祖命三十万大军就地屯军。这三十万征南大军便在"黔之腹，滇之喉"的安顺一线驻扎，平时屯田，战时出征。此后，朝廷又陆续从各地调来数十万"调北填南"的屯堡人。

谢家的祖先是明朝开国武将、永平侯谢成。洪武二十七年，因受蓝玉案的牵连，谢成被诛杀，几个子女被遣到湖广常德。建文帝即位后，为众多受冤的功臣平反，重新起用功臣后代。谢成的几个儿子均在常德卫所升任军职。谢成次子谢秀二不久被调往贵州安顺屯垦，谢秀二次子谢锐还被选拔到宫中任锦衣卫。

为了感念建文帝的浩荡皇恩，谢氏家族几代人都死心塌地地追随、护卫在他的身边。

却说当初负责守城的谷王朱橞与建文帝私交甚好，燕王举兵靖难时，就藩宣府的谷王本可作壁上观，但却应建文帝诏，带兵三千赴南京护卫金川门。但谷王为何关键时刻又开门迎敌呢？原来，眼看守城无望，谷王向建文帝建议，先在皇宫放火，制造自焚假象，掩护其出逃，然后再打开城门迎降。建文帝不得已含泪点头。

此时燕王已登基称帝，改元永乐，并将忠于建文帝的侍讲学士方孝孺磔死，还破天荒地灭了他十族；处置建文帝孤忠的妻孥，手段极其暴虐不仁。铁铉、齐泰、黄子澄、劳大等建文旧臣妻女皆被送教坊司为官妓。劳大妻张氏当时已五十六岁，送教坊司后不久就死了。教坊司安政请旨如何发落，永乐皇帝竟然下了道圣旨："分付上元县抬出门去，着狗吃了。"天下士林为之侧目，敢怒而不敢言。谷王朱橞对当年开门迎降也心存内疚，此时他被改封在长沙，听闻建文帝行踪，自然格外关照。有了谷王及谢锐家中旧部的暗中保护，建文帝暂时在常德安顿下来。

几年后，谷王等人掩护建文帝的事情败露，建文帝不敢久留，只得率众从湘西转入贵州南面的程番长官司地界。而此时，长子朱文奎已是十五六岁的少年了。

在程番停留期间，建文帝托付谢锐，让他带少数随从保护幼主朱文奎从长顺、紫云方向逃走，他自己则去往福泉、贵定方向，最后到了云南。

谢锐护着朱文奎来到普定军民卫安顺州一带夷苗杂居的千瘴山区，这里崇山峻岭，汉人罕至，宛如世外桃源，是藏身的绝佳地方。更为关键的是，这里距其父谢秀二屯军的安顺仅有几十里路。于是，他们在这里安顿下来。到了已婚之年的朱文奎改姓牛，取"朱字去其二腿"之意，与苗寨中的一名姑娘结了婚，成为苗寨的"驸马"。谢秀二派兵暗中保护，并时常接济。

永乐十八年，在一次镇压反叛的战斗中，谢秀二在安顺大屯关阵亡，而他的长子谢英不久也在安顺寿堂关的战斗中丧命。只有谢锐一直陪伴在幼主身边。数十年后，谢锐死在了苗寨，被安葬在岩腊乡一个名叫三股水的小山谷中。建文帝到了晚年，思亲心切，来到三股水寻找皇子，找到朱文奎后，就近在苗寨附近修建一座"大喜庵"修行，并在庵前题联一首："北望天门月照荒台绕群鸟；南来鬼方露滴松梢溅衲衣。"不久，建文帝即圆寂于此，葬在王山坳上。

建文帝晚年时，感慨亡国之恨，刻有一枚金印，上刻"大仃国王都行省之印"几个篆文。后来此印成为朱文奎一脉的传家宝，一直传至牛叔，已逾四代。牛叔走南闯北，操巫业为生，因收了黑虎寨几个弟子，便常年在此定居。

"先生的弟子阿加本姓谢，是谢锐老将军的后代。我们黑虎寨虽是夷苗聚居寨子，但与夜郎王后裔的夷苗各族风俗迥异。"牛叔说当地的夷族和苗族不管遇到什么节气或是红白喜事，都只按竹王崇拜行事，不烧纸钱，不念经，但唯独他们这几十户牛姓和谢姓则不然，既要按竹王的规矩行事，又要按汉人的礼仪来操办。牛家更是传下一条祖训：不与谢姓人开亲，不与谢姓人结仇。这说的便是百余年来的君臣情义。

听了牛叔的讲述，王阳明确信眼前这位巫师便是民间诸多传说融为一身的建文帝后裔，心中百感交集。不知是有感于皇族兴衰离乱，还是欣喜于建文帝后人劫后余生，苟活于世，他的眼角流下了两行清泪，情不自禁地朝牛叔长揖行礼。

牛叔也起身回礼，不无担心地问："巡抚衙门那怎么说才圆得了场呢？"

王阳明双眉紧锁，面露难色，说："王巡抚精明得很，他那里怕是不好对付哟。看来这次你不死也得脱层皮！"

牛叔大惊失色。

王阳明"扑哧"一笑："我是跟你说笑哩，瞧你紧张的！等下在巡抚面前，你只管说是夜郎国后裔，其余的话我自然会替你开脱。"

牛叔这才长吁一口气："您说笑不打紧，我可是怀里揣着十五只兔子——七上八下哩。"

一行人回到巡抚衙门，王阳明将牛叔如何在楼金事家做法，金印如何遗忘楼家，盗贼又碰巧窃得此印，最后又连人带印被按察司所擒等事，一五一十地说了个清楚。

王质问："那金印究竟是何出处？印文又是何含义？"

"经审苗人牛某，供称乃古夜郎国后裔，此印便是在夜郎国时所刻，内容不明就里，家传信物而已。"

牛叔也在旁信誓旦旦地说，供述属实。

"依你之见，此印如何处置？"王质问王阳明。

"既已查明，自然物归原主。"

王质点头允准。

等左右退出，大堂之上只余王质和王阳明二人。王质与王阳明对视一笑，说："此金印明明是本朝之物嘛，这'王都行省'乃事逢非常之时，以非常之语入印呢。"

王阳明也笑道："老先生火眼金睛，明察秋毫，又举重若轻，菩萨心肠。学生佩服、佩服。"

大堂之上响起他俩爽朗的笑声。

王阳明在城北拜别了王质后，心想上次安贵荣专程来龙场拜访过自己，这次既然来到了贵州城，何不顺便去城南的宣慰司回访呢？

王阳明来到宣慰司门口，却被守门兵差告知，安宣慰卧病不起，不见来客。他只好留下名帖，打道回龙场。还没出城，牛管家骑马来追，拉住他低声道："咱家宣慰老爷看到您的名帖，派小的来追。请先生回府，有要事请教。"王阳明道："宣慰老爷既有恙，岂敢打扰？不如改日再登门拜访。"牛管家一再挽留，称不打紧。王阳明无奈，只得又折回宣慰司。

在后衙门厅，安贵荣笑容可掬地迎住王阳明。王阳明诧异地问："宣慰老爷气色甚佳，何称病焉？"

安贵荣笑道："本愁病交困，但得知先生来访，竟然一扫病容，分外精神了哩！"

"您呀，病是假，愁是真。"

"先生真乃神人，直窥我心。朝廷命我出兵平定播州之乱，我正为此事发愁哩。"

"铲除寇盗，抚绥平良，乃守土常职。这有何愁？"

"先生有所不知，这播州杨氏两兄弟，杨爱上书称其兄杨友'谋刺宣慰使，煽动下属作乱，焚烧抢掠苗寨，侵扰周边百姓'。而杨友却密报杨爱勾结生苗'反叛朝廷，私造武器，私练兵法，立金龙门，置后宫，设宫妃，造龙凤蟒袍，自称国工天主'。朝廷未有讲明谁是叛贼，我总不能将二杨一起平了吧？"

"我有一计，可识谁奸谁忠。"

"请先生示下。"

"现在二杨在香炉山一带对峙。你率大军进驻此地，檄令二杨各自退兵十里，接受朝廷有司调查。暗中散布消息，说王师即将从四川、湖广、云南等地而来，合围叛军。叛军一听此消息必然心虚。谁不退兵或袭击你军，谁就是叛军无疑，一举剿灭可也！"

"多谢先生指点，本司率我夷家子弟即刻奔赴香炉山前线！"

送走王阳明后，安贵荣便以都、布、按三司的名义檄传杨爱、杨友二人，令他们各自后撤十里，接受贵州宣慰司的调停。第二天一早，安贵荣亲率十万大军，鸣炮出征，当晚抵达距香炉山五十里地的鸭脖山扎营。

第三天清晨，毛钊的信使来到鸭脖山，送上信函，表示愿意让出香炉山关隘，让安贵荣的人马入驻。安贵荣闻讯大喜，令前军五千人乘快马即刻向香炉山口进发。

毛钊的信使刚走，张渊来见。

张渊一进来，就乐呵呵地朝安贵荣拱手道："我家主公听说安宣慰率大军来援，喜出望外！安宣慰果真信义之士！"

"放肆！我奉王命来平定叛乱，说甚来援！"

"我家主公特意交代，事成之后裂地平分。还有，播州宣慰府窖藏的上千坛茅台村好酒全部送您。"

嗜酒如命的安贵荣一听上千坛茅台好酒，直咽口水，但转念想起王阳明此前的话，便定了定神，喝道："大胆！你再敢胡说八道，便是守着茅厕睡觉——离死（屎）不远了！"

张渊一脸的惊恐："宣慰老爷忘了此前的盟约了？"

安贵荣用拳头把桌子砸得啪啪响："谁跟你们盟约了？可有证据？若是拿不出证据，就是诬陷本司，论罪当死！"

张渊想，那封虎纹信不就是证据吗？可惜弄丢了，现在再说无益。好汉不吃眼前亏，先保命要紧。于是他满脸堆笑，用手掌了自己两个嘴巴："小的该死，小的该死，小的是米汤洗头——糊涂到顶了！"

安贵荣正色道："你回去告诉杨友，火速后撤十里，违者军法不容！"

"我们想后撤也没地方撤呀，再后撤就撤到播州城下了。那杨爱勾结生苗占了凯里，安宣慰能否让他们从凯里撤兵？我们就从哪里来，再到哪里去。"

"从哪里来，再到哪里去？说得倒轻巧！你们当初为甚不在凯里好好待着，大张旗鼓地跑到播州来做甚？走亲戚吗？"

"这个……这个杨爱擅自称王，图谋不轨！我家主公去平叛来着！"

"王师已从四川、湖广等地奔驰而来。这些话留着跟钦差们说吧，还不快滚！"

两边亲兵抡起棒子要打，张渊抱头鼠窜而去。

当安贵荣率夷兵大军来到香炉山准备接防时，杨友、张渊、张深率兵从左中右三个方向掩杀过来。安贵荣部立脚未稳，被杨友部偷袭包抄，一时阵脚大乱，夷兵纷纷溃逃。安贵荣拔出剑来，连斩几名后退的夷兵，厉声道："谁敢后撤，格杀勿论！"这才避免一败涂地。

杨友骑马提枪，一马当先，连斩夷兵数员大将，叫嚣道："夺了此关，我们就能回家！"其部下受此鼓舞，骁勇异常，个个拿出吃奶的力气向着夷兵猛冲。眼看夷兵又要招架不住，安贵荣令人推出两门火炮，对着杨友部一阵乱轰，这才遏制住杨友部如潮水般涌来的势头。

安贵荣指挥部下快速撤回关隘里去，关紧大门，严防死守，但大部分粮草辎重来不及入关，都落入杨友之手。安贵荣从关上望下去，只见尸横遍野，血流成河，夷兵在此役中伤亡惨重，顿觉悲从中来，禁不住掩面而泣。

杨友在关下叫骂："安家老狗，背信弃义的腌臜泼才，还不下来送死！等爷爷我破门而入，要将你碎尸万段！"

安贵荣心中悲凄，无心与他骂架，只吩咐手下将士，放箭将敌军逼退。杨友部准备云梯，挖取暗壕，准备乘胜强攻。安贵荣急令部下准备石块、木头等守城物资。

战鼓响起，杨友一声令下，攻城士兵架起云梯，直扑关隘。安贵荣亲自披挂上阵，率领部下用石块、木头砸向云梯，不让来敌靠近。双方激战一整天，战得天昏地暗，不分胜负。傍晚时分，一场恶雨袭来，杨友才下令鸣金收兵。

安贵荣回帐，令中军官清点伤亡情况，一天下来竟有上万人折损。他想起明日又是一场恶战，还不知胜负如何，心中懊恼不已。

正在此时，有人来报，说山下有人攀墙而来，来人是龙场驿王先生信使。安贵荣忙叫快请。

来者是阿加，他带来了王阳明的口信。阿加说："先生料知杨友不肯就范，必将夺取香炉山关隘，而安宣慰必将誓死守关。先生说，如此下去，双方都将损失过大。就算打败杨友，也得不偿失。俗话说：穷寇莫追，穷敌莫犯。现在杨友部思乡心切，一心要打回凯里，贼势汹汹，当避其锋芒。先生说，让出香炉山又何妨？"

"此关乃天险，怎能说让就让？"

"如果不让，宣慰老爷能守得住吗？听说粮草辎重尽归了贼兵。一旦明日他们补充了弹药，用火炮来攻，此关岂不危险？"

"我们若将此关拱手让出，那杨友岂不长驱直入，直奔凯里了吗？"

"先生说，杨友出得此关，手下士兵必定撒开了腿，争先恐后地往家里跑。气泄了，队伍乱了，留下一个空虚的后防。此时，宣慰老爷再挥师击其后军，咱夷家勇士们肯定憋足了劲打他个落花流水！"

"此计甚妙，王先生乃神人也！"安贵荣听了阿加的分析，欣喜若狂，让亲兵取来好酒，要与阿加痛饮。

待阿加凑近灯前，接过酒杯，安贵荣这才看清阿加面容，满心狐疑地问："你不是上次跳神的牛叔那小徒弟吗？"

阿加也笑道："正是草民。不过，我现在是王先生的入门弟子。"

安贵荣哈哈大笑道："你跟王先生一样，千变万化，诡计多端，我们这些凡人，反正是看不清你们的庐山真面目！"

第二天，安贵荣依计让出香炉山关隘。杨友部如决堤之水般从关口涌下，奔向凯里，队伍一片大乱。安贵荣部觑准时机从后面追杀过去。杨友部首尾断绝，不得相救。安贵荣部一直追赶至凯里城下。毛钊让人将杨友部下家属押上城楼，让他们哭哭啼啼地劝降。杨友部顿时军心涣散，不少将士当场丢盔弃甲，哗变投降。

毛钊在城楼上大喊："活捉杨友反贼，可封长官！"

杨友部降兵听到此话，纷纷来捉杨友。杨友见势不妙，单枪匹马夺路而逃，正好撞在安贵荣的阵前。安贵荣挥起一枪，就将杨友挑落马下，杨友当场被擒。张渊、张深兄弟二人也在乱战中被自己的亲信活捉。杨友部全军覆没。

安贵荣将杨友、张渊、张深等叛将悉数缚绑，押解回贵州城，交都、布、按各衙门审问发落。经三司会审，杨爱僭越称王之事纯属诬告，杨友行刺杨爱、率部反叛之事铁板钉钉。三司将此役及会审结果上报朝廷。半月后，朝廷下旨，加封安贵荣为贵州布政司左参政，杨友、张渊、张深三人即刻问斩。

三　我们每个人的心都具足"圣人之性"

王阳明的龙冈书院让龙场甚至贵州这一蛮荒之地，陡增不少书卷气，每天都有弟子从各地赶来听讲。龙场附近的夷苗后生农忙之余也来到书院听王阳明讲学，就连龙场的牧童们一得闲，把牛放在山坡上，也来窗前偷听。贵州一地，一时风气大变，人人皆有求贤问圣之心。

贵州提学副使席书，本是主管全省教育和科举选拔的大员，也慕名来到书院，悄悄坐在后排听讲。

王阳明正在讲授陆九渊"心即理"与朱熹"性即理"的异同。他说，"心即理""圣人之道，吾性自足"，说的就是"心"与"圣人"本质上是同一的关系。

"所谓心，并不专是那一团血肉，若是那一团血肉，如今已死的人，那一团血肉还在，为何不能视听言动？所谓心，却是那能视听言动的，这个便是性，便是天理。所以说，心之体，即是性，性即是理。'吾心'与'物理'在本质上是统一的，在现实性上是圆融共在的。我们既不能在'吾心'之外去求'物理'，也不能在'物理'之外去求'吾心'。"

冀元亨问："朱熹为何主张向心外求理呢？"

"朱子觉得心是灵活多变的，向心求理最终可能会演变成向心求心。为了防止求理求出混乱来，所以朱子主张主要向心外求理，并且认为只需要用'心外功夫'就可以了。"

阿加问："这么说，朱熹不重视向心内求理了？"

"非也。朱子虽没有明说向心内求理，但他对心的功夫也很重视，他提出的'居敬'说，就是一种跟心有关的实践功夫嘛。"

弟子们笑声朗朗。

这时，席书站起来问："朱子向心外求理，倡导格物致知，似乎也不错呀，有什么问题吗？"

"朱子格物致知的路向是有问题的。即便把所谓的'物之理'都格出来了，都穷尽了，又怎么样呢？又如何能使自己成为圣人呢？"

"那心即理，向心内求理，就没有问题了吗？"席书继续发问。

"问得好！"王阳明微笑着看了看后排这个陌生面孔，"如果心即理，那么就简单了。因为心原本是具足'圣人之性'的，我们所需要做的，就是把心中的理、把圣人的本性，表现到日常生活中即可。"

"先生为何坚信我们每个人的心都具足'圣人之性'呢？"

"我来打个比方，我们有可能把一个鸡蛋孵出小鸡来，但我们能把一块鸡蛋大小的石头孵出小鸡来吗？"

弟子们皆笑。

王阳明接着说："原因就在于鸡蛋中孕育着鸡的本质，而石头里面却没有鸡的本质。同样的道理，人若要成为圣人，也必须原本就具有圣人的本质。"

"那么依先生之言，我们只需向心内求理。是否只需终日枯坐，啥也不做，书也不读，养养浩然之气即可？"席书又问。

席下有些弟了也笑了起来。

"非也，非也！这又是一大误区。"王阳明说，"当今士子们只知埋首背诵《四书集注》，读死书，死读书，而忽视了朱子原来主张把读书求理与生活实践相结合的'功夫论'。久而久之，朱子的理学思想少了人间烟火气。析知行为二，知与行脱离，迷失了圣人之学的根本目的。而我们主张的心即理，向心内求理，就是要恢复'理论知识'与'生活实践'的联系。一句话，要'知行合一'。"

席书听得如醉如痴，课后当即上前表明身份，自述年庚籍贯，决定拜入王门。王阳明推辞道："你是一省学政，又长我十一岁。此举似有不妥，我们结为学友即可。"

席书说："朝闻道，夕死可矣。'昔仲尼，师项橐。'岂以年岁论师生？"他一再坚持，王阳明只好收了他这个弟子。

席书后来又多次来龙场拜访王阳明，对王阳明的学问佩服不已。当时贵州城的文明书院已经废弃多年，席书与贵州提刑按察副使毛应奎商量，决定修复文明书院，礼聘王阳明来做书院的山长，主持讲席。席书还亲自率领汤晖、叶梧、陈文学等诸生向王阳明行弟子礼。

王阳明把龙冈书院搞得风生水起，惹得旁边的思州知府刘瑜很不高兴。刘瑜此人虽是进士出身，但不学无术，又好大喜功，仗着能写几篇辞藻华丽的骈文，常以贵州学林领袖自居。他在北京国子监当过一阵子小官，通过焦芳的关系攀上了刘瑾，竟然厚颜无耻地拜刘瑾为干爹。

仗着有刘瑾撑腰，刘瑜在贵州一带飞扬跋扈，目中无人。刘瑜得知王阳明在穷乡僻壤的龙场驿聚众讲学，连贵州学政都拜他为师，撇了撇嘴说："小小的龙场驿丞，竟敢如此招摇！这不是明摆着不把我这学林领袖放在眼里吗？真是蝙蝠身上插羽毛，他还真以为自己是凤凰啊！"

　　刘瑜吩咐自己的小舅子向华去龙场搅搅局，灭灭这个小驿丞的威风。这向华本是无风也起浪、惹是生非惯了的主，接到此令正中下怀，叫上十余个平时一起吃喝的衙役和地痞无赖，直奔龙冈书院。

　　王阳明正在讲孟子舍生取义的道理。向华一行人手里提着木棍，凶神恶煞地冲了进来，说："我们奉思州刘府台之命，来查抄你们聚众宣扬异端邪说的！"

　　"孔孟之道竟是异端邪说，不知你们这位刘府台可是科班出身？又是念的哪家子正端学说？"王阳明质问道。

　　"你就是那个姓王的小驿丞吧？就算讲学也轮不到你来讲呢，我们府台老爷才是贵州全省的学林领袖！"

　　"他当他的领袖，我讲我的学，谁碍着谁了？"

　　"哟，一个小小驿丞口气还大得很呢，见了本衙内还不下跪？"

　　"朝廷制度：有功名，见官不下跪。王某虽是不入流的小吏，但仍是进士出身，功名仍在。就算在大堂之上，县官老爷也还要给王某赐座哩。"

　　向华一时语塞，只好胡搅蛮缠道："今儿个爷爷我看你碍眼，别说要你跪，还想打你呢，怎么着？"不由分说，抢起棍子就要打人。

　　王阳明一躲闪，棍子打在了他身后的"大成至圣先师"牌位上，牌位被砸成两半。

　　弟子们怒不可遏，冲上去将向华团团围住。向华等人见势不妙，夺门就逃。龙场寨的头人伍萨听说阳明先生在龙冈书院讲学时被人欺负了，这还了得，带上一群乡亲赶来打抱不平，正迎头撞上向华等人从书院里跑出来，不由分说便给了他们一顿好打，打得他们鼻青脸肿，鼠窜而去。向华回去在刘瑜面前添油加醋，把王阳明的弟子们描述成一群蛮横的暴徒，怂恿刘瑜派兵去将他们抓起来。

刘瑜想了想，说："这龙场虽小，但不在我思州地界，直接派兵去抓人，恐怕有点唐突。我这就给按察司衙门去封信，请他们去治治这个王阳明！"

这封告状信到了按察副使毛应奎的手中。这毛应奎倒是一位正直之士，知道王阳明是受刘瑾陷害贬来龙场，而这刘瑜又跟刘瑾有着苟且的关系，不是好惹的主，便派人来到龙场，向王阳明晓喻祸福利害，劝他给刘瑜写封道歉信，大事化小，小事化了，免得又惹了刘瑾，吃不了兜着走。

王阳明执意不肯向刘瑜赔礼道歉，于是写了封信答复毛应奎，表明了他的立场："跪拜之礼，本小官常分，不足以为辱，然而也不能无故而行之。不当行而行，与当行而不行，都是取辱！"

眼看按察司没有动静，刘瑜心里气难平，便直接向朝廷上了一道密折，诬陷王阳明虽被贬谪为龙场驿丞，仍不死心，聚众结党，妖言惑众，图谋不轨，请求朝廷对其弹压。折子夸大其词，危言耸听，大有不置王阳明于死地不肯罢休之势。刘瑜心想，刘瑾和焦芳览阅此折，王阳明必有杀身之祸。刘瑜掰着手指头算日子，左等右等，但还是没有等来什么消息，王阳明还是照常讲学，每日诲人不倦。

原来，通政司里早就有王岳安插的东厂密探，直接受命于张燕娘的凤仪镖局。张燕娘那日在通州渡口送别王阳明后，生怕刘瑾等人加害于他，便密令通政司的探子，严密监控贵州方面上奏的密折，一旦有提及王阳明的折子即先行送给她本人检视。

那日，燕娘接到通政司密探送来的密折，心系王阳明安危，恨不得即刻启程奔赴他身边。但关山万重，她本人又身负特殊使命，只能将这种担忧化为无尽的思念。她想起，贵州分舵有一颗暗子"老赤"，雪藏多年，从未启用。

"到了该启用老赤的时候了！"燕娘一边抚摸着王阳明赠她的竹笛，一边自言自语道。

这晚掌灯时分，王阳明用过晚膳，独自在书房写他的《五经臆说》。王能来报，有客人来访。王阳明来到堂屋，只见来客带一随从，二人皆一袭黑衣，帽檐遮面，见到他才摘下草帽。

王阳明笑道："安宣慰为何如此打扮？险些认不出来。"

安贵荣一脸愁容，朝王阳明拱拱手道："又来打扰先生了。"

"安宣慰刚刚凯旋，是天大的喜事，怎么还愁眉不展？"

"先生有所不知。此番播州平叛，我夷家子弟浴血死战，虽得胜而归，但上千子弟殒命疆场。可气的是朝廷论功行赏，那巡抚魏英、总兵李昂赏赐丰厚，我却只得了个布政司左参政的虚衔。朝廷只字不提如何抚恤烈士家属，实难告慰数千阵亡将士，我也无颜见众多烈士遗孤！想我多次率夷家子弟自筹粮饷，为国平乱，出生入死，功标日月，如此这般，怎不叫人心寒！"

"'可怜无定河边骨，犹是春闺梦里人。'自古战场多悲歌啊！"王阳明心有凄凄然。

"我已上书，请朝廷裁减龙场驿作为补偿。这龙场驿本是我太祖母奢香夫人所开设，现让我夷家收回也在情理之中。龙场驿已成联通水西、播州以及四川、湖广等地的通衢要塞之地，我如有了这一地界，往来商贾税银皆可充为烈士遗孤抚恤费用。况且，龙场驿一旦裁撤，先生也不用再受往来小官吏们的气了，您就安心在这讲学，我看谁还敢上门找碴！"

"烈士遗孤抚恤之事，当向督抚衙门据理力争。我们书院也可接纳他们，教育他们学习圣贤之道，这也是我们分内之事。但裁减龙场驿之事，万万不可！"

"为何？"

"凡朝廷制度，定自祖宗，后世守之不敢擅改。驿站可以随便裁减的话，那么也可以随便增加，宣慰司也可以随便革除。"

"那我就这样做一个小小的参政，忍气吞声？"

"我们都是臣子，岂可伸手向朝廷邀功？铲除寇盗以抚绥平良，也是守土常责。现在你数次请赏，则朝廷之恩宠、禄位，岂非儿戏？"王阳明一脸严肃地说，"宣慰使乃守土之官，得以世有土地、人民。现朝廷升你为参政，则是流官，东西南北唯天子所使，朝廷下一纸调令，委你一职，或福建，或四川，你敢不去吗？"

"这层意思，我倒没有想到。"

"抗旨不遵的后果可是要掉脑袋的呀。如果你遵命赴任，那水西千百年之土地、人民就不再是归你所有了。现在看来，别说更大的官，就是现在这个你都嫌小的参政，你都要赶紧辞去。你还敢向朝廷谈条件，要更大的官吗？"

王阳明一席话，把安贵荣说得心里透亮。

此时刘二捧来两碗汤圆当宵夜，只见汤圆色泽黄嫩，还带一个翘尾巴。王阳明说："尝尝我们余姚的松花汤圆。"

安贵荣吃了一口，糯糯甜甜的，甚是可口，于是狼吞虎咽地吃了一碗，赞道："这汤圆加了松花，味道就是不一样！这松花可是松树开的花？"

刘二在旁答道:"可不是嘛,这松花就是山上松树的花粉,马尾松、油松、赤松、黑松都行。搓下花粉,筛一遍,将细粉晾干,炒熟,就可以来包汤圆了。我们现在靠山吃山,一有空闲,咱爷还带着我们亲自上山去采松花呢。"

王阳明用勺子搅了搅碗里的汤圆,说:"朝廷与水西夷地的关系,就如同这碗汤圆里的汤与丸。水西夷地只是汤里的一颗小丸子而已,少一颗,丝毫不损一碗汤圆的味道。但没了这碗汤,这颗小丸子还能叫汤圆吗?"

安贵荣顿时觉悟,起身抱拳道:"多谢先生教导。贵荣虑事不周,险酿大祸!我明日即入巡抚衙门主动撤回奏纸。"

事后不久,贵州宣慰同知宋然所辖水东苗民土酋阿贾、阿扎、阿麻等三人聚众二万余人自立名号,背叛宋氏,重兵围攻贵州城红边门同知府衙门,又连夜突袭宋然居住地大羊场,准备消灭宋氏,取而代之。宋然所幸得以逃脱,免去一死。

贵州巡抚魏英又令安贵荣出兵平乱。这宋然虽是贵州宣慰副使,名义上归宣慰使安贵荣节制,但水东宋氏土司却与水西安氏、播州杨氏、思州田氏同为贵州地界四大土司。而且水东地处贵州中心,这贵州城为贵州全省第一大埠,也在水东宋氏的辖地之内,因而宋然与安贵荣是面和心不和,处处阳奉阴违。当年明太祖采取"以夷制夷"的办法,令安、宋二氏同治贵州,相互牵制。水西霭翠无姓,太祖即赐姓"安",并授予"贵州宣慰使"职,领水西,辖十三则溪,领四十八目。水东宋蒙古歹使用的是蒙古名,太祖即赐名"宋钦",授贵州宣慰同知职世袭,领水东,辖陈湖十二码头,领十长官司。又叫安氏掌印,居宋氏辖地贵州城宅溪坝办公,无事不能擅回水西。直到宋然时,宣慰同知印仍在安贵荣手中,他有事回水西,才叫宋然代管。对此，宋然也是一肚子火。

由于与宋然长期不合，安贵荣此前曾通过亲友暗中赠送毡刀、弓箭之类物品，支持宋然属下的酋长阿贾、阿扎等人。这次阿贾、阿扎等人起兵叛乱，安贵荣暗自窃喜。巡抚衙门催他出兵平叛，他却说这是水东宋氏的家事，拥兵观望，不予理睬，后经巡抚三檄，才勉强出兵，解了贵州城红边门之围后，不但不乘胜追剿，反而称病撤兵，致使阿贾、阿扎死灰复燃，又重新集结两万多人，扬言要踏平大羊场，活捉宋然，剜眼剁脚。宋然从老宅逃出，召集旧部兵丁万余人，要杀阿贾、阿扎报仇。

阿贾、阿扎与宋然家又要打仗的消息，一时间传遍了水东、水西。老百姓担惊受怕，纷纷扶老携幼，离家避难。贵州城内也是鸡犬不宁。巡抚魏英听说安贵荣与王阳明交好，便让席书派人请王阳明来贵州文明书院讲课，自己前去听讲。

在书院内厅，王阳明见到魏英要行跪拜之礼，称其魏都堂。魏英连忙将他扶起，用余姚话笑道："贤侄无须多礼，我也是余姚人哩，家在桥西花门头，又与令尊龙山公同年。何况，今天贤侄是老师，我是来听讲的学生呀。"

王阳明便改口称魏英年伯，执礼甚恭。魏英跟王阳明聊了些余姚风土人情，便言归正传说："水东宋氏内乱，宋然被属下阿贾、阿扎部反水。我令安贵荣出兵平叛，安酋顽劣之极，装模作样打了一阵就坐山观虎斗了。他想借阿贾、阿扎消灭宋氏后，他再消灭阿贾、阿扎，今后水东、水西好都归了他管！"

"兵家乃国之大事，岂可怀抱私心？"王阳明附和道。

"老夫要不是看在他前番平息播州苗民叛乱有功的份上，早参他了！"魏英嘴角的山羊胡子抖了抖，眼睛眯成一条缝，"不过，在这水东、水西地面，安氏乃第一望族，盘踞几百年了，根深叶茂，又是朝廷封的世袭土官。阿贾、阿扎这些土酋都是榆木脑壳，瓜得很。除了安贵荣，恐怕没人镇得住。”

王阳明顿时明白，魏英此次来听他讲学是假，找他游说是真，便说：“年伯有何指教，尽管吩咐，守仁尽力就是。”

“人人都夸贤侄学问好，我看你还聪慧异常，有乃父之风。”魏英笑道，“听说你与安贵荣交情甚好，想请你劝说安氏，让他悬崖勒马，以贵州几十万夷苗同胞福祉为念，摒绝私念，为国尽忠。”

“年伯不说，这番道理我也要讲与他听。我这就去宣慰司衙门走一遭！”

安贵荣躺在宣慰司后衙的床上接待了王阳明。他拱了拱手，有气无力地说：“阳明先生，真是抱歉啊，我这次真是病得不轻啦。”

王阳明道：“我略通医道，可否为安宣慰把把脉？”

安贵荣极不情愿地将一只手伸了出来。王阳明坐在床头，煞有介事地为他诊了脉，笑道：“安宣慰应无大恙，只是心病。从脉象来看，您这是典型的弦脉，主阴阳不和，肝气上逆，症状就是肝火无制，心神不宁。”

“先生，贵荣自己的病自己清楚。您这次来有何贵干，您就明说吧，不用跟我兜圈子了。”

王阳明收住脸上的笑，正色道：“你与宋氏一同镇守贵州地方，而你又是这里的首长。现在地方有乱，烽火连天，民不聊生，你倒好，还有心思在这里睡大觉！”

“我守水西，他守水东。他宋然无德无能，被自己的手下反了，怎关我事？”

“地方变乱，都是镇守官员的罪过。你是宣慰正使，宋然是你副手，你怎能把责任全都推到他的头上呢？"王阳明清了清嗓子，高声斥责道，"你本军职，却声称有病，擅离职守。你的各路兵马也全部撤了回来。当兵的，不去斩杀敌人来扬威，却只会沿途抢掠，徒增百姓怨恨！"

安贵荣也是气得双目圆瞪，大声道："先生莫管！我就不出兵，能奈我何？"

"你是否说过'地连千里，拥众四十八部，不为宋氏出一卒，人亦莫我何'的话？"

"我说过又怎样？"

王阳明喝了口茶，继续劝道："'普天之下，莫非王土；率土之滨，莫非王臣。'你四十八部跟浩浩王土相比，又如何？"

安贵荣低声嘟噜："那当然差得远了。"

"如果你不出兵，朝廷只要下达一片纸令给播州的杨爱，西阳、保靖的彭世旗等人，让他们分别与你开战，共同分割安氏现有世袭土地。朝廷若是早上发令，到了晚上便没有你安氏的立足之地了哦。"

安贵荣听了这话，有所触动，但还是默不作声。

"你应该迅速集结兵马，正好趁阿贾、阿扎等部麻痹大意之际，以迅雷不及掩耳之势，一举荡平这次叛乱。胜利的凯歌将会平息一切流言和猜测。大家都会认为，你称病撤兵反而是兵法上的神来之笔哩。这样一来，还了水东百姓一个安宁，也给安氏家族增添民望。有百利而无一弊，何乐而不为呢？"

安贵荣半晌无语，心里在翻江倒海。王阳明的一番话，深深地打动了他，利害荣辱都摆在了他的面前，他断无再躺在床上装病的可能了。他起身拜倒在地："知我者，阳明先生也！贵荣蛮野之人，无才无德，不敢忝列先生门下，但求先生收我为私淑弟子！"

王阳明将他扶起，笑道："安宣慰言重了，私淑嘛，自称可也，无须行此大礼。"

安贵荣放出豪迈之语："先生且在我府住下，我今晚就出奇兵，将阿贾、阿扎这群乱兵一网打尽，明早您就等着听我的捷报吧！"

四　思州知府抓王阳明不成，脸上还被画了乌龟

这日午后，王阳明正在何陋轩与弟子冀元亨阐述他写作《五经臆说》的缘由。他说："我当初刚来龙场，除了一本《易经》，什么书籍都没有带。每日呆坐之际，便复诵此前读过的五经要旨，有感而发，写成文字。不必尽合于先贤，聊写胸臆之见，娱情养性而已。"

"先生没有五经典籍作为凭借，也没有他人的注释作为参考，记性非常人可比。"

"其实每个人的心中都具备五经之道，五经不过是我们心的记载而已。如果不是通过体认自己的本心，而是通过向心外之物探求五经之道，就会陷入支离破碎。这和笨狗误认土块是食物而拼命追逐又有什么两样呢？"

"先生所言极是。"

"探求五经之道也罢，做学问求天理也罢，光靠他人的注释，只能求得一些支流末节。如果我们写的文字不是从自己内心求得的，那就只能是人云亦云的东西了。"

冀元亨起身倒茶，瞥见书桌上有一篇墨迹未干的书稿，标题是《象祠记》。捧起来读，读了个开头便知道这是安贵荣在灵鹫山和博南山之间重修了象祠，请王阳明作的一篇记。

冀元亨疑惑不解地问："这象是三番五次要陷害和谋杀亲哥哥舜的那位吗？"

"正是。"

"以弟谋害兄长，简直是不孝不悌啊，这个安贵荣怎么还要重修象的祠呢？先生又何故帮他写这篇记呢？我看，这安贵荣跟这个象也差不多。上次水东有乱，他死活不肯出兵，要不是先生劝他，他现在还不知道天高地厚呢。"

"这安贵荣是有些桀骜不驯，但是上次他听我的劝，连夜出兵，奇袭阿贾、阿扎叛兵，一夜之间收复水东失地，也是可圈可点。我那天在他的后衙住下，第二天一起床，还果真接到了他的捷报呢！他也算知错能改、敢作敢当之人啦！"

"听说我们湖广道县古称有鼻，是象的封地，那边的象祠在唐朝时就被人毁了，为何在这贵州蛮荒之地，象祠还不断修复，香火很旺呢？"

"安贵荣告诉我，这边的苗夷百姓确实把象当神一样祭祀，他自己的父亲、祖父，一直追溯到曾祖父、高祖父以前，都是尊敬信奉，并诚心祭祀，不敢荒废呢。"

"这就怪了，难道这里的人果真是蛮子，专门敬仰象这种凶暴乖戾的人？"

"非也。我以前也曾这样想，但是有史以来，凶暴乖戾的人还少吗？为何独独祭祀象呢？后来跟安贵荣交谈，方才知道，恰恰因为这里的苗夷百姓，千百年来保持着那份朴素的信仰，爱屋及乌，爱舜帝，及于他的兄弟象。我猜想，象的去世大概是在舜帝用干舞羽舞感化了苗夷各族之后，而且象在促成舜帝施文德教化苗夷先民中出了大力气。从这里可见，舜德之至，入人之深，而流泽之远。"

"这次安贵荣主动修复象祠，是不是也有感而发？觉得自己也跟象一样，象已化于舜，而他已化于先生。'进治于善，则不至于恶。'"

"每个人内心深处都有善念。我只是用圣人之言点拨了一下他而已。不过，他跟象都能迷途知返，确实善莫大焉！这也是我愿意为他重修的象祠写篇小记的原因啊。我还听说他正大力提倡和资助水西各土司府兴私学、聘汉儒，扩建宣慰府学宫。前不久在水西城出资修建观音阁，并铸了一口铁钟悬于阁内钟亭之上，昭示官绅民众'以佛易人，德化于乡，善施于民'。"

"这安贵荣还真有点当代象的样子呃。"

"所以我在这篇记的最后写道：'信人性之善，天下无不可化之人。''虽若象之不仁，而犹可以化之也。'"

师生二人切磋得不亦乐乎，窗外传来一片人喧马嘶之声。王阳明道："又是什么古怪？我们出去看看！"

整个何陋轩和龙冈书院已被一帮人马团团包围。为首一人骑在高头大马上，肥头大耳，穿一身红色云雁补子官服，正是思州知府刘瑜，他叫嚣道："王守仁快来拜见本府！"

王阳明率冀元亨等弟子出来，见这架势，来者不善，便揖手拜见，道："在下王守仁，不知太府驾到，有何指教？"

"王守仁，你可知罪？"

"在下不知。"

"以罪臣之身，啸聚山民，妖言惑众，妄称什么圣贤，简直狂妄至极！"

"罪人戴罪僻壤岩穴，有士子前来与我切磋圣人之教，何罪之有？"

"你一个不入流的驿丞，和一帮山野刁民，有什么资格谈论圣人之教？"

"孔子曰:'有教无类。'守仁虽卑贱之身,弟子皆草莽之人,然则《论语》有言:'雍也可使南面。''孔门十哲'之一的冉雍也是出身贫贱,夫子却未尝嫌弃。《吕氏春秋》又云:'子张,鲁之鄙家也;颜涿聚,梁父之大盗也;学于孔子。'我等尚非大盗,岂可自弃呢?"

刘瑜语塞,不由分说就要几个兵弁上前抓人。

"且慢!"王阳明道,"请问太府是何地知府?"

"你这刁民真是有眼不识泰山,这是思州知府刘瑜刘府台!就凭你目无尊长这一点,就可拘捕你!"向华在旁颐指气使。

"阁下是思州知府,鄙地是龙场驿站,并不在思州地界上。就算在下有做得不对之处,也该由提刑按察司管辖,何须劳烦太府越俎代庖?"

向华被王阳明问得无语。刘瑜鼻子都气歪了,瞪着一双对子眼,咬牙切齿地说:"本府乃当今御前刘瑾老太监义子,我奉他老人家密旨特来抓你!"

"原来是太监的螟蛉之子啊,怪不得比王八还神气!"冀元亨揶揄道。大伙哈哈大笑。

刘瑜恼羞成怒,大手一挥:"给我全部锁了!"

几十个兵弁提着棍子,一窝蜂地冲了上来。阿加、冀元亨等弟子挡在王阳明跟前,与兵弁扭作一团。王阳明也使出了年少时学的内家拳法,打得兵弁们不敢近前。刘瑜一看这样打下去占不到便宜,如果附近的夷民闻讯赶来,他们都脱不了身,便大吼一声:"弓箭手准备!"十几名弓箭手搭弓上箭。刘瑜叫道:"王守仁,你们再不住手,本府要将你们师徒全部射成马蜂窝!"

王阳明一看这阵势,怕弟子们吃亏,便叫弟子们住手。

众兵弁将王阳明、冀元亨、阿加等七八人五花大绑，押解着往思州方向而去。

翻过崎岖的好汉岭，路边有一凉棚小摊，一位佝偻着背、戴着草帽的老汉正在吆喝着卖酸梅汤。兵弁们又困又渴，听到酸梅汤三字，顿时双颊生津，纷纷挤到摊前抢着要喝一碗。老汉正准备收摊跑路，向华一把将他拦住："跑什么？又不是不给你钱，好生伺候着！"

老汉哭丧着脸说："军爷，咱这是小本生意，东西又不好喝，怕军爷们喝坏了肚子！"

"再啰唆，军棍伺候！"向华吼道。

老汉无奈，伺候刘瑜、向华等人在摊前马凳上坐下，每人一碗酸梅汤呈了上来。众兵弁也顾不上看押王阳明等人，争先恐后自己拿碗舀了喝起来。刘瑜将碗中酸梅汤一饮而尽，用衣袖抹了抹嘴，又揩了揩脸上的汗，说："老汉，你这汤还不赖，甚是解渴！再给本老爷呈一碗上来！"

老汉战战兢兢地将碗收走，返身去木桶里舀汤。汤还没舀好，这边刘瑜、向华和众兵弁都已口吐白沫，东倒西歪地倒在地上不省人事。老汉这时挺直了腰，将头上的草帽摘了，将碗一摔，拍拍手："我说了这东西吃了要坏肚子的，你们偏要吃！"

阿加认出老汉竟然是牛叔，大声叫道："牛叔，快来救我们！"

牛叔过来将缚在王阳明等人身上的绳子一一解开。阿加惊诧地问："牛叔，你老怎么在这里？给他们吃了什么东西，怎么全死了过去？"

王阳明也不无担心地问："这些人虽跋扈，但毕竟是官府的人，人命关天的事，怕是不好！"

"先生放心！只是在汤里加了点蒙汗药，半个时辰后自然会醒来。"

王阳明这才放下心来。

"我早料到刘瑾这狗官会对先生下毒手，几天前就在这必经之路上搭了个凉棚摊子候着他哩！"

王阳明还是一脸疑惑。

牛叔在他耳边悄声道："老牛我前些日收到凤仪镖局张总舵主的密令，务必保护先生安全。"

王阳明这才恍然大悟，原来牛叔也是凤仪镖局的人，果真不是等闲之辈！又想起燕娘远隔万里，还心系自己安危，心头一热，竟然眼眶有点湿润。掏出手巾揩了揩眼泪，说："此处风大，我们还是撤了吧。"

王阳明转念一想，此次闹得动静很大，半个时辰后刘瑾等人醒来，必定再来龙场寻他和弟子们的不是，心中不免担心，脸上愁眉紧锁。

牛叔仿佛看出了王阳明的心思，走到刘瑾面前，掏出一块腰牌，蘸了些路边阴沟里的烂泥巴，直接盖在了刘瑾的额头上，完了，觉得还不过瘾，又从地上捡起一根小木棍蘸了污泥在他脸上画了只小乌龟。

王阳明等人看了哈哈大笑，扬长而去。

半个时辰后，刘瑾等人醒来，发现王阳明等人全跑了，卖酸梅汤的老汉也不见了踪影，这才吃了橄榄灰儿——回过味来，原来汤里下了药！向华摇摇晃晃地起身去扶刘瑾，看到他的大花脸，忍俊不禁。刘瑾有气无力地骂："混账，还笑得出来？快扶我起来！"

"姐夫，你脸上盖了个章！"向华道，"还有一个、一个……"

"一个啥？"

"图案。对了，这章上的字好像是东什么事厂哩。"向华伸手要去帮他揩。

"慢着！"刘瑜脸色苍白，像噩梦初醒一般，"是东缉事厂吗？"

向华仔细瞧了瞧，摇摇头："有点花，看不太清。"

"你就是个笨蛋！"刘瑜骂道，"快去给我寻一面镜子来！"

向华犯了难，嘀咕道："这荒郊野岭的，到哪去寻镜子呢？我给您打盆水来，洗干净得了。"

刘瑜摆了摆手："不要动它！我回去照了镜子再说。"说罢，跨上马，打马就走。

刘瑜就这样一路花着脸，骑马穿过思州城，后面跟着一群气喘吁吁的随从。城里的百姓看到府台老爷一身官服，脸上却画着一个大乌龟，无不掩嘴偷笑。

刘瑜回到府衙，太太丫鬟们看到老爷这副模样，也是目瞪口呆。他在屋里翻出一面铜镜，一看额头上的字，果真是"东缉事厂"几个字，大惊失色，再看脸上赫然画着一只大乌龟，不由得火冒三丈。

刘瑜琢磨着，自己只是抓了一个朝廷贬斥的小小驿丞，怎么就招惹了东厂的人呢？莫非自己夸说是刘瑾的干儿子、奉了刘瑾的密旨这些话，让东厂的人听到了？这东厂的人难道有"千里耳"？或许这人就隐藏在自己的随从兵弁里头？他百思不得其解。

这时向华跑了进来，刘夫人问他出了啥事，向华直摇头。他蹑手蹑脚地走到刘瑜跟前，问："看出啥名堂没？"

刘瑜正没好气，把镜子"哐当"一声摔了："脸上画了个乌龟，你都不知道给我擦了？还让我这副模样招摇过市？"

向华吓得不敢吭声，嘟哝道："你不是不让我擦嘛。"

刘瑜斜睨了他一眼："还愣着干吗？等着把这王八煮了吃？"

向华让丫鬟拧了条热毛巾过来，他亲手帮刘瑜擦洗脸上的污印子，边擦边说："这龙场驿的人如此捉弄咱们，岂能饶他！"

"我自己来！"刘瑜一把抢过他手中的毛巾，使劲在脸上擦，骂道："岂能饶他？再不饶他，我们哪一天死了都没人敢收尸呢！"

五　文明书院阐述知行合一

王阳明率弟子们回到龙冈书院，每日讲课如旧。

伍萨和周边寨子的几个头人听说了思州知府抓走王阳明的事，一齐来到书院。伍萨说："这次知府老爷来抓先生，都是因为上次我们愤愤不平，把他官府的差人打了。我们打人，却让先生受过，我们心里很不安，决定向官府投案自首，以免给先生再添麻烦。"

"言重了，"王阳明笑道，"你们路见不平出手相助，乃见义勇为也！何错之有？这思州知府是存心刁难于我，跟你等无关。"

他们跟王阳明又说了一些体己话。临走时，伍萨说："小人孙女沙依与先生高徒阿加两情相悦，我们两家商量好了，想近期择个日子将他们的婚事办了，不知先生意下如何？"

"好啊，有情人终成眷属，可喜可贺啊！"

"我们还想斗胆邀请您给他们证婚，先生切勿推辞。"

"荣幸之至哩！"王阳明脸上露出由衷的笑容。

月底便是良辰吉日。龙场寨搭起了青棚，装饰一新。一大早，阿加披红挂绿，在一群吹鼓手的簇拥下，兴高采烈地来到寨前迎亲。伍萨带着阿加去祠堂拜了喜神和夷家祖先，又拜见了各位族中长辈。

整个寨子沉浸在一片欢乐的海洋之中，鞭炮、喇叭、唢呐声响个不停，锣鼓喧天。王阳明身穿夷族传统对襟衫，头上也缠着一圈头巾，站在青棚中央。大家对他的这身打扮既陌生又熟悉，纷纷上前跟他打招呼。有几个胆大的后生，还拉着他的手，一起跳左脚舞。王阳明跟着他们的节拍，欢快地跳了起来。

临近中午，从青棚下面开始，喜宴已摆满了一条长街。开饭前，沙依的哥哥胡卢背着她下了阁楼，沙依头戴红色头巾，一身夷家彩裙，出落得如同天仙一般，羞答答地被大伙推到阿加跟前。

伍萨请王阳明致辞。王阳明笑着说："'关关雎鸠，在河之洲。窈窕淑女，君子好逑。'弟子阿加与沙依姑娘两情相悦，情投意合，今日结为夫妇，乃天造之合。愿比翼双飞，连理同枝，百年好合！"

大家纷纷往沙依和阿加身上泼水，又闹了一阵，喜宴方才开始。酒过三巡，有人开始唱歌，有人弹起胡琴。这时，席书骑着马赶了来，还没下马就嚷道："好你个阿加兄弟，娶新娘子也不给我这个同窗下个请帖？我不请自来，讨杯喜酒喝！"

阿加迎了出去，牵住马头，对席书的到来，喜不自禁。席书下得马来，在王阳明跟前行了礼，紧挨着他在上席坐下。王阳明笑道："你倒是长了'千里耳'！这边放鞭炮，你在贵州城就听到了？"

席书敬了王阳明一杯酒，说："今天来龙场，倒是赶得巧了，本是来给先生报喜的，没承想，还赶上了喝阿加兄弟的喜酒！真是双喜临门呀！"

"我有何喜？又来乱讲！"

"恭喜先生荣升江西庐陵知县！先生终于熬出了头！"席书说着，

从袖子里掏出一份邸报递给王阳明，"吏部的调令，可能过几日才能来呢。"

王阳明接过邸报一看，在吏部官员任免那一栏，果真找到了升自己为庐陵知县的消息。他看了看周围欢天喜地的场面，喟然道："多好的百姓呀！转眼来这里快三年了，说走还真有点舍不得呢。此心安处是吾乡啊。"

"我们又何尝舍得先生离开呢？"席书也不无伤感。

这时，阿加、冀元亨等弟子也知道了王阳明升迁的消息，纷纷来到席前敬酒祝贺。

曲终宴散。众人目送阿加背着沙依，率着迎亲队伍敲锣打鼓地去往黑虎寨。席书也要告辞，他朝王阳明拱了拱手："过几日，我让文明书院的人来帮先生收拾行李，趁着吏部的调令还没到，请先生移驻贵州城，也好给我们多讲几堂课。贵州城里的弟子们，可是天天盼着先生呢！"

贵州文明书院，座无虚席。因王阳明即将调离贵州，有弟子恳请他为文明书院定下学规，以便诸弟子日后遵循。

王阳明道："为学之方，朱子在《白鹿洞书院揭示》中已说得很明白。他说：'古昔圣贤所以教人为学之意，莫非使之讲明义理，以修其身，然后推以及人，非徒欲其务记览、为词章，以钓声名，取利禄而已也。'说白了，真正做学问的目的是修身养性和经世致用的'为己'之学，而非为了当官或出人头地的'为人'之学。"

席书问："先生，我们书院教育的宗旨是什么呢？"

"一言以蔽之，乃'明人伦'。书院教育的目的不是教人科考做官，而是鼓动和唤起人们被私欲遮蔽了的本性和道德心。古圣贤施教，相信人的本性自然流露，不会刻意去做什么学规束缚学生。所以，朱子特意在《白鹿洞书院揭示》中不用'学规'一词，而改用'揭示'。"

冀元亨问："先生此前在《教条示龙场诸生》中阐发'责善'，请明示其意。"

"有人说'事师无犯无隐'，老师错了也不要去谏言。我却认为：'谏师之道，直不至于犯，而婉不至于隐耳。'所谓'责善'，也就是'教学相长'，师生彼此乐道的意思。"

汤晖问："书院教育与先生提倡的'心即理'有何关系？"

"朱子在《白鹿洞书院揭示》中提到'五伦'，其实就来自'吾心'。因此我主张：'六经者，吾心之记籍，吾心之常道。'书院教育只不过是以六经之教，帮助弟子们澄明心性而已。不然，求学之道，必将支离破碎，不知所终。"

叶梧问："先生之学，立言宗旨何在？"

"知行合一。"

陈文学问："朱子曰：'知先行后'。先生何谓'知行合一'？"

"知是行的主意，行是知的功夫。荀子曰：'知之而不行，虽敦必困。'当今世人将知行割裂开来，真是大错特错！知道了，不去做，这又有什么意义呢？这只会培养一帮死读书本的书蠹！所以我说：真知就一定能够真行，不能行的知，就不是真知。行不仅要以知为其主意，而且它本身就是知的完成状态和实践展开。知与行，是一体两面，你中有我，我中有你，一以贯之，不相分离。"

王阳明见诸生对此还有些困惑，又接着阐释道："如果我们真正了解知行的本来状态，那么只说一个知，已自有行在，只说一个行，已自有知在。知到真切笃实处即是行，行到明觉精察处即是知。我今天讲知行合一，正要人晓得：一念发动处，便即是行了。是谓知为行之始，行为知之成。知行二者互为体用，知是行之体，行为知之用。知行两相同一，一体圆融。"

诸生叹服。

王阳明讲课接近尾声时，巡抚魏英加入了听课的行列。下课后，魏英与他在书院内厅作了一番交谈。

"贤侄的课，真是百听不厌，每听一次就受教一次，而且受益匪浅。"

"年伯纡尊降贵，来书院审听，对在下和书院同仁乃最大的鼓舞。"

"不过，老夫恐怕是最后一次听了哦！"

"年伯何出此言？"

"朝廷的调令来了，要你赴江西庐陵就任。"

"没想到调令来得这么快！来贵州三年了，还以为朝廷早就将我等罪人遗忘，要终老于此了呢。"

"贤侄的心情老夫倒能理解。此前听说刘瑾的义子刘瑜百般刁难于你，我也很焦急。我前番进京叙职，李东阳李阁老专门问起你。他也听说了刘瑜的事，便给吏部打了招呼，说你的贬谪期已过，贵州抚布衙门又极力推荐，要升你去江西做个知县。"

大明内阁首辅李东阳将王阳明调往江西庐陵是有深意的。近在身边的刘瑾和远在江西的宁王是他的两块心病。

刘瑾掌司礼监后，矫诏准刘健、谢迁两阁老致仕，老臣、忠直之士放逐殆尽，而"烧酒翰林"焦芳又入阁助他为虐。吏部和兵部一文一武两个大部，都掌握在刘瑾的亲信手中。先是焦芳任吏部尚书，焦芳入阁后，许进接任。许进此前是兵部尚书，刘瑾任内官监掌印太监督京营时，彼此很合得来，因而得以调吏部。但许进不肯事事俯首听命于刘瑾，刘瑾一言不合便跟他断交。此前与刘瑾勾结并将河南同乡焦芳引荐给刘瑾的宣大总督刘宇，在挤走刘大夏后，如愿以偿内调为兵部尚书，但仍意犹未尽，想更进一步调任六部之首的吏部。在刘瑾的授意下，吏部文选司郎中张彩设计将许进赶走，由刘宇继任。总之，吏、兵两部大员玩弄于刘瑾一人股掌之中。

张彩是陕西安定人，弘治三年进士，授了个吏部主事的小官。他不甘心在部里按部就班熬资历，便找了个机会外放到大同前线历练，把宣大总督刘宇伺候得很舒服。刘宇镇守山西要塞，私下里也与鞑靼人做些私市生意，用茶叶、丝绸换回塞外的良马。张彩颇有语言天赋，来大同不久，便跟酒肆市井的胡人学会了鞑靼话。张彩此人又机智善变，与鞑靼人应酬往来格外融洽。刘宇便将私市的生意放心地交与张彩打理。张彩又献一计，动用宣大的军队武装护卫私市贸易，一时所得丰厚。戍守宣大的军士们在私市中也分得一杯羹，对张彩甚为推崇。除了私市贸易，刘宇又将治安缉捕与刑名典狱大权委与张彩。张彩俨然成了刘宇第一亲信。刘宇曾对张彩笑语："不管有事无事，每日皆来我府跺跺脚。"张彩出入刘府如入无人之境，刘府内眷也无须避讳。因刘府上下经营都交与宠妾关夫人主持，私市利润由张彩亲手交与关夫人，两人尤为熟络。

张彩是个能员，口齿伶俐，议论便利，更善交结将领，纸上谈兵，也颇为时论所称道。有一次他回安定老家探亲，专程拜访延绥、宁夏、甘肃三边总制杨一清，并将从山西带来的代马十匹、名媛十人相赠。席间，张彩与杨一清纵论守边平虏策略，杨一清深为折服，夸他是文武奇才。不久，杨一清上书称张彩有将略，举荐他自代"三边总制"。刘宇觉得张彩此人入京任职，可与自己内外呼应，可方便自己今后与朝中权贵打理关系，便给焦芳去信，请他在刘瑾面前力荐张彩回京任职。

一次酒后，焦芳在刘瑾面前漫不经心地说起宣大有个张彩，如何仪表俊朗、聪明善辩、风流倜傥，最后格外言明张彩是刘瑾的陕西同乡。刘瑾此前已看到杨一清的奏折，生怕张彩被杨一清挖去三边前线，便即刻让吏部下令，调他回京任吏部文选司郎中这一要职。那时铨曹已经调职，照资历应由验封司郎中石某迁调，奏疏已经发出，刘瑾命尚书许进追回原疏，改派张彩。

刘瑾听焦芳把张彩吹嘘得如同神仙一般，恨不得马上就能相见，让吏部催他日夜兼程赴京就任。

张彩在焦芳的引荐下，来到刘瑾府上拜见。刘瑾见他高冠鲜衣，白皙修伟，须眉蔚然，词辩泉涌，欢喜得不得了，握着张彩的手不肯撒手，赞道："我同乡真神人也，我咋没有早些遇到你呢？"

从此，张彩常侍刘瑾左右，甚得欢心。每次刘瑾外出回府，沐浴更衣，公卿大臣们在府门外等候求见，从早上辰时等到午后申时，都未能排上号。这时张彩徐徐来到，径直入刘瑾家小阁，欢饮而出，在府外乐呵呵地向公卿大臣互相作揖行礼。众人于是更加畏惧张彩，见到张彩如同见到刘瑾一般行跪拜之礼。这份威风远超过"礼绝百僚"的首辅李东阳了。

在外人眼中，李东阳这个首辅当得确实窝囊憋屈，悒悒不得志，还得委蛇避祸。焦芳嫉妒李东阳位居其上，日夜在刘瑾跟前构陷李东阳。有一次，李东阳奉旨主编《历代通鉴纂要》，书编成后，刘瑾指使一帮人从书中挑出一些笔画方面的瑕疵，免除了数名誊录官的职务，还差点牵连到李东阳，搞得他很没面子。李东阳无奈之下只好求下属焦芳和张彩在刘瑾面前帮忙说好话，此事让李东阳这首辅在群臣面前颜面扫地，而刘瑾凶暴日甚。

对于刘瑾这块心病，李东阳奉行"忍字诀"：不正面与刘党冲突，还礼让三分。他自嘲自己就是一名"泥瓦匠",凡刘瑾所为乱政,他弥缝其间,多所补救。他知道,对于刘瑾这样的圣上近臣,不能在他面前留下丝毫破绽,更不能跟他小打小闹,只能忍辱负重,耐心等待一个彻底扳倒他的机会。要么不出手,一出手就要置他于死地!他相信,这个机会不会来得太迟,因为刘瑾的公然作乱,就像病人身上的一个毒瘤,要割掉只是早晚的事。

另一块心病是一块寻常人看不到的"隐伤"。隐伤对身体的杀伤力反而更大,一旦发作,往往伤及性命。宁王朱宸濠是首代宁王朱权的后代。朱权是太祖第十八子,封在塞外大宁,骁勇异常,当时有"燕王善谋,宁王善战"之称。燕王靖难兵起,首先便用计将宁王骗至北平,胁迫其顺从自己起兵。燕王摇身一变成为永乐皇帝后,不放心有这么一位宁王兄弟在邻近北京的塞外天天纵马奔驰,喊打喊杀,便以酬功为名,将宁王徙封至内地。宁王先请封杭州,后请封武昌,一是富饶之地,一是长江咽喉,永乐皇帝都不肯给。最后被封在了南昌。等到第四代宁王朱宸濠继承王位,便有异志,心想:俗话说"燕王善谋,宁王善战",这善谋的燕王抢了侄子建文帝的江山,我这善战的宁王为啥就偏安南昌一隅碌碌无为呢?正德皇帝登基以后,少年天子玩性甚大,又重用刘瑾,朝纲不振。朱宸濠取而代之的想法更加强烈。正德二年,他重贿刘瑾,将已革去的王府护卫及屯田恢复,还增加了一处南昌河泊所。宁王府有了向过往船只收税的权力。宁王府既有兵,又有钱,反意日炽。

李东阳心想,宁王是宗室,一旦作乱,便会重蹈成祖靖难覆辙,其危害比刘瑾为祸大得多了。这时,李东阳又想起了远在贵州龙场的王阳明,这可是危难之中见忠诚的人物,何不将他这个小小驿丞作为一枚闲子放在江西界面,既不显山露水,又不打草惊蛇,将来江西无事则好，万一有事，这闲子便可发挥意想不到的作用。恰逢贵州巡抚进京例行述职，李东阳得知王阳明在贵州与刘瑾义子、思州知府结下梁子，便当即决定调他任江西庐陵知县，正好两全其美。

六 奇人秘授河洛心法

正德五年三月，王阳明来到江西庐陵上任。此前他沿着三年前来龙场时的路，经湖广武陵、长沙，再往东过萍乡抵达庐陵。

他是在正德四年岁末离开龙场的，出发时，龙场数千百姓前来送行，依依惜别。当他一行人来到清平卫准备登舟时，岸上传来粗犷高昂的歌声："衰草遍地兮孤魂荡，剑影刀光兮古夜郎。酒入肠，思绪惆怅。昔日烽火战场，只剩下墓草疯长。哎哟哟，哎哟哟，我把酒临风把那歌来唱，把那歌来唱……"

大家循声望去。官道上一位穿着黑袍，头上插着羽毛，满脸络腮胡子的老者正一边唱着，一边朝岸边走来。

王阳明迎了上去，紧紧握住他的手。

安贵荣面有戚戚然："安某受先生之教，已大彻大悟，心生倦意，顿觉老之将至。前几日已上书朝廷请求致仕，以长子安佐袭宣慰使职。我从此归隐林泉，与梅鹤为伍矣。"

王阳明告别安贵荣，在冀元亨、汤晖、叶梧、陈文学、阿加等一众弟子的陪伴下，从清江乘舟一路东行。除夕夜，师生们在舟中度过，围炉吃"江八鲜"火锅，喝些船家送来的谷酒，别有一番风味。酒后，王阳明提议，师生各作一首诗除旧迎新，众人皆拍手叫好。

他看着冀元亨道："惟乾，你来开个头。"

"那我抛砖引玉，献个丑啊，"冀元亨想了想，口占一绝："满船鱼香书满床，夜郎辞去家在望。江上逢春岁欲新，长剑在手鬓满霜。"

"好一个'长剑在手鬓满霜'！"王阳明赞道，指着汤晖，"你接着来一首。"

汤晖站起身，先敬大家一杯酒，清了清嗓子，吟道："人家除夕正忙时，我自舟中送恩师。心事一杯浊酒中，天涯一望远含滋。"

王阳明将胡须一捋："'天涯一望远含滋'，此句甚好，正应着这江山景色。"

"我也来一首，给大家助兴！"叶梧张口就来，"黔山飞尽下楚云，心外无物自流形。我欲长作雩之舞，一曲沧浪谁与听？"

"'黔山飞尽下楚云，心外无物自流形。'此句甚得我心！"王阳明脸上含着笑，"吾非名师，尔等乃高徒也！孔夫子的'浴乎沂，风乎舞雩，咏而归'也不过如此咧。"

陈文学接着吟道："半盏屠苏犹未举，师生欢笑接佳句。龙场松花昨日落，轻舟今日潇湘去。"

"好一个'轻舟今日潇湘去'！"王阳明回转头来看着阿加，舟中诸弟子只剩他一人还未作诗。

阿加佯装醉了，揉着眼睛要去后舱歇息。众人哪肯放他走，一把拉住他，要他也来一首。

王阳明笑道："凭你的酒量，光这几杯水酒，还不够你打底呢。你只管作来，勿扫大伙雅兴！"

阿加无奈，冥思苦想一番，终于想出几句："野山我曾打虎豹，今夜围坐吃鲈鱼。看尽人间不平事，江水东流任我去。"

大家听了都哈哈大笑。王阳明也笑容可掬："诗好是好，只是有点太过直白，最后两句我给你改一下：'历尽波澜人未老，悠悠江水东流去。'可好？"

阿加说："先生一改，这诗才叫诗咧。我们弟子诗也作了，酒也喝了，现在轮到先生赋诗一首了吧？"

众弟子一齐哄邀先生赋诗。

王阳明脸颊通红，有些微醺，随口吟出一首："远客天涯又岁除，孤航随处亦吾庐。也知世上风波满，还恋山中木石居。"

是夜，皓月当空，轻舟载着一船的银辉和欢声笑语，向着湖广方向驶去。

不几日，轻舟抵达沅江畔的湖广常德府，这也是冀元亨的家乡。他的昔日同窗蒋信、龙飞宵等人闻讯来访。王阳明一看到蒋信便笑了："这不是胜果寺故人殷计吗？"蒋信也笑着朝王阳明鞠躬："晚生未曾想到在武陵又能见到先生，真是三生有幸！"蒋信、龙飞宵等人恳请他留常德讲学几日，以师事之。王阳明欣然应允，暂宿德山寺中。

诸生向王阳明讨教知行合一之教，他却道："此寺甚静，我等何不学习静坐之法。"于是与弟子讲授静坐的要领，并带领他们在寺中静坐。他深有感触地说："我此前在贵州讲知行合一，纷纷异同，不知所措。近几天来，与你们一起在僧寺静坐，使自悟性体，恍恍然好像更明白了知行合一的真谛。"

蒋信问："先生教我们的静坐，是不是禅僧所谓的'坐禅入定'？"

"不同，"王阳明解释说，"我之谓静坐，并非只专注于静处无事时的修行，也要注重动处有事的功夫。程明道有言：'所谓知得洒扫应对，便是精义入神也。'用孟子的话说，便是'求放心'。把心收回来，才能专心做得了学问。"

龙飞宵问："先生的静坐之法，是想教我们学做山中宰相，超然物外吗？"

"非也！"王阳明答道，"只知养静，求静厌动，而不用克己功夫，如此临事便要倾倒。我常说知行合一、省察克己和事上磨练，又何尝不是动处功夫？"

冀元亨问："先生教我等静坐功夫，有何深意？"

"圣贤之学，坦如大路，知道了从哪里入门，循次而进，各随分量，皆有所至。后学之人厌常喜异，往往进入旁蹊曲径，走得越急，离正道越远。"王阳明又指出，"初学时心猿意马，拴缚不定，其所思虑，多是人欲，因此教你们静坐，以免胡思乱想。"

龙飞宵又问："先生所言，我已明了。我向来气浮躁，心不静，正好去深山老林之中静坐一番，岂不更好？"

"你若以厌外物之心去求静，反而养成一个骄惰之气了。你若不厌外物，在闹市中求静，也能得到静处的涵养。"王阳明又笑道，"你名飞宵，似太直白，何不易'飞'为'翔'？"

"先生一字之易，诗意盎然，甚妙！从此后，我就叫龙翔宵了哦。"

众人都夸此名更好。

致仕归里的杨褆带着他的门人弟子前来拜访。杨褆乃弘治九年进士，这一年王阳明第二次参加会试，再次落第，不过两人也算是进过同一考场。后来杨褆在京先后任刑、吏、礼、兵等四科给事中，性格豪迈，以敢言著称。他任兵部给事中时，王阳明恰好任兵部主事，两人工作往来之余，也意气相投，结为好友，常诗酒相酬。后来，杨褆不满刘瑾擅权而主动请求致仕还乡。此次故人重逢，好不欢喜。杨褆邀请王阳明来到他家的"闻山精舍"做客，又组织了几场讲学活动。

武陵府及周边府县士子闻讯而动，盛况空前。

一日，杨褕邀王阳明偕弟子前往桃花源踏青，途经木塘垸，在武陵溪边见一须发尽白的耄然老者垂钓，只用空钩，不用鱼饵，就能钓起肥大江鱼。众人暗暗称奇，上前趋问。老者答称："老朽钓鱼，非以鱼饵诱之，乃用心引之。"说罢起钩，又是一条尺余江鲤。老者收起钓具，准备回家。

王阳明问："是否我等打扰了老先生垂钓？"

老者指着木桶里的鱼儿，笑道："老朽钓鱼，日不过九。今日已钓足九条鱼，该心满意足了。"

王阳明向老者行了一个揖礼："老先生真乃世外高人！"

"你先莫顾着行礼，你说我是高人，我今天就露一手给你看看。"他口中念念有词，大手一挥，溪中鱼虾鳖蟹便飞也似的钻到了他另一只木桶里来，蹦蹦跳跳，一片欢腾。

众人看得目瞪口呆。老者大手又一挥，桶中鱼虾鳖蟹又倏忽间飞进了溪中，桶中只剩下半桶清水在那晃荡。

王阳明张开嘴，想说点什么，欲言又止。老者笑笑，问："来客莫非余姚王阳明？"

"晚辈正是。"王阳明一脸的惊诧。

"老朽前几日夜观天象，知有贵人来访，还是故人之后。我已在此恭候多时了。"

"晚辈与老先生素昧平生，为何知晓晚辈名字？"

"哈哈哈哈，"老者爽朗大笑，"老朽文澍，不认识你，还不认识你老子王华王实庵？"

王阳明再拜："原来是文世伯，晚生这厢有礼了。"

"看到你这模样，瘦骨嶙峋，仙风道骨的，跟你那状元老子简直是一个模子倒出来的，"老者笑道，"老朽多年前跟令尊还有一段奇缘呢。"

大家让文澍讲讲这段奇缘，他却说："正是午饭时分，何不去敝庄喝杯水酒？"

众人来到文澍家的"岐周雅舍"，仆人端出菊花茶来招待客人。文澍说："这茶是自家种、自家采、自家晒的，味道比不上龙井名茶，姑且吃个新鲜吧。"

茶壶斟出茶水，茶碗里茶水如琥珀般晶莹透亮，满屋飘香。此茶在嘴边抿上一口，只觉甜甘恬淡，沁人心脾。不一会儿，仆人将火焙鱼、酱板鸭、红烧肉、清炒藕尖、臭豆腐、牛肉米粉等几样家常菜品和自家酿造的一坛糊子酒端了上来。大家顾不得客套，饕餮起来。

王阳明擦了擦额角上的汗，连声称赞："此菜让人胃口大开，只是稍稍辣了一点。还有这个臭豆腐，闻起来臭，吃起来却实在是香呢！"

"令尊状元公多年以前曾来过我们湖广，刚吃辣菜，也有你这番感慨。"文澍含笑道。

"哦？晚辈从未听家父讲起他来过湖广呢。"

"那是成化十一年，令尊还只是个二十来岁的举人。有一次，松江提学张时敏测试余姚学子，对令尊与谢迁二人的文章大加赞赏：'二子皆当状元及第，福德不可量。'二人果真都高中状元，此是后话。令尊由是以文才闻名浙江省，大家世族争相礼聘他为子弟师。当时浙江左布政使宁良是湖广永州府祁阳县人，便通过张时敏请令尊到他的家乡祁阳任教。我素与宁良相善，当时正好由南京刑部江西司郎中出补四川重庆府知府，听说祁阳的浯溪碑林天下一绝，便与令尊结伴，顺道前往祁阳一游。"说到这里，文澍招呼大家喝酒，"这是屋里人用糯米做的糊子酒，味道很甜，大家尝尝，呷不呷得？"

大家纷纷举杯敬文澍，文澍一一回敬。

杨襫道："老先生适才讲状元公轶事，正得劲处，却把话岔开，莫吊我们胃口啰！"

文澍呵呵一笑："王龙山到了祁阳，当地士子纷纷前来拜访，交流学问者有之，拜其为师者有之。少不了请酒吃饭，我也乐得相陪。祁阳当地有叫妓女陪同吃花酒的习俗，王龙山却极为反感，每次应酬如有妓女相陪，断不肯就席。久而久之，士子皆敬其肃然正气，当地士子吃花酒的恶习也有所遏止。"

杨襫在旁插话："君子坐怀不乱，非礼勿视！"

"还有故事，莫打岔！"文澍接着讲，"有位富豪听说了王龙山的美名，一日酒后盛情邀他到自己的山间别墅小住。当天晚上，一名穿着薄纱睡袍的美姬突然出现在王龙山的卧室里。王龙山惊讶万分，避之唯恐不及，但小小居室，三更时分，又能避到哪去呢？"

大家听了哂哂发笑。

文澍说："美姬见王龙山受惊，忙美言相劝：'相公莫惊讶，我乃主人之小妾，因主人无子，想向相公借种。'说罢，就要褪去身上薄纱。王龙山正色道：'蒙主人厚意留此，岂可做此不肖之事？'美姬从袖中取出一把扇子，说：'这是主人的意思，相公您看看扇上的字就知道了。'王龙山看了眼扇面，确实是主人的亲笔，上面写着：'欲借人间种。'接着，他提笔在后面加了一句：'恐惊天上神。'然后厉色将美姬斥退，美姬怅然而去。"

"哦，原来如此。"杨襫发出一声叹息。

"还没讲完呢，你又来打岔！"文澍接着说，"后来那位富豪为求子嗣，请来巫师为其祈祷。巫师在祷告时睡着了。等他醒来，富豪问他原因。巫师答说：'我刚才在梦中捧着天书至南天门，正遇到天上迎状元榜，我等队伍通过，因而回来迟了。'富豪忙问状元是谁，巫师答道：'不知姓名。但马前有旗二面，旗上写着一副对联：'欲借人间种，恐惊天上神。'富豪惊愕不已。"

众人听罢，又笑。文澍也笑，问王阳明："此等故事，令尊未曾跟你讲过吧？"

"确未曾讲，也不敢问。"

众人哄堂大笑。你一言，我一语，觥筹交错间好不热闹，不觉日已偏西。

文澍倚靠在木椅靠背上，眼睛眯成一条缝："今日天色已晚，各位贵客暂且在敝庄歇下。明日一早，老夫再陪各位前往桃花源洞一游。"

是夜，王阳明与文澍彻夜长谈，从天文地理到儒释道法，从前朝逸事到朝中掌故，无所不谈。两人皆有相见恨晚之感，竟成忘年之交。

王阳明说起白天在溪边所见鱼飞入桶之事，甚为好奇。文澍道："此为河洛心法，相传为周文王演《周易》时所悟得。心外无物，物为心动而已。心法起时，心外之物皆入心中，皆为心所驱动。"

"此法甚奇，与我龙场悟出心即理似有相通之处。老先生如不嫌晚辈愚劣，教我可好？"

"老夫正有此意。此心法失传多年，老夫偶然梦与神通，方才悟得。圣人心法，一脉相传，今传与你，也算不辱没了文王当年的心血。"

于是，文澍教王阳明"元亨利贞"心诀及心法要领。王阳明此前已在龙场悟道，而今一点即通。一番演练下来，他顿觉神清气爽，通体明彻，虑接千载，神通万里。倏忽间，竟有腾空飞升之感。

文澍道："河洛心法修炼至一定境界，气宇澄清，可开天眼，可观往事，可探将来。老夫看你触类旁通，浑然天成，似可一试。"说罢又教王阳明开天眼之法。

王阳明先试观往事之法，眼前突现茅屋大火之状，细一看，乃龙场驿站，屋前屋后有数名黑衣苗人在添柴、钉门、冷笑，为首者竟是杨友管家张渊。

王阳明变换口诀，又试探将来之法。一阵大火扑面而来，湖上战船纵横，火焰冲天，似有周郎火烧赤壁之状。他甚是不解，刚一走神，便又重回现实之境。

文澍道："天眼之法，你已修成。不过此法极耗精力，如不得法，还易走火入魔，折人阳寿，不可不察也！"

王阳明对此体验甚觉奇妙，又将练法中的一些体会和不解向文澍求教。文澍毫无保留，将自己所得悉心相传。至鸡鸣五更，两人方才睡下。

等到两人醒来，天已大亮，窗外暴雨如注。文澍笑道："我不留客天留客，如此大雨，别说去不了桃花源洞，你们要回城里，恐怕也难了。何不在庄上安心歇下，静待天气放晴，我们再同游桃花源不迟。"

王阳明心中暗喜，正乐得有此机会多与文澍请教。两人白天或品茶听雨，或雨中垂钓，晚上高谈阔论，抵足长谈。众徒侍坐在侧，也其乐融融。转眼在庄上住了十余天。一日清晨，大雨方住。众人乘兴往桃花源洞而去。

七　怪兽来了！怪兽来了！

先乘舟渡溪，再伐竹取道。翻过一座山脊，便见山下有一逶迤水道。桃花夹岸盛开，如彤红云彩一般。众人再伐竹拼成一只竹筏，撑起竹篙，沿水道向桃花深处而去。一路风景旖旎，霞光满天，佳鸟翔集，鱼腾水底。王阳明赞叹道："真是人间胜境。陶渊明笔下之言，真实不虚！"杨襚也感叹说："我世居武陵，竟不知身边有此胜境！"

冀元亨、龙翔宵等弟子面有喜色，阿加更是喜不自禁，在竹筏上放歌起来：

啊嘞啊嘞咯嘞咯嘞

啊嘞咯嘞啊嘞咯嘞

啊嘞咯嘞啊嘞咯嘞

山歌出在黑虎寨嘞，黑虎寨嘞

人去背嘞马去驮嘞，马去驮嘞

前头去了三匹马，三匹马嘞

后头还有，后头还有九囤萝嘞

石榴山上长石榴哎

辣椒树上挂辣椒

今天山歌也结果哎

山歌多了顺水流

啊嘞嘞嘞嘞嘞

一叶竹排漂过来哎

两边青山相对开

稻香村里稻花香哎

杨柳依依随风摆

啊嘞咯嘞啊嘞咯嘞

舟快人欢。

不一会儿，眼前出现一道巍峨山冈，挡住去路。水道也越收越窄，似已到尽头。正当大家担心是否还能行舟时，文澍立在竹筏前头，指着前方一草木葳蕤的地方说："前方有一山洞，洞里即桃花源洞！"大家定睛一看，果然在山冈底下，有一白点隐隐放光，似与山外世界相连。大家顿时精神百倍，一边伐去前方水草，一边继续撑篙前行，终于抵达山冈下的洞口。只见洞口幽幽的，泛着神秘的蓝光。只要有人说话，洞口那边还传来嗡嗡的回声，像夜狼嘶吼。龙翔宵怯怯地说："此洞有点古怪，先生们年纪都大了，还是莫要轻入涉险为好。"

"有啥古怪？有几只豹子打来吃才好！"阿加高声说。

众人都看着王阳明。王阳明看了看文澍，文澍却不看他，一脸的严肃，像在凝神思索什么。王阳明说："既然来了，哪有回去的道理？陶令来得，我们岂来不得？"于是大家撑起竹筏向洞里缓缓驶去。洞里极深，一眼看不到头。竹筏进得洞来，只听得到哗哗流水声，看不清洞里还有何物。好在有竹篙撑住底，顺流往前，还不至于迷失道路。撑篙人突然大叫一声"不好"，竹筏飞也似的向前方滑去，像是从瀑布上飞泻而下。大家全都跌坐在竹筏上，握紧了系在筏上的绳索。

竹筏越划越快，王阳明的心快提到嗓子眼上来了。这时，他忽然感觉身轻如燕，飞也似的浮了起来，再一抬头，前方已有亮光，俯身一摸，毛茸茸的，原来是一只白鹤正驮着他在空中飞呢，身后传来文澍的声音："坐稳了，前方就是桃源村！"

王阳明循声扭头望去，文澍一脸喜悦地驾着一只黄鹤翱翔在空中，再往两侧张望，却奇怪为何其他人不见了踪影。

两只鹤在一个水湾之地落了下来。只见夕阳西下，阡陌纵横，祥和宁静，鸡犬之声相闻。村民穿着奇怪的宽袖夏布衫，披散着长发，热情地邀请文澍和王阳明去家里做客。文澍似乎跟村民们相熟，也不客套，领着王阳明来到一村民家中。村民捧出桂花酒和蒸鸡肉接待他们。王阳明问这是何地，村民笑而不答。

文澍跟王阳明耳语道："此乃周人村，也即陶渊明笔下的桃花源。"

"哦？还果真有此村在！"王阳明一脸的惊愕。

"当然，古人从不相欺。"

"那为何渔夫之后，千百年来寻觅此洞之人，皆无功而返呢？"

"看不见，找不着，但不等于不存在。我们身处九道时空，你看不见他们，他们可在高处望着你呢。"文澍一边唠叨着，一边往王阳明碗里夹菜。

入夜，村头燃起篝火，村民将两人迎入，围着他俩兴高采烈地跳起舞来。一曲跳罢，大家席地而坐，村民又纷纷前来给他俩敬酒。酒至半酣时，村里两后生舞剑助兴。剑法古朴奇特，像是戏曲里的招式。但剑锋所至，飒飒生风，两剑相碰，火光四射。王阳明看得入神。这时，一位被唤作"麻姑"的少女过来邀他比试剑术。他连忙推辞："文弱书生，怎敢试剑！"

麻姑扑哧一笑："不会剑，腰间何以佩着宝剑？"

青琅剑一出鞘，众人皆呼好剑。

王阳明与麻姑过了几招，气场明显被麻姑压着。慢慢地，他也适应了麻姑那奇怪的剑术。与其说是比剑，不如说是麻姑在教他使剑。在腾挪挥洒之间，他感觉到心力驱使着剑气而动，天地阴阳乾坤万物都随剑而舞。麻姑在火光之下变成了张燕娘，剑舞裙飞，顾盼生辉。两人聚精会神，专心比剑，周围鸦雀无声，万籁俱寂，如无人之境。每当双剑相交，他就感觉有一股元气内力从燕娘那边剑头贯穿过来，通过他的手臂直入丹田。他手中的剑舞得越来越快，出神入化，变幻莫测，如电闪天外，如鹰击长空。燕娘却以静制动，以拙止巧，上下左右简单几个招式就能化解他的凌厉攻势，极尽厚德载物之剑理。

远处突然传来一声雷鸣般巨响，两人方从幻境中出来。麻姑仍是麻姑，而王阳明已非往日王阳明，他浑身是劲，驻足运了运气，竟暗自惊奇自己的任督两脉已被打通，一股精气从丹田处弥漫开来，瞬间抵达全身各个经脉。

村里人惊呼："怪兽来了！怪兽来了！"

男女老少皆惊慌失措，四处乱跑。麻姑扯住王阳明的衣袖："先生，此怪兽力大无穷，此前多少乡亲被其所害，今晚我俩可否联手拼命，搏它一搏？"

"那是自然！"王阳明双目凝视前方，肃穆沉静。

伴着"轰隆轰隆"的沉闷响声，一只巨大的怪兽由远及近，渐入眼帘。此兽有寻常十只大象般大，通身火红，青筋突起，长颈獠牙，大眼球圆瞪如同两只大红灯笼。它每往前走一步，地面就巨震一次。

王阳明提剑立在山坡上，侧耳倾听前方动静，雷震般的巨大脚步声越来越近。怪兽嘴里呼出烈焰般的热气，已经让他全身冒汗，呼吸急促。他知道，怪兽再往前几步，它的巨腿便会像巨大无比的大铁锤般砸向自己。他不能再犹豫，不能再迟疑。说时迟，那时快，他忽然屏住呼吸，一跃而起，飞身提剑直取怪兽头顶命门。怪兽巨头一摆，王阳明扑了空，但手中长剑在它面颊上划出一道深深剑痕。

怪兽被激怒，发了疯似的向落地未稳的王阳明扑来。此时，麻姑在地上一个打滚，在怪兽一只后脚处猛刺一剑。怪兽猛一回头，发现身后的麻姑，便转身扑来。王阳明又一个旋风般飞升，跃到怪兽身上，一手抓紧它的脖子，一手挥剑乱刺。怪兽左右摆动头部，想将他甩掉。麻姑趁机钻到怪兽身下，从肚皮处落刀，刀刀见血。

无奈怪兽体积过于庞大，王阳明与麻姑使出浑身解数，一顿乱刺，也无法伤及要害。怪兽盛怒之下，口吐烈火，上蹿下跳。王阳明眼看就要招架不住，几次险些被甩了下来。麻姑也是只顾躲闪，近身不得。

王阳明突然想起文澍教他的河洛心法，凝神聚气，心系一念，口中念念有词。慢慢地，眼前的怪兽不再是怪兽，而是一头狼豸。他随心所欲，朝着它的双眼各刺一剑。怪兽像发疯一般，四处乱窜，两只后脚立起，张开前脚旋风般横扫。麻姑不慎被它一只脚踢到，身子抛在半空，重重砸了下来，口吐鲜血。王阳明欲纵身来救。麻姑见状，朝他大喊："别管我，刺它脖颈！"怪兽闻声，朝麻姑喷出一口烈火，麻姑顿时被火团笼罩。

听到呼喊，王阳明双手握住剑柄，朝怪兽脖颈处猛刺下去。随着一声仰天长嘶，它终于全身瘫倒在地，抽搐一阵后不再动弹。王阳明拔出青琅剑，飞身下来欲救麻姑。

麻姑在火团里微笑着向王阳明挥手。他正想伸手去救，一声爆炸声响，麻姑化作一只五彩凰鸟腾空而去，飘向天际。

王阳明木然站在原地，久久张望着凰鸟渐行渐远，最终消失在天尽头，仿佛那里有一道通往另一个时空的天幕正在缓缓拉起。

第二天一早，王阳明在一户村民家中醒来，鸟鸣山涧，花儿自开，周人村又恢复往日的宁静。文澍正在屋后的小溪边掬清泉洗脸，给白鹤和黄鹤喂食，见他起床，笑道："沧浪之水清兮，可以濯我缨。"王阳明想起昨晚的激战，心中仍凄凄然，喝了点茶水，用了些米粥，心中想着洞口处的一众弟子，十分牵挂，便道："文老先生，桃花源我们也来过了。村中宁静，各有所乐，不忍多加打扰。我们何不归去？"

文澍却道："此处本是我家，我又归去何方？"

"桃花源里耕织忙。此处虽好，但也不能乐而忘返啊。"

"贤侄有所不知，我本周人，避秦乱来此洞里居住。洞里洞外，分属不同时空维度，自然恍若隔世。因偶然得到先祖文王《河洛》遗书，开了天眼，故能从此处穿越数道时空去到尘世。今重归故土，叶落归根，不能再陪贤侄回尘世里去了。"文澍说罢，招手将白鹤唤来，扶王阳明坐上去。王阳明挥泪作别，泣道："王勃有诗：'无为在歧路，儿女共沾巾。'我终不能免俗。"

文澍也是老泪纵横，抹了抹泪眼："人之常情，何俗之有？只是苦了老夫，想起贤侄和尘世老友，只能空中望月了！"

"九道时空，不亦在我心中？有心相通，岂时空所能阻隔？"王阳明别了文澍，驾鹤向天际飞去。这白鹤越飞越快，最后像离弦之箭，飞速向前。王阳明晕头转向，最后在迷糊之中从空中跌落。

等王阳明再次醒来，发现自己已经躺在江边的草地里，浑身湿透。蒋信、龙翔宵正焦急地在旁边守候，看他醒来，惊喜地大叫："先生醒来了，先生醒来了！"冀元亨和阿加领着王能、刘二、陈小等仆人正在水里搜寻着什么。蒋信说："刚才竹筏从洞里滑下来，先生和文太守掉到水里去了。文太守现在还没找到哩，生死未卜。"

王阳明爬起来，在草地上盘腿坐好，摸了摸腰间的宝剑，还在，拔出青琅剑，剑上的斑斑血痕仍在。他深信，桃源村之行真实不虚。他朝水里的冀元亨等人招了招手："老先生已驾鹤归去，你们上来吧，不用再找了！"

一　宁夏安化王谋反了

半月后，王阳明一行来到了长沙府茶陵县砻溪界面，在镇上投了家客栈住下。用过晚膳，回客房正待歇息。店家来告，李相府家来人探望。王阳明这才想起，当今首辅李东阳正是茶陵人氏。

来者自称是李东阳继子李兆蕃，手里提着几包当地产的云雾茶和姜晶、姜茶，还递上一封书信。展开一看，是行书写就的一首《竹枝歌》：

溪上春流乱石多，劝郎慎勿浪轻过。

莫道茶陵水清浅，年来平地起风波。

落款处写着：守仁见字如面。李东阳。庚午春日。字体飘逸，果真是李东阳的亲笔。

李兆蕃将房门掩上，说："家父料到先生将取道砻溪赴庐陵就任，让我在此恭候多日。"

王阳明看他神神秘秘的样子，猜到他必定有要事相商。莫非跟北京的刘瑾有关？便问："李阁老有何指示？"

李兆蕃搓着手，低头看着自己的脚尖，压低嗓音说："安化王在宁夏与刘瑾的人打起来了。"

"哦？还有这种事？"

"刘瑾与边将的冲突不是一天两天了。孝宗朝开始，户部向商贾征收年例银两，又称边地课银，由户部统收后分送各边镇，以助军需。刘瑾却认为，这是户部与边将共盗国帑，下令停止，留朝廷支用。边地储备因而空虚，将士们衣食堪忧，都在哇哇叫啊。"

"我在贵州也听说刘瑾推出了一系列财政改革举措，我朝大小财权都收归中官负责。朝政班列，中官也凌驾在文武官员之上或至少平起平坐。"

"是啊，太祖严禁中官参政，他倒好，直接由中官代替皇上来管官、管财。虽然打的是天子的旗号，但'司马昭之心，路人皆知'啊。"

"对了，安化王与刘瑾的冲突，究竟所为何事？"

"前不久，刘瑾奏请派御史到各处边地清理屯田。"

"哦，这不是好事吗？边地屯田，都是一本糊涂账，谁不知道这可是边地将领的小金库啊？"

"清理屯田，倒是好事。但不知道是刘瑾压根没想认真去清理，只想从中分一杯羹，还是他派出的这些个御史们想借机敛财，反正多是迎合虚报，各边地伪增屯田数百顷，悉令出租，而且各出奇招。您可知道，一顷是多少亩吗？"

"一百亩啊，这个童叟皆知啊。"

"可是，刘瑾派往宁夏的大理寺少卿周东，却以五十亩为一顷，用多征的亩银向刘瑾行贿。"

"那宁夏的戍将卫卒还不把他给吃了？"

"是啊，宁夏守将们怨愤极了，但又拿此人没办法。他们想到了驻守宁夏的安化王，便整天跑到王府里去哭鼻子。"

"我明白了。"

李兆蕃又凑到王阳明耳根前，低声说："据密报，安化王与宁夏边将勾结反叛，战火一触即发。家父让我专程在此等候，想听听先生的高见。"

王阳明沉思良久，低声道："藩王即使要反，没有铁板钉钉，岂敢胡诌？此乃帝王家事，被其倒打一耙，那可是满门抄斩的罪。"

"可不是吗？家父也是考虑到事态严重，才举棋不定。"

"依我看，这倒是解决目前内阁内外交困的一个良机。"

"先生何出此言？还请明示。"

"阁下试想，当今内阁还有当年'俨然汉唐宰辅'的威风吗？"

李兆蕃沮丧地摇摇头。

"当今边将有愤懑和委屈之事，没有想到找兵部和五军都督府，而是去找驻地藩王。这又说明什么呢？"

"哎……"李兆蕃轻叹一声。

"既然元辅还能从宁夏收到密报，那就说明安化王那边也不是铁板一块。如果既能借安化王之手剪除刘瑾阉党，又能让乱藩自取灭亡，消除边地隐患，何乐而不为呢？"

"那万一安化王坐大，如何是好？"

"宁夏周边尽是边关要塞，多少虎狼之师，安化王要坐大，谈何容易？我有一计，可既除内乱，又不伤我大军筋骨。"王阳明说着，用手指蘸了茶水，在李兆蕃手心里写了两个字：反间。

李兆蕃恍然大悟，起身作揖："先生一席话，让我茅塞顿开。我这就动身回京，回禀家父。"

王阳明推门送李兆蕃，见一黑影从门前闪过，喝道："谁？！"

黑影纵身一跃，从墙上翻身而走，倏忽间消失在夜色之中。

王阳明握紧李兆蕃的手："我俩谈话，恐已外泄。兄台需火速回京，请阁老们早做打算，并代学生向令尊大人问候。"

宁夏，安化王府。

都指挥周昂与千户何锦等一群军官，正在王府密室与安化王朱寘镭紧张地商议着。

何锦红着脸嚷道："巡抚安惟学这鸟官，仰刘瑾这狗太监鼻息，伙同周东等狗腿子，完全不顾我们边关将士的死活。前天，这安惟学竟然让巡抚衙门的人抄了我手下军需官马文汉的家，把他一家老少绑了去。更让人气愤的是，这鸟官看到马文汉的妻子颇有几分姿色，在后衙当众将其奸污。是可忍，孰不可忍！"

安化王幕府、生员孙景文在旁故意激他："何千户莫恼，这安巡抚手握大权，别说奸污咱官兵的妻子，就算还要咱在旁观看，为他叫好，咱又能咋地？"

何锦猛地站起身，大手往桌上一拍："又能咋地？老子手中的刀可不是吃素的！信不信给他来个白刀子进，红刀子出！"

"王爷还在呢。"周昂扯了扯他的衣袖，让他坐下，"老何的心情我完全理解。咱们当兵吃饷的，早就将生死置之度外。他刘瑾再厉害，也不过是个去了势的太监而已，放在军营里，他的屁股早就被兄弟们给打烂了！"

大伙一阵爆笑。

周昂接着说："鞑子兵厉害吧？敢生吃人肉的货，咱们都不怕，还怕安惟学、周东这帮为虎作伥的狗官？”

“好！”一直默不作声的安化王朱寘鐇终于开口，“兄弟们个个是好汉，我就知道你们不会被安惟学这帮子庸官所吓倒！”

“王爷，您下令吧！咱老何这就去砍了安惟学和周东这俩狗官的脑袋当球踢！”何锦在旁急得不行。

“何千户莫急，还得周密谋划，从长计议，万无一失才好。”孙景文道。

“从长计议？再这样计议下去，只怕是人家把屎屙到我们头上来了哦！”何锦双眼圆睁，脖上青筋突起，活像一尊夜叉神。

周昂站起身，朝朱寘鐇拱了拱手：“王爷，老何性子急，讲的是气话，不中听。但是现在形势紧急，先下手为强。我们再不动手，人家真的要将刀把子架在咱的脖子上了哟。”

“哦，有什么紧急的？”一直端坐在太师椅上的朱寘鐇挺直了腰，身子往前倾了倾。

“今天早上，总兵官姜汉说接到内阁八百里加急飞递，命令驻守宁夏边军火速调去塞上，防御鞑子兵。姜汉已令副总兵杨英、游击将军仇钺领九万大军移驻城外毛卜剌堡和玉泉营。据姜汉讲，这飞递文书乃内阁绕过兵部直接拟的票。王爷您想想，这明显是防范我们呀，朝廷要不是有所风闻，怎么会有如此大的动作？”周昂回禀说。

何锦说：“周爷说得没错！早上，姜总兵还选了六十名精兵充为牙兵，由我带领，加强总兵府的警备呢。”

大家都笑：“他这是老鼠请猫来守门啊。”

朱寘鐇斜睨了一眼身边的孙景文。孙景文一脸神秘地说：“据王府设在李东阳老家湖广茶陵县的密探来报，前些日李东阳的继子李兆蕃密晤了途经茶陵的王阳明，似乎在密谋中多次提到安化王。”

"哦？这王阳明是不是险些被刘瑾乱棍打死的那个王守仁？"朱寘鐇问。

"回王爷，正是。这王阳明诡计多端，又喜欢装神弄鬼，上回搅黄京营会操和营票，还打瘸了刘瑾侄孙一条腿，就是他干的。六部九卿上联名折想扳倒'八虎'，好像也有他的份，反正不是善茬！"

"那他们密谋本王什么？"

"密探听得不太分明。但是李东阳对我们有所防范，那是千真万确的。"

"你是军师，当前局势你怎么看？"

"回王爷，太祖爷当年分封藩王时就立有《皇明祖训》：如朝无正臣，内有奸恶，朱家的皇权旁落，则藩王可以训兵待命，统领镇兵讨平之。现在刘瑾不就是皇上身边的奸恶吗？他手下安惟学和周东这帮狗腿子，把咱这'天下黄河富宁夏'给祸害惨了，民不聊生啊！咱宁夏卫官兵更是深受其害。王爷只需登高一呼，天下莫不响应，王爷便是成祖爷第二！"

"说得对，我们只等王爷一声令下，誓死效忠王爷！"周昂、何锦等将领纷纷表决心。

"好，"朱寘鐇站起身，将手中的茶杯朝地上一摔，"我做成祖，诸位便是朱能、张玉！"

众将皆跪倒在地，口呼："王爷英明！"

朱寘鐇道："孙景文听令，命你作一檄文，历数刘瑾罪状，布告天下。我们不是要反朝廷，而是奉太祖遗诏，清君侧！"

"王爷，此檄文下官早就作好。"孙景文从衣袖里掏出一沓纸，摇头晃脑地念起来，"文臣武将，内外交结，思谋不轨。今特举义兵，清除君侧，凡我同心，并宜响应……"

众将听得群情激昂，叫嚷着连夜要去巡抚衙门取了安惟学等人的狗头。

孙景文双手摆了摆："诸位将军稍安勿躁，我有一计，可不费吹灰之力，将安惟学等人一网打尽。"

众人听罢，连说妙计，纷纷领命而去。

第二日是四月五日。入夜后，安化王府张灯结彩，歌舞升平。接到请柬的总兵官姜汉、镇守太监李增等一众地方官员来王府赴宴。请柬上写的是王爷一名妃子生了个小世子。众官员齐声向王爷道贺。酒过半巡，姜汉、李增等人被周昂、何锦布置的伏兵当场杀死，其余不降者都格杀勿论。巡抚安惟学、大理寺少卿周东推辞未来赴宴。朱寘镭派千户丁广率王府护卫袭杀安惟学、周东于公署。

朱寘镭随即焚官府、释囚徒，派人招降杨英和仇钺。杨英部众闻之军心大乱，纷纷溃散。杨英只得单骑奔灵州。

仇钺接到安化王的招降书，大怒，自驻地玉泉营发兵来攻安化城。大军行至半路，一名锦衣卫骑尉穿一袭黑衣拦在路中。仇钺吩咐手下："不用理会，赶至路边！"

几名亲兵提着军棍来赶，该骑尉在马上哈哈大笑："仇兄，老友来了，岂可用棍棒待客？"

仇钺闻声，打马来到阵前一看，来人正是前任锦衣卫指挥使牟斌，便喝退亲兵，拱手道："原来是牟指挥使驾到，多有得罪！"

牟斌也还了礼："仇兄别来无恙！卑职早就降百户闲住了，还被刘瑾在阙下当着群臣的面，扒了裤子打了三十板子呢。"牟斌说完，又是哈哈大笑。

仇钺也笑道："这板子打在你的屁股上，却是打在某某人的脸上呢。板子一打，天下皆惊！现在连小孩子都会唱儿歌：'岩洞狗屎留

（刘）千岁，出水荷花谋（牟）锦衣！'你这种屁股挨打、脸上长光的板子，我也想挨一挨呢。"

"我千里迢迢来你们宁夏，可不是跟你扯闲篇的。你也别急着行军，赶紧找个僻静处，我跟你说点要紧事！"

仇钺当即命令军队就地休息，在路边搭起一个行军帐篷，烧水煮茶。亲兵在五十步外警戒。牟斌喝了几口茶，从怀里掏出一张纸，上书："仇钺见字，听牟斌将令。李东阳。"

仇钺初为宁夏总兵府佣兵，深得总兵府都指挥佥事仇理信任。仇理无子嗣，后来就收了仇钺为养子，袭为锦衣卫副千户，归指挥使牟斌管辖，专责内阁署地警卫，因而认得阁老李东阳的笔迹。仇理死后，仇钺调回宁夏卫任职，后以大破鞑子兵军功升都指挥佥事。正德二年，因三边总制杨一清推荐，仇钺擢升宁夏游击将军。仇钺与李东阳继子李兆蕃年纪相仿，意气相投，曾结为异姓兄弟。前番密报安化王异动，便是仇钺所为。

仇钺见到李东阳手令，当即下跪行礼："末将参见牟指挥使，谨遵将令！"

牟斌扶起仇钺："仇将军无须多礼。此前李阁老专门嘱托我，有密令当面授予将军。今国家内忧外患之际，请将军以社稷为重，忍辱负重，方可建不世奇功。"

"元辅大人有何吩咐，末将肝脑涂地，在所不辞。"

"李阁老料到安化王必反，将军必定发兵去攻，如此这番，不管谁胜谁负，我大明必将损兵折将，让鞑子坐收渔翁之利。宁夏乃九边重镇，不可内乱，况且你妻儿尚在城中，若为安化王所害，岂不惨哉！"

"如此说来，要我作壁上观，坐视乱臣贼子作乱不管吗？"

"不是不管，而是要你跟着他们作乱。"

"跟着作乱？为虎作伥之事，末将坚决不从！"

"刚才还说肝脑涂地，在所不辞，怎么话音刚落就变了卦了？"牟斌笑道。

仇钺气鼓鼓的，涨红着脸，站在一边不作声。

"来来来，且喝一杯茶先！"牟斌将一只茶杯递给仇钺。

仇钺不接，怒道："你且回去，休阻我大军行军，否则休怪我不念旧日同僚之情，拿你祭旗！"

"你还是跟当年在京当差时一个样，直肠子！"牟斌笑着说，"李阁老岂可让你干为虎作伥之事？他是让你用计行事呢！你凑近点，我讲与你听。"

牟斌在仇钺耳旁如此这般地将计谋细说一通。仇钺听罢，转怒为喜。

仇钺当即修书一封，大骂刘瑾祸国殃民，言明愿弃暗投明，率大军归顺安化王，并派人将书信连同游击将军关防印信一道送去安化王府。

次日，仇钺引兵入安化城，解甲觐见朱寘鐇，愿以所将兵马分隶安化王府各营，归家后即卧病不出。朱寘鐇大喜，以何锦为讨贼大将军，周昂、丁广为左右副将军，孙景文为军师，并将孙景文所作檄文传布边镇，历数刘瑾罪状，关中大震。各边镇接到檄文后，不敢上报。延绥巡抚黄珂将檄文封奏朝廷，同时调兵遣将，把守关隘。

何锦等人本是有勇无谋之徒，轻信仇钺患病，时时就军中之事来仇府问计。仇钺也假装跟何锦推心置腹，帮其出谋划策。何锦竟引为知己。而仇钺暗地联络旧部，招纳壮士。

镇守固原的陕西总兵官曹雄，得知安化王反了，即统兵压境上，命令指挥黄正引兵三千驻防灵州，约邻境各镇兵克期讨逆，又派遣灵州守备史镛将河西所有船只全部泊到东岸，并私下通书仇钺，约为内应。

这时，何锦、丁广又来仇府探视。说起当前形势，仇钺表示："东岸兵且夕将至，宜急出兵守渡口，遏制东岸兵，不让敌军渡河。"不久，何锦派出的探子也回报称，黄河东岸尽是舰船，旌旗蔽天，杀气腾腾。何锦、丁广果然倾营而出，独留周昂守城。

朱寘镭以裃牙令旗召仇钺，仇钺回称病急。朱寘镭派周昂前来探视，仇钺卧床呻吟。周昂近到床前，埋伏在床后的猛士突然闯出来，捶杀周昂。仇钺于是披甲横刀，提着周昂人头，跃马大呼，府中数百壮士跟随其后，径直驰入安化王府，将朱寘镭擒捕，杀孙景文等十余人。

仇钺又假传安化王令，召何锦等将回城，而密谕其旧部安化王已被擒，令其倒戈。何锦部得知安化王被捕，相继溃散。何锦、丁广单骑逃奔贺兰山，被巡逻兵卒擒获。安化王仓促起事，历时十九天而失败。

仇钺平安化王之乱，朝廷尚未得报，即起用前右都御史杨一清总制军务，以泾阳伯神英为总兵官，太监张永监军，率大军西讨。杨一清在孝宗朝曾以左副都御史督理陕西马政。正德皇帝即位后，受命总制延绥、宁夏、甘肃三镇军务，因不附刘瑾，曾被刘瑾诬陷下狱。幸亏有李东阳等人施救，才罢官归里。杨一清熟悉宁夏边务，大学士李东阳、杨廷和等力荐其统兵平叛。刘瑾接到延绥巡抚黄珂报来的檄文，大为震怒，将檄文隐匿不奏，一心想尽快扑灭安化王叛乱，杨一清才得以被再次起用。

大军至宁夏，安化王已被擒，神英领兵还京。杨一清与张永留宁夏处理善后事宜。陕西总兵官曹雄为刘瑾党羽，刘瑾将平叛之功尽归曹雄，仇钺竟无擢升。仇钺跑去杨一清处诉苦："安化王之乱，皆因刘瑾起。今我等拼死平叛，刘瑾党羽只虚张声势，竟获全功，怎能不让宁夏将士寒心？今后如再有叛乱，恐怕无人敢出死力！"

杨一清默不作声，面有愠色。

仇钺便按李东阳事先交代，掏出安化王起事檄文："杨都堂且看，此檄文所言刘瑾事，哪条有虚？这安化王本是衰朽之人，在诸藩王中，也列居末位。为何此次叛乱，也渐成气候？皆因其举起反刘瑾、清君侧的大旗。刘瑾不得人心，可见一斑。刘瑾不除，这次安化王乱是平了，下次还不知什么王再叛乱呢！"

杨一清沉思良久，喟然叹息："刘瑾乱国，老夫何尝不知？只是刘党一手遮天，现满朝文武，一大半皆出其门下，要扳倒他，谈何容易！"

"人心向背，水亦覆舟。我看这刘瑾也只是纸糊的老虎、秋后的蚂蚱。都堂如能借此机会，一举除掉老贼，将名垂青史！"

"可是刘瑾旦夕在皇上左右，我欲进言，刘瑾已先知之。况且朝廷已下旨，让我留任三边总制，更是难以面见圣上了。"

"太监张永，可作文章。"

杨一清若有所悟："此事机密，容我再斟酌。"

张永本是"八虎"之一，与刘瑾同在东宫伺候过正德皇帝，也是皇帝宠幸的内臣。张永一度在宫中势力很大，正德皇帝先后赐他蟒衣、玉带，准他在宫中骑马、乘轿，每年给禄米十二石，并命他提督显武营、十二团营兼总督神机营兵马。张永后来又与边将江彬共同掌管四卫勇士。在宫内则掌管乾清宫、御用监诸事，兼理尚膳、尚衣、司设、内官诸监，整容、礼仪、甜食诸房及豹房、浣衣局、混堂司、南海子事，成了兼职最多的内臣。随着刘瑾权势增长，张永成了他的眼中钉，两人逐渐失和。刘瑾曾因内宫琐事在皇上面前构陷张永，要将之发黜南京。皇上召他二人对质。争辩中，张永动手痛殴刘瑾。皇上发话："都是东宫时的老人了，为点鸡毛蒜皮的事，还大打出手，犯得着吗？算了，算了，喝杯和事酒，还是好兄弟嘛！"当即命谷大用摆酒为他们劝和。

虽然有皇上帮忙说和，两人还是面和心不和，梁子从此结下。这次出兵宁夏平叛，内阁提名张永监军。刘瑾虽是一万个不乐意，但无奈张永向来执掌禁军，论军中资历，其他中官无出其右者，只好同意。

杨一清对张永和刘瑾的关系略有所闻。八月，张永奉旨回京。杨一清仍总制三边军务。

在张永班师回朝之际，杨一清置酒庆贺。众将士一片欢腾，酒兴正酣。不多时，张永略有醉意。杨一清屏退左右，发出一声长叹。张永惊诧道："现在叛乱已平，正是大军凯旋之际，杨总制却愁眉不展，岂不怪哉！"

杨一清摇摇头："外藩作乱易平，朝中内患难办！"

看到张永迟疑的样子，杨一清用酒水在他手掌上画一"瑾"字。

张永说："此人刁钻得很，日夜在万岁爷跟前，万岁爷青春年少，玩性大，对他言听计从。有一次，他有事请示皇上，皇上竟呵斥他：'来问朕做甚？朕用你是让你吃白饭的？'自此后，此人独断专行，还经常矫诏害人。"

"老公公也是皇上的亲信，此次讨贼大任独委付老公公，足以说明。现在功成奏捷，老公公只需将缴获的反党檄文呈交皇上，陈说安化王被逼反的原委，以及海内对此人的滔天怨恨，皇上必定听信，诛杀此人。老公公此功胜过平安化王乱百倍哩！"

"就怕皇上对此人太过信任，不肯听老奴所言。"

"皇上对此人的信任应该不会超过对藩王宗室的信任吧？藩王有护卫，有封地，此人没有吧？"

张永无语。

杨一清又问："什么事能让皇上对别人的滔天信任顷刻化为乌有呢？"

张永不假思索地说："当然是谋反了！可是此人又没有……"

杨一清笑了笑："蓄养死士，家里暗藏上千衣甲、弓弩，这个算不算？"

张永睁大了眼，惊诧地看着杨一清。

杨一清又手中蘸酒，在张永手掌心写下两个字：刘宇。

张永的眼睛睁得更大了："刘、刘、刘，此人不是他的亲信吗？"

杨一清笑而不语。

张永恍然大悟，站起来将杯中酒一饮而尽："妈的！他敢造反，老子就敢灭他！"

杨一清也站起身，向张永抱拳行礼："老公公深明大义，在下替天下苍生谢您！您是东宫旧臣，又是平叛功臣。您的话，皇上一定会听。如果皇上迟疑，老公公一定要以死相争。一退下去，必为此人所杀，与其死在他手里，不如死在皇上面前，还在青史上留个好名声。而且一旦得旨，就要火速缉捕此人，不可有半刻迟缓。不然，事机泄露，局势反转，大祸就到！"

张永慨然道："老子富贵享尽，位极人臣，为了国家社稷就算死了也值了！"

二　刘瑾被凌迟处死

刘宇如愿以偿地当上了天官——六部之首的吏部尚书。不过他虽为尚书，却大权旁落。官员铨选之权皆由他的老部下、吏部文选司郎中张彩说了算。有些官员任免升降，张彩根本不跟他商量。有些即使跟他说了，他刚想插嘴，张彩在旁随便说一句："此事刘公公已定夺。"刘宇话到嘴边，只好又缩了回去。

刘宇任兵部尚书时，京军边将都出手阔绰，他收钱收得手软。他当上吏部尚书后，不仅权归张彩，而且文官们赠送钱物远不如武将。刘宇常悒悒叹道："兵部自佳，何必吏部呢？"

起初在大同时，几乎每天都要去刘宇家"跺跺脚"的张彩跟刘宇的爱妾关夫人早就有苟且之事。等到调来北京，张彩遽然成为刘瑾面前的大红人，受公侯跪拜，自然飘飘欲仙，与关夫人经常大白天地在蒙古人开的胡姬酒楼里私混。全京城人皆知，独刘宇蒙在鼓里。

一次，此前在大同与刘宇有私市往来的一位蒙古富商来到北京，邀刘宇去胡姬酒楼赴宴，正好撞见张彩将关夫人抱在怀里饮酒。这蒙古富商所在的部落向来有换妻习俗，看到关夫人躺在张彩怀里，以为刘宇已将关夫人赠予张彩，便跟刘宇说："刘大冢宰家可还有关夫人般美妾？小人愿以十名胡姬相换。"刘宇差点背过气去，但又敢怒不敢言。

自此后，张彩更是将关夫人收入自家府中，还在刘宇面前说："老兄贵为天官，就算要天上的天女也唾手可得。区区小妾，赠予小弟又有何妨？"刘宇气得咬牙切齿，但表面上也只好强颜欢笑，顺水推舟，将关夫人拱手相送。

十个月后，刘宇不仅爱妾关夫人关不住，连他那个"何必吏部"的尚书也当不成了。

张彩自吏部文选司郎中擢升左佥都御史，与户部左侍郎韩鼎一同上朝谢恩。韩鼎年老，拜起皆迟缓笨拙，动作滑稽，惹得侍立在皇帝两侧的谷大用、张永等太监窃笑不已，笑刘瑾提拔的人不中用，刘瑾因此感到脸上无光。等到张彩出场，起拜如仪，丰采英姿，谷大用等人啧啧称赞。刘瑾乃大喜。

这一喜，刘宇就倒霉了。刘瑾将张彩由左佥都御史调为吏部右侍郎，更进一步要叫他当尚书。为了让刘宇腾出位子，便令他以原官兼文渊阁大学士。刘宇以为将要入阁拜相，大喜过望，当即在内阁朝房里摆酒宴请刘瑾。

酒足饭饱后，刘宇扶刘瑾从内阁里出来，仗着酒劲，在刘瑾面前说："我入阁办事，公公您可放心！"

刘瑾上下打量衣冠不整、胡子拉碴的刘宇，笑道："你真想入阁拜相？此地岂可再入？"

刘宇顿时心灰意冷，心想：这不是说我今天当了一天内阁的主人，有此一天，应可心满意足。转念又想：当上了大学士，却又不能入阁，那算什么名堂？于是第二天便递交辞呈，申请致仕。

刘宇被张彩夺去爱妾，又被刘瑾戏弄，空欢喜一场，赋闲在家，左思右想，不是滋味，又不敢出门，怕被同僚和士林耻笑。这样在家闷了几天，便听到安化王被刘瑾逼反的消息，他心想：机会来了，何不趁机给刘瑾致命一击！后来又听说由原三边总制杨一清统率大军平叛，他大喜：真是天助我也！原来，刘宇与杨一清相熟，杨一清任三边总制时，刘宇任宣大总督，两人同为封疆大吏，又负有协同对付鞑靼兵的任务，往来频繁，私交甚好。

于是，刘宇在杨一清出征前，将刘瑾家藏甲兵等绝密之事全盘托出，连藏匿地点都一一指明。

　　杨一清道："藏匿甲兵，虽不可恕。但有否异心，尚未可知。"

　　刘宇便将一次在刘瑾府中的见闻悉与相告。

　　那次，刘瑾在酒后有感而发，向张彩涕泣道："当初，谷大用、张永等人怕外臣欺负我们中官，把我推出来。我以身殉天下，得罪人的事都是我来做。现今天下之怨皆集于我一身，他俩倒好，坐享其成！而今皇上好夜行，又纵欲无度，万一出了啥差池，我何去何从？"

　　张彩喝退左右，答道："今皇上未有生育，势必立宗室子，若年长又贤能，老公公就大祸降临了。不如让皇上立幼弱者为太子，万一皇上宾天了，老公公挟天子以令诸侯。这样可保老公公富贵无忧！"

　　当时刘瑾称赞张彩想得周全，可是没过几天又变了卦，他跟张彩、刘宇等人说："没有合适的宗室可以立的，我自立算了！"刘瑾改变主意，皆因一个叫俞日明的算命先生的话。俞日明给刘瑾侄孙刘二汉算命，说他"当大贵"。刘瑾所谓"自立"，即立刘二汉为帝。张彩当即表示不可，一言不合，刘瑾将茶盘掷了过去。张彩不敢再言。

　　杨一清听罢，默不作声。刘宇临走时再三叮嘱："刘瑾之乱，远超安化王乱百倍！"

　　正德五年八月十一日，张永率大军押解安化王朱寘鐇及何锦、丁广等至京献俘，驻扎城外。行献俘礼前，张永上奏请求入觐，刘瑾定在八月十六日，因为他的兄长刘景祥刚刚去世，也是定在这一天下葬。他想忙完他兄长的丧礼再让张永进城。

　　此前，安化王被擒的消息传回北京，刘瑾非常神气，以为自己功劳最大，便矫旨自加禄米，还将他的兄长刘景祥升为都督。但刘景祥福薄，升都督不久，就在张永大军班师抵京前两天，一命呜呼。

张永怕刘瑾有暗算他的阴谋，出其不意，提前一天在八月十五日中秋节这一天进城，驰奏紫禁城，并在午门前列队接受皇上检阅。皇上看到军容整齐，大喜，下诏处死朱寘鐇等，并在东华门赐宴慰劳张永。刘瑾一直陪宴，片刻不离皇上左右，提防着张永在皇上面前说他坏话，还下令宵禁，限制张永军队行动。

在宴席上，张永尽跟皇上讲些在西北的所见趣闻，丝毫不涉时局之事。他说："西北有十大怪：面条像裤带、锅盔像锅盖、油泼辣子也是菜、碗盆难分开、手帕头上戴、房子半边盖、姑娘不对外、不坐椅子蹲起来、睡觉枕石块、秦腔不唱吼起来。"惹得大家大笑。皇上笑道："这次便宜了你老张！下次还有哪个藩王敢造反，朕要御驾亲征。"

这边厢，张永在宴席上谈笑风生。那边刘瑾想着第二天兄长出殡的事，心思不定，心神不安，还得强颜欢笑。好不容易挨到后半夜曲终人散，张永陪刘瑾从宫里出来，挽着他的手一直送到宫门，说："这次多亏了老哥在京城调度有方，后勤保障有力。平叛之事，老哥功劳才是最大！"

刘瑾一听此话，心里稍安，少了许多戒备，也说了些客套话后，跨上马，径直回府料理兄长后事去了。

等到刘瑾的马蹄声渐远，张永转身又回到了乾清宫。管事牌子张得富拉住他："祖爷行行好，万岁爷刚睡下，怪罪下来，小人又有板子吃！"

张永一把将他推开，呵斥道："滚远些！"

张永进到东暖阁，皇上正斜倚在床上，半眯着眼，手握一只鼻烟壶在那里吸着，床边还摆着酒壶和酒杯，斜睨了张永一眼："你还没走？"

张永躬着身子，满脸堆笑："回主子，奴才这次从宁夏带回来一位绝色美女。奇的是，身有异香，可招蜂引蝶。主子肯定喜欢！"

"哦？"皇上一骨碌爬起来，双腿盘坐在床沿上，"现在在哪里？刚才怎么不带进来？"

"刚才将士人多，怕吓到了美女。我已让人送去豹房了。"

"你呀，呵呵，还是你最得朕心！"皇上从床上下来，一边穿鞋，一边说，"还愣着干啥？传旨移驾豹房去呀！"

"主子，夜已深，宫门已上锁。"

皇上想了想，说："也是，明天早点动身！"又脱了鞋，靠在床头继续吸他的鼻烟。他看见张永还站在床前，欲言又止的样子，便说："你还有啥事？没事早点下去歇着！"

张永"扑通"一声跪在地上："奴才有一关系国家社稷的大事要禀报主子！"

"这安化王的乱子都平了，还有啥大事？你起来说！"

张永站起身，从怀里掏出安化王起事的檄文，双手呈上："这檄文上写着，安化王之所以作乱，全是因为刘瑾胡作非为。"

皇上扫了几眼檄文，放至一边："自古乱臣贼子，自己想作乱，总要找个替罪羊。算了，算了，喝酒！"便将一只酒杯递与张永。

张永一想，他在皇上面前说的话，明早刘瑾便会得知。事已至此，只能以死相争了。他又跪下，哭诉说："老奴今晚就撞死在皇上面前，以后再不能服侍皇上了！"叩了几个响头，便要起身去撞床边的柱子。

"不至于！"皇上大声制止，"你是功臣，有话好好说，朕给你做主就是了。你刚才说刘瑾到底想干什么？"

"取天下！"

"哦？"皇上有些吃惊地看了看张永，又猛吸了一口鼻烟，打了一个大喷嚏，懒洋洋地说，"天下随他去取！"

张永一听，也是一愣，想了想，大声说："刘瑾取了天下，皇上将何处安身？"

皇上一听此话，猛然惊醒，半晌不语，后来终于发话："就凭这一纸檄文？你可有确凿证据？"

"据原吏部尚书刘宇报告，刘瑾在府中多次与谋士密谋造反，还蓄养死士，私造兵器。"

皇上面无表情地说了一句："你也累了，明天带人去他家里瞧瞧再说。"

"国家社稷的事，老奴不嫌累，老奴连夜就去抄了他的家！"

皇上闭着眼，不言语。

张永得了皇上的默许，点了五百锦衣卫，风驰电掣般将刘瑾府团团围住，又传令神机营派出两千精兵作为策应。

进得府来，上上下下搜了个遍，连刘瑾兄长的棺材都撬起来看了，都不见刘瑾的踪影。盘问府里的人，又说明明刚才还在。难道这家伙身上长了翅膀？

原来刘瑾府中修有一条暗道，从他卧室一堵夹墙里通向城外的护城河边。那夜他一听府外大乱，暗叫一声不好，只身从暗道爬出，跌跌撞撞地来到一家兴隆客栈投店。店里的伙计揉着惺忪睡眼来开门，没好气地朝他吼道："急着投胎啊！大半夜的，敲什么门！"

刘瑾身子一闪进了店里，端起桌上一杯剩茶喝了一口，说："找你们邬掌柜的，有急事！"

这时一位蒙面红衣人从楼上下来："深更半夜的，何人找我？"

"不找你，找你们掌柜的！"

"我就是掌柜的。"

刘瑾吃惊地看着蒙面红衣人，眼睛睁得溜圆："你是……"

"刘老公公，别来无恙！您还记得一位叫王岳的大哥吗？"

刘瑾大惊，紧盯着蒙面红衣人。

红衣人伸手拂去面纱，露出一张姣好的女人面孔来。她呵呵一笑："刘老公公，还记得您王岳大哥的义女——教坊司张燕娘吗？晚辈在此恭候多时了！"

刘瑾顿时傻了眼，兀自愣在那里。

"您还记得兵部王守仁吗？"

"这个、这个，这个人你也认识？"

"哼，何止是认识！您当初打他板子时，可是打在他身上，疼在我心里呢。"

刘瑾颓然跌倒在地。

张永从刘瑾家中抄出黄金二十四万锭，另五万七千余两，银元宝五百万锭，另一百五十八万余两，珠宝器物不计其数。张永又按照刘宇提供的线索，按图索骥从密室搜出衣甲千余、弓弩五百，还有伪玺、衮衣、玉带等物。

皇上看到这份抄家清单，笑道："这奴才富甲天下，我内府倒是常常缺钱。"下旨将刘瑾"降为奉御，凤阳闲住"。奉御是宦官中的五品闲职，所以刘瑾还颇为心宽地说："就这样，我也还不失为富太监！"因为他的财产还有许多寄放在别处，打算去了中都凤阳，再慢慢取来享用。

李东阳颇以为虑，跟张永说："这是放虎归山！如果刘瑾起死回生，将来翻盘，还不知鹿死谁手呢。"

张永拍着胸脯说："有我在，可保无虞！"

可是过了没几天，连可保无虞的张永也害怕了。因为刘瑾在诏狱里上了一个白帖，说被捕时赤身无衣，乞赐一两件蔽体之衣。皇上见帖怜之，当场下旨："给旧衣百件！"

张永一看情况不妙，皇上对刘瑾还念着旧情呢，刘瑾将来复起并非无望。

于是，张永与李东阳密议，发动六科十三道严劾刘瑾，数其大罪三十余项。李东阳又献一计，让张永劝皇上亲临刘瑾府中"观变"。皇上也很好奇，便兴致勃勃地来到刘府实地察看赃物。看到金银珠宝堆满地库，甚为吃惊。这时，张永从被抄之物中拿出一把刘瑾经常随身携带的扇子，扇上饰以貂皮，而皮中竟然藏有两把锋利的匕首，显然有行刺之意。皇上龙颜大怒："这奴才果然要造反！"命三法司、锦衣卫押刘瑾去午门廷讯。

在午门，都给事中李宪当场念了一段弹劾刘瑾的奏折。李宪以前投靠过刘瑾，出自刘瑾门下。刘瑾看见李宪一本正经地弹劾他，笑道："李宪也来弹劾我了？"李宪一听，面红耳赤，支支吾吾不敢说话。主持廷讯的刑部尚书刘璟也噤不敢言。

刘瑾大笑："满朝公卿，皆出我门，谁敢审我？"

刘璟等高官都面有怯色，退至一旁。

这时，皇上的姑丈、英宗第三女淳安公主的驸马都尉蔡震站了出来，呵斥道："我乃国戚，不出你门，我来审你！"他让人打了刘瑾几个耳光，骂道："公卿是朝廷所用，怎能说是出自你门？我来问你，你藏兵甲何用？"

"用来保卫万岁爷。"

"那为何藏之私室？"

刘瑾一时语塞。

八月，经会审，刘瑾被判凌迟处死。榜示天下，朝野称快。判决书也很奇怪，判他凌迟三千三百五十七刀，分三天割完。刽子手先从其胸脯割十刀，然后对着他大声吆喝，怕他昏过去，等醒过来，再割十刀，如此反复。晚上还拉他回去灌了碗粥。第二天傍晚，刘瑾熬不住，气绝身亡。第三天继续割尸，直到割足三千三百五十七刀为止。行刑完毕，割下的小肉块一文钱一块，受过其害的人家抢着买下吃掉，以解其恨。

刘瑾族人、逆党皆被诛杀。吏部尚书张彩被逮，死于狱中，磔其尸于市，妻子儿女充军海南岛。锦衣卫指挥扬玉、石文义，幕府师爷张文冕等被处斩。大学士曹元以下，尚书毕亨、朱恩、刘玑等依附刘瑾的官员共六十余人，皆被罢黜。刘瑾死党焦芳、刘宇此时已致仕，削籍为民。刘宇有检举之功，自当别论。

焦芳此前因权势不逮张彩，又自以为于张彩有举荐之恩，所以"荐人无虚日"。刚开始，执掌吏部的张彩看到他写的条子还敷衍了事，到后来便不买账了，心想，你焦芳收钱，我张彩帮你卖官，这种冤大头我可不干。最后彼此成仇。焦芳免不了私下里说些张彩的坏话，有时在酒席上喝了几两"崩儿烧"，把张彩勾引长官刘宇小妾等隐私添油加醋地渲染一番，对刘瑾也偶有影射。

焦芳有个亲信，名叫段炅，是翰林院检讨。段炅一看焦芳势衰，便转投张彩门下，将焦芳在酒席上骂张彩的那些话和盘托出，以表忠心。张彩大怒，便在刘瑾面前说尽焦芳的坏话。刘瑾因此对焦芳大为不满，几次在大庭广众之下怒斥焦芳父子。焦芳见此光景，无心恋官，便告老还乡。

焦芳的儿子焦黄中恰似他的父亲，也是个不学无术的傲狠之徒。正德三年殿试，焦芳四处打点，要让他的儿子中状元。李东阳亲自阅看了焦黄中的考卷，平庸无奇，心想能中三甲同进士出身已算破格，要中状元，简直天方夜谭。自己当年以神童誉满天下，也只考了个二甲第一，名为"传胪"。碍于焦芳的情面，他将焦黄中也录为二甲第一名，以为焦氏父子应可满意。谁知焦芳却大为不悦，跑到刘瑾处抱怨李东阳故意压制他儿子中状元。刘瑾也知道他焦芳的儿子有几斤几两，心里其实向着李东阳。但看到焦芳火冒三丈的样子，只好和稀泥安慰道："状元不状元的，都是为了做官嘛，不然给乞丐一个状元，他也不干呀！让黄中直接去翰林院当个检讨如何？状元也不过如此嘛。"

焦黄中进了翰林院，不久由检讨升编修，又过了没多久再升侍读。他父亲焦芳喜喝烧酒，当年人称"烧酒翰林"。焦黄中却喜流连花柳巷，时人便送他一个绰号：花柳翰林。焦黄中当了两年"花柳翰林"，焦芳便与刘瑾、张彩结下梁子，他只好随老父致仕回乡。焦家父子却因祸得福，得以善终，在河南泌阳老家盖起了大宅院，人称宰相第。

对此，刘瑾侄孙刘二汉在临刑时大呼不平："我死有余辜，但是我们的所作所为都是受焦芳和张彩指使。现在张彩与我都处极刑，而焦芳却在老家看我们的热闹，这真是天大的冤情啊！"

朝廷诛刘瑾后，嘉奖仇钺平乱有功，封他为咸宁伯，进为征西将军，署都督佥事，镇守宁夏。杨一清晋爵太子少保。张永进岁禄，兄弟均封为伯爵。内行厂与西厂俱罢废，只存东厂，由太监张锐统领。曾被刘瑾降调的吏部尚书刘忠及南京吏部尚书梁储升任文渊阁大学士，与李东阳、杨廷和共参机务。

三 黄绾听了"去蔽之法"如醍醐灌顶

刘瑾被凌迟处死的消息传至江西庐陵，王阳明正在县衙里重审一起斩监候的离奇案子。

庐陵一词取自《诗经·小雅》中的"高岸为谷，深谷为陵"。因城池被连绵丘陵所包围，城边有一条庐水河流过，故名"庐陵"。庐陵是北宋文学家欧阳修和南宋爱国丞相、状元文天祥的故乡，南宋诗人杨万里老家离这也不远，且同属吉州，因而庐陵被称为"文章节义之邦"。

王阳明来到庐陵走马上任时，这里却是好讼之乡。一则民风强悍霸蛮，谁都不服气谁，一言不合就告官；二则乡民都有点文化底子，喜舞文弄墨，公说公有理，婆说婆有理，最后争来争去，一纸状纸告到县衙。

王阳明甫一上任，案上就积压了三百多件未结案子。他跟冀元亨等人夙夜在公，清理了结积案，备受其苦。于是，以县令的名义下发了第一号公文《告谕庐陵父老子弟》，与百姓约定：不是人命关天的，不要来告状；写状纸不得超过两行，每行不得超过三十个字。又选取了一批"里正三老"，让他们在"申明亭"前劝说前来诉讼的人，息讼宁人。

这时候，孙海斩监候的案子冒了出来，成了街谈巷议的新闻。西乡的孙海在村里还算是个能人，走村串巷，鸡毛换糖，见多识广，家里也有点小积蓄。村里有一位叫甘花的妇女，论辈分孙海应该叫嫂子。这甘花长得有几分姿色，性格放荡，丈夫又长年卧床，她跟村里的几名男子常有苟且之事。孙海也跟甘花勾搭成奸，而且后来居上，常常一人独享。此前甘花在村里有个相好叫孙求裳，一天夜里在邻村跟人喝了点小酒，兴致勃勃来敲甘花家的门。甘花此时正与孙海在床上云雨，被孙求裳当场撞上。孙求裳怒火中烧，仗着酒劲从厨房里摸出一把菜刀朝孙海脖子上就是一刀，孙海当场血流不止。孙求裳这才酒醒，以为孙海必死无疑，吓得把刀丢在地上，连夜逃往他乡。

这孙海也算命不该绝，肉多皮厚，刀割在脖子上，却只是皮外伤，没有致命，上了点草药，竟然没多久就痊愈了。

过了一段时间，孙求裳的家人回过头来发现，孙海一受伤，孙求裳便失踪了，于是怀疑孙海为了报复孙求裳已将他杀害。这时在村里一口枯井里偏偏打捞上来一个腐烂的人头。孙求裳家人过去一辨认，怎么看都有点像是孙求裳的头，便报了官并指控是孙海所为。

县衙一帮胥吏不分青红皂白锁拿了孙海，一阵大刑伺候，孙海便松了口，招认孙求裳确为自己所杀。县令便草草判决孙海斩监候，报刑部审核和大理寺复核。就在等待大理寺复核时，县令调离了庐陵，王阳明走马上任。

那晚，孙求裳在误以为失手杀死孙海后，开始了亡命生涯。时而乞讨，时而打短工，时而干些偷鸡摸狗的勾当，风餐露宿，苦不堪言。一年多后，实在受不了这份颠沛流离之苦，又想念家里父母妻儿，心想，要死也得死在家乡的老屋里，死前还得在家吃碗饱饭。于是在一个雨后的早晨，他"死而复生"地出现在了自家破败的柴门前。

整个庐陵都轰动了！邻近府县及省治南昌都将此事当作街谈巷议的谈资。

王阳明重新提审孙海，县丞和一帮师爷、胥吏纷纷建言说孙海此人游手好闲，与族嫂通奸，为害乡里，死罪可免，但活罪难除，可改判其充军或徒刑。

王阳明道："此人虽顽劣，但通奸者，依《大明律》：无夫奸杖八十，有夫奸杖九十。此人已受过大刑，又冤判斩监候，在牢中逾一年，受尽折磨，改判无罪释放可也。"

王阳明又见孙海奄奄一息，便自掏腰包请郎中为他诊治，让其家人接回家好生养病。又将当年草草抓人、行刑逼供，向来仗势欺人、鱼肉百姓的刑房小吏南忠慎打了一顿板子，从衙门里赶了出去。

庐陵正赶上闹瘟疫，再加上旱灾，流离失所者众。南忠慎被县衙除了名，便纠合一帮灾民，群聚为盗，呼啸山林，攻劫乡村，无恶不作。这些盗贼来无影去无踪，四处偷袭，防不胜防。县衙的捕快又不足百人，别说剿灭了，就是防御都难。

王阳明和庐陵的一些乡绅父老商量后，决定采用北宋王安石变法时制定的"保甲法"：十家一保，设保长一名。保中年轻人都配备弓箭，利用农闲操练武艺。平素无事时，四邻亲睦友好，一旦盗贼来袭，彼此相互救援。平时有陌生人来往借住，各家都互相监督。这样一来，全民皆兵，南忠慎等盗贼不能再行窜动，只好转去赣南和福建漳州一带了。

有一次，庐陵城内突发大火，火烧民宅千余间。王阳明赶至火灾现场，向上天祈祷，风向顿时改变，这才扑灭大火。他又告诫乡民不要宰杀牲口喝大酒，以免触怒火神。

面对灾情，王阳明悲恸不已。一把火为何烧了千余间房？一查，原来庐陵县城道路狭窄、房屋密集，一处着火，四处蔓延。于是决定重新规划城区，勒令军民清出火道来，严防奸民因火成盗。居民互争火巷，他亲自去现场调解，还下令清理驿道，协调粮食流通。

庐陵灾害频发，但吉安府还一味地追加摊派。灾民们气势汹汹，把县衙团团围住，向知县老爷请愿。这时，吉安府怪罪庐陵县征收不力，派人来捉拿县衙的钱粮师爷。

王阳明从贵州千里迢迢来到庐陵，又恰逢此地闹瘟疫，他也水土不服，肺病复发了，连日来足不出户，在后衙养病。他听到县衙外面这么闹腾，只好拄着拐杖出来理事，先是喝退了吉安府的衙役，再好生安抚乡民。最后，他把冀元亨叫到床边，口授了一封给知府的公文。

他说："单是岁办各种木材、炭、牲口，旧额不到四千两，现在增加到万余两，三倍于旧额。其他公差往来，骚扰刻剥，日甚一日，全然不顾庐陵大旱和瘟疫灾情，这不是逼民为盗吗？"

"先生，后面这句话还是不要写进去了吧？"

"你只管记！"王阳明动了气，"府君若不宽免，将有可能激起大变！作为县令，我不但于心不忍，而且势有难行。坐视民困而不能救，心切时弊而不敢言。既不能善事上官，又何以安处下位？恳请府君垂怜小民之穷苦，俯念时事之难为，宽免摊派。要抓人，就请先将我罢免，作为不称职的惩戒！我心中所甘，死且不朽！"

"先生，这样写，知府老爷看了，会不高兴呢。"

"管他呢！从今天开始，将衙门紧闭。有人来打官司，让他们去申明亭找里正三老。上面如派人来催征收摊派，也不用理会。'忧时有志怀先进，作县无能愧旧交。'我本来就病了，干脆学汉代汲黯，也来一个'卧治'。"

王阳明身体稍稍好转，便带着冀元亨一众弟子来到县城的香社寺，本想去感受下寺院的宁静，静坐禅修一番。没想到寺院住持隆重其事，"佛鼓迎官急，禅床为客虚。"他顿感索然无味，转了一圈，来到郊外江畔的白鹭洲书院。朱熹曾在此书院讲过学，此处还留有不少朱子遗迹。院内书声琅琅，庭院深深，可卧听江声，静听花落。王阳明甚喜，就在这书院里一住多日，与弟子们日夜探讨学问，不亦乐乎，将吉安府摊派等事尽抛脑后。

吉安知府接到王阳明措辞严厉的书信，大怒，当即向朝廷参了一本，指其玩忽职守，抗命不遵。这封奏折到了李东阳手里，李东阳笑道："这个王阳明，到哪里都是个刺儿头！"便令吏部升他为南京刑部四川清吏司主事，召他赶紧进京入觐。

这一年的十一月，王阳明回到了阔别三年的北京城，下榻在大兴隆寺。当晚，老朋友储柴墟领着一位年轻人来到寺里，介绍说："这是黄绾黄宗贤，后军都督府都事，早就听说过老兄提倡的圣学之道，大为敬仰，今天特带他来拜见你呢。"

王阳明听说黄绾有志于此学，大为激动："此学久绝，阁下难得有此志向！"

"虽略有志向，实未用功。"

"人只患无志，不患无功。"

两人相见恨晚，互为知音。王阳明随后又带着黄绾去找湛甘泉。三人倾心交谈，决定终身相与共学。

黄绾心想，与王阳明甚是投缘，可惜他过完年又要去南京上任！黄绾因恩荫谋了个军中要职，颇有侠气，也较有心机。此时杨一清在张永的力荐下，由三边总制升任吏部尚书。黄绾与杨一清此前都是军职，颇为相熟，便在他面前说王阳明也是同受刘瑾迫害的，在乱世还能倡导圣学，十分难得，并说服杨一清把王阳明留在北京。

正德六年正月，离元宵节还有两天，正当王阳明准备收拾行装赴南京上任时，吏部的一纸调令又来了：改任吏部验封司主事。

南京也好，北京也罢，王阳明倒没什么，黄绾却高兴坏了，整日里与他谈道问学。湛甘泉在翰林院，也是闲职，常与他们一起切磋。王阳明觉察到黄绾在都督府里习染太深，虽有主见，但过于沉迷，易堕"悟后迷"。跟他谈话，便用减法，教其去蔽，不与他过多讨论实务，尽谈些伦理功夫，并谓之"做实功夫"。

黄绾问："我也知伦理乃求学第一实功夫，但如何做实？"

"伦理的实功夫，我也有许多造诣未熟、言之未莹的地方。但只要大路子不差，即使想得不尽明白，也不要空放过。假以时日，自然有豁然的时候。"

"我们凡夫俗子，每日被公务俗事所缠蔽，被私意习气所纠缠。做实功夫，说得容易，行之却难。"

"常人之心，如斑垢驳杂之镜，须痛加刮磨一番，尽去其驳蚀，然后才纤尘即见。这时随便拂拭就可将纤尘拭去，自不消费力，到了这个境界就是识得仁体了。此乃去蔽之法。"

"此法与朱子格物，有何不同？"

"朱子说格物，自是不错。但我们如不得要领，瞎格一气，容易误入歧途。我年轻时与朋友格竹子，就格病过。再说，今日格一件，明日又格一件，那样生也有涯，蔽也无穷，如何格个尽头？也难说能否自见仁体。"

"先生所言，我深以为然。然而去蔽之法，有何要诀？"

"这去蔽就是要找到人心的一点灵明，找到发窍处。说白了，就是要凿一个空隙，让圣学的阳光可以照进来，从而让自身可以敞开，得以显现，找到万物一体的相通处，获至澄明之境。"

"这个空隙凿在哪呢？"

"心！人心就是那个让天地万物得以显现，变得澄明通透的发窍处，就是那个引进光明的空隙啊。没有它，天地万物都被私意习气所遮蔽，漆黑一团，暗无天日。有了它，我们便可识破缠蔽，识得仁体，破茧成蝶，找到自我！"

"我感觉现在整日事务纷挐，浑浑噩噩，就是被缠蔽得找不到北了！"

"这个时候最好先静下来，收心守志，也就是孟子说的'求放心'，减去闻见识气加在我们身上的缠蔽，把放逐于外的本心给打捞回来。不然的话，体用分离，知行不一，心物为二，只是未知。知得越多，缠蔽越甚。"

黄绾听了王阳明的一席话，如醍醐灌顶，大彻大悟，叹道："幸亏识得先生！不然的话，我就放着大道不走，误入歧途了，真的好险啊！"

即将外放南京礼部尚书的"白岩山人"乔宇也来到大兴隆寺与王阳明论学。他长王阳明八岁，幼时跟随父亲入京师，学于杨一清，成化二十年登进士第后，经常跟从李东阳游历，诗文雄隽，兼通篆籀。

王阳明说："学贵专。"

乔宇说："那是。我少年时学下棋，心无旁骛，三年国内无对手。"

王阳明又说："学贵精。"

乔宇答："确实。我青年后学文辞，字求句练，字随人老，由唐宋而步入汉魏矣。"

"学贵正。"

"不假。我现步入中年，好圣人之学，开始悔悟此前所学棋艺与文辞。但我心已塞蔽，无所容心了，你说该怎么办呢？"

"棋艺、文辞之学，与圣人之学，都是学。但专于棋艺，那叫专于溺；精于文辞，那叫精于僻。虽从道出，但只是末技，是荆棘小路，很难走得通。只有圣人之道是大路，能至远大。求圣之道，一句话概括：做好'惟精惟一'的实功。一，是天下之大本；精，是天下之大用。所以非专便不能精，非精便不能明，非明便不能诚。"

"怎么样才能做好'惟精惟一'的实功呢？"

"必须把志向、精力转至道体本身来，能通于道，则一通百通了。"

"这个道与心的关系如何？与性情的关系又怎样？"

"道心一体。性，即心体；情，即心用，本来都是体用一源的，同归于一心。人性本善，但活在缠蔽中的人，体用分离，失却本性，从恶同污，堕入邪僻。"

"那你说，我如何由棋艺、文辞的学贵专、学贵精转向圣学之道的学贵正来呢？"

王阳明笑了笑，吟了一句诗："吾心自有光明月，千古团圆永无缺。"

乔宇听罢，颇有所悟，心满意足而去。

四 元宵夜皇上遇刺

元宵夜，月满冰轮，灯烧陆海，满街珠翠，沸地笙歌，巡城御史也不宵禁了，千门开锁万灯明，满街争看采莲船。王阳明在黄绾等人陪同下夜游观灯，不知不觉便逛到了内市。

玄武门外西侧一排长短连房，俗称"廊下家"。店铺鳞次栉比，尤以酒家最多。此时当街搭起几十座灯架，悬挂的灯有金莲灯、荷花灯、绣球灯、雪花灯，有骆驼灯、狮子灯、白象灯、孔雀灯，还有和尚灯、秀才灯、判官灯、狐仙灯。有的大商铺当街还放起了焰火，有采莲舫、珍珠帘、长明塔、紫葡萄、火梨花，不一而足。有的还用马驮着烟花火炮，在街上边走边放。灯市中人烟凑集，人声鼎沸，川流不息，市戏、耍猴、斗鸡、逐犬，应有尽有。

王阳明问黄绾："记得我谪迁贵州前这一带甚是萧条，怎么几年时间变得如此繁华？"黄绾笑而不答。

众人来到一家"宝和店"。筝琴琵琶嘈嘈然，当垆妇坐于店中，柜中掌柜乃一二十岁出头年轻男子，穿黑色棉质长衫，头戴瓜皮小帽，手中算盘打得啪啪作响，有客来，便抬头高呼："有贵客到，小心看茶！"

王阳明看着这掌柜，总觉得面熟，但一时又想不起在哪见过。

他们找了一处靠窗的位子坐好，侍女端上店中好酒，只见酒色殷红，如琥珀般晶莹剔透。王阳明抿了一口，顿觉两颊生香，醇厚绵柔，赞道："好酒，好酒！"

黄绾举杯敬酒："先生尽可开怀畅饮，此等西域美酒，果真美味可口。王翰《凉州词》写道：'葡萄美酒夜光杯，欲饮琵琶马上催。'"

"醉卧沙场君莫笑，古来征战几人回？"王阳明接着吟出后两句，望着窗外一轮满月，若有所思地说，"不知边关将士，此刻月下荷戟，有何感想？"

黄绾等人默不作声，气氛陡然有些伤感。王阳明这才意识到，他这番感怀与节日光景不太合拍，有负黄绾等人的好意，便主动举杯邀众人喝酒，拣了些京中掌故等开心的话题来说，禁不住多喝了几杯，脸颊泛红，笑道："去年元宵，与贵州诸生在舟中度过，一夜春风到洞庭，欢笑之声仍萦耳畔。没想到，今夕已置身京城闹市中了。"

众人正推杯换盏间，突然邻座一位络腮胡子、鹰钩鼻的中年男子桌子一拍，嚷道："怎么搞的，酒里有虫！"

店小二忙过来察看，赔礼。"络腮胡子"不肯罢休，继续闹腾，动手推搡，后来还把酒杯摔烂。柜台前几位彪形大汉见有人闹事，跑过来不由分说就给了"络腮胡子"几个大耳刮子，打得他直趔趄。场面顿时一团糟。

王阳明站起来想去劝架，黄绾忙拉住他："先生莫理会，只管喝我们的小酒。这种打架的小事，会有人来管！"

靠墙角坐着的一位白衣人，此时一跃而起，从腰间拔出一柄长剑，直扑柜台里的年轻掌柜。

王阳明大叫一声："掌柜小心！"

那掌柜的正埋头打算盘，一听叫唤，头一抬，一道寒光迎面刺来，举起算盘顺手一挡，只听"哗啦啦"一阵乱响，算盘珠子如雨点般朝白衣人白净瘦削的脸上甩去，有几颗正好砸中他的鼻梁。这白衣人鼻梁与众不同，鼻尖长着一颗硕大的肉痣。白衣人身子一缩，挥舞衣袖来挡算盘珠子，掌柜的就势滚到柜台底下。白衣人站稳脚跟，挥剑再刺，眼看就要刺中目标。王阳明情急之下使出一招"隔山打牛"，将白衣人握剑的手腕击打了一下，剑锋刺偏，斜插在了墙上。

白衣人徒手用鹰爪拳来抓掌柜的，那掌柜的身手也十分敏捷，一招"霸王上弓"，一个弓步上前，一手前挡，一手出拳。白衣人回应一招半马步、双手下压的"二郎担山"。掌柜的一个旋风腿，直踢白衣人脑门。白衣人身子一偏，腰身下探，双脚一溜，来了个"柳叶随风摆"，绕到掌柜的身后，出其不意，从右手腕里抖出一把匕首，朝掌柜的后背心窝处猛刺一刀。掌柜的"啊"的一声倒在地上。

这边，正跟"络腮胡子"纠缠的几个彪形大汉回过神来，转身来攻白衣人。黄绾等人也顺手操起板凳、铁勺等物上前相助。"络腮胡子"朝人群掷了一个响炮，顿时浓烟滚滚，呛人眼鼻。白衣人飞身上墙，跃窗而出。

王阳明双手一拍桌面，身子趁势弹起，也向窗外跃出，紧追白衣人不放。两人你追我赶，在人群中穿梭。在魁星楼前，王阳明终于追上白衣人，一招"龙形圣手"拿住他的肩膀。白衣人反身用"流妖禽掌"直探王阳明的颈部，这招出其不意，化守为攻，极其凶险。王阳明没有提防，本能往后一躲，重心失衡，摔倒在地。白衣人抬脚朝他脑袋猛踢，他就势一滚，双腿交叉，身子弹起，一记"雷公飞心腿"将白衣人狠狠踢倒在地。王阳明刚想上前擒拿，只觉后背飒飒风起，回头一看，"络腮胡子"操一根木棍正朝他击来，忙往旁边一闪，使出内家拳法与"络腮胡子"过招。白衣人趁机爬起身，与"络腮胡子"一左一右夹攻王阳明。眼看王阳明招架不住，渐处劣势。突然，魁星楼上有一人影纵身跳下，喝道："本大爷正在楼上赏月，何人在此喧嚣？扰我雅兴！"

王阳明一听声音甚是耳熟，用眼睛余光斜睨了一下，来人不是别人，正是郏文，便大声叫道："郏文兄，快来助我！这俩人是杀人凶手！"

郏文一听是王阳明的嗓音，二话不说，拔出腰刀上前就砍。四人一顿乱打，不分胜负，渐成胶着状态。这时，黄绾和几个彪形大汉寻来。白衣人和"络腮胡子"一看形势不妙，拔腿就跑，穿街过巷，你追我赶，到了教坊司门口，瞬间就消失不见了。众人甚感诧异，又无计可施。

黄绾似与那几个彪形大汉相熟，吩咐他们留在原地守候，自己去都督府搬援兵。王阳明隐约听见他悄声问旁边一个彪形大汉："皇上怎么样？伤得重不重？"那大汉好像回答说，叫了太医，情况不明。

王阳明这才明白，那掌柜的怪不得面熟，原来就是当今皇上！心里顿时凉了半截。

郯文与王阳明多年未见，拉了他去教坊司对面的酒楼叙旧。

郯文嗔怪王阳明回京了也不找他。王阳明一个劲地赔罪："一回来，吏部述职各种公务。好不容易忙完，又是过大年了，正想年后去京营找你呢。年前年后，你们京营也是各种忙碌吧？"

"别提了！你不知道吗？去年皇上召边军入京，现在他们成了香饽饽，阅兵宿卫、耀武扬威的好事尽归他们。修豹房什么的苦差事才有我们的份，我们十二团营已经成了徭役工了！"

"京营拱卫京畿，边军戍守边关，这是几朝几代定下来的规矩呀。怎么好好的，召边军入京了呢？"

"这个说来话长，回头再跟你聊。我倒想问你，今晚过元宵，怎么好端端地跟人打起来了呢？我看对方来路，很像是关外的鞑子。"

"哎——"王阳明长叹一声，"本是跟几个同道中人逛街赏灯，喝酒闲叙，不承想赶上酒店里莫名其妙一场恶斗。"

"可是去的内市里那家店？"

"你知道？"

"怪不得刚才那几个跟着你追贼的人，像是锦衣卫大汉将军呢。"

王阳明话到嘴边，又咽了回去，嘴唇一阵嗫嚅。

郯文做了个手势，点了点头，表示他懂的。

两人喝了几杯闷酒。

郯文突然问："见到燕娘没？"

王阳明抬头看了眼郯文，摇了摇头，举起杯中酒一饮而尽。窗外纷纷扬扬地飘着雪花，护城河结了冰，像镜子一样在月光下闪着寒光。他心有所思，吟出一首诗来：“美人隔江水，仿佛若可睹。风吹蒹葭雪，飘荡知何处？美人有瑶瑟，清奏含太古。高楼明月夜，惆怅为谁鼓？”

郑文看王阳明有些伤感，便跟他有一茬没一茬地聊了些别后见闻。

黄绾一身戎装，气喘吁吁地上了楼，把爹檐笠帽摘下来往桌上一放：“将教坊司团团围住，里里外外搜了个遍，可就没见这俩刺客的影！难道长了翅膀飞走了？”

“喝杯酒暖暖身子！”王阳明指了指郑文旁边的椅子，示意他坐下，并介绍郑文给他认识。等他落座，王阳明便焦急地问：“皇上龙体有无大碍？”

黄绾答道：“传了太医。幸亏皇上贴身穿了金丝软甲，伤口不深，用了金创药，应无大碍。这刺客有点蛮劲，这金丝软甲，一般刀枪不入的，这次倒是生生划了道大口子。”

“这刺客能认出皇上，下手又这么狠，我看非同寻常，宫里恐怕有内应。”王阳明不无忧虑地说。

“黄长官，你们搜查教坊司就没发现什么疑点吗？”郑文问。

“倒是有件蹊跷事。我们在搜查时，有个叫臧贤的乐工被两个太监带了出去，说是太后有旨，召他入宫。”

“哪有这么巧？这边在搜人，那边太后就有诏！这俩太监长什么样？”郑文问。

“帽子遮着，大黑夜的，也看不太清。声音有点哑，不像是阉人。”

“你们就不会搜一搜身？摸一摸要害处，不就全知道了！”郑文一说，大家都笑了。

“你说得轻巧！他们都有宫里的腰牌，谁敢搜？”黄绾喝了几杯热酒，额头直冒汗，"当时也没多想，现在看来确实有疑点。他们走路的姿势也不对路，矫健有力，像是习武之人，不像宫里的太监，拖泥带水。"

"我看，这俩太监有问题。"王阳明压低嗓音说，"还有这个叫臧贤的人，也很可疑！"王阳明心里寻思，上次在西山，也是这个臧贤企图绑架于夫人。当时说是奉的太后懿旨，这次又说是太后宣他入宫。这臧贤身上究竟藏着什么秘密？这两起事件跟太后又有何关系？王阳明想起当年在通州燃灯塔渡口，李东阳让他调查皇上出身流言的秘密任务。他敏感地意识到，这个臧贤身上藏着一个天大的秘密。而臧贤上次为何要绑架于夫人？张燕娘和她的凤仪镖局又为何要暗中护卫于夫人？这个于夫人究竟是什么身份？这中间有太多的谜团需要解开。他决定明日赴西山去见一见燕娘，请她当面释疑解惑。

次日清晨，王阳明骑上"狮子骢"直奔西山。出了德胜门，马儿跑得飞快。早春时节，仍是料峭春寒。西山地形复杂，峰回路转，几经辨认和周折，中午时分方抵凤仪山庄。山庄大门紧闭，甚是萧条，王阳明叫了半天门，一个白头老翁弓着腰来开门，说掌柜的年前就带着兄弟们跑镖去了，至于去了哪里，也说不清楚。

老翁把王阳明让进客厅，泡了杯热茶端过来，又拿出纸笔，说："老仆耳背，记性也不好，客官有啥吩咐，请写下来，待掌柜的回来，也好有个交代。"

王阳明提起笔，望着满眼郁郁葱葱的乔木林和山庄里熟悉的楼台亭阁，在纸上写下一首小诗：

> 迟晚不足叹，人命各有常。
>
> 相去忽万里，河山郁苍苍。

中夜不能寐，起视江月光。

中情良自抑，美人难自忘。

杯中的热茶还没喝，大门响起急促的敲门声。老翁用手窝在耳旁听了听，这才慢条斯理地去开门。

来者却是家仆王能，他上气不接下气地说："老爷前脚刚出门，李相爷府里的人后脚就来了，小的只好骑马来西山追您。您的马也忒快了，只看见前方扬着尘，就是追不上。"

"找我何事？"

"没有说，但看样子还挺急。"

五　江彬虎口救了圣驾

首辅大学士李东阳端坐在府邸书房，一脸秋霜。几年没见，他明显的苍老了，发须皆花白，目光昏滞，脸上皱纹像是刀刻一般。

王阳明俯身要行跪拜礼，李东阳忙将他扶起："这是家里，没有外人，贤侄无须多礼。"又上下打量他一番，"去西南夷地，吃了不少苦吧？瘦了不少！不过，精神头还好，还好。"

"多谢李阁老惦记，前次去贵州，苦是苦点，倒也长了不少见识。阁老召学生来府上，不知有何吩咐？"

"先喝茶，"李东阳示意王阳明坐下，"也没啥要紧事，只是听说你回来了，找你来家里坐坐。前番安化王谋反，还多亏你献的反间妙计，一箭双雕，让安化王与刘瑾阉竖双双覆灭。"

"都是阁老运筹帷幄，这俩贼子多行不义，自取灭亡，现在您老可高枕无忧了。"

"哎，高枕倒是可以，无忧还是奢望啊。"李东阳长叹一口气，"一波刚平，另波又起。"

李东阳满是皱纹的额头上又多了几道愁容，他咳嗽了几声，有痰在喉咙里打转："皇上不顾我的力谏，调宣府等四镇九边数万边军入京，在禁中设立内教场，晨夕下操。呼噪火炮之声，达于九门。"

"这可是成祖迁都北京以来，从来未有之事啊。"王阳明说，"怪不得李梦阳前不久写了首调侃好玩的《内教场歌》哩：雕兮豹鞬骑白马，大明门前马不下。径入内伐鼓，大同邪宣府邪，将军者许邪。武臣不习威，奈彼四夷。西内树旗，皇介夜驰。鸣炮烈火，嗟嗟辛苦。"

李东阳也被这歌词逗得笑了起来："这个李梦阳，是个捣蛋鬼！明明是件严肃的事，到他笔下却写得这么调皮有趣哩。"

"对了，皇上为何有此想法？"

李东阳收住脸上的笑："这两年，京畿一带，流盗猖獗。霸州文安县有个大盗叫张茂，家有重楼复壁，还挖有深窖。刘六、刘七、齐彦名、李隆、杨虎，还有当地一个姓朱的千户都依附他。这文安说来也怪，不仅盛产大盗，还盛产太监。现今宫中许多大珰都是文安人。"

"我听说太监张忠，号称'北坟张'，就是文安人。"

"可不是嘛，正要说他！"李东阳朝房门口扫了一眼，看到房门紧闭，压低声音说，"这张忠是'八虎'之外兴起的又一宦官势力，人称'豹房帮'。"

"豹房帮？"王阳明吃惊地问。

"皇上在西苑盖了座豹房，前后厅、左右厢，比照大内，令内侍环值，名'豹房祗候'，又召教坊乐工入内承应。这张忠本来是御马太监，与司礼张雄、东厂张锐，都在豹房伺候，号称'三张'，都是凶悖之徒。"李东阳又咳了几声，喝了口热茶，"可恨的是这张忠与大盗张茂在文安老家是邻居，结为兄弟。张茂得到张忠庇护，为非作歹，地方官敢怒不敢言，终于让其坐大。年前，张茂竟然聚众攻打安肃，窜扰畿南各地，声势甚恶。”

“这等流寇，气焰虽张，但难成大势，应该不是官军的对手。”

李东阳又是一声长叹：“贤侄有所不知，现今的京军团营，已不能战。”

王阳明张大了双眼，盯着李东阳，静待他继续说下去。李东阳不去看王阳明，嘴角抽搐了一下，露出一丝苦笑：“宪宗时，以勋戚掌禁军，太监监军。团营兵将自恃背景，平时又常为皇家和勋戚役使，将无能而悍，兵无功而骄，打仗不行，喝酒倒行。虽以马文升、刘大夏之才，也无法整顿约束。为了平定张茂之乱，老夫只好奏请调四镇边军剿灭之。这本是不得已的权宜之计，但皇上看到边军打了胜仗，心花怒放，便萌生调边军入京的念头。”

王阳明静静地听着，心里在想，自己刚转任吏部，军中之事应询兵部才是，李阁老急召自己来府上，一定还有其他要事相询。

果不其然，李东阳话锋一转：“今番将贤侄叫来，另有一事要你出马。”

王阳明从座椅上站起：“下官听候元辅调遣。”

李东阳抬了抬手，让王阳明坐下：“这是在家里，不用拘礼。是这样的，这个边军里有个首领叫江彬的，整日在豹房陪侍皇上左右，深得皇上宠信。江彬又跟张忠的‘豹房帮’勾结，狼狈为奸，目空一切，对张永、谷大用等大珰爱理不理，也不把我们内阁放在眼里。军中是乱得不成样子了，但好在文官还在我们内阁手里。你知道的，再过不了几天，会试又要开科取士了。哎，我是担心啊……”

“李阁老是担心‘豹房帮’会趁机扰乱会试？”

李东阳看着窗外，天正下着冷雨，风在呼啸地吹。良久，他口中喃喃说道，像是在自言自语："我老了，独木难支了，但我大明朝的文官不能乱！于肃愍公有诗《石灰吟》：'千锤万凿出深山，烈火焚烧若等闲。粉身碎骨浑不怕，要留清白在人间！'"

王阳明突然想起张燕娘拼死护卫的那位夫人也姓于，便悄声道："李阁老，西山有位于夫人，形迹甚是可疑。下官猜测，她的身世可能跟皇上的出身传言有关。"

"哦？"李东阳用手势止住王阳明，起身走到书房门前，打开门，探出身子左右张望了一番，又将房门严严实实地关好，这才让他接着说。

王阳明便把正德元年在西山的所见所闻和昨晚皇上遇刺的事说了。

"如此看来，要解开这个谜团，务必要找到这个臧贤才行！"李东阳双眉紧闭，沉思良久，"你接着秘密调查此事，切勿声张。当前燃眉之急是对付即将开考的会试。我接到密报，江彬和'豹房帮'一伙想染指呢，想在文官里培植他们的势力。"

"隋唐以来，开科取士，取天下英才而用之，历千载矣。几个武夫阉人就想乱我儒教礼法，休想！"王阳明气愤不已，额头上的青筋暴起。

李东阳握紧拳头，咬紧牙关："老夫想好了，就算拼了老命也要确保会试的清白！我亲任读卷官，贤侄来当同考试官吧？朗朗乾坤，岂容几个跳梁小丑乱我朝纲！"

西苑豹房太素殿，华灯初上。

在一张硕大的床上，皇上枕在一名年轻白净的男子身上，微张一双醉眼，斜睨着一群宫娥在乐工们的伴奏下翩翩起舞。

"小宁子啊，你上次举荐的大同游击江彬果真不错。他这几日在内教场演练了一番，那架势，飞身上马，百步穿杨，团营那群饭桶们哭都哭不出来哦。"皇上双颊微红，说起话尾音拖得很长，有气无力的样子。

被唤作小宁子的这位男子，名叫钱宁，原是太监钱能的家奴，因而冒姓钱。钱能死后，推恩家人，钱宁受其荫封，当了锦衣百户。正德初年，钱宁拍上了刘瑾的马屁，被荐于御前。他凭借着机灵乖巧，八面玲珑，把皇上伺候得非他不欢，对其言听计从，让他统管锦衣卫，还收了他作干儿子，赐国姓。

钱宁斜躺在床上，满脸堆笑："年前，江彬将刘六、刘七这帮流寇追赶至两淮，在狼山两军对垒，一场火拼，我军不幸中了贼子的埋伏。当时，不是你死就是我活啊。这江彬确实了得，身先士卒，一马当先。当时，江彬身中三箭，其中一支箭由脸颊上射入，耳旁穿出。江彬拔箭再战，硬是率军从重围中杀将出来，还来了个反包围，大败敌军！"

"好！"皇上兴奋得从床上一跃而起，朝钱宁大腿上猛拍一巴掌，"这才是我大明的勇士，快召！朕此刻就要见他！"

钱宁被皇上猛一拍打，痛得直咬牙，皱着眉头笑道："江彬的内教场就在太液池边的平台，要他来，还不是招之即来？"

皇上摇摇晃晃站起身来，钱宁赶紧下床扶着他。两人从大殿侧门出来，穿过天鹅房，来到后院密室，下有深阱，内有铁网如笼，一只猛虎在阱中逡巡。

皇上仗着酒劲俯身朝猛虎大喊："你是百兽之王，又能如何？还不是我笼中之物！"说罢仰天大笑，一不小心，整个身子栽了下去，掉在了阱中。猛虎闻声踱了过来，对着皇上长啸一声。皇上吓出一身冷汗，酒早醒了一半，朝阱上的钱宁大叫："快下来救我！快下来救我！"

钱宁一看这场面，吓得身上像筛糠般簌簌发抖，缩着脖子，蹲在地上，不敢近前。

这时，老虎盯着皇上看了看，突然纵身一跃，朝他猛扑过来。皇上就地打滚，再一个"燕子打挺"，站在了老虎的背后，又朝阱上喊："钱宁救我！"

老虎听到背后有叫声，虎头一甩，朝皇上发动新一轮攻击。皇上抓起地上挑虎食的一根棍子，对着虎头就是一棒，一脚踩到虎背上想跃到阱上去，可惜双手攀到阱边还没抓稳，身子又滑了下去，正好重重地摔在老虎跟前。老虎张开血盆大口，就要咬下来。只见一个人影大吼一声，从阱上跳下，飞起一腿，踢在老虎一只眼睛上。老虎疼得大吼一声，滚到了一边。此人飞身跃上虎背，一只手抓住虎颈上的皮，另一只手抡起拳头雨点般朝虎头砸去，直打得老虎趴在地上奄奄一息。

此人又打了一阵，方才解气。他从虎背上下来，搀扶着皇上从阱下爬上来，俯身就拜："江彬救驾来迟，让皇上受惊了！"

这时，张忠等一众太监也闻讯赶到。皇上定了定神，拍了拍衣服上的尘土，笑着对眼前这位魁硕有力的壮汉道："区区一只老虎，朕自己就能办，何须你来多事？"嘴上虽这么说，内心还是对江彬颇生好感。他用脚轻轻踢了踢趴在地上的江彬："听说有一支箭从你颊上穿入，耳边穿出，还不快起身让朕瞧瞧。"

江彬起身半蹲在地上，仰着半张脸，用一只手指着耳边："这里留了块疤，请皇上鉴赏。"

皇上仔细端详了一会儿，果真看到手指大小的伤痕从耳边一直贯穿到脸颊旁，啧啧称赞："果真名不虚传！走，喝酒去！"回头看到钱宁还缩成一团在阶边发抖，鄙夷地骂道："瞧你这德性！"

当晚，江彬在皇上面前大谈四镇边兵骁悍战事，行军布阵、奇袭包抄、轻骑追逃、乱军之中取上将首级等传奇故事，如同说书人一般，娓娓道来。皇上听得津津有味，龙颜大悦，当即赐江彬国姓，收为义子，升为都指挥佥事。

这江彬本是通过给钱宁送礼，得入豹房谒见皇上。这次虎袭事件后，江彬反客为主，抢尽钱宁风头，加之江彬为人狡黠强狠，与钱宁从此结成冤家。他为求自保，便想出调边军入京一招，在皇上面前建言："边军强悍，胜于京军团营百倍，何不互调操练？既可拱卫京畿，又可训练京军。"

皇上闻言大喜，不顾李东阳等阁臣反对，强行调边军入京。于是，外四家纵横京城，在大内之中整日操练，间或以角抵嬉戏。皇上每每戎服亲临，与江彬并骑而出，铠甲相错，几乎不可辨认。皇上还特准外四家诸营将官穿着黄罩甲，冠遮阳帽，帽插天鹅翎。江彬等边军一时风光无限，好不气派。

六　江洋大盗差点成了状元郎

正德六年二月，春闱如期开考。按照定制，会试共考三场，每场连入闱出闱各三天。第一场考《四书》义三道、经义四道；第二场考论一道、制五道，诏、诰、章、表各一道。两场考完，相安无事。亲任大主考官的内阁首辅李东阳在顺天府贡院的内厅里乐呵呵地跟同考试官王阳明说："看来是多虑了，一切都很平静嘛。"

王阳明环顾周围无人，凑到李东阳身边悄声说："下官以为，太过平静，反而反常。"

李东阳想了想，说："依你所见，该如何是好？"

王阳明伸长脖子，跟他耳语一番。李东阳捋了捋花白胡须，点了点头。

接下来，第三场考策论五道，取材于经史时务。策论中有一道关于五经的题目，除两本考卷外，通场不知出处。就算望文生义，勉强作答，也只能是文不对题，答非所问。只有这两本考卷，不但能让考题"还娘家"，还条对甚悉。各阅卷官阅罢，连声称赞，纷纷建议本届会元就定在这两本卷子中，只有王阳明默不作声。主考官、礼部尚书费宏询问王阳明的意见，他答道："请元辅定夺。"两份考卷最后送到了李东阳的案前。

李东阳当众揭开糊名，一人名为"邹守益"，一人名为"赵士炎"。他将两份考卷浏览了一番，说："此二卷不分伯仲，容我细览。"

等众人散去，李东阳派人唤王阳明来到内室，急切地问："我依你计，前几日出了此刁钻试题。现有这两份答卷，答解甚详，不知是神是鬼？"

王阳明瞥了一眼两份试卷上的名字："您老出题后，有谁接触过此题？"

李东阳又叫书办过来。书办答道："李阁老您命完题，试题按例密封。前几日，司礼监太监张忠遣人来抄录了一份，说是呈皇上御览。这个也有先例，因而小的誊抄了一份，用蜡封密件交了上去。"

"知道了。"李东阳手一挥，让书办退下，有些犯难，"这两人都是鬼？还是其中一人是？或许此二人确实博学，也未可知呢。"

王阳明说："依下官看，让人查查这二人的来历，便可真相大白！"

"这查嘛，说来倒轻巧，但要真查，也不容易。时间又紧，三五日就得跟皇上报结果啊。礼部那帮人，拖拖沓沓惯了，等他们查出来，金榜都题名了。"

"事急，非锦衣卫不能办。"

"锦衣卫？锦衣卫是什么人你不知道？"

"锦衣卫里也有忠直之士，听说牟斌日前刚刚复职。"

李东阳一拍脑袋："对了，怎么没想到牟斌呢？他的复职还是我让给事中王玨等人举荐的呢。此前，牟斌因为善待刘瑾抓的人犯，惹恼了刘瑾。刘瑾矫旨说他徇私枉法，打了他三十廷杖，降为百户闲住。"

"这个人倒是出淤泥而不染！"

"伯安，还是辛苦你跑一趟如何？我这就给他写一个手札。"

王阳明打马来到承天门千步廊西侧的锦衣卫北镇抚司衙门。守门校尉听说是李首辅差来找牟指挥使的，不敢怠慢，领了王阳明去客厅候着。不一会儿，一个头戴六瓣明盔，身穿对襟无袖紫花布圆领甲，腰佩绣春刀，外披一件青绿色披风的瘦高文弱男子从内厅出来。旁人介绍："这是牟指挥使。"

王阳明与牟斌互施礼毕，分宾主坐下，递上李东阳手札，将来意相告。牟斌笑道："有这等巧事！刚才巡城御史转来一个考生溜号欠房租的案子呢。"

"欠房租的小案子也惊动了镇抚司？岂不是小题大做！"

"这御史说，这几日正是春闱大考，这天子门生的案子他们不敢接呢。"牟斌说话轻言细语，举止斯文，像个彬彬有礼的读书人，要不是一身戎装，完全看不出是让人闻风丧胆的卫厂首领。

牟斌看了眼王阳明，又道："这旅店的伙计还在后院关着呢，王兄如不嫌烦，我让人把这伙计提过来，你正好审问一番。"

"见见无妨，我也倒想见识下这考生怎么个溜号法。"

两名校尉将伙计押了过来。伙计跪在地上，抖抖索索。

王阳明威严地扫了一眼伙计："本官问你，这溜号的考生姓甚名谁？几时溜的号？所欠房费又有几何？你不用怕，慢慢道来。"

伙计磕了个响头："回官府大老爷，这举人老爷不知道叫甚大名，只知姓赵。他在小店住了月余，半月前，说是染了病，外出瞧郎中，从此再没回来。欠的房租和餐费共有二两多银子呢。"

"也姓赵？"王阳明心里咯噔了下，"他留在店里的行李物什带过来了吗？"

旁边一校尉答道："回禀老爷，我们翻了个遍，除了几件换洗衣服和几本旧书，没啥值钱的玩意。"

"你少啰唆！将这人的行李呈上来给王老爷过目，赶紧的！"牟斌喝道。

行李递上来，王阳明翻检了一番，确实寒碜，几本应考的经书封皮也已翻破，看来是个贫家子弟。他拣起一本《文选》翻开一看，扉页上用小楷赫然写着一个名字：赵士炎。真是得来全不费工夫，这溜号的考生竟然就是要找的赵士炎！

王阳明将书的扉页翻开，递与牟斌。牟斌一看，乐了："这又是巧了！正要找他，他自己就冒泡了！王兄啊，依我看，将这赵士炎拘了来，拷问一番，自然水落石出。"

"不可，不可，"王阳明摆了摆手，"现在杏榜还没有揭，这些应考的举人们谁都有可能是鲤鱼跃龙门的主儿，万一拘了个状元郎，岂不一举天下惊？"

"嗯，说的也是。那如何是好？"

"依我看，先找到这个赵士炎，再请这个小哥去指认。如果确实是溜号的那位，再讯问不迟。"

"好！这天子脚下，还没有我们镇抚司找不到的人！"

王阳明起身告辞。牟斌一把拉住他："王兄名冠士林，今天有幸来到我们镇抚司这种粗鄙之地，怎么说也要留下一幅墨宝，也让我们这些粗人增添一些雅气。"

王阳明推辞不过，只好在茶几上铺开宣纸，随手写下一幅行草：

马行千里随波去，象入三川逐浪游。

炮响一声天地震，忽然惊起卧龙愁。

牟斌在旁赞不绝口："真是笔落惊风雨，灵动飞舞，风卷云舒！"当即摘下腰间绣春刀相赠。王阳明再三推辞："这是上差宝器，实不敢受。"牟斌又将身上的披风解下，罩在他身上："与子同袍，姑且留个纪念！"王阳明只好收下。

接下来几天，北镇抚司的人找遍了贡院附近考生们聚居的旅店，却不见赵士炎的踪影，也没人知道他住在什么地方。

这天，牟斌坐在议事厅里，铁青着脸在生闷气。他手下几个管事的百户，垂手站在两边，大气都不敢出。这时，有一缇骑来报，安插在胭脂胡同的一个密探报来重要情报，有一个参加春闱科考的举人甚是奇怪，出手阔绰，还吹嘘自己能中状元。

"这有什么奇怪的？"牟斌阴沉着脸，"这帮举人喝了几杯花酒，个个都说能中状元！"

百户们掩嘴吃吃地笑。

这缇骑又道："这莳花馆的姐儿还说，这举人怪就怪在他身上有好几处伤疤，大拇指儿粗，像是箭伤。还有，屁股上……"

"屁股上怎么了？屁股上也有箭伤？"

"那倒没有。那窑姐说，这举人的屁股上有一层厚厚的茧，像是经常骑马骑的。"

牟斌笑道："这窑姐观察的倒是仔细，侦察能力远在你们之上。"想了想，又问，"这举人姓什么？"

"好像、好像听那窑姐儿说，对了，姓赵！赵钱孙李的赵。因为窑姐说，唤他大官人，他说，叫他赵官人，等到金榜题名时，戴着大红花、骑着高头大马的那个新科赵状元就是他！"

牟斌心想，这人也姓赵，可能有古怪，便吩咐道："这人身上有箭伤，不是逃犯，便是逃兵！你们带上那旅店伙计，暗中在那窑姐儿住处埋伏。只要那伙计指认出来这家伙是那欠钱溜号的主儿，直接给我捉了回来！"

一位姓严的百户得了令，带了一帮弟兄去胭脂胡同暗中设了伏。又跟那窑姐儿说好，赵官人一来，就在窗台上摆出一盆花作暗号。等到晚上，窑姐儿房里果真有动静，窗户从里推开，一盆水仙花摆了出来。

严百户带了伙计上得楼去，隔着门缝去瞧那赵官人。伙计瞄了好一阵，不住地摇头："不是，不是。这是个黑大汉，那赵官人可是弱不禁风的白面小生。"

严百户一时犯了难：抓吧，人又没对上号；不抓吧，空着手回去复命，少不了挨一顿臭骂。犹豫半天，最后想，把这人请回去问问话，倒是无妨，于是便上前敲门。里面赵官人正在办好事，一听敲门声，以为是老嬷来送茶，喝道："大爷正忙，滚一边去！"

严百户倒也客气，扯着嗓子在外叫道："锦衣卫例行查房，速速开门！"

这赵官人一听是锦衣卫，吓得连忙提了裤子，夺窗而逃。这窑姐儿赤着身子想拦也拦不住，只顾叫唤："人跑了，人跑了！"

严百户率人破门而入，这赵官人一溜烟早就跑到胡同口了，便连忙带人去追，穿过珠市口和几个小巷子，一直追到皇城根下一处府第，人便没了影。严百户正想带人冲进府第去搜，手下一名缇骑拉住他说："这是司礼监张忠的私宅。"严百户怒道："管它什么监，在北京城还有锦衣卫抓不了的人？"拔出绣春刀就要去踢门。这缇骑拼命拦住，苦劝道："百户老爷啊，这张公公兼领东厂呢，咱们开罪不起啊！"

严百户只好作罢，吩咐手下几个在门口盯着，自己回去复命。牟斌一听觉得事态严重，便叫人去吏部把王阳明请来。

王阳明一听这情况，心里马上想到这赵官人可能是冒名顶替的，又联想到考题被张忠的人誊抄过一份，他现在又躲进了张忠的府里，这里面肯定有文章。万一这人被取了状元，岂不成了千古笑话！让天下读书人颜面何存？王阳明觉得牟斌是个值得信任的人，便把心中的疑虑告诉了他。自己打马直奔内阁值房，赶紧将此事向李东阳汇报。

李东阳把门掩上，在房里踱了几圈，在太师椅上坐下，饮了几口君山银针，用低沉嘶哑的声音说："老夫倒是听说锦衣卫都指挥使钱宁与东厂厂公张忠不合。大同游击江彬靠贿赂钱宁，得以攀上圣上的关系，可没想到这孔武有力的江游击后来居上。钱宁大有失宠之势，与江彬貌合神离。张忠一见钱宁失势，转而与江彬打得火热。于是，钱宁与张忠就此杠上了，锦衣卫与东厂两家也势如水火。"

"这对我们来说，可是好事呀！"王阳明兴奋地说，"如何让他们狗咬狗，我们来坐收渔利呢？"

李东阳点了点头，沟壑纵横的老脸终于露出了一丝微笑。

皇上最近迷上了蹴鞠，豹房后院广场的草坪成了一处绝好的蹴鞠场。张忠等太监和御前侍卫们分成左右军，轮流陪皇上蹴鞠。大家为了争抢一个牛皮健色球，在场上跑得不亦乐乎。人手不够时，几个健硕的宫女都上了场。皇上还老嫌这些宫里的人技艺不精，玩得没劲，吩咐张忠从宫外选几个蹴鞠高手来陪他玩。

这天，张忠领了几个身材魁梧的汉子来到豹房，禀道："这是北京城圆社里几个会蹴鞠的顽主，带了来陪主子乐乐。"

一上场，果真不一样，将健色球踢得出神入化，略地以丸走，凌空以月圆，驰突喧阗，好不热闹。皇上每每跑到球门前，这班顽主都能准确无误地将健色球传到他的脚下。他只需扬起一脚便可将球射入门上的"风流眼"中。除了两军交争竞逐的玩法外，还有井轮、飞弄、滚弄、转花枝、流星赶月、小出尖、大出尖、落花流水、八仙过海、踢花心等各种踢法，花样繁多。

这群圆社顽主里有一个马脸汉子，言行较为恣肆，带着廊坊南八乡的口音。一次传球时，他竟然一脚飞起，这球不偏不倚正好打在皇上脸上，皇上当场摔了个四脚朝天，牙缝出血。

锦衣校尉冲上来将马脸汉子逮住，按倒在地。皇上从草地上爬起来，用茶水漱了漱口，却不以为意，笑道："蹴鞠玩儿，本来就没大没小，快放了，接着玩！"话虽这么说，但经这一摔，也没了太多兴致，胡乱踢了两场，就被几个宫女扶了下去。皇上坐在交椅上，一边喝茶，一边欣赏这些顽主们的表演。

马脸儿出恭时，在茅房里正好碰到穿着一身宦官服的赵官人，脱口而出："赵疯子，你怎么也在？好你个假太监，装也装像点啊，竟敢站着尿！"赵官人早就听胭脂巷里的人闲聊时说起豹房里的蹴鞠如何精彩绝伦，今早听说又有蹴鞠赛，按捺不住，央求张忠带他混了进来。

赵官人正在尿尿，听到有人唤，一惊，尿溅了一身，回头一看是马脸儿，连忙提了裤子，一脸诧异："是张大帅啊，还以为你死了呢！"

"你才死了呢！"

"不，不是听说你在南通水战中全军覆没，被江彬亲手给杀了吗？"

"我还听说你跟刘三他们被边军给灭了呢，"马脸儿左右看了看，见四下无人，悄声道，"边军是虚张声势，谎报军情。我兵败后，逃到北京城来投奔我大哥张忠了，一直藏在京郊的一座破庙里。前些日子实在闲得慌，被大哥安排到圆社来练蹴鞠，正合了我的意哩。"

"我也跟你差不太多。在两淮狼山，刘三、刘六战死，我跟军师拼死从死人堆里突围出来。哎，当初虎贲三千，二十八营，何等豪气，没想到最后却作了鸟兽散！"赵官人说起这些，直掉眼泪。

"哎，赵疯子，你也是当过副元帅的人，这会儿倒婆婆妈妈起来了？对了，你后来怎么找到张忠大哥的？"

"跟我一起突围的军师叫陈翰。"

"哦，就是那个陈矮子吗？我知道，他原本是河南鹿邑的守城千户，后来降了刘三，乞为养子，被他封为军师。"

"幸亏了他！我跟他一路辗转来到京城。他在军中原本有些旧交，突围时我们身上又带了不少银票和细软。他改了个名叫陈墨，在东厂提督府谋了个差事。我呢，走街串巷卖文算命为生。"

"你个赵疯子，本事大得很嘛！算命怎么算到我'北坟张'大哥府上了？"

"说来话长，我们正在下一盘很大的棋呢。"赵官人一脸的神秘。

这时茅房外面有动静。两人点了点头，各自散去。

他们在这窃窃私语时，万万没有想到茅房里间还有个人正在蹲坑。这人不是别人，正是锦衣卫都指挥使钱宁。钱宁正蹲在那憋得面红耳赤地使劲拉屎，冷不防听到外面"赵疯子"与"张大帅"的谈话，顿时吓得把刚拉了一半的屎硬是给憋了回去。好你个张忠和江彬！竟敢瞒天过海，让江洋大盗混进豹房，陪皇上蹴鞠，还敢假冒太监，真是胆大包天！他顾不上擦屁股，提了裤子就要叫手下抓人，转念一想，刚才只闻其声，未见其人。皇上又在兴头上，万一抓错了人，惊到了皇上，让张忠、江彬倒打一耙，狗急跳墙，反而坏了大事。于是，他便让人暗中盯住这帮圆社的人，急召镇抚司的牟斌来商量对策。

王阳明事先已经跟牟斌打好招呼，牟斌心中有数。听到钱宁一说，牟斌心中窃喜，真是天助我也！但表面上仍不动声色地说："回禀国姓爷，东厂这帮人也忒不像话了，这么胡闹，把咱锦衣卫当摆设哩。咱锦衣卫可是太祖爷钦命的亲军都尉，司拱卫专责，可不能任由东厂这帮操蛋的胡来！"

"依你所见，如何是好？"

"下官倒有一计！"牟斌在钱宁耳旁如此这般私语了一番。

钱宁听后大喜，一拍大腿："此计甚妙！"

趁着钱宁、张忠一干侍从在太液池边陪着皇上谈事，牟斌吩咐手下大汉将军请张忠手下的这帮太监到侧殿去喝茶，又叫了几个西域美女过来助兴。她们或手抱琵琶，或手持洞箫，翩翩起舞，混迹在太监群里的赵官人眼睛直勾勾地盯着，看得直流口水。

这几个舞女跳着跳着，就将身上的薄纱脱得一干二净了，赤身裸体，做出各种引诱舞姿来。其他太监习以为常，加之已经去势，无动于衷。只有这赵官人不住地咽口水，蠢蠢欲动。这时，舞女们从场中转身而下，一个个坐到了太监们的大腿上，搂着他们的脖子跳起耸肩舞，坐在赵官人腿上的舞女突然一声尖叫："在这里！"大汉将军们一哄而上，当场将赵官人按在地上，扒了裤子，验明正身。

大汉将军们将赵官人光着下身押至池边，禀告皇上说，抓了一个假太监，恐是刺客。

皇上怒道："谁派你来的？快快招来！"侍立左右的大汉将军一边唱着"威武"，一边将手中的军棍在地下敲得像狮子吼。

赵官人吓得直哆嗦，不住地拿眼神去瞟皇上身旁的张忠。张忠只好站出来呵斥："大胆毛贼，不许东张西望！竟敢图谋不轨，看我怎么收拾你！"说着，从旁边一位大汉将军手中夺过一根军棍就要往他头上砸去。钱宁眼疾手快，赶紧上前拉住，一脸的坏笑："张公公息怒，要教训他，我们锦衣卫有的是手段，无须您老人家亲自动手。"

皇上见这刺客跪在地上，光屁股翘得老高，没好气地说："这刺客不是想当太监吗？把他押下去，阉了再说！"大汉将军上前拖了他就走。赵官人磕头如捣蒜，口中不住地说："皇上饶命，皇上饶命，草民不是刺客，是张忠张公公的亲戚！"

张忠"扑通"一声跪在地上："万岁爷明辨，这家伙满嘴喷粪！"

钱宁冷笑了一声："张公公，咱锦衣卫会把这件事查个水落石出的。究竟是谁喷粪，还不知道呢。"

张忠顿时面如纸色，转身去扯皇上的衣角。皇上鼻子一哼，拂袖而去。

当晚，一份锦衣卫诏狱送来的口供摆在了钱宁的桌上。这赵官人原名赵燧，本是文安县的秀才，外号"赵疯子"。赵燧的妻子被张茂手下大盗刘六抢了去，他去救反被擒，后来干脆也做了贼。他又与刘

三、邢老虎等大盗沆瀣一气，共推刘三为"奉天征讨大元帅"，后更名赵怀忠，为副元帅，邢老虎为五军都督，陈翰为军师。兵败后，赵燧与陈翰等人流落北京街头，寄身东厂谋生。一次，张忠与江彬等人闲话春闱大考，商议着不能光看热闹，也做些文章，在铁板一块的文官集团里也打入几个"楔子"。正巧，进京赶考的举人赵士炎那几日染了风寒，来到东厂探了开的药店抓药，便被东厂的人抓了去，夺了他的谱牒。张忠正好将这事交给陈翰来办，陈翰一看谱牒，河北霸州人氏。巧了，"赵疯子"不正是霸州文安县人吗？他又好舞文弄墨，便推荐了赵燧。张忠一见，不错，又是个文安老乡，而且这人馊主意多，爱说些笑话典故，便把他收在自己府上当清客。会考开考之时，张忠让他冒了赵士炎的名去贡院应考，又暗中指使手下假传圣旨去贡院抄试题。两人一唱一和，本想演一出金榜题名的好戏，没想到却为了看蹴鞠漏了底。

钱宁一看口供，大喜："我这就去回奏皇上，看这张忠老匹夫和江彬小儿还能蹦跶几天！"

牟斌在旁提醒钱宁说："国姓爷哟，这赵燧还交代，在茅房里跟他说话的那个大盗正是匪首张茂，也就是陪皇上蹴鞠的那个马脸儿。"

"张茂？不是去年底被江彬给亲手杀了吗？怎么这会儿又还魂了呢？哦，我明白了，好你个江彬，竟敢冒功领赏，爷爷这回跟你新账旧账一起算！"

"我们北镇抚司已经将今天来豹房蹴鞠的人全部盯住了，只等您一声令下就收网！"

"那还愣着干吗？快收呀！"

牟斌差人去圆社抓捕张茂时，所有人都找了个遍，唯独不见张茂踪影，一搜住处，发现房里挖了个地道，一直通到院墙外面的阴沟里。看这样子，工程量之大不是一个人所能胜任的。

钱宁气得吹鼻子瞪眼睛，好不容易挨到天亮，拿了口供匆匆赶去豹房向皇上汇报。可是乘兴而去，却败兴而归。一大早，皇上在江彬等人陪同下，出城打猎去了。钱宁在豹房守了几天，都没见皇上回来。没有皇上发话，这张忠也没法拿下。

好不容易等到皇上满载而归，钱宁把口供递上，历数张忠几大罪状，还捎带上了江彬。皇上让人把张忠叫来。张忠跪在地上，一把鼻涕一把泪，除了表忠心，就是死活不肯认罪，还说是钱宁设计陷害，并坚持要让这个刺客来当面对质。

几个大汉将军从诏狱里把赵燧提了出来，却发现他疯疯癫癫，神志不清，怎么敲打、用刑都无济于事，叫了几个太医来诊看，都摇头说是真疯了。张忠趁机嚷道："你钱宁跟我再有血海深仇，也不能弄一个疯子的口供来陷害我吧？你这可是欺君之罪！"

皇上还沉浸在郊外打猎的兴奋之中，摆了摆手："把这疯子打发了，看着心烦！"说着便起身去照看他的猎物去了。钱宁"哑巴吃黄连，有苦说不出"，只能狠狠地踹赵燧几脚解气。

"好端端的怎么突然疯了呢？"王阳明从牟斌处得知赵燧疯了甚感吃惊，"莫非是你们的人用刑太狠，把他惊吓过度了？"

"没有的事。别人我不知道，审这赵燧我是亲自盯着的，对他算是很客气了。这家伙也算是久经沙场的大盗，不是那么随随便便就能吓疯的。"牟斌对赵燧的发疯也是十分不解。

"莫非有人下了毒？"

"我们诏狱围得比铁桶还严，谁敢进来下毒？再说了，没听说下毒会把人吓疯了的，不如直接毒死还清白些！"

"外面的人进不来，万一是里面有奸细呢？毒死了，岂不是闹大了？疯了，反而让人不怀疑呢。"

"哦，言之有理。只是什么药能让人发了疯呢？"

"我知道一种名叫曼陀罗的，又叫醉心花，可以让人短暂发疯。"

"短暂发疯？"牟斌转身对旁边的严百户说，"赵燧现在何处？速速带来！"

严百户刚走到房门口，牟斌又把他叫住，问："这两日有谁接触过赵燧，全部关起来，一个个审问。另外，叫几个医官来，将赵疯子用过的碗筷和物什，好好检查下，看有啥古怪。"

严百户得令而去。

王阳明朝牟斌拱了拱手："这次多亏了牟指挥拔刀相助，让春闱替考案水落石出。不然，让一个江湖大盗身穿红袍，帽插宫花，赴了琼林宴，又打马御街前，岂不是斯文扫地，千古笑谈！"

"哈哈哈哈，"牟斌爽朗大笑，"我虽不是读书人，也知道你们读书人的讲究。你们这些读书人啦，面子比命还重要，让你们与江湖大盗为伍，排座师、序同年，岂不是折煞你们八辈祖宗！"

"张忠等人费事这么折腾，不就是想打我们天下读书人的脸吗？"王阳明边笑，边做了个打脸的手势。

"早知道这样，我们倒该撒手不管了，看看你们这些爱讲究的读书人怎么个打脸法。"牟斌笑得前俯后仰。

两人又喝茶闲聊了好一阵。这时，严百户神色慌张地来回话："不好了，不好了！赵燧被打死了！"

听了严百户的禀报，王阳明和牟斌才知道，钱宁告发张忠和江彬等人不成，一怒之下，下令赏了赵燧一顿军棍。本已成惊弓之鸟的赵燧哪禁得起这种乱打，当场一命呜呼。

牟斌一听这消息，面色凝重，默不作声。

王阳明也是大失所望："事已至此，别无他法。此人作恶多端，死有余辜，只是便宜了另外一帮人！"

严百户又回禀说："医官验了赵疯子生前吃饭用的碗筷，碗里还剩下一口冷汤，喂了给狗喝，这狗当场疯得蹦出三丈高！"

牟斌拍案而起："果真有奸细！这两天进过他牢房的狱卒，给我仔细地查！"

"不用细查，这奸细叫尹小三，是诏狱里的大师傅，只有他才能把吃的东西送得进赵疯子的牢房。我还没用家法，这家伙就全招了。"

"带上来！我亲自审他！"牟斌喝道。

王阳明起身告辞，牟斌拉住他："你如不嫌烦，听听无妨。"

尹小三一五一十地全招了供。他说，前天傍晚回家路上，偶遇一名东厂捕快，此人以前办案时帮过他一些小忙，也算熟络，非拉着他去喝小酒。酒过三巡，这东厂捕快就说最近接了一单发财的活，问他想不想一起干，说着就掏出一块沉甸甸的金元宝放在桌上。他以为又是些捞外快的活，此前也一起干过，就满口应承了。这捕快说，只要他把一包药粉撒到那个姓赵的犯人饭菜里，桌上这一块大金锭就是他的了。

尹小三一听此话，死活不答应："这可是指挥使老爷亲自抓的案子，掉脑袋的事，钱再多，我也无福消受！"

那捕快笑了笑："兄弟你想多了，这药粉吃不死人，只是让人一两天神志不清。出钱的主人也不敢弄死这姓赵的，这可是钦犯，谁敢呢？"

"又不灭口，谁忒那么傻下这么大本钱？你别蒙我，等那犯人吃了这药粉死翘翘了，我找谁去？"

那捕快当即把药粉倒了点到自己的酒杯里，一仰脖喝了："这药真是死不了人。不信，你今晚回家倒点给你老婆喝一喝，就是一味迷幻药。你老婆喝多了，把你当成那皇帝老子都不一定呢。"

尹小三听这么一说，仍半信半疑："这出钱的人到底想干吗？平白无故的，喂人家迷幻药做甚？"

"你不知道，这出钱的是个大财主，以前跟这姓赵的做过私盐生意。他只想拖两天时间，让这姓赵的先招不了供，他好将赃物转移出去。就这么简单，兄弟！你不愿意，也不为难你，我找别人去！"这捕快说着就要将这块大金锭拿回去。

尹小三一辈子都没见过这么大的金元宝，心里虽不情愿，但手却不听使唤，一把将这金锭抓在手里，直往怀里揣。回到家，他倒了点那药粉在茶水里，偷偷让老婆的陪嫁丫鬟喝了。这黑胖丫鬟平时最难缠，只听他老婆的话，尹小三此前好几次想收她房都没得手。这次药一喝，还果真手到擒来，不仅特温柔，还有点飘飘欲仙的感觉。第二天，尹小三神清气爽地去诏狱点卯，顺手就将药粉倒进了赵疯子的汤碗里。

牟斌一听这些话，气得撸起袖子要打人。王阳明扯住他，劝道："事已至此，也消消气，当务之急是将那东厂捕快找到，或许顺藤摸瓜，还能有些收获。"

牟斌便指着尹小三喝道："那东厂捕快姓甚名谁？"

尹小三忙说："小的只知道他外号叫'唐胖子'，也不难找，这人胖得像猪，一口凸牙，讲天津话。"

"我看你才是猪！"牟斌气得直咬牙，手一挥，让人把他带了下去。

严百户说："我这就去把那'唐胖子'揪出来，交给您老处置！"

"且慢！"王阳明把严百户喊住，"找到'唐胖子'又能怎样？他不承认，你空口无凭，反而诬你陷害。"

"王兄所言极是。那依你之见，如何是好？"牟斌没了主意。

"这个'唐胖子'倒可以盯着，放长线钓大鱼嘛。等过段时间，他们放松了警惕，张茂等人的狐狸尾巴说不定就露出来了。"

牟斌对手下吩咐道："你们听好了，按老先生的吩咐办！"

等手下人都出去后，王阳明问牟斌："那个被冒名的举人赵士炎，可有下落？"

"杳无音讯，恐怕早被东厂的人灭了口。"

"哎，十年寒窗苦读，没想到临龙门一跳了，却死于非命，可惜，可惜！"

牟斌也是脸色凝重。

"对了，有个叫邹守益的人，赵疯子的口供里有没有提起？"王阳明又问。

"周什么一？"

"山东邹县的邹，遵守的守，利益的益。"

牟斌摇摇头。

王阳明自言自语道："看来这个邹守益确是人中龙凤！其考卷不仅能让考题还得了娘家，而且义理文采俱佳，实在是不可多得的读书种子！"

七　太后寝宫里有暗道？

李东阳从王阳明口中得知冒名顶替赵士炎的竟然是一名江洋大盗时，陷入了沉思。他本是卑贱军户，世代行伍出身。八岁以神童入顺天府学，十五岁中举，十七岁举二甲进士第一，授庶吉士，官翰林院编修，累迁侍讲学士，充东宫讲官。弘治八年以礼部右侍郎、侍读学士入值文渊阁，参预机务。立朝近五十年，柄国已十七载，宦海沉浮这么多年，斗垮了刘瑾，打败了安化王，摆平了朝中许多山头势力。最后在科考这块他自己起于青萍之末的地方，也是全天下士子视为神圣净土的所在，险些摔了跟头。他今年虽然只有六十四岁，但常感老之将至。去年十月，嫁给衍圣公孔闻韶的女儿病殁后，他曾一病不起，鼻衄、痔漏等老毛病也复发了。他经常看着看着公文，鼻血就止不住地流了出来。痔漏让他肿痛难耐，有时在内阁朝房坐着，脓血、黄水把官服、坐垫都浸透了，甚是尴尬。

桌上放着一只黄杨木笔筒，这还是先帝孝宗皇帝所赐。当时是弘治十五年十二月，李东阳主编的《大明会典》成书。孝宗皇帝大加赞赏，赐给他玉带织金衣和红蟒衣各一件，另外还赐给他这支黄杨木雕兰花灵芝骏马图树桩式笔筒。他像抚摸着自己的小孩一样抚摸着这笔筒上面雕刻着的一匹骏马，由于经常摩挲把玩，这骏马上的漆有些脱落，现出木纹原色。他心想，这马儿老了，该踏上归途了，我这匹老马，也该识途还乡了。

李东阳跟王阳明说起另一位策论考卷答得很详尽的考生邹守益。虽然目前没有证据表明他是"豹房帮"的人，但考卷答得太好了，还是让人生疑。李东阳说，取了他倒是没问题，名次排得稍稍靠后点吧，让吏部外放到地方去当个知县算了。可是王阳明却极力推荐将他取为会试第一，也就是会元。王阳明说的理由是，文如其人，人如其文，能写出这样锦绣文章来，从其文气就可看出其人品也应是上乘，怎么能与"豹房帮"沆瀣一气呢？那篇赵疯子的文章虽说能"回到了娘家"，但生气全无，明显有生搬硬套之嫌。邹守益这篇文气灵动，一气呵成，义理与文采俱佳，是不可多得的绝妙文章，其作者也应当是文曲之星、文魁之首才对呀。李东阳被他说得没了话，只好松了口："此计本是你出，而今神鬼已辨，就听你的。让鬼去下地狱，让神来跳龙门吧！"说着，大笔一挥，在会试第一名的空白处填上了"邹守益"三个字。

这邹守益会试拔得头筹，大家都以为殿试时可以点为状元，没想到放榜时，状元另有其人，姓杨名慎，乃当今阁老杨廷和的公子。不过，邹守益也中了一甲第三探花郎，当即被任命为翰林院编修，也算是不负众望。

王阳明在担任会试同考官时，除了力荐邹守益，还选取了南大吉。南大吉以古文功力让王阳明刮目相看。南大吉出任户部主事，以王阳明为座师行弟子礼。

这一年十月，王阳明升任吏部文选清吏司员外郎。与此同时，他的老友湛甘泉被任命为出使安南的大使。而在此前，两人在京城同行同饮，切磋学问，收徒讲学，孜孜以求复兴圣学。除徐爱、黄绾等弟子外，与邹守益、南大吉同年考中进士的梁谷、万潮等人也拜在王阳明门下。此外，他的弟子中还有方献夫、穆孔晖、顾应祥、郑一初、王道、陈鼎、唐鹏、路迎、孙瑚、魏廷霖、萧鸣凤、林达、陈洸、应良、朱节、蔡宗兖等诸多名流，不乏翰林、御史，一时蔚然大观。

这些弟子中有一位特殊人物，就是吏部郎中方献夫，此前喜好文学辞章，又热衷于论道讲学，与王阳明是势如冰炭，违合者半。后来与王阳明经常在一起讨论，也慨然有志于圣人之道，沛然与王阳明同趣，竟不顾身为王阳明的上司，在他面前自称门生，恭敬有礼。没多久，悟至超然于无我的大无大有之境，毅然要挂冠而去，归隐家园。

在方献夫归省之际，王阳明特意写了四首诗送别，其中一首写道：

> 道本无为只在人，自行自往岂须邻？
>
> 坐中便是天台路，不用渔郎更问津。

方献夫读了这首诗后，颇有感悟地说："先生是在说'心即理'，不需要桃花源的洞口，也不要什么天台路，只要向心内求理，一切皆可自悟自得。"于是满心欢喜，回老家广东南海西樵山隐居去了。

王阳明与湛甘泉两人虽是挚友，却常有公开论学甚至分庭抗礼之时，于是京城学者分别称之为王、湛之学。

王、湛两人也经常当着众弟子的面辩论。有一次，有弟子问王阳明："听说你年轻时曾迷恋佛老之术，现在却倡导儒家圣学，怎么会有这么大的转变？"王阳明答称："佛老是圣学枝叶，三家同根。譬如，儒家执中、道家守中、佛家守空都讲究通过反观内省来调和形神。佛家所说空，这个空不是一无所有的空，而是在讲世间万物都在不断变化之中，有生就有灭，但只有自己的本性是永恒不变的，所以要明心见性。这跟我们儒家提倡的向内求理，有异曲同工之妙。"

湛甘泉却针锋相对地说："天理二字，难道是由空、由佛道两家而来的？"

王阳明笑笑，没有正面回答，却说："儒者不仅可以内圣而且可以涵括佛老。佛道之用，皆我之用。我尽性至命中完养此身谓之仙，尽性至命中不染世累谓之佛。但有的人不见圣学之全，却将佛、道从圣学之中分离出去。譬如，厅堂三间共为一厅，有人不知道都拿来给圣学用，看见佛家，就割左边一间给它；看见道家，又割右边一间给它；自己自处中间。这就是举一而废百啊！圣人与天地民物同体，儒佛老庄皆我所用，这才是大道啊。"

湛甘泉却认为没有这个必要，不如专心弘扬儒学，让更多的人知书达礼，通过乡规民约教化一方就好了。两人争得面红耳赤，却谁都说服不了谁。两人的关系在这种论辩中反而更加精进。两人的弟子也常在王、湛两家轮流听讲，或师从于王结业于湛，或师从于湛结业于王，一时竟难以分辨究竟是王家弟子，还是湛家弟子。

听说这么一个好友兼辩友要出使安南了，关山万重，还不知何时才能回到京城，王阳明很是失落。在湛甘泉南下的前夜，王阳明来到他位于长安街南的家，湛甘泉早就摆好凉茶在院子的葡萄架底下等王阳明了。

"知道你来。"湛甘泉用极重的广东口音说。

王阳明笑了："你这广东人，去出访安南，语言、风俗都相近，那是再合适不过了。"

"我这几天想了想，你推崇佛家的'空'，我还是不认同。天理流行是实，从宇宙万物到精神境界都没有空哩。随处体认天理才是正途。"

"你看看，明天就要奉旨出使了，还惦记着跟我辩论啊，"王阳明喝了口凉茶，"随处体认天理自然没错，不过我这几日也在想：这天理从何而来？在人身上还是在人之外？人应该怎样求天理？ 心！心外无物，心即理！"

"我看你跟我辩论起来也是很来劲啦，"湛甘泉说，"今日一别，我唔知道何日才能相见。少了你这个辩友，长夜何漫漫啊！"

"听说皇上赐了你一品大员礼服出行啊，怎么不穿出来让我等羡慕一下？"王阳明打趣道。

湛甘泉摆了摆手："你就不要寒碜我了。这次要奉旨册封黎啁为安南国王，什么一品礼服，那都是做给外藩看的假排场啦。"

"对了，甘泉，你怎么看待当前安南的局势？我怎么觉得这安南跟朝廷若即若离，心怀二胎呢？"

"在唐代以前，安南一直都在中国版图之内。唐末之后五代十国的时候，中原朝廷一片大乱，安南就趁机脱离了藩属。元代三次用兵，终归失败，最后不得不议和，只恢复了之前的宗藩关系。我朝太祖立国后，统治安南的陈氏迫于我大明国威，上表称臣请求归附，太祖就封了陈氏为安南国王。"

"怎么现在这个国王姓了黎了？"

"现在这个黎氏，其实是篡权的权臣。"

"太祖封的国王，怎么好端端的就被篡了呢？"

"说来话长。永乐年间，这黎氏篡权夺国后，请求册封。成祖爷不准，找到一个叫陈天平的陈氏王族后人，册封他为安南国王，还派了一队人马护送。没想到还没就位，就在半路上被黎氏伏击丧命。黎氏还将安南境内陈氏王族杀得一个不剩。"

"这还了得！这篡权的黎氏家族连成祖爷都敢耍？"

"成祖爷的脾气，英明神武的，可不好惹！发兵灭了黎氏小朝廷，将安南改为交趾，仿中原政制设了布政使等三司。但是后来，成祖爷将目光转向了北方，先后五次率军亲征漠北，原本派驻在安南境内的朝廷精锐大军，一再抽调回北方作战。随着明军的不断撤离，安南境内开始接二连三地发生叛乱。"

"这安南国王跟《三国演义》里的魏延差不多，脑后长了反骨。"

"你这个比喻比较恰当。"湛甘泉接着说，"这些叛军中有的打着陈氏子孙的旗号，有的打着黎氏子孙的旗号，各自煽动不少安南人追随。就这样，此起彼伏，交趾布政司忙着四处平叛灭火，搞得焦头烂额的。"

"安南成了朝廷的一块鸡肋，食之无味，弃之可惜。"

"嗨呀，到了宣德年间，朝廷觉得在安南多年劳师糜饷而无功，便下旨交趾三司尽撤军民北还。这时打着黎氏子孙旗号的叛军逐渐坐大。为首的叫黎利，不断遣使朝贡，上表称臣，到了正统元年，黎利的儿子黎麟，以恭贺英宗皇帝登基为由，贡献了大量金银宝物，终于讨得了安南国王的封号。之后，很快击败了其他反对势力，然后就不把我大明朝廷放在眼里了，表面上虽然称臣依旧，但是私底下却以安南小朝廷的皇帝自居。例如，他们表面上奉大明正朔，而私底下则采用自己的年号。"

"依我看呀，你这次出使安南，可要恩威并施，也让安南见识下我们大明朝廷的大国气象。国王不仁，小民有义，一有机会还是要在安南广为传播我们圣学之道呀！"

"那是自然，分内之事啦！"

两人聊得正欢，门外有人敲门。湛甘泉自言自语道："这么晚了，还有谁来？"

王阳明笑道："听这脚步声，像是故人来。"

打开门一看，原来是黄绾。

黄绾朝王、湛二人拱了拱手："两位先生都在。我来一则送送甘泉先生，二则也算是跟二位先生话别。"

湛甘泉诧异地说："此话从何说起？你都督府的都事当得妥妥的，又要去哪？"

"我要去雁荡山和天台山修自得之学去！那里才是'无丝竹之乱耳，无案牍之劳神'。"

"哈哈，那我们可是同道中人了。我恰好在萧山的钱塘江畔盖了幢别墅，书屋也即将落成。"湛甘泉转身对王阳明说，"离你的阳明洞只几十里呢。"

王阳明大喜，握着湛甘泉的手激动地说："太好了！让黄绾去给我们打前站，请他帮我也在西湖边买几亩粗田。等到有闲暇了，我们可以结伴讲学，弘扬圣学之道，还像在京城一样，岂不快哉！"

湛甘泉拍了拍王阳明的手："此事可期！等我从安南出使回来，我们几个也来一番逍遥之游！"

黄绾叫站在门外的随从进来，拿出一个土罐子，倒了三碗，黄澄澄的，香气扑鼻。黄绾端起一碗，说："酒逢知己千杯少！这是上好的绍兴黄酒，今晚我要与二位先生一醉方休！"

三人推杯换盏，畅叙幽情。王阳明微醺之时，满脸通红，摇摇晃晃地站起身来："你们就要离开京城了，我也写几首诗送给你们！留几片纸，权当纪念吧。"

书童研墨展纸。王阳明大笔一挥，笔走龙蛇，几首赠别诗一气呵成。写给湛甘泉的有这么几句："世艰变倏忽，人命非可常。斯文天未坠，别短会日长。"

写给黄绾的劈头两句便道："古人戒从恶，今人戒从善。从恶乃同污，从善翻滋怨。"湛甘泉看了，心里直纳闷：这个阳明子，虽说世道浇漓，也不至于如此不堪吧？

黄绾与王阳明相视一笑，心照不宣。

从湛家出来，王阳明悄声问黄绾："张燕娘果真在雁荡山一带？"

"前番调查皇上遇刺案，却意外发现雁荡山一带常有豪强之士聚啸山林，而且跟京城联系紧密。据温州卫报上来的情报，为首的是一名叫张燕娘的，常在雁荡山仙姑洞等处活动，平时走镖，偶尔也干些行侠仗义、打击地痞豪绅的事，深受当地百姓的拥护呢。"

王阳明脑海中顿时浮现出燕娘骑在高头大马上，前呼后拥的飒爽英姿。他点点头："你去到那边，打听下她身边是否有一位四十岁左右的夫人，气质高贵，神秘莫测，必要时查访下这位夫人的出身来历。但记住，不可打草惊蛇。"

黄绾应承下来，又道："那个叫臧贤的乐工，带着俩刺客躲进宫里，我们的人在宫门外守了几个月都不见踪影。真是奇了怪了，难道在宫里生了根了？"

"所以，你大张旗鼓去雁荡山隐居，想让臧贤放松警惕，来个引蛇出洞？"

"呵呵，弟子正有此意。只是弟子远赴浙江老家，京城这边对付臧贤，恐怕要先生亲自费点心思了。"

与黄绾惜别后，王阳明心想，要是张燕娘在京城就好了。他自己手下无一兵一卒的，怎么对付臧贤和那帮刺客呢？左思右想，也只有郏文或许能助一臂之力了。于是调转马头，直奔振威营而去。

还没到营门口，就远远看见一群人围坐在一团篝火前喝酒。近前一看，郏文也在其中。看见王阳明来了，郏文站起身，拉他也席地而坐，递给他一碗"满殿香"，地上摆着炸开花豆、肉皮冻、熏小鱼等几碟下酒菜。

王阳明笑道："这不年不节的，喝什么酒呢？"

"不喝酒，又做甚？打仗没我们的份，连守城、缉盗的事都轮不到我们干。我们现在整天给人当泥瓦匠，盖房子、砌砖墙呢。"郏文气呼呼地说着一堆牢骚话。

紧贴郏文身边而坐的一位军官也嚷嚷道："振威营可是我们京师第一营。想当年，跟着于谦于尚书，北京保卫战大败瓦剌酋长也先，那是何等的威风！现在再不济，那也是响当当的主力军啊，让我们去干泥瓦匠的活，那不是欺负人嘛。"

"不至于吧？"王阳明跟他们碰了碰碗，抿了一口，辣得直咳嗽。

"这酒有点烈，是我们当兵的粗人喝的，你们文人有点喝不来啊。"郏文看着王阳明咳嗽的样子，笑了起来，"你有所不知，现在都是江彬的边军唱大戏，我们京营跑龙套。一想起这事，就心里那个堵得慌，晚上不喝点闷酒，觉都睡不好。"

王阳明也不知道说些什么好，跟他们胡乱喝了些酒，把郏文拉出来，找了个僻静处，跟他说起上次元宵节晚上刺客的事。

郏文一拍大腿："巧了！我们刚刚得到令，要去宫里维修几处宫殿，其中好像就有太后的慈宁宫哩。"

王阳明笑道："那我今晚的酒没有白喝！"

几天后的一个清晨，王阳明正在家中庭院里打拳。郏文跌跌撞撞地跑了进来，把他拉到内室里，悄声道："有发现！"

王阳明递给他一杯花茶："不急，先喝口茶。"

郏文把茶杯推开："我跟你讲，昨天我们在太后的寝宫维修，意外发现屋里有一个暗道。我让人钻进去看了下，我的天哦！你猜咋样？"

"咋样？刚才急匆匆，现在又吊胃口！"王阳明在他肩膀上拍了一下，"快说！"

郏文坐下来，跷起了二郎腿，端起茶，不紧不慢地喝了起来。

王阳明一看这样子，气不打一处来："你不说是吧？你不说，我可去吏部点卯了。我让下人再给你沏壶新茶，你老慢慢喝咧！"起身假装要走。

郏文一把拉住他："呵呵，刚才跑得急，容我再喝一口。你不知道，那个暗道深得很呢，我们的人爬了老半天，直接通到宫外的护城河边哩。"

王阳明一惊，用食指做了一个掩口的姿势："当真？这个可不能乱讲！"

"当真？我还敢拿这么大的事来寻你开心？你数数，我这脖子上有几颗脑袋瓜子啊？"

"这么说，臧贤和那俩假太监是从这暗道里逃出去的？"王阳明阴沉着脸，陷入了沉思：太后为何要帮刺客逃走？难道太后想暗杀皇上不成？如果是这样，只有两种可能，要么太后是假太后，要么皇上是假皇上！他不敢再往下想，跌坐在木椅里，呆若木鸡。郯文看到他这副表情，也意识到了事态的严重，在一旁默不作声，自顾自地喝着闷茶。

过了许久，王阳明终于开口："黑胡子，此事甚为紧要，关系朝廷安危，请你守口如瓶，还要吩咐你手下兄弟，切勿泄露。我这就去找李阁老，请他拿主意！"说罢，也不顾郯文还在家里坐着，抓起马鞭就出了门。

第六章 南京蒙冤

一 李东阳把《清明上河图》送给了王阳明

王阳明来到首辅值房，书办称李阁老不在，再找到李府，在后花园"怀麓堂"，看到李东阳正眯着眼，歪着脑袋坐在一张木椅子上晒太阳，口水掉了一尺长。王阳明也顾不得那么多了，上前轻轻把他推醒。李东阳半睁着眼，抬头盯着王阳明看了半天，懒洋洋地说："是伯安啊，来了，有事啊？"

王阳明看了眼李东阳身边的书童。那书童倒挺知趣，下去泡茶去了。

"李阁老，有甚为紧要的事要跟您老汇报！"说着，王阳明找了个马扎坐下，用低沉而又急促的声音将郏文在太后寝宫发现一个暗道的事一五一十地讲了。

让王阳明甚感意外的是，李东阳听后却无动于衷，合上眼继续晒他的太阳，脸上的沟沟壑壑，在阳光下显得格外刺眼。王阳明等得焦急，一下子从马扎上站了起来，大声道："李阁老，您倒是拿个主意啊！"

李东阳缓缓睁开了眼，眼神浑浊，说："我已不是阁老了。今天一早，皇上已经批准了我的辞呈。"

王阳明吃惊不已，懊恼地问："那、那此事如何是好呢？"

李东阳缓缓站起身，拉着王阳明的手，引他来到西轩的书房。硕大的案桌上摆着一幅卷轴，尾卷墨迹未干，似是李东阳的题跋。

王阳明好奇地瞄了一眼，果真是李东阳凝重隽永的小字楷书，像极了颜真卿的楷书，只不过更飘逸灵动一些，暗自赞道："好字！"

再一细读，原来是李东阳给宋代张择端的名画《清明上河图》作的跋："上河云者，盖其时俗所尚，若今之上冢然，故其盛如此也……其卷轴完整如故，盖四十余年，凡三见而后得也……今有图如此，又于予有世泽之重，而予之文不足以发之，姑撮其要如此。且以见夫逸失之易而嗣守之难，虽一物而时代之兴革、家业之聚散关焉，不亦可慨也哉！噫，不亦可鉴也哉！"跋有千余字，详细交代了此画的流转过程。

再展开，此跋前面是一楷书旧跋，看落款也是李东阳。全跋是一首长诗，最后一句是"乾坤俯仰意不极，世事枯荣无代无"。

此诗后面另起一段，有几句说明："族祖希蓬先生之遗墨在焉，予三十年前见之，今其卷帙，完好如故，展玩累日，为之叹惋不能已，因题其后。"

王阳明意识到，此画与李东阳似乎有一段不为外人所知的故事。

李东阳徐徐展开画作，汴河两岸的茶坊、酒肆、脚店、肉铺、庙宇、公廨等尽收眼底，各色人等，以及牛、骡、驴等跃然纸上，虹桥、车轿、船只、房屋、城楼等应有尽有，好不热闹。王阳明屏声静气，如醉如痴地欣赏着这传世佳作。

李东阳在旁自言自语道:"《清明上河图》是一幅伟大的绘画作品,艺术成就之高无人望其项背,其周转流传的过程,本身就是一部历史长歌。"王阳明在旁点点头,默不作声,不敢打断他的思绪。

"'靖康之难'后,此本流传到民间。你看,这是金代张著写的题跋。"李东阳指着画末第一个跋文说,"后面紧接着是张著的友人张公药、郦权、王磵、张世积等的题跋,他们在字里行间用笔墨寄托思念故国的深情,也在历史深处写下自己的名字。再接着是元代杨准、刘汉、李祁和本朝的吴宽。李祁便是我的族祖,别号'不二心老人'。"

李东阳眼中含着泪,仿佛全身心融入画卷流转所承载的历史时空中去了。他一边展开图后的跋文,一边向王阳明介绍此图的流转历程。

由宋入元后,该图被收入元朝秘书监,后被皇家装裱匠以赝本偷换出宫转卖。又经陈彦廉之手,为杨准收藏。杨准倾其所有购回该图便借故回乡,在《清明上河图》上写下自己的题跋。第二年,刘汉龙看到此画,震惊无比,誉为"精艺绝伦",在杨准跋后再题一跋,称图是"稀世珍玩",希望杨准的后人世代珍藏。

到了明朝,《清明上河图》先被首辅李贤收藏,后历经李祁、吴宽等人,漂泊流落在民间。李东阳第一次见到《清明上河图》时,只是一个刚考中进士的年轻士子。当时此图在大理寺卿朱文征手中,李东阳有幸看到这幅传世名画,同时还在画后的跋中看到了一百二十多年前,他的远祖李祁所提的跋文。

李东阳第二次在朱文征处见到这幅画时,他已是太常寺少卿兼翰林院侍讲学士,乃皇帝身边的近臣。二次邂逅名画的李东阳"展玩累日,为之叹惋不能已"。

过了几年，朱文征年事渐高，深知没有心力保管珍贵的《清明上河图》，便将它出让给内阁好友徐溥。

"徐阁老仙逝后没多久，一天傍晚，他的儿子徐文灿来到我家中，递给我一幅画。我打开一看，顿时傻眼了，竟是这幅《清明上河图》。让老夫更没想到的是，文灿兄跟我说，徐阁老临终时在遗嘱中吩咐他，在其死后将此图转送给我。我何德何能，哪敢受此大礼，坚辞不就。可是文灿兄说有先父遗命，不敢违抗，非要把此图送给我。"

"徐阁老那是宝剑赠英雄，知道李阁老您才是识货的人，无论人品、文才，由您来收藏最合适不过了。"王阳明说。

"徐阁老生前跟我说过，先祖李祁与我祖孙聚首此画，倒是堪称传奇。他将此画赠我，想必是因为这一缘故呢。"

王阳明又跟李东阳品评了些书画优劣和逸闻掌故，方才从李府出来。他心想，李阁老已无心过问政事，太后宫中暗道的事不知道跟谁说道。王阳明在李府门前转了几圈，都有点儿找不到北了。他就这么失魂落魄地在大街上走着，只听到身后仿佛有人喊他。他只当没听见，只顾低着头木讷地往前迈步。待到来者跑到他跟前，拦住去路，他这才抬起头。原来是李府家的书童追了过来，手里捧着一幅卷轴。书童也不多话，将卷轴往他怀里一塞，口中说一句："我家相爷送您的！"转身一溜烟似的跑了。

王阳明手里拎着这幅卷轴，深一脚浅一脚地回到吏部衙门，看到吏部尚书正堂门敞开着，心想，尚书杨一清算是朝中的栋梁之臣，此前与自己同遭刘瑾迫害，他又与父亲龙山公有些交情。当初自己本要放南京的外任，黄绾便是托他的关系，自己才改任了吏部的京官。更为重要的是，杨一清目前正是自己的顶头上司，又是位居六部之首的天官，此事如不向他禀告，更向何人说去？

如此想着，王阳明径直来到尚书正堂，只见杨一清正坐在靠窗的椅子上，低头盯着一盘围棋残局直发呆，看见他进来，略一抬头，示意他在对面的椅子上坐下，自己依旧聚精会神地盯着棋盘。

"这棋局有什么奥秘，杨中堂看得这么仔细？"王阳明与杨一清向来熟稔，说话也较随意。

"也没什么，闲来无事，自己跟自己对弈一局消遣下。"杨一清说着，将棋盘推到一边，回过头来说，"听说你最近又收了不少门徒啊？我看你是讲学讲上瘾了！什么时候邀老夫也去旁听下？"

"岂敢，岂敢！我哪敢在关公面前耍大刀哩！"王阳明笑道，"大冢宰可是士林领袖，而且垂髫之年一文即出惊天下，圣眷独隆，这种荣光，天下读书人哪个不羡？"这虽是客套话，但也讲的是事实。杨一清年少的时候就很会写文章，以奇童荐为翰林秀才，明宪宗命内阁选派师傅教他。年十四举乡试，十八岁即中进士，授中书舍人。

杨一清也笑了："有西涯先生在前头，五岁为帝师，我这点陈年旧事，何足挂齿？"杨一清这讲的是李东阳五岁时被景帝召请讲读《尚书》大义的事。

"大冢宰和李首辅，我等后学皆难望项背。"

杨一清又拣起邸报扫了一眼，说："你这番来找老夫，不是只为了抬举我们几个老朽吧？说说看，有啥事？"

王阳明瞅了眼门前侍立的书办，那书办赶紧转身退了出去，顺带把门掩了。王阳明凑上前去，将郑文所告之事和盘托出，又说了自己刚从李东阳府中出来的事。

杨一清悉心听了，神情严肃，沉思良久，方才开口："李阁老致仕的事，我从邸报上知道了，现在是杨廷和接任内阁首辅。你所说之事，事关社稷和皇上安危，也非吏部所辖之事。依老夫所见，应直接向杨首辅详禀。"

"下官与杨首辅素无交往，怕他不肯拨冗接见呢。"

"这个不用担心，杨首辅是持重老臣。这样，你拿上我的名帖，去内阁值房找他。"

看着王阳明拿了自己的名帖急匆匆地走了，杨一清陷入了沉思。成祖、仁宗、宣宗时期有三位名臣杨士奇、杨荣、杨溥都姓杨，人称"三杨"。而今朝廷上他与杨廷和，也被时人称为"二杨"。一个善武，一个善文，两人也都是年少得志。他十四岁乡试中解元，十八岁中进士。杨廷和是十二岁乡试中举，十九岁中进士。他长杨廷和五岁，中进士登科比杨廷和早六年。他是成化八年壬辰科二甲第九十五名，赐进士出身。而杨廷和是成化十四年戊戌科三甲第二百三十八名，赐同进士出身。按理说，他自己出道更早，金榜成绩更胜杨廷和一筹，可是而今杨廷和的锋芒却盖过了他。原因无他，只是杨廷和虽是三甲，却因被考官称道为"美风姿"，破例点了翰林院庶吉士。他自己是二甲，却因被认为"长相奇崛"，放榜后只安排了个中书舍人的闲职。而大明一朝又有"非翰林不入阁"的惯例，因而杨廷和凭借自己的翰林出身和翩翩风度在朝中平步青云，士林中早就风传"介夫郁然负公辅望"，而今果真担任了内阁首辅。而他自己虽两次出任"三边总制"，屡建战功，其职为六部之首，其位不可谓不隆，却因此前督理过陕西马政，常被读书人讥为"督马政者杨尚书"。正德五年，安化王朱寊鐇叛乱，他本遭刘瑾迫害致仕回乡，那时临危受命，总制军务前往宁夏平叛。大军未到，他以前的部将仇钺已经平叛并逮捕朱寊鐇。他随后驰马抵达宁夏，晓谕皇恩，又设计除掉刘瑾。此一役，居功应为第一。论功行赏时，皇上只加他为太子少保，赐金币，拜为户部尚书。而作为阁臣的杨廷和只是起草了一封赦免反罪的诏书，便被特加少傅兼太子太傅、谨身殿大学士，皇上还任命他一个儿子为中书舍人。满朝文武都知道，皇上成天豹房行乐，这些奖罚臧否尽出于内阁。杨一清一想到这事，就气不打一处来。

另外还有马中锡一案，那是杨一清心中永远的痛。马中锡是文学大家，文章写得横逸洒脱，李梦阳、康海、王九思曾师从于他。他写东郭先生以"兼爱"之心救狼，却险被狼所害的《中山狼传》，深受百姓喜欢，在民间被改编成杂剧搬上了舞台。杨一清也很喜欢马中锡的诗文，他在任三边总制时，马中锡曾以右副都御史巡抚宣府，两人一见如故，意气相投，都是性情中人，颇具侠义之气，便结为异姓兄弟。马中锡长杨一清八岁，杨一清敬他为兄长。而杨一清是成化八年进士，马中锡是成化十一年进士，马中锡又敬杨一清为前辈。正德五年十月，流民刘六、刘七伙同赵燧等人在河北等地暴乱，一路斩关夺城，所向披靡，撼动京畿。因平叛安化王班师回朝又设计剪灭刘瑾的杨一清，此时在京由户部尚书改任吏部尚书。他便举荐马中锡统率京营精锐围剿刘六、刘七等叛贼。杨一清深知，马中锡不只是文坛翘楚，还是一位难得的治军将才。他巡抚宣府时，弹劾罢免了贪腐昏庸的总兵官马仪，革除镇守以下的私人武装，把他们编入军队，还指挥军队数次打败鞑寇犯边。正德皇帝即位后，马中锡巡抚辽东，清理土豪侵占田地五万亩，还给驻军，弹劾刘瑾爪牙镇守太监朱秀私置官庄、擅开马市等罪。正德元年，马中锡还一度出任兵部右侍郎。

对于杨一清这一举荐，杨廷和却不以为然。在杨廷和眼里，马中锡只是一介舞文弄墨的文人，无法胜任舞刀弄枪的平叛重任。当马中锡与惠安伯张伟一道率大军从德胜门出城南征后，他却在朝中言辞激烈地反对马中锡挂帅。杨一清当场反驳："文人领兵，自古皆有，远的有文天祥，近的有正统朝于谦。他们都领得，怎么马中锡就领不得呢？再说大军已出征，多言何益？"杨廷和却道："此贼气势汹汹，诡计多端，恐非霹雳手段，难以奏效。文人常优柔寡断，瞻前顾后，还爱好脸面，对付外敌尚可，对付刁民甚难。"二杨争执不下，闹得不欢而散。

马中锡以右都御史提督军务，在彰德、河间接连打了几个大胜仗。捷报传来，杨一清大喜，拟了个奏本荐马中锡因功进左都御史，并放出话来："谁说文人对付不了刁民？你们没看到戏台上都写着'出将入相'四个字吗？"此话传至杨廷和耳中，又有了另一层意思：杨一清两任三边总制，又立有赫赫战功，现在又位居吏部天官，莫非他还想入阁为相？于是，杨廷和派出多路细作专寻马中锡的不是。

马中锡将造反的流寇打得落花流水，从对俘虏的审讯中得知，这些人大多是良民，他们造反实乃官逼民反，禁不住地方官吏的盘剥才揭竿而起。马中锡认为，围剿流民易，抚平民怨难，于是上疏主张招降，并且下令："不捕杀反贼首领，不邀击过路反贼，反贼如有饥渴，则给他们食饮，投降者免其死罪。"马中锡甚至亲自携带酒食到刘六、刘七驻在德州桑园的大营，与他们宴饮，并开诚布公招降他们。反军诸头领大受感动，一边拜谢马中锡，一边流泪忏悔。刘六当场就想要投降，刘七却拉着他的衣角私语道："骑虎难下啊！如今宦官、奸臣窃取了朝廷大权，这是众所周知的事。马督堂能做得了这个主吗？"刘六听到这番话，顿时打消了投降的念头，但对马中锡仍颇为敬慕。马中锡是河间府故城县人，不久叛军路经故城，相约作战时不许侵害马都堂家。此话传到了京城，正中杨廷和下怀，便指使科道言官纷纷上疏弹劾，指责他"以家故纵贼不战"。这些弹劾折子转至内阁票拟，杨廷和拟出意见，以"纵贼"罪将马中锡和张伟械送京师，下狱论死。未及审决，马中锡便在狱中被折磨致死，张伟也被革爵。杨廷和举荐兵部右侍郎陆完接任，又调此前任过辽东和保定等地巡抚的名将彭泽与咸宁伯仇钺率各路兵马进剿，历时三年，转战至淮南淮北等地，才最终平息此场民变。论功行赏时，兵部拟荫封杨廷和一子为锦衣卫千户。杨一清却大唱反调，提出要彻查马中锡纵贼案和瘐死狱中案。杨廷和心中有鬼，对荫封的事再三推辞。最后，皇上还是特加其为少师、太子太师、华盖殿大学士。

想起这一桩桩往事，杨一清内心难平。他鼻子哼了哼，好你个"美风姿"的杨介夫，首辅的位子可不是那么好坐的！现在将太后寝宫密道这个烫手山芋扔给你，看你怎么应付？

王阳明打马再次来到内阁值房，门房书吏看了杨一清名帖，忙引他去内官厅见杨廷和。杨廷和正襟端坐，正在浏览一份邸报，见王阳明进来，放下手中的邸报，面露微笑："你就是人称阳明先生的王守仁？"

"正是在下。"王阳明见杨廷和剑眉星眸，美髯齐胸，果真神采奕奕。

"早就听犬子杨慎说起你呢，你可是他的座师呀，他对你是佩服得不得了哦！"

王阳明马上想起抢了邹守益状元郎的杨慎，心里咯噔了一下，嘴上却说："不敢不敢，王某只是会试的同考试官，人微言轻。令郎高中状元，那是皇上慧眼识珠和李东阳李阁老等主考官为国举贤。"

"阳明先生谦谦君子，有乃父龙山公之风啊。"杨廷和捋了捋胡须，"你此番前来，所为何事？"

王阳明便将皇上遇刺、假太监入宫、振威营意外发现太后寝宫密道和杨一清令他来禀报的事悉数说了。杨廷和听完后，只问了句："密道之事，振威营是谁发现的？"

"把总郏文。"

杨廷和淡淡说了句："我知道了。"手一扬，让王阳明退了出去。

杨廷和将案桌上香炉里的沉香点燃，屋内顿时弥漫起一股馥郁怡人的香气。他将整个身子靠在太师椅的靠背上，双眼微闭，思绪纷飞。这是他多年来的一个习惯，每逢大事，都要焚香静思。此事关系皇上和社稷安危，作为首辅，他责无旁贷，置之不理，说不过去。但如果真要理的话，怎么理呢？皇上与太后的关系据说一直很僵，阁臣万无挑拨离间的道理。再说假太监又逃之夭夭，将密道与皇上遇刺的事联系起来，纯属猜测。如果贸然向皇上上奏太后寝宫密道的事，必然激怒太后。而皇上又是一个不按常理出牌的主，搞不好，他这个还没坐热的首辅位子不保倒是小事，掉脑袋都有可能。这么想来，此事管也不是，不管也不是，真是左右为难。

杨廷和眼睛的余光此时瞟到案桌上放着的杨一清名帖，这才恍然大悟，顿时提起了精神，嘴角露出一丝轻蔑的冷笑。

二　人须在事上磨练

一日，王阳明回到家，刚进门，王能就乐呵呵地迎上来说："姑老爷来了！"话音未落，一位面色白皙的俊朗青年从客厅出来，向王阳明躬身行礼。王阳明一看，大喜："曰仁来了！曰仁来了！"此人正是他此前在雷峰塔上收的开门弟子徐爱，字曰仁。

徐爱拍了拍衣上的泥："刚才在长安道上，正赶上官差抓捕犯人。那马飞驰而过，都是高头大马，溅我一身泥。"

徐爱仍唤王阳明为先生。王阳明笑道："你现在要改口叫大哥了哟，几年不见，我们家小妹竟然跟着你跑了。你究竟使了什么魔法，还不从实招来！"

徐爱脸颊绯红，一脸腼腆地说："弟子本与守文是同窗好友，常去贵府找他。龙山公不嫌弟子粗鄙，将小妹下嫁于我。小妹知书达礼，弟子真是三生有幸！"

"我们家就这一个小妹，是家父的掌上明珠哦，一般人难得入家父法眼。你一表人才，家父不会看走眼。"

王能在旁插话："你们有所不知，老太爷早在弘治十六七年就与马堰的亲家徐老太爷换了庚帖，指了婚了，只是怕耽误了姑老爷的功课，才没有说明呢。"

王阳明笑了笑："我们都蒙在鼓里哩。怪不得，我家小妹此前一听我们说起徐爱就脸红躲开，怕是走漏风声了。"

徐爱站在一旁，只顾傻笑。王阳明拉着他的手，往客堂里去，边走边问："你不是在祁州当知州吗？什么风把你吹到京城来了？"

"两年任期满了，来京城述职。"

"好啊，好啊，你来了，就好了。我们的队伍更大了。"

"我在祁州就听说先生在京城讲学不辍，弟子们每听到先生的新学说，无不欢欣雀跃。"

"我身边倒有一些志同道合之士，但像你这样触类旁通的，还是太少。"

"上次，郑一初路过祁州跟我说，听了先生有关'新民''至善''格物'的新讲后，恰如久陷混沌而醒悟，又如久困滩涂而终踏康庄大道。我也想听先生讲一讲，补上这堂课。"

"朱子认为《大学》中的'在亲民'，应为'在新民'，有严厉训诫百姓的意思。我还是认可古本中的'亲民'，是亲近人民的意思。这才是古代明主的治国之道，方显慈悲怜爱之心啊。"

"先生所言，学生甚是佩服。那么'至善'又有何新解呢？"

"朱子所说的'至善'是于心外之物求得至善之理，所谓'事事物物皆有定理'。而我却认为，至善是心之本体，只是'明明德'到'至精至一'处便是。我常说'心即理'，指的是人们下工夫去除私欲后就会得到天理，而心的作用也会自然得以体现。天下难道还有心外之事、心外之理吗？"

"听先生这么讲至善的道理，我就知道功夫有用之处。但细想一下，这与朱子'格物'的观点，却不能契合呀。"

"朱子在《大学》中将格物的'格'字解释为推究，格物就是推究事物的道理。我却认为格物的'格'与《孟子》'大人格君心'的'格'是一个意思。"

"哦，这倒闻所未闻。那这个'格'是什么意思呢？"徐爱一副求知若渴的样子。

"即正心之不正，使其归正的意思。因此，格物的过程就是去私欲而存天理，格物与诚意应该是一个连续的过程，而不是像朱子所言，两者分成不同阶段。"王阳明想了想，接着说，"朱子总是强调通过静坐深思来悟道，而我却提倡自生活磨练中悟道。心学不是悬空的，只有把它和实践相结合，才是它最好的归宿。我常说，人须在事上磨练，就是如此。"

"先生所言，真是让弟子醍醐灌顶，大梦初醒一般啊！"

"我在贵州龙场似有所悟，也是从千辛万苦中得来的。"

"对了，弟子还想听先生讲讲龙场的故事呢。听郑一初说，那可是新鲜得很啦。"

两人正说话间，大门那边传来急促的敲门声。开门一看，一位京营校尉模样的人跌跌撞撞地跑了进来。王阳明一看，甚是眼熟。来人气喘吁吁地说："不好了！郏爷被宫里的人抓走了！"

王阳明这才想起来，此人是郏文手下的哨官，上次去振威营赶上他们喝闷酒，此哨官还敬过他的酒哩。王阳明让哨官先喝口水，再将原委慢慢道来。哨官看了看徐爱，欲言又止。徐爱便起身，说想去书房看看先生的藏书。王阳明拉住他，跟哨官道："但说无妨，这是自家人。"

原来，那日郏文将太后寝宫密道的事告诉王阳明后，王阳明便让他们暗自在宫外的密道出口设伏。果真几天后的一个黄昏，那两名刺客鬼鬼祟祟地来到密道口，刚想潜入，振威营的兄弟便扑了上去。高个子的拳法了得，当场突出重围，溜之大吉；矮胖的那个"络腮胡子"被抓了个正着。郏文将这名刺客抓捕后，正审得来劲，不知道是哪个环节走漏了风声，宫里的人今天一早便来到振威营，将郏文绑走了，说是奉的太后的懿旨。

"那名刺客呢？"王阳明焦急地问。

"郏爷怕军营人多眼杂，没敢把刺客带回营里，将他藏在一个秘密的地方，留了两名军士看着。"

"这地方在哪里？"

"下官也不知。郏爷只说王老爷您肯定知道！"

王阳明一脸的纳闷，将哨官打发走了，呆坐在椅子里想辙。徐爱听了个大概，也是一头雾水，坐在旁边只顾喝茶，不敢乱说话。

王阳明突然大腿一拍，叫道："有了！肯定是这里！"叫上徐爱和王能，骑马往德胜门方向而去。

他们一会儿来到了娘娘庙。守门的小道士认得王阳明，把他们迎了进去。管事道长闻讯出来，王阳明悄声问他："郏爷关的人呢？"

道长也不吭声，带他们径直来到庙后一处花园里。穿过几道曲径和回廊，在墙角处看到有几间破败的柴房。道长的下巴朝柴房努了一下，躬身行了个礼，转身走了。

敲开柴门，只见地上茅草堆里五花大绑捆着一人，正是元宵夜行刺皇上的那个"络腮胡子"！门口条凳上歪歪斜斜坐着两名兵丁，是郏文的手下，见他们进来，慌忙行礼。

王阳明在条凳上坐下，问犯人招供了没有。一名高个兵丁回答说："这个挨千刀的，软硬不吃，像茅坑里的石头——又臭又硬。伺候了两天两夜，就是撬不开嘴。昨天晚上郏爷也恼了，让我们俩守在门外，不知道他老人家用了啥法子，硬是让这个挨千刀的招了供。"他边说边从身上掏出一沓纸，递给王阳明，"郏爷吩咐了，让小的亲手将这个交给王老爷。小的们不识字，要不还真想看看这短命鬼，究竟干了些啥见不得人的勾当。"

这是一份详细的供词，上面有这名刺客的签字画押。王阳明草草浏览了下，惊骇不已。王能上前踢了这"络腮胡子"两脚，一动不动。把脸扳过来一看，嘴角尽是血。捏开嘴，舌头掉了出来，竟然咬舌自尽了！王阳明叹息一声："这样也好！"吩咐兵丁将刺客尸体好生看管，待有司查验后再行掩埋。

王阳明怀里揣着这份供词，心里却异常的沉重。原来这名刺客本是朵颜卫蒙古人，受太后之命行刺皇上，而且那个叫臧贤的乐工，还与太后有染。此事一旦公诸天下，轻则两宫相残，重则天下大乱。他左思右想，也是没了主意，又想起郏文仍身陷囹圄，凶多吉少，得赶紧设法营救。

徐爱一路跟着王阳明出了庙门，上了马，漫无目的地骑着，虽不明就里，但也知道先生摊上了大事。他看见王阳明眉头紧锁、深思熟虑的样子，不敢打扰，只是默默地跟在后面。徐爱此刻似乎也明白了先生此前常说的"在事上磨练"这句话的道理。

王阳明首先想到了杨一清，他把自己推给了杨廷和，而从杨廷和的言谈中，感觉也是在推托。此时此刻，他骑马走在偌大一个京城的大街上，却感到异常的无助。他想到了锦衣卫的牟斌，锦衣卫的人向来心狠手辣，翻脸无情，不到万不得已，也不敢去招惹他们。但这人好像还是正义之士，也有侠义之风。他又想到郑文还在狱中盼着自己伸出援手，便顾不得瞻前顾后了，打马直奔北镇抚司衙门。

牟斌看了供词，愣了半天，喃喃自语道："怪不得皇上不愿意住在紫禁城里，偏要在这太液池边搭个豹房来住，而且皇上从来不吃太后赏赐的食物。"

"这些都是牟指挥猜测的吧？"王阳明问。

"虽是猜测，但也可见一斑。我们跟在皇上身边，一些蛛丝马迹，也能说明问题。"

"照你这么推论，在世人眼中，皇上做出一些出格的举动，莫非也是掩人耳目？"

牟斌点点头："极有可能。我总觉得皇上是极聪明、极细心的人。你想想，前些年皇上放任刘瑾一手遮天，胡作非为。但是，一旦决定要除掉他，那也是雷霆万钧呀，而且定了个凌迟处死！皇上虽是少年天子，但也是朝纲独断，威严得很呢！"

"牟指挥所言极是。我也在想，皇上不顾李东阳李阁老力谏，执意调边军入京，莫非也有难言之隐？"

牟斌还是点头："王兄，此案情理倒是揣摩出来了，但接下来咋办呢？"

"北镇抚司可是京城第一法司啊，又是天子护卫，此等大案就指望您了哦！"

"我们镇抚司大案倒是办过不少，什么奇案、悬案、无头案，到了我们这里也能迎刃而解。可是、可是这案子，闻所未闻，千古奇案啊！俗话说'清官难断家务事'，何况是皇上的家务事，谁敢来断？况且那个刺客又自尽了，死无对证。"

"牟指挥分析得很对。王某认为，当务之急是找到那个乐工臧贤。这俩刺客不过是两枚棋子，那臧贤倒藏得很深，找到他，一切悬疑自然冰释了。"

"是啊。找到他之前，我们还是要按兵不动。此外，豹房那边我也会让兄弟们加强警戒。"

王阳明双手抱拳："牟指挥以国家社稷为重，重任在肩，令王某深表佩服。"

牟斌手一摆，叹道："满街尽说我等为鹰犬，谁又知我等伴君如伴虎的煎熬？"

王阳明又说了些安慰的话，这才请牟斌帮忙搭救郏文。牟斌皱着眉头说："抓郏把总的肯定是张忠的人。这张忠性情凶悍，上次赵燧案发，他被皇上斥退，夺了东厂之职。张忠倒好，改换门庭，唯太后之命是从。你不知道，张忠这厮还闹过一个笑话呢。"牟斌鼻子哼了哼，一脸的不屑。

王阳明便顺着牟斌的话说："有何笑话，说来大家也乐乐。"

"这阉竖得势后，家中老父从文安县来京城投奔他。他却怨恨自己年轻时父亲不爱他，致其自宫，拒绝相见。后来，其他太监看不下去了，便好心相劝。谁知道张忠这厮说，要相认也行，得依着他的法子。怎么个法子呢？他在屋门口垂了道帘子，让人拿棍子痛打了他父亲一番，解了心头之恨，这才出来相拥相泣。这人竟然如此没有天理哩！"

"郏文落到这么个没有天理的人手上，怕是要吃不少苦头。"

牟斌见王阳明十分着急，又反过来安慰他："郏把总军中骁将，谅他们几个太监不敢太过放肆。这张忠无非是得了太后的旨令,不然也不敢贸然得罪振威营的兄弟。"

"还请牟指挥周全。郏文蒙尘,皆因守仁而起。现友陷狱中,生死不明,守仁终日坐立不安。"

"张忠无非是想要回这个被抓的刺客,郏文跟他无冤无仇的。如果这刺客还活着,倒也好办,我跟他通个气,就说振威营的兄弟愿意交出这名刺客,换回郏文就行了。张忠这厮恐怕也不想多生事端。"牟斌叹了口气,"可惜这被抓的刺客又死了,现在真不知如何是好。"

王阳明想了想,说:"这个无妨,也许他们巴不得刺客死了呢。为何费尽心机要找回这名刺客?无非是怕泄露了天机。死了岂不更好?天机也一起死了!从咬舌自尽的狠劲来看,这刺客是训练有素的职业杀手。"

"王兄所言,似乎也有道理。那依你之见,如何是好?"

"就直截了当地告诉张忠,振威营的兄弟不知道这人是宫里的人,误当偷窃营造材料的小偷给抓了。没想到这人什么都没说,当场咬舌就自尽了,现在愿意用这人尸首换出郏文。再讲些振威营的人如何撒泼,声言要闹到皇上那里去之类的话。张忠上回险些在皇上那丧了命,这次自然不敢多留郏文。"

"好,那我就跟张忠这厮打个招呼,试试看吧。"

三 避祸舟中,徐爱记下《传习录》

果如王阳明所料,张忠在收到那名刺客的尸体后,第二天就把郏文放了。郏文在家养了几日伤,便能下床,起居一如往常。

这日，王阳明携徐爱来看郏文。郏文突然问起那份口供，王阳明淡然道："休再提，我一把火烧了。"

郏文急了："谁让你烧的？我冒死才拿到这口供！"

"不烧掉，又留着做甚？你还想二进宫？"

郏文一时无语，半晌道："那我们只能瓶子盛糨糊——装糊涂了？"

"一边是皇上，一边是太后。现在两名刺客一个跑了，一个又自尽了，你不装糊涂还想大闹金銮殿不成？"

郏文垂着头，板着脸，一副气不平的样子。王阳明递给他一杯清茶："对了，我且问你，那名刺客一看就是不怕死的，你到底用了什么法子，硬是撬开了他的嘴？"

郏文一听这话，"扑哧"一笑："这还不是你的功劳！"

"怎么又是我的功劳了？我可是无功不受禄啊。"

"你不知道，这家伙简直就是个铁疙瘩，油盐不进。我后来想到你上次说的叫曼陀罗的迷幻药，赵疯子喝过的那种，便搞了点来给这个家伙喝了。这家伙顿时半梦半醒，我问什么他答什么，就像竹筒倒豆子——全抖出来了。"

王阳明听了也是觉得乐："这个倒新鲜！"

"还有更新鲜的呢，你猜我在宫里的黑牢里遇见谁了？"

"谁？不会是太后召见你了吧？"

"那倒没有。我一个小小的京营把总，还不够格哦。"郏文喝了口茶，不紧不慢地说，"我被那帮死太监抓进宫里去，关在内行厂一间黑屋子里。一日夜里，我刚被动了刑，晕死过去，等我醒来，隐约听到隔壁屋有人说话，一个是张忠这狗太监的声音，另一个被唤作臧先生，我猜想肯定是太后身边那个无恶不作的乐工臧贤了。"

"原来这家伙一直躲在宫里啊，怪不得黄绾的人和锦衣卫的人都找不到他。"

"我听臧贤提到几次杨阁老。"

"杨阁老？"王阳明一下子警觉起来，眼前立马浮现出杨廷和那谦谦君子的样子，"他说杨阁老什么了？"

"听得不太清楚，好像是说，杨阁老跟太后密报了史部杨一清唆使部下什么什么事，又隐隐听到他们提起振威营和我的名字。"

"怪不得这名刺客一抓获，你就被宫里的人带走了。我此前还以为是你的手下走漏了风声呢。"

"抓刺客的几个兄弟都是生死之交，出卖自己都不会出卖我呢。我也纳闷，参与宫里修缮的有好几支京营呢，就算知道是我们振威营抓了刺客，营里大大小小的头目上百个，怎么特别关照我这个小小的把总呢？"

"是我害了你！"王阳明便将那日奉尚书杨一清之命去内阁见首辅杨廷和的事说了。

郑文睁大眼睛愣了半天，讷讷地说："原来首辅老爷也是太后的人啊！"

王阳明紧紧握住郑文的手，泪眼婆娑："你安心在家养伤，京营你就别再回去了，好不容易死里逃生的，免得再入虎口。过些日子，等你好些了，干脆去我们浙江老家躲一躲。"

"有啥好躲的！咱们京营都是一班老兵油子，向来不爱搭理你们这些吟诗作对的文官老爷。咱们井水不犯河水哦，咱们虽说打仗不咋地，但闹事撒泼、打群架发酒疯的本事，在北京城都是出了名的。管他什么首不首辅，能奈我何？倒是你，以后跟他们打交道，可要提点醒了，小心背后被人捅刀子！"郑文气愤地说。

两人你一言我一语正聊得起劲，王能慌里慌张地闯了进来，叫道："不好了，不好了！外面有大兵把咱包围了！"

郑文一听，气呼呼地抓了把大刀就要出去跟他们拼命，却被王阳明扯住："你伤还没好，好汉不吃眼前亏，有后门没有？"

郑文赶紧带他们往后院跑去，嘴里还嚷嚷："今天爷爷先饶了这帮小兔崽子！"

四人穿过后庭，打开院门，突然一张巨网从天而降，把他们团团罩住，动弹不得，紧接着就被人塞进了一辆马车。车厢被棉帘子掩得严严实实的，里面一团黑，只觉得马车跑得飞快。一路颠簸，四人骨头都快散架了。约摸过了两个时辰，只听一声马嘶，马车停了下来。有人揭开帘子，四人被车外强光眩得睁不开眼。车把式将他们身上的网线解开，郑文正要发作，车把式却笑道："多有得罪，请各位老爷下车。"

前方可见高耸入云的燃灯塔，原来到了通州渡口。王阳明正想质问车把式，车把式把斗笠压低，欠了欠身，伸手指向码头方向。一位身材魁梧的男子，身披风衣，正站在不远处注视着他们。再定睛一看，正是吏部尚书杨一清。王阳明不知他葫芦里卖的什么药，满心狐疑地走了过去。

杨一清一脸肃穆，淡然地说道："还以为你们今天过不来了哩！"

这时，车把式在旁回禀道："我们还没赶到郑将军家门口，就远远看见宫里的人在门前打了埋伏，便掉转马头，在后门接应。不一会儿，几位老爷果真从后门出来。情况紧急，来不及多解释，便直接接了过来。"

王阳明见这车把式举手投足间甚是熟悉，但又想不起在哪见过。杨一清见他一脸的疑惑，便说："你知道前几日为什么放了郑文吗？"

王阳明摇摇头。

"就是为了放他当诱饵，引你这条大鱼上钩，再将火烧到老夫身上！"

"他们直接上门抓我就好了，为何如此费尽周折？"

"你好歹也是我们吏部郎官，岂能说抓就抓？你去郏文家，这叫抓现行！"杨一清边说边将一张纸递给王阳明。

王阳明展开一看，是盖有吏部大印的调令，上面写着调他任南太仆寺少卿。

"京城你是待不住了，赶紧走吧！出去避避风头再说。"杨一清大手一挥，仆人将一幅卷轴递与王阳明。

"这是上次你落在我官署里的。"

王阳明这才想起来，那天从李东阳府上出来便直接去了杨一清的吏部正堂，走的时候，拿着杨一清的名帖急着去找杨廷和，竟然把此卷轴给遗忘在正堂里了。王阳明说："杨中堂收着就是了。"

杨一清摇摇头："李阁老赠你的，你好好收藏吧，切莫辜负了他老人家的一番心意！"

王阳明甚觉纳闷：杨一清怎么知道这东西是李阁老所赠？正迟疑间，车把式不由分说拉着他就往泊在岸边的一艘官船上走。王阳明回头指着身后的徐爱说："这是妹婿徐爱，现任祁州知州……"

杨一清不耐烦地摆了摆手："这个好说，一起去南京任职吧，回头部里再补寄一张调令就好了。"

上得船来，郏文不解地问："太仆寺衙门不是在北京城里吗？干吗赶我们跑呢？"

"郏将军有所不知，太仆寺在京城没错，但先生这是任的南太仆寺，也就是南京太仆寺。"徐爱在旁答道。

"南京也好！秦淮十里繁华之地。"

"这南京太仆寺，却不在南京，在滁州哩。名字好听，其实是专司养马的，也就是俗称的'弼马温'！"王阳明冷笑道。

"哈哈哈，'弼马温'好，'弼马温'好。听说这杨一清以前在陕西时也是专门督理马政的，现在让你也来专司养马。看来，你们是'一丘之马'了哦。"郏文乐不可支，完全忘了刚才还身处险境。

王阳明看着运河两侧的房屋、村树徐徐往身后退去，思绪万千。在北京刚刚打开局面，弟子纷纷围拢在一起，以倡明圣学为乐，却摊上太后寝宫密道这事，险些送了郏文性命，自己也不明不白地外放了南太仆寺。虽说前途未卜，但一想到欧阳修笔下的"环滁皆山也"，对其山川形胜，也是心向往之。

郏文倒是随遇而安，钻进船舱里，呼呼睡起大觉来了。

夜晚，大伙都已歇息，王阳明这才在船舱里展开李东阳赠他的卷轴，刚展开一个头，便赶紧重新卷好。天呀！这卷轴竟是李东阳视如生命的《清明上河图》！

在船上的闲暇日子较多，王阳明正好随身携带着一本黄绾回乡前赠他的《大学章句》，便为徐爱讲解了起来。徐爱一边听讲，一边认真做笔录。王阳明所提出的新说，颠覆了朱熹的主张。徐爱刚听说，甚感震惊，后在反复讨论中终于领悟了其中的真谛：尧舜禹与孔孟之道虽有差异，但最终是殊途同归的。他自己形容这种感觉就是"自长眠中醒来而觉混沌初开"。徐爱暗自想，要将一路上与老师论道的言论整理成书，传之同志，书名他也想好了，就叫《传习录》，语出《论语·学而篇》里的"曾子曰：'吾日三省吾身，为人谋而不忠乎？与朋友交而不信乎？传不习乎？'"

一日，徐爱在笔录里记下了王阳明在讲解《大学》中"格物致知"的"致知"时，提出的"良知说"：知是心之本体，心自然会知。见父自然知孝，见兄自然知悌，见小孩要掉进井里自然知恻隐，这便是良知，不假外求。一旦良知生发出来，更不被私意私欲所阻碍，即所谓"充其恻隐之心，而仁不可胜用矣"。然而对于普通人来说，很难做到没有私意私欲的阻碍，所以须用致知格物之功。战胜私意私欲恢复天理，那么心之良知更无障碍，得以充塞流行，这便是致其知。知致则意诚。

船儿沿着运河南下，沿途风光甚美。王阳明一边与徐爱论学，一边与郏文等人饱览秀丽风景，渐渐也将京城的烦恼抛诸脑后。一行人一路上还品尝了香河肉饼、德州扒鸡、羊方藏鱼等不少特色美食。

几个月后，船抵杭州，自是另外一番天地。四人在杭州城流连数日。王阳明此时收到家信，父亲王华召其回乡。自从正德二年，遭贬贵州龙场时在南京与老父匆匆一面，至今已逾五年。他此刻也是思乡心切，接信后第二日，除留郏文一人在杭州继续观光外，携妹婿徐爱、家仆王能踏上了回山阴的归途。

回到位于绍兴山阴新河弄的家，已物是人非。王阳明站在屋前的大池塘前，觉得这里的一草一木、一砖一瓦都十分亲切。山阴是他们的祖居之地，在他十一岁时，父亲就举家从余姚迁回了山阴，从此就一直居住在这里。父亲此时已须发尽白，垂垂老矣。二弟守俭、三弟守文、四弟守章皆已长大成人，自立门户。家人重聚，分外欢喜。小妹守让听说大哥和夫婿回来了，也专程从余姚马堰赶回来相会。

是日晚上，王阳明与家人小饮几杯，回房歇息。烛光下，夫人诸氏正在绣花，一双巧手穿针引线间，花样迭出。

阔别多年，王阳明与诸夫人执手相看，丝绸的光泽映在她鹅蛋形的脸上，使她显得分外娇俏。王阳明深情地对她说："守仁常年在外，宦海沉浮，家中孝敬父母，大小杂事，多亏了夫人打理！"

诸夫人佯装嗔怪道："你还知道回来啊？要不是父亲大人写封信命你回来，你是不是早忘了这里还有你一个家啊？"

王阳明笑道："跑得再远，也不敢忘了出发的地方呀。这里才是我的根嘛。忘了自己，也不敢忘了夫人您啦！咱们是患难夫妻见真情啊！"

王阳明将诸夫人揽入怀中。诸夫人将他推开，羞红了脸："哪个跟你扯闲篇！我且问你，你知道父亲大人叫你回来做什么事吗？"

"做甚事？还有什么事比咱这共剪西窗烛更为重要？"他乐呵呵地伸手去解夫人的衣裙。

诸夫人轻轻拍打了他手一下："你稍安勿躁，这里真有一件正经事跟你商量！"

王阳明打趣道："有啥商量的，男主外，女主内，家里大小诸事，都听夫人的！"

诸夫人仍是一脸严肃，长叹了一口气："自从妾身及笄之年嫁到你们王家，也有二十五年了，说来惭愧，也没能给相公你生一儿半女。"说到这里，掩过脸去，泣不成声。

王阳明见此情景，揽夫人入怀，掏出手巾给她揩泪："都怪我这些年东奔西跑，咱们还年轻，这些事来日方长。"

"说来也怪，守俭、守文、守章成家这么些年了，也没见生个儿子。父亲大人年纪大了，盼着抱孙子呢。"

王阳明环顾室内，空荡荡的，还是当年新婚时的摆设，只是陈旧了些，也觉得有些伤感，但嘴上却说："这种事哪能急得来？到时我们兄弟几个一齐生了，咱老父亲又怕一双手抱不过来哟。对了，你刚才说父亲大人要与我商量正经事，何事呢？"

"父亲大人此前跟我说起，这次召你回来，是想给咱俩过继个儿子咧！"

王阳明丈二和尚摸不到头脑，愣愣地说："过继？儿子？谁家的儿子愿意过继给我们？"

"四叔家守信这些年一口气生了五个儿子！现在他媳妇又怀上了，父亲就想着将他的小儿子正宪过继给我们。前几日跟四叔说起，四叔满口答应。父亲是想让正宪给咱们这一房当个逗窝蛋！要不咱们这一房也太冷清了些。"

王阳明想了想："这样也好。不过，正宪今年几岁了？"

"八岁。"

"大了点，怕是有点认生了，带不亲哩。"

"这个不怕，我看这孩子挺懂事的，前两年开了蒙，先生一直夸他聪慧呢。"

"那也好。你在家带带小孩，也不会觉得太寂寞了。"说罢将夫人抱得更紧。

诸夫人脸一红，把头撇一边，嘴里喃喃道："谁寂寞了？我才不寂寞呢！"

四　日本使团的七千把刀剑卖给了谁？

眼看就是年关，大雪纷飞，王阳明突然想起六年前赴龙场之前，在通州运河燃灯塔渡口，张燕娘踏雪来送行的场景。不知她现在怎么样了？听说她在天台山、雁荡山一带，离绍兴不算太远。于是，王阳明便给黄绾去信一封，邀他来绍兴一会，自己也将携徐爱等弟子同游天台和雁荡诸山。无奈回乡期间，亲朋旧友多有造访，王阳明分身乏术，直到正德八年五月，他才稍能脱身，决定开始游学。

此时已值酷暑，王阳明与徐爱、蔡希渊、朱守中、王世瑞、许半圭等老家余姚的弟子，经上虞进入四明山。一行人先至白水山，眺望了壁立千仞、飞流直下的奇观。王阳明心情甚佳，当场吟诗二首，其中有"千丈飞流舞白鸾，碧潭倒影镜中看……卜居断拟如周叔，高卧无劳比谢安"几句。

之后，他们寻着龙溪源头探访了杖锡寺，又登雪窦山，攀千丈崖，远眺天姥、华顶二峰瑰丽景象。师生们其乐融融，颇有"春风沂水之乐"。

一日，夜宿永乐寺。月光皎洁，周遭空寂。师生在寺中漫步，在中庭一角听到有飒飒剑声传来，循声找去，只见一名老僧人在月下舞剑，其白须至腰，剑气飘逸。王阳明静观此僧人剑术，有股怨气弥漫，间杂海上无常之宿命，步法和剑风在中原实属罕见。老僧舞剑完毕，持剑肃立月下。王阳明上前躬身行礼："大师剑术出神入化，奇崛得很，我等中原人士，大饱眼福。大师定是域外高人。"

老僧听到这话，一惊，复又双手合十，用生硬的宁波官话淡然道："客官好眼力！贫僧乃东瀛小僧堆云桂悟，字了庵，正德六年充日本国正使，出访天朝上国，滞留宁波府，已逾两年。"

"原来是了庵法师，在下大明南太仆寺少卿王守仁，久仰道法高洁，今日得见剑术，更是惊为天人！"

"贫僧客居宁波安远驿馆，常听余姚乡贤说起阳明先生大名。我等山野之人砍柴刀法，难入老爷法眼。"

"法师无须过谦。不过在您的剑气中，感觉到一股抑郁不平之气，不知所为何事？"

　　了庵眼中又掠过一丝吃惊，他此前听驿馆的人说起余姚有个王状元的儿子叫阳明子，能预知前事，今日一见果真不同凡响，便双手合十道："王老爷慧眼如炬，贫僧心中所藏之事，不敢相瞒。"于是将他奉日本国足利义澄将军委派出使大明的前因后果详细说了。

　　永正二年，了庵被将军任命为遣明正使，前后准备了四年。永正七年，他们六百多人乘坐三只大船从博多港出发，在海上突遇逆风，不得不折返。第二年春天，使团再次乘船出发，历经千难万险，终于在当年的九月抵达浙江宁波。此时正值大明正德六年，了庵已八十七岁，使团一行人住在宁波市舶提举司的安远驿馆。

　　日本使团带来了将军和各路使臣进献给大明皇帝的刀剑共计九百八十把，此外还有七千把各种刀剑作为贸易品。了庵本想带着几百号人和这些刀剑去北京出售，但礼部只颁发了仅限五十人进京的许可。正德六年九月，了庵及随行五十人自宁波启程，乘船沿运河进京，准备向皇帝呈上拜谒表和进贡礼物，途经山东时，碰到刘三、刘七等流寇侵扰，一行人只得又返回宁波。在了庵多次上书恳求下，朝廷下旨全部买下贸易品中的七千把刀剑，价格依弘治旧例。

　　"使团接到圣旨后，无不欢欣喜悦。刀剑都能顺利卖掉，也不枉此行的万般艰难。"了庵将手中的剑递给王阳明，"王老爷您看看，这可是上等的武士刀，由铸剑师带上三到四个徒弟，花两个月才能制成。内质是坚硬的钢料，外用柔软的熟铁辅护，经过多次淬火后，由煅冶工用砺石开出锋刃。此后，再由研磨师精心研磨，再由鞘师装柄。"

　　王阳明接过剑，用手指在剑身上弹了一下，只听得清脆作响，再纵身挥舞了几下，剑风飒飒，黄叶乱舞，连声赞道："日本刀剑，果真名不虚传！"

了庵却叹道："可偏偏问题就出在这个弘治旧例上。"

"哦？这有什么问题吗？"

"王老爷有所不知，弘治旧例有两种：弘治八年例，每把刀一千八百文；弘治九年例，每把刀三百文。布政司便依了弘治九年的例，每把刀只愿给三百文。这可是上等刀剑，如此廉价，贫僧回国无法向幕府交差啊。"在月光下，了庵是一脸的愁容，"实在是心烦意乱，只得来到永乐寺暂住几日。"

王阳明知道礼部与布政司官员们的各种咬文嚼字，文字游戏玩得炉火纯青，正经事反而不会认真做，于是好言劝慰了一番，各自歇息去了。

当天半夜时分，王阳明起来出恭，突然看到一个身影从隔壁了庵的禅房里闪了出来。这身影瘦长，矫健如猿，甚是熟悉。他借着月光仔细辨认，终于想起来，这身影正是元宵夜在皇店刺杀皇上的那位"白衣人"。既然他的同伙"络腮胡子"口供中承认了是太后的人，这"白衣人"自然也不例外。太后的人为何深更半夜出现在日本使臣的禅房里呢？而且又是离京城万里之遥的四明山中？王阳明疑惑不已，这时看到隔壁禅房的灯被吹灭了，周遭蛙声一片。

第二天一早，了庵来向王阳明辞行，一副神清气爽的样子，仿佛一夜之间完全变了一个人。王阳明打趣道："法师气色不错啊，一夜之间如同脱胎换骨一般！"

了庵双手合十，笑道："让王老爷见笑，实不相瞒，老僧前番担心刀剑卖不了好价钱，昨晚接到布政司托人带来的口信，朝廷还是答应按弘治八年的高价收购哩。"

王阳明心里直嘀咕：这"白衣人"怎么又成了浙江布政司的人

了？这里面肯定大有文章！嘴上却连声恭喜，说些不痛不痒的客套话。临走时，了庵将随身佩带的一把日本刀赠给他。他推辞不过，只好收下。

王阳明一行在山中闲逛了几日，徐爱接到了吏部任命他为南京工部员外郎的文书。一行人不敢耽搁太久，便乘兴而归。王阳明与徐爱先到杭州，见到郏文。此时北京太后寝宫风波已经过去，郏文已被兵部委任为神机营中军武臣。

徐爱一见到郏文就恭喜他升了官："我们看史书就知道，神机营可是操持火器的随驾护卫之师啊。"

郏文苦笑："那是成祖爷时的老皇历了。景泰年间，兵部尚书于谦从五军营、三千营和神机营这三大营中选精锐十万，分为十团营，神机营等三大营剩下的老弱便成了老家。前几年，江彬的边军入京，称为'外四家'，皇上又从十二团营选出精锐在东西两官厅操练，称之'选锋'。而十二团营被称为'老家'，我们三大营连'老家'都称不上了。"

徐爱听他这么一讲，就乐了："那你们神机营岂不成了'老家'的'老家'？"

"可不是吗？我现在是从'老家'调入'老老家'，你说惨不惨？还有啥喜可以恭的哦？"

"神机营的火器那还是蛮厉害的，将来对付蒙古人的骑兵，那可是撒手锏哟！"王阳明在旁边宽慰他，"火炮一响，马儿失蹄！你可别忘了，当年成祖爷就是凭着这神机营横扫北元骑兵的哦！"

三人又乘兴游览了一番灵隐寺和飞来峰。郏文说："还是江南好啊，这些日终日混迹在西湖之畔、市井之间，喝着龙井茶，听着越曲。临走了，竟然有点乐不思蜀的感觉呢。"

王阳明和徐爱大笑。

送走了郏文，王阳明例行拜会了浙江左布政使方良永。去年京察时，因是浙江老家来的父母官，他在吏部见过方良永，两人相谈甚欢。方良永在王阳明之前也任过刑部主事，早就听说他审案公正，不祖护权贵。

闲聊时说起了庵和尚和他们的日本刀剑。方良永道："说来也怪，前阵子我正为此事发愁呢，藩司衙门要一下子拿出这么多钱来，谈何容易？前几天接到了庵和尚的信说，他们的刀剑不用朝廷收购了，说是什么要运回日本国去另有用途。这下倒好，一了百了！"

王阳明一听此话，顿时明白了庵和尚跟他和方良永都没有说真话。按理说，太后想买下这些刀剑，直接让礼部行文即可，用不着这样躲躲闪闪的呀。这些刀剑的买主究竟是谁呢？他甚觉纳闷。

两人正天南海北地聊着，钱粮师爷闯了进来，哭丧着脸说："这简直在抢钱嘛，这账没法做了！今年的解库银还亏空着，这一下子又抢了一万两去！"

方良永青着脸呵斥："没看见有客人在吗？什么事慌里慌张的？成何体统！"

师爷简直气急败坏了，也顾不得什么官场体面，大声嚷嚷道："锦衣卫的钱宁派人拿着驾帖和宝钞提举司的官文径直到我浙江十一府，用纸钞兑换白银。"

"纸钞兑换白银，一贯纸钞换一两白银，朝廷早有定制。换就换吧，有何大惊小怪的？"方良永道。

师爷将手中的账册在面前晃了晃："这是各府报来的账目，藩台大人倒是过目一下吧。一贯纸钞换一两白银？那我还有啥说的？他们可是用两万纸钞，换了我十一府白银三万两啊！"

"有这种事？"方良永唰地一下从座椅上站了起来，接过账目仔细看了起来，看着看着脸都白了。他把账目使劲往地上一摔，骂道："简直无法无天！如此佞臣，本司与他势不两立！我这就上疏参他，以明正典刑。此等行迹于法必诛！"

王阳明看方良永气愤不已，在旁也插不上话，便要起身告辞。

方良永这才意识到怠慢了客人，转身对王阳明不无歉意地说："摊上这等事，真是让人义愤填膺！让伯安兄见笑了！"

王阳明道："方兄真乃国之忠良，忠心可鉴日月。守仁如果碰到此等事，也会义无反顾地跟这帮胡作非为的小人斗个你死我活！"

"老兄前几年为戴铣辩护，遭受刘瑾阉党迫害，我是深感佩服。没想到，刘瑾灭了，又冒出一个钱宁，此等小人不除，真是国无宁日。"

"刘瑾虽然可恶，但毕竟还干点正事。像在贵省宁波设立市舶司，解除海禁，鼓励中外通商，朝廷税收一下子大为增加，也算是刘瑾这个大恶人主政时干的一点好事。眼下这个钱宁国姓爷，可只是爱钱！"

方良永一听此话，笑了出来："伯安兄就是爱讲笑话。我倒有个不情之请，我弹劾钱宁负主剥民的本子，能否请兄台一起联署？"

"正有此意！何乐而不为呢？"

两人哈哈大笑。

王阳明在杭州又逗留数日，依依不舍地辞别徐爱、郏文等故旧，赴滁州上任。滁州位于南京西北部，当年太祖率义军反元，攻占的第一座大城池便是这里，并以此为起点南征北战。滁州因而成为京畿辅地，被誉为"开天首郡"，太祖也因此把管理全国马政的太仆寺设在了滁州。

滁州位于滁水之北，风景极佳，为江淮胜地。太仆寺少卿一职较为闲散。刚至滁州，王阳明身边只有两三弟子，不久，其他弟子闻讯从各地云集过来。徐爱在南京任的也是闲职，没事时常来滁州听讲。王阳明常与弟子们同游琅琊、让泉、龙潭等名胜之地。一日，他们来到滁州城北的醉翁亭，只见亭边一巨石上刻着北宋大文豪欧阳修的《醉翁亭记》和苏东坡的题跋。欧阳修曾被贬至滁州任知府，这篇家喻户晓的名篇就是他率幕僚出游至此所作。

弟子冀元亨前不久刚从老家湖广常德府赶来滁州，这时从背包里掏出一壶酒："游醉翁亭，怎能没有好酒？我们几个弟子一起敬先生几杯可好？"

众弟子齐声叫好，举杯敬酒。

王阳明双手摆摆，微笑着说："你们知道的，我不胜酒力！"

冀元亨却不依："此酒是我从老家专程带来的，名唤'武陵春'。正应了先生目前这种沧浪之水的归隐心境哩。"

"好！就冲着这个'武陵春'的酒名，我今天也破回例，跟你们开怀畅饮一番。"王阳明脸上挂着笑，与众弟子一一碰杯。

几杯酒下肚，迎着微微山风，听听啾啾鸟鸣，王阳明有些醉意。他和衣斜靠在亭旁的巨石上，竟然睡着了，小睡后，心情大快，当场吟了一首《山中懒睡》的小诗：

扫石焚香任意眠，醒来时有客谈玄。

松风不用蒲葵扇，坐对青崖百丈泉。

弟子王嘉秀见王阳明有超脱凡尘之态，便问："先生，我心中一直有个对儒、道、佛三者关系的疑问。"

"说来听听。"王阳明笑眯眯地看着眼前的一众弟子，俯身掬起亭前的清澈泉水，洗了把脸。

"佛以出离生死诱人信佛，道以长生不老诱人入道，其本意也不是不要人做不好。究其原因，只是学得圣人上一截，即形而上。后世儒者，又只得圣人下一截，分裂失真，执着于记诵辞章、功利训诂，终身劳苦，于身心无分毫益处。比起佛道的超然于世累，反而有所不及哩。"王嘉秀说。

"听你此言，你抱何态度？"王阳明问。

"我认为，当今学者不必一开始就排斥佛、道，不妨立志为圣人之学。圣人之学学好了，悟透了，则佛、老之学自然泯灭了。"

"你讲的大体不差。但是将圣人之学分成上半截、下半截，又走偏了。圣人大中至正之道，彻上彻下，只是一贯，哪有什么上一截、下一截？"王阳明清了清嗓子，"明道先生不是说过'形而上者存于洒扫应对之间'吗？在圣人眼里，形而下即形而上，形而上也即形而下。"

"听闻先生年轻时也是很好佛道之学的？"弟子萧惠在旁问道。

"你说的没错，"王阳明望着远处连绵起伏的峰峦，意味深长地说，"我年少时，也曾执迷于佛道，自认为有所得，反而觉得儒学不足学呢，后来在贵州夷地住了三年，才悟到圣人之学真的是既简易又广大。我这才叹悔错用了三十年的气力呀！"

萧惠又问："佛道二学能让先生执迷三十年，其中一定有绝妙之处，敢问先生其妙处何在？"

王阳明答道："你却不问我悟的，只问我悔的！"

大家大笑。

萧惠又请教生死之道。

王阳明答道："知昼夜，即知死生。"

弟子王纯甫又问："研读心学的要义是什么？"

"变化气质是第一要义。"王阳明斩钉截铁地回答。

众人下得山来，刚上官道，只见后面有一队人马急匆匆地赶来。王阳明让弟子们牵着马在道旁驻足，让这些人先过。等到队伍近前一看，为首的不是别人，正是湛甘泉。

五　王阳明救活了唐伯虎的汗血宝马

这时马上的湛甘泉也看到了路边的王阳明，忙勒住马头。王阳明喜出望外，大声道："甘泉，你不是出使安南了吗？什么风把你吹到滁州这穷乡僻壤来了？"

"闲话少说，我早上在清流关驿站看到一帮人，杀气腾腾的，像是官府的人，好像要往这边来，怕是又跟你有关，赶紧来给你报个信！"

王阳明一听这话，笑道："大路朝天，各走一边。他要来，我还能挡住他不来吗？"

湛甘泉一听也有道理，但心里总觉得不放心："话是这么说，可我总是有种不祥的预感。"

"你当了回天朝大使，繁文缛节的事经手多了，胆儿反而小了！"王阳明只是笑，"不说这个，你倒是说说来滁州有何贵干？"

"呵呵，听你这口气，好像少卿大人不太欢迎我们哦。"湛甘泉从马上下来，拉着王阳明的手，"从安南出使回来，回广东增城老家省了回亲。一路北上，在南京看邸报，得知你王阳明来了滁州当'弼马温'，我能不来看看你这大马骝？"

众人一听，皆大笑。

到了滁州城，湛甘泉打发随从人等去城内驿站住下，自己在南太仆寺衙门后院的公馆歇息。两个老友久别重逢，自要谈天说地一番，从安南局势，到儒释道三家关系，再到欧阳修的诗文，最后再聊到圣学的复兴，总有说不完的话。当晚，两人抵足长谈，天明方歇。

第二天一大早，湛甘泉在徐爱等人陪同下，赴醉翁亭、让泉等名胜观光。王阳明留在太仆寺衙门阅些公文，看些闲书。临近正午，有差人来报，锦衣卫北镇抚司牟斌来访。他这才想起，湛甘泉昨日所言驿站一帮人，想必就是牟斌了，不禁哑然失笑。

王阳明换了身干净的官服，率几个衙门的听差，亲出西城门迎接，远远地看到一阵尘土飞扬，牟斌率着十余人的马队奔抵城下方才勒马。牟斌见王阳明站在城门外等候，连忙下马，抱拳道："来南京公干，路过滁州，来讨杯水喝。王兄亲自出城来接，实不敢当，惭愧得很！"

"有朋自远方来，不亦乐乎？"王阳明笑着上前拉住牟斌的手，"昨日湛若水湛翰林来了，今天牟指挥又大驾光临。小小的滁州城，一下子觉得很是拥挤啊。"

牟斌哈哈大笑："王兄真是抬举了！听说滁州是人文荟萃之地，欧阳修还在这里写过诗。我一介武夫，来这里真是有如文盲进孔庙——有眼不识泰山。"

"你别忘了，这里也是太祖爷龙兴之地，是皇家御马场哩。你这位天子身边的金吾将，来得正是地方！"王阳明笑呵呵地说，"来得早不如来得巧。今天正好是马场一年一度的赛马日，名驹不少。这方面你也是行家，牟兄如有闲暇，我愿意当一个向导。"

牟斌大喜，跃身上马，笑道："那还等什么？我恨不得长副翅膀，飞过去瞧瞧。"

两人一边说笑，一边骑着马往城外的马场而去，约摸半个时辰，就到了龙兴马场。眼前一马平川，碧草连天，一望无际。马群像天上的星辰点点，散布在大草甸上。

赛马会如期举行，好不激烈。经过马夫们的一番竞技角逐，终于选出三匹全场最好的良驹。其中夺得年度赛马会桂冠的一匹马驹，浑身洁白似雪，飒爽英姿，跑起来似一阵风。马场指挥请王阳明为这匹马驹命名。他摆了摆手，看着牟斌："我乃文弱书生，良马乃战之神器，当然得请军中良将为之赐名方为妥当。"

牟斌连声推辞，说自己字都认不全，哪有资格给良马命名，但禁不住大家一再相邀，冥思苦想一番，终于想出一个名来：飞将军。众人不作声，齐齐看着王阳明。王阳明顿了一下，笑道："此名甚妙！汉代名将李广让匈奴闻风丧胆，被敌人赠了一个外号就叫'飞将军'。此良马跑起来风驰电掣，不是正好像飞一般吗？在战场上定能像李广将军一样让敌人胆战心惊。牟指挥将它命名为'飞将军'，真是绝妙！"

经王阳明这一解说，众人也觉得此名甚好，情不自禁地叫起好来。牟斌起的此名本是胡诌，刚才还提心吊胆怕别人笑话他肤浅，此时也觉得脸上有光，喜形于色。

接连两日，王阳明陪同牟斌和湛甘泉把滁州周边风景卓异之处逛了个遍。牟斌临走时，王阳明让人牵来一黑一白两匹马，说："我这'弼马温'拿得出手的，也就是马了。这两匹马是我来滁州后精选良种，亲手饲养的，虽比不上西域汗血宝马这种名马，但在中原也算是难得的良驹了。牟兄千里迢迢来滁州偏僻之地看我，这两匹马送你，权当作个纪念！"

牟斌略作推辞，便收下了。临上路时，王阳明见他老盯着自己腰间佩挂的那把了庵所赠的宝刀目不转睛，心想武职一般喜欢刀剑，何况是这种异国名刀，于是将刀解下来，赠予牟斌："宝刀赠英雄嘛！"牟斌又是一番客套后，方才收了下来。

湛甘泉见牟斌一行人走远了，冷冷地说："这帮人，我看以后还是敬而远之吧。"王阳明笑了笑："不说这个，我陪你去凤阳中都和大明祖陵瞻仰一番。"

湛甘泉答道："这个不急。我们先回你府上，我还有要紧事跟你交代。"

回到住处，湛甘泉叫人唤来一个丫鬟，约摸十二三岁的样子，面色黑瘦，身材娇小，但眉眼间透着一股机灵劲。王阳明不解地问："甘泉，你这是何意？"

"咱们是老友，我就开门见山了。"湛甘泉指着眼前这小丫鬟说，"这次，安南国王亲赐我两名使女，是同胞姐妹，出身黎氏王族。我见你年过四十，仍膝下无子。'不孝有三，无后为大'啊。这是妹妹，就转送你了，你就收在身边为妾好了。"

王阳明一听此言，心中十分感激，但却极力推辞。他将这次回山阴过继了一个堂侄为子的事告诉了湛甘泉，又说与诸夫人恩爱，这么多年她在老家侍奉公婆不易，自己不忍心纳妾。最后叹道："甘泉的好意我领了，但你有所不知，夫人也是官宦人家小姐，生性一副倔脾气。如果知道我在外纳妾，还不把家里一把火点了哦！"

"既然如此，也不勉强了，"湛甘泉听他这么说，长叹了一口气，"不过我总是觉得你们余姚王家也是大户，状元门第，你又是长房，过继的事总有些不妥，怕日后无端生些变故。"

王阳明一脸苦笑："眼前得过且过，身后事，几人知？我现在最惦记的不是子嗣的事，却是为往圣继绝学。"

"你呀，是入了化境了！"湛甘泉摇了摇头，叹道。

过了些日子，一天，王阳明正在官署与弟子们论道，忽然来了些不速之客，拿着南京都察院的公文，要带王阳明回南京问话。他接过公文看了看，上面也是语焉不详，只是说要即刻动身，有要事问询。冀元亨等弟子情绪激动，上前围住来人。王阳明却镇定自若地说："无妨。南京去去就回，这几日你们自行好好温习圣人之学。"徐爱说正好准备回南京，一路可以照应。众人这才罢休，依依不舍地目送他俩跟着这一帮差人上路。

傍晚，一行人来到一个叫乌衣镇的地方投宿。镇里芙蓉楼前正围着一群人看热闹，王阳明等人也挤进去看个究竟，只见地上躺着一匹马在抽搐，此马头细颈高，四肢修长，皮薄毛细，浑身淡金色，光泽透亮，没有一丝杂毛。王阳明情不自禁地赞道："好马，好马，难得一见的汗血宝马！"

马的主人是一位文弱书生，满脸惨白，正在马前急得团团转，听到王阳明的赞声，趋身过来行了个礼："兄台是行家，有没有办法救救此马？"

王阳明详细询问一番，这才得知，原来此马从南昌一路乘舟经水路至安庆，再转陆路赶抵南京，没想到在乌衣镇这地方突然口吐白沫，倒地不起。店里有人说是吃了不干净的东西中毒了，要灌盐水。灌了一桶盐水后，马儿开始全身打摆子了。又有路人说，是发痧，要扎马腿放血。大家又忙了半天，血是出了不少，马儿还是没有见好。

"你这是病急乱投医，马儿没病也被你们折腾出病来了。"王阳明蹲下身子，撑开马眼看了看，又摸了摸马背和马肚子，"赶紧去药房抓两斤牛扁煎了水给它灌下，再取三五斤柳叶煮了给它洗背上的疮毒。"

书生忙中无计，只好半信半疑地让随从赶紧去抓药，按照王阳明说的去做。大约一炷香工夫，汗血宝马竟然喘了几口粗气，挣扎着站了起来。围观人群不约而同地鼓掌欢呼起来。

书生双手抱拳，在王阳明面前深深地鞠了一躬："今日若非兄台，这马儿肯定是起不来了，在下也一头撞死在这路边上算了。"

"阁下言重了，只是举手之劳而已。"王阳明笑笑，轻轻抚摸着宝马颈上的鬃毛，见马肩处隐隐有赤血般汗珠渗出来，由衷地赞道："果真是匹大宛宝马！今天让我大开眼界了。"

书生从怀里掏出一张银票，双手举着递给王阳明："一点小小心意，聊表谢意。"

王阳明如何肯受，再三推辞。书生只好收起银票，上前拉着他的手，执意要请他去芙蓉楼喝杯酒，以表谢意。

王阳明拗不过，只好答应。南京都察院那几个差人起初还要阻拦，书生的几个随从狠狠地瞪了他们一眼。这几个差人眼见王阳明不经意间就救活了一匹稀世宝马，知道他不是寻常之人，又见这书生的随从个个人高马大，衣着不凡，踅摸着大有来头，也不敢造次，只好跟在他俩身后进了酒楼，站在一旁，远远地望着。

王阳明与书生在窗边坐下。书生抱拳道："今天多亏了兄台！兄台定是懂马之人，这马究竟患的什么病？兄台怎么一味药下去，就起死回生了呢？"

"这马其实没有病。"

书生一脸的惊愕："没有病，为何倒地不起？"

"这马原产西域，哪经得起你们水路陆路的折腾？长江大风大浪地颠簸了几日，到了陆上又赶上酷热的暑天。我刚才抚摸它的背，发现背上隐隐有几个毒瘤，知道它定是犯了暑毒，就像人夏天中暑一样，不算是什么病。"

"兄台真是神医！敢问兄台大号？"

王阳明微微一笑，拱了拱手："不才南京太仆寺少卿王守仁。"

书生一听此言，忙俯身要拜："在下姑苏唐寅，拜见王老爷。"

王阳明一把将他拉住："这是做甚？这里又不是衙门里，哪有那么多规矩！看样子你也像是有功名在身的人。对了，刚才你说你是唐什么？"

书生站着，毕恭毕敬地答道："在下唐寅，字伯虎。"

王阳明眉角上扬，明显有些吃惊："失敬，失敬！原来是名满天下的唐伯虎唐解元啊。"边说边上下打量眼前这位唐伯虎，只见他眉清目秀，玉树临风，果真有江南大才子风范，忙招呼他坐下，两人各自说了些相互仰慕的话。王阳明问道："伯虎兄不在姑苏吟风弄月，怎么会来到这小镇上，还牵了一匹如此名贵的大宛宝马呢？"

唐伯虎一脸苦笑："阳明先生想必听说过弘治十二年的科举案吧？"

王阳明点点头，那场科举案，闹得沸沸扬扬，天下皆知，他作为亲历者又怎能不知道呢？他就是弘治十二年的进士，而且会试考了第二名。唐伯虎可能不知道，他们俩同一年进过北京贡院的考场哩。

当年那场春闱会试，钦派的两位大主考，一位是文渊阁大学士、礼部尚书李东阳，另一位是翰林院掌院兼礼部右侍郎程敏政，两人都是海内文宗。第三场策论有一道题目很偏，考倒考生一片，唯独有两本卷子答得甚为流畅。程敏政大喜，决定会元就从这两本卷子中选出。至于这两本卷子是何人所答，因原卷糊了名，还得等到填榜拆封时才能揭晓。哪知还没等到填榜，外面就盛传这两本卷子是唐伯虎和跟他一起进京的举人、江阴富豪徐经的。而大家之所以知道，是因为唐伯虎出场后，跟人喝酒，得意忘形，自己说出去的。

有个名叫华昶的户科给事中恰好听说了此事，便上了个折子弹劾程敏政事先出卖试题。当时考卷还没有拆封，弘治皇帝当机立断，降旨入闱，让程敏政不必阅卷，让李东阳彻查此事。李东阳会同其他考官将程敏政选中的那两本卷子当众拆封，果真是唐伯虎和徐经二人！结果自然是程敏政、唐伯虎、徐经三人锒铛入狱。经过一番审问查明，在大考前，徐经确实向程敏政送过贽礼，唐伯虎也曾送了一枚金币请程敏政为他的诗集作序，但没有找到程敏政出卖试题的真凭实据。程敏政虽有嫌疑，但士林中晚学后辈谒见前辈座师，送些贽敬也是常事。最后，报皇上圣裁，算是各打五十大板，勒令程敏政提前致仕，唐伯虎和徐经二人削去功名，罢黜为吏，不得再赴考试。华昶以言事失实，也被贬为南太仆寺主簿。

经此打击，程敏政出狱后愤郁发疽而亡。唐伯虎自然不肯去县衙当伺候县官老爷的小吏，回到姑苏老家，夫妻反目，筑室"桃花坞"，以作画为生，整日流连青楼，放浪形骸。徐经回家后，闭门读书，并作《贲感集》以明志。正德皇帝即位后，徐经一心盼望新天子的赦令，希望再返科举仕途。第二年北上京城探听消息。刚到北京便一病不起，客死北京，年仅三十五岁。至于程敏政当年究竟有没有出卖试卷，各种猜测，反倒成谜，常常成为士林中人茶余饭后的谈资。

既然提起此事，王阳明便旧话重提："大家百思不得其解，以程敏政老先生在文坛的威望，难道他还真的出卖试卷不成？"

"哎——"唐伯虎长叹一口气，低声说，"这事也困扰我多年。我是洒脱惯了的人，本无心科举。当年在友人祝枝山的力劝下，潜心读了几年书，没想到乡试时侥幸考了个江南解元，一时信心爆棚。第二年会试，刚出闱，一帮举人聚在一起喝酒，纷纷抱怨策论题太偏。我仗着酒劲，便吹嘘自己知道出处。没想到，一言酿成大祸。我自己没有买试卷，问心无愧啊，没想到把程大人也牵连进去了，至今心中有愧！"

"问题不在你！你本是南元，连中三元的例子也不是没有，问题是大家怎么将你和徐经扯在一起的呢？"

"此事说来话长。"唐伯虎抿了口茶，将目光投向窗外，虽已初夏，仍有柳絮纷飞。

六　一番好意，却成了罪证

唐伯虎的思绪随着窗外的柳絮飘飞到了十余年前那个进京赶考的风雨之夜。

那天傍晚，雨下得急。船刚抵乌镇，就得靠岸，唐伯虎找了家旅馆歇息。同住这旅馆的另有一名叫徐经的年轻举人，江阴人氏。此人出身富豪之家，也是书香门第，家中"万卷楼"藏书甚丰，在吴郡一带名气甚大。这徐经也是饱学之士，而且与吴郡士人多有交往。而唐伯虎十六岁中苏州府试第一，去年二十八岁又夺得江南解元，正踌躇满志，风头正健。江南乃人文荟萃之地，南闱为世人格外瞩目。南闱第一，特标举为"南元"，当是会元和状元的热门人选。徐经自然对唐伯虎刮目相看，倾慕有加。一攀谈，论齿序，徐小唐三岁，自称小弟。当晚就着窗外的淅淅雨声，两人对酒当歌，引为知己。第二天一早结伴同行。

到京城后，双双在江南会馆住下。一个是天下众望第一的江南新科解元，一个是"万卷楼"少主人，又皆是风流倜傥、琴棋书画俱佳的青年才俊，一时名动京华，慕名造访者络绎不绝。徐经有数名俊朗的书童，跟随徐经和唐伯虎终日驰骋于都市中，十分惹人注目，赞叹者有之，嫉妒者有之。徐经拉着唐伯虎晋见程敏政等在京的南直隶乡贤，少不了诗词唱和一番。程敏政见这两位家乡后学仪表堂堂，才学出众，也甚为喜爱，常有嘉许之言。问题恰恰出在，他和李东阳正好是钦点的入闱主考官。后来，程敏政改卷时，看到两份作答出众的策论卷，高兴得脱口而出："这两张卷子定是唐寅和徐经的。"说者无心，听者有意。会试三场考试一结束，便满城盛传"江阴富人徐经贿金预得试题"，于是便有了惊天科举大案。

听唐伯虎絮絮叨叨地讲起陈年往事，王阳明也心有戚戚然。

"当年我们几个被关进大理寺狱，审来审去，也没审出什么名堂。听说李东阳大人本来想此次春闱不取我们二人，以平舆情即可。可是谁知道，告我们的折子仍喋喋不休。最后，孝宗皇帝诏令锦衣卫再审。徐经经不起锦衣卫的严刑拷打，招认他用一块金子买通程敏政的亲随，窃取试题并泄露给我。"唐伯虎望着窗外的滚滚江水，喟然长叹道，"他究竟有没有窃取试题，只有天知道了！他说泄题给我，那确是无中生有！"

"往事皆如云烟，不可追之太深。"王阳明见唐伯虎神情落寞，只好好言安慰。

"科举本非我愿，从此笑傲江湖，如脱缰之马，少了羁绊，也好也好！"唐伯虎用手袖擦去眼角的泪花，挤出一丝苦笑。

"伯虎兄是明白人，有如此想法，甚好。"王阳明喝了口茶，转念想起汗血宝马的事，又问，"这汗血宝马又是为的哪般？兄台何时好上了这西域野物？"

"阳明先生有所不知。在下绝了仕望，归隐在市井巷陌间，不问世事，四处晃荡，小有些浮名。南昌的宁王屈尊请我出任王府幕宾，禁不住他三番五次地派人来吴县，只好应了这事。"唐伯虎低声道，

"这汗血宝马便是王爷打发我来办差，去南京送给镇守太监廖铠廖公公的寿礼呢。"

见王阳明一脸的惊讶，唐伯虎也有些难为情，顾左右而言他："阳明先生的这帮随从，怎么一个个不像善类呢？此中有何蹊跷？"

王阳明便将收到南京都察院公文的事实话相告。这次轮到唐伯虎惊讶不已了。

到了南京，王阳明被领到都察院大堂。都察院、大理寺和刑部的堂官都在座。他站在堂前，心里嘀咕，不知自己究竟犯了何事，竟然惊动南京三法司会审。

一声惊堂木响，开始问案。王阳明这才明白，列举他的罪状是如下三条：一是与浙江左布政使方良永勾结，将日本使团的七千把刀剑据为己有，图谋不轨；二是与翰林院编修、抚安南正使湛若水串通，以聚众讲学为名，行里通安南国之实；三是为掩盖罪状，将南京少仆寺皇家马场两匹良马贿送锦衣卫指挥。他们当场呈供的证据便是在滁州赠送牟斌的那把日本刀和两匹马。

王阳明顿时明白，牟斌此前来滁州看他是假，暗自搜集证据是真。他的心像是被雷击中，全身麻木，窒息难安。这把日本刀他自己非常喜爱，常常拂拭挥舞。这两匹马更是他来滁州后精心选出的良种，讲学之余亲手调养。以为牟斌专程来滁州看自己，喜出望外，割爱相赠。没想到他的这番好意，却成了罪证。更有甚者，牵涉到方良永、湛甘泉这些老友。

王阳明想了想，这从天而降的灾祸，应当源起于他与方良永联名弹劾钱宁的那封折子。当初上折时就已想到有这种后果，对此他并不意外，只是被朋友出卖的滋味不好受，就像吃了苍蝇屎似的恶心。

王阳明淡淡地说了一句："欲加之罪，何患无辞？"便铁青着脸，一言不发，不再理会大堂上的各种询问。

主持会审的南京都察院堂官问不出个子丑寅卯，也无可奈何，对这些上头派下来的所谓罪名，也心知肚明，只好将王阳明暂且收押，草草收场。

却说唐伯虎将汗血宝马送至南京镇守太监廖公公府上。廖公公喜欢得满心痒的不知搔处，当场骑上宝马在府邸前的阅马场跑了一圈。他虽胸无点墨，却好附庸风雅，听说唐伯虎是江南四大才子之首，哪肯让他回南昌去，非要留他在府上住上几日，等寿宴办好再走。每日约上几个南京城里的文人墨客，在秦淮河畔、莫愁湖边搞些雅集。

眼看寿宴临近，一日，唐伯虎在后花园与廖公公对饮，发现他的扇面上有些霉点，便趁着酒兴，在上面画了几枝寒梅，将霉点巧妙地画成了点点迎风怒放的梅花。廖公公一看，一拍大腿，赞道："这真是绝了！我都闻到梅花的香味了哩！"

唐伯虎趁机说："这只是雕虫小技，我认识一位高人那才叫本事呢。"便将王阳明如何让汗血宝马起死回生的事儿说了，大肆称赞了一番他的学问和书法，又将他隔空取物、足底呼吸、海上漂泊三昼夜、普陀山上会神仙，还有夜宿虎穴等传闻添油加醋地讲了。

廖公公说："如此奇人，怎不请来一见？"

唐伯虎叹道："本来在路上邀了他一道来的，那公公的寿宴才叫锦上添花哩。"

"本来？那为何不来？此人现在何处？"

"远在天边，近在眼前。"唐伯虎卖起了关子。

"他只要在这金陵城里，就是掘地三尺，我也能把他找到！"廖公公听唐伯虎将此人吹得神乎其神，耳听为虚，眼见为实，恨不得马上将他找来亲眼见上一见。

"他现在就在南京，只不过……"

"只不过什么？"

"怕是来不了呃。"

"难道是他瞧不上咱家的寿宴？还是有人成心阻拦不成？"廖公公有些生气。

"他现在关在南京都察院里呢，据说是为了一把日本人的刀和两匹小马驹，遭了锦衣卫的陷害。"唐伯虎这几日已派人暗中将王阳明的事打听清楚，这会便将他如何与钱宁结下梁子，牟斌如何背后捅刀等跟廖公公说了。最后，唐伯虎还将宁王若隐若现地摆了出来："宁王爷对阳明先生也是十分倾慕。在下来之前，王爷专门交代，要请阳明先生去南昌赐教。在下在乌衣镇巧遇阳明先生，正暗自欢喜宁王爷吩咐的事儿有了着落，没想到他却被衙门的人给抓了去，真是遗憾啊！"说罢，摇头叹息。

廖公公把手里的杯子往桌上猛地一砸，用尖嗓子大声嚷道："我早就听说钱宁这小兔崽子仗着有圣上的恩宠会使绊儿！他可不要得意忘形忘了祖宗。老夫跟他义父钱能侍奉孝宗爷时，他还穿开裆裤哩！还有这南京城可不是他锦衣卫撒野的地儿，他北镇抚司是不是捞过界了啊？"

廖公公骂了好一阵，吩咐手下去都察院要人："去传爷爷我的令，让他们即刻放人！说王先生是爷爷的客人，如果他们还不肯放人，你小子再把宁王搬出来，让他们有理儿去跟宁王爷说去，看宁王爷不撕烂他们的嘴！"

这天，徐爱正在南京都察院衙门外转圈。连日来，守门的衙役门包照收，但就是不让他这个南京工部员外郎踏入院门半步，更别说探监了。郑文也来了几次，也是被拒门外。徐爱这会儿急得像热锅上的蚂蚁，也没有法子。他又在跟衙役们磨嘴皮子，突然听到有人喊他名字，阳明先生正大摇大摆地踱着方步走出来呢，旁边一位大员陪着笑。这人歪着嘴，他认得，是一位姓罗的右副都御史。徐爱赶紧迎上去，一把扶住王阳明，上下打量了一番，见他憔悴了许多，哑着嗓子说："先生没事就好，没事就好！"

罗右副都御史跟在后面，笑着打圆场："都是自家人，能有啥事？只怪手下人笨手笨脚的，招呼不周啊，请王兄不要见怪，不要见怪啊。"

王阳明头也不回，径直出了院门，远远地看见对面街边有人正踮着脚尖往这边望。心想，这人肯定是唐伯虎。走近一看，果不其然，唐伯虎正摇着扇子，站在树下笑眯眯地等着他呢。

过了两日，廖公公的寿宴隆重开席，高朋满座，热闹非凡。王阳明与徐爱等官员士绅都应邀参加。廖公公见王阳明仙风道骨、气宇轩昂的样子，欢喜得不得了。有人介绍说，这是状元公王华的公子。廖公公想了半天，没有想出来王华是谁。又有人说，是前南京礼部王尚书的公子。他这才恍然大悟："哦哦哦，想起来了，想起来了，真是虎门无犬子啊。"

廖公公此前听唐伯虎说起王阳明的书法了得，令人捧出文房四宝，请他当众挥毫助兴。王阳明推辞不过，道一声"献丑"，铺纸研墨，大笔一挥，"虎虎生威"几个狂草一气呵成，博得大家一片赞声。这幅字当场被贴在了墙上，唐伯虎摇头晃脑，啧啧赞道："这几个字气势如虹，仿佛两只老虎就要从纸里一跃而出哩。廖公公是奉旨镇守南京的虎将，这字也应景。"

旁边有人指点道："字好是好，只是这虎字的草书好像右边少了一点哦。"

廖公公端详半天，挺内行似的笑着说："少一点啊，呵呵，这有何难？那就请阳明先生加一点呗。多点总比少点好哦！"

王阳明提起笔，蘸满墨汁，"唰"的一下，往墙上的纸掷去，不偏不倚，刚好击中第二个虎字的右上角。顿时，这个字变身为一只吊睛白虎，跃出纸面，跳至中庭，吓得在场的嘉宾纷纷想夺路而逃。此白虎突然腾空而起，化作一缕青烟向紫金山方向飞去，瞬间消失不见。

廖公公跌坐在太师椅上，惊魂未定，在场人等回头往贴着横幅的墙上望去，横幅上第二个虎字不见了，徒留宣纸一处空白。大家虚惊一场，这才缓过神来，击掌欢呼。唐伯虎刚才也是吓得不轻，此刻化惊为喜："以前听说过画龙点睛的故事，以为乃古人杜撰。今日见阳明兄写虎，我才相信笔下真有神力！"

嘉宾中有人赞道："今日廖公公寿宴，有飞虎献瑞，真是人间奇迹！"

廖公公缓缓站起身，颤巍巍地走到王阳明面前，端起酒杯，笑道："贤侄果真是不同凡响，让老夫大开眼界啊。来，大家举杯同庆！"

大家正欢欢喜喜喝着酒，门外传来一片吵闹声。廖公公不悦，吩咐手下去看看。不一会儿，手下回禀说："一老一少两个女的在门口吵着要见您。"

"多打发些，赶走就是了。"

"回祖爷，那老的不像是寻常人家，说跟您是旧识，让小的托话给您，只需说'小李子'的旧友求见。"

廖公公一听，脸色一变，比刚才见了字化白虎更为吃惊。"小李子"是他当年在孝宗朝侍奉后宫时的小名，至今已有几十年没有听人唤起了。突然听到来者说起此名，如何不惊？不知来者何方神圣，他忙叫手下快请。

在众人瞩目下，一位素衣素裙道姑模样的妇人款款而入，身后跟着一名穿着藏青色短装、身披绛红丝袍、腰佩长剑的少女。王阳明一看，惊得目瞪口呆，来者正是于夫人与张燕娘！

七　皇上生母原来另有其人

廖公公盯着老妇人看呆了。老妇人脸上挂着笑："怎么？廖公公不认识贫道了？听说您做寿，贫道特来贺喜哩。"

廖公公皱着眉，上下打量妇人，忽的脸色煞白，一个趔趄，险些摔倒，被手下人扶起。他慌里慌张地向妇人施礼，嘴上说着："于、于、于，余之幸也！夫人驾到，有礼了！"

于夫人微笑道："贸然来访，多有打扰，只是路过，来讨杯酒喝，公公莫怪。"

廖公公躬着腰，上前扶着于夫人，请她入席上座。于夫人将手搭在他的手臂上，只顾往内室走，边走边说："贫道有几句体己话想跟你说，能否找处方便地方聊聊？"

廖公公脸有难色，站在原地不动。张燕娘在后面推了他一把，他立脚不稳，险些跌倒。府里几个亲兵护卫见状冲了过来，将他们团团围住。燕娘拔出剑架在廖公公脖子上。在众目睽睽之下，气氛一下子变得剑拔弩张起来。大家都伸长了脖子，屏住了呼吸。

于夫人让燕娘把剑收了，微微一笑："老朋友叙叙旧，没必要这么大阵仗吧？"

王阳明怕燕娘她们吃亏，忙上前打圆场："来的都是客，座上酒一杯。有话好好说，无须亮家伙。"

廖公公知道他不是寻常之辈，一把拽住他，叫道："贤侄，救我。"

王阳明跟燕娘双目对视的一瞬间，似有千言万语欲说还休。但眼下不是顾念儿女之情的时候，他喝退亲兵，挽着廖公公往里走，说："进去喝杯茶去！"

一进内室，把门掩上。于夫人在中间的太师椅上坐下，冷冷地说："小李子，贫道找你找得好苦啊！"

廖公公腿一软，又差点摔倒。王阳明发现他身子像是一坨烂泥似的，一放手就会倒，只好一直挽着他。

于夫人又道："听说你在雁荡山种茶，我还专门去山上找你。后来有人讲，你在凤阳守陵，我们又去了中都。原来你改名换姓，来这金陵城当起了镇守太监了。害我一顿好找！整整找了你二十四年啊！"

廖公公躬着身子，一把鼻涕一把泪地说："这么多年，小的不知道夫人还健在哩，是小的对不住夫人，小的该死，小的该死！"说着，用手猛抽自己的嘴巴。

"你且住手。"于夫人语气平缓，但充满威严，"我来问你，二十四年前，你把我的麟儿抱到哪儿去了？"

廖公公脸色惨白，支支吾吾，半天说不出话。

"嗯——"于夫人手往案上一拍，怒道："快快从实招来！"

廖公公倒地，磕头如捣蒜，嘴上含混不清地说着："不关我事啊，夫人，确实不关我事。当年小王爷那是确实、确实病殁了呀。"

"大胆！"张燕娘杏眼圆睁，大声呵斥。话音刚落，剑已出鞘，架在了廖公公的脖子上。"打嘴现世的狗奴才，今天不说实话，本姑娘的剑帮你说话！"

廖公公梗着脖子，嘟噜道："小的说的句句是实话，如有假话，断子绝孙！"

燕娘一听此话，"扑哧"一笑，架在他脖子上的剑抖了抖。廖公公吓得面色惨白，歪着脑袋嚷着："姑奶奶，您这剑可要握紧了，我这细长脖子可禁不住这一哆嗦！"

于夫人见廖公公这样子，既好气又好笑，叫燕娘把剑收了，让他起来说话。他在地上爬了几次，硬是没有爬起来。王阳明见状，上前将他扶起。于夫人示意他在旁边坐下，他执意不肯，低头垂手站在一边。

"看来今天你是不想实话实说了。"于夫人一激动，不住地咳嗽。燕娘一手提着剑，另一手在于夫人背上轻轻地拍，嘴里说着："夫人，跟他废什么话？他是不见棺材不落泪，我一剑取了他狗命得了！"说着用剑往廖公公身上一指，廖公公吓得连忙往后闪避。

于夫人扯住燕娘的衣袖，接着说："小李子，我且问你，小王爷生下来好好的，刚刚满月怎么就殁了？小王爷刚被你抱走，张皇后就恰好生了一位王子，天下竟有这么巧的事？还有，就算小王子殁了，不关你事，你为何从此消失不见，还改名换姓，远离京城，这里面就没有猫腻？"

廖公公被逼问得没有话说，额头上直冒冷汗。

这时响起敲门声，有位亲兵推开门，探头探脑地问："祖爷，外面的客人正等着给您拜寿哩。"

"知道了。"他不耐烦地将手一挥，示意亲兵走开。

燕娘在一旁斩钉截铁地说："廖公公，您今天不说实话，恐怕这个寿宴得冷场！"

廖公公朝于夫人拱手作了个揖："夫人，这个陈年往事，说来话长，而且有些年月了，有些细节还得容小的再回味回味。您能否行行好？让我先把眼前这个寿宴应付过去，改日再好好向您详细回禀？"

于夫人看了看燕娘，燕娘使眼色让她不要答应。于夫人很是为难，又去看王阳明。王阳明也很犹豫，先是跟着燕娘摇了摇头，后又点了点头。

于夫人想了想，说："既然今天是小李子的寿宴，贫道就不背山起楼，烧琴煮鹤，大煞你的风景了。不过说的事，你得仔细想想，我们改日再登门讨教。"

廖公公长吁一口气："请夫人赏脸，外面上坐，喝杯薄酒。"

"贫道远离红尘久矣，早不习惯这灯红酒绿、人声鼎沸的场面。我以茶代酒，算是给你祝寿吧。"于夫人端起案几上的茶杯，抿了一口。

"也罢，也罢。夫人执意要走，小的也不敢留。前厅客人太多，还委屈夫人走后门为好，以掩人耳目。"

于夫人起身拂袖往后门走去，燕娘紧跟其后。廖公公在前领路，王阳明也尾随相送。一行人穿过几个回廊，过了几处花厅，来到一个幽暗的房间门口，有点像仓库，又有点像柴房。廖公公在门槛处站住了，于夫人刚要迈步，又迟疑了一下，回头问："这是什么地方？"

廖公公手一伸："夫人请这边走，过了这间房，就是后门了。"

于夫人和燕娘刚一迈过门槛，廖公公手往墙边木柱上一拍，"轰隆隆"一声闷响，各道门牢牢锁住，将于夫人和燕娘囚在里面。里面传来于夫人的话："小李子你好大胆，竟敢用机关，还不快快放我们出去！"

廖公公嘿嘿一笑，阴阳怪气地说："对不住了，夫人。您就安生

334

歇着吧，里面好吃好喝的都有，饿不着您呃。什么时候放您出去，我还得请示太后才行哩。"

王阳明也觉意外，转念镇定下来，对廖公公竖起大拇指："廖公公好身手，有勇有谋！"

宴会罢了，王阳明与徐爱结伴要出门，在大门口被几个亲兵拦住，说廖公公有令，不得让王阳明踏出人门半步。徐爱正要跟他们理论，王阳明心里明白，是廖公公怕他泄露内情，要软禁他哩。他心里这么想，脸上却镇定自若，跟徐爱说："你且先回家去，我跟廖公公正有话要说。"

王阳明跟着几个亲兵去内厅见廖公公。一见面，王阳明就乐呵呵地问："刚才正想问您啦，那两个女的神神叨叨的，像演大戏似的。你们那会说些什么，我是一头雾水，一句都没听明白呢。"

廖公公愣了一下，没想到王阳明主动发问，随即哈哈一笑："那就是两个疯道姑，早些年年关时请她们来跳过大神，后来她们骗了些财物，正要找她们算账哩。她们倒好，自投罗网了。"

王阳明装作一副恍然大悟的样子，点点头："怪不得您当时有点魂不守舍，我也头痛欲裂。她们肯定使了什么符，我们是中了她们的魔咒，我现在这头呀还有些痛呢。"他用手掌拍了拍脑袋，皱着眉头，很痛苦的样子。

王阳明在廖府住了两日，每日无非是与唐伯虎等人吟诗作画，喝酒下棋，清谈玄学。他心里想着如何营救于夫人和张燕娘，常常心不在焉。廖公公以为他惦记着回滁州任上，便笑着跟他讲："滁州那边你就别惦记了，南京这边正好有一个鸿胪寺卿出缺，我已经给朝廷上折子推荐你来当哩。这几天通政司的批文可能就要到了。"

廖公公见王阳明犹豫的样子，又道："这个鸿胪寺卿虽是个闲职，但比你滁州那个养马的差事好多了。你那边是少卿，这边可是正卿！"

王阳明假装欢喜，连声道谢。

又过了几日，几名红衣人骑着快马，后面跟着一架绿呢罩帘马车，风驰电掣来至南京镇守太监府前，自称东厂捕快，不及通报，径直闯入府中。他们见到廖公公，出示东厂铜牌，称奉太后懿旨将于夫人等二名钦犯押赴北京。廖公公忙叫亲兵将于夫人和张燕娘押出来交给他们。临走时，东厂捕快又称，太后有旨，令南京镇守太监廖镗亲自押送钦犯一同进京。廖公公一时懵了，说："下官年事已高，体弱多病，怕是经不起旅途的奔波，请上差回京禀告太后，容下官身体略好些时再赴京请安。"

这几名东厂捕快不由分说，上前一左一右架着廖公公就往外走。廖公公大声嚷嚷："可有太后手谕。"东厂捕快哪里理会，把他塞进押送于夫人、张燕娘的马车车厢，车把式马鞭一挥，马车跑得飞快。府里的亲兵眼睁睁看着东厂这帮人马一溜烟似的朝北城门方向而去。

一行人出了城，跑了半个时辰，来到一处驿站，这才下马歇息。廖公公从马车上下来，一边揉着老腰，一边用尖嗓子朝东厂捕快喊："我的几位小哥唉，这马跑的老哥哥我的身子骨都快散架了哦！"

东厂捕快也不理会，搡着他就进了驿站一间客房，把他往地上一扔。为首的一名黑脸捕快板着脸问："廖镗，太后问你，二十四年前的那件事你跟谁说了？"

廖公公跪在地上，额头上豆粒大的汗珠滚了下来："回太后的话，那件事小的已经烂在了肚子里，还要把它带进棺材里去。"

黑脸捕快眼一瞪，怒道："带进棺材里？今天就让你进棺材！"

"小哥，这事小的的的确确不曾跟任何人说起过呀，说梦话都不敢泄露半个字哩！"

"放屁！你说梦话你自己知道？你没对外人说过，那姓于的女人怎么找上门来了？"

"这、这、这，小的实在不知。她可能是从别人口中获知的，也未必。"

"你有没有跟姓于的女人说起那件事？"

"打死我都不敢说啊！"

"好！"黑脸捕快从怀里掏出一个小葫芦，倒出一粒黄澄澄的药丸子，"太后有令，赐廖铠西游金丹一颗。"

廖公公大惊，磕头求饶："小的对太后忠心耿耿，日月可鉴啊！求各位爷饶命啊！让小的亲自去太后跟前说话！"

"由得你，可由不得我！"黑脸捕快上前捏开廖公公的嘴，就要将药丸往嘴里塞。

正在此时，"轰"的一声巨响，房门被砸开，十余名汉子手持刀剑冲了进来。黑脸捕快掏出东缉事厂铜牌呵斥道："东厂办案，闲杂人等赶紧回避！"

打头阵的圆脸汉子哈哈大笑："管你东厂西厂，咱是坐家女儿偷皮匠——逢着就上！"

"来者何人？报上名来！"

"爷爷我是宁王府护卫亲兵，专打抱不平！"

双方短兵相接，一番激战后，东厂捕快终于寡不敌众，夺窗而逃。

圆脸汉子将瘫坐在地的廖公公扶起，他惊骇未定，坐在椅子上直哆嗦。

这时，唐伯虎摇着扇子，踱着方步翩翩而至，屏退左右，掩上房门，上前轻拍廖公公肩膀："公公受惊了，晚生来迟，恕罪恕罪！"

廖公公见到唐伯虎像是见到了大救星，一把将他紧紧抱住："你来得好哇，老夫险些丢了老命啊！"

"早上我接到宁王派人送来的信，让我即刻回南昌，刚想跟您辞行，正赶上东厂这帮人飞扬跋扈地将您老掳了去，我怕您有危险，便远远地跟着。果不其然，这伙人刚才就图谋不轨哩。"唐伯虎倒吸了口凉气，"刚才那场面，我看得也是心惊肉跳啊。对了，廖公公，刚才那伙人为何要对您下毒手？"

"这个、这个，"廖公公嘀咕道，"老夫也不知道……"

"廖公公，您得跟我说实话，否则得罪了东厂的人，躲得了初一，躲不了十五。"唐伯虎正色道。

见廖公公仍是犹犹豫豫，扭扭捏捏，唐伯虎将脸一拉，大声道："对方已经知道是宁王府的人救下了你。当今天下，能与东厂抗衡的，也只有天不怕地不怕的宁王府了。这里也没有别人，您若还是不说明白，将来东厂的人问起宁王爷，我们也只好将您拱手推给东厂处置了，到时休怪我们见死不救！"

"那是二十四年前的事了……"廖公公想了想，终于开了口。

廖公公断断续续地讲述，揭开了一个尘封二十余年的皇家秘闻。

那是弘治四年正月，一次孝宗皇帝在西苑巡游时，偶遇一名姓于的宫女。孝宗询问西苑诸事，这名宫女应对自如，颇得孝宗好感，因而召幸。这本不足奇，奇的是孝宗却对这宫女情有独钟，常游西苑，乐而忘归。久而久之，宫女怀上身孕。于姓宫女怀有龙胎，但仍未有名分，西苑内皆称她为于夫人。孝宗有意让她移居大内，便禀告太后。太后让人一查，这名唤作于夫人的宫女原是英宗朝兵部尚书于谦的孙女。于谦是"土木之变"后指挥北京保卫战的名臣，可是由于他不主和议，弃英宗为"空质"，并立英宗之弟为帝。瓦剌酋长也先和脱脱不花因禁了英宗一段时间，自觉无趣，便将英宗放了。英宗回到北京后被软禁在南城，昔日皇帝成为阶下囚，自然对于谦怀恨在心，直到隐忍七年后搞了个"夺门之变"复辟。复辟第六日即斩于谦于市，于谦儿子于冕充军龙门，其女眷全部沦为官奴。于夫人此时尚在襁褓之中，也随家人入宫为奴。知道了于夫人的身世，太后对她乃于谦之后十分忌讳，迟迟不肯同意让她进宫。此时张皇后也怀有身孕，闻讯跑去西苑闹了几回，每次都当众指着于夫人的脸骂她贱淫妇。孝宗只好断了让于夫人进宫的念头。

后来，张皇后早于夫人几日产下一名女婴，秘而不发，等到于夫人生下一名皇子，便命身边小太监李广去西苑，趁于夫人熟睡时抱出皇子，而将女婴弃之郊野，对外却谎称张皇后诞下皇子。没几日，张皇后又派东厂厂公王岳毒杀于夫人，在孝宗皇帝那里，却谎称于夫人难产而死，胎死腹中。孝宗信以为真，却从此思虑于夫人，不再纳妃，第二年将皇子立为太子，即为当今正德皇帝。张皇后当然就是现在的张太后，而张皇后身边这个小太监李广便是现今改名换姓的南京镇守太监廖铛。

"真没想到，前几日老奴寿宴上，于夫人突然死而复生，前来造访。我的天哟，我惊得眼珠子都快掉出来了，也是羞愧得恨不能找个地洞钻进去呢。她是当今皇上的亲娘哦，都是我们害了她，造孽啊！"廖公公边说边抹泪，"我只好将此事禀报张太后，没想到，她却想杀我灭口！老奴死不足惜，怕是这个天大的秘密从此也埋入黄土了。"

唐伯虎惊得张着大口，下巴都快掉下来了，思忖半晌，说道："事已至此，公公细思无益，不如回到府中，闭门谢客，谨慎小心行事就是了。张太后那边知道是宁王府救了你，自然也不敢跟宁王公然反目。宁王是睁着眼的金刚不怕闭着眼的佛，张太后也怕宁王万一将此事捅出去，她也吃不了兜着走呢。"

唐伯虎吩咐两名护卫护送惊魂未定的廖公公回南京城去，随即转身敲开了隔壁那间房门。

于夫人端坐在中间的木椅上，张燕娘、王阳明左右侍立。两间房之间只隔着一道木屏风，刚才唐伯虎与廖公公的对话，这边听得清楚分明。

于夫人两眼泛着泪花，喃喃自语说："我的麟儿还活着，他做皇帝了！他做皇帝了！"

王阳明与张燕娘齐刷刷跪倒在地，唐伯虎见状也跟着跪下，高呼："娘娘千岁！"

于夫人站起身："众位快快请起，这儿只有贫道，没有娘娘。今儿个多亏了各位鼎力相助，了却贫道一生心愿。现今真相大白，贫道本应随先帝爷九泉下去相会，只是惦记着麟儿二十余年未见。贫道想与我的麟儿再见上一面，死而无憾！"

众人又齐声道："娘娘保重，娘娘保重！"

"两位先生请起，"于夫人上前扶起王阳明和唐伯虎，双手抱拳放在腰间，微微屈身，施了一个万福礼，"贫道在此谢过！"

于夫人吩咐燕娘道："燕儿，我们即刻启程，去北京找麟儿去吧。"

燕娘扶着于夫人出门时，回首深情地看了眼王阳明，仿佛在说：后会有期。

看见于夫人出来，刚才还凶神恶煞要给廖公公下毒药的几个红衣东厂，此刻恭敬地迎了上来，扶于夫人和燕娘上了马车，并在左右护送。

王阳明、唐伯虎二人站在驿站门口，目送于夫人一行人北行而去，慢慢消失在茫茫驿道的尽头。王阳明回过头，朝唐伯虎长揖道："今日多谢伯虎兄深明大义，拔刀相助！"

唐伯虎摆了摆手："此事非同小可，关涉天子龙兴之初。唐某虽科场铩羽，但能见识圣母威仪，解除圣母心中多年疑团，三生何其有幸！小弟还要多谢阳明先生的信任呢。"

王阳明一听此言，分外激动，紧紧拽住唐伯虎的手，眼中充满感激之情。原来，这一切都是王阳明布的局，目的就是让廖公公说出实情。

那日，王阳明从南京都察院出来，徐爱和唐伯虎在院门外把他迎到，一起来到徐爱的家中小叙。唐伯虎盛邀王阳明出席廖公公的寿宴。王阳明心想，巴结权贵这类事他本不屑，何况此人又是当红宦官，便推说在都察院身体吃了亏，到时看情况再说。唐伯虎脸色虽然不好看，也不为难他，说了些保重身体之类的客套话就告辞了。

唐伯虎刚走不久，又响起了敲门声，来人说是王阳明故人。当她出现在王阳明面前时，王阳明愣了半天，来者正是他一直念叨的红颜知己张燕娘。这会儿在徐爱家中突然见到女扮男装的燕娘，真有点"踏破铁鞋无觅处，得来全不费工夫"的意外和惊喜。

徐爱见恩师有旧友来访，而且从他们的神情当中觉察到其感情匪浅，便知趣地回避了。

燕娘朝王阳明道了个万福："先生别来无恙。"

王阳明还是一脸的吃惊："这一切像是在做梦哩！燕娘是如何从天而降的？我前些日子还想去天台、雁荡一带寻你呢！"

燕娘掩嘴吃吃地笑："小女子何劳先生惦记。"

"燕娘，你是怎么知道我在南京的呢？"

"先生忘了通政司里有我们凤仪山庄的人了？"

王阳明一拍脑袋："对了，想起来了！我在贵州龙场时，你让通政司的兄弟向我传递过密报，我还没有当面道谢呢。我在南京的消息，通政司也知道？"

"先生恐怕还不知道南京都察院的人为啥要抓你呢？"

"这个当然知道，不是钱宁指使的，还能是谁？我和方良永告过他的御状！"

燕娘不作声，只是含笑看着他。

王阳明细想了一番，这才恍然大悟：他和方良永联名参钱宁的折子，按理要经过通政司转呈皇上。通政司的人为了讨好钱宁，肯定是将这折子私下里转送到了钱宁手上。怪不得，折子递上去了，石沉大海，而钱宁指使牟斌没多久便来到了滁州。

王阳明又将了将这些日子接连发生的事，好奇地问："南京驿传也有你们的人？"

"没错，"燕娘笑道，"钱宁指使南京都察院的密令被我们截获了，于是我便赶来了南京。"

"南京都察院也有你们的人？"

"那倒没有，今天我正在都察院门前侦察地形，没想到你大摇大摆地出来了。"

"哦？如此说来，难道是这都察院的人良心发现了？"

"先生真会说笑话，"燕娘粲然一笑，"刚才出门的可是江南第一才子唐伯虎唐解元？听说他替宁王给南京镇守太监廖公公送了一匹汗血宝马哩。这廖公公可是南京城里说一不二的人物呀。"

王阳明这才明白，原来是唐伯虎托了廖公公的关系救的自己，喃喃自语道："怪不得刚才我拒绝他参加廖公公寿宴时，他的脸色那么难看。"

"唐解元邀您去参加廖公公的寿宴？"燕娘大喜，"这真是天助我也，我们正要找他呢！"

燕娘便将他们最近侦查到廖公公便是当年张皇后跟前小太监李广，以及埋藏在于夫人心底二十多年的心结说了出来，并求王阳明相助。

王阳明想了想，便谋划出一个"深入虎穴"的苦肉连环计。

燕娘还是有些疑惑："唐解元是关键人物，关系着此计成败。可是他现今是宁王府的人，此前又闹过科场案，是否靠得住呢？万一不肯出手相助咋办？"

王阳明斩钉截铁地说："虽然我跟他是萍水相逢，但我相信他是个有良知的读书人。从他搭救我这件事也可以看出，他是个义薄云天的人。"

燕娘从王阳明的眼神中，看到的是坚毅和果敢，并被其深深地打动："我回去禀告于夫人，就依先生之计行动！"

接下来，事情果然按照王阳明预想的轨迹发展。廖公公因禁于夫人后，不敢自行处置，给北京的张太后送去加急密折。他万万没有想到，这一折子刚到南京驿传，还没出城，就被凤仪山庄的内线偷梁换柱了，换成了一封公事公办的谢恩折子。再紧接着，王岳当年安插在凤仪山庄里的原东厂密探手持铜牌，趾高气扬地出现在了南京镇守太监府的门前……

甲马秋惊

文远竹 著

SPM 南方出版传媒，广东人民出版社
·广州·

目 录

第三章　宁王之乱

第四章　圣驾南巡

第一章 应州大捷

一 鞑靼"小王子"来犯边

钱宁几乎同时接到南京镇守太监廖镗举荐王阳明任南京鸿胪寺卿的折子和南京都察院的密报，他当着牟斌等属下的面大发雷霆："计划得好好的，竟被这个姓廖的死太监给搅黄了！你看看，你看看，南京都察院这帮废物！还口口声声说遵宁王钧旨。他宁王爷坐镇南昌城，管得了南京都察院？"

牟斌在旁劝道："这个廖公公据说是太后的老人了，咱可开罪不起哟。宁王爷，呵呵，那就更不用说了。"

"这个王阳明本来要问斩的，难道我们还要眼睁睁地看着给他升官不成？"

牟斌笑而不语。

"你倒是说话呀，看不惯你们这种黏黏糊糊的样！"

"国姓爷刚才自己已经说了呀。"

"说什么了？真要给他升官？"

"谋事在人，成事在天。王阳明有贵人相助，也许是天意。天意不可违，我们何不顺水推舟？准了廖铠所请，既送了姓廖的人情，也不得罪宁王爷，还拉拢了姓王的，以后姓王的说不定化敌为友了哩。这帮文臣，也就是喜欢耍耍嘴皮子，逞逞能，博个好名声。真的惩罚他们，反而上了他们的当！"

钱宁点点头："你说的好像也在理。对了，那个浙江布政使叫方什么良？"

"方良永。"

"咋办？也给他升官？"

"升官得有人举荐才行，不如找个理由，给他嘉奖吧。这也显得咱们国姓爷将军额头能跑马、宰相肚里能撑船嘛，让姓方的感激涕零去吧。"牟斌说着，呵呵呵地笑。

"那就依你吧。"钱宁从笔筒里抽出一支小楷狼毫，蘸上朱砂墨，在廖公公上的折子上批了一个"准"字，又拣出一本浙江地方官上的公事折子，看都没看，在额首歪歪斜斜地批了一行字：浙江布政使方良永勤勉政事，着内阁嘉奖。

牟斌在旁啧啧称赞："国姓爷这字，真是出神入化，颇得怀素大师神韵。"

钱宁笑着骂道："你小子少拍马屁，老子的字有几斤几两，老子自己清楚。咱们是武职，刀口上讨生活，字写得再好，顶个屁用？"

牟斌满脸堆笑："国姓爷说得对。咱们武职就是该为皇上分忧，那些舞文弄墨的事，才不屑为之呢。看着国姓爷替皇上朱笔一挥的样子，下官都感到无比荣耀啊，国姓爷真是圣眷日隆啊。"

"隆个屁！"钱宁将手中的朱笔摔在案几上，一副吹胡子瞪眼睛的样子，"要是圣眷日隆的话，这会儿我们早就跟着皇上大同巡幸去了。咱们可是太祖爷御封的锦衣卫，护辇随驾本是我们的本分。可是他江彬，戍边的贱兵一个，竟敢蛊惑皇上出关微行，还说什么要学成祖爷御驾亲征。我看啊，不闹出个土木堡第二出来，不得罢休！"

牟斌在旁直吐舌头，倒抽凉气，不住地摆手，压低嗓子说："我的国姓爷哟，此话千万不可再讲，小心被人传了出去，那我们可就吃不了兜着走了。"

"怕什么？就要姓江的这厮知道，老子是济公当和尚——不是吃素的！当初要不是老子把他引荐给皇上，他现在这会儿还在长城边上吹风哩！"钱宁骂骂咧咧着。

牟斌等人干脆把门窗都紧闭了，任他骂。

正当钱宁大骂江彬的时候，江彬陪同皇上趁南郊斋宿之便，率边军浩浩荡荡地巡视了昌平、黄花镇等近畿。这时接到前方军情急报，蒙古鞑靼部酋长达延汗率五万人犯边。这达延汗别号"小王子"，即此前在"土木之变"掳去英宗的脱脱不花的儿子。皇上一听，愤然道："为我曾祖英宗皇帝报仇雪恨的时候到了！"当即吩咐江彬整顿好随行军马，并传令居庸关守关官兵，准备出关迎头痛击。而自己与江彬等人在昌平设立行辕，排兵布阵，百般演练，好不热闹。

巡关御史叫张钦，通州人氏，正德六年进士，先是当了几年掌管传旨、册封的行人司行人，后改授为御史，此时正好在居庸关巡视。他知道，皇上身边的"外四家"虽军容壮丽，但人数不多，又在京城养尊处优多年，跟鞑靼小王子五万虎狼之师较劲，如同羊入虎口。因而他下令闭关抗命，并连上两本奏疏，他引英宗"土木之变"为鉴："且匹夫犹不自轻，陛下奈何以宗庙社稷之身蹈不测之险。"

此后，他觉得话犹未尽，又紧接着上了第三道奏疏，指出乘舆不可出关的原因有三：人心摇动，供给浩繁；远涉险阻，两宫悬念；北寇方张，难与之角。

奏疏发出去后，没有回音。皇上行辕那边要出关的急令却一封封地来得甚急。张钦命居庸关指挥孙玺紧锁关门，亲自将关门钥匙藏在身上。守关的太监刘嵩欲往昌平拜见皇上，张钦制止他说："我今天不开关放车驾出去，是违抗君命，当死。若是开关，那后果不堪设想。万一发生类似'土木之变'的事情，不止我死，皇上也得死。反正都是死，那我宁愿因不开关被处死，那样死了也是永垂不朽。"

不久，皇上率大军来到居庸关下，召孙玺见驾，孙玺回话说："御史在，臣不敢擅离。"皇上又召见刘嵩，刘嵩对张钦说："我是皇帝的家奴，岂敢不出关谒见？"张钦一手托皇帝敕印，一手握剑，坐于关门下，斥道："敢言开关者，斩！"

皇上无奈，只好在关下扎营。当晚，张钦又连夜起草一封奏疏，从城头上用绳索缒人而下，送去大营。奏疏说："臣担心有奸人想假借陛下名义出边勾结贼人。臣请捕杀此人，明正典刑。若陛下果欲出关，必须请太皇太后和皇太后两宫在圣旨上加盖宝印，臣乃敢开，不然万死不奉诏。"

奏疏还未送达，皇上又遣使者传令开关，张钦立在城头，拔剑呵斥使者，称其为奸细，要弓弩手射杀他，吓得使者抱头鼠窜，跑回去对皇上说："张御史差点儿杀了我！"皇上大怒，要江彬派人去捕杀张钦。这时，阁臣梁储、蒋冕、毛纪骑快马追至居庸关下，三人哭倒在皇上面前，苦谏他回跸京城。皇上看着老臣们哭哭啼啼的样子，也有点心烦，正犹豫间，恰好张钦的奏疏又送到了。众阁臣又一齐劝谏，皇上无奈，只好回宫。

过了二十多天，皇上趁着张钦巡视易县白羊关口的时候，微服出宫，从德胜门溜出去，夜宿民舍，疾驰出关，一路上数次问随从："张御史现在哪里？"

张钦闻讯后，欲骑快马去追，但皇上已命太监谷大用把守居庸关，禁止放出一人。张钦气得望着西面痛哭。

皇上率大军来到边防重镇宣化府，本来一路上踌躇满志要与鞑子兵决一死战，等到了宣府，却发现这里一切太平，丝毫没有鞑靼人的踪影。他觉得这里还不是前线，于是想将中军大营移去更西面的边塞阳和卫。对于这个想法，当初怂恿皇上亲征的江彬都有点害怕了。他告诉皇上，这次跟随他出征的"外四家"军队只有四五千人，而对方号称大军五万。而且最关键的是，长城沿线各镇总兵不一定听他号令。因为按例，他们需直接听命于总督军务的三边总制，随时可以"将在外，君命有所不受也"来进行推托。

皇上低头盘算了半响，说："这有何难？朕直接担任总督军务威武大将军总兵官吧。"想了想，又说："朝中那些文官们老是说朕亲征这样不妥，那样不妥，那就再起个名叫朱寿好了。你们听好了，令兵部存档，户部按大将军官衔每月发放俸禄。"

九月，大军刚抵阳和卫，就有探子来报：鞑靼小王子引兵突破长城防线，在西面陕西榆林与东面山西大同之间撕开一道口子，直插山西腹地，准备由南往北攻击大同，要不了几天将抵大同城下。十月，鞑靼小王子率五万骑兵在蔚州、灵丘、浑源一带窜扰一番后，突然绕至大同南面，挥师北上进逼大同。而皇上驻跸的阳和卫就在大同的东北角。一旦南面的应州失守，阳和卫便直接暴露在数万敌军面前。大同总兵王勋急了，皇上的安危可不是闹着玩的。他连夜急马飞报阳和卫中军大营，奉劝皇上起驾回京，暂避敌军锋芒。

得报后，皇上不慌不忙，叫上江彬等人，换上便装，优哉游哉地来到大同微服私访。大同作为大明九边之一的军事重镇，聚集着数万雄兵。可是，江彬此前搞了个选锋，将这里的精锐几乎都选去了北京，大同镇就留下些老弱病残，徒有一副空架子。平时无事倒好，一旦有事，断难防守。皇上在城门口看着一列列驼队满载着货物，络绎不绝地从门洞里经过，有云贵的茶商、盐商，有江南的丝绸商，也有塞外的皮货商和马队，熙熙攘攘，好不热闹。而守门的却是几个羸弱老兵，无精打采地坐在城楼下晒太阳。皇上默默地看着这些，心头不悦。江彬见他眉头紧锁，便寻思着哄他开心，悄声道："这大同的婆娘，天下闻名呢。"

皇上没好气地说："你少来哄我，这边塞苦寒之地，哪有什么天下闻名的婆娘？"

"皇上有所不知，大同青楼里的婆娘素以'重门叠户'和小脚闻名。有些鞑子部落的酋长和王公贵族也慕名而来，满意而去，都有些上瘾呢。"

江彬添油加醋地说着，不知不觉走到了一座青楼底下。

皇上抬头看了一眼，招牌上写着三个字"春风楼"，笑道："百闻不如一见，我们也沐浴下春风去！"

上得楼来，皇上点了头牌姑娘苏玉兰。老鸨推托说："玉兰姑娘今日身体欠佳。"江彬在旁边瞪了她一眼。老鸨看这几个人穿戴华丽，气度不凡，知道非富即贵，不敢怠慢，便在前带路，请皇上进了一间雅室。早有那丫鬟茶水点心伺候。

不一会儿，一位花枝招展、婀娜多姿的神女款款而入，只见青黛画眉口脂香，舞裙歌扇小蜂腰。此女精通茶道，又弹得一手好琵琶，尤其是生得一双勾魂眼，边弹琴边用那眼神去勾皇上。皇上哪禁得住她如此挑逗，揽入怀中，百般亲昵。最后自然少不了宽衣解带，云雨一番。

事后，皇上光着身子，眯着眼，在床上小憩，外衣兜里有一地图掉了出来，上面标着大同及周边诸镇的军事部署。苏玉兰拾起看了看，又重新折好，放入皇上衣中。

皇上在大同逍遥几日后，回到阳和卫，以"总督军务威武大将军总兵官朱寿"的名义给大同总兵王勋写了封信，要他集结军队，南下主动迎敌。王勋接到这封莫名其妙的信，怎么也想不起朝廷还设有这么个官职，找幕僚翻出相关文书卷宗研究半天，也没有弄明白。看信件，关防印信、驿传印记都一应俱全，不像是假冒公文。再细看这封信，行文严谨，语气严肃，不像是同僚跟他开玩笑。后来，经过多方打听，王勋这才知道这个朱寿其实就是当今皇上朱厚照，大将军什么的官职是皇上自封的。知道这个结果，王勋哭笑不得，皇上不但不走，还让他主动出城迎敌，那大同不就成了一座空城了吗？万一大同失守，皇上所在的阳和卫岂不是一览无余？

王勋清点能够作战的兵力，不足一万人。"就凭这么点兵力，能守住大同镇就不错了，还主动出击，这不是以卵击石吗？这帮鞑子兵可是长驱直入，锋芒锐不可当啊！"王勋仰天长叹。可是，这个威武大将军总兵官可不是普通的总兵官哦，圣旨谁敢违抗？王勋无奈之下，率大同守军向南面应州进发。

对于皇上下达的南下抗敌的命令，不仅是王勋，就连江彬都觉得这简直是豪赌，获胜的可能性太小。他在御前提出了反对意见："大同城墙坚固，我们即使不撤回北京，但将中军移至大同城内，严防死守，鞑子兵未必就能攻破大同。但是让大同守军尽出，万一鞑子兵来犯大同，岂不是拱手相让？"其他几位边军将领也纷纷附和，劝皇上切不可主动出击。

皇上却不顾将领们的劝阻，在营帐里的地面上铺开地图，胸有成竹地颁布了他的作战命令："辽东参将萧滓、宣府游击将军时春率军驻守聚落堡、天城，延绥参将杭雄、副总兵朱峦、游击将军周政驻守阳和卫、平房、威武等地。以上军务必于十日内集结完毕，随时听候调遣，违令者重罚！"

看着皇上一脸严肃、沉稳镇定，再也不是此前那个嬉皮笑脸的少年天子，仿佛是一个久经沙场的老帅，江彬顿时对他刮目相看。

而此时，百里之外的鞑靼小王子却突然下令大军改道，由北击大同改为急转向西南方向而去，意图袭扰大同南面重镇应州，攻破防守薄弱的朔州、宁武等地。

得知鞑子兵没有北上，而是改为南下，江彬长舒一口气："皇上真是料事如神，我们正好借此机会，退回宣府加强戒备，坐待良机。"

皇上斜睨了江彬一眼："鞑子就在眼皮底下，不打他，还退回去坐待什么良机？是坐失良机吧！"

江彬嘀咕道："我们兵力不够啊，出京时也没想到小王子浩浩荡荡有五万人马之众。"

"当年成祖爷五次御驾亲征，深入漠北，直捣北元老巢。依你看，他要带上多少兵马才算够呢？"皇上坐在中军大帐里，有条不紊地发布了第二道作战命令："辽东参将萧滓、宣府游击将军时春，离开聚落堡、天城驻地，火速支援王勋。副总兵朱峦、游击将军周政即刻出兵，尾随跟踪鞑子兵，不得擅自交战。宣府总兵朱振、参将左钦移兵拱卫阳和卫两翼，只守不攻。违令者斩！"

江彬在旁说："禀大将军，即使将辽东、宣府的兵力调过来，我们的兵力还是不够啊。一旦鞑子兵掉头击破大同镇，再进攻阳和卫，我们岂不危矣？"

皇上把手中的茶杯往地上一摔，怒道："本大将军战意已决，谁敢再动摇军心，格杀勿论！"

王勋与小王子在应州城外不期而遇，一场遭遇战就此打响。

王勋虽然兵力不够，但得知辽东参将萧滓、宣府游击将军时春的援军将至，便顾不上给自己留退路。他下令擂响战鼓，全军猛攻。小王子傻了眼，他本想避开大同镇的明军主力，没想到在应州城外遭遇到了明军主力的围堵，一时乱了阵脚。他怕中了埋伏，不敢贸然突进，而是下令以守代攻，每次只派出小股军队袭扰。

双方打打停停，拉锯战打了一整天。黄昏时分，小王子突然发现，对方所谓的明军主力，打来打去就那么点人马，这才知道自己上当了，愤然下令全军出动，火速包围明军。

就在小王子的骑兵即将收紧包围圈时，萧滓、时春的援军恰好赶到。明军里应外合，硬是将包围圈撕出一个缺口。此时天色已晚，小王子的骑兵派不上多大用场。王勋借这个机会，率军从包围圈的缝隙中钻了出来，溜进了应州城内。

第二天拂晓，王勋立在城头向下张望，只见鞑子兵已如蝗虫般包围了整座城池。城下几座云梯已经搭好，只等小王子的攻城号令。

王勋叫来萧滓、时春，商议从东城门主动出击。萧滓往城下探头望了眼如潮水般的鞑子兵，缩头咂舌道："如此悍匪，从未见过！"时春也劝道："不如坚守城池，以待援军。"

王勋指着晨光初露的东面地平线："你们看，那是什么？"

萧滓、时春顺着王勋手指的方向望去，只见敌军后方尘土飞扬，明军的旗帜隐约可见。王勋笑道:"我援军将至,与其在此坐以待毙,不如反客为主,主动出击,打他个措手不及!"

这时,小王子下令攻城,可是让他万万没有想到的是,不等他们攻城队伍组织好攻势,王勋一马当先,率领一队人马从东城门杀将出来,左冲右突,将还没有完全准备好的攻城队伍打得七零八落。

小王子率军应战,可是当他打着打着,却发现身后竟然莫名其妙地多出一支明军,对他形成前后夹击之势。原来是负责跟踪任务的延绥副总兵朱恋,从背后对小王子发动了袭击。

这次小王子比上次冷静得多,他很快就察觉到,明军虽然得到增援,但兵力仍然较少。他果断下令,将兵马一分为二,分头作战,首尾呼应,阻断两支明军会合。

王勋这次虽然力战,但却无力回天,他们被分割包围,最后拼尽全力,只得退回应州城内死守。鞑子兵将应州城围得跟铁桶似的,愤怒地发起了最猛烈的攻势。

这个时候,坐镇阳和卫中军大营的皇上一身戎装,披挂整齐,叫来江彬说:"下令集合兵马吧,我们出发增援王勋去!"

江彬一脸疑惑地看着皇上:"我们哪里还有兵马?"

皇上淡然一笑:"我之前已密令张永、魏彬、张忠率京军'三大营'前来助战,他们此刻应该到了。"

江彬这才恍然大悟:怪不得这几天皇上坐在帐里,盯着地图出神,原来他在暗自等待京军的到来!

皇上亲率大军,自阳和卫出发,星夜驰援应州。

天亮了,鞑子兵再次发动冲锋,王勋率部在城头顽强抵抗,勉力支撑。正当濒临绝望之际,只听远处一声炮响,大明猎猎军旗忽然从鞑军后侧升起，正是皇上亲率"外四家"边军和北京留守京军共三万人马杀到，如一把钢刀从鞑军背后刺入，打头阵的便是郏文率领的神机营。

郏文金甲银枪，骑在高头大马上，威风凛凛，手中令旗一挥，上百门神机炮对着鞑军齐轰。鞑军马队大惊，一时乱作一团。"外四家"骑兵精锐趁势掩杀过来，"两官厅"选锋和团营步兵紧随骑兵之后，呼声震天，对鞑子兵展开了外包围。

王勋在城头上看到战局扭转，大喜，当机立断，再次命令守城军队悉数出城迎战。鞑军前后受敌，猝不及防，全线溃败散去。明军在应州城下实现胜利会师。

鞑靼小王子也不愧为久经沙场的老将，迅速纠集兵力，稳住阵脚，且战且退，往应州城南面龙首山退去。凭借山势，扎营安寨，准备略作休整，改日与明军决一死战。

二　春风楼的头牌姑娘可立了大功哟

第二天一早，漫天大雾。鞑靼小王子趁着雾色，集合兵马，布好阶梯阵形，准备对明军展开殊死搏斗。等大雾散开，小王子惊奇地发现，山下的明军早已列队整齐，铁骑似海，枪锋成林，正虎视眈眈地等待着他。正中一面猩红大旗，上书"威武大将军"五个字。旗下立着一匹白马，马上雄赳赳地坐着一位青年统帅，盔甲锃亮，正是当今大明皇帝。只见他拔出佩剑，大喊一声："养军千日，用在一时。兄弟们，给我杀！"大明军队狂呼不止，杀声震天，如潮水般冲向鞑军阵地。

小王子一马当先，身先士卒，率领骑兵如狼似虎地冲杀过去。双方近十万人在应州城外的空旷地带展开激烈拼杀，万马奔腾间，扬尘遮日。

皇上镇定自若，指挥若定，在阵前来回奔袭，还多次驱马直奔前线，与鞑子骑兵对砍，亲自手刃一名鞑子军官。这一消息迅速传遍全军，将士欢呼不已，士气为之大振。

面对着越战越勇的明军，鞑子骑兵失去了往日的彪悍。此时，郏文率领的三千神机营步兵持霹雳火铳和大连珠火枪，以五人一组小分队作战的方式，灵活机动地射杀鞑子战马。鞑子战马在草原上跑惯了，哪里见过如此火器？每一声火铳枪响，都会惊得它们像脱缰野马般狂奔不已。许多鞑子骑兵不明就里地从马背上颠了下来，成为明军的刀下之鬼。

双方激战一天，打得天昏地暗。到了傍晚，小王子孤注一掷，率领十余骑精锐亲兵，向着"威武大将军"帅旗下冲杀过来，意图攻击明军主帅，取得三军夺其帅的效果。

江彬正与几名鞑子大将厮杀，此时看到小王子要偷袭皇上，大叫一声："皇上小心！"掉转马头想去护驾，却被鞑子众将纠缠，脱不得身。

眼看小王子一帮人就要冲入大明中军帅前，皇上不慌不忙地拈弓搭箭，只听得"嗖"的一声响，利箭飞了出去。小王子应声落马，被亲兵救起，耳朵上还插着一支箭。说来也巧，此箭不偏不倚，从小王子左耳穿过，让他白捡了一条性命。

皇上令司鼓手擂响冲锋的战鼓，整个中军大营全部出动，以排山倒海之势直扑鞑军。小王子惊魂未定，见大势已去，忙令退兵，数万鞑子兵像潮水一般迅速退去。此时，残阳似血，应州城外尸横遍野，分外苍凉。

皇上满脸通红，按捺不住胜利的喜悦，率众将士绕城欢呼。当晚，应州城内犒赏三军。皇上亲自祝酒，三军山呼万岁，声震云霄。宴席上，江彬一边频频向皇上敬酒，一边不解地问："大将军让大同守军全部出动南下抗敌，是一着妙棋，也是一着险棋。末将真是纳闷，您当初为何那么有把握呢？"

皇上一听这话，哈哈大笑："你忘了我们微服私访大同婆娘的事了？"

江彬更是一脸疑惑地看着皇上。

皇上诡谲地说："那春风楼的头牌姑娘可立了大功哟！"

"大将军又在说笑。"

"谁跟你说笑？军中可无戏言。"皇上卖了个关子，不理江彬，转身去跟王勋、郏文等众将饮酒。

江彬心中悬着疑团，无心饮酒，寻了个机会，又问皇上。皇上见他牵肠挂肚的样子，也甚是开心，禁不住他的缠问，低声说："你还以为本大将军大敌当前微服私访大同，真的就是去体验什么'重门叠户'啊？我早就接到锦衣卫暗探的密报，春风楼的头牌姑娘苏玉兰是鞑靼人的探子哩。"

江彬眼睛睁得像两只铜铃："那大将军您为何不派人抓了她？还跟她……"

"抓了她？抓了她谁给我们送'情报'呢？"

"送情报？"江彬如坠云雾。

皇上哈哈大笑："你知道'蒋干盗书'的故事吗？"

"听戏听过。"

"我在床上故意给她看了一份假的军事布置图，那上面的大同镇，可是铜墙铁壁一般！"

江彬恍然大悟，这才明白鞑靼小王子为何不敢攻击大同，改为南下应州了。他也突然意识到，眼前这个少年天子，看似糊涂，打起仗来实则精明之至，真不愧是太祖、成祖爷的嫡系子孙。

第二日，探子来报，鞑子兵连夜从长城隘口夺路而逃，已不见踪影。皇上淡然道："也好。敌酋已中箭受伤，谅他不敢再嚣张！"

皇上传令各路边塞大军各回驻地，他顺势在长城沿线各卫所巡视一番后，才率"外四家"和京营迤逦往宣府而去。

宣府乃军事重镇，又是中原与塞外沟通的要道，番商行贾往来不绝，热闹非凡，而且带点异域风情。皇上终日戎装，与将士同起居，乐此不疲。他在"威武大将军"的封号后面又加封自己为"镇国公"，令户部按"俸禄一百万石，食邑千万户"存档。江彬在宣府找了座大宅子，修葺为镇国公府，将豹房里的珍玩、女御搬送过来。每到夜间，常常怂恿皇上去边民家索要妇女，放荡淫乐。皇上乐而忘归，称镇国公府为家里。

眼看就是岁暮，塞外哨所传来密报，在麻因草原一带发现有小股鞑子兵出没。皇上大喜："这定是受伤敌酋小王子逃窜至此。他们已是惊弓之鸟，我们正好乘机出塞，给他们致命一击。"

郑文冒死禀道："塞外情况不明，如是敌军布的诱饵也未可知，切不可盲目出击！不如派出骑兵侦察一番再作打算。"

皇上不悦，斥道："兵贵神速！等骑兵侦察完了，黄花菜都凉了。"当即下令，亲率亲兵三千即刻出塞。

皇上率亲兵来到麻因草原，果然寻到一小股鞑子骑兵，不由分说，追上便打。鞑子骑兵寡不敌众，溃败而去，明军紧追不放，追至一处山冈，鞑子兵突然不见了踪影。山冈下是一条鸟道，头顶只有一线天。皇上纵马率兵追了进去，郏文大喊："不好！小心有诈！"话音刚落，便听到山冈两边杀声震天，鞑子兵铺天盖地，俯冲下来。

皇上这才知道中了埋伏，连忙退兵，此时退路已被鞑子骑兵封死。郏文大叫："皇上退后！"指挥部下推出一门"盏口将军"火炮，点燃火绳，对着鞑子骑兵轰了一炮，炸开了一个缺口。郏文一马当先，掩护皇上轻骑出逃，还不时用弓箭回射追兵。

郏文单身护主，向塞口狂奔，一队鞑子骑兵紧追不放。眼看前方就是一座卫城，鞑子兵却追了上来，只隔着几丈远，双方眉毛胡须清晰可见。郏文心想，今日尽忠报主的时候到了，大吼一声："皇上快跑！"自己掉转马头，抡起大刀，向尾随的追兵冲去。郏文使出浑身解数，将大刀舞得出神入化，但以一敌十，怎可抵挡？身上被鞑子兵连砍几刀，鲜血直流。最后，马失前蹄，一头栽了下去，重重地摔倒在地，动弹不得，眼看就要成为鞑子兵的刀下之鬼。说时迟那时快，卫城里飞出八九匹快马，十余只飞镖刷刷刷地从马上掷出，击中为首的几名鞑子骑兵，他们纷纷摔下马来。后面的骑兵躲闪不及，也摔了个人仰马翻。他们怕中埋伏，只得原途折返。

飞镖勇士趁机救起郏文，一路护送皇上跑进了卫城。原来这里是一处名叫庞家堡的荒废卫城，并无卫所驻扎。此时天色已晚，皇上身边只有一个身受重伤的郏文，也不敢贸然行动，便令紧闭卫城大门，坐以待援。卫城不大，土墙环绕，城中有一阎王庙，破败不堪，仅可容身。

早有一名道姑端坐在阎王庙的大殿里，正是于夫人。那八九名飞镖勇士，为首的便是张燕娘。原来，于夫人携张燕娘和凤仪山庄的勇士一路赶回北京，满城人都在传说皇上出关亲征去了。此时临近年关，内阁阁老欲同赴宣府请愿，可是谷大用守住居庸关，不准放行。

无奈之下，太皇太后令张太后亲自出关劝皇上回銮。于夫人思子心切，又担心皇上安危，于是快马加鞭，混入太后随驾队伍，大摇大摆地出了关。说来也巧，于夫人这支人马抄近路来到庞家堡卫城时，正赶上皇上和郏文被鞑子骑兵追杀，于是飞镖相助，救了下来。

此时，郏文认出张燕娘来，喜出望外，偷偷告诉她，被救出的青年将军正是当今皇上。于夫人听到后，既喜又忧，喜的是阔别二十余载，母子终于相见；忧的是重逢却在这劫后余生的危难时刻。

大殿角落里生着一堆火。于夫人斟上一杯滚烫的姜茶递给皇上，又拿出几块火烧。看着皇上狼吞虎咽地吃着，于夫人含泪笑着说："慢点吃，别噎着。"

皇上抹了抹嘴："这是什么？如此美味！"

"河间小吃 —— 驴肉火烧。"

皇上连声赞叹："什么山珍海味都吃过，都没有这几块驴肉火烧好吃哩。"他虽不认识于夫人，说来也怪，却觉得有一种莫名的亲切。

于夫人见皇上身披的银色披风沾满了雪水和污渍，帮他脱下，将自己身上的一件羊毛大氅给他披上。

皇上也不推辞。他坐在火堆旁，睡眼惺忪，后来竟然像小孩子似的伏在于夫人大腿上睡着了。于夫人轻轻抚摸着皇上的头发，仔细地端详着他，豆大的泪水簌簌地滚落下来，脸上却洋溢着幸福的喜悦。

燕娘被这份温情深深打动。她安排人扶郏文去偏殿上药、歇息，又将手下勇士都支开，让他们去卫城四周巡逻警戒，自己则踮着脚尖走出大殿，把门轻轻掩上。她想把这难得的独处时间留给他们娘儿俩。

于夫人待皇上睡熟，帮他盖严实了，也轻手轻脚地出了殿门。

燕娘迎了上去，扶住她说："怎么出来了？"

于夫人微笑着说："他困了，睡得正香呢，还是跟满月时一个样啊。"

燕娘也笑道："恭喜夫人母子重逢！"

于夫人连忙用手指在嘴唇上"嘘"了一下，环顾四周无人，低声道："他现在是皇帝，此话千万不可再讲！小心被人听见。"

"听见又怎么了？夫人历尽千辛万苦才终于等到这一天，难道要眼睁睁地看着自己的儿子就在眼前，却不敢相认吗？"

"那又如何？我怎么相认呢？我总不能直接跟他说，我是他的亲娘吧！还不把他吓坏了，肯定以为我是一个疯老婆子呢。可别再引出什么事端！"于夫人长叹一口气，"今天见到了我的麟儿，我也心满意足了。我想好了，明日我们就悄悄回北京去，不再打扰他的生活。"

"夫人！您万万不可如此！"燕娘劝道，"俗话说，一家人打断骨头还连着筋呢，何况你们是亲生母子俩！真后悔当初没有把那个姓廖的死太监抓过来，让他当着皇上的面讲出真相！"

于夫人摇了摇头："算了，一切冥冥中自有天意，何必强求？"

"对了，上次阳明先生在驿站分别时，送了我一个锦囊。我们打开看看？"

于夫人点点头。

燕娘从贴身口袋里掏出一个紫色锦囊，小心翼翼地打开，只见里面有一张小纸条，上面用小楷写着几句诗：相逢无纸笔，欲辨已忘言。真戏可假作，神明自然显。

燕娘轻声念了两遍，仔细揣摩其中深意，抬头看天时，恰好看到大殿上方悬挂的"阎王殿"匾额，才恍然大悟，叹道："人说阳明先生可预知将来事，此言真是不虚啊！"

于夫人一脸疑惑地看着她："你看明白了？"

燕娘在于夫人耳旁如此这般地说了一通，于夫人脸上的愁容一扫而空。

燕娘笑道："夫人，如此妙计，您如何谢我？"

于夫人笑着骂道："你个小妮子，谢你？谢阳明先生还差不多哩。"

第二天一早，皇上从睡梦中醒来。燕娘端出一碗热粥，伺候皇上喝了。皇上顿觉神清气爽，重新披上战袍，问："我的战马呢？"

于夫人笑道："皇上要战马做甚？"

"天已大亮。昨日识破鞑子诡计，一番酣战，意犹未尽。今日我要重整旗鼓，荡平鞑虏！"

于夫人拉住他的手："外面风雪正下得紧呢，等雪停了吧。"

皇上看了看窗外的漫天飞雪，只好重新在火堆旁坐下。有巡逻勇士来报，前方发现一支人马踏雪而来。

燕娘提起剑，命令全体警戒，密切关注这支人马动向，等到近了些，才看清原是前来护驾的明军。

张忠让人马守在卫城外，自己进来阎王殿禀告皇上说，太后已经抵达宣府，听说奉太皇太后之命要劝皇上回京呢。

皇上赌气说："我现在不是皇上，是威武大将军！还没有灭掉鞑靼小王子，我不回京！"

张忠伏在地上苦劝："如果皇上不回京，太后可要老奴的小命！"

"你怕太后要你的小命，就不怕本大将军要了你的小命？"皇上本来想回宣府的，听张忠说太后来了，干脆一屁股坐在蒲团上，不肯走了。

于夫人使了个眼色，让张忠等人退下。她劝解道："皇上御驾亲征已久，鞑靼小王子身负重伤已经败退，现在正是胜利回京的大好时机。"

皇上看了看于夫人，把话岔开："这次多亏了夫人出手搭救。你说说看，要本大将军给你些什么赏赐？"

"能够在这塞外苦寒之地，与皇帝共患难，这是贫道的福分，这就是上天赏赐给我最好的礼物呀。"

"你莫推辞，要什么尽管说来，本大将军一定满足你！"

于夫人看四周无人，笑道："贫道倒是有个不情之请，不知皇帝能否答应？"

"刚才说了，只要你开口，我就答应！"

"适才听老公公说，太后御驾亲临宣府。太后可是母仪天下之人，贫道斗胆想瞻仰她的仪容，以慰平生心愿，只是难为皇上了。"

"这有何难？改日随朕去趟宣府，见见就是。"

"贫道昨日做了一梦，梦见在这卫城的阎王庙里见到了太后，并跟她叙了叙旧。"

"叙旧？莫非你前生认识太后？"

"那也未必。贫道突发奇想，能否请太后屈尊来此庙里？贫道年轻时走江湖，学过演戏，这次跟她老人家演一出再续前生缘的大剧，如何？"

"这个好，这个实在好哩！"皇上像个顽童似的拍着手叫好，"到时我就躲在这阎王像后面，看你们俩怎么演！"

皇上站起身，踱出殿门外，对张忠下了道旨："你说太后来了宣府，谁信哩？要本大将军回銮也行，请太后来趟卫城吧。"

三 真国母戏耍假太后

傍晚时分，张太后在张忠等随扈人员的护送下，亲临卫城。在大殿门口，燕娘示意张忠留在殿外等候，自己上前搀扶张太后。张太后看了看燕娘，迟疑了一下，还是迈进了殿门。

刚一进殿，一阵阴风刮来，殿门"啪"的一声在身后关上了。殿内昏暗阴森，阎王、夜叉、小鬼等塑像面目狰狞。张太后唤道："皇儿在哪？母后来了，还不出来接驾？"

这时，殿内飘来一个气若游丝的声音："姐姐是皇儿的母后吗？那妹妹我又是什么呢？"

张太后一惊，循声望去，只见一位身穿灰白色袍裙的妇人脸色惨白地站在一个伸着长舌头的夜叉下面。

张太后呵斥道："你是何方古怪，在这装神弄鬼？本宫定不饶你！"

"姐姐不认得我了？你不记得二十四年前，你让王岳赐给我的那碗酒了？那酒可真香啊！"这妇人拖着长长的尾音，宛如古墓中的回声。

张太后定睛一看，吓得魂都没了。这妇人正是二十四年前被她用毒酒赐死的于夫人！这时有个沙哑沉闷的声音从大殿正中端坐的阎王爷那边飘过来："阎王升堂，小鬼催命！半句假话，油锅煮了！"

张太后呆坐在地，看着于夫人挪着碎碎步走到她跟前，吓得手乱摆，舌头在嘴里打转，含混不清地说："你想干什么？你莫过来哦！"

于夫人板着脸，喝道："当今皇上的生母是谁？快说！"

"皇上生母是谁？你不知道吗？"

"我要你在阎王爷面前，亲口说出来！"于夫人说着，伸出双手要去掐她的脖子。

"我说我说，你才是当今皇上的亲生母亲！你是太后，我不是！"张太后身子一歪，倒在地上，浑身颤抖，面如死灰。

"那你说，你当年为什么要抢走我的皇儿，还要害死我？"

"我也是迫不得已啊，我、我、我、我糊涂！我见先帝迷上了你，你生了个小皇子，而我生的是公主。我怕你抢了我皇后的位子，我不甘心啊，我就……"

"你就什么？"于夫人逼问道，一只手扶着殿里的柱子，生怕自己站不稳。

"我就、我就让李广趁你熟睡时把小皇子抱了过来，再让王岳给你下了毒。在先帝爷面前，就说你难产死了！"张太后泣不成声，絮絮叨叨地说，"这些年，我也忏悔不已啊。每年清明节，我都给妹妹你烧香烧纸钱，给你超度亡灵。姐姐求你，在阎王爷面前给我说说好话，饶了我吧！"

于夫人怒不可遏，几近崩溃，咆哮道："饶了你？还有天理吗？你知道这些年我过的是什么日子吗？你这种人就该上刀山，下油锅！"

张太后抱住于夫人的腿："妹妹，我不想下油锅！我不想！我给你建座庙，天天给你烧高香，好不好？"

于夫人将腿一把抽开，掩面而泣。

这时，皇上从阎王爷塑像后面出来，面无表情看了眼跪在地上的张太后，冷冷地说了一句："你们这真的是在演大戏吗？"

张太后看见皇上突然出现在自己面前，一时惊慌失措，用手指着于夫人："她、她、她究竟是人是鬼？"

燕娘站出来，呵斥道："你才是鬼！调包太子，毒害皇妃，欺世盗名，天理不容！"她愤怒不已，抽出腰间佩剑，就要去刺杀张太后。

于夫人连忙拉住她："不可，万万不可！"

燕娘厉声道："如此贱人！杀她有何不可？"又挥起剑朝张太后头上砍去。

于夫人情急之下叫道："她是你的亲娘！你不可杀她！"

这次轮到燕娘崩溃了。她手中扬起的剑悬在空中，转身问："你说什么？什么亲娘？她是谁的亲娘？！"

于夫人上前夺下她手中的剑，将她紧紧搂入怀中："造孽啊，这是造孽啊！"

燕娘眼泪夺眶而出，指着跪在地上的张太后说："她怎么成了我的亲娘了？夫人，你告诉我，这究竟是怎么回事？"

于夫人扶燕娘在阎王爷塑像下方案上坐下，开始讲述那段陈年往事。当年王岳接到张皇后毒杀于夫人的旨令后，下不了手，冒险将她秘密转移至西山万花娘娘庙隐居起来，恰好那几天西苑有个宫女害伤寒病死了，就当作于夫人的遗体在众目睽睽之下掩埋了。至于张皇后亲生的小公主，王岳抱在手上怎么也不忍心抛至郊外，便将她私藏在教坊司，待长大些后又收为养女，亲授武功，还时不时送她去西山万花娘娘庙陪于夫人小住。王岳掌管东厂后，暗自选调了一队忠诚的东厂勇士，驻扎在万花娘娘庙对面的凤仪山庄里，直接听命于他本人和张燕娘，专司保卫于夫人之责。凤仪山庄又经营起镖局生意，逐渐成为江湖上一个有名的帮派，分舵遍布全国各地，在通政司一些要害驿站都设有暗哨。

于夫人见燕娘泣不成声，掏出手巾给她揩拭眼泪："燕娘，你现在知道你为什么姓张了吧？"

燕娘泣道："小时候，我问过您和养父，你们总是说我是孤儿，被人送到教坊司门口时襁褓里有张纸条写着生父姓张。原来你们都在骗我！"

于夫人轻轻拍着她的肩："好孩子，你本是皇室贵胄，这些年委屈你了。"

呆坐在地上的张太后慢慢缓过神来，知道这并不是真的阎王殿，也不是什么鬼门关。这只是于夫人故意诱导她在皇上面前演的一出活剧。她后悔不已，但也覆水难收。不过看到自己失而复得的亲生女儿，出落得亭亭玉立，内心也十分欢喜。她站起身，走到燕娘跟前说："我的儿啊，为娘对不起你。"

燕娘朝她吼道："谁是你的儿？你当年抛弃我的时候，我们就已经恩断情绝了。你赶紧在我面前消失，否则我还要杀了你！"说着，将手中的剑比画了下。

于夫人劝道："燕娘，当年虽然她无情，但我们不能无义啊。毕竟怀胎十月，血浓于水。"

燕娘嚷嚷着："我不管，您别拦我，我就要杀了她！"

于夫人把她拉到一边，好言相劝。

一直默不作声，在旁看戏的皇上，这时指着张太后厉声道："你这个恶毒的女人！你三番五次地派人暗杀我，原来就是因为我不是你亲生的！"

在场的人一听皇上冷不丁冒出这么句话来，都吓蒙了。张太后也是一脸惊愕："皇帝，你何出此言？我怎么会派人暗杀你呢？俗话说，生得亲不如带得亲。你虽不是我亲生，但我视如己出，一手把你带大呀！"

"哼！"皇上气急败坏地说，"就说那年元宵节在皇店吧，那俩刺客不是你派来的吗？别以为我不知道。还有，蹴鞠场的那一次，也跟你有关，我心里可是明镜似的！锦衣卫，还有东厂，可不是吃素的。你知道我这几年为什么好端端的紫禁城不住，非要跑到豹房里去跟豹啊、虎啊、狼啊这些畜生住一起吗？就是怕你给我使什么绊子。"

"皇帝，我真冤！"

"冤？你别说那个臧贤你不认识！"

"我、我、我是认识臧贤，可我从来没有想暗杀你啊。你是皇帝，你是我的儿啊。"

"哼，那些刺客就是臧贤给派的！还有你寝宫里有条密道，又作何解释？"

"本宫明白了，那都是臧贤这个狗奴才使的坏。为娘糊涂啊，为娘太宠信他了！"张太后猛地大咳了几声，身子不住地发抖，"今天都说到这份上了，我就顾不上什么脸面，把一切都讲明了吧。我前些年为了排遣宫中寂寞，常常命教坊司的人来宫里奏乐。臧贤拉得一手好琴，嗓子也清爽，本宫渐渐就迷上了。谁知道这奴才使了什么手段，竟然就跟我好上了。"

"好上了？"皇上一脸诧异。

"是。本宫有负先帝恩宠。深宫大院，长夜漫漫，本宫也实在是寂寞，所以，就上了贼船。后来，为了与臧贤私通方便，就令刘瑾秘密建了条密道。这毕竟是些见不得人的勾当呀。"张太后哭得死去活来，啜泣道，"我也知道，臧贤有时也通过密道叫些狐朋狗友来宫里聚聚，饮酒取乐。我只当是他为了解闷，睁只眼闭只眼，放任不管了。本宫万万没有想到，他竟在宫里私藏刺客，干出这种大逆不道的事来！"

张太后发疯似的冲到皇上面前，抓住他的手叫道："皇帝，你杀了我吧！我也没脸见人了！"

皇上把头撇到一边，一脸的厌恶："你没脸见人，就有脸去九泉之下见先帝爷吗？"

张太后喃喃道："我知道我没脸见先帝爷，你就亲手把我杀了，让我在阎王爷跟前做个小鬼算了。"

皇上一把把她推开，一脸的鄙夷。

张太后一个趔趄，又转身去抱住燕娘："我的儿，你可怜可怜为娘，你就亲手把我结果了吧！我现在只求一死！"

燕娘挣开，吼道："你别碰我！你以为我不敢啊？！"

张太后号啕大哭，捶胸顿足道："阎王爷啊，你为啥要这样对我啊？我今天就撞死在你面前！"说着就要去撞大殿的柱子。

于夫人赶紧伸手扯住她："你干什么？刚刚母女重逢，你这闹的哪一出啊？"

张太后泪如雨下，全身抽搐着："妹妹，姐姐对不起你。你还拦着我干吗？你难道不想我早些去死吗？"

于夫人淡然道："二十年前，我是每天想你早点去死。十年前，也许偶尔还会有这个念头。但是二十多年了，早就心如止水了。尤其是今日，上天眷顾，让我与我的麟儿重逢。我已心满意足，此生别无他求了！"

皇上大步迈至于夫人跟前，跪倒在地："母后，请受不孝儿臣一拜！"

于夫人忙将皇上扶起，拉着他的手，端详他的脸，突然想起什么似的，将他的左衣袖挽起，只见胳膊肘那里有一颗硕大的肉痣，笑道："这颗痣还在！真的是我的皇儿。为娘想你啊。"说罢喜极而泣。皇上见此情景，也跟着落泪。

皇上扶着于夫人，等她情绪稍定，便说："此次胜利回京，将母后接入宫中，每日好生伺候着。"

"不可！"于夫人一口回绝，"我是出家人，早就绝了红尘中的执念，本以为今生今世再也见不到我的皇儿了。今日与你相认，已是前世修来的福分，我很知足，也深知不可再有奢念。我还是回万花娘娘庙去，安度余生。"

皇上还欲再说，于夫人做了个制止的手势，毅然道："皇儿无须多言，为娘二十多年前死里逃生时就心意已决——今生不再踏入皇家半步。"

皇上见她如此说，也不便勉强，话到嘴边又收了回去。张太后走上前，跪在于夫人面前："妹妹大度，姐姐我羞愧至极，无地自容。我愿意跟着你一起去西山出家为尼，了此残生，也算是在神灵面前赎掉自己的罪孽。"

于夫人把她扶起，嗔怪道："姐姐说的什么话。过去的事，时过境迁，我早就想开了，无须再提。"

皇上对张太后怒斥道："你还有脸说什么赎罪？我回京后就奏明太皇太后，废了你的太后尊号，发配浣衣局……"

"不可！"不等皇上说完，于夫人便打断了他，"太后虽对贫道有杀人之过，但对皇儿却有养育之恩。而且太后母仪天下，事关国家大本，岂能你说废就废？"

"那、那母后您说，怎么处置这个老女人？"皇上仍是满腔怒火。

于夫人道："当然继续当她的太后啊。我的皇儿啊，你千万不可意气用事，要不那些御史大臣们的奏折又要寻你的不是了。"

皇上还想辩解，于夫人摆了摆手："皇儿还当我是你的母后不是？"

"当然。儿臣不孝，让母后这些年受苦了！"

"如果你还当我是你的母后，那就听我一句话，不得为难张太后！"

皇上见她满脸严肃，不怒自威，只好勉为其难地点了点头，良久方说："母后此计甚妙，让儿臣终得与母后相认，还解开了困扰儿臣多年的谜团。"

于夫人道："这多亏了阳明先生的锦囊妙计，不然还真不知道怎么跟皇儿开口。"

"可是那个料事如神、口能吐火的王阳明？"

于夫人笑道："哪有你说得这么神？他呀，文弱书生一个。不过，还真真是个国之干才呢。"

张太后见于夫人如此深明大义，再次跪倒在于夫人面前，泣道："谢谢妹妹不杀之恩，从此后，我将在寝宫斋戒，每日诵经，求菩萨保佑妹妹功德圆满。"

于夫人不去理会，握着皇上的手说："皇儿的手冰凉的，这里风大，不宜久留，明日一早还是回宣府城里去吧。"

"我陪母后一道回宣府去！"

"不了，为娘还想顺道去大同青龙观拜访几个老友。"于夫人见燕娘仍一脸愠怒，扯了扯她的衣袖，轻声问道："燕娘，你还是去宣府吧？"

燕娘想都没想，斩钉截铁地回答："不，我跟您去大同！"

四　镇国公府后院搭起了一座蒙古包

第二天，皇上在回宣府的路上，想着前日遭遇埋伏，夺命出逃的那份狼狈不堪，心中十分懊恼，于是一边命人护送张太后先行回宣府去，另一边命快马传令江彬率边军、京营全部出动，搜寻鞑靼小王子行踪，务必不让他们从麻因草原逃走。他自己率张忠的随扈人马掉转马头，往草原深处奔驰而去。

却说鞑靼小王子在应州一战元气大伤，虽说在麻因草原山冈鸟道设下埋伏，险些生擒大明皇帝，但后来大明神机营的火炮还是轰开了埋伏圈。鞑靼一方伤亡惨重，不敢恋战，往北部草原撤离，在一个叫格尔台的地方安营扎寨，稍作休整。

小王子亲军营统领额尔克固特此时向他建言：明军此次不像往常，战斗力异常强悍，从投入的兵力来看，也远超平常守备军数量，还是避其锋芒，火速撤回大漠为好。

小王子看营中兵勇大多伤病在身，皆有倦色，苦笑道："这次袭边，本想捞些过冬的好处，没想到损失惨重，好在此前伏击了一把明军，料他们不敢贸然出动。我们也可趁机歇息几日，再作打算。"

额尔克固特不放心，派出几支移动哨所在四周侦察明军动静。

这天，哨所发现有一支大明军队正向他们扎营的地方疾进，急报小王子。小王子正躺在帐篷里疗伤，有气无力地说："这或许是明军的巡逻兵马，我等静观其变，不可轻举妄动。"

额尔克固特怕有什么闪失，派出手下的两名偏将库冬、博力斯再探。

没多久，库冬、博力斯飞奔回营，滚下马来，大声嚷道："不好了！明军黑压压的一片，像乌云一般，正向大营袭来。"

库冬爬上营帐的瞭望塔警戒，博力斯解开拴着的马绳，扶小王子和副帅合敦二人上马。二人快马加鞭，不顾一切地从包围圈里冲了出去。库冬、博力斯等鞑靼悍将来不及上马，即丧身于明军铁蹄之下。小王子的儿媳察静夫人趁乱出逃，无奈坐骑受惊，马失前蹄，摔倒在地，成了明军的俘虏。

数万支裹着硫黄等火引的箭，如暴雨般纷纷射向鞑靼大营的帐篷和粮草，一时火势冲天。大营里的战马乱作一团，四处乱窜，成百上千的鞑子骑兵，还没来得及上马，就丧身在一片火海之中。

一场恶战过后，天空飘起了纷纷扬扬的雪花，地上尸横遍野，血流成河，分外悲壮。此时不知是谁吹响了凄切哀婉的羌笛，令人怆然泪下。

皇上此时也分外伤感，在马背上高声吟唱起一首诗来：

掩泪听羌笛，马上看雪飞。

胡虏绝尘去，壮士人未归。

皇上率大军回到宣府时，离新年只有几日。正准备启程回京，塞外卫所传来消息，鞑靼小王子回到漠北没几日，伤重不治，一命呜呼了。江彬等人忙恭贺皇上，称其毙命皆皇上那一箭之功。皇上大喜，当即决定举行盛大阅兵仪式，以示庆祝。不过这样一来，就赶不上回京过年了。于是，皇上便以勿让太皇太后挂念为由，命张忠护送张太后先行返京。他密令张忠一同回京，迅速拘捕臧贤等人，然后又命张忠对张太后严加保护，勿令旁人接近。送走了张太后，皇上又想起亲生母亲于夫人来，派人给钱宁送了封信，要他花重金重修西山万花娘娘庙，将其敕封为皇家家庙。

皇上在大年初一这一天举行盛大的献俘仪式。宣府城外的教场，浩瀚开阔，一眼望不到边。几万骑兵摆开阵势，往来穿梭，都毫无遮挡。

皇上披挂整齐，头戴锦羽铁盔，身穿黄金甲胄，骑在马上，威风凛凛。教场上军容整齐，喊声震天，兵强马壮，器械犀利。皇上见了甚是喜悦，赞道："这宣府的教场也还有些气势！"

宣府游击将军时春答道："回皇上，这校场可是北京城的六倍！乃景泰年间昌平侯杨洪镇守宣府时扩建，最多时可陈兵十五万之众。”

江彬笑道："俗话说'宣府教场，大同婆娘，蓟镇城墙'，今日真是开了眼界！"

皇上还想细问几句，这时激扬的战鼓声响起，献俘仪式开始了。几十名鞑靼战俘一字排开，逐次押至皇上马前，唱名下跪，听候他亲自发落。最后押上来的是一名女将，远远地就能闻到她身上有股奇香。

这女俘三十岁上下年纪，脸色有些黝黑，腰身也微胖，单眼皮，高鼻梁，两腮帮圆鼓鼓的，眉宇之间却有股英武之气，尤其是桀骜不驯的眼神，野性十足。皇上禁不住多看了她几眼。

中军典仪官连问两次此女俘如何发落，皇上竟然有些心不在焉。江彬看在眼里，在旁替皇上下旨："此俘暂留中营，随时听令。"典仪官看了看皇上，皇上这才反应过来，点了点头。

当晚，女俘沐浴一新，被送进了皇上的寝宫，左右尽皆退下。皇上躺在床上，醉眼蒙眬地打量着她，浴袍下包裹的丰满身躯，让人春心荡漾。皇上做了个手势，招她上前。女俘也不怯生，在床前跪下，用生硬的汉话说道："女奴察静参见大明皇上大将军。"

皇上听她唤自己为"皇上大将军"，觉得此称呼甚为有趣，又见她落落大方，举止得体，不觉对她另眼相看。皇上觉得有些口渴，便让她倒杯茶水过来，眼睛一直盯着她。

察静去案几上倒来一杯茶，走到床头，仍旧跪下，双手将茶杯举过头顶。

皇上接过茶杯，顺势握住她的双手，轻轻地抚摸。察静微微一惊，身子本能地往后倾。皇上却一把将她揽过来，伸出另一只手去摸她的脸蛋。察静将脸撇至一边，低头说："女奴乃被俘之人，戴罪之身，能侍奉皇上大将军，真三生有幸。"

皇上笑道："你知道就好。你好好服侍本大将军，定不亏待了你！"说着又去搂她的腰。

察静身子一闪，皇上搂了个空，险些从床上摔下来，有些恼了，喝道："你干什么？不想活了！"

察静右手按住胸口，低头按蒙古礼仪行了个礼："奴婢本应侍奉皇上大将军，无奈有身孕在身，怕胎毒玷污了大将军的龙体。"

皇上一听此话很是吃惊，瞄了一眼她的肚子，但她跪在地上，看不分明，便让她起来回话。这才发现，她的肚子果真有些凸起。皇上疑惑不解地问："你们鞑子没有人了吗？让女人出征已属罕见，还让一个孕妇出来打仗！"

"回皇上大将军，我们胡人，骑射之邦，逐水草而居，无定居之所。部落出征，无论妇孺，都皆从军，孕妇也不例外。马背上分娩的，也是常事哩。"

皇上一听此话，也觉得新奇，拍了拍床沿，示意她坐过去。察静小心翼翼地在床沿边欠着半个屁股坐下。

皇上笑道："鞑子部落的风土习俗，与大明迥异，也饶有趣味。你以后就留在我的帐下，每日给我讲讲，可好？"

就这样，察静留在皇上身边服侍，人称"香妃"，皇上与她每日相谈甚欢。每每说起大漠异域风情，皇上兴趣尤浓，恨不得马上跑去大草原纵马狂奔一番。他突发奇想，在镇国公府后院搭起了一座蒙古包，他每日在蒙古包里起居。察静做的奶茶、酸奶、奶酪等草原风味小吃也很对他的胃口。晚上，两人围炉烤羊肉。皇上听她讲草原上的传说和典故，困了就枕在察静的大腿上入睡。

一日，皇上从外面回来，见察静坐在蒙古包的一个角落独自落泪。皇上知其思乡心切，便好言相劝："跟我回到北京，即封你为贵妃。待你分娩，皇子封亲王，视同己出。再在北海为你娘俩建一座蒙古别苑，定让你乐不思蜀。"

察静跪下身，向皇上道谢。皇上忙将她扶起："你有孕在身，切不可多礼。"

察静一边拭泪，一边说："皇上大将军待奴婢恩重如山，本不敢辜负圣恩，无奈漠北还有父母，夫君也生死不明，皇上大将军若能放我一条生路，让我返回漠北，来生定当做牛做马报答。"

皇上长叹一声："我知道，这里留不住你。"转念一想，又问道："听说你们胡人有一恶俗，女子的丈夫去世，便要下嫁儿子为妻；哥哥死后，弟弟要娶自己的嫂子。这种妻后母、妻寡嫂的事果真如此？"

"此是古之流俗，而今不少部落也仍有此事。不过等我回去，定当移风易俗……"察静突然意识到自己无意中暴露了身份，连忙捂住嘴巴，不再说话。

"见你有孕，本想留你生产后再送你出关，那时天气也暖和些，也罢，也罢。"皇上从身上掏出一个像是印章一样的东西，递给她，"这几日我让底下人悄悄打的，算是送你的封赐。"

察静接过一看，大吃一惊，这是一枚金印，上面阴刻"金帐郡主"四个篆字。她惊恐地睁大眼睛："皇上大将军知道我的身份？"

皇上淡然一笑："献俘时见你穿的貂鼠皮袍上有'金绣云肩'，料想你非等闲女兵。后来见你谈吐不凡，礼仪合体，更不敢小觑了你。上次无意间还看到你胸前挂着一个龙纹玉坠哩。"

察静脸上潮红，那玉坠是挂在她胸前的，是小王子的长子，也就是她的夫君当年送她的定情之物。那一日皇上吃了她亲手烤的羊肉，又喝了不少奶子酒，欲火难耐，将她抱在怀里不住地摩挲。皇上定是在那时瞧见她胸前的龙纹玉坠了哩，难得他如此细心！察静寻思半晌，直言相告："奴家察静乃鞑靼达延汗长子图鲁博罗特之妻。"

"本大将军没有看走眼哩。这几日，难为你了！你执意要走，也不留你。不过，现如今小王子，也就是你们的达延汗已身亡，草原各部落又将四分五裂。你这时回去，面对的将是一团乱麻哟。"

"奴家早有打算。鞑靼目前分为左右二翼六万户。鄂尔多斯、土默特、永谢布等右翼三万户已封与达延汗第三子晋王巴尔斯博罗特。大汗生前亲自掌握察哈尔、喀尔喀、乌梁海等左翼三万户。如果我不回去，左翼必将为权臣博迪台吉掌控，鞑靼部落又将陷入战乱，生灵涂炭，战火势必蔓延至大明边境。"

皇上点点头："那我放你走，鞑子降兵中可以作战的，你都带回去。另外，京营中的三千营降来的蒙古骑兵，也挑选些交你指挥。"

察静跪地谢恩："如果我重掌鞑靼部落，必不与大明为敌，缔约结盟，边境互市，世代友好！"

皇上把头偏向一边，摆了摆手："不说这些了，赶紧走吧，免得我后悔！"

察静磕了几个头，含泪而去。

察静走后，皇上怅然若失了几日。江彬在旁看出皇上闷闷不乐，便整日里陪他微服出行，上街闲逛。好在宣化乃九边重镇，各色人等，往来不绝。街上有口吐火焰的胡人杂耍，有卖包治百病的狗皮膏药的江湖郎中，有说书的，有唱梆子的，还有走南闯北、走街串巷的小商小贩……皇上生性爱热闹，这样胡乱玩了几日，心情方才舒展开来。

一日，皇上独自溜出行宫，路过一"李家酒肆"，见一年方十四五的女子当垆卖酒，客人都唤她"凤姐"。皇上见她丰姿绰约，又乖巧，不禁迷眩，进到酒肆沽酒畅饮。这天恰好凤姐的父亲外出不在店内，凤姐送酒来，腰摆如杨柳。皇上以为凤姐乃娼妓之流，忽然起身将她抱入内室。凤姐惊喊，挣扎不已，皇上急忙掩住她的口说："我乃皇上，你若从了我，让你立马富贵。"

说来也怪，凤姐这几天接连几个晚上都梦见自己身子变成了一颗明珠，被海里的苍龙攫取去了，一瞬间又化作烟云消散。凤姐觉得现在眼前这位男子操京城口音，气度不凡，慌乱中听他说是皇上，又联想到这几晚的梦境，顿有所悟，便任凭他关起门来，宽衣解带，颠鸾倒凤，巫山云雨，事后方知原来凤姐还是处子。皇上大悦，这才知道凤姐并非娼妓，乃良家女子。

这时凤姐的父亲从外面回来，听到女儿的呼救声，急忙上前营救，可是房门紧闭，只听到宝钗声颤，佩玉铿鸣，女儿气促音嘶……李父赶紧跑去告诉卡哨的兵士，兵士们随李父踢开门，蜂拥而入。这时皇上坐在床头，不慌不忙地从腰上解下一块螭虎纽方形玉印，上刻"皇帝行宝"四字。

兵士们这才知道眼前正是当今皇上，大惊失色，纷纷拜倒在地，山呼万岁。这时江彬等闻讯赶来，皇上当即下令将凤姐带回行宫，封李父三品卿爵，赐黄金千两。皇上本想封凤姐为嫔妃，命随行翰林学士取了几个嫔妃名号，让凤姐自己挑一个喜欢的。凤姐却坚辞不受："臣妾福薄命贱，不应显贵，恐于身不利。而今我能以贱躯事君王，已是荣幸之至。臣妾恳请陛下早日起驾回宫，以天下苍生为念。如此，臣妾心安，比封爵加赏还要荣光呢。"

皇上一听此言，句句在理，心有所动，点头称许。凤姐在行宫仍穿着一身素雅衣裳，更显娇媚，皇上也不勉强她改穿宫装。凤姐在枕畔筵前多次委婉劝皇上回宫。皇上见她楚楚可怜，不忍拂了她的好意，便答应择日还京。这时京城快马又传来太皇太后病危的消息，皇上便令大军开拔，即刻回京，一路上与凤姐并辔齐驱。

行辕将至居庸关。居庸关指挥孙玺和守关太监刘嵩惶恐不安，对巡关御史张钦说："前次你三拒皇上出关，而今皇上胜利归来，恐降罪于我等。"

张钦凛然道："臣子忠于职守，何罪之有？在大是大非面前，有啥好含糊的？就算死于非命，也青史留名，岂不是人生一大快事？我张钦求之不得呢！"

刘嵩泣道："您张御史不怕死，我还想多活几年哩。"

孙玺也满面愁容，捶胸顿足道："我是武将，当战死沙场，马革裹尸还。而今以抗旨而死，实不光彩，恐怕还要祸及家人。"

张钦见他俩哭哭啼啼、婆婆妈妈的样子，顿时生出无名火，怒道："就算有天大的祸事，我一人担了就是，不与你等相干！你们自己回去照照镜子，这个样子成何体统，徒让守关将士耻笑！"

孙玺又献计："张御史的高风亮节，末将心向往之，想学也学不来。皇上既然已经跟您结了梁子，您此前也好歹算是在上书房行走过的，他老人家的脾气，您不是不知道。您这次干脆称病不起，或去其他关镇巡视去吧。皇上见不到您，此事或许不了了之。我们这也是为了您好啊。"

"为了我好？我看你们是想自己躲过一劫吧？"张钦骂道，"死就死了，哪有你们这样瞻前顾后的！再说此话，我先以欺君之罪打发了你俩！"

孙玺和刘嵩被骂了出来，摇头叹息："见过不怕死的傻子，没见过这样不要命的蛮子！"

快到居庸关时，风雷交作。皇上与凤姐来到路边关口一古庙里避雨。凤姐抬头看到庙门口所凿四大天王，怒目圆睁，顿时吓得眩晕坠马。皇上亲自扶起她，忙从庙里退出，另择一民房驻跸。凤姐泣道："臣妾自知福薄，不能陪皇上回宫了，请皇上速回，不用管我。"皇上抱着她，动情地说："要是这样，朕宁可弃天下，也不忍弃爱卿，我决不丢下你！"凤姐一听此言，既喜又忧，一口血喷上来，竟然一命呜呼。皇上极为哀怜，命以贵妃之礼葬凤姐于关山之上，用黄土封茔，一夜尽变为白，大家都称为奇事。当地有百姓传言："这是凤姐英灵在地下有知，不敢受皇上大恩哩。"

江彬见皇上极为哀恸，便提议先不入关，改道去太原、延绥、宁夏、固原等西面的几个"九边重镇"巡视一番，算是解解闷。皇上追念凤姐生前所言，愤然说道："凤姐生前曾苦口相劝，朕堂堂天子，怎能忍心失言？"于是打马向居庸关而去。

行辕来到居庸关下，张钦率孙玺、刘嵩等守关众将出迎。皇上骑在马上，问："谁是张钦？"

孙玺、刘嵩侧身斜睨了一眼跪在旁边的张钦，浑身战栗如筛糠一般。张钦抬起身，神色自若地答道："臣居庸关巡关御史张钦，奉旨率守关诸将迎接皇上行辕回京，恭祝皇上圣安！"

江彬在旁骂道："大胆张钦，抗旨不遵，还敢在这里理直气壮地回话，左右给我拿了！"

皇上却摆了下手，制止了蠢蠢欲动的锦衣卫大汉将军，淡淡说道："先前御史阻拦朕出关，朕现在不是完好无损地回来了吗？"

张钦伏地不敢起，守关众将也大惊失色，噤若寒蝉。出乎大家意料的是，皇上并没有给张钦加罪，跃马扬鞭大笑着入了关门。

望着皇上及随扈大军渐行渐远，最终消失在视野之中，守关众将这才敢从地上爬起来。刘嵩拍了拍身上的尘土，长舒一口气："好险！好险！捡回一条小命。"回头看到张钦还跪在地上，说："张御史，起来吧，皇上早走远了哦。"

张钦仍长跪不起，俯身朝京城方向恭恭敬敬地躬身长拜。等他再次起身时，大家发现他泪流满面。他突然仰天一声长啸，随后抑扬顿挫地唱起来："天子出雄关，壮士尽扼腕。胡虏闻风去，高奏凯歌还……"

守关众将士也跟着齐声唱道："天子出雄关，壮士尽扼腕。胡虏闻风去，高奏凯歌还！"

豪迈的歌声响彻云霄，在群山环绕的居庸关口久久回荡。

皇上的车驾过了居庸关，便是一马平川。到昌平时，收到兵部快马送来的加急文书，大汉将军奏道："赣南闽西一带出现匪乱，袭扰地方……"

皇上不耐烦地打断道："这等小毛贼，让那个会吐火的王阳明去对付吧！"

第二章 南赣剿匪

一 克己才能知天理

王阳明就任南京鸿胪寺卿，这是一个负责接待外国使臣的闲散职务，他也乐得逍遥自在。二弟守文专程从老家来南京从学于他，妹夫徐爱在南京也是闲职，几乎每日都侍奉在侧。不久，黄宗明、薛侃、马明衡、陆澄、季本、周积等弟子纷纷聚在门下，以师事之。鸿胪寺的仓房里都住满了各地来的弟子。王阳明每日与弟子们论学，责砺不懈，而且常用生活中的例子点拨他们。

一日，陆澄接到家信，说他的儿子病危，他自然是悲伤不已。王阳明劝道："按理说，当悲不悲当然不对，但此时正宜用功。若此时放过，平时讲学何用？人正要在此等时刻磨练。父子之爱，自是至情，然而天理也自有个中和处，过即是私意。寻常人在这个时候，一般都认为天理当忧，但忧苦太过，便不得其正了。大抵人情在这个时候，受七情所感，大多都是过度忧苦，少有不及的。过了，便不是心的本体了，必须调停适中才能得其正。就如父母之丧，做儿子的岂不想哭死算了，心中方才痛快。然而圣人说：'毁不灭性。'这不是圣人强制，而是天理本体自有限度，不可太过。人只要识得心体，自然能把握这个度，不得增减分毫。"

有一个弟子得了眼病，终日忧心忡忡。王阳明知道了，毫不客气地对他讲："你这是贵目贱心！"

这个学生被骂傻了，傻傻地站在那里。

王阳明接着说："人心一刻存有天理，便是一刻的圣人；终身存有天理，便是终身的圣人。这个道理很实在。人要有个不得已的心，如财货不得已才取，女色不得已才近。在这样的情况下，取财货、近女色，乃得其正，必不至于太过啊！"

这个弟子恍然大悟。

一天，徐爱跟王阳明说："一些从滁州过来的弟子，沾染了南京城里的时弊，喜欢高谈阔论，有违先生教诲。"

王阳明沉思良久，说："此前我在讲学之时，倡导'高明一路'，即清高、圣明之道，没想到有些弟子却流入空虚，以发新奇之论而自喜。从今日开始，我要在弟子中大力提倡学以致用、省察克治之功。"

第二年正月，正值京察大考之际，同僚正忙着述职，王阳明却上了一封《自劾乞休疏》，说自己因病长期旷工，才不胜任，为了不让别人也心生侥幸，恳请提前退休。这确实是他的本意，他虽居闲散之官，但也不免有许多官场应酬，他真心想回到老家的阳明洞去。成雄是没机会了，成圣之路还是可以去寻一寻的！皇上这时正在琢磨着怎么绕过张钦的阻拦跑到关外去呢，根本无暇理他。

等到十月，王阳明看没啥反应，又上了一道《乞养病疏》，说他正月上疏后，就等着开销呢，当时就病了。本想为国尽忠，但自从去了一趟贵州荒夷之地，虫毒瘴雾已侵肌入骨，又不适应南京的气候，现在病得更厉害了。而且自幼失母，由祖母抚养成人，现在祖母九十有六，日夜盼望他回去，临终前能见上一面。等他在家把身体养好了，一定再回来报效朝廷。这一奏折送上去，还是石沉大海。这回皇上正在草原上追杀鞑靼小王子呢。

在南京这两年，王阳明除了静坐养心，使心体更加明澈、纯粹，便是与友人写信论学，与弟子坐而论道，深入讨论本体、功夫的精微，格致的玄妙。

九月中旬的一天，秋高气爽。王阳明与南京吏部员外郎方鹏及众弟子赴城郊的钟山秋游。中午时分，一行人来到灵谷寺，用过斋饭，在禅林中坐而论道。

弟子薛侃首先提问："先生这些日子一直跟我们讲述省察克治尤为重要，言辞颇严厉。不过，我们年轻学子，交游甚广，阅览日多，思虑纷杂，或许不能强行禁绝。"

王阳明说："纷杂思虑，当然禁绝不得，只就思虑萌动处省察克治，到天理精明后，各安各位，自然精专，无纷杂之念。这也就是《大学》里所说的'知止而后有定'。"

弟子黄宗明问："先生常说君子之学是'为己之学'，既然'为己'，又如何'克己'？"

"正因为'为己'，才要'克己'。"王阳明远眺钟山之巅的松涛和云霞，神情严肃地说，"只有'克己'，才能达到真正的忘我之境。然而，世间学者多将'为己'当作肆意妄为之意，以致行事不端，有悖伦常。"

王阳明接着举例说："名利色欲、私心杂念，就像眼前这满山红叶，乍一看美不胜收，但是疾风一吹，就得红叶纷飞，并不长久。所以说，你们不要一味追求这些虚幻之物，一味推崇什么虚静、虚空，你们要常常自我反省。”

弟子陆澄平时最爱静坐冥思，听见王阳明批评虚静、虚空，便问道：“先生常常跟我们讲起《中庸》里的‘喜怒哀乐之未发谓之中，发而皆中节谓之和’，并且说‘中’是天下的根本所在，‘和’是最普遍通行的准则，达到‘中和’的境界，天地就秩序井然了，万物就生长发育了。那么我们静坐时，宁静存于心，难道不叫作‘未发之中’吗？”

“你们打坐入定，也只是定得气。说宁静存于心，也只是气宁静，离我所说的‘中和’境界还差得远呢。其实中和也由克己而来，因为喜怒哀乐，本体自是中和的。当本体附着其他意念时，失去中和，便是私了。”

陆澄又问：“什么才是克己功夫？”

“只要去人欲、存天理，就是功夫。静时念念去人欲、存天理，动时念念去人欲、存天理，不管它宁静不宁静，才能真正达到心静。若只靠那宁静，不只有喜静厌动的坏处，中间许多病痛，只是潜伏着，终不能杜绝，遇事依旧滋长。以循理为主，何尝不宁静？以宁静为主，却未必能循理。”

弟子马明衡问：“朱子说，克己先要弄清何为天理、何为私欲。否则，一味地克，岂不背道而驰？”

王阳明没有正面回答，只是说：“‘未发之中’就是天理，因为天理是公正无私、无所偏倚的。克己才能知天理，而天理就存在于心中。心即理，只有真正认识自我，才能知天理。”

见弟子们半信半疑，王阳明又进一步阐述道：“一个人若是真的用好克己之功，那么对于心中天理的精微之处，便会一天比一天看得真切；对于私欲的细微之处，也会一天比一天看得明白。若不用克己功夫，终日只是夸夸其谈而已，天理不会自己冒出来，私欲也不会看得清楚。这就像人走路一样，走得一段才认得一段，走到歧路时，有疑便问，问了又走，这样才能到达想到的地方。当今世人，于已知之天理不肯存，已知之人欲不肯去，却一味忧愁不能'致知'、不能'悟道'，只管闲讲，有什么益处呢？倒不如等到自己无私可克，再忧愁不能'致知'、不能'悟道'，也为时不晚。"

"按先生所言，趋静者流入空虚，外驰者流于立异，那么这克己的功夫，我们究竟怎么样去修才好呢？"徐爱恭敬地请教。

"先说趋静。无事时当然是独知，有事时其实也是独知。一个人如果不知道在这独知的地方用力，只是在人所共知处用功，便是诈伪。此独知处便是诚的萌芽。此处不论是善念恶念，更无虚假。一是百是，一错百错。"王阳明说罢，静静地看着徐爱，仿佛在说：你明白了吗？

停顿了一会儿，王阳明接着说："再讲外驰。你终日向外驰求，为名为利，这都是为着躯壳外面的事物。其实，视听言动，皆由你心。你心之视，发窍于目；你心之听，发窍于耳；你心之言，发窍于口；你心之动，发窍于四肢。心并不专指那一团血肉。若是专指那一团血肉，你看那已死之人，那团血肉还在，但他的视听言动在哪里？"

徐爱大悟，毕恭毕敬地说："先生教诲得是，弟子明白了。"

对王阳明与诸弟子的对话，方鹏在旁听得津津有味，这时笑着问王阳明："在下号我亭，听了阳明先生的谈话，知道在日常生活中省察克己，存天理、去私欲的道理。我想将'我亭'这个号改为'矫亭'，取矫正自己的过失和杂念的意思。不知妥否，请先生赐教。"

王阳明将了将胡须，含笑答道："君子论学，不说'矫'，而说'克'。用克的功夫去掉心中的私欲，没有过，也无不及。矫，未免显得有些刻意，这种刻意，本身也是一种私欲。因此，我认为，克己就好了，不必单独再说'矫'字。"

方鹏听后，恍然大悟，如醍醐灌顶一般。诸弟子也似有所得。大家就这样一边欣赏湖光山色，一边切磋学术，交流心得。众人在一处溪边闲坐时，南京鸿胪寺衙门差人来报，说是接到通政司加急驿传，不敢耽搁，连忙送来。

王阳明拆开蜡封，里面是一张吏部咨文，上面写着：南赣盗贼蜂起，王守仁升任都察院左佥都御史，巡抚南赣及汀漳等地。附文略述了南赣四省交界地界贼势猖獗等紧迫情势。

众弟子喜忧参半，有贺喜先生高升的，有担心先生为匪情所累的，也有舍不得又要与先生分别而伤心落泪的。

王阳明却坦然道："我们不是常说要在事上磨练吗？现在事儿来了，不正好是我们历练的机会吗？纸上皆是虚妄，实践方出真知。你们有愿意跟我去南赣的，也早些回去收拾收拾，要回家看父母妻儿的，赶紧回去看。看完了，随我打马上任杀土匪去！"

王阳明虽然已经打定主意去南赣剿匪，并让手下一众弟子研究南赣周边形势，收集匪情，但却不急着上任。给朝廷上了一道辞呈，说自己身体不好，才不堪用，不敢误国败政。在讲了些谦让客套的话后，奏疏的最后他打了个圆场：提出让他回山阴老家与祖母诀别一面，然后就去上任。

王阳明回到山阴老家，见到了阔别多年的老祖母。老祖母已经卧病在床，风烛残年，见到他分外惊喜，竟然强打精神，起床与他聊了些家常。他在祖母病榻前伺候了几日，圣旨又追了过来，催他上任。

圣旨说:"你前去巡视江西南安、赣州,福建汀州、漳州,广东南雄、韶州、惠州、潮州各府及湖广郴州地方,抚好军民,修理城池,禁革奸弊。一应地方贼情、军马、钱粮事宜,小则径自区画,大则奏请定夺。钦此。"

王阳明接到圣旨后,依然如故,在山阴老家走亲访友,游山玩水。不久兵部又来函,不许他辞避迟误,托疾避难。

王阳明还是优哉游哉地往来于杭州与山阴之间,遍访名士,流连山水。这时,一直陪在他身边的徐爱急了,说:"先生,您既然下定了决心去南赣,现在圣旨一道道催,您怎么还这么沉得住气?"他笑而不语。

十二月初,吏部又转来圣旨:"王守仁不准休致。南赣地方现今多事,着上紧前去,用心巡抚。钦此。"

王阳明接到这封吏部公文,笑着对身边的弟子说:"我们该看的人也看了,该游的地方也游了,养精蓄锐也差不多了。还等什么?明儿一早随我去南赣杀敌去!"

第二天一早,徐爱将王阳明和几名随同去南赣的弟子送至钱塘江渡口。王阳明看到徐爱心事重重的样子,知道他还惦记着这些日子为何一直拖延赴任的事,便拉着他的手,微笑着说:"这些日子,我也在破贼杀敌啊。"

徐爱更是不解:"破贼杀敌?破什么贼?杀什么敌?"

"我在用心法破贼杀敌哩。你不知道,这些日子,我在心里谋划了一盘大棋,反复推演。现在我终于在心里战胜了对手,所以我才敢上任去打实战啊。"王阳明说这番话时,就像个江湖术士,看到徐爱和一众弟子一愣一愣的,他又抛出一句话:"破山中贼易,破心中贼难。"

上得船来，只见江波浩渺，千舟竞发，他禁不住和着这起伏的波浪，放声高唱："大江东去浪千叠，引着这数十人驾着这小舟一叶。又不比九重龙凤阙，可正是千丈虎狼穴。大丈夫心烈，我觑这单刀会似赛村社……"

二　关门打狗

正德十一年岁末，王阳明乘船先至南昌，拜访江西藩司、臬司、都司等地方大员，询问些南赣的贼情。藩、臬等衙门的官员们见朝廷新派来的南赣巡抚竟然是骨瘦如柴、说话气喘的病弱书生，心里直为他捏把汗。

右布政使胡濂直言道："前些日子，叛贼谢志珊、詹师富等部攻掠大庾岭，进攻南康、赣州，有守城官员被杀。暴匪盘踞漳南群山中的匪巢之地，相互呼应。正德六年，都御史陈金总督军务，也算是个雷厉风行的人物，调动狼兵，大破大帽山等多处匪巢，但最后怎么样？"他说着，一个劲地直摇头。

按察使袁宗皋原是弘治三年的进士，做官比王阳明还早九年，此前在湖广安陆兴王府任长史，一当就是二十年，年前才至江西就任现职。他一副文质彬彬的样子，说起匪患也是一筹莫展："官兵来时，贼匪就藏匿于深山老林之中，待官兵撤去，他们又重新聚集滋事。朝廷枉费巨额军费不说，从两广调来的狼兵和从湖广湘西调来的土兵，反而乘机滋扰百姓，其害比之匪害，有过之而无不及呢。"

"后来呢？"王阳明问道。

大家都不吭声。胡濂有气无力地说："后来，巡抚都御史周南、右副都御史俞谏都来剿了几次，都奈何不得，反而损兵折将。正德十年，继任巡抚文森一见这情势，才到南昌就称病不出了，压根就没往南赣去呢，直接挂冠而去。现在贼势坐大，剿也剿不了，抚也抚不得！"

众官连声附和，称这贼势炽盛，须谋划妥当方可进剿，不然激怒贼匪，反受其害。

"区区几个山野流寇，就把我们这洪都新府的当家人都一个个难住了不成？"王阳明循声看过去，只见一个长身大嘴，猿臂燕颔的黑脸汉子站了出来，声如洪钟地嚷道。

王阳明朝他拱了拱手："敢问兄台尊号？"

"在下按察副使许逵！"

"原来是许兄。请问你有何剿匪良方？"

"许某不才，而且前些日才履新江西，此前在山东乐陵任知县时，就打过以一当百、以寡敌众的硬仗。许某以为，我乃正义王师，只要施以谋略，统兵有方，别说是这些占山为王的乌合之众，就算是训练有素的叛乱之兵，那也不在话下！我们可以……"

"老许，你这是说来容易做来难。'兵者，凶器也，圣人不得已而用之。'行军打仗，那可是掉脑袋的事，不是我们几个手无缚鸡之力的酸腐书生，掉掉书袋，说说大话就行的哟。我们还是要……"胡濂似乎不满这位按察副使说的话，悻然打断了他。

"胡藩台，"王阳明做了个手势，也很不客气地打断了胡濂的话，"王某对许兄在山东打硬仗的故事倒是挺有兴趣，请他给我们讲一讲，如何？"

大家各怀鬼胎，也跟着起哄，要许逵讲故事。

许逵见推辞不过，清了清嗓子："那在下说说，请各位先生大人指教。正德六年春，流贼刘七作乱，屠城邑，杀长吏。周边各州县有的紧闭城门坚守不出，有的弃城逃遁，有的给刘七送去粟米、弓马，乞求贼人不要攻打。我刚外放了乐陵知县，正赶上刘七在山东流窜。"

"哦，那老许你是守，是逃，还是送呢？"一位同僚插话打趣，引来大家一阵笑。

"我当然得守啊，可是怎么守？这乐陵县当时没有城池，只有四扇城门，一圈矮墙，要守恐怕是守不住。"

"守不住？难道您要弃城而逃？"这位同僚又在旁插科打诨。

许逵不理他，接着说："危在旦夕之际，我下令，由城门口起，令民屋外筑墙，墙高过檐，形成狭巷。又尽收全城豆类，撒在巷道里。在巷道两边埋伏勇士，手持竹矛，枕戈待旦。四十天后，刘七派出一股贼匪来犯，我让城开四门，诱敌入巷。众贼匪一见这矮墙，十分轻视，蜂拥而入，直冲进巷中，而沿巷伏兵四起，大声喊杀。贼匪方知中计，马仰人翻，乱踏相残。伏兵戈矛齐发，灰砂石击，最终众贼匪被全歼于巷底，竟无一人生还。"

众人听得目瞪口呆，如同听评书一般。那位插科打诨的同僚也缩着脖子，不敢出声了。

"好！"王阳明把手在案桌上一拍，"许兄好样的，果真有勇有谋！"

胡濂问许逵："老许是行伍出身？"

许逵欠了欠身子，答道："许某正德三年进士。"

众同僚无不啧啧称赞。

王阳明又问："许兄对当前南赣贼势，有何高见？刚才见你欲言又止，不妨尽管道来。我虽是南赣巡抚，但这南赣也在江西地界呀，守土大家都有责，各位同僚一起帮王某出出主意吧。"

"南赣贼匪流窜作乱，相互呼应，当地百姓深受其害，惊魂不定，或迫于贼匪气焰，或出于利益考虑，暗相援手的不在少数。下官以为，当务之急是要安民。民安，贼失去根基，如水上之萍，何愁不除？"

王阳明颔首赞道："许兄所言，甚合我意。我想聘你为副将，随本院赴南赣剿匪，如何？"

许逵当即出列，双手抱拳在胸前，大声答道："末将求之不得。剿匪之事，乃卑职分内之事，当谨听王巡抚调遣，万死不辞！"

王阳明大喜，又道："我是南赣巡抚，虽说可以节制四省兵马，但你毕竟是孙巡抚的人，我还得请他点头才行。"

王阳明此处说的孙巡抚，是指一年多前从河南调来的都察院右副都御史兼江西巡抚孙燧。此人是他的浙江余姚同乡，而且还是弘治五年浙江乡试的同年。

王阳明话音刚落，便听见驿馆门外有人用余姚话在喊他："伯安兄，别来无恙！"真是"说曹操，曹操就到"，孙燧得知王阳明途经南昌，特意从外地赶回来相见。

王、孙二人少不了客套一番。孙燧得知许逵主动请缨赴南赣剿匪，大为赞许。他对满堂的江西地方大员说："剿匪不只是南赣巡抚王老爷的事，也是我孙某和江西全省各司道衙门的事。许逵是我们的榜样，以后望各位同僚精诚团结，共克时艰。"

王阳明与许逵率领几名亲随，从南昌乘船沿赣江南下，途经万安境内，突遇数百流寇抢劫前方商船。王阳明闻讯将受阻的数十只商船集结在一起，在船上打出"奉旨抚赣"的深黄大旗。他安抚商家说："你们的船紧跟着我的大船，徐徐而行。本官自有良策，谅他们几个流窜饥民，不敢造次。"

众船行至芙蓉镇一段，江面狭窄，水流湍急，多险滩。前方谷口，几只舢板一字排开，每只舢板上都有几个衣衫褴褛的人拎着大刀，叫嚷着让过往船只靠岸。

大船近到跟前，这帮流民仍然在小舢板上叫嚷。王阳明挺立船头，大声吼道："大胆流寇！本官乃钦差，奉旨巡视南赣等地。你们竟敢公然拦阻本官，不怕掉脑袋吗？"

流寇中为首的一名瘦长身材、瘦削脸庞的男子站出来嚷道："我们已把脑袋别在裤腰带上，才干这营生。管你什么钦不钦差，交了买路钱，就钦差；不交，就不钦差！"说罢，把大刀在手里舞得呼呼作响。

王阳明也不跟他废话，大叫一声："那你们可要仔细了！"只见他双眼圆睁，猛吸一口气，口中吐出一团火，像一条火龙喷向"瘦子"的舢板，那舢板瞬间就着了火。他又接连喷了几次，其他舢板也被点燃。

"瘦子"和其他劫匪纷纷落水，挣扎着游向岸边逃命。

其他流寇被王阳明的气势所慑服，纷纷跪在岸边，齐声高呼："我等都是饥民，不敢反抗官府，恳请老爷救济。"

王阳明当即派人离船登岸，安抚众人。"瘦子"朝大船俯首参拜，说："我等兄弟父老误入歧途，早听说王老爷神力无边，现今看到了官军的威武，我们愿归顺朝廷。如果王老爷愿意收留，我们愿跟在帐下，效犬马之劳！"他把手中的一把长刀献上，以示投降。

王阳明迎风而立，威风凛凛地说："谅你等迷途知返，本院暂且接收你们归顺。为首的即刻随本院赴赣州，其余的人原地待命，听候官府调遣。"

"瘦子"和另外两名头目随即登上大船，船队把鼓擂得通天响，浩浩荡荡地向赣州驶去。

那"瘦子"上得船来，洗了把脸，换了身干净衣服，仿佛换了一个人似的，径直去了内舱，朝王阳明叫了声"先生"。两人相视而笑。

许逵在一旁一头雾水，好奇地问："老先生这是演的哪一出啊？下官可是糊涂了。"

王阳明笑道："这出好戏就叫'元亨扮流寇，吓退真江匪'。我们这一路到赣州，可高枕无忧，你只管欣赏两岸江景就好了。"

这"瘦子"不是别人，正是王阳明的得意弟子冀元亨。

王阳明拉着冀元亨的手，让他紧靠自己身边坐下，上下打量，关切地问："刚才看你纵身跳到湍急的江里，我还真替你倒吸口凉气，没有冻着吧？"

"先生放心，弟子可是洞庭湖水泡大的哦，取个外号叫'浪里白跳'也要得呢。"

王阳明一拍脑袋，笑道："你看看，你看看，为师只记得你足智多谋，这个倒差点忘了哩。对了，你们当年被强占去的垸子，退回来没有？"

"刘瑾败了后，朝廷下旨各地清理流毒，当年被他强占为皇庄的垸子都退还给乡亲们了。这荣王府怕人说他们跟刘瑾沾过边，也收敛了很多。这几年啊，年景还算不错，我一边领着乡亲们捕鱼种稻，一边与蒋信、刘观时等同窗收徒讲学，传播先生圣学之道，不亦乐乎？"

"每逢大事，必有元亨。"王阳明捋了捋胡须，笑吟吟地说，"我来前，徐爱还老问我，这次上任为何姗姗来迟。我不好跟他明说，我是在等你来江西，布好这么一个局啊。这个局你布得还是挺逼真呀，那些个流民你是从哪里找来的？费了不少力气吧？"

"不用费什么力啊，这些本来就是流落街头的乞丐、杂耍艺人、码头苦力，还有些是被官府剿灭了的小山贼，像张番瓒、李四仔、钟聪、刘条等的余部小喽啰，给他们一碗米饭，再鼓动一把，自然就跟我走了！"冀元亨笑嘻嘻地说，"我接到先生的信，就马不停蹄地赶到万安来，这里真是乱得不行。码头上、河口里，聚众抢劫的，那是常事。我在这里混了些日子，跟几个头儿混熟了，便亮明了身份，动员他们投奔先生，不仅能吃饱饭，还能剿匪杀敌，建功立业呢。他们岂有不从之理？"

"现在你的队伍有多少人？"

"将近两千人。"

"不错。手中有兵，底气才硬！"

"刚才跟你一起上船的那两个可是头目？"

"是的，一个叫萧庚，一个叫雷济。"

冀元亨把这两人叫进内舱，两人甚是拘谨。冀元亨让他俩拜见王巡抚，两人才"扑通"跪倒在地，磕头、站起、作揖、又跪下、又磕头……行礼甚繁。王阳明忙让冀元亨拉住他俩，问他们这是行的什么礼。两人答说是过年过节在大庙里见香客拜菩萨就是这么拜的。王阳明见他俩朴实得可爱，乐呵呵地跟他们闲聊起来。

冀元亨说："萧庚以前是打鱼的，水性好，为人有侠气，在码头一带能一呼百应。雷济是花炮作坊的老师傅，此前还被山贼陈曰能抓去鼓捣过火药，后来逃了出来。今天那几个舢板起火的戏，是他的杰作哩。"

王阳明笑道："两位兄弟辛苦了。你们是本地人，今后还要劳烦你们哦！"

两人搓着手，一脸憨笑。

几十只商船果真畅通无阻地抵达了赣州。众船家、商家纷纷来谢过王老爷，连声称赞他是诸葛再世。有几个药材商人当场表示，自愿捐助几箱药材以供军需，其他商人也争着捐粮捐衣捐木材等，一时间王阳明有些应接不暇。前来码头迎接巡抚的赣州地方官员哪见过如此热烈的军民鱼水情，直呼巡抚老爷乃神人也。

这一天，恰好是正德十二年正月十五元宵节，按当地风俗，晚上会举办灯会。赣州知府邢珣面有难色地请示王阳明："老先生初来乍到，怕贼人闻讯前来滋扰。今天我们早早关了城门，晚上的灯会不如也取消算了？"

王阳明道："取消做甚？灯会照常举行即可。"

邢珣得令，正要下去吩咐有司准备，王阳明又把他叫住："还有，城门洞开，让这伙贼人进来，本院正想会一会这些牛鬼蛇神哩。"

邢珣张着嘴，半天合不拢，吃惊地看着他，仿佛不相信自己的耳朵。王阳明笑了笑："邢老爷没听明白本院的话吗？还要不要我重复一遍？"

邢珣又转身去看许逵，许逵朝他笑着挥了挥手："去吧，只管按老先生的吩咐去做。"

当晚，赣州城灯树千光照，宝马香车忙，一派"火树银花合，星桥铁锁开"的喜庆祥和景象。新任巡抚王阳明与民同乐，一边赏月，一边猜灯谜，其乐融融。赣州城东西南北四座城门，"懒洋洋"地敞开着，任人进进出出。

盘踞在南安府南部大庾岭的陈曰能，此前听说赣州城的元宵灯会远近闻名，热闹非凡，派人送信给横水的谢志珊，约他一起来赣州

"闹闹元宵"，谢志珊满口答应。当天一早，陈曰能率几百名手下下山，想趁机打打劫。他白天在码头上，看到不少商家给官府捐了大量的粮食、药材等好东西，心里直痒痒。

他们一伙在东城门外一处树林子里潜伏着，等着天黑前与谢志珊的人马会合，再一起攻打城门。天慢慢黑了下来，城门也不见关闭。他们派探子去打听，得知今晚灯会，城门敞开，而且新来的巡抚好像知道有人要来偷袭似的，还放出话来，要在城里会一会他们哩。

陈曰能的几个手下，本来摩拳擦掌想趁着年节搞一票，也算是给新巡抚一个下马威，一听此话却犹豫了。一个叫杜阿三的小头目说："听说这新来的王巡抚厉害得很，能预知前事，还能口中吐火。前天在万安，一口气烧了不知哪个山头的兄弟们好几艘船哩，这帮人当场就全投降了。"杜阿三边说边缩脖子，嘴巴咂吧作响。

"现在谢志珊迟迟没来，莫非前天投降的就是他？"另一个小头目牛阿贵问。

陈曰能踹了他一脚，骂道："放屁！谢志珊在横水，又不是在万安，两个地方隔得老远呢。你再动摇军心，老子现在就宰了你！老谢这人，我是知道的，他答应的事，不能随便变卦的。"

天终于黑了下来，谢志珊还是没有来，陈曰能也有点儿坐不住了。杜阿三对陈曰能悄声说："大哥，老谢的人还是没见个鬼影子。这个王巡抚既然有所准备，我们不如撤了算了。"

"撤什么撤，肉到嘴边了，还不咬？"陈曰能骂道，"今天早上在码头上你们不是没看到，跟王巡抚下船的就七八个人，赤手空拳的，他能奈我何？"

杜阿三还想说什么，陈曰能用手指着他的鼻梁骨大叫："你给老子闭嘴！"杜阿三摇摇头，只好作罢。

陈曰能盯着前方敞开的城门，隐隐约约还可以看见城内的灯火，他琢磨了半天，突然用巴掌一拍脑袋："差点把你们这帮孙子给吓了回去！我说嘛，这场景像一出什么戏来着，这姓王的狗官不正是在学孔明演空城计吗？他以为这样就把老子吓着了？老子可不是司马懿哦。"

众手下一听这样讲，也觉得有道理。牛阿贵骂骂咧咧："差点中了计。如果今天我们撤了，过几天他妈的赣州城里的戏班子又要演什么王巡抚空城计吓退百万兵的戏了呢。"

陈曰能捋捋嘴角的山羊胡子，得意扬扬地说："傻秀才一个，读了几本书，就学古人演大戏了。他以为他真是孔明再世啊？直娘贼，这是打仗，刀把子才是硬道理！"

众手下嚷嚷道："大哥英明，你就赶紧下令攻城吧！我们都等不及了哦。"

"还攻个屁！没看到城门洞开着吗？"陈曰能骂道。

"那我们就大摇大摆走进去？"牛阿贵疑惑不解地问。

陈曰能想了想，吩咐道："是要走进去，但不要大摇大摆。城门反正是开的，我们就装成客商，分批进城，找到早上提前混进城的兄弟，直接将那帮装腔作势的狗官给包了饺子。对了，刀啊枪啊什么的，包好了，别给老子露了馅。"

众人得令，牵着马，挑着担，从东城门鱼贯而入。进得城来，果真见城里亮如白昼，满街罗绮，热闹非凡。他们在大山里憋久了，哪见过这等繁华景象，当场就乱作一团，有些个竟慢悠悠地逛起街来。

陈曰能看在眼里，气不打一处去。他带着一帮手下到了府衙前，一帮坐堂班的正在搭起的戏台子上唱曲牌戏，又有一群男女姣童在台下踩高跷、扮故事。他看到先前潜入城内的十几名手下正跟没事人似的挤在人堆里看热闹，好不恼火。他指着坐在戏台子正下方的几个身穿官服的人，压低嗓音跟身边的杜阿三、牛阿贵说："还愣着干啥？赶紧操家伙，先把这几个狗官给灭了再说！"

等他们转身去取兵器时，却发现藏着兵器的马车不见了。再看看周围，平白无故地多出好些个膀大腰圆的人出来，手里还拿着家伙。

陈曰能暗叫一声不好，连忙指挥手下赶紧往东门口撤。等他们一路小跑赶到东门时，却发现城门紧闭，城墙上的弓箭手正拉弓搭箭，虎视眈眈地向他们瞄准。这时王阳明骑着高头大马，率领黑压压的一众官兵从府衙前街包抄过来。

陈曰能等匪众大惊失色，想逃又逃不掉，想打，手里又没家伙，被官兵堵在城门口狭窄的地方，动弹不得。

王阳明骑在马上，一手拉着缰绳，一手摇着羽扇，对陈曰能等人笑道："今天元宵夜，来的都是客。放下手中刀，明早耕田去。"

陈曰能气急败坏地嚷道："你少唬我！我等投降，你能保我们不死？"

"不仅能保你们不死，还能让你们回家种田！"

陈曰能不甘心束手就擒，还左右张望，盼望有救兵突然杀出。

王阳明指了指城楼垛口的弓箭手，厉声道："如果不老实，本院一声令下，便可让你们变成铁刺猬！"

陈曰能走投无路，只好跪地投降。

许逵让人把他们捆了，要押他们去大牢。王阳明笑道："这个不急，府衙门口还在唱戏。把他们押了去，今晚我们《空城计》没演成，再演一出《河中献捷》总可以吧？"

众将哈哈大笑。

许逵让人用污泥将众匪囚脸上涂花，一个个押到戏台子上，游街似的走了一圈，老百姓尖叫着往他们头顶扔白菜帮子、烂泥巴等污物，弄得这群匪众狼狈不堪。

看到赣州的百姓欢天喜地的样子，王阳明也饶有兴致地登上台，用越调唱了一曲助兴：

> 叛将忘恩久，王师不战通。
>
> 凯歌千里内，喜气二仪中。
>
> 寇尽条山下，兵回汉苑东。
>
> 将军初执讯，明主欲论功。
>
> 落日烟尘静，寒郊壁垒空。
>
> 苍生幸无事，自此乐尧风。

他唱完朝台下拱拱手，台下百姓连声叫好。在锣鼓喧天中，元宵灯会算是落下了帷幕。

王阳明从台上乐呵呵地下来，许逵笑问："王巡抚真是料事如神。您咋知道今晚这群贼匪要来偷袭？还有，就算知道他们要来，您怎么敢让城门洞开呀？这真是一着险棋啊！"

王阳明哈哈一笑："何险之有？他们会不会来，我倒是不敢肯定。我敢肯定的是，只要他们敢来，我就敢叫他们有去无回！"

"这是为何？您怎么知道他们是贼匪，不是正经商人、过路人呢？"

"正经商人、过路人有这么成群结队、满脸杀气的吗？"王阳明指着堆在戏台子下面的一堆刀枪棍棒说，"我早就吩咐四个城门守门官，有这种结伴进城又带着辎重包裹什么的人，就给我盯紧了。尤其是傍晚夜色降临时，进来一个贴身跟紧一个，一个都不许跑了。"

"为啥天黑了进来的，就要盯紧呢？"

"坏人喜欢走夜路吧。"王阳明呵呵一笑，大步向府衙走去，留下一脸疑团的许逵独自站在马路中间发愣。

冀元亨对许逵悄声说："许老爷有所不知，这贼匪白天肯定在城门外侦察观望，怕进来了，城门一关，出不去。后来听说城门晚上也不关，这才放心地进来打劫。他们万万没想到，刚一进来，我们就来了个关门打狗哦。"

许逵这才恍然大悟，心里暗叹："王巡抚真是指挥若定，用兵如神啊！"

看着王阳明清癯的背影，邢珣满脸狐疑地问冀元亨："你说说，这满城墙的兵勇，还有拉弓搭箭的架势，他是怎么变出来的呢？莫非他像孙猴子一样，拔根汗毛吹口气，就能变出天兵天将来？"

冀元亨笑了笑，指着身后一胖一瘦两名士子打扮的年轻人说："这两位是我的同窗——薛侃、陆澄。"

邢珣借着月光，仔细端详二位，突然身子后退了两步，睁大了眼睛，惊讶不已地说："这两位，这两位不是流寇、流寇的头子吗？"

薛侃和陆澄笑着向邢珣作揖行礼："学生昨日是流寇，今日已是官兵了。"

邢珣拍了拍自己的脑袋，不住地摇头："搞不懂了，脑子糨糊了。"说着身子一颠一颠地一路小跑着追王阳明去了。冀元亨和薛侃、陆澄看着他滑稽的样子，笑得合不拢嘴。

三　兵者，诡道也

正月十六，王阳明在南赣巡抚都察院里正式升帐开府。薛侃和陆澄率领两队兵弁，军容整齐地肃立在大堂之下，好不威风。

王阳明指着堂前的兵弁和院门外的人马，对邢珣说："邢府台，你现在明白我为什么迟迟不来赣州就任了吧？"

邢珣想了想，说："您是在等一个最佳的时机？"

"你说得对，又不全对，今天本院就跟你们挑明了吧！"王阳明坐在堂上笑吟吟地说，"我接到朝廷任命书，就派弟子薛侃和陆澄悄然来到赣州地面，用几个月时间，招募了这么一支民兵武装。"

"我明白了，"邢珣点点头说，"昨晚咱们赣州城墙上的弓箭手，就是庭前的勇士们吧？"

"正是。我当初是这样想的，那些占山为王的山大王既然可以登高一呼，响者云集，那我们这些读书人，为什么不能将这些流离失所的流民，组织发动起来呢？"

"您这个想法，可是闻所未闻啊。"许逵在旁插话道。

"可不是吗？前几天我率兵去宁都乡下征粮，在路上与薛先生和陆先生率领的一支队伍相遇，要不是他们跑得快，我就差点把他们当真贼匪给剿了呢！"邢珣说罢哈哈大笑。

王阳明也开怀大笑起来："兵者，诡道也。实中有虚，虚中有实。陈曰能也不傻，他早就打探清楚，你们赣州城里有多少人马，有多少真的能打仗，又有多少是摆设。他有这个底气，才敢来赣州城里闯一闯啊。可是他万万没有想到，我们多出了这么一支人马，他想不束手就擒也难啦。"

正说话间，外面跑进来一个总旗官，大声嚷道："不好了，不好了，贼匪头头跑掉了！"

"不是关在大牢里好好的，怎么说跑就跑掉了？你们是干什么吃的？"邢珣站出来呵斥。

"回大老爷，昨晚将这些贼匪分头关押，这个姓陈的和另外两个头头单独关押在府衙地牢里，其余人关在总镇司的监狱里。今早司狱官去地牢提人，发现牢门开着，这几个贼匪头头都不见了。"

"一群饭桶！关在地牢里还让他跑了？就算他们长了翅膀也飞不出去呀！"邢珣一边跺脚，一边破口大骂。

"地牢看守呢？还不抓了过来！"许逵厉声道。

"早跑了。"总旗官跪在地上，全身颤抖着。

"那牢头呢？也跑了？"

总旗官脸色惨白，趴在地上不敢抬头。

"滚！快滚！不把这伙贼匪、内奸给我抓回来，提头回来见我！"邢珣吼道。

"邢珣！"王阳明用食指和中指叩了叩桌板，板着脸大声说，"这里是都察院，是巡抚衙门，不是你咆哮发威的地方！"

邢珣自知失礼，缩着脖子退到一边。

王阳明指着邢珣等人训斥道："我来前就接到薛侃和陆澄的信，说你们赣州府庙小妖风大！贼匪不多，内奸不少！但万万没有想到啊，你们知府衙门里就有贼匪的内线！"

邢珣等地方官噤若寒蝉，不敢吭声，任由王阳明骂了个痛快。

王阳明对薛侃说："尚谦，你讲讲，赣州匪情是怎么个情况，为何官匪一家如此严重？"

薛侃答道："这几个月，我们一边收募各地流民，训练民兵，一边在赣州周边各县了解民情。这里的匪情确实严重，但除了几个作恶多端的大头目外，大多是被胁从的流民。他们为生计所迫，与老家乡亲又有着联系，平时耕种，灾荒时上山为匪。你有时都分不清他们是匪还是民。"

陆澄在旁补充说："更有甚者，官兵积弱，只知横征暴敛。前几次用兵，从湖广等地调来的狼达土军，如同鼠狐聚党，为祸当地百姓甚于贼匪。狼达土军一来，贼匪即藏身深山；狼达土军一撤，贼匪又出来招摇，当地百姓只好又附身于贼匪。"

王阳明道："我明白了，官府不能保护百姓安全，百姓只好投靠贼匪。这也不能怪百姓，怪只怪官府尸位素餐。"他说着，狠狠地敲了敲案板。

邢珣等人站在大堂里，大冬天的，额头直冒冷汗。

"走！百闻不如一见。你们都去给我换了便服，跟我到外面走一走去！"

不一会儿，王阳明与赣州一众地方官员，一个个穿着破布烂衫从后堂走了出来，仿佛是一群乞丐，站在大堂两侧的兵勇都忍不住掩着嘴吃吃地笑。

邢珣等人面有羞色，交头接耳道："我们官虽小，可也是朝廷命官，这样子成何体统，不就成了叫花子了吗？"

王阳明正色道："叫花子怎么了？赣州城这么多无家可归的叫花子，你们这些当官的锦衣玉食，在衙门里还坐得住吗？上次要不是我用了计，陈曰能早把你们抓了去关在猪圈里，那比叫花子还不如呢？"

这些地方官被骂得没了脾气，只好老老实实跟在王阳明屁股后面，来到城北督学试院旁的东溪寺巷，只见巷内乞丐成群，街上拥挤散乱，污浊不堪。

王阳明看到路边有一老妇人，坐在一个草垫子上，眼神呆滞，捧着个破碗，嘴里有气无力地叫着："行行好，行行好。"

王阳明掏出几个铜钱丢在碗里，俯身和气地问："阿婆，你怎么称呼，是哪里人啊？"

"夫家姓李，本家姓徐，水东的。"

"家里还有什么人啊？"

"没有了。"

"他们哪去了？"

"老头子被山匪给害了，大崽被山匪抓走了，小崽又被官府给抓了。"

王阳明回头看了眼邢珣，邢珣面有难色，欲言又止。

"官府干吗抓走你的小崽啊？"王阳明又问。

"官府硬说他通匪！其实官匪一家，他们自己才通匪哩！"

邢珣等人站在王阳明身后，不断地向她递眼色，但是这个老妇人浑然不知，哆嗦着一只手去摸碗里的铜钱。原来她是个瞎子。

听见这老瞎婆公然在新任巡抚面前说官府通匪，邢珣脸上有点挂不住，忍不住大声斥道："你说官府通匪，你可不能信口雌黄，你可有证据？"

这老妇人侧耳听了一会儿，说："听这口气，这也是官府的人哩！"她抓起碗里的铜钱一把塞进口袋里，站起身，撑起一根木棍，颤巍巍地就要走。

王阳明扶住她，轻言细语地说："徐阿婆，你不要怕，我们不是官府的人，只是路过这里的生意人。"又掏出几个铜钱，塞到她手心里。

徐阿婆把铜钱在手里捏紧了，挂着棍子，慢慢地往前摸索，嘴里说着："没有证据，我们敢说官府的坏话？我大崽在山里，山里人多，粮食不够吃。一次，山匪逼着他们下山，大半夜地直接从县衙后门搬粮食，然后运上山呢。我大崽说，走的时候，山匪头头给了县衙老爷一袋银子。这算不算官匪一家呢？"

王阳明一听，大惊失色："你大崽在山上，这些话你是怎么知道的？"

"说是山上，其实也就几里路。他有时也下山给家里送点吃的，闲聊时就把这事给说出来了。怪就怪我那个小崽读了几年私塾，认得几个字，就讲死理，一听这事，气不打一处出，写了状子，告到知府老爷那里，没想到却被知府老爷当场以通匪罪给关进牢里了。"徐阿婆边说边骂，"这挨千刀的知府老爷比山匪坏多了，山匪还让给家里送吃的，知府老爷是吃人不吐骨头哟！"

邢珣一听此话，气得脸发青，碍于王阳明在场，不敢发脾气。他支支吾吾想辩解，王阳明手一摆，让他不要说话。

王阳明在徐阿婆耳边悄声说了几句，徐阿婆停下脚，迟疑了一下，继续一拐一拐地往前走，边走边说："我老婆子眼瞎了，可心里亮堂着哩。你们的话，鬼才信！"

王阳明朝陆澄使了个眼色，陆澄会意地点了点头，带了几个人跟着徐阿婆去了。

王阳明带着知府衙门的几个官员，沿着巷子转了一圈，这里瞧瞧，那里问问，不知不觉来到一个池塘边。塘边有一石碑，上刻三个隶书大字：爱莲池。池塘四周有些萧瑟，池里尽是枯枝败叶，散发着一股腥臭味。王阳明口里吟道："'出淤泥而不染，濯清涟而不妖 。'这里是周敦颐创作千古名篇《爱莲说》的地方吗？"

"正是。"赣州府学教授董太祎引经据典，"庆历二年，兴国知县程伯温慕名将程颢、程颐二子送来此处拜师聆教，开宋明理学风气之先。北宋嘉祐六年，周濂溪任虔州通判，虔州就是现在的赣州。他在此处种莲、观莲、写莲，讲授《太极图说》，还在水东玉虚观开办濂溪书院。"

王阳明又问："府学提调官是何人？"

赣州府同知何英芝站出来说："由下官兼任。"

王阳明劈头盖脸就是一顿数落："此乃圣人讲学之处，现今却成了流民乞丐聚居之所，真是有辱斯文！你们如果还是圣教之徒，还有点廉耻之心，岂能忍心圣迹沦落如此？"

一行人跟着王阳明出了东门，来到大码头。王阳明也不言语，脚一跨就上了一艘渡船，其他人也只好跟着。王阳明跟船家说："开船！"

邢珣一听急了，连忙道："过了章江，就是水东！那可是贼匪出没的地方哦！"

王阳明阴沉着脸，拍了拍身上的破棉袄，冷冷地说："就我们这样，会一会贼匪又有何妨？"

邢珣低头看了看自己身上的破旧衣服，这才意识到他们此刻已不是官家身份，而是微服私访。

船家是个憨厚的中年汉子，先收了船钱，再不慌不忙地埋头划船。王阳明跟他搭话："刚才在大码头见到一处字叫'金狮渡'，有什么来历没有？"

船家抬头看了眼他，说："你们是外地人吧？本地人都知道，传说码头江底有座金狮铜像，可以随江水沉浮，所以大码头就有了个名字，叫'金狮渡'。"

"这码头看光景有些年月了。现在船不多，渡船过江的人也少，萧条得很啦。"

"还不是被贼匪给闹的！现在城里人不敢过江，过了江就是水东，官府鞭长莫及了哦！"船家边划船边拉家常，"赣州啊，是章水与贡水交汇的地方，这码头以前可是个大码头哦，每天光停泊的船都有几百艘呢。赣南茶油、崇义阳岭茶、龙南蜂蜜，还有这里的香米，都是从这水道一路运到北京城里皇帝老子的餐桌上呢。"

不一会儿，渡船到了江心。船家扯起了嗓子，喊起了木排号子：

江西九十九条龙，条条游龙出山中。

赣江龙头在哪里？章贡二水会赣城。

先叫浮州和虔州，以后才把赣州称。

赣州三角对三潭，东门磨角对汶潭，

南门营角对欧潭，北门龟角对储潭。

东门城内出水寺，南门城外大校场。

西门进城五将庙，庙边就是贺兰山。

赣州府里好风光，城里共有三座山，

还有五岭八景台，十个铜钱买得来。

朝天门外龟角尾，芦萁洲边桃源滩。

老虎角下储潭庙，琉璃瓦面放光芒。

关神庙下白洞滩，跟脚来到仙人潭

……

不知不觉渡船就靠了东岸。王阳明一群人沿着官道走了两三里路，却看不到什么行人，到了前面一个岔路口，走上一条石板小路，又翻了两座山，才看到一个二三十户人家的小村子。

他们敲了几户人家的门，说想讨几杯水喝，里面的人要么不理他们，要么从门缝里递出一个装水的竹筒，便赶紧把门关紧，只有村子里的狗，看见生人，叫得凶。

王阳明知道村民们被贼匪吓破了胆，也不怪他们。好不容易打听到里长的家，让他们意外的是，屋门大敞着。进去一看，这里长是个瘸着一条腿的老鳏夫。他自称姓余，其他村里人一有风吹草动，就要出去躲山贼，还得跟官府派来征苛捐杂税的人周旋。他腿瘸了，跑不动，又无牵无挂、家徒四壁的，这个里长别人不愿意干，只好给他干了。

余里长指着屋角一个大水缸，说要喝水自己舀，水缸上面有瓢。他见王阳明一行人没有动静，又一瘸一拐地从里屋拎出一个竹篮子，里面有一些红薯干，放到门口的竹椅上，说："家里只有这些了，你们自己拿着充充饥吧。"说完，一个人坐在屋外的短凳上，眯着眼晒太阳。

王阳明搬了一张竹椅子，挨着他坐下，说："老人家，我们路过贵地，歇个脚。"

余里长装作没听见，眼皮都没抬一下。

邢珣想发作，王阳明摆了摆手，接着问："村里有多少户人家？去年的收成怎么样？"

余里长没好气地答道："我们岔道村本来有百来户，现在只剩不到一半了。这可是依山傍水的风水宝地哦，稻谷熟两季，吃穿不用愁，山上还有果树，水里又有鱼虾。可这些年硬生生地被山贼和官兵给折腾得不成样了！"

"官兵怎么折腾你们了？"

"山贼抢一次就跑了，这还好对付。官兵来了，说是帮着剿匪，可是所过之处，鸡犬不宁，光明正大地抢，还没地方去告状呢！这不是逼着我们去当山贼吗？我腿瘸了，要不也早跑了。"

邢珣在旁边站着，听凭余里长当众打脸，又不敢作声，气得脸青一阵紫一阵。

王阳明拎起竹篮子，把里面的红薯干分给大伙吃，又掏出一串铜钱，塞到余里长手里。余里长原来只想用红薯干把这些流民打发掉就好了，没想到他们吃了还给钱，手里拿着铜钱串，惊愕得半天说不出话。

王阳明指着村里山坡上的高墙大院问："这是谁家？像是个大户。"

"那是刘氏庄园。庄主刘员外以前是安徽铜陵县令，前几年辞官回乡，本想过些清静日子，可这山匪三天两头来闹，日子能清静得了？"

"走，看看去！"

"别、别、别……"余里长刚想起身拦住他们，王阳明等人早已扬长而去。

刘员外家大门紧闭。邢珣上前把铁门拍得啪啪响，里面有人透过门缝往外瞅，厉声喝道："什么人？"

"过路人，讨杯水喝。"

里面人又问了几句话，大铁门徐徐打开。众人进到院里，发现这里只是像瓮城一样的前院，后面还有碉楼。碉楼里隐隐约约人头攒动，弓弩的箭头从黑洞洞的垛口支了出来，甚是吓人。

众人想退回去，但身后"哐当"一声响，大铁门已关得密不透风。再抬头看看院墙，比赣州城头还要高。邢珣扯着王阳明的衣角，怯怯地说："这员外家杀气腾腾的。"

冀元亨一看这阵势，怒火中烧，大吼："不就是个土财主吗？搞这么大阵仗！老子就不信这个邪，他还敢光天化日之下杀我良民百姓不成？”说着，抽出了缠在腰间的一把软剑。

王阳明一看反而乐了："人家说腰缠万贯，你倒好，腰中缠了根软刀子。"

这时，碉楼里放出一条似狗又似狮的怪兽，向着众人猛扑过来。邢珣等人大惊失色，躲闪中有几人已绊倒在地。冀元亨、雷济等人挥舞着剑棍，拼死护卫。无奈此怪兽太过凶猛，接连扑倒了几个赣州的地方官，冀元亨的衣衫也被咬掉几块布头。

"雷济，用炮仗！"王阳明朝雷济大喊。

雷济忙从衣兜里掏出一根雷公炮，又摸出一块打火石，将雷公炮点燃，向怪兽掷去，"啪"的一声惊天巨响，吓得它抱头鼠窜，飞一般逃回碉楼里去。

大家这才松了口气，摔倒在地的也趁机爬了起来。

冀元亨手里扬着软剑，气呼呼地朝碉楼大骂："你们这群土匪，竟敢放恶狗伤人，小心老子一把火点了你们这土匪窝！"

碉楼上站着一位驼背男子，穿着青衫，约摸三十来岁，脸色黝黑，长相怪异。他朝底下喊话："来者可是谢大王？"

众人听不懂他说的什么，一个个你看着我，我看着你，愣愣地站在院里。

"那你们可是谢大王派来的人？"

冀元亨吼道："什么谢大王谢小鬼的，不知道你在说什么。我看你们这吃人的架势，才像山大王哩！"

王阳明咳嗽一声，朝冀元亨使了个眼色，示意他别动气，然后又朝碉楼上的人拱了拱手："我们是过路的生意人，路过宝地，只想讨杯水喝，多有打扰。"

"我看你不像是生意人。"

"我们不像生意人，像山贼？你不给水喝，我们走人就是。你把我们困在这里，又放狗咬人，这是做甚？"冀元亨还在气头上。

碉楼上那男子不理会他，朝王阳明也拱了拱手："我看兄台气宇轩昂，像是读书人，原来是误会一场！本人姓刘名潜，字孔昭，向各位致歉！"

他吩咐手下打开碉楼大门，放众人进来。

分宾主坐定，仆人沏了上等云雾茶。刚才那只怪兽伏在刘潜脚下，温顺得像只绵羊。他略带歉意地对王阳明笑道："此兽野性未除，刚才多有冒犯，还请海涵。"

王阳明用手轻轻抚摸怪兽脖子上一圈鬃毛，说："西域狮子，可真勇猛异常，名不虚传啊。"

刘潜大惊："此兽中原难得一见，兄台果真奇人，竟然认得！"

"此兽又名藏獒，原产吐蕃，也就是现在的乌斯藏，我也是从书上识得，活物倒是头回见哩。"王阳明端详着怪兽，说道，"洪武年间《皇明宝训》总裁官詹同在《出猎图》中写道：'苍鹰欻起若飞电，四尺神獒当人立。'讲的就是此兽。"

"现在赣州地面土匪出没，在下重金从乌思藏购得此兽，原本看家护院而已，没想到还有这么多的故事，真的是领教了。"刘潜笑了笑，"敢问兄台大名？家住何方？以后还想有事讨教。"

"鄙人王云，行脚四方，居无定所。"

刘潜对此半信半疑，吩咐手下上些点心，又多多准备些干粮。

王阳明谢过刘潜，又问起刚才所说谢大王的事。

刘潜笑道："前几日收到横水响马谢志珊的信，说要跟我们借粮，因而误把兄台等人当成贼人了。抱歉得很！"

"怪不得刘员外庄上厉兵秣马，如临大敌似的。"

刘潜长叹一口气："实出无奈。家乡闹匪，但偌大一个庄子，父母子弟、同族乡党都在此生养，总不至于弃庄逃亡吧？刘某虽打小落下残疾，却喜读兵书，也爱舞枪弄棒，前些年在铜陵做过几年县宰，手下也带过兵。而今州府无能，我等百姓只好团练自卫了。"

一番话说得邢珣等一众地方官面如死灰，颜面扫地。王阳明听了，禁不住连声叫好。

告别刘氏庄园，王阳明等人刚到村口，正想上路，突然前方传来一阵马蹄声。二十余匹快马随即呼啸而来，众人躲闪不及，只好站在路边避让。

为首一人长一双吊梢眼，到了跟前勒住了马，举着马鞭问："你们什么人？鬼鬼祟祟的，抓了去当苦役！"

邢珣等人吓得直哆嗦。王阳明正想说话，雷济站了出来，双手合拳拱了拱手："大官爷，在下陈瓢把子手下炮头。"

那人打量了一下雷济，骂道："少在老子面前耍三青子来！风马雁雀，你算哪一门啊？"

雷济满脸堆笑："天上有星，地上有米。老合原是马门中人。"

"西北悬天一块云。"

"不知白云是黑云。"

"野鸡闷头钻。"

"合吾保平安。"

那人哈哈大笑："没想到这穷乡僻壤的地方，还有自家兄弟。对了，听说陈瓢把子被狗官给抓了？"

"小的半开眼，敢问大官爷哪个茬口？"

有人喝道："瞎了你的狗眼！这是我们横水谢大王！"

王阳明这才知道，眼前这位吊梢眼、苦瓜脸，面有菜色，萎靡不振的中年男人就是占据横水一带，自封"征南王"的山贼头目谢志珊。

雷济也是机灵，赶紧作揖赔笑道："小的见过谢大王。"

谢志珊冷冷地说："刚才本大王问你，你们瓢把子老陈被赣州新来的巡抚给抓了去，真有此事？"

"这个小的不知，咱们陈瓢把子昨天下山去，至今未归。二当家的这不吩咐咱们去城里打听哩。"

"还打听什么？我的人昨晚就在城里，看得真真切切，这老陈啊，被一锅端了！"

雷济装作很吃惊的样子："那我们得赶紧回山上去，告诉二当家的。"

"你们二当家可是程歪嘴？"谢志珊冷笑道，"就他那德行，还能当家？这程歪嘴祖宗十八代都是给人看阴宅的阴阳先生，除了一张嘴，还是一张嘴。这老陈要不是听他的，非要去赣州城看花灯，能有这下场？幸亏老子没听他的，否则……"

雷济答不上话，只顾傻傻地笑。

"程歪嘴也有些时日没见了。既然到了你们的地盘，我倒想去拜拜码头嘞。"谢志珊突然看到人群里的王阳明，用马鞭指了指他，"你，就你，去给老子带路，上你们大庾岭去！"

邢珣等人低着头不敢直视谢大王。雷济慌了手脚，忙说："大王，这人是我们请的江湖郎中，还要赶着去给我们一个头领治病。他没上过山，要带路，小的愿意效劳！"

谢志珊半信半疑地盯着王阳明打量了一番："你是郎中？"

王阳明点点头。

"那好，你给我诊诊，看有啥毛病没有？"谢志珊从马上跳下来，站到他面前，伸出一只手。

王阳明不慌不忙，左手托住他的手，伸出右手三根指头给他把脉，把了片刻，又换了只手把了把，这才道："脉象浮数而虚，火邪入里，邪盛脉道，主血郁、阳虚……"

谢志珊不耐烦地打断他："你就明说吧，我有啥不舒服？"

"头晕目眩，口里寡淡，没有胃口，胸闷气短，失眠多梦，心神不宁。还有，房事不举。"

"什么叫房事不举？"

"就是阳痿。"

"放屁！再敢胡说八道，小心脑袋！"旁边一小头目呵斥道。

"郎中嘛，说错无妨，无妨啊。"谢志珊呵呵一笑，指着雷济说，"这位小兄弟，那就请你前方带路吧！"

邢珣等人这才长舒一口气。正当谢志珊爬上马背，准备上路时，没想到王阳明却扯住他的马绳，说："老夫乃杏林中人，大王有疾在身，理应跟你一道去山上，为你治病疗养才是。"

雷济急道："郎中还得给头领治病，别耽误了！"

"头领的病无大碍，让我徒弟瞧瞧就好。"王阳明镇定自若地说，"大王的病，如果不调理好，恐落下病根。"

谢志珊一听此话觉得有理，便吩咐道："给郎中备马！"

王阳明又道："我跟我徒弟交代几句。"便转身走到冀元亨跟前，跟他耳语一番。

一阵尘土飞扬过后，山道上徒留下邢珣等人站在路边直跺脚。

四 不破不立，我要组建一支剿匪新军

沿着一条鸟道，王阳明跟着谢志珊的队伍爬上了大庾岭。山势极为陡峭，山上却是一块平整之地，可以俯瞰山下。在一个大岩洞里，二当家程歪嘴接待了谢志珊。两人少不了叙叙旧，客套一番。

谢志珊话锋一转："程老弟，老陈这次在赣州城被新来的巡抚给折了去，怕是凶多吉少。现在你们有何打算？"

程歪嘴正为此事发愁，嘴上却很硬气："我谅那帮狗官不敢把我大哥怎么样！"

"万一有个好歹呢？"

"那我率弟兄们血洗了它赣州城！"

谢志珊盯着程歪嘴呵呵地笑，笑得程歪嘴脸上直发痒。程歪嘴自己心里也清楚，这次陈曰能下山几乎把主力都带了去，现在山上就剩下些老弱病残，说说大话倒行，真要去跟官兵血拼，还真没这个胆。

谢志珊站起身，拍了拍程歪嘴的肩膀："程老弟，话好说，活难做。眼下这个家不好当啊，马高蹬短——上下两难，一不小心脑袋就得搬家哦。"说着做了个抹脖子的动作。

程歪嘴叹了口气："哥哥你说咋办？大当家的有难，这家不好当也得当啊。"

谢志珊低声道："不如咱们两家合作一处，那咱在赣南地界，可是第一大茬口！"

"这个……"程歪嘴整个身子窝在虎皮椅里，看了看左右其他头目，这些人或摇头，或点头。

程歪嘴显得很是为难，歪着嘴嗫嗫嚅嚅说："此事容大伙再商量。老哥哥远道而来，咱们先把酒给喝好了。小的们，上狗肉！"

酒过三巡，谢志珊又旧话重提："歪嘴兄弟，大庾岭风景是好，可离城里也近，树大招风啊。万一哪天官府派大军来剿，就你们这些人马，怕是要被拔了香头哦。"

大庾岭这边有个管马军的头领名唤莫十三，平时性格耿直，说话嗓门大，绰号"莫老炮"。他在一旁看不下去了，扯着嗓门嚷嚷："谢大王，话莫讲绝了哦。现在咱们人哥是死是活还不知道，你不说救人的话，跑来咱们山上尽说些风凉话。这是哪门子的江湖道道？"

谢志珊一听此话就火了，刷的一把站起身，把酒碗一摔，骂道："你算什么嘎杂子头？在爷爷面前指手画脚！"

程歪嘴忙拉莫老炮坐下，赔笑道："手下马号，不懂规矩。来来来，莫恼莫恼，咱们喝酒！"

莫老炮也是气得哇哇叫，扭头扬长而去。他手下几个亲随也跟着怒气冲冲地走了。

谢志珊指着他的背影，不住地骂："小瘪三、三青子、砍脑壳的、斩头鬼！要不是看在你歪嘴兄弟的脸儿，我这一筷子飞过去，戳瞎他的狗眼！"他把手中的一双筷子举得老高。

"莫动气，来，吃狗肉，吃狗肉！"程歪嘴一个劲地赔笑。

"歪嘴，你就给我个痛快话，这个伙你是入还是不入？"

"这要是入伙，怎么个入法？要是不入伙，又怎么个说法？"

"要是入伙，你这大庾岭就是我征南王的分舵，你来当我的威武大将军，咱们一道吃香的喝辣的。要是不入伙嘛，哼，可别怪我老谢心狠手辣！"他说着恶狠狠地扫视了一眼对桌大庾岭的人。他身后的十几个手下齐刷刷地把刀拔了出来，指着对桌。

谢志珊斜了一眼他们，训斥道："干什么？爷爷们正商量正事儿。"这些手下又齐刷刷地把刀收回刀鞘里去。

谢志珊跟程歪嘴笑道："这些不懂规矩的家伙，等回去一个个抽了他们的筋。不过，歪嘴兄弟啊，他们虽说粗了些，但打仗可不含糊。上次那个叫陈金的巡抚派了那么多的狼兵来，还不是打得他们屁滚尿流。"

"那是，那是，强将手下无弱兵嘛。"程歪嘴脸上挂着笑，眼睛骨碌碌转，"谢大王刚才入伙的提议，大伙意下如何？"

见手下各头领都不吭声，程歪嘴便道："前几日，我夜观天象，有金牛冲日，紫微移位，主咱大庾岭要换主。如果大伙没意见，那我就做主入了谢大王的伙吧！"

他话音刚落，只听洞外传来一声吼："要卖家，等老子死了！"

众人朝洞口看去，有三个人影立在洞口，看不太清。等走近些，才看清来者正是大庾岭大当家陈曰能，他身后跟着杜阿山和牛阿贵。

程歪嘴一见大当家回来了，连忙跌跌撞撞跑过去迎接，嘴上喊着："大哥可回来了，大哥不在的日子，小弟每天都在关二爷跟前给您烧高香呢。"

陈曰能伸手抽了他一个大嘴巴，骂道："吃里扒外的混账家伙！盼着老子死不是？"

谢志珊看到陈曰能竟然大摇大摆地回来了，也很意外，起身抱拳："大当家的回来了，那就好，那就好。老谢我多有打扰，这就告辞！"

"呃，不慌着走嘛，老哥还要跟你拉扯几句家常呢。"陈曰能一把将他扯住，招呼他重新入席。

陈曰能胡乱吃了一通，抹了抹嘴，抬头盯着桌对面的谢志珊，哂笑道："谢大王巡山来了？看上咱们这野山岭头了？"

谢志珊一脸尴尬，讪笑着说："不敢不敢，路过宝地，过来讨杯酒喝。"

陈曰能猛地一拍桌板，指着他骂道："姓谢的，别在老子面前耀武扬威！老子跑江湖时，你还穿开裆裤哩。要吃掉老子的地盘，你还欠火候！"

谢志珊见业已撕破脸皮，也回骂道："你这老鳖，鼠目寸光！我来这是想救你的弟兄，不然被官府活捉了去，还要替人家递绳索哩。"

陈曰能恼羞成怒："老子正要找你算账哩！我问你，昨天约好的去攻城，你为何半路上打老子的镲？看着老子被官府的人抓了，也见死不救。失信小人，还有脸来我山上讨酒喝？"

谢志珊被骂得接不上话，把手一挥："我那是好汉不吃眼前亏。懒得跟你废话，告辞！"

"慢着！咱大庾岭不是茅厕疙瘩，想来就来，想走就走。"陈曰能恶狠狠地盯着谢志珊，像一只头狼盯着自己的猎物。

"怎么着？就你这几个残脚跛腿的，想留你大爷我在这住一宿？信不信我将你们这破山岭荡为平地？"谢志珊宝剑出鞘，指着陈曰能。两边的人都操起了家伙，剑拔弩张，怒目相对。

程歪嘴跑到陈曰能跟前，一把扯住他的衣角："大哥，冷静，冷静啊，都是自己人！"

"什么自己人？你这个叛徒！"陈曰能顺手又是一巴掌，打得程歪嘴嘴更歪了，捂着脸直叫唤。

谢志珊抓起一只碗朝陈曰能扔了过去。陈曰能头一偏，顺手操起一把凳子砸了回去。双方大打出手，洞里乱作一团。

谢志珊率手下边打边往洞口撤，可是洞口被莫老炮带人骑马把守着，根本出不去。洞里光线又不好，谢志珊的人也对地形不熟，跌跌撞撞的，死伤不少，眼看要招架不住了。这时，他感觉身后有人拉了他一把，回头一看，是程歪嘴。程歪嘴打着火把，做了个手势，示意跟他走。

谢志珊只好跟着程歪嘴在洞里七弯八拐，竟然找到了另一个出口。王阳明和雷济一路跟着，也跑了出来。原来这个出口在半山腰上，出口旁边一条蒿草遮蔽的密道直通山下。

众人连滚带爬，终于逃了出来。山下几个看马的手下，听见山上有动静，正在焦急地四处张望。看到谢志珊领着一帮人狼狈不堪地跑下来，连忙将马绳解开，牵了过去。众人纷纷上马扬鞭，刚跑出马厩，就远远地看见陈曰能的人从山上追了过来。

谢志珊率着马队一路狂奔，这些马儿刚才在山下被喂得肚子溜圆，跑得飞快。一溜烟跑了十几里路，来到一座古庙前。回头望去，身后早不见了追兵，便勒住马头，指挥众人进庙里歇口气。清点人数，折损过半，也不见了王阳明与雷济。原来他俩在半路上一个分岔口，趁人不备已溜之大吉。

谢志珊坐在满是尘土的案几上喘着粗气，一边骂娘，一边让手下去找水喝。其他人也是惊魂未定，心有余悸，在庙里或坐或卧，庭前院内乱作一团，骂声不绝于耳。

正在此时，突然"嗖嗖嗖"一阵响，几十支利箭从天而降，坐在庙门台阶前的寨兵还没反应过来就已中箭身亡。有寨兵大喊："不好，是官兵来了！"

冀元亨率领他在万安的人马杀将过来，杀了谢志珊一个措手不及。众山匪纷纷抱头鼠窜，有些还来不及上马就成了刀下之鬼。庙门口被堵得严严实实，又有弓箭手在放冷箭，谢志珊骂道："今天点背，出门没看黄历，才出狼窝，又入虎穴。"

骂归骂，还得逃命。他在几名亲信的帮助下，从院子里一堵矮墙爬出来，找了匹马夺路而逃，身后只有十余人跟随。

南赣巡抚都察院门口张贴了一张"招募民兵"的告示，引得民众围观议论，好不热闹。院外的喧嚣声传到了院内，这里正在召开新任巡抚上任以来首次军机会议。

王阳明端坐在大堂之上，问："院外为何如此欢闹？"

门房官回报："从军者络绎不绝，甚为踊跃！"

王阳明微笑点头："打手、民兵如能如期募集，下一步就是要相机剿扑众贼，各道府州县都要抓紧些！"

赣州府同知何英芝皱着眉头说："这些流民乞丐，也能从军？那咱们官兵与山贼又有何异？"

王阳明脸一拉："与山贼何异？前几日下去微服私访，你也看到了，府兵也好，狼兵也罢，在老百姓眼里连土匪都不如！还有，陈曰能都能从你们赣州府衙的地牢里跑掉，你还有什么好说的？"

何英芝羞愧不已，无言以对。

"不破不立，我就要破旧立新，彻底组建一支剿匪新军！"王阳明边说边挥舞着拳头，"福建漳南道兵备佥事胡琏何在？"

"末将在！"胡琏应声出列。

"你说说你们漳南道试行训练民兵之事。"

"末将去年十一月二十五日，接到巡抚老爷对漳南道教练民兵的批复后，即募集各县民兵，加紧操练教习，不仅有效防范卢溪詹师富等贼匪的袭扰，还多次主动讨伐，歼灭贼匪共计一百二十余人，打掉了贼匪的嚣张气焰。"

"你们听到没有？本院虽然刚刚来赣州上任，可是对四省的军情也算是了如指掌。去年年底，我就密令漳南道招募民兵，而今初有成效。赣南、粤北等地官员，会后要与胡琏多多切磋，将其经验推广，总之，要用心办事。在本院这里，要蒙混，那是过不了关的！"

众官齐声唱诺。

王阳明又正色道："江西、福建、广东、湖广四地兵备，要从弩手、打手中，挑选骁勇绝群、胆力出众者组建新军。每县多则十几人，少则八九人。江西、福建两兵备，各招五六百人；广东、湖广两兵备，各招四五百人。挑选能将督练，整肃军纪，打造一支精锐之师。"

赣州知府邢珣阴沉着脸说："组建新军好是好，可是这笔钱粮花费可不是小数哟。赣州连年遭受匪乱，府库空虚，老百姓也积贫已久，如果再加征赋税，恐激民变哟！"

"办法总比困难多！这个我自有主张，赋税自然不得多加。我这里丑话说在前头，各府州县有敢以募兵征饷为由横征暴敛的，与通匪同罪。"王阳明把惊堂木一拍，满堂皆惊，"本院现在发布首条训令！"

众官肃立，口中唱诺。

冀元亨从王阳明身后站了出来，铿锵有力地念道："奉圣旨，军卫有司官员中政务修举者，量加旌奖；其有贪残畏缩误事者，径自拿问发落……"

四省诸官在堂下听得心惊肉跳，大气都不敢出。

在这条训令里，王阳明不厌其烦地仔细叮嘱各地要认真谋划剿匪事宜：城堡关隘是否坚固完好？军官民兵操练得怎样？某个地方如果贼势猖獗，有没有想出擒剿的办法？如果贼匪已经退散，又如何安抚？哪些贼匪属于顽固不化的，必须扑灭？哪些贼匪罪有可赦，尚可招降？什么人可以作为向导？哪些大户可以发动？军队不足依赖，或许可以另募精兵；财不足用，或许可以另想办法。哪里还有闲田，可以开垦屯兵以自给自足？哪里还有浪费，可以节省以供军需？哪些地方必须添建寨堡，以断贼之往来？哪些地方应该建造城邑，以扼贼之要害？一味姑息隐忍，当然不能实现长治久安；会举夹攻，才能得到万全之策。所有这些募资、养兵、灭寇、安民的方法，都要悉心谋划。山川道路之险易，必须实地画图；贼垒民居之错杂，也应按实标注。近的地方一个月内，远的地方一个多月，都要把上面这些问题解答好，写好揭帖，呈来巡抚衙门，以供挑选采纳。务求实用，不要讲假大空的话。

冀元亨最后念道："各地官吏都要守法奉公，长廉远耻，务必协力以济艰难！"

众官齐声应诺。

"今天的会议就开到这里。"王阳明话音刚落，门外又传来一阵欢呼声，"外面热闹得很啦，走！我们也去瞧瞧。"

王阳明等人踱出了大门，众人正在围观墙上告示，竟浑然不知。

有个书生模样的人正摇头晃脑地念着征兵告示，旁边一个担着荒货挑子的男子问："这讲的是么子意思？只听到有兵啊勇啊什么的，是不是要招兵？"

"可不是吗？这篇告示真是深得用兵之道、剿匪之术，新来的巡抚不寻常啊！"书生感叹道。

这人把担子往地上一扔，大声说："我李一龙每日走村串巷收荒货，还要担惊受怕遭土匪。老子今天从军去，不再受这份鸟气了！"

人群中有人叫好。

书生朝他喊了声："一龙兄等等，不才也跟你一起从军。有诗云

'宁为百夫长，胜作一书生'，不才今天投笔从戎了！"

人群中响起热烈的欢呼声。

"好，好一个'宁为百夫长，胜作一书生'！"王阳明也由衷地发出一声赞叹。

人群中有人嚷道："巡抚老爷来了！"大家纷纷将目光投向衙门口。王阳明走到人群中间，拉着正在登记的书生问："兄弟尊姓大名？"

书生向他行了个大礼："属下雩都秀才何廷仁，愿在老先生帐下效力！"

"你好好的圣贤书不读，为何想着来军中做打打杀杀的事？"

"回老先生，'读万卷书，行万里路'，圣贤书也得从行路中读，从做事中读。否则光背些陈词滥调，上山不能缚鸡，下田不能插秧，公堂之上又不能议事，又有何益？"

王阳明看这年轻人言谈举止不俗，仔细打量下他，只见长须高鼻，身躯魁梧，有英武之气，满心欢喜地赞道："难得你小小年纪，竟有如此见识！"当即将腰间系的一把佩剑解来下，赠予他。

看到巡抚赠剑，站在何廷仁身边的李一龙嚷道："大老爷偏心，我跟他一道从军，凭什么送宝剑给他，不给我呢？"

看到他率真的样子，王阳明哈哈大笑："你叫李一龙？"

"是的，草民李一龙。"

"念过书没有？"

"家里穷，念不起书。"

"从军前是做什么的？"

李一龙指着地上的破箩筐："呃，走村串巷的货郎子！"

"怎么好好的货郎不干，也要来从军？"

"不想被人欺负，不想被狗咬。"

李一龙的一番话逗得大家哈哈大笑。

王阳明也是笑得合不拢嘴。他从衣袖里掏出一支毛笔，递给李一龙："这是我随身携带多年的上等湖笔，现在赠送给你。"

李一龙接过毛笔，皱着眉头说："我不识字，老爷却送我毛笔；他是秀才，你却送他宝剑。这是个什么理？"

王阳明笑道："这叫各取所需。送笔给秀才，他才不稀罕！不识字不要紧，进了军营，我来教你识字明理。"

大家一听此言，都欢呼雀跃起来。李一龙拿着毛笔，嘿嘿地傻笑。

五　邹守益正愁发不出饷，库房突然多出一百万两官银

望着府城南门外开阔壮丽的大教场和周边整饬一新的营房，民兵在教场上列队操练，军姿威武雄壮，王阳明露出了会心的微笑。他拍了拍身旁邹守益的肩膀，笑吟吟地说："赣州城的大教场正统二年修过一次，已废弃多年。你这番重修，一个月不到就焕然一新，了却老夫一桩心事。"

"都是先生谋划的功劳，弟子不过跑跑腿，打打下手而已。"邹守益谦逊地笑笑。

"砌屋筑墙此类工程，最能磨练人。你不仅文章写得好，也是能办事、会办事的干臣，难得啊难得。"王阳明笑道，"你在老家好端端地钻研程朱理学，我硬生生把你叫来赣县，修城墙，建教场。这可是苦差事，你不会怪我吧？"

"先生一声令下，弟子哪有不响应的道理呢？而且您这是让弟子

来做官，我更应该快马加鞭跑来才是哩。"

"哈哈哈，你这个探花郎，在京城放着好好的翰林院编修不做，辞官回了安福老家，不就想图个清静？你还会在乎赣县知县这个七品芝麻官？"王阳明心情不错，满脸带笑。

"芝麻官虽小，但要看是哪里的芝麻官。在先生手下当芝麻官，可以听讲圣学之理，辩论良知之学，学习做人之道。不用交学费，还有官俸拿。这芝麻官，我看比西瓜官还要大哩。再说了，我也是江西人，江西地面上闹匪灾，我也不能坐视不理呀，守土有责嘛。"

"谦之过谦了。我不过费费嘴皮子，你们可要帮我筹措军饷，整顿军备。俗话说：'军马未动，粮草先行。'这赣县又自古与州府同城共治，赣县知县的担子可不轻啊。"王阳明看着一队队民兵列着整齐的队伍从他面前走过，掀起阵阵飞扬的尘土，禁不住咳嗽了几声。

"先生，这教场风大，我们还是回城里去吧。"邹守益见王阳明穿着的棉袍下摆被大风刮得卷了起来，整个人都有点摇摇晃晃的，便扶着他穿过浩荡的教场往城门口走去。

两人聊着聊着就来到了城门口。王阳明抬头望了望修葺一新的城墙，满心欢喜地吟了一首诗：

> 章江南面有荒城，千载犹传汉将名。
>
> 狐宿断垣春草合，鸦啼古堞暮烟生。
>
> 风云暗想精灵聚，茅土长垂竹帛荣。
>
> 犹有离离霜后树，还如赤帜绕行营。

邹守益附和道："先生又有好诗，学生领教了！"

"这不是我的诗，是你们江西大才子曾棨的诗。"

"就是那位廷对两万言不打草稿的大状元曾棨曾西墅？"

"可不是吗？你们江西尽出才子。他的这首诗名叫《灌婴城》，你知道为什么叫'灌婴城'吗？"

邹守益摇摇头。

"据说汉高祖六年，大将灌婴受封颍阴侯，率领大军沿长江、赣江一线横扫江西全境，在章水流域溢浆溪一带，也就是现在的欧潭，筑城建立赣县。灌婴可谓赣县开基之祖啊。"

"这段历史，学生还是第一次听说。赣州这么大，灌婴当年为何选择在欧潭筑城呢？"

"灌婴选在欧潭筑城，自有他的道理。这里是章水进入赣州的第一个急弯处，也就是'太极图'的最高点，正是从'潜龙勿用'过渡到'飞龙在天'的节点。而且这里地势平坦，前面是一潭碧水，后面有低矮山丘，背山面水，所谓'前有照，后有靠'。另外，这个欧潭的欧，也通'瓯'字，欧潭也是赣州先民瓯人的早期居住地。"

邹守益听得津津有味，不住地点头。

"还有，据说灌婴筑城还有一段传说。"王阳明像一位说书人一样兴致勃勃地讲了起来，"灌婴筑城溢浆溪的命令一下，广大军民受命筑城。说来也怪，白天刚筑好的城基，晚上便倒塌了。一连数天，天天如此，白白花了不少人力。"

"这是何故？好好的怎么就塌了呢？"

"灌婴也弄不清楚原因，十分焦急，但又无计可施。一天晚上，夜深人静，灌婴独坐案前，一边翻阅文卷，一边琢磨筑城的办法。由于日夜操劳，不知不觉伏案睡着了。在睡梦中，仿佛看见一个神仙徐徐走来，对他说：'筑城筑城，龟化就行。'他刚想问这是什么意思，神仙倏忽不见了。他从梦中惊醒，反复回味神仙的话，也不知其意，又不敢向人询问，唯恐泄露天机。"

"这个也是奇了。"邹守益笑道。

王阳明接着讲："第二天早晨，灌婴来到工地，观察地形，忽然狂风大作，只见百步外，有一只大乌龟乘风而来。灌婴一边到军营避风，一边暗想：难道这次筑城，也像张仪筑城一样吗？那时，秦惠王命张仪修筑成都城墙，屡筑屡崩，后来按龟行线路筑造，这才建成。想到这儿，灌婴就留心大龟的动静。果然，大龟绕地而行，转了一圈，狂风过后，它也消失不见。灌婴当即命人沿着大龟的行迹插上标志，再沿着这些标志去筑城，果然城基不再倒塌。"

"怪不得城郊外有一座神龟寺，想必是来祭祀筑城有功的神龟的。"

两人就这么聊着聊着进了城。南康县丞兼军中采办舒富远远看见他俩，便慌里慌张地跑过来，朝王阳明行了礼，侧着身子跟邹守益咬着耳朵说话："我的知县老爷，正四处找您哟。军中各种开支、筑城、粮草、军服、武器都急着要用钱，账早就入不敷出了呀！"

邹守益忙跟他使眼色，低声道："我有办法，回头再聊。"

舒富是个直肠子，脱口而出："我的县太爷呃，您从家里带来吃饭的银子都充公了，您还能有什么办法呀？"

邹守益睁大了眼，使劲瞪他。

这一切，王阳明都看在眼里，听在耳中，有些感动。邹守益见他表情凝重，想说些什么将话题岔开。王阳明摆了摆手："谦之，你别说了，我知道你的难处。走，跟我去一个地方。"

王阳明拉着邹守益的手，也让舒富一道跟着，径直来到南赣巡抚都察院的后院。让邹守益感到诧异的是，往常幽静安谧的院子里，此时坐着十余个士绅模样的陌生人。冀元亨正在里里外外张罗着，见他们来了，高声叫道："巡抚老爷回府了！"

众人连忙站起身。王阳明与他们一一行礼相认，走到刘潜面前，刘潜惊得目瞪口呆，半晌说不出话来。王阳明笑道："刘员外，咱们可是老朋友了哦。"

刘潜抬头看着他，不住地拱手作揖："上次巡抚老爷来鄙庄，就知道您气度不凡，但真没想您就是大名鼎鼎的王阳明！在下有眼不识泰山，多有得罪。"

王阳明笑容可掬地上前拉住他的手，让他坐下："咱们是不打不相识，以后还要你们鼎力相助才行！"

王能等几名家仆捧出几盘蜜橘招待客人。众人一边吃着蜜橘，一边海阔天空地聊着天。众乡绅不知道巡抚老爷葫芦里卖的什么药，心神不定地吃着蜜橘。

蜜橘吃得差不多了，王阳明站起身，双手抱拳，高声道："各位乡绅，最近赣州地面闹匪灾，官府剿匪不力，大家受苦了。大家有什么难处，不妨说来给本院听听。"

一说起匪灾，大家七嘴八舌议论起来，说到动情处，有些乡绅还老泪纵横起来。邹守益见场面有点乱，站起来想说点什么缓和一下气氛。王阳明示意他坐下，低声道："吃蜜橘，发牢骚。肚子里有屁不要憋住，放出来才好受嘛。"邹守益听了吃吃地笑。

见大家牢骚发得差不多了，王阳明方道："听了大家这些话，你们的苦处，本院也感同身受。"他剥开一个蜜橘，"我们就像这抱成一团的蜜橘瓣儿，一荣俱荣，一损俱损，而且缺一不可！"

见大家默不作声，他又接着说："这些贼匪，口口声声说杀富济贫，其实是杀了富也不济贫。今天在座的都是我们赣州的大户，你们说，这贼匪的事，跟你们有没有关系呢？"

大家你看我，我看你，心有戚戚。有人站起身气愤地说："我与这些贼匪不共戴天！上个月，他们抢了我家粮仓，还打死我家几口人。"真是一石激起千层浪，又有几个乡绅声泪俱下，控诉贼匪的恶行劣迹。

　　"这些恶匪丧尽天良，不除不足以平民愤！"王阳明拍案而起，厉声吼道。他双手扶着案几，因愤怒而抖个不停。在座的乡绅从没见过一向斯文的巡抚老爷突然变得如此暴跳如雷，全被吓了一跳，一下子全安静了下来。

　　冀元亨见先生动怒，忙上前扶他坐下，轻声劝他息怒。刘潜是聪明人，他将这些默默地看在眼里，已经明白是怎么回事。他这时站出来说："巡抚老爷来赣州上任以来，高筑墙、广积粮，选练民兵，而且谈笑间便擒获陈曰能等一众匪首。这些，我们都看在眼里，记在心头。"

　　"可不是吗？邹守益邹老爷把他从老家带来的几十两盘缠钱和口粮钱，都一个子不剩全捐给军中账房了哩！"舒富一边说，一边感动得直抹泪。

　　邹守益摆摆手："这算什么，你们知道吗？巡抚老爷已经几个月没有领薪了，现在每天跟新兵们一起吃大锅饭哩。"

　　"巡抚老爷和几位官老爷爱民如此、敬业如此，真是我赣州百姓之福。现在需要我们做什么的，请尽管吩咐！"刘潜带头表态。

　　王阳明向他投去一抹感激的目光："刘员外真是识大局之人。上次路过贵府，眼见府丁个个威风凛凛，骁勇异常。现在我虽在训练民兵，但兵力仍显不足。能否从府上借些壮丁，以壮我军威？"

　　"俗话说'守土有责'，这本是分内之事。在下明日一早将亲率族中年轻子弟和青壮家丁，整编入伍，听候调遣！"

"好，刘员外果真爽快之人！"王阳明将案头一拍，"还有哪些贤达愿意出兵出力的？"

一位白发老者颤巍巍起身，用嘶哑的嗓音大声道："老朽行将就木，无力上战场杀贼，惭愧不已。但老朽愿为大军捐银千两！"

"捐银就不要了，以免有摊派之嫌。本院目前不缺军饷。"王阳明乐呵呵地扶白发老者坐下。听王阳明讲不缺军饷，邹守益和舒富在旁干着急。

王阳明笑道："各位贤达在乡里地方都极具号召力。今山贼肆虐，为害一方。如果每位贤达都能效法刘员外，招募一支地方武装，平时务农，保卫家园，战时入伍，来之能战，既少了各种军费开支，又能有效协防作战，是两全其美的事嘛。"

大家纷纷表态支持。

"老朽话还没有说完哦。"这白发老者举起手，示意大家听他讲，"巡抚老爷休怪，老朽姓赖名元，字善长，世居宁都，耕读传家，酷爱书法。听闻老先生书法矫若惊龙，愿花白银一千两，求大人墨宝一幅。"

"售字的事，有伤斯文，似乎也有些不妥哩。"王阳明面有难色。

"自古名人挂笔单、收润格的多了去了，这有何不妥的？"赖元说。

王阳明听他这么一讲，也笑了："王某的字丑得很，您老如不嫌弃，我这就写一幅给您，莫见笑就好！"

王能等家仆捧出笔墨纸砚。王阳明略一思索，便笔走龙蛇般地写出狂草一幅：

仙骨自怜何日化，尘缘翻觉此生浮。

夜深忽起蓬莱兴，飞上青天十二楼。

赖元捧着横幅，喜不自禁："此字字字值千金！老朽要将此墨宝传与子孙，胜却良田千顷。"

一时间，大伙兴致高涨，纷纷表态出兵捐钱，但前提条件是请巡抚老爷赠墨宝一幅。王阳明捋起袖子，一口气写了三十多幅。冀元亨和舒富在一旁登记造册收捐款，忙得也是不亦乐乎。

好不容易忙完了，将众乡绅送走，王阳明正想歇口气，薛侃急匆匆地跑了过来："几大商帮的头儿来了，说先生只叫乡绅议事太偏心，他们正争先恐后地叫嚷着要捐银助战呢！"

邹守益打趣道："这真是财神爷摸脑壳——好事临头。"大伙听了，哈哈大笑。

王阳明却说："刚才无奈之下卖了几幅字，权当补贴军费开支。乡绅们求字，附庸风雅，也还说得过去。商帮头儿要捐银，万万不可。"

舒富在旁焦急地说："巡抚老爷啊，不当家不知柴米贵。我这里可是等着米下锅哩。现在有商家来捐钱，有何不可？"

"'吃人嘴短，拿人手短。'自古官商两途。今天拿了商家的银子，改天他们偷税漏税、偷斤短两、以次充好，那我这个巡抚还管不管呢？我看啊，也不如让他们学习乡绅，拉起一支商团队伍，既可自卫又可助战，可好？"

邹守益点点头，犹豫半晌才鼓足勇气问："先生刚才说不差钱，不知何解？我们这军中确实是捉襟见肘啊。"

"我知道你这个大管家要问我钱的事。常言道'人穷志短'，钱这阿堵物不是好东西，但没了它却寸步难行啊。"王阳明哈哈一笑，转身去问冀元亨，"萧庚他们从码头上回来没有？"

冀元亨含笑点头。

王阳明拉着邹守益的手："走，跟我去库房开开眼界去！"

他们来到前院右厢耳房处，只见重兵把守，戒备森严。进到库房里头，让人把门掩上，点上烛火，下到地库，邹守益、舒富顿时目瞪口呆：几排架子上摆满了一锭锭白花花的官银。

舒富兴奋地问站在一旁笑得合不拢嘴的钱粮师爷共有多少纹银，钱粮师爷高声唱道："大明官银一百万两！"

"先生会变戏法不成？"邹守益吃惊地问。

王阳明也不答话，看了眼冀元亨，会意一笑。

六　声东击西，火烧贼巢

经过一番整顿训练、补充兵员，赣州官军气象一新，渐有兵强马壮之势。带兵众将，纷纷请战。王阳明多次来到军中视察，鼓舞士气，并在都察院门口张贴剿匪檄文。

众官兵日夜操练，翘首以盼，却迟迟不见都察院下达剿匪的命令。这日晌午，许逵闲来无事，便在帐中与几名将领喝些水酒。酒足饭饱后，大家免不了发一通牢骚。偏将李高抱怨道："这些日，只听打雷，不见下雨。兄弟们整日里在教场上汗流浃背，有个鸟用，尽是白费力气！"

总旗官展家满脸红脖子粗地嚷道："这位王巡抚，一看就是舞文弄墨的文人，写字是内行，打仗可是外行哦。"

许逵一听这些话，甚是恼火，站起身一仰脖喝了杯酒，将酒杯重重地砸在桌上："我找巡抚老爷去！我倒想问问他，究竟啥时候才能跟贼匪兔崽子们真刀实枪地干？"众将领齐刷刷地站起来响应，说要一起去。

正在这时，王阳明款款而来，身后跟着邹守益、冀元亨。

众将一下子慌了手脚，愣在那里不知所措。王阳明拍了拍许逵的肩膀，又招呼众将重新坐下。他端起酒杯："这杯酒敬大家，这段时间天气热，各位带兵辛苦了！"说完一咕噜先干为敬。

许逵端着酒杯，有点不知所措："我们想……"

王阳明指着他的酒杯，笑道："不慌，先喝酒，再说话！"

许逵把酒一饮而尽，左看看李高，右看看展家满，欲言又止。

"刚才你们不是说要找我说话吗？我来了，怎么又不言语了？"

许逵终于鼓足勇气，站起身说："老先生，我们要请战！"

"是，我们要请战！"李高和展家满也跟着站起身，异口同声道。

王阳明做了个手势，让他们坐下来："好啊，我这次来你们中营，就是想给你们下一道密令。"他环顾营帐左右，笑而不语。

许逵也看了看营帐四周，示意几个亲兵退下："老先生，您就尽管下令好了，这里已别无他人。"

"那好，我且问你，这赣州周边贼匪众多，你们最想打哪一个？"

许逵略一盘算，说："这大庾岭陈曰能已元气大伤，桶冈蓝天凤又隔得远，要打就打横水的谢志珊。上回他被冀元亨打了个埋伏，现在想必已是惊弓之鸟。"

"好！那我现在命你率中军五千精兵，今夜衔枚疾进，明早辰时抵达上堡待命，伺机进剿谢志珊老巢。"

许逵、李高和展家满三人领命，满心欢喜。王阳明再三交代，切记保密，行踪勿泄。

许逵等人拍着胸脯，保证不负众望。当即点兵，以演习为名向横水方向进发。

第二天曙光初露，大军行至鹿坑。一夜急行军，已是人困马乏。

许逵准备下令在此处略作休整，展家满却道："翻了这座山，前方就是上堡，何不再加把劲，到了上堡再休整不迟？"

李高见众将士疲惫不堪，便说："天色还早，不如在这歇口气，吃些干粮，不在乎这一时半会儿。"

许逵正犹豫间，却见前方山腰处立有一高头大马，马上坐着一人，似已等候多时。许逵叫上一名传令官："去看看是人是鬼，竟敢在远处窥视大军行踪！"

不一会儿，让大家意想不到的是，传令官牵着马不慌不忙地踱了回来。大家定睛一看，马上的人正是冀元亨。

许逵笑道："老冀，你这是搞什么名堂？你不在赣州城里陪着巡抚老爷，深更半夜跑到这荒郊野岭来吓人啊？"

"你以为我想当这个夜行侠吗？"冀元亨翻身下马，笑着从怀里掏出一张纸，递给他。

许逵就着蒙蒙曙光仔细辨认纸上的字迹，认出是王阳明手迹无疑。上面写着，让他见字后，迅速撤兵，奇袭左溪的萧贵模。

许逵揣着纸条，半信半疑地看着冀元亨。冀元亨却不理会他，从随身的一个包里搜出两块牛肉干，自己吃一块，将另一块递给他。许逵一边啃着牛肉干，一边哼哼唧唧道："巡抚这是啥意思？昨天好好地说让我们打谢志珊，今天怎么又变了卦，改打萧贵模了呢？这萧贵模只是谢志珊手下一个小毛贼，有啥好打的？"

冀元亨肩膀一耸，两手一摊："你问我，我问谁去？巡抚向来爱出奇兵，你只管听命就是。"

"依我看，我们一鼓作气先踏平谢志珊的老巢，再去取萧贵模小贼的首级不迟。"许逵说着，就要下令行军。

冀元亨见许逵如此鲁莽，忙将他拉至一旁，低声道："巡抚就是怕你不肯听命，才亲手写了纸条，差我送来。我可是马不停蹄，跑了一宿才赶至鹿坑把你截住。你若敢违军令，那就先把我斩了，从我尸体上踏过去吧。"

许逵见冀元亨把话说得如此斩钉截铁，笑道："瞧你老冀说的，我哪敢违抗军令？只是跟你说句玩笑话罢了。"当即下令，掉转马头，直扑左溪贼寨。

这左溪寨，三面环水，一面石壁千仞，连峰插天，深林绝谷，难见日月。展家满抱怨道："这等天险，易守难攻，我们又是临时起意，怕是凶多吉少，还是回师去打横水为好。"

冀元亨从行囊里掏出一支令箭举在头顶，大声道："巡抚有令，全军攻打左溪，违令者斩！"

许逵也对展家满骂道："废什么话？叫你打左溪打就是，横水又没有你的丈母娘，老惦记着做甚？"

官军沿着鸟道摸了上去，让大家甚感意外的是，一路畅通如入无人之境，直到临近山寨，才遇到几个守兵，不费吹灰之力将其擒下。寨中尽是些老弱，有些在睡大觉，有些在打牌九，做梦也没想到官军突然从天而降，连忙跪地求饶。官军势如破竹，不伤一兵一卒，就把这个铁桶似的寨子顺利拿下。

搜寻一番，不见山寨首领萧贵模。有俘虏说，天还没亮他就收拾东西，下山去了。展家满道："这寨子密不透风，我们不如占了，就像在贼子巢穴里嵌入一颗大铁钉。"

许逵在虎皮椅上坐了坐，也觉得很惬意，吩咐手下生火做饭，把伙房里挂着的腊麂子肉、兔子肉煮了吃，又开了两坛老酒。大家饱餐一顿，竟有些乐不思蜀，东倒西歪。李高也笑着说："在这当山大王，也很是过瘾哩。"

冀元亨也有些饿了，狼吞虎咽地吃了几口肉，抹了抹嘴，说："你们现在越说越离谱了。这里可是虎穴狼窝，周围尽是山贼的巢穴，万一被围，那就是叫天天不应，叫地地不灵哦。"

"那你说咋办？我们大老远打过来，就图这顿饱饭？"展家满嘟囔道。

"你愿意在这守着，也行。我们可得凯旋回朝去了哦。"冀元亨站起身，吩咐几个亲兵将寨中的几箱金银元宝和值钱物什装在马背上。许逵有点恋恋不舍地问："老冀，我们真要走？"

"我的许大将军哦，不走难道真的要在这落草为寇？"冀元亨说，"昨晚巡抚再三叮嘱，长途跋涉，不可恋战，速战速决，快去快回！"

许逵听这么说也没了话，当即吩咐撤兵，临走时，望着墙角里的几坛老酒，怅然道："可惜了，可惜了，这酒还真是醇香得很哩。"

"这么好的东西，可不能给那些贼子们留着。"冀元亨脸上挂着坏笑。

"那咋办？这么老沉的，也带不走啊！"

"带不走也不留，一把火烧了！连这老贼窝，一块点了才好。"

"老冀，可有你的，正合我意呢。"

两人说罢，畅怀大笑。

众官兵押着俘虏，载着金银财宝，徐徐下山，到了山脚，抬头一看，山顶寨子仍是熊熊大火，火光映红了半边天。

官军在山道上走了几里地才上到官道，只见前方杀声震天，黑压压一支人马将将过来，原来是萧贵模远远看见老巢起火，连忙回师来救。许逵正欲下令迎战，冀元亨劝道："贼匪老巢被烧，正在气头上，锋芒正盛，不可正面迎敌，不如撤兵回城，我来殿后。"

许逵留下一千精兵交与冀元亨指挥，其余人马向赣州方向急撤。

不一会儿，冀元亨的人马便与萧贵模交上了手，无奈寡不敌众，只得且战且退。萧贵模手下的寨兵个个杀红了眼，咬住冀元亨的人马不放。眼看官军就要抵挡不住，这时一声炮响，官道左侧一条山道，杀出一队人马，为首的正是驼背刘潜。那头威猛的怪兽"西域狮子"在马前横冲直撞，吓得萧贵模阵营大乱，人仰马翻。冀元亨掉转马头，指挥官军趁机向寨兵反攻。

萧贵模率手下人马向左溪山上逃窜而去。这时隘口两边斜坡上鼓声大作，军旗飞扬，伏兵四起。薛侃和陆澄各率一支人马杀将过来，寨兵彻底溃败。萧贵模一看大势不好，单骑向横水方向狂奔而去。

刘潜吹了声口哨，用手一指，"西域狮子"箭一般追向萧贵模的快马，腾空而起咬住马尾巴，马身子一歪翻倒在地，萧贵模被甩出一丈远。他踉跄着爬起身还想跑，"西域狮子"飞奔过去将其扑倒。萧贵模抱住"西域狮子"挥拳搏斗，跟它滚作一团，但赤手空拳哪敌得过"西域狮子"的獠牙利爪？等到刘潜骑马赶来，萧贵模已是血肉模糊、气绝身亡，"西域狮子"正咬住他的脖颈在大口地吸着血。

几路官军合为一处，将寨兵杀了个片甲不留，这才鸣金收兵，胜利而归。

庆功宴罢，王阳明独独留下许逵一人在帐中闲话。

"敬老先生一杯！"许逵举着酒杯，毕恭毕敬地说，"这次末将才知道老先生用兵如神，我等难望项背。"

王阳明抿了一口杯中酒："知道为何让冀元亨拦住你，改袭左溪吗？"

许逵搔了搔脑袋："这个末将至今纳闷，莫非您预知左溪是座空寨？"

王阳明摇着扇子，笑道："我又不是诸葛亮，自然不能未卜先知。"

"又莫非贼匪中有我们的内线？"

王阳明摇摇头。

"末将实在猜不出来，请老先生明示！"

"因为我知道我们军中有奸细。"

许逵大惊失色，转念一想才恍然大悟："怪不得不见萧贵模，原来他是去横水与谢志珊会合去了。"

"哪里是会合？这贼匪本来就相互呼应，沆瀣一气。当日谢志珊已经纠合萧贵模、池大鬓等邻近几个据点的匪众，在横水寨口的上堡布下口袋，等着你们去钻哩！"

许逵一拍大腿："好险！差点上了那狗贼的当。对了，奸细是谁？看我不剥了他的皮，抽了他的筋！"

"这个我也不知，"王阳明一脸的神秘，"山贼的耳目简直无处不在。官军这边还未行动，山贼那边便已先闻，这种事你以前难道没听说过？"

"老先生休要瞒我。您如不知，为何派老冀快马加鞭地去拦我？"许逵气得脸色发白，气呼呼地嚷道。

"许将军，我确实不知呀，否则还不军法处置了他？"王阳明拉着许逵的衣袖，让他坐下，又给他倒了杯酒，"不过，话又说回来，如果没有这奸细，我们又怎能把《蒋干盗书》这出戏演得如此逼真呢？"

王阳明说罢哈哈大笑。许逵想了想，也跟着笑了起来。

临走时，王阳明送他出帐。许逵回头低声道："老先生，我虽是武将，但也是'吕端大事不糊涂'，刚才仔细琢磨了下，这奸细的事已有些眉目。"

王阳明一听此言，停住了脚。

"您看，那日在中军大帐里，只有您、我、邹守益、冀元亨、李高、展家满，是不？"

王阳明"嗯"了一声。

许逵接着分析："您和我自不必说，邹和冀都是您的心腹，也自不必说。这样一来，只有李高和展家满最可疑！"

王阳明点点头，示意他接着说下去。

"李高是从南昌过来的，跟赣州地界的人应该没啥瓜葛。只有这个展家满，本就一直在赣州武备司听差，这一路上，四处跟我和老冀唱反调，他的疑点最大！"

王阳明还是点点头，笑而不语。

"老先生您倒是说句话啊！是不是展家满？我这就去把这厮捆了，沉到赣江里去喂王八！"

王阳明忙拦住他："这个使不得。你刚才一番话，都是推测之词，又无证据坐实，仅凭猜测就捆人家，这是什么道理？"

许逵嚷道："那咋办？难道坐视奸细逍遥法外？"

"你稍安勿躁，我自有分寸。你呀，看戏好了！"王阳明从怀里掏出一份文书递与他。

许逵一看，封面写着：十家牌法告谕各府父老子弟。再翻了翻内文，讲的是要在南赣地面推行"十家牌法"。许逵疑惑不解地问："这'十家牌法'可是王安石变法里的那个'保甲法'？"

王阳明颇有感触地说："我这是故伎重演。当年我在庐陵当知县，那里也是常有盗贼出没。我当时刚结束流放，满身都是病，哪有精力去跟这些盗贼周旋，左思右想，便从王安石'保甲法'中得到灵感，搞了个'十家牌法'，从此庐陵天下太平。"

"哦，愿闻其详。"许逵饶有兴趣地扶他重又坐下。

"此法也甚为简单：编十家为一牌，设牌长一名。农时耕种，闲时练武，一旦有事，全民皆兵。而且最重要的是，牌上开列各户籍贯、姓名、年龄、行业，日轮一家，沿门按牌审察动静，各家相互监督，遇有面目生疏之人，形迹可疑之事，马上报告官府究治明白。如有隐匿不报，十家连坐。如此一来，奸细无处藏身，山贼也被捆住了手脚。"他边说边用手比画。

"此法甚好。赣州现在也是我在明处，贼在暗处。这个'十家牌法'正好可以切断山贼与民众之间往来，给他们来个画地为牢。"

"你去把这'十家牌法'的方案交与邹守益，让他去跟邢珣谋划，尽快实施。"王阳明笑了笑，"对了，你们军营可要全力配合哦。"

"遵命！"许逵倏地一下站起身，双手抱拳行礼。

"还有件事要跟你商量。"王阳明做手势让许逵坐下，不紧不慢地说，"你让人四处放风，说现今天气向暖，农人即将春耕，兼之山路崎险，林木茂密，又是雨季将至，瘴气聚兴，此时如果军马深入大山之中，实非易事。要待秋收之后，风气凉冷，然后三省会兵齐进。"

许逵点点头："上回末将一心请战，鲁莽得很，请老先生见谅。"

王阳明摆摆手："我这只是让你表面上放出风去，在不甚要紧的地方，也抽回一些兵马，做做样子，暗地里还是要抓紧操练才好。"

七 顶着大红盖头的新娘子竟然是巡抚老爷

当天晚上，王阳明跟邹守益正在下围棋，接到福建漳南道兵备金事胡琏密报，盘踞在闽粤交界山区的詹师富、温火烧聚众为害，甚嚣尘上，竟公然抢劫县衙，杀害公差。

王阳明阅后递与邹守益，邹大怒："是可忍，孰不可忍？"

王阳明却面不改色，对弈如故，一盘终了，方道："是该收拾漳州之贼了！"

"赣州地界上蓝天凤、谢志珊等贼还没有收拾，现在舍近求远去打福建之贼，不怕蓝、谢二贼乘机作乱？"邹守益显得有点犹豫。

"不怕！"王阳明站起身，信心满满地说，"前番几次袭扰，蓝、谢二贼已是惊弓之鸟，谅他们兴不起什么风浪，可以先放一放。而闽粤之贼势力相对薄弱，且与江西的谢志珊、蓝天凤，广东的池仲容联系较少，正好可以来个'先易后难，各个击破'！"

第二天一早，王阳明在大教场大犒军士，对外宣称匪情稍安，犒劳给赏，遣散民兵，暗地里却行文福建、广东按察司等衙门，向各路将领下达进剿命令。

王阳明令冀元亨率萧庚、雷济等两百名本地招募之兵，扮作商旅、货郎、鞋匠等各色人等，分成几股小队，进入漳州贼巢长富村周边潜伏起来。

再调江西按察司分巡岭北道兵备副使杨璋率一千精兵，昼伏夜行，抵达长富村西面九连山麓太平堡。

又令胡琏统领福建漳南道官兵五千余人，兵分多路，以迅雷不及掩耳之势对长富村形成包抄之势。

再令广东按察司分巡岭东道兵备金事顾应祥率大军扼守粤闽边境

牛皮石、岭脚隘等处，严防山贼南窜。

正月二十日，长富村热闹非凡，从村口到山寨，到处贴着大红喜字和红绸扎成的花。

原来长富村的大当家詹师富，年前在镇里的集市上看上了隔壁高坪村周老汉的独生女小兰。小兰当时提着篮子在街边卖虎头鞋、花边手帕之类的手工。詹师富从酒楼里出来，正好看到小兰白里透红的小脸蛋儿像刚出水的荷花，便动了歪心思，等到散了集，一路尾随至一僻静处，把她截了，不由分说将她按倒在地，便要霸王硬上弓。小兰情急之下从篮子里掏出把剪刀，横在自己的脖子上，大声嚷道："再逼我，就死给你看！"

詹师富觍着脸说："小娘子，千万别冲动，我是真心喜欢你！"

"真喜欢我？那就明媒正娶，八抬大轿来娶我！这样算什么样子？牲口不如！"小兰边骂边爬起身，一溜烟似的跑了。她说这番话，原本是好汉不吃眼前亏，躲过这一劫再作打算。

没想到詹师富却当了真，小兰越是这烈性子，他越是不到手不罢休。他回到寨子里便派人打听到小兰的住处，非要强娶为压寨夫人不可。银子、聘礼自然给了不少，但周老汉不愿意女儿嫁给山匪，拼死拼活的，反而招来一顿打。小兰也是死活不从，被詹师富的手下给软禁了起来，就等择了良辰吉日，拜堂成亲。

二十日就是个吉日。这天傍晚，长长的迎亲队伍逶迤而行，前头是吹打班子，中间是八抬大花轿，后面跟着几十个詹师富的手下，骑着高头大马，刀枪锃亮，煞是威风。这样慢吞吞地走了大半个时辰，终于抵达长富村山寨里，山寨早就闹腾得简直要翻了天。

拜堂仪式像模像样地举行完毕，便是胡吃海喝。新郎官詹师富挨桌敬酒，欢喜得不得了，酒也没少喝。入夜了，客人渐渐散去，詹师富被几个兄弟扶着醉醺醺地进了洞房。那几个兄弟还吵着要闹洞房，詹师富看了看顶着大红盖头坐在床头的新娘子，那个春心荡漾，连忙把那些兄弟推出门外，嘴里笑道："今天是哥哥我的好日子，你们这些兔崽子到外面蹦跶去，别坏了哥哥的好事！"

詹师富踉跄着来到床头，一手扶着床脚，一手去掀新娘子的红盖头。盖头一掀开，一把短剑便抵在了他的脖子上，酒顿时醒了一半，再定睛一看，盖头下并不是新娘子小兰，却是一个瘦脸长须的中年男人。这一看，比短剑抵他脖子吓得更厉害，嘴里咕噜着，想说话却不知道说什么好，梗着脖子，瞪大了眼睛看着长须男人。

长须男人正色道："匪酋詹师富，你知罪否？本院乃巡抚南赣汀漳都御史王守仁。"

詹师富一听此话，更是大惊，两腿直哆嗦，一泡尿没憋住，从裤管里流了出来。

王阳明闻到尿骚味，眉头一皱，把剑一收，下巴指了指床头柜："你且坐下，本院有话讲与你听。"

詹师富半个屁股紧贴着床头柜坐下来，王阳明将剑指着他的胸口："我且问你，你娶妻何意？难道只图一时发泄？"

"这还用问？当然为了生儿育女嘛！若为了图个发泄，逛窑子还好些，何必如此兴师动众？"

"好，你既然明了娶妻是为了生儿育女，那你知道封妻荫子的道理吗？"

"封妻荫子？那是你们这些狗官骗人的把戏！我们这些成日将脑袋别在裤腰带上讨生活的人，还怎么封妻荫子？"

"就算不能封妻荫子，难道你忍心儿女一生下来就跟着你当山匪，一辈子被官府追着打？死了连个扫墓的都没有？"

詹师富被问得无言以对，愣了半晌才说："我们已经落草为寇了，自己走一步看一步，今后葬身何处还不晓得，哪还管得了子孙的事？"

"此言差矣！"王阳明苦口婆心地劝道，"本院适才跟你讲起封妻荫子、年节祭祖的事，我看你也不是无动于衷，说明你内心还是有良知在，只是平日里打打杀杀，良知被蒙蔽了，今日被我提起，内心戚戚然似有所悟。"

詹师富不言语，低头看了看紧逼在他胸前的短剑："你施了什么妖法，把我新娘子给换了，就为了跟我说这些没用的东西？"

"怎么叫没用？"

"难道我还能封妻荫子吗？"

"怎么不能？梁山泊一百单八将，哪个不是犯的杀头的罪，最后不也被朝廷招安，成了官家人了吗？佛菩萨有句话：'放下屠刀，立地成佛。'只要你肯率众来降，戴罪立功，千户的官给你做做也不是没有可能。"

"这个你能做得了主？"

"这个自然。本院乃钦差大臣，先斩后奏。一个小小的千户，还不是本院一句话的事？只要你真心归顺朝廷，用心办事，今后做到指挥使、大将军也是有可能的哦。"

"那好，既然大人给我们指明了活路，那容我跟手下兄弟商量。"

"如此甚好，"王阳明把短剑一收，把身上的大红嫁衣脱了，"大头领前头带路，本院随你去会会兄弟们。"

詹师富一愣："你大老爷不怕我们把你给绑了？"

王阳明哈哈一笑："我如信不过你们，你们又怎么会信得过我呢？"

聚义厅里灯火通明，寨中大小头目仍在喝酒猜枚，看到大头领领着一个陌生的干瘦男子从洞房里出来，吃惊不小，一下子安静了下来。

詹师富请王阳明在上首正座坐下，大声说："这位是南赣巡抚王老爷！"

语音刚落，众头目齐刷刷地站起身，有的去掏家伙，有的做好拔腿就跑的准备。

王阳明朝众人点了点头："兄弟们辛苦了！"

众头目交头接耳，议论纷纷。其中一人大吼："你这狗官，还敢自投罗网！"说着将手中的酒杯朝王阳明掷了过来。

詹师富伸出手接住，将酒杯捏得粉碎，骂道："休得无理！王老爷是老子请来的贵客，你们就这样招呼客人的？"

另一名头目一蹦三尺高，嚷道："他算哪门子贵客？他成天想着剿灭我们哩。他就是一块送上门的'东坡肉'，今日若不下手，到明日落到陈曰能等人的手中，还笑我们上门猪头不曾尝一片耳朵脆骨哩……"

语还没说完，只听"啪"的一声响，詹师富顺手将一个碟子摔了过去，在这人额头上绽开了花。

詹师富眼睛睁得铜铃一般："谁再不懂规矩，我就家法办事了！"他朝王阳明做了个手势，示意他接着讲话。

王阳明面不改色，正襟危坐，声如洪钟地讲了一番改弦易辙，为国为家的大道理，最后说："山中风景虽好，也是高处不胜寒。现在是大碗喝酒、大口吃肉，可是你们想过没有，过些天就是身首异处、祸及家人了，不为自己着想，也该为父母兄弟、为子孙后代想一想啊。在这山寨中你能过一辈子吗？朝廷征调四省虎狼之师早就将你们围得跟水桶一般。退一万步讲，就算你能在这山寨中过一辈子，你忍心你们的子孙后代如鼠蚁一般躲在这洞穴里过一辈子吗？"

这番话说得大家都有些动容，他抬头给詹师富使了个眼色。詹师富清了清嗓子："兄弟们，王老爷只身入虎穴来劝降我们，其诚意值得我们信任。我们被贪官污吏们逼得上山落草，也实属无奈。现在王老爷代表朝廷来拨乱反正，我们反贪官但我们不反朝廷！哥哥我也不忍心兄弟们成日里跟着我过刀口上舔血的日子。为了兄弟们的前程，我表个态：明天天一亮，我们下山归顺朝廷！"

不少头目纷纷表态响应，但坐在二把手位子上的温火烧却始终默不作声。

"老温，你什么态度？你也表个态！"詹师富拍了拍温火烧的肩膀。众头目也将目光聚集到詹师富结拜兄弟温火烧那张满是麻子的脸上。

温火烧温吞吞地吐出几句话："归顺朝廷好是好，可就怕朝廷的人使诈。我们到时下了山，他们背信弃义，再把我们给杀个一干二净，咋办？兄弟们忘了说书上怎么讲的，宋公明率梁山好汉下山归顺，后来落得个什么下场？"

众头目一听此话，也觉得有道理，纷纷议论起来。

王阳明站起身，笑道："这个兄弟们尽可放心，朝廷旨意，岂是说书艺人口中那般儿戏？本院有言在先……"

正说话间，外头院子里鞭炮声响起，还夹杂几声冲天炮响。有小喽啰来报："有人抽水烟，把堆在墙角的炮仗点燃了！"詹师富骂了几声短命鬼，脸上挂着一丝歉意看着王阳明，示意他接着讲。王阳明却大叫一声"不好！"跌坐在椅子上，脸色为之一变。

詹师富笑道："下面的冒失鬼，做事不知轻重，惊到了巡抚老爷！"

这时，又有几个小喽啰慌里慌张地跑了进来，大叫："不好了，不好了！有伙不明身份的人打进来了！"

原来，王阳明发出旗令，征调江西、福建、广东几支大军围剿詹师富、温火烧后，心中还是放心不下，决定亲自赴长富村勘察敌情。他乔装成商人，骑上快马"狮子骢"连夜往漳南道方向赶去，只有家仆王能一人跟随。

二十日中午时分，两人来到高坪村，正赶上詹师富派出的迎亲队伍敲锣打鼓地进了村，跟村里人一打听，大致知道了原委，于是心生一计：何不来个偷梁换柱？

傍晚时，正当媒婆将小兰梳妆打扮好，盖上红盖头，准备上花轿时，王阳明潜入小兰闺房，亮明身份，并将此计说与她听。小兰求之不得，与他赶紧互换衣裳。就这样，巡抚都御史王阳明竟然穿着新娘子的全套大红嫁衣，顶着大红盖头，坐上了去往长富村山寨的大花轿。

王阳明潜入小兰闺房前，让王能前去长富村找到冀元亨。走前特别交代，他身上携带两支雷济特制的冲天花炮，如果他在山寨里有危险，便以冲天花炮为号，此时冀元亨可率兵杀入山寨。如果没有放起冲天花炮，切不可轻举妄动。王能哪里肯听，只是一个劲地苦劝他不可冒险。王阳明将王能一把推开："少啰唆，按计行事，我自有分寸！"

却说山寨这边一听有一群人围攻山寨，温火烧怒不可遏："你们看看，我说有诈不是？我这就取了这狗官的人头，挂在旗杆上灭灭官狗子们的威风！"说着就拔刀砍向王阳明。

王阳明一个侧身，躲过砍刀，大叫："不要冲动！这是误会！我在山上，我的人怎敢攻打山寨？"

詹师富一听觉得有理，便扯住温火烧："火烧老弟，你且息怒，村口不是有我们重兵把守吗？先把他捆了，我们出去看看情形再做打算不迟！"

山寨寨门处已乱成了一锅粥。冀元亨率一群人把寨门团团围住，放冷箭的放冷箭，扔石头的扔石头。詹师富见冀元亨等人都是流民打扮，便倚着寨门喊话："你们是哪里的兄弟？别大水冲了龙王庙，自家人不识自家人！"

冀元亨扯着嗓子骂道："谁跟你自家人？我们是南赣巡抚衙门的亲兵！快请巡抚王老爷出来说话，否则血洗了你们山贼窝！"

温火烧一听是官府的人，便跟詹师富嚷道："大哥，我说得没错吧，果真是官府的人来诱降哩。幸亏没有答应那姓王的狗官巡抚，否则我们现在就是人家的板上肉啊。"

詹师富此时也乱了方寸，不知如何是好。这时又听见冀元亨在寨门外叫嚷："快请巡抚老爷出来一见，否则休怪我们刀剑无情！"

詹师富便吩咐手下去寨子里把人押下来，心想，让他们当面对质也好，不然也搞不清这帮人的来头。温火烧在旁急得直跺脚："这时候还押人来做甚？直接砍了把人头挂出来，才让这些官狗子们知道我们的厉害！"

詹师富脸一沉："这是长富村，不是你的象湖山！这儿是我当家。"

"不听我一言，吃亏在眼前。我们走着瞧！"温火烧屁股一拍，怒气冲冲地上寨子去了。

不一会儿，去寨上押人的喽啰跑了下来，上气不接下气地说："人不见了！"

"什么人不见了？"詹师富厉声问。

"那巡抚老爷不见了！"

詹师富当场给了这喽啰一个大嘴巴，再踹了一大脚："快说，好好地押着，怎么人不见了？"

冀元亨远远瞧见山寨里头乱了阵脚，便大声质问："为何还不见巡抚老爷？"王能也急得不得了，连忙催他发兵进寨子里头救人。

詹师富眼见收不了场，也不知山寨上头究竟是啥情况，拔脚就往山上跑。

冀元亨下令攻寨，一时万箭齐发，前锋兵勇抬着大木柱子撞击寨门，梯子也架在了墙上。寨兵见大当家的跑了，无心恋战，且战且退。没费多大工夫，官军便攻破寨门，涌上山去，到了二道寨门时，正赶上温火烧和寨中军师黄烨等率手下从山上下来疯狂反扑。官军地形不熟，暗夜无光，组织了几次进攻都败下阵来，只好撤至寨门处扼守。这时守在村口的寨兵闻风而动，一窝蜂似的从山下夹击官军。官军腹背受敌，进退两难，冀元亨身先士卒，率兵死战，但也无济于事，眼看就要招架不住。这时寨顶上又杀出一支人马，手里举着火把，大声叫着："官兵来了，降者不杀！"

温火烧的队伍大乱。冀元亨分兵一部与萧庚，让他死守寨门要塞，其余人全跟着他反攻温火烧。官军士气高涨，形势为之逆转。双方短兵相接，杀声震天，互为胶着。

正当双方战得难舍难分之际，胡琏率五千福建兵及时赶到，对寨门外的寨兵形成反包围。寨兵溃败，不少人跪地投降。

半夜时分，官军在寨顶会合。见到王阳明完好无损，王能冲上前去，抱住他痛哭。王阳明安慰王能说："你看你，也是久经沙场的人了，这次怎么就沉不住气了呢？"

王能破涕为笑："您把打仗当成变戏法似的。您这演戏的正唱得过瘾，我们一旁看戏的可是替您心惊肉跳哦。"

众人大笑。冀元亨也在旁埋怨老师："先生这次的棋走得也忒险了些，弟子都差点虚脱了！"

王阳明这才不好意思起来，向他们道了辛苦。这时冀元亨注意到王阳明身旁站着一位陌生汉子，不似官兵，又与山贼不同，便朝他努努嘴示意。

王阳明这才回过神来，把这陌生汉子介绍给大家："这位是李兄，大名正岩。说来也是奇了，这次奇袭长富村，还算是他乡遇故知呢。"于是王阳明把当年如何躲避刘瑾追杀，漂泊海上，在福建武夷山中古庙与他相遇，结伴同行，一别数载，没想到今晚在山寨被贼人绑了关押，却偏偏落在他手中，被他毅然解救的事悉数说了。

众人啧啧称奇，但心中还是隐约有些谜团未解。

李正岩似乎看出大家的疑惑，主动问："各位老爷肯定在想李某为何突然现身贼寨吧？"

冀元亨笑道："正想问你此事呢。"

李正岩便一五一十把他的经历择其概要讲了一遍。原来他长年在福建和江西两地贩茶，少不了要在这漳南道上行走，去年一次贩茶路上，被詹师富的人连人带货都给截了，被掳上山来。好汉不吃眼前亏，李正岩和伙计们只好忍气吞声，表面顺从，充为喽啰。后来，詹师富见李正岩为人还算机巧，又通文墨，便让他做了山寨的文书账房。李正岩利用看管仓库和粮草的便利，笼络了一批同样被掳上山来的同伙，准备伺机反抗，逃出囹圄。没想到，今夜仓库里关押进来一人，不是别人，正是那年武夷山中引为知己的心学大师王阳明。

"正想找机会杀出这牢笼般的贼寨，见到阳明兄被关押进来，那岂不是天助我也？这时贼首温火烧带人摸黑上来仓库，要为难阳明兄。我一声令下，当初的伙计和我暗中联络好的弟兄便趁乱给山贼来了个'螳螂捕蝉，黄雀在后'！"李正岩说着，双手做了一个展翅捕食的动作。众人听罢，连声叫好。

突然间，王阳明想起什么来了，对胡琏道："贼首詹师富有悔过之意，吩咐下去，搜捕时对他区别对待，不可伤害。"

第二天天刚放亮，胡琏来报，俘得山贼共计五百余名，大小头目十余名，唯独不见酋首詹师富、温火烧、黄烨。审了几个头目，得知詹、温二酋首趁着夜色，从寨子后面的小路下山潜逃去象湖山方向了。

王阳明长叹一声："可惜！本院本已说服詹师富率众投诚，无奈寨中失火，点燃了炮仗，引得冀元亨来攻，顿时大乱。"

冀元亨在旁自责道："都怪弟子鲁莽，坏了先生大事！"

"这不怪你，谋事在人，成事在天嘛。"

胡琏又请示如何发配长富村一众降卒和俘虏。王阳明想了想，道："悉数发与李正岩，由他甄选。老弱病残者，遣其归籍；罪大恶极者，枷锁待审；青壮胁从者，整编一旅，由李正岩统率，戴罪立功。"

胡琏轻声道："都是降卒，李正岩也是投诚之人，是否不妥？"

"疑人不用，用人不疑。"

胡琏还想说些什么，王阳明把手一挥："胡将军一路鞍马劳顿，休整几日吧。长富村周边百姓被山贼祸害已久，也要好好安抚一番才好。一些残余贼子还藏在民间，也正好翦除干净。"

胡琏道："大军新胜，正好乘胜追击，直捣象湖山老巢，杀他个干干净净！回头再清理零星残余不迟！"

王阳明回头对站在身后的冀元亨说："把李正岩叫来问话。"

不一会儿，李正岩进来答话。

王阳明问："詹、温二酋已逃往象湖山，是剿是抚，你意下如何？"

李正岩答道："象湖山乃温火烧老巢，温贼经营多年，此处岩洞密布，各洞又有密道相通。象湖山周边有阔竹洋、新洋、大丰、五雷、大小峰等多处贼巢相互呼应，纵横交错，易守难攻……"

"你这是长贼子士气，灭我官军威风！"不等李正岩讲完，胡琏就斥责他说。

"呃，让人把话说完嘛。"王阳明有点不悦。

李正岩这才接着说："更重要的是，象湖山处闽赣粤三省交界处，是'三不管'地带。山上盘踞的大多是杀人越货的犯事之徒，尤以广东潮州一带亡命之徒为多，极其凶悍。"

"这些山贼是凶悍，那是在手无寸铁的老百姓面前。对我们威武王师来说，那就是耗子撞在猫嘴上，管叫它有去无回！"胡琏显得信心十足。

福建军中诸将也踌躇满志，齐声响应。萧庚、雷济等人也禁不住摩拳擦掌，随声附和。

王阳明见士气高涨，不忍心打消，只好顺着他们的意思说："既然大家如此有信心，那就乘胜追击，不给山贼苟延残喘的机会。"

胡琏诸将大喜，纷纷请战。

王阳明令胡琏为先锋，冀元亨为副将，率闽赣联军从长富村方向进攻象湖山，又急调顾应祥率广东兵马不停蹄从南面挺进，务必于二十二日前赶到象湖山一带，形成夹击之势。

围剿象湖山的决战就此打响。

八 决战象湖山

胡琏令漳南分守道右参政艾洪率前军探路，猛攻阔竹洋山贼哨所，左参政陈策率左路军攻新洋，副使唐泽率右路军攻大丰，他和都指挥佥事李胤、哨委官指挥徐麒率中军攻五雷，冀元亨率南赣民军左右穿插，围攻大小峰等山寨，南靖知县施祥、知事曾瑶率后军辎重、粮草接应诸路大军。

双方在闽粤边界多个据点全面交锋，展开激烈攻守战，先后大战数百回合，最终寨兵溃败，包括军师黄烨在内的四百三十二名寨兵被擒获斩首，一百四十六名寨兵家属被俘，烧毁房屋四百余间，马牛等众多物资被缴。詹师富、温火烧率余部撤至象湖山一带坚守。各路官军追至莲花石，这时大雨倾盆，官军地形不熟，人困马乏，只好与寨兵对帐扎营，等待广东援军，伺机再战。

第二日已是二十三日，仍未见广东援军。胡琏正在帐中着急，这时接到广东方面急报，说广东委官指挥王春正奉命率领官军两千人来助战，在大伞地界遭寨兵围堵，损兵折将，形势严峻，请求支援。胡琏骂道："盼星星盼月亮盼着这些广东佬来援我哩，到头来却让老子去援他！"骂归骂，知道军情紧急马虎不得，让手下展开地图，找到大伞的方位，见其在广东潮州府饶平县境内，紧邻福建漳南道龙岩，此关口乃两省咽喉，十分险要。

胡琏左右为难，救的话，怕象湖山寨兵下山夹击，腹背受敌；不救的话，不止广东友军折损，大伞之敌从关口北出，与象湖山寨兵南北呼应，自己也要挨一顿夹棍。

冀元亨在旁建言："不如让我留一支兵马在象湖山一带佯攻，牵制此处之贼。将军率主力人马来个暗度陈仓，驰援大伞友军。"

"万一象湖山之贼识破我方计谋，追击我部，岂不危矣？"胡琏还是有点担心。

冀元亨正色道："请将军放心，冀某就算全军覆没，战死沙场，也不退却半步，确保大军后方安全。"

胡琏拍了拍冀元亨的肩膀，眼眶含着泪，深情地看着他："有劳兄弟们了！"

胡琏当即拨出两千兵勇交与冀元亨，大张旗鼓地在象湖山一带袭扰。自己与指挥覃桓、漳浦县丞纪镛率三千官兵前去大伞救援王春。

覃桓一马当先，率五百劲旅冒雨疾进，行至大伞前方一个叫"箭灌"的狭窄地段，覃桓的坐骑突然掉入陷阱之中。道路两旁杀声四起，石块、木桩像雨点般滚了下来。官军大骇，加之深陷泥泞，死伤惨重。

纪镛率一队人马从后方来救。山中伏兵四起，与官军展开肉搏。纪镛见覃桓掉在陷阱之中，便翻身下马，解开马嘴缰绳投入阱中去救覃桓。覃桓抓住缰绳，纪镛拼尽全力去拉，无奈缰绳上尽是泥巴，覃桓又身受重伤，几次眼看要拉出阱中，手一滑又掉了下去。此时，山贼已逼近陷阱处，覃桓在阱中大叫："纪县丞快走，不要管我！"

纪镛哪里肯听，还是指挥数名兵勇下阱营救。覃桓终于被拉出陷阱，扶上马背。众人且战且退，正要退出箭灌山坳处，冷不防身后路段突然塌陷，山上一股泥石流冲了下来，将覃桓、纪镛，连同七名军官、八名兵勇全部冲下悬崖，当场丧命。

胡琏率领的主力人马也在林中遭遇伏击，他身上被寨兵连刺两枪，鲜血直流，在亲兵力救之下，才捡回性命。

天黑时，官军逃至岩东村，清点人数，将士折损近半。官兵们疲惫不堪，在村口泥淖地里东倒西歪，喘息片刻。此时，北面山道上一阵马蹄声响，黑压压的一队人马袭来。胡琏从泥地里连滚带爬，抓住缰绳想骑上马去，慌乱中爬了几次都没有爬上去，最后一屁股跌倒在地，仰天长叹："天灭我也！"

眼看敌军越来越近，众官兵围在胡琏周围，手持刀枪，准备决一死战。

敌军来到跟前一丈远处停了下来，在官军面前一字排开，并不袭击。胡琏被手下人扶起，强撑着踱至队伍前面，见敌军为首一人甚是面熟，趁着朦胧夜色仔细一看，有点像是长富村降将李正岩。正在狐疑之际，听到对方朝这边喊道："阁下可是胡琏胡将军？"

胡琏有气无力地答道："正是。你是何人？"

对方答道："在下李正岩，奉巡抚王老爷之命，特来接应将军。"

胡琏这才松了口气，当场昏死过去。

李正岩将胡琏手下兵勇聚集到附近一野庙中休整，吩咐医官为胡琏包扎救治。想到此处贼军极其凶悍，王春一部正在大伞关外苦苦支撑，而箭灌山坳路段又被阻绝，无法突破，李正岩一筹莫展，心急如焚。

此时，李正岩手下有一名长富村降卒名唤刘狗蛋，凑上前来跟其耳语说，他老家就在大伞关一带村里，小时候常常跟大人们在这崇山峻岭中采药，熟知此处地形。他知道有一条羊肠小道，可绕过箭灌山坳直通大伞关。

李正岩大喜，当即召集军中将校，商讨明天一早借道羊肠小道奇袭大伞关之事。有的说，降卒的话岂能相信，万一是布个笼子让我们去钻呢？有的说，胡琏将军才是主将，没他的命令，岂可轻举妄动？

李正岩见胡琏仍在昏迷之中，大家又众说纷纭，莫衷一是。他深知兵贵神速，若等到胡琏清醒过来，可能王春已成贼兵刀下之鬼。大伞关若不能突破，整个闽粤地界的剿匪局势都将大受牵制。

看到将校们仍在争论不休，李正岩果断地打断大家："诸位，我来前，巡抚王老爷特别交代，危急时刻由我权宜谋划。现今胡将军昏迷不醒，全军出我指挥！"

哨委官指挥徐麒不服气地说："你说巡抚老爷交代，可有凭证？否则空口无凭，军机大事，岂可儿戏？"

李正岩情急之下，从身上掏出一根野鸡毛，举过头顶："此是巡抚赐我兵符令箭，违令者斩！"

徐麒等人也没见过此玩意，只好喏喏遵令。

次日拂晓，李正岩令军中留下十余人在野庙中照应胡琏，一应辎重、马匹也尽抛弃，每人只随身携带轻便武器，以刘狗蛋为向导，徐徐攀越羊肠小道，正午时分，抵达大伞关下，对寨兵发动猛烈攻势。

大伞寨兵怎么也没想到，北面官兵竟然从天而降，从他们背后杀来，顿时大乱。王春见援军已至，便率兵从包围圈里向外突围。官军里应外合，一番苦战，终于击破大伞寨兵，夺取大伞关隘。

正在关外一筹莫展的广东按察司分巡岭东道兵备佥事顾应祥，趁机挥师入关，与王春、李正岩二部会合。

顾应祥见阴雨绵绵，正欲下令原地休整几日，李正岩劝道："战机稍纵即逝。大军突破大伞关隘，宜以迅雷不及掩耳之势趁机荡平周边诸贼巢。一旦周边诸贼得知关口被夺，重新串联防备起来，反而难了。"

顾应祥一听有理，便令指挥杨昂、王春，通判徐玑、陈策，义官余黄孟和李正岩等统领大军，兵分三路，从牛皮石、岭脚隘等处进发，古村、末窖、禾村、柘林等多处山寨寨兵在毫无防备之下被官军攻破。萧乾爻、萧五显、范端、蓟钊、赖隆、苏瑢等大小头目或被生擒，或被斩首。

张大背、刘乌嘴两名头目从山中逃出，在大水山一带纠集余部两千余人，准备对官军进行反扑。张大背嚷嚷道："真背时，老子在这一带呼啸多年，没想到刚过完年，就被狗官府的人一锅给端了。"

刘乌嘴年轻时在赣州、南昌等地闯过码头，在茶馆里听过几部说书，也算有些智谋，人称"智多星"。他叼着旱烟嘴，蹲在地上，黑青着脸，不作声。

"乌嘴，你倒是说句话，下一步我们该咋办？"张大背指着堆在跟前的几个大布袋子，"不行的话，大伙把这些银子分了，散伙算了！"

"呸！亏你还敢说呼啸多年？被狗官府的人搞了个偷袭就搞趴下了？"

"那你说咋办吗？"张大背两手一摊，"不如去象湖山投奔温火烧去？"

刘乌嘴抽了几口闷烟，嘴里终于挤出一句话："去打赣州！"

张大背一听，下巴都差点掉了下来，支支吾吾道："赣州、赣州可是府城，我们这点人马，岂不是自投罗网？"

刘乌嘴向他投来一抹蔑视的眼神："你晓得不晓得什么叫'围魏救赵'？跟你个傻子讲不清！"

张大背早没了主见，张大了嘴，傻傻地听他接着讲下去。

刘乌嘴将旱烟杆在鞋底板敲了敲，慢条斯理地说："你瞧瞧，这铺天盖地的狗官兵，肯定是三省围剿。这赣州是三省巡抚衙门所在地，肯定是倾巢出动。我敢打赌，这会儿里面就是座空城。我们现在去把赣州给占了，我们就是这三省的王！这三省地界以后哪座山、哪个码头，敢不听我们的？"

张大背一巴掌在刘乌嘴大腿上一拍："我的好乖乖！叫你'智多星'那是没叫错！"

刘乌嘴揉了揉大腿，骂道："你个傻子把老子拍疼了！"

张大背搓搓手，站在边上傻傻地笑。

刘乌嘴瞥了他一眼，没好气地说："还愣着干吗？赶紧发兵啊！翻过九连山，赣州就在我们眼皮底下了哦。"

却说江西岭北道兵备副使杨璋领着一千精兵在九连山下太平堡一带潜伏，连日来听闻福建和广东地界打得火热，他们这边却是一片安宁。平时没事就一袭蓑衣，去附近的虾公塘钓鱼，或者去爬九连山主峰黄牛石。他老跟部下抱怨："巡抚就是偏心，让其他人去吃肉，却让我们在这荒无人烟的地方喝汤。"

这天一早，杨璋正在帐篷里盘腿枯坐，寻思着雨后初晴，正好去山上采些新鲜蘑菇，再射几只野鸡来煲汤喝，突然山脚下响起沉闷的海螺声，这是有外敌入侵的警报。

杨璋身子往后一倒，再一个鲤鱼打挺站起身。这时早有亲兵将铠甲、头盔等递上来，帮他披挂上阵。

杨璋走出营帐，对列队的将士说："这些日子闲得很，终于来了个杀敌的机会。怎么样啊，兄弟们？"

大家齐声吼道："誓死杀敌！誓死杀敌！"

杨璋从腰间拔出长剑，朝山下一指："一个人头五两银！杀啊！"

张大背、刘乌嘴率领两千人正行至黄牛石山下垭口。一阵冷风呼啸着刮来，像千军万马在怒号，像群狼在嚎叫，又像远处的烈马在嘶鸣。风势凶猛，像是疯狂的巨龙，要把大地吞噬。张大背、刘乌嘴等人长途跋涉，被汗水湿透的身体顿时被吹了个透心凉。

张大背骂道："奶奶的，这里是个风口子，刮得老子都睁不开眼。你个鬼风，是个鬼夜叉，你有本事把老子吃掉算了！"

刘乌嘴大叫："不好，这风刮得有点妖，必有蹊跷！"

话音刚落，杨璋的大队人马从树丛中大喊着杀出，伴着这股妖风，真像是从鬼窟窿里冒出的鬼怪。

张大背的队伍顿时慌了手脚，胡乱打了几个回合，便兵败如山倒。刘乌嘴一看情况不妙，勒转马头就要逃跑。杨璋拉弓射箭，将他从马上射了下来，当场摔死。张大背凭着蛮力抵抗了一阵子，也最终被官兵乱刀砍死。群龙无首之下，张大背的队伍便作鸟兽散，大部被歼灭殆尽。

看着将士们尽情欢呼着胜利，杨璋由衷感慨道："巡抚王老爷用兵真是神鬼莫测啊。我这颗闲棋子，关键的时候可一点没闲着哟！"

大伞一带其余寨兵退入山高地险的箭灌大寨聚集，与象湖山遥相呼应。他们以陡峭山势为屏障，以溶洞为掩护，坚守不出。官军进击，他们藏匿无影踪；官军撤退，他们就沿途袭扰。官军每次行动都是无功而返，而且还白白折损不少兵马钱粮。

官军进退失据，陷入僵局。福建、广东两地的领兵官员凑在一起召开军情会议，商讨下一步行动方案。

福建主将胡琏伤势有所好转，执意要报一箭之仇，恨不得一夜之间扫平敌军巢穴。他慷慨陈词："我福建大军整缉既久，又有海沧、演城、政和等处新募集的民兵打手，现今新胜，意气颇锐。山贼已元气大伤，龟缩在几个山洞里，要灭掉他们，如探囊取物。我们两军会合，正可奋击而前，速战速决！"

广东主将顾应祥却面色凝重："现今大军集谋稍缓，声威未震，劳顿不堪。依在下之意，不妨等待朝廷调来狼达土兵，然后举事。"

漳南道副使唐泽骂道："你们这群怕死的广东佬！那我们胡将军的血是白流了？覃桓、纪镛两位老爷的命也是白丢了？你们可别忘了，他们可是为了救你们广东佬才丧的命！王春呢？你站出来！"

王春听了，有点不好意思，红着脸站了出来："我们顾将军的意思不是怕死，是从长计议。你也看到了，连日来，我们打也打了，骂也骂了，可是这伙山贼是油盐不进，还动不动给我们搞个偷袭，搞得我们很是被动啦。"

唐泽气得脸红脖子粗："什么从长计议？我看就是怕死！巡抚下了死命令，要你们务必于二十二日前抵达象湖山一带集结。我问你，二十二日你们在哪？"

王春被逼问得答不上话，桌子一拍，气急败坏道："老子在来的路上！怎么了？老子也是死里逃生呢。"说着把衣领一扯，露出肩膀上一大块伤痕。

唐泽也不甘示弱："在座的都是久经沙场，哪个身上没几块疤？你不怕死，老子现在就跟你单挑！谁哼半声，谁就是狗娘养的！"说罢捋起袖子挥着拳头冲向王春。

王春也是暴跳如雷地扑向唐泽，要跟他决斗。

冀元亨连忙上前拼尽全力才把两人拉开，大声道："两位将军息怒，息怒！有力气用在战场上，在这里厮打成何体统？"

顾应祥坐在椅子上，慢条斯理、拿腔拿调地说："都是为朝廷效命嘛，有本事你去打山贼啦，没人拦着你哟！有些人就是外战外行，内战内行啦。"

胡琏站起身，大声嚷道："谁外战外行了？你把话说清楚！"

"我说得还不清楚吗？"顾应祥把脸撇向一边，"我们可不像有些人靠投降的山贼救命逃生。"

胡琏气得全身发抖，指着顾应祥："你你你……"胸前伤口一疼，一口鲜血从嘴里喷了出来，身子一歪栽倒在椅子里，昏死过去。大家顿时乱作一团。

冀元亨实在看不下去了，冷冷道："既然大家意见迥异，那我看也没啥好商量的，在下直接报巡抚王老爷拍板好了！"说罢拂袖而去。

闽粤双方不欢而散。

王阳明此时亲率两千精兵，屯兵于汀州的上杭县。冀元亨快马赶到上杭，把闽粤两地主将开会闹别扭的事说了。王阳明道："这也闹得太不像话了，山贼开会也不过如此！"

他拟了一封《案行广东福建领兵官进剿事宜》的信，对双方各打五十大板。

对于福建方面，他指出，诸将都有将功补过、奋勇杀敌之心，如果当初协谋并力，出其不意，乘贼不备，奋击速战，必可成功。可惜而今敌我已成对峙局面，旷日持久，贼匪声势彰闻。各巢贼党，必有联络纠合，设置陷阱以抵御官军，奸细也更加阴险狡猾。事已至此，不如示以宽懈，麻痹贼匪，等待其露出破绽，再乘机进剿。如果还像往常一样，草率行事，又不能一举击败贼匪，反而助长贼匪志气。这是"知吾卒之可以击，而不知敌之不可击"。

对于广东之兵，他认为，只想着等待狼达土军来增援再起兵，这虽是慎重之举，但贼匪听说官军虽已集聚，但还待援兵，其防备必定松懈。这个时候，广东之兵若能乘此良机偷袭贼匪，必能奋怯为勇，变弱为强。如果只是坐等狼达土军来援，便会坐失良机。这是"知吾卒之未可击，而不知敌之正可击也"。

王阳明最后写道："善用兵者，要善于把握稍纵即逝的作战时机，因形势变化而灵活应对，制胜战术也应变化多端，不能墨守陈规，拘泥不化。"

冀元亨看了王阳明这番事关战略问题的宏论，似懂非懂地问："那依先生之见，现在是进是退？"

王阳明拿起笔在后面又加了一句："两省领兵官员务要同心协德，乘间而动，不得各守一方。如果彼此偏执，本院定将从重参拿，绝不轻贷。"

王阳明自言自语道："我此信在于让闽粤主将认清形势，不可偏执己见。"他又唤来传令官，给前线官兵下达一道密令：让各地哨所佯言收兵，对外散布消息说要等秋后狼达土军到后再举兵进剿，以此麻痹寨兵。同时，他又指派当地义官曾崇秀派出密探深入贼巢，打探虚实，全面掌握寨兵的一举一动。

看着冀元亨满心狐疑的样子，王阳明面色凝重地说："纵观敌情，其势正盛，若无奇谋，恐难奏效，只好以退为进。"

"这山贼躲在洞里，洞外是茅草，洞里又四通八达，我们真拿他们没办法啊。哪有什么奇谋呢？"冀元亨一脸的无奈。

"火攻！"

"火攻？"

"对，"王阳明想了想，拿起笔在纸上刷刷刷地写了几行字，折好并用信封封好，交与冀元亨："辛苦你去北京跑一趟，去找兵部尚书王琼，求他帮忙调一个人给我。"

"调谁？"

"你到了北京自然就知道了。"王阳明一脸神秘地看着冀元亨。

冀元亨也笑道:"先生卖关子,准有好事!"

九　李阁老的字临好了,还差枚印章

在北京前门大街的一爿茶馆里,几位茶客一边喝着大碗茶,一边热火朝天地谈天说地。

茶客甲指着南墙挂着的一幅字说:"别看咱这茶馆不起眼,那也是天子脚下的茶馆不是?这内阁首辅杨廷和的字都有哩。杨阁老这字,笔法工整,方圆兼济,轻重自如,内敛得很,真是字如其人啦。"

茶客乙却不以为然,他用手指了指北墙上一幅刚劲浑朴、雄健沉着的颜体字说:"我还是喜欢杨一清杨部堂的字。杨阁老的字太书卷气了,杨部堂的字那才是狂放不羁,如沙场秋点兵,大气磅礴啊。"

茶客丙在旁插话:"杨部堂的字好是好,可是毕竟督过马政,又是天阉无子,也是美中不足啊。"

"说字就说字,扯到什么马政和天阉上做甚?"茶客乙板着脸说,"杨部堂初至陕西督马政时,军中营私舞弊成风,'茶马贸易'乃百年大计,但陕西存马仅两千八百余匹,经过杨部堂一番整顿,马匹很快增长到九千多匹,'茶马贸易'又进入黄金时期。这样的马政督得有什么美中不足的?"

茶客丙哈哈一笑:"那是,那是。我说话欠讲究,杨部堂那是响当当的国家栋梁,字也是大气得很呢!"

茶客甲抿了口茶:"那你们说,当今这朝廷是'二杨执政',究

竟是'文杨'说了算，还是'武杨'说了算？"

有说"文杨"的，有说"武杨"的，相互拌嘴取笑。

这时茶客丁指着墙角一个条幅："你们看，这店里竟然还有王琼的字哦！"

"就是接替陆完当兵部尚书的那个？"有人问。

茶客丁点点头，一脸神秘地说："刚才你们在争论这朝廷是'文杨'说了算，还是'武杨'说了算，依我看啊，是这王琼说了算！"

大家诧异地看着茶客丁。茶客丁一边嗑着瓜子，一边慢条斯理地说："杨阁老也好，杨部堂也罢，说了都不算。最后还得看钱宁和江彬二人脸色。"

"这个路人皆知嘛。"大家笑道，"难道王琼就不用看钱、江二人脸色了？"

茶客丁故弄玄虚地说："二杨说了不算，钱、江说了也不算。最后啊，这王琼王尚书反而说了管用！"

"这里面有啥名堂？怎么一个兵部尚书，比内阁阁老说话还管用呢？"有人问。

"啥名堂？就是因为二杨是代表内阁的，钱、江是代表内府的，这内阁与内府是对着干的。说白了，互相拆台呗。"茶客丁答道。

"兵部尚书也属于内阁系统的吧？"

"怪就怪在，王琼虽是内阁的兵部尚书，但他却跟钱、江二人私交甚厚。"茶客丁一边说，一边做了个从衣袖里掏银子出来送人的手势。

"哦——"大家恍然大悟。

"正因为他是内阁的人，他的话内阁阁老们一般都不会反对，而钱、江二人也会同意，所以说他说了算。"茶客丁补充道。

"王琼虽是进士出身，但治军还是有两把刷子咧。上次孝丰的盗贼汤麻九造反，闹得京城都不得安宁。朝中大臣都说要调京军大营去剿灭，可是王琼密令勘粮都御史许廷光出其不意地擒拿缉捕，结果怎么着？竟然成功了，盗贼没一个漏网。"有茶客说起了典故，引得大家啧啧称赞。

茶客乙却小声地说："他坏事也没少干哩。"

大家便又竖起耳朵听他讲。

茶客乙看了看周围的人，用一只手罩在嘴上，窃窃私语道："正德二年，王琼任户部左侍郎。衡王府当时有片地，荒芜多年无法耕种，衡王还是勒令百姓正常交租，又反过来诬告赵贤等小老百姓侵占了他的土地。王琼前去勘查，把旁边百姓家的土地夺过来给了衡王，把赵贤等发配到边境充军。当地百姓有很多人说起王琼，那都是咬牙切齿哩。"

"哎，这个也是没法子的事，皇亲国戚，谁敢得罪？"有人在旁感慨。

"要是这个，也就算了。你们知道彭泽彭大将军吗？"

"楼底下正堂挂着那幅《满江红》，不就是他老人家的手笔吗？那字真叫是雄浑遒劲，豪气十足啊！"

"据说他的字可以辟邪，所以店家才挂在正堂之上哩。"

大家又是一阵会心的笑。有人说："可不是嘛，彭大将军平生十余战，杀敌无数。他的字往那墙上一挂，鬼都要绕着走呢。"

"这个谁不知道？平河南刘惠、赵鐩之乱，讨伐四川廖麻子、喻思俸叛军。正德九年，吐鲁番速檀满速儿侵占哈密，他又总督陕甘军务，一举平定。他就是我大明朝的一代战神啊！"

"彭大将军也是我朝响当当的一流人物啊！去年，他提督京边官军，防守山海、紫荆等关，逼退瓦剌入侵后，班师回朝，小的我在正阳门外远远见过他老人家，只见他身材修伟，腰十二围，嗓音洪亮，声振屋瓦！"

大家你一言我一语，聊得甚欢。茶客丁见大家跑题跑得有点远，便使劲咳嗽一声，大家这才收住话题，听他讲故事。

"陆完升任吏部尚书后，其实彭泽彭大将军最有希望接任兵部尚书。"茶客丁一边喝茶，一边开讲。

"那怎么后来却成了王琼呢？"

"这王琼使了一招离间计。彭泽为人有正气，时常辱骂钱宁，王琼告诉钱宁，但钱宁不信。王琼于是邀请彭泽喝酒，并在屏风后藏匿钱宁，挑拨彭泽喝醉并辱骂，使得钱宁听到。钱宁气得那个唉哟，兵部尚书便归了王琼。"茶客丁像说书艺人一样饶有兴致地说着，大伙也齐声道："这王琼也太不厚道了。"

"还有啊，王琼仗着有钱、江二人撑腰，权倾一时，说一不二。他把云南巡抚范镛、甘肃巡抚李昆、副使陈九畴诬陷下狱，一时间满朝大臣都害怕王琼。而且王琼所行赏罚大多得到皇上发自内宫的中旨，不经过内阁，所以首辅杨廷和也无能为力。"

"各位爷哟，多聊风月，少谈国是！"店小二跑过来续茶，听到这帮茶客在叽叽歪歪地嚼朝中大臣的舌头，连忙来打断。他左右看看，用食指放在嘴上嘘了声："小心有厂公。"

大家这才又回到有关墙上书法的话题上来。

茶客甲说："说起当朝这些人的字来，我还是最喜欢李东阳李阁老的。篆、隶、楷、行、草无一不精，楷书师法颜真卿，法度谨严，风格清润潇洒，得其精髓而又自成一家，与时下流行的台阁体截然不同。他的行草书融有篆隶遗意，特别是草书，结体宽博疏朗，与圆转瘦硬、骨力雄健的用笔互相生辉。"

"对了，小二哥，上次来还见你们这南墙上挂着李阁老的《咏画马诗》，今天怎么不见了呢？"有茶客问。

店小二满脸堆笑："回爷的话，李阁老去年七月仙逝了。他老人家的字市价蹿高，说是一字千金也不为过。我们店老板便将这幅字当掉了，换了一大笔银子，前些日在东华门外又开了家分店哩。"

有人说可惜，有人说当得好，七嘴八舌伴着一阵笑。

这时靠窗的一张桌边，有一位清瘦的男子独自一人心事重重地喝着茶，此人正是冀元亨，邻桌茶客们的聊天他都听在耳里。他怀里揣着老师王阳明写给王琼的一封信，虽然他没有看过内容，但也猜得到跟福建剿匪的事密切相关。他这些年跟着老师办差，知道其公而忘私，也从不钻营官场。但封疆大吏求京官办事，炭敬、冰敬一出手，一两千两银子也不在话下。刚才听茶客们讲，这王琼尚书可不是省油的灯。他这样空着手去见王琼，估计门都进不去，更别提求其办事了。他千里迢迢、风餐露宿从福建前线赶来京城，如果事情办砸了，别说老师跟前不好交代，前线将士也要白白流血牺牲。

冀元亨左思右想，左右为难。他心想，现在官场流行雅贿，何不弄一幅名家字画送给王琼？上次赣州都察院府库里突然冒出来一百万两银子，害得邹守益等人百思不得其解。别人不知道，他冀元亨还能不清楚这笔巨款的来历？就是他和萧庚亲手将这些银子从南昌装船，运至赣州金狮渡口的。是老师让他带着李东阳送的那幅《清明上河图》去南昌宁王府找唐伯虎，拜托其转售给宁王爷的。临走前，冀元亨揣着这幅旷世名画问老师："您真舍得卖？这可是价值连城的传世宝物啊？"王阳明淡然一笑："对我而言，此乃身外之物。"冀元亨又说："是李阁老送您的呀！"王阳明答道："当年李阁老送我，不只是因为我懂画，更是因为他知道我懂得如何利用此画。能以此画换来千百将士的饷银，换来国土一方平安，此画这才物有所值，物得其所啊。"

冀元亨摸了摸口袋，里面仅有一张百两银票，别说买不到什么名家字画，就是路摊上的假古董也买不到什么好的呀，不过刚才店小二的那句话突然启发了他：李东阳！对，就是这个一字值千金的李东阳！李阁老已经仙逝，死无对证，何不模仿他的笔迹仿造一幅？这可是他冀元亨的强项哦。无论是谁的字迹，他只要看上一眼，便能过目不忘，凭记忆临摹得惟妙惟肖，不差分毫。

可是临摹李阁老哪幅字才好呢？其他店铺公然挂出来的，再仿造容易露馅。刚才茶客们提到李阁老的《咏画马诗》现在正在当铺箱底里躺着哩，要仿就仿这幅，神不知鬼不觉。可是怎么样才能看到这《咏画马诗》呢？冀元亨又犯了难。后来，他灵机一动，计上心来。

他叫来店小二，说有事想求见掌柜的。在掌柜的面前，他说："早就听说贵店有李阁老的《咏画马诗》，专程从湖广来京城，就为了能看一眼帖子。"

掌柜的作了个揖："抱歉得很！让客官失望了。说来让您笑话，这帖子已经被鄙店东家给当了。"

"这如何是好，如何是好？"冀元亨装出一副捶胸顿足、伤心欲绝的样子。

掌柜的也觉得有些过意不去，便说小店还有其他名家手迹，请客官赏玩。冀元亨却说，其他虽好，但眼中只有李阁老的这幅。

"那如何是好？"这次轮到掌柜的说这话了。

冀元亨想了想，说："能否借当票给在下一用？我去当铺一睹真迹，便心满意足打道回府，也算不虚此行。"

"这个……怕东家怪罪下来，可招架不起哦。"掌柜的面有难色。

冀元亨便掏出那张百两银票："在下将此银票押在贵店，回头我交回当票，再换回银票。这下掌柜的总该放心了吧？"

见掌柜的还不松口，冀元亨又低声道："换回银票时，掌柜的只需给我八十两足矣，那二十两权当一饱眼福费了。"

"那好说，那好说。"掌柜的这才找出那张"聚源号"的当票来，又派了一名伙计跟着一道出了门。

到了"聚源号"，冀元亨掏出当票，说要赎回物什。伙计一看是大件，不敢擅自做主，便请去里间喝茶。不一会儿，当铺掌柜的出来，仔细验看了当票，又见茶馆的伙计跟着，便问是否带足了银票。冀元亨说："银票自然带了，但要先验看东西是否完好无损。"

掌柜的便吩咐提货出来，在案桌上铺好毡子，小心翼翼地展开卷轴，顿时满堂生辉，只见笔力矫健，凝重遒劲，运转自如，流动酣畅。字写在板绫之上，色如鹅黄。墨色浓黑，力透纸背，熠熠如有精光溢出。冀元亨轻声念道："健马奔泉如渴虹，活马浴水如游龙。竦身作势踶厚地，仰首喷沫生长风。倦思滚尘痒磨树，似是马身通马语。莫将意态问丹青，天机正在忘言处。西涯。"

见冀元亨看得入迷，掌柜的便轻咳一声："货已验讫，完好无损。先生您请掏银票吧。"

冀元亨这才回过神来，假装伸手去袖子里掏银票，摸了半天，大惊："糟糕！银票怕是落在店里头了。"

掌柜的也不恼，不慌不忙地将卷轴收好。他把当票还给冀元亨，脸上还挂着一丝笑："先生收好了。再过一个月，这幅字就是死当了哦，再看就难啰！"

冀元亨告了扰，从当铺退了出来，痴痴地回到茶馆，换回八十两银票，再痴痴地走回旅馆，关起门来。他找来一张同款板绫，凭着刚才的记忆，铆足了劲，将《咏画马诗》神形兼备、一气呵成地临摹在板绫之上。当"涯"字最后一笔终于写完，他这才长舒一口气，坐在靠椅上喘着粗气，半天才缓过神来。

他泡了一壶好茶，自斟自饮起来，再仔细看看自己的作品，发现除了气韵比李阁老的真迹稍逊一筹之外，几可乱真，心中竟有几分得意。不过字后还钤有"宾之""西涯""怀麓堂"三枚阳文小印，这一时半会儿不好伪造。想到这里，又犯起难来。此时天色已晚，他肚子饿得咕咕叫，干脆关起房门，去贡院街一带的文玩古董市场逛逛，顺便找些吃的。

冀元亨在街上四处溜达，忽然听到身后有个熟悉的声音在喊他名字，回头一看，只见一个圆脸宽额、五短身材的男子正在不远处笑着跟他招手。他仔细打量半天，这才认出来，此人是他当年在杭州胜果寺一道听王阳明讲课的同窗好友季本。

真是"他乡遇故知"，两人找了家小店，要了盘水煮羊肉和一壶黄酒，讲了些久别重逢的话。原来季本已有功名在身，这次进京是准备参加春闱大考。冀元亨道了贺，先预祝他金榜题名。季本问起冀元亨这些年的经历，冀元亨择其关键处讲了讲。季本向他伸出了大拇指："唐人李贺有诗'男儿何不带吴钩，收取关山五十州。请君暂上凌烟阁，若个书生万户侯？'你能跟着我会稽同乡阳明先生建功立业，那真是不虚平生！"

季本又问他此次进京所为何事，冀元亨一脸苦笑说帮先生办差。季本说："有何难处，不妨说来听听，大家一起想想辙。"

冀元亨见季本不是外人，便将茶馆所见所闻以及自己临摹了一幅李阁老的书法作品想送给王琼尚书的事一股脑全说了，说罢仍面有羞色。

季本哈哈一笑："这有什么好为难的？临摹名家书画，古亦有之。宋代范宽、米芾不是经常干这事吗？此乃我文人雅好也！"

"不是这个为难。字是临好了，却苦于落款处没有李阁老印章。"

季本恍然大悟："这也不是什么事呢，你今天碰到我，算是碰到人了。"

冀元亨一听此话，知道他有办法，心中大喜，连忙作揖道："请老兄指点迷津。"

"不瞒你讲，上次杭州一别后，我又去了趟苏州、扬州。你知道的，这两个地方的画匠很多是靠临摹古画吃饭的。那个仇英，你知道的吗？"

"就是唐伯虎的师弟，周臣的学生仇十洲？"

"对的啦，就是他。"季本神神秘秘地说，"据说他临摹的古代名画，只有他自己知道哪幅是真，哪幅是假哩。"

冀元亨佯装惊讶："厉害，厉害！"其实他早就听说过仇英的《临宋人画册》和《临萧照高宗中兴瑞应图》，若与原作对照，几乎难辨真假。

季本跟冀元亨碰了碰杯，抿了口黄酒："这酒比老家那边的差得有点远。"

冀元亨给季本夹了两筷子羊肉："老季，北京能有这样的黄酒算是不错了，你就凑合着喝吧。你说说，那印章的事有啥主意？"

"我说这酒，怎么颜色这么浑浊，口感也不对。咱们正宗的绍兴黄酒馥郁芳香……"

冀元亨将桌上一把碎骨头扔了过去："你还有完没完？你是存心闹着玩是不是？"

见他有些真恼了，季本哈哈大笑了一阵，这才言归正传："对了，刚才说到哪了？哦，对，仇英仇十洲。"

"讲正题讲正题，"冀元亨用手掌轻拍了下桌子，又左右张望了一番，低声问，"怎么做那个章？"

季本看到他这副模样，又想笑，又怕他恼，笑到一半硬是把笑给憋了回去："老冀莫急，且听我慢慢道来。"

冀元亨做了个不耐烦的手势，示意他快点讲。

季本又抿了口酒，这才开讲："话说我当年只身去了苏州，拜在仇英仇先生门下。"

"你拜在他门下，专门造假画？"

季本假装恼了："瞧你老冀说的，话咋这么难听呢。我刚才不是说了吗？文人雅好！"

"你老季这段光辉历史，省略！我老冀没兴趣。直接讲，讲印章的事。"

"好好好，"季本笑道，"这个简单，首先，最稳妥的办法，是找到李阁老的儿孙，他不是跟你还是湖广老乡吗？正好叙叙乡谊，叙到动情处，求其找来李阁老生前用过的印章，往摹本上一盖，不就妥了？"

"废话！他儿孙在湖广茶陵，我这会在北京。等我去找到他，再返回来，黄花菜都凉了。"

"李阁老虽是湖广籍贯，可自他太爷爷辈就世代为行伍出身，入京师戍守，属金吾左卫籍。李阁老归葬祖坟之地于京城西直门外畏吾村，其继子李兆蕃、侄子李兆延现居北京为官。"

"我好歹也是读书人，就算借我一张脸也不敢去公然找他子侄盖印章啊。另外，李阁老的私人印章很可能随葬了哩。"

季本一边吃菜，一边忍不住咯咯地笑。

"你哄我是不是？"冀元亨意识到季本是跟他说笑，自己反而当了真，抓了桌上的筷子，伸手就往季本身上打去。

季本身子一闪躲开了，摆了摆手："好了，好了，不跟你说笑了。我跟你讲正事，讲正事。"

季本接着说："要作伪名家印章，慢的话可私刻一枚木质章，快的话可用打薄的羔羊皮刻好阳面，再用刷子沾上印泥，在纸上这么一刷，就妥了。"

"但不管怎么说，首先得找到名家印章的原样，依葫芦画瓢才行啊。"

"那是自然。不然怎么着，你还想凭空给名家造几枚新章不成？"

冀元亨一脸为难的样子："可是，可是到哪去找到李阁老印章的原样呢？"

"你老冀不是有过目不忘的本事吗？"

"可这印章我当时没太留意，再说都是篆文，要丝毫不差地记住，谈何容易？"

"让我想想，让我想想。"季本将手掌一抬，示意冀元亨不要作声，他自己一脸严肃地想着，突然将桌子一拍，"有了！"

十　郑文带神机营来助攻

季本突然想起他来北京后认识一个外号"半坡叟"的老翁，专治金石，酷爱收集名家印鉴款识，并编了一本什么集子，或许收录了李东阳的印鉴。他拉上冀元亨便匆匆往城西方向去。

在胡同深处一幢四合院里，一个鹤发童颜的老翁精神矍铄地在阳光下挥毫练字，字体甚为豪迈大气。季本说明来意，老翁二话不说，捧出一大本书册，一页页翻下去，终于翻检到李东阳名下，只见"宾之""西涯"等印鉴赫然纸上。冀元亨看了看季本，季本也正看着他，两人相视而笑。

过了几日，冀元亨携带装裱一新的书法卷轴来到兵部尚书王琼的府上。府上门子百般刁难，冀元亨一咬牙花了二十两银子，才进得门去。他在影壁处站着又候了差不多一个时辰，才获通报入内面见王尚书。

王琼坐在堂屋太师椅上，头靠着椅背，双目微闭，似睡非睡。冀元亨行了大礼，向他禀明来意，递上王阳明亲笔信，一书童接了。王琼嘴角一努，示意书童拆开来念。原来在信中，王阳明说闽粤边境之贼成日蜗居山洞，行踪诡异，想申请兵部调神机营中军武臣郏文来助一臂之力。

王琼还是面无表情，嘴里哼哼道："神机营乃随驾护卫之师，岂可轻动？"

冀元亨想到此人是"不见兔子不撒鹰"的，连忙将那幅他临摹的《咏画马诗》献上，说是王阳明的一点心意。

一听是李东阳的手书，王琼顿时来了精神，站起身来，让书童当场展开卷轴，双目放光，炯炯有神。当看到落款"西涯"二字和左下角"宾之""西涯""怀麓堂"三枚阳文印鉴，他顿时笑逐颜开，招呼书童上茶，并饶有兴致地询问赣南闽粤诸贼形势，最后当场拍板："王守仁能想到用火攻，也算深得用兵之道。别说一个中军武官，整个神机营都可给他搬到江西前线去！"

冀元亨喜不自禁，连声道谢，想到老师此前闲谈时多次提起，自己现在虽是南赣巡抚，节制四省，可是手中却没有调兵的旗牌，每次调兵遣将都得事前奏请朝廷批准，甚为不便，而且容易贻误战机。此刻他看王琼兴致甚高，心情不错，便斗胆提出能否请朝廷赐予旗牌，便宜行事。王琼呵呵一笑："此事我挂在心上，你回去江西，让王守仁上一道折子过来。"说话间，始终盯着案桌上那幅《咏画马诗》。冀元亨心里七上八下的，生怕他看出什么破绽。

王琼突然嘴上发出声音："咦——"冀元亨的心马上提到嗓子眼上，睁大了眼睛瞅着他。

王琼自言自语道："李文正公这句'似是马身通马语'，化用的是苏东坡'老髯奚官奇且顾，前身作马通马语'，却不露痕迹。好诗配好字，真是神品啊！"

冀元亨这才暗自长舒一口气，连忙告退。

过了几日，兵部的公文果真到了冀元亨暂住的江西会馆。他虽未与郏文谋面，但并不陌生，此前经常听老师提起，便拿了公文去神机营找郏文。郏文大喜，当即点了五十亲兵，携带五门火炮，第二日便启程与冀元亨一道南下。

一路上，大伙兴致勃勃，恨不能插翅飞赴福建前线。冀元亨注意到郏文身边有一名亲兵，长得眉清目秀，举止言谈皆与众不同。他心中狐疑：京营军伍向来名声不佳，没想到兵卒中竟然有如此不俗之人？转念又想：天子脚下，乃精英荟萃之地，何等人物都不出奇。

二月中旬，郏文一行抵达上杭。王阳明与郏文久别重逢，分外高兴。两人对酌至深夜，抵足而眠，商讨破贼之法。

第二天一早，义官曾崇秀来报，说派出的密探侦察得知，山上寨兵认为官军吃了败仗，在等秋后狼达土军来援，最近不敢轻易出战，萌发懈怠松弛情绪。

"这倒是一个很好的机会，正好给他们一个出其不意的狠狠打击。"郏文道。

王阳明问曾崇秀："山贼的兵力部署摸清楚没有？"

曾崇秀答道："温火烧手下大约两千人，盘踞象湖山。詹师富有一千余人，龟缩在可塘洞。两人互为犄角，遥相呼应。此外，还有黄猫狸、游四、萧细弟、郭虎等大大小小的贼首在象湖山一带山洞出没。"

王阳明对郏文说："你带来的神机营只有五十名兵卒，恐兵力有所不逮。我再调拨五百火器兵归你指挥。"

郏文吃惊不小："你们也有火器兵？"

"怎么？小看我们地方武装？"王阳明当即叫来雷济，让他率一小队火器兵在校场上操练一把。这些火器兵或手持火铳，或手握弯弓和火箭。雷济令旗一挥，火铳齐响，火箭齐发，也是威风凛凛。

郏文击掌赞道："真没想到，王巡抚手下竟然有这么一支威猛的火器兵，我看与神机营比，也毫不逊色。"

"郏将军过奖了！他们是小打小闹，跟神机营比那就是小巫见大巫。"王阳明拍拍他肩膀，"怎么样？供你差遣可好？"

郏文连声道谢。

"我再调一千精兵，由冀元亨率领，拱卫炮队。你们这一千五百人就充当剿匪的先锋！"王阳明的目光穿过校场，投向远处连绵的群山。看到落日悬空，旌旗猎猎，他当场情不自禁地吟诗一首："将略平生非所长，也提戎马入汀漳。数峰斜日旌旗远，一道春风鼓角扬。莫倚贰师能出塞，极知充国善平羌。疮痍到处曾无补，翻忆钟山旧草堂。"

"李广利和赵充国，那可是西汉一代名将啊！"郏文颇有感触地点点头。

"'一将功成万骨枯'啊，这战事一开，肯定又要满目疮痍，民不聊生了。"

"你别想多了，这武字本就是'以戈止武'嘛。李广利、赵充国也不例外。"

王阳明自言自语道："真想平息战乱后，归隐南京玄武湖边的旧草堂，做一个吟风弄月的山野之人。"

"谁不想浪迹江湖呢？"郏文笑道，"我这个先锋都当上了，敢问巡抚老爷，何时让我打这个头彩啊？"

王阳明在他耳边低声说："前几天，广东布政使邵蕡来上杭劳军，已定了十九日返回广州。"

郏文一听，话里有话，用期待的眼神看着王阳明，希望他接着讲下去。他却神秘地笑笑："回头再跟你细聊！"

十九日一早，王阳明先是与邵蕡在大庭广众之下喝了场饯行酒。接着，他俩手拉着手大摇大摆地迈出了城门。

王阳明请邵蕡上马，抱拳道："路途崎岖，本院派出几队兵马，沿途护送邵大人回广州。"

邵蕡向他作了揖，再三道谢，走出一丈远方才上马。郏文、冀元亨率领的一千五百余名精兵，跟在邵蕡马后，逶迤而行。五门火炮藏在装行李的马车里，不露痕迹。

当天深夜，王阳明突然传令各路人马紧急集结，清点人数共四千余名。他下令兵分三路，同时进发。左路人马由胡琏率领，接应郏文、冀元亨，围攻象湖山。右路人马由顾应祥率领，主攻可塘洞山寨。王阳明亲率中军督战，切断象湖山与可塘洞之间的联系。

夜色如墨，伸手不见五指。三路人马衔枚疾进，秘密出征，向象湖山等贼巢进逼。

二十日拂晓时分，郏文、冀元亨的神机营和火器兵已悄然抵达象湖山下。五门火炮对准山上各个隘口一阵乱轰。在炮火的掩护下，火器兵出其不意地攻占了象湖山与外界联系的几个重要隘口，并切断象湖山周边各个山寨的相互联系。

山上温火烧回过神来，迅速集结各寨兵力，准备凭借天险死守。这时三路官军已抵山下，对象湖山形成合围之势。

温火烧令手下从山上滚下巨木、雷石，进行殊死抵抗。双方鏖战激烈，呼声震天，山谷回响。中午时分，寨兵终于禁不住火炮的猛烈炮击，纷纷退至溶洞躲避。在炮火的掩护下，雷济率领十余名火器兵沿绝壁攀缘而上，摸到了溶洞的洞口，将随身背负的炸药包点燃引线，扔至洞里。洞中多积有粮草，经炸药一炸，顿时成为熊熊火海。在烟熏火燎之下，寨兵死伤过半。剩余寨兵连滚带爬，好不容易出了洞，迎接他们的便是火铳和长镰。

寨兵全军溃败，四处奔逃，官军乘胜掩杀。寨兵中被烧死者、失足跌落山崖而死者、相互踩踏而死者，数以千计。最后清扫战场，福建头领黄猫狸、游四和广东头领萧细弟、郭虎等二百九十一名寨兵被擒获斩首，一百三十三名寨兵家属被俘，五百多间山寨房屋被烧毁，此外还缴获大量金银、刀枪、牛马。温火烧率残余兵马想往可塘洞方向逃窜，被王阳明率领的中军迎头痛击，只好往流恩、山冈等山寨流窜。

与此同时，顾应祥的右路军在哨委官指挥王铠、李诚，通判龚震等的率领下，分五路围攻可塘洞山寨。官军一边打，一边动员投诚人员朝山寨喊话。詹师富看山寨已被官军围了个水泄不通，想率众出降，却被手下头目江嵩、范克起、罗招贤等人胁迫。江嵩道："官府多变，视我等猪狗不如。上次要不是你大当家的优柔寡断，那狗巡抚早成了我们的刀下之鬼！"

范克起也说："今天就算鱼死网破，也要拉几个官狗子同归于尽。"

詹师富无奈之下，任由他们顽抗。眼看寨门被攻破，官兵像潮水一般围了上来。詹师富纵身上马，向着山寨门口飞奔而去，口中喊着："我是詹师富，我来投奔王巡抚！"

顾应祥赶紧下令："不可伤害！"并派出十余人上前接应。

眼看詹师富就要到达官军阵营，没想到他身后"嗖"的一声响，一支箭从后背将他射穿，当场栽倒在地，吐血身亡。原来是江嵩在背后放了冷箭。

顾应祥大怒，一手持剑，一手挥舞令旗："全军进攻！后退者立斩！"

大队人马迎着山寨蜂拥而上。范克起被生擒，江嵩、范兴长率余部败走竹子洞等处。顾应祥分兵追袭，穷追猛打。傍晚时分，江嵩、范兴长被击毙。此役二百余名寨兵被擒获斩首，八十余名寨兵家属被俘。

二十一日，官军兵分多路继续追剿象湖山、可塘洞残余寨兵，对盘踞各个山寨、溶洞的寨兵各个击破。福建按察司增派指挥高伟、推官胡宁道从大丰领兵前来助战，斩获颇丰。其余寨兵败逃至闽粤交界的黄蜡溪、上下漳溪大山里。

王阳明令各路兵马就地休整。他自己移师象湖山，在这里召集江西、福建、广东三地各路将领召开军机会议。大家对他出奇制胜，指挥官军仅用两天时间就攻破象湖山、可塘洞等寨兵盘踞多年的据点赞不绝口。

王阳明道:"虽说开局良好,但仍不可轻敌。'剃草存根,恐复滋蔓;狡兔入穴,获之益难。'现在温火烧等一众贼子仍在潜逃,周边大大小小的窝点数以百计。而且更棘手的是,很多山贼藏在村子里,与老百姓混在一起,难以辨识。"

杨璋说:"这个好办,把周围村子里的村民全部抓了,一个个审问。有可疑的,关了再说。"

"不可!"王阳明马上制止他,"如此一来,我们与山贼又有什么区别?"

顾应祥说:"山贼隐匿民间的,毕竟是少数。当务之急是扫平盘踞山寨和洞穴中的残余贼众。隐匿民间的,留给地方官慢慢对付吧。"

王阳明一脸严肃地说:"隐匿民间的,虽是少数,但极易死灰复燃。前几年几次征剿,大军一撤,他们又占山为王。这次务必斩草除根,除恶务尽。"

胡琏说:"我们可以公开张榜,有举报寨兵或提供线索者,重奖!有窝藏隐匿不报者,以山贼同伙问罪。"

"这样好。不过,也要区别对待,给他们改过从善的机会。"王阳明想了想,接着说,"被胁迫上山的,遣送回籍,还发给路费。就算是头目,向官府自首的,也要从轻发落。放下屠刀,立地成佛嘛。只要不再为害,以前的罪可以一笔抹消。我们剿匪不是目的,让他们能改过自新,重返正途,重新唤起内心的良知,这才是目的嘛。"

冀元亨说:"即使对山贼,先生仍是一片良苦用心,真让我们体会到了知行合一的巨大魅力。"

郏文也说:"神武之师,攻心为上。"

这时,王阳明留意到郏文身后站着一名亲兵,面容似曾相识,看他的眼神也有些异样。这名亲兵似乎察觉到巡抚老爷已经注意到他,将帽檐拉低了些,把脸遮了个大半。

王阳明正想询问郏文几句,这时胡琏气呼呼地问:"巡抚老爷是正人君子,对山贼也践行圣人之道。不过那些负隅顽抗的,咋办?难道就听之任之了?"

顾应祥笑道:"胡将军此言差矣,巡抚老先生几时说要听之任之了?"

胡琏揭开上衣露出胸口的伤疤:"上次为了救你们广东兵,我在你们大伞险些送命。这帮大伞之贼现在逃至箭灌大寨。我想向王巡抚请缨,去荡平箭灌之贼!"

顾应祥讪讪道:"胡将军总爱旧话重提。箭灌大寨在我广东地界,此贼又是强弩之末,何须劳烦胡将军劳师动众?待末将我发一支兵马过去,您就坐等捷报好了!"

胡琏当着王阳明的面不好发作,满脸憋得通红,用手指着顾应祥:"你你你 ——"

王阳明正色道:"上次大伞失利,责在广东之兵延误战机。这次令顾应祥部戴罪立功,限十日内攻破箭灌大寨之贼。否则,新账旧账一起算!"

十一　燕娘中了极寒之毒

三月中旬，王阳明得到捷报，顾应祥率广东程乡知县张戬、指挥张天杰，兵分两路攻破白土村、赤口岩等处贼巢后，驱兵直奔箭灌大寨，经过一番恶战，最终合力围剿成功。二百二十四名寨兵被当阵斩首，八十四名寨兵家属被俘，众多牛马、兵器等辎重被缴获。

不久，又得到前方军情密报：箭灌大寨虽被翦灭，但不少寨兵分散突围，逃窜至附近巢寨重新聚集，以温火烧为头领，听其号令，相互勾连，并在巢寨附近凭借天险，设置各种机关障碍，负隅顽抗。

王阳明大怒："温火烧不除，此贼情不已！"

三月二十日，王阳明下令调郏文的神机营和冀元亨的火器兵进入广东，协助广东官军对各个巢寨展开地毯式的全面扫荡，或分兵合围，或引蛇出洞，或各个击破，大小战役十余次，双方互有攻防，也互有伤亡。官军先后攻破水竹、大重坑、白罗、南山、苦宅溪、靖泉溪、洋竹洞等山寨。雷振、蔡晟、赖英等多名首领被擒。

唯有温火烧率一众手下据守流恩的三角湖，凭借三面环水、一面只有一条上山鸟道的地理优势，与官军对峙。官军攻了几次，不能奏效，一时奈何不得。

王阳明眼看温火烧这块硬骨头久啃不下，怕有损官兵士气，便将行营移驻三角湖山寨之下，靠近指挥。他实地察看了一番地形后，也是一筹莫展。此时郏文来访，献上一策：从鸟道佯攻，另派一支水师从水路进攻。

王阳明派出探子侦察地形，得到的消息并不乐观：三角湖山寨不仅三面环湖，而且立于绝壁之上，即使飞鸟都难以飞度。水师可乘船过河，但无法攀上峭壁。

郯文道："那我们就围他个一年半载，困死他，饿死他！"

顾应祥摇了摇头："这伙山贼早就在各山寨之上广积粮草，而且山上遍地是野果野味。前几年我们也围过几个山寨，围了几年，他们都安然无恙。最后，官军只好自行撤了。"

正在大家发愁之际，冀元亨笑嘻嘻地走了进来。

郯文嗔怪道："我们这里是长足了的葫芦——急开了瓢。你老冀倒好，还满脸挂笑，真是不知人间冷暖！"

"慌啥？车到山前必有路嘛。"冀元亨仍是笑容满面。

顾应祥问："冀先生莫非已有妙计？"

冀元亨笑而不语。

王阳明对冀元亨笑道："惟乾，你莫卖关子了，有啥好计策，说来听听。"

冀元亨这才竹筒倒豆子般将攻山妙计抖落了出来。原来，冀元亨的手下萧庚本是打鱼出身，在赣江各个码头都混过。他四处打听到，这三角湖里据说有水怪出没，早些年常有渔户在捕鱼时被水怪拖下水，吞到了肚子里去，因而这片湖面人迹罕见。听人说，水怪住在绝壁之下的山洞之中。而闹水怪前，常有渔户在下雨天将小舟驶进洞里避雨。有好事的渔户曾经打着火把，沿着山洞一路深入，最后却在半山腰找到了出口。

王阳明大喜："这真是天助我也！今天天一黑，就叫萧庚的水师进洞上山，打他们一个措手不及！"

"可是，这山洞里的水怪怎么对付？"冀元亨不无担忧地问。

"子不语怪力乱神。鬼神之事，敬而远之。"王阳明正色道，"只要心中有善念，心中有良知，心中有敬畏，那些妖魔鬼怪就会远离我们。"

"可是——"冀元亨面有难色，"那些水师大多是渔户出身，说起水怪，就面如土色，要他们进洞，怕是不够胆哦。"

"这个好办！我们神机营可不是吃素的。我们带几支火铳，跟着进去。管它什么水怪不水怪，我们火铳可不长眼。再不行，架一门火炮到洞口去，先轰它几炮再说！"郏文一副信心十足的样子。

王阳明掏出一张黄色的三角形纸片，上面画满大大小小的符，不可辨识："把这个贴到船头去。这是北京娘娘庙的符，有了这个，渔户们才吃了定心丸。"

郏文笑笑，把符纸顺手接了。

深夜时分，郏文、冀元亨一行人悄然乘坐十余艘渔船出发，为首的船头架着一门火炮。郏文立在船头，在月光下警惕地注视着湖面上的一动一静。他身旁是那位面容清秀的亲兵，神色凝重。

渔船入了溶洞，大家打起火把，一团黑影"呼啦啦"地向船头扑来。大家忙低头躲避，有几个火铳手举起火铳正准备开火，郏文制止道："不要开火，这是蝙蝠！"

大家虚惊一场。船队缓缓进入洞中，洞里很开阔，许多钟乳石倒悬，奇形怪状。洞里安静得可怕，偶尔听到从钟乳石上滴下的水滴，在水面上"叮咚"一声闷响，像是来自另外一个世界的声音。火把的光映照在岩壁上，光怪陆离，甚是神秘。

船队缓慢前进，一路平静，已经能看到前方的陆地了。大家悬着的心渐渐放下，开始有说有笑了。船队后方突然响起"轰隆隆"一阵巨响，郏文回头一看，顿时大惊失色：一只巨兽，塌鼻子，凸额头，白头青身，火眼金睛，头颈长达百尺，脖子轻轻一甩就把后面一艘渔船掀翻了，再一吸气，船上几个水兵就连同一股湖水被它倒吸进了肚子里去。

郗文下令向水怪开火。一时火铳齐鸣，伴随着洞中的回声、壁上的幻影，像是电闪雷鸣一般。水怪潜入水底，猛然又从船队前方冒了出来，张开血盆大口，欲吞掉首船。郗文举起火铳正想开火，只见旁边清秀亲兵纵身一跃，双手掷出两只飞镖，不偏不倚正好插在水怪两只灯笼般的眼睛上。水怪痛苦地甩开脖子，把站在船头立身未稳的清秀亲兵甩到了水里。

郗文大叫："快救！"

一众水兵齐刷刷地跳入水中去救。火铳兵趁机瞄准水怪开火。这水怪两眼一抹黑，在水中搏击跳腾，掀起巨大水浪，又有两艘渔船被掀翻。

郗文、冀元亨正手足无措之际，洞外驶进来一艘快艇。

立在船头，举着火把的不是别人，正是王阳明。他一身短装，巍然挺立。

冀元亨朝快艇大喊："先生快走，有水怪！"

快艇却加快速度驶了过来，直抵水怪跟前。水怪似乎察觉有船逼近，不断腾挪翻滚，掀起阵阵巨浪。说时迟，那时快，王阳明弯弓搭箭，"嗖"的一声，箭从水怪鼻子里穿了过去，又折回掉在船舱里。箭后系着的铁索正好将水怪鼻子牵住，索上的金铃叮咚作响。水怪顿时安分老实了，浮在水里一动不动。

"你们去抄小路攻打山寨，水怪交给我对付！"王阳明隔着船向郗文下令。

郗文将船靠了过去，令水兵将打捞上来的清秀亲兵送到王阳明的船上。郗文含着泪抱了抱拳："请老兄一定将她救活！"

温火烧哪里料到会有这么一支奇兵从后山腰的悬崖之上杀将过来，许多守关的寨兵还在睡梦之中就成了地狱之鬼。山寨顿时大乱。

郯文指挥官军夺取了进山的关隘。顾应祥率大队人马趁机全力攻山，天明时分已将山寨荡平。温火烧被活捉，一千零四十八名寨兵被擒获，八百三十八名寨兵家属被俘，缴获马牛、金银、铜钱、衣帛、器仗、蕉纱等不计其数。

顾应祥喜不自禁，拉着郯文要跟他好好喝几杯，感谢他的援兵。郯文哪有心思跟他喝酒，带着几个手下心急火燎地下了山，直奔巡抚行营。

他刚至营帐口，便与王阳明撞了个满怀。王阳明问："山寨攻下来没有？"

郯文却问："她醒来了没有？"

王阳明脸一沉："你还好意思问！"

"我也是没有办法，"郯文双手一摊，"她听说兵部要调我来江西帮你剿匪，非要跟着过来。"

王阳明指着郯文的鼻子："你呀，尽给我添乱！"

"究竟醒来没有吗？"郯文一跺脚，急得团团转。

王阳明说："醒是醒了，刚才又吐了一阵，还发着烧呢。"

"醒了就好，醒了就好。"

"好什么好，随军郎中说，她被水怪毒牙咬到了，保不保得住性命还不一定呢！"

郯文随王阳明进到行营后帐，只见张燕娘面无血色地躺在床上，极度虚弱。看见郯文进来，她要撑起身子，郯文连忙示意她不要动。她有气无力地问："山寨攻下来了吗？"

郯文低着头："回禀公主，官军不费吹灰之力，已夺取山寨。"

王阳明在旁睁大了眼，盯着郯文。

郯文手一遮嘴，这才意识到刚才自己失言了。

燕娘此时想说什么又说不出来，晕死过去。

王阳明把郑文拉出帐外，逼问道："明明是燕娘，怎么成公主了？"

郑文支吾道："这个、这个，我一时口误。对了，燕娘这个样子，如何是好？"

王阳明长叹一口气，摇了摇头："我刚才也把了把她的脉，脉象极微弱，看来她中的是极寒之毒。水怪在阴暗水洞之中潜藏数百年，其毒十分难解。"

"说来好险，大伙差点都折在这老怪物身上。还有，你怎么知道用金铃穿鼻来降伏此物呢？"

"说来也巧，我突然想起此前读过的宋人编的野史小说集《太平广记》，里面讲到大禹治水时有一个水怪叫无支祁，力气超过九头大象，常在淮水兴风作浪，神兽夔龙也拿它没办法。后来大禹用大铁索锁住了它的颈脖，拿金铃穿在它的鼻子上，把它镇压在淮阴龟山脚下。"

"哦，"郑文恍然大悟，"那你再查查这古书，或许也有解毒的记载？"

王阳明点点头："古书有载，解极寒之毒，需用极寒之物，可用天山雪莲、长白山灵芝，配之伽南香、挂金灯、山豆根、秦皮等药。"

"这些药也不算太难找嘛，天山雪莲和长白山灵芝可能难找点。"

"还要佐以千年蜈蚣磨粉服之。"

"我下令让官兵去深山老林、药铺、药农处找去！"

"还有——"王阳明欲言又止，面有难色。

"还有什么？你王巡抚别吞吞吐吐的，倒是一吐为快啊，人命关天的！"

"要换血疗毒。"

"换血疗毒？"

"就是要用健康人的血换掉她已中毒的坏血，而提供血的这位健康人最终会因为血亏而亡。"

郏文想了想说："这也不难，现在抓了这么多的山贼，按律都是斩首的死罪。别说一个，十个人的血都有得换哩。"

王阳明还是摇摇头："没有这么简单。古书上说，供血的人还要心甘情愿，最好还能两情相悦才行。强行换血，不仅不能解毒，还会加速病人体内毒性发作。"

郏文呆呆地看着王阳明，半天说不出话来。

这时，王春前来报捷，说广东境内山贼已基本被剿灭，余贼败走遁入广东、福建交界处的黄蜡溪、上下漳溪大山。

"郏文听令！"王阳明命令道，"令你和冀元亨一道纠集广东各部，马不停蹄，回师黄蜡溪，与福建、江西各部三路夹击，务必一鼓作气，将山贼斩草除根，不使死灰复燃。"

郏文得令，犹犹豫豫，一副想走又不肯走的样子。

王阳明嗔怪道："你还愣着干吗？"

郏文指着帐篷："她、她、她——"

王阳明摆摆手："我心中有数。"

却说官军集中优势兵力，分三路进攻黄蜡溪。官军接连打了几个胜仗，士气正高，大有摧枯拉朽之势。寨兵虽聚粮守险，顽强拒战，但终因双方力量悬殊，溃不成军。温宗富等九十一名寨兵被擒获斩首，十三名寨兵家属被俘，余部作鸟兽散。

杨璋部率兵乘胜追击，将一伙寨兵余部逼入赤石岩。首领游宗成借助深山密林的地理优势与官军周旋，打起了游击战，企图分散突围，但最终被杨璋部化整为零，各个击破。游宗成等一百四十六名寨兵被擒获斩首，九十余名寨兵家属被俘。

以朱老叔为首的另一部寨兵被胡琏部追赶逃窜至陈吕村。官军将村子团团围住，朱老叔却将百余名村民当作人质，村口塔楼上立着一排被捆住手脚的村民，脖子上系着绳索，脚下是随时可以抽掉的木板。胡琏怒不可遏，骑着高头大马，在村口大骂，扬言要踏平村子，捉住朱老叔非活剥皮不可。

此时郏文和冀元亨率兵前来接应。郏文一看这阵势，也是气得吹胡子瞪眼睛，心里想着燕娘的事，恨不得马上收拾了这帮山贼好赶回行营，便当场命令神机营将火炮架好，瞄准村子就要开炮。郏文嚷嚷道："老子一炮把你们炸得粉碎！"

冀元亨忙把他拉住，劝他不可轻举妄动："都是瓮中之鳖了，还急啥？从长计议，慢慢图之。"

"老子就受不得这种鸟气！还从什么长计什么议？一把火把村子烧掉算了！"

冀元亨苦口婆心才把郏文和胡琏二人劝回大营，又煮了武夷山上好岩茶，陪他们喝茶降火。

胡、郏二人慢慢冷静下来。冀元亨又拿来一盘围棋，让他们下棋消遣，自己带了几个亲兵，骑上马出去溜达。冀元亨沿着陈吕村转了一圈，站在村子对面的高坡上鸟瞰，发现有一条小溪穿村而过，村里人担溪水入户，煮茶做饭，村里别无其他水源。他顿时计上心头，打马回营。

胡琏和郏文正在棋盘前聚精会神地对弈，见冀元亨回来，头都没有抬一下。冀元亨在旁说了些话，两人也是充耳不闻。冀元亨也恼了，把棋盘一掀，棋子"哗啦啦"滚了一地。两人正要发作，冀元亨嚷道："我已有妙计，你们还听不听？"

胡、郏二人这才重新坐好，端起茶杯喝茶，听冀元亨讲他的妙计。听罢，二人大喜，齐声赞道："果然妙绝！"

中午时分，胡、郏、冀三人坐在高坡上，一边天南海北地闲聊着，一边远远地望着村子里的一举一动：先是村子里的寨兵开始轮番吃饭、喝酒，接着突然一个个东倒西歪。胡琏大喜，站起身，挥舞起手中的令旗。

这时围住村子的官军像潮水般从四面八方涌入，几人无人之境。当场将朱老叔等寨兵捆了，村民悉数得到解救。一清点，共擒获六十六名寨兵和八名寨兵家属。

军中有将领问起胡琏，村里的寨兵好好的，怎么突然像中了邪似的昏死过去了呢？

胡琏指着冀元亨笑道："都是冀先生的功劳，冀先生深得巡抚大人的真传，用起兵来出神入化，神仙都会来帮忙。"

军中将士无不欢呼雀跃。

冀元亨反而有点不好意思，跟郏文低声道："这个胡琏，不就是几包蒙汗药，搞得这么神叨叨的。"

郏文拍拍他的肩膀，笑道："有你这神仙在，士兵们打起仗来才不怕死呢。"

十二　厨房怎么还用闽广海盐？

郏文一路纵马狂奔，冀元亨等人紧跟不舍，赶至象湖山下的巡抚行营。

刚到营门口，王能便哭丧着脸跑了出来，拉住郏、冀二人哭诉说："咱家爷不行了！"

二人大惊，连忙细问缘由。听王能讲才知道，郏文走后，王阳明便使出当年新婚之夜在南昌铁柱宫跟无为道者学的导引之术，为燕娘疗伤，使用真气将燕娘体内的寒毒逼出，又通过十指相扣，将自己的血液从指尖导入燕娘体内。终于体力不支，死了过去。

二人不等王能说完，一路小跑奔入后帐，只见燕娘平静地躺在床上，脸色已泛红润，王阳明却躺在另一侧，面色苍白如纸。两名随军医官正手足失措地在床前打转。

郏文着急地拉住一名医官问："巡抚老爷咋样了？"

这名医官吞吞吐吐答不上话。郏文一把将他推开，骂道："养着你们尽吃白饭！"

他冲到床前，摸了摸王阳明的额头，冰凉如水，吓了一跳，又将手指放到鼻前，竟然没了气息，顿时放声大哭起来。冀元亨上前抓起王阳明的手腕，把了把脉，隐隐觉得还是有细若游丝的脉搏，便安慰郏文说："郏将军不要太过悲伤，先生还有脉象，先生吉人天相，必会逢凶化吉。"

郏文用袖子抹了抹眼泪，心情稍稍平静了些，回过头去质问两名医官："王巡抚还活着？嗯？"

两名医官弓着身子不住地点头，惊魂未定的样子。

郏文骂道："你们俩饭桶！赶紧去给老子请名医。巡抚老爷万一有个三长两短，要你们脑袋搬家！"

两名医官连滚带爬地出了帐篷。

冀元亨看着二人狼狈不堪的背影，对郏文劝道："郏将军息怒，现在是军情紧急时刻，他不会铤而走险，置三军安危于不顾。他给张姑娘疗伤定是胸有成竹的。"

郑文想了想，觉得冀元亨的话也有几分道理，喃喃自语道："守仁向来稳重，这次应该也是有些把握的。"便吩咐手下将那两名医官追了回来。两名医官跪在地上，磕头如捣蒜。

郑文厉声道："巡抚老爷的病情是军中头等机密，你们外出延揽名医，不可对外张扬，千万不可说是巡抚病了，否则军法处置！"又吩咐整个中军大营的亲兵，对巡抚的病严加保密。

郑文和冀元亨守在王阳明床前，看着一拨拨名医或江湖郎中兴冲冲地前来诊治，摇头晃脑地离开。

第二日，燕娘苏醒过来，虽然极度虚弱，但神志却还清醒。她得知是王阳明费尽真气为她换血疗伤，抱住他又哭晕过去。

燕娘再次醒来，看见床头悬挂着那把青琅剑，多少往事涌上心头。这些年，他一直将这把剑带在身边，不离不弃，也足见他是重情之人。她把剑取下来，徐徐拔出，寒光四射，青琅宝剑果然名不虚传，还是那么锋利无比，剑气逼人。她心想，如果他醒不过来，她就以此剑自刎，生不能长相厮守，死也要死在一起。

接下来的两天，燕娘茶饭不思，守在王阳明床前，不时为他擦拭身子，困了，就伏在床头歇息。

第三日一早，王阳明竟然神色自若，醒了过来，叫唤肚子饿。燕娘赶紧去厨房端了碗白粥过来，亲手喂他吃了半碗。她一边抹着泪，一边笑道："这次先生是为了救我才这样的，如果先生真有个三长两短，奴家也不活了。"

王阳明坐在床上伸了伸胳膊："我这不是好好的吗？再说了，你大老远地来支援我们剿匪，我救你也是应该啊。"

燕娘默不作声，心里却是喜滋滋的，像喝了蜜一般。

"以前在书上看到有什么凤凰涅槃、劫后余生、脱胎换骨此类的词,这次我才真正体会到是什么意思呢。"王阳明一副精神焕发的样子,说着就要下床,被燕娘拦住。她嗔怪道:"先生才好些,切不可乱动,还是卧床休养些日子才好。"

王阳明这才作罢,笑道:"整个中军大营,也就你敢管我!也罢,也罢,那就再多躺几天,顶多再多长一身膘。"

众人笑了起来,燕娘也掩面而笑。

他斜靠在床上,看到郏文在床边,便问:"战事如何?"

"大获全胜!"郏文喜不自禁。

他欣慰地点点头,好像突然又想起什么似的赶紧吩咐冀元亨:"赶紧命令杨璋率其部,迅速回撤九连山太平堡,扼守各处险要山口,对过往可疑人等,严加盘查。"

冀元亨领命而去。

郏文不解地问:"福建、广东之贼业已肃清,你急着调杨璋的人马回守九连山做甚?"

"万一有漏网的流寇经九连山逃窜至江西地界去呢?或者赣州那边的山贼趁机又占了山口,阻了我们的退路呢?"王阳明在床上坐起来,咳嗽了几声。

燕娘见他们讨论军中之事,便知趣地转身去了厨房。

郏文突然想起什么,低声问:"你上次不是说,换了血就要死人吗?现在怎么好好的,还焕发第二春了呢?害我们急得像热锅上的蚂蚁!"

王阳明哈哈一笑:"那是书上写的,尽信书则不如无书嘛。一个人身上的血都换给别人了,还能活吗?我转念一想,换血的目的是换掉中毒的人身上的毒血,我用真气将毒血中的毒气逼出来不就行了吗？"

"哦——"郏文恍然大悟，"原来你没有跟燕娘换血啊，那王能怎么说你……"

"别！"王阳明打断他，"别让燕娘知道，免得她没有信心，能否解掉毒，最后还得靠她自己。血不是没有换，只是没有全换。"

"你这又是唱的哪一出？"

"道家的长生导引之术，我是略知一二的，只要将毒素逼出，再有一些新鲜血液做引子，佐以天山雪莲和长白山灵芝等补血祛邪之药，寒毒便像山上的贼子一般，一扫而光。体内的血嘛，就像井中之水，只要源头未干涸，又会不断汩汩而出的。"

郏文点点头，对这位发小佩服得五体投地。

中午时分，各路捷报纷纷报来。福建大军先后攻破长富村等三十多个山寨，擒获斩首寨兵一千四百二十多人，俘获寨兵家属五百七十多人，救回被抓乡民五人，烧毁山寨房屋二千多间。广东大军攻破箭灌等十三个山寨，生擒头目十四名，擒斩寨兵一千二百五十八人，俘获寨兵家属九百二十二人。此外，两省大军还缴获大量牛马辎重、金银财宝。詹师富、温火烧盘踞在闽粤交界山区数十年之久，王阳明二月出兵，四月即荡平此处寨兵，军中将士无不欢欣鼓舞。

过了几日，王阳明召集福建、广东各路将领及漳南一带地方官开会。他说："漳南一带，百姓多年来深受山贼之害，今日终于雾散云开，这个胜利来之不易。道、府、州、县一定要切实关心百姓疾苦，让百姓重新燃起建设家园的希望，切不可让百姓萌生官不如匪的念头。大家切记，'水能载舟，亦能覆舟。'"

他一番苦口婆心，说得一众地方官员无不为之动容。最后，他要求无论军中还是官府，切不可滥杀无辜，军中过去凭人头或耳朵领奖的陋习一律废除。道府州县还要做好俘虏的甄别工作，凡是被胁迫上山的，一律招抚安置好，严防反弹和激起民变。

四月底，王阳明得知共有一千二百三十五名寨兵俘虏和二千八百二十八名家属得到妥善安置，就地务农，安居乐业，他才恋恋不舍地离开漳南，班师回赣州。

临走前，王阳明对胡琏再三交代，在漳南一带寨兵出没的地方设一新县，这样才是御盗安民的长久之策，可以起到"盗将不解自散，行且化为善良"的效果。具体来说，可以考虑割南靖县清宁、新安等地和漳浦县一些地方，作为新县的辖地。他让胡琏摸清情况，着手新县治的选址和筹备工作。

在大军凯旋的路上，王阳明看到青山绿水，农襄耕田，欣喜若狂，一路快马加鞭，抵达九连山下太平堡。杨璋早就在垭口外迎接，禀告说："巡抚神算，前日击退一伙蓝天凤的手下，看那阵势是想偷袭我军。昨晚又俘获一帮企图翻山进入江西的零散山贼。"

王阳明笑道："我们早两天过来就好了，正好观赏杨将军和兄弟们的雄姿。"

郏文也假装生气地说："你老杨不够意思！也不留几个小毛贼给我们火炮练练火力。"

杨璋满脸堆笑："杀鸡焉用牛刀？"

王阳明兴致颇高，骑马走在队伍的最前列。只见垭口浓雾弥漫，满眼皆为青葱草甸，茂林修竹，远处高山隐入云端。两山之间的路边草地上静卧一块巨石，长五六米，形似黄牛卧槽。杨璋说："当地人称之为黄牛石。"

"这确也神似，"王阳明哈哈一笑，又吩咐他，"此处地势险要，风景奇绝，宜分兵一部于此，设一卫所，以备军需。"

四月三十日，王阳明率大军返回赣州。五月八日，他向朝廷奏报漳南一战的战况和战绩，并请对部下论功行赏。

漳南战役中，王阳明深感官军战斗力涣散，尤其是团练的民兵，更是一盘散沙，兵卒死了、跑了都没人管。他想，此役虽获全胜，但暴露出来的问题也是不容小觑，必须来一番大刀阔斧的整治才行。

不久，南赣巡抚衙门颁布《兵符节制》更改兵制，提高军队快速反应能力。公文中说："习战之方，莫要于行伍；治众之法，莫先于分数。"所谓"分数"，王阳明解释说，就是强化等级观念，各守其责，各司其职。具体说来，南赣军队十五人为伍，伍有小甲；二伍为队，队有总甲；四队为哨，二哨为营；三营为阵，二阵为军，军有副将。副将以下，层层管制。王阳明说："这样一来，队伍营哨之间既能各自为战，又能协同配合，可以上下相维，大小相承，如身之使臂，臂之使指，自然举动齐一。"

编伍完毕，发放兵符。每五个人给一牌，上写本伍十五人的姓名，使之联络习熟，谓之伍符。每队各置两牌，编立字号，一张牌给总甲，一张留在王阳明的大本营，叫队符。依此类推，还有哨符、营符。凡有行动，发符征调，比号而行，以防奸弊。平时训练，战时进退都集体行动，做到令行禁止。经过一番团练会操，官军士气大振，王阳明大喜："现在才算治众如治寡，纲举目张了。"

此时，王阳明虽是南赣巡抚，但毕竟是文职，不是武职，可自行组织民兵和地方武装，却不能调动各处卫所军队。"军情稍纵即逝，等到请旨调兵，朝廷批准，公文在路上来回数月，贼子早就跑得没影了哦。"冀元亨抱怨道。

王阳明也不无感慨地说："统兵一方，最怕手无全责，自我掣肘。俗话说'将在外，君命有所不受'。倒不是说将就不听君的，而是说将帅要担责，要能机变。"

"先生，我上次去京城，面禀王琼尚书，说起此中苦恼，王尚书甚为理解，让我转告先生，可上封折子，诉说衷由，请求朝廷授予兵权。"

王阳明瞅了冀元亨好一阵子，看得他浑身都不自在。

"你个小滑头！"王阳明笑道，"你跟王部堂早就密谋好了，我现在还能说什么呢？赶紧替我拟折子吧，就说请辞南赣汀漳巡抚，请求改任军务提督。"

"遵命！"冀元亨"哗啦"一下站起身，双手抱拳，样子十分滑稽，逗得王阳明哈哈大笑。

临走时，冀元亨悄声道："能否烦请先生给王尚书写封信，陈述利害？呵呵，最好还能写几句感谢的话吧。"

王阳明神情一下肃穆起来，沉思良久，说："我朝严禁京臣私交武将。再说，让我给王部堂写私信，不如让我赤身游街。"

冀元亨见老师如此严肃，便笑着劝道："先生多虑了，您现在虽然领兵打仗，但仍领着都察院的职衔，还是文官哩。再说了，您给王部堂写信，也不是为了私事，而是为了南赣剿匪的公事，这又有么子要紧的？"

王阳明显得很犹豫，左右为难的样子："你讲得倒有几分道理，不过这信我倒不知如何下笔呢。"

"先生如信得过学生的话，学生替您拟几句应酬的话就好了。"

王阳明点了点头。

信拟好后，王阳明一看，倒也简明扼要。前面讲了些南赣匪情如何顽固，铺陈授予机变全权的必要，最后几句写道："秋冬之间，地方苟幸无事，得以归全病喘于林下，老先生肉骨生死之恩，生当何如为报耶？"

王阳明览后，说："这样写，是否太过了点？"

冀元亨笑道："无妨，都是几句场面话。现今官场正流行此道。"

王阳明长叹一声："虽不愿同流合污，但也无法独善其身啊，也只好如此了。"

请求改任军务提督的奏折和给兵部尚书王琼的私信发出去没几日，王阳明收到胡琏有关新设县治的呈报。他权衡再三，又拟了一道奏折，恳请朝廷俯顺民情，于南靖县之河头大洋陂设立平和县，并说此地曾为汀漳群匪的大本营，扼江西、福建两省贼寨咽喉。今象湖、可塘、大伞、箭灌诸巢虽破，但难保有余党不再啸聚。过去，乱乱相承，皆因县治不立，官府鞭长莫及。若在这里设县治"控制群巢，于势为便"，正可以抚其背而扼其喉，贼匪将不解自散，化为良民。他还说，除了设立县治，还可设立县学，安置教化招降过来的两千余口山民。

看到福建、广东不出两个月便一举平息匪事，许逵、李高、展家满等将领摩拳擦掌，主动请缨。邢珣等赣州府官员也纷纷来到南赣巡抚衙门怂恿王阳明出兵。

邹守益却面有难色："朝廷至今没有给赣州拨过一分一毫军费。福建、广东虽然一举荡平山匪，可是也花费了巨额军费。现在府库里已无存银。"

王阳明长叹一声："打仗就是打银两啊。"

一听到银子的事，邢珣等地方官都将脖子缩回去，默不作声。

"军费没有着落，各位有什么好办法吗？"王阳明问。

众人都低着头看地板。

"邢珣，你是赣州的官，你说说看？"

邢珣支支吾吾，语焉不详。

赣州府同知何英姿见知府为难，便站出来说："军费捉襟见肘，但剿匪的事又十万火急。下官以为，只能向各商家民户增设一款平匪税……"

"这个免谈！"王阳明厉声道，"本院早就有言在先，各府州县有敢以募兵征饷为由，横征暴敛的，与通匪同罪。"

大家七嘴八舌，嘀嘀咕咕，像煮开一锅粥。有人说："不准加税，那银子会变戏法变出来不成？"也有人说："没钱打仗，不如给朝廷请旨，调派狼达土军来打好了。"又有人说："狼达土军可不是好惹的，没有银子供着，他们会卖命打仗？抢起老百姓来比山贼还厉害十倍哩！"

王阳明听得心烦，手一挥："散了！"

他来到后衙，已是中午时分，燕娘正在厨房做饭。回到赣州后，她就在巡抚衙门后衙住下了，说要照顾王阳明的饮食起居，帮他调理身体。

见王阳明怒气冲冲地从前面过来，知道他又跟属官们发脾气了，燕娘笑呵呵地端出亲手烧好的清汤越鸡、梅干菜烧肉摆在桌上："奴家学做了几道越菜，不知道是否合先生口味？"

王阳明一看是难得一见的家乡菜，顿时忘了外衙的争吵，笑逐颜开地夹了几筷子尝起来，不住地点头："燕娘真是好手艺，北方人竟然做出了地道的越菜。"

燕娘心里美滋滋的："我也是瞎子摸象，误打误撞。烧的菜先生喜欢吃就好，就是盐放多了，可能味道偏重。"

王阳明又吃了几筷子，回味了下口感："是略咸了点，不过还好。"

"问题可能出在这盐上，我一时拿捏不好。这越菜就适合用淮盐，过去厨房里用的就是淮盐，可现在用的是闽广的盐。淮盐口感好些，不涩口，这闽广的海盐就偏咸了些。"

"哦？"王阳明突然感觉有什么不对劲，放下手中的筷子，双眉紧锁。这表情倒把燕娘吓了一大跳，忙问："怎么了？是菜不合口味吗？"

王阳明愣了一下，意识到自己的失态，微笑道："菜当然美味可口。我是突然想起，因为闽广与江西交界处这些年多有战乱，由闽广供应赣州、吉安等地的传统运盐线路被迫中断。朝廷新盐法规定，赣州改由两淮地区供盐。刚才听你说，厨房还用的是闽广海盐，这是怎么回事呢？"

"哦，是这事呀，"燕娘笑道，"你这巡抚老爷高高在上，一堆军国大事够你忙的，这些老百姓吃什么盐的小事，你也管？"

"吃什么盐，那可不是小事哦。"王阳明把筷子一放，叫上王能就出了门。燕娘在身后喊着："先生吃完饭再出门不迟呀。"

王阳明头也不回地说："我去去就回，这菜热下就好。"

十三 破山中贼易，破心中贼难

王阳明和王能来到南市街赣州城里最大的盐店"敬一堂"。王能一边让店家称五斤盐，一边闲聊起来。店小二嘴很紧，见王能打听盐从哪里进的货，便闭口不谈。

二人懊恼地从店里出来，在街上闲逛。王能说："大爷，这大盐店问不到东西，何不去小店看看？"

看到对面小巷子里有一家不起眼的"小顺"米面油盐店，他俩踱进小店，东瞅西看，买了些东西。店老板是个一脸忠厚的阿叔，王阳明跟他扯起了家常，最后把话题绕到了盐价上。他说："前些日子的盐淡一点，现今的盐好像偏咸些，口感有点涩哩。"

店老板笑着放下手中的水烟筒："这位客官懂行，想必是个美食家，一般人吃不出这盐的差别。"

"不怕您笑话，本人倒是好这一口吃。"

"民以食为天嘛，谁不好这口吃的呢？会吃才会过日子。"

"我就纳闷了，这盐看起来一样，吃起来怎么会不同呢？"

"客官以前吃的是淮盐，那自然好些。现在市面上卖的是闽广盐哩。"

"哦，是这样！"王阳明装出一副恍然大悟的样子，"那这淮盐好吃些，为啥不进淮盐呢？"

店老板又是笑："客官一看就不当家啊。淮盐是好吃些，但一斤淮盐卖银三分四分，而这闽广盐一斤才卖一分五厘。普通老百姓啊，管它什么淮盐闽广盐，哪个便宜便买哪个哦。"

王阳明顺着他的话说："那是，那是，价钱差这么远，那自然要买便宜的盐吃啰。不过，我倒是好奇，同样都是盐，怎么价格差这么远？"

店老板看看四周无人，便悄声道："这淮盐是官府指定的线路运过来的，从两淮到赣州路不好走，而从福建、广东过来路较平坦，还多是水路。现在的盐都是私盐贩子从闽广线进的。"

"怪不得便宜一半，原来是私盐。"

店老板忙拉住王阳明："我的老哥哥，这个话出了门就讲不得，千万讲不得哦。"

王阳明笑笑，点点头："这个我懂。"

出了小店，王阳明跟王能吩咐道："走，去码头看看。"

二人出了北城门，径直来到码头，只见帆船穿梭，甚是繁忙。王能说："我下去问问，看有没有船家是做私盐生意的。"说着就要往船上跳。

王阳明叫住他："算了，人家也不傻，这样能问出个子丑寅卯来？还是回去叫萧庚、雷济来打听吧。"

王能一拍脑袋："对呀，萧庚是码头大哥，雷济也是地头蛇一个，我怎么没想到哩？"

当天晚上，萧庚便将打听到的结果如实汇报了。原来新盐法规定赣州、吉安、吉州、临江等州府由两淮供盐，但这条线地势陡峭，手续繁杂，税费高昂。而闽广线所经地势较为平坦，又能借助水路运输，故而成本较低。虽有山贼出没，但很多盐贩仍铤而走险，依旧从福建、广东旧路进盐，其中逃税漏税者比比皆是。新盐法成了一纸空文。

第二天一早，雷济也来禀报："朝廷在南安府的折梅亭和赣州府的龟角尾两处地方设了盐税局。"

"这个我知道，龟角尾收的商税大部分都供了我们的军费开支哩。"王阳明道。

"您老说的没错。但折梅亭的事，您老可能不知。"

王阳明看着他，示意他接着说下去。

"由于折梅亭位置偏僻，以往税收很少，此前官府也没当回事，监管自然也不严。"雷济说到这里停下来，看着王阳明。

"你只管如实道来，有天大的事，本院为你顶着。"王阳明见他有所顾虑，便说了几句硬话给他打气。

雷济想了想，说："小的打听到，有些商户，尤其是私盐贩子，知道龟角尾的税局天衣无缝，便宁愿绕远道走折梅亭，通过收买这里的官员逃税。私盐过了折梅亭，加盖了官府的关防，摇身一变成了公盐。折梅亭在当地人嘴里都被叫成了'这么地'，意思就是如此这般不可告人的意思。"

王阳明一听，勃然大怒："这南安府知府是吃白饭的吗？待本院查明此事，定不饶他！"看到雷济站在旁边战战兢兢的，便放缓了语气说："此事你立了大功，本院会重重赏你！"

"给巡抚老爷干活，心甘情愿，不要什么赏的。"雷济答道。

"嗯，你尽心办事，本院自然看在眼里。陆澄性格耿直，刚正不阿，你就跟着他一起去南安彻查此事吧。"

陆澄带着雷济一众人去南安查了一圈，果真坐实了此前雷济的那些话。

六月十五日，王阳明上奏《疏通盐法疏》，提出改革盐税制度，恳请朝廷重新启用旧制盐法，以杜绝偷税漏税，并说此举公私两便，还可在不增加百姓负担的情况下增加税收，弥补巨额的军费开支。最后，他还建议严惩贪腐，将折梅亭和龟角尾两处盐税局合并。

王阳明召集诸将议事。他说："前些年官府在南赣剿匪接连失利，何故？我看，不是贼匪多么厉害，而是官兵不能打仗。"

杨璋说："此前抚也抚过，剿也剿过，但最后还是功亏一篑，究其原因就是赏罚不明，军纪缺失，以致士卒不能拼死应战，贪生怕死者混迹军中尸位素餐，成了贪吃军饷的'军油子'。"

王阳明深以为然："有功者无赏，失职者不罚，那这军队跟赶大集的百姓又有什么区别呢？"他下定决心在赣州铁腕治军。

九月，朝廷果不其然下旨赐王阳明八面旗牌，并授予他提督军务、调配钱粮、诛赏惩治和自由裁夺之权。有了旗牌，王阳明如虎添翼，当即颁布命令，明确各项赏罚标准，尤其是严明军纪："兵士临阵退缩者，领兵官即军前斩首。领兵官不用命者，总兵官即军前斩首。有擒斩功次的，不论尊卑，一体升赏。"

一切准备就绪，军队操练得差不多了，王阳明也摸清了赣州、南安一带的敌情。寨兵聚集何处，人员分布哪里，地形、辎重以及各处贼匪的联系和亲疏，他都了如指掌，剿匪方略也了然于胸。赣州及南安的西部与湖广郴州府桂阳县交界，桶冈、横水两巢穴位于江西上犹县与湖广交界处，是江西寨兵的两大主要据点。横水是一条流经上犹县北部的河流，两岸崇山峻岭，地势险要，河上多处设有隘口。横水岸边有一左溪村，是其据点之一。桶冈峒位于上犹县西北部，山洞大而隐蔽，雄踞山冈之上，易守难攻。另有浰头之寨兵位于赣粤交界处的九连山中，东部与广东龙川县相邻，此处连绵山岭，与府县官道隔绝，自成天地。浰头又分上浰、中浰、下浰三地，各成门户，遥相呼应。

横水头领谢志珊、桶冈头领蓝天凤、浰头头领池仲容各自称王，私设百官，强抢民女为大小王妃，日常出行俨然皇帝出巡一般。此前，官府多次调派狼达土军征剿，皆无果而终。前些日子，谢志珊听闻王阳明出征福建漳州，竟然自封征南王，率所部乘虚攻破南安府南康县，并大肆掠占湖广多地。

王阳明分析形势认为，南赣寨兵多分布于南安横水、桶冈等地，与湖广郴州府接壤。虽人数众多，但却过于分散，各自为政，仅能凭借天险抵抗官军，相互之间还有些勾心斗角。而浰头之贼靠近闽粤，此地匪巢集中，互有结盟，而且狡猾蛮横。官军先剿横水、桶冈之贼，再图浰头之贼方为上策。

此时，湖广巡抚都御史陈金来信向王阳明建议，集结江西、湖广、广东三省官军夹击江西诸匪，并提出由南赣提督衙门向各路大军派发不同旗号，统一作战号令，指挥协同作战，解决此前官军各自为战、一盘散沙的弊病。

王阳明在回信中说陈金的作战部署较周密，但并不赞成三省围剿，而认为首先应切断各处寨匪之间的联系，再各个击破。他说："广东狼兵所过如剃，毒害民众超过土匪，会激起更大的民变，而且隔着一道五岭山脉，交通不便。剿江西贼匪，有江西、湖广两省官兵足矣。"

陈金再来一信说，应集合湖广、江西两省兵力先行攻破桶冈，再捣横水、左溪诸巢穴。王阳明却不以为然，他分析认为，对于湖广而言，桶冈诸巢为贼之咽喉，横水、左溪诸巢为贼之腹心；而对于江西来说，则横水、左溪诸巢为贼之腹心，而桶冈诸巢为贼之羽翼。

"而今我们如不先去掉横水、左溪这等腹心之患，而欲与湖广夹攻桶冈，进兵两寇之间，腹背受敌，势必不利。"王阳明坐在南赣巡抚都察院的后厅里，与许逵、杨璋、郏文诸将商议下一步剿匪战略。

"可是，现在大家都在议论纷纷，说必须先攻桶冈蓝天凤。湖广那边早就磨刀霍霍，把攻期都定好了，好像定在十一月初一日。"许逵道。

"这是好事。"王阳明淡淡地说了句，见诸将甚为不解，接着说，"横水、左溪诸贼见我军还未集结，而距离十一月的进攻日期尚有时日，又以为我们必先攻桶冈，势必观望。而今若出其不意，进兵速击，可以得胜。破了横水、左溪，再移兵桶冈，便势如破竹了。"

众将见王阳明胸有成竹，皆无二话。杨璋却说出了他心中的担忧："我大军征剿横水、左溪之际，九连山一带的浰头之贼如果趁机作乱，东出福建漳南，西下南赣诸县，形成夹击之势，可不好对付哦。"

王阳明笑道："当初从漳南回师赣州时，让你留了一支精兵驻守九连山隘的太平堡。目前是谁在统领？"

"是李正岩。"杨璋当初对巡抚要留兵太平堡还不甚理解，这才明白了其中的深意。

王阳明说："此人足智多谋，军中至今还流传着他'野鸡毛当令箭'的故事哩。有他守着太平堡，本院甚为放心。我们出兵征讨西部的桶冈、横水前，可让他劝降浰头之贼。"

郑文哈哈一笑："听说此人原是从山贼队伍归顺过来的义官，让他去招降，正可以毒攻毒哦。"

"虽说劝降浰头之贼有稳住东面战线的考虑，但这些贼子今虽从恶，当初也同是朝廷赤子，不教而杀非仁义之道。而且巢穴之内，岂无胁从之人？况且我听说浰头之贼中还有不少大家子弟，应该也有些识达时势，颇知义理的。"王阳明说到这里，一脸严肃地说，"我要亲笔写一告谕给浰头巢贼，晓之以理，动之以情，让他们迷途知返。"

在南赣官军进剿横水、左溪前几日，李正岩携带着王阳明的亲笔信和几车牛羊美酒专程去浰头劝降池仲容。

池仲容等头领对这些牛羊美酒倒不是很感兴趣，反而争相传阅王阳明的亲笔信。王阳明在信中先是警告：不要以为有险可守，也不要以为兵强马壮，比你们强大得多的漳南之贼不也被我们消灭了吗？三个月时间斩获七千六百多人。审理时得知，首恶不过四五十人，其余的都是一时被胁迫。

然后，王阳明在信中发挥他的心学特长：若骂你们是强盗，你们必然发怒，这说明你们也以此为耻。那么又何必心恶其名而身蹈其实呢？若有人抢夺你们的财物妻儿，你们也必愤恨报复，但是你们为什么忍心去抢夺别人的呢？我也知道，你们或为官府所逼，或为大户所侵，一时错起念头，误入歧途。此等苦情，值得怜悯。但是你们至今还不悔悟，不能毅然改邪归正。你们当初是生人寻死路，尚且要去便去；现在改行从善，死人寻生路，反而不敢。为什么？怕我说话不算话，跟你们秋后算老账吧？我无故杀一鸡犬尚且不忍，又怎会轻易杀人，让子孙遭报应呢？但若你们顽固不化，逼我兴兵去剿，便不是我杀你们，而是天杀你们，也决非我之本心。我对新抚之民，让他们安居乐业，既往不咎，这个想必你们已经听说。你们若是躲在山中不出来，我就南调两广之狼兵，西调湖湘之土兵，亲率大军围剿你们。一年不尽剿两年，两年不尽剿三年，你们财力有限，粮草不多，谁也不能飞出天地之外！

这封信通俗易懂，道理浅显。浰头山洞里的一些瑶族酋长，如黄金巢、卢珂、刘逊、刘粗眉、温仲秀感动不已，览信后即率本部出山投诚。

王阳明对他们进行了嘉奖，并挑其精壮骁勇之士五百余名，编为官军，随大军一道赴横水、左溪征剿，其余老弱一律遣散。

十月七日一早，王阳明率邹守益、冀元亨、陆澄、薛侃、刘潜、何廷仁、黄宏纲、何春、谢魁、赖元、刘润、管登等一众新老弟子来到督学试院旁的爱莲池。池后已建起一座崭新的书院，上面是王阳明的手书：濂溪书院。书院后方贺兰山顶是翻修一新的"郁孤台"。王阳明率众弟子登上郁孤台，在三楼台阁之上往外眺望，远处青山秀水，近处是城中错落有致的房舍市井，最近处有城墙自台下逶迤而过。城墙之下，是厉兵秣马、精神抖擞的将士。

王阳明兴致勃勃地对邹守益等一众弟子说："现在赣州正是战事频繁的时候，军费紧张。但这个时候，我们也不能忘了办书院、兴人文。要不然，我们岂不成了只会舞刀弄棒的野蛮人？"

众弟子被他一席话逗得哈哈大笑。

王阳明又说："我可要考考你们，这郁孤台跟哪些名人有关？"

"这个我知道，辛弃疾来过！"刘潜心直口快，迫不及待地背起了《菩萨蛮·书江西造口壁》："郁孤台下清江水，中间多少行人泪。西北望长安，可怜无数山。青山遮不住，毕竟东流去。江晚正愁余，山深闻鹧鸪。"

王阳明笑吟吟地点点头："这是辛幼安任江西提点刑狱，驻节赣州，登郁孤台所作。'青山遮不住，毕竟东流去'，真是千古名句啊！"

"先生，我也想起苏东坡写过一首《过虔州登郁孤台》，记得里面有几句：'山为翠浪涌，水作玉虹流。日丽崆峒晓，风酣章贡秋。'"薛侃说。

"不错，还有吗？"

邹守益想了想，说："文天祥任赣州知州时，也写过一首《题郁孤台》。我依稀记得里面好像有这么几句：'风雨十年梦，江湖万里思。倚阑时北顾，空翠湿朝曦。'"

"风雨十年梦，江湖万里思。"王阳明也跟着吟起这句诗，神色变得凝重起来，"郁孤台可是我们赣州文脉所在。我来赣州前这里已是断墙残壁，荒废多年，岂不是斯文扫地？前段时间我要重修此台，有人风言风语说：'打仗都缺银子，还有闲情雅致来修什么破台子？'光这一句'风雨十年梦，江湖万里思'是多少银子买得到的吗？而今我们吟诵古圣先贤们的这些名句，我们作为后来人不觉得为之汗颜吗？"

正当王阳明与众弟子登临郁孤台时，赣州城里的官军正浩浩荡荡地列队穿过台下的城门，向远处进发。有弟子问："先生，又有战事？"王阳明点点头，望着远处的章江，若有所思地说："破山中贼易，破心中贼难。"

就在早上他率弟子登郁孤台之前，他已令江西、湖广各路官军一万余人同时出兵，在横水、左溪一带集结。先头出发的便是李正岩、黄金巢率领的由投诚之兵改编的"义字营"。在城门口，李正岩与一位老妇人依依不舍地话别，这老妇人由一位年轻后生搀扶，双手在李正岩头上和身上摩挲着。

王阳明好奇地问："这老妪不是瞎子徐阿婆吗？"

陆澄答道："正是徐阿婆，说来也巧，她此前说的被山贼抓去的大儿子就是李正岩哩！"

"有这等巧事！"众人连声称奇。

王阳明又问："在旁边扶着徐阿婆的是谁？"

"是她小儿子，名叫李大集，当初被知府衙门误当成山贼奸细抓了去，现为府学生员。他常来听先生讲课，也算是您众多弟子中的一员呢。"

有弟子感慨道："山贼也能做回好人，这也是一大奇事！"

王阳明听在耳里，默不作声。

来到濂溪书院，弟子们席地而坐。王阳明坐在讲堂之上，声音洪亮地说："刚才有人看到山贼投诚后还能奔赴前线杀敌，颇有感慨。《孟子》云'人之所不学而能者，其良能也；所不虑而知者，其良知也'。原本是山贼，怎么一下子就成了官兵了？就是因为内心的良知仍未泯灭。良知人人具有，个个自足。做山贼时是良知蒙了尘，做回官兵，便是用这衣袖将这尘抹了去。"他边说边用衣袖在讲桌上抹了抹，"就像这桌子一样，抹去尘土，又变得干干净净。这个抹尘土的过程就是'致良知'，就是致吾心内在的良知。这个'致'是在事上磨练，本身即是兼知兼行的过程，'致良知'也就是在实际行动中实现良知，是知行合一。"

他略作停顿，见诸弟子都是一副若有所思的样子，又说："刚才在郁孤台，大家都吟诵了辛弃疾、苏东坡、文天祥的诗词名句，想必都很有感触。这三位古人，或投身报国，或只身悟道，或以身殉国，向内求也好，向外求也罢，都是在致良知。其实人的一生，不管在做什么，最终来讲，都是为了把自己的内心磨练得更加纯粹。"

诸生大悟，如醍醐灌顶。

讲学完毕，王阳明回到都察院，亲率大军出征。九日，抵达南康至坪。在这里，他将各路人马集结起来，重新整编为十队，每队任命主将、副将，统一旗帜服装和行军口令，随时准备进攻横水、左溪。

这时有探子送来密报称，义官李正岩和医官刘福泰通敌。王阳明闻讯大怒，当即令人将此二人绑来问话。

十四 “西域狮子”咬住谢志珊不放

仔细一问，王阳明这才知道，前几日横水头领谢志珊突染重病，头痛欲裂，只好差人下山求医。下山求医的这人名唤张保，是一个泥瓦匠。张保深夜来到山下村子里找到郎中刘福泰，请他上山医治谢大王。张保不知此时刘福泰已被李正岩的先遣人马征为随军医官。刘福泰先稳住张保，自己悄悄把这个消息告诉李正岩。李正岩便将计用计，扮作刘福泰的徒弟，随张保一道上山，沿途勘探敌军虚实。李正岩此行极为隐蔽，他与刘福泰悄然上山，然后又悄然下山，自以为神不知鬼不觉，没想到，却被先遣营的探子侦探到了。营官刚到目的地，却深夜鬼鬼祟祟随山贼上山投敌，这还了得！探子连忙将此情报快马报知中军大本营。这才有了这出王阳明怒绑李正岩的闹剧。

得知真相，王阳明亲自给他们二人松了绑，详细询问横水山寨的地势和兵力部署。李正岩答道：“横水寨地势极险，上山要必经一个叫作‘十八面隘’的隘口，一面在悬崖峭壁之上，另一面只有一条羊肠小道，真可谓‘一夫当关，万夫莫开’。”

“就没有其他终南捷径可走？”

李正岩摇摇头：“山上小道如迷宫一般，我们又是走的夜路，只是探到山上匪巢建在山腰一块平地上，可容千人，粮草辎重极多。”

“那个叫张保的是什么人？”

“他舅舅家在我们村，依辈分还得叫我舅老爷哩。他小的时候也常来村里走亲戚，后来干过泥瓦工，四邻八舍的有哪家盖房子修马厩什么的，他就来帮忙。这次才知道，他竟然上山当了山贼。”刘福泰小心谨慎地回答。

"这小子非常机灵，对山上的地形极为熟悉。"李正岩补充说。

"那就好办。能否诱他出山，一举擒获？"王阳明道。

刘福泰想了想，答道："回禀都爷，这个应该不难。山上缺药，上次我们上山只随身带了些寻常的发汗药，这几日张保定会下山来我家取药。"

王阳明朝李正岩使了个眼色，李正岩会意地点了点头。

第二天一早，王阳明正在窗前晨读，亲兵来报，张保已押至军门外。

王阳明令人将他押进帐来审问，张保却死活不肯承认替寨兵卖力。王阳明唤李正岩、刘福泰进帐对质，此时李、刘二人已换上官军服饰。张保一看傻了眼，原本以为只是被李、刘二人出卖，没想到他俩原本就是官军的细作。

王阳明厉声道："你可知道，替贼修建山寨，又替匪首寻医问药，此乃死罪！"

张保吓得连忙磕头饶命。王阳明见他已被震慑，语气稍为缓和："料你乃手艺人，如是被贼匪胁迫，可从轻发落。"

张保便求饶说："小人确是被他们抓上山，被逼无奈才替他们干活，不然小命不保啊。"

王阳明轻声细语地说："你帮贼匪建造山寨，修筑工事，一定知晓其中要害。现命你将山寨布局、兵力部署、险要之处、明岗暗哨和出入道路尽告本院。若能助官军一举荡平匪巢，不仅不治你的罪，还另有封赏。"

张保一听此话喜不自禁，当场伏在地上，在纸上画图。山寨布局和要塞隘口，高台暗堡及进退路径，一目了然。王阳明让李正岩、刘福泰二人检视一遍，与记忆中并无差池。

王阳明命部下拿来酒肉犒赏张保。张保感激不杀之恩，当场表示："军爷若从正面进攻十八面隘，难如上青天。小的知道后山有条密道，本是谢大王留作逃命的退路，小的愿做向导。"

王阳明大喜，当即封张保义官之职，并说："事不宜迟，兵贵神速，即刻拔营，全军进发。"

中午时分，王阳明率大军在距寨兵老巢三十里处安营扎寨。他命士兵大伐林木、挖掘壕沟、修建岗塔，摆出一副长期驻扎的架势。当日夜间，命雷济、萧庚各领一旗，以张保为向导，率四百名擅攀爬的樵夫和民兵，携带旗帜、火枪、炸药、挠钩、套索等物由小道攀崖爬壁而上，潜入附近几个山顶，一边窥探寨兵动静，一边堆起数千堆茅草。出发前，王阳明特别交代："等次日天亮官军举兵进攻之时，你们可张旗、发炮、燃火以作策应。"

十二日清晨，官军进至十八面隘，敲锣打鼓，呼声震天，虚张声势。寨兵也不示弱，据险固守，石块、木头像雨点一般猛砸下来。此时，远近几处山顶炮声如雷，火焰四起，旗帜飘扬。据守十八面隘的寨兵以为官军已攻破山上巢穴，军心大乱，皆惊慌失措，弃险溃散。官军趁机夺取十八面隘。千户陈伟、高睿分别率领几十名精壮兵卒，从十八面隘峭壁上挂绳索攀缘而上，夺取其他高台和重要险要隘口，封住寨兵退路。指挥谢昶、冯廷瑞率兵乘胜追击，由小路攻入敌寨。此刻各处山顶飘扬着官军猎猎旗帜，乌烟四起。寨兵上不能上，下不能下，进退两难，兵败如山倒，数千名寨兵大败奔溃。官军一举荡平长龙、先鹅头、狗脚岭、庵背等巢寨，并攻破白蓝、横水两大窝点。

"征南王"谢志珊等人当初以为横水天堑易守难攻，官军定会先围桶冈，没想到官军突然从天而降，十八面隘等天险也无险可守，便仓促分兵应战。官军山上山下杀声四起，火焰冲天，火炮之声震得山摇地动，寨兵们吓得胆战心惊，纷纷放弃隘口四散逃命。谢志珊见无力回天，便率几十名亲信翻山越岭逃往他处藏匿。

各路官军无不奋勇杀敌，从清晨一直打到傍晚，在横水实现会师。王阳明见众将士困乏不已，山上路又奇险，一不小心便会坠入深谷，便下令各队就地安营扎寨，燃起篝火，杀羊宰牛，犒赏三军。

第二日，天起大雾，伸手不见五指。王阳明下令闭营不出，就地休整，并加强警戒，严防偷袭。此后一连数日，天气都是如此。王阳明也不心急，干脆让各队将士整日在营中歇息，养精蓄锐，同时，暗地里派出数十名从当地樵夫中选拔的探子，探查残匪动向。

十五日，探子传回情报，谢志珊纠集残部逃至不远处的长河洞，并与朱雀坑、观音山等附近寨兵串通一气，排兵布阵，互为呼应，在绝险崖壁之处修筑碉堡，准备拼死一搏。

冀元亨提醒王阳明，此前与湖广巡抚陈金约定，两省官军将于十一月一日夹攻桶冈之贼，而眼见日期临近，各将官不禁担心江西大军能否如期抵达。杨璋说："山路崎岖，大军从横水至桶冈，至少要走三日。不如分师一部，去打桶冈。"

王阳明想了想，说："不可。若我军对此处贼匪围而不打，转而移师桶冈，此处贼匪可能苟延残喘，甚至反戈一击，而对付桶冈之贼又有可能因为兵力不够而难以一举获胜。"

许逵附和道："都爷所言极是。两面同时作战，乃兵法之大忌。"

杨璋也说："末将明白，在夹攻桶冈之前，我军必先扫平横水之贼！"

恰在此时，驼背刘潜抓了一名奸细。此奸细是桶冈的喽啰兵钟景，被蓝天凤派来打探横水这边的消息，并携带了一封蓝天凤写给谢志珊的私信。王阳明揽信一看，原来是蓝天凤想联络谢志珊夹击官军。

王阳明把信一扔："简直痴心妄想！我军锐不可当，所向披靡。横水之贼即将覆灭，桶冈之贼也是死期将近。来人啦，将此奸细推出去，斩了！"

钟景倒地磕头："老爷饶命！小的愿意投降天兵，为官府效力。桶冈地形我了如指掌，小的愿意带路。"

王阳明这才让人给他松了绑，正色道："你果真能改过自新，本院就给你一条生路，快将桶冈那边的情形如实告来！"

钟景便一五一十将桶冈的地势路况和兵力部署和盘托出。王阳明赐他酒肉，将他留在帐前听用，戴罪立功。

之后，王阳明唤展家满进帐，交他一件秘密任务：让他次日去旱坑接应郏文神机营新配置的五百把火铳和二百箱火药。

等展家满走远了，王阳明又唤来李高，让其明日选派五十人护送他去趟丝茅坝，他要就近侦察敌军地形。他特意交代："五十人都穿便装，化装成农夫模样，行踪绝密，不可声张。"

第二日一早，展家满带一队人马悄然去了旱坑方向。王阳明一行换了衣装，从大营后门潜出，径直往丝茅坝而去。路上，李高问："这丝茅坝可是山贼的一个据点，离谢志珊的长河洞不远。我们就这么点人，万一被山贼发现了，咋办？"

"咋办？凉拌！"王阳明呵呵一笑，"快去快回，不碍事。再说了，我们这模样，贼匪看见了，还以为跟他们是一伙的哩。"

李高脸上的肉抽了下，似笑非笑，表情怪怪的。走了几里路，李高不住地往回张望，一副心神不宁的样子，问："要不要让后面再跟些人马，以防万一。"

王阳明却一脸的轻松之态："多此一举！我们前前后后有五十号人，还嫌少？"

李高只好埋头赶路，不再作声。

中午时分，他们到了观音山，李高指着山下说："前面就是丝茅坝，从那里可以眺望长河洞。"

王阳明笑道："那还愣着干吗？兄弟们，走呗！"

刚下山，只听前方一阵马嘶声响，一队人马拦住去路。马后一面大旗，上面一个"谢"字。

再回头一看，观音山上也是人头攒动，看旗帜也是山贼无疑。

"谢"字旗下，一人坐在马上，朝王阳明抱了抱拳，大声嚷道："王都爷别来无恙！如果没记错的话，上次您老人家还帮我瞧过病哩。说我什么来着，阳痿？！老子今天倒要看看，究竟是谁阳痿？"说着挥了挥手中的大刀。

王阳明侧身瞪了眼李高，李高心虚地说："对不住了，王都爷。"

谢志珊哈哈一笑："王都爷没想到吧？你问问你身边的这位李高李将军，他是吃谁家的饭长大的？是老子我把他从路边捡回来，是老子我一泡屎一泡尿把他给拉扯大的！他其实不姓李，他应该姓谢！"

王阳明斥道："大胆李高，上次许逵领着你和展家满打横水，也是你泄的密吧？亏得许逵还一个劲地怀疑展家满哩。"

李高耷拉着脸，阴阳怪气地说："我知道，今天一早你让展家满去旱坑接鸟铳，是你故意试探他的吧？如果我没猜错的话，那箱子里应该鸟都没有一个！"

谢志珊笑得上气不接下气："没想到吧没想到，你王大人不是会打卦算命，未卜先知吗？你算到今天是你的死期了没有？"

王阳明厉声道："匪首谢志珊，你已是羽翼全失，如丧家之犬。你如跟本院投降，可以饶你一命。不然，大军过处，寸草不生！"

"哇、哇、哇，我好怕哦！"谢志珊怪笑道，"你死到临头还嘴硬！今天我倒要看看，是爷爷的刀硬，还是你的鸟嘴硬！"他挥舞着大刀，策马杀了过来。

突然一个金黄色的影子仿佛从天际蹿了出来，腾空一跃，直扑谢志珊。谢志珊的坐骑大惊，一头栽倒在地，他的身子被甩出一丈远。王阳明定睛一看，这影子原来是"西域狮子"。"西域狮子"咬住地上的谢志珊不放，谢志珊几个翻滚下来已体无完肤。

谢志珊身边的人吓得胆战心惊，不敢上前。李高叫道："这就是一匹吐蕃人养的狗，怕什么？快去救我爹！"他自己想去救，可马不听使唤，也只能眼睁睁地看着"西域狮子"叼着谢志珊扑腾，近不得身。

就在大家的目光盯着"西域狮子"之际，驼背刘潜率领一支精锐人马从观音山两侧杀出，李高被箭射伤，滚落马下，当场被擒。谢志珊手下见头领被一只狗不像狗、狮不像狮的怪兽叼着，生死未卜，哪还有心思恋战，都一窝蜂四散而逃。

刘潜一马当先飞奔至王阳明跟前，翻身下马，持刀贴身护着王阳明。刘潜不无抱怨地说："先生这次也太冒险了，万一有个闪失，我们可担待不起啊。"

王阳明却神色自若地说："舍不得孩子套不住狼。我不亲自出马，这个谢大王岂肯下山？"

谢志珊被擒至王阳明面前时，已是血肉模糊。王阳明望着观音山上正在与官军厮杀的上千寨兵，问道："你不过是一介草民，何以能招募如此多的匪众？"

谢志珊跪在地上，嘴里只剩一口气，但神志尚为清醒，他仰天大笑："此非易事！每当我发现英武神勇之士，我断不肯轻易错过。我会通过各种手段接近他们，例如，请他们喝酒，或接济他们生活，直到他们对我感恩戴德。这时，我再让他们上山跟随我，他们定会死心塌地为我效命。李高已官至偏将，不也是只听我的吗？"说罢气绝身亡。

王阳明听后十分感慨，对相继赶来救他的冀元亨、薛侃、陆澄等弟子说："以后我们若想有朋友相助，也该如此。投之以桃，报之以李，乃人之常情。"

谢志珊已死，其部下失去了主心骨，士气大为低落。此时展家满已接到前来助攻的神机营，官军如虎添翼。王阳明将各营人马分为正、奇两队，每队都配置神机营的火铳和炸药。正兵从正面进攻，奇兵从背后偷袭。官军在大雾的掩护下，对谢志珊余部发起全面总攻，当天即攻破旱坑、稳下、李家等寨巢。

十七日攻破丝茅坝。十八日攻破朱雀坑、村头坑、黄竹坳、观音山。十九日攻破梅伏坑、石头坑。二十日攻破白封龙、芒背、黄泥坑、大富湾。二十二日攻破白水洞。二十四日攻破寨下、杞州坑。二十五日、二十六日又分别拿下朱坑、杨家山、李坑、川坳。二十七日，官军进逼长河洞，洞中头目弃洞逃往桶冈，其余不战而降。

就在王阳明只身随李高去丝茅坝的头天晚上，钟景趁着浓浓夜色出了中军大营，朝着桶冈方向一路急行。第二天一早，有亲兵告诉王阳明，钟景不见了。王阳明一脸惊讶，怒道："严密封锁消息，违者立斩！"

十五　兵惟凶器，不得已而后用

等亲兵出了帐，冀元亨在他耳边悄声问："先生就不怕这姓钟的跑了，一去不回？"王阳明微笑道："信人不疑。如果不用计，桶冈的铜墙铁壁，怕是不好攻破。依我看，这钟景已是真心降服。再说了，他回到桶冈敢说被我们抓了又放了，蓝天凤不砍了他才怪呢。"

却说钟景返回桶冈，果真按照王阳明教他的一套话在蓝天凤面前说了。蓝天凤一听，谢志珊约了他于十月二十六日早上夹击官军设在至坪的大营，又听钟景说谢志珊如何兵强马壮，官军如何虚张声势、不堪一击，大喜过望，当即召集全寨手下说："弟兄们，官狗子的末日到了！我们休整几天，吃好喝好，二十三日全部人马一个不留，给老子下山打胜仗，活捉王阳明！"底下人也跟着喊："下山打胜仗，活捉王阳明！下山打胜仗，活捉王阳明！"

二十五日傍晚，经过三天跋涉，蓝天凤率全寨人马两千余人浩浩荡荡地抵达至坪西面的野猪岭。在这里，可以远远地看到河边的官军营寨正笼罩在夜色之中。

蓝天凤对手下吩咐道："弟兄们，今晚只好在这岭上对付一宿了。该吃吃，该喝喝，明天一早啊，我们杀下山去！"他指着远处的官军营寨，像看到了猎物的狼，眼睛放出幽幽的光，"看到没？到时要踏平这座营寨，杀他个片甲不留！"

赶了三天的路，蓝天凤和手下一群大小头目喝了些酒，实在是困乏，在帐篷里东倒西歪地睡着了。

半夜时分，蓝天凤被人摇醒，这才听到帐篷外一片鬼喊狼嚎，把头探出帐外一看，只见大小营帐都着了火，整座野猪岭都是火海一片，火铳四处响，火箭满天飞。他大惊："不好！中了官军埋伏！"他与几个亲信提枪上马，指挥手下左冲右突。这时，有手下来报，整座山岭都被团团围住了，只有西南一角还有一缺口。蓝天凤把手上的长枪一指："弟兄们，跟着我，往西南方向突围。"

一路夺命狂奔，终于冲出火海重围。蓝天凤回头一看，岭上已是火光映天，真是痛心疾首，再环顾身边，尚有五六百人跟他冲了出来，这才略感欣慰。

这时天已蒙蒙亮，他看到前方不远处有旗杆，上面飘着官军的旗帜，再站在高处一看，果真就是岭上看到的官军营寨，顿时一股杀气涌上心头，狠狠地说："兄弟们，前面就是官狗子的老巢，我们这就杀将过去，替岭上的兄弟们报仇！"

他手下军师梁和尚问："不等谢志珊的人了？我们约好了今天天亮时会合夹击的。"

蓝天凤摇了摇头："不等了，机不可失，时不再来。这会官府大老爷们正在老巢里睡大觉哩，我们正好去打他个措手不及！"

梁和尚见大伙都是惊魂未定、狼狈不堪的样子，怯怯地说："大哥，还是等等吧，这会兄弟们都……"

"呃——"蓝天凤双眼圆睁，瞪着梁和尚，样子很是吓人，"谁敢违抗本大王军令，我这就让他去见阎王！"

梁和尚等手下只好硬着头皮跟着蓝天凤往河边跑，到了营寨门口，还没等辨清东南西北，蓝天凤就马鞭一扬，打马冲了进去。等他们进到里面，才发现不对劲，营里没有一兵一卒，就是一座空寨。蓝天凤暗叫一声不好，掉转马头就往门口冲去。刚要到门口，只听一片吆喝声响，一队人马严严实实堵住了去路。为首一人身材单瘦，胡须垂腹，正是主帅王阳明。

蓝天凤自知中计，又被团团围住，便盘算退身之计。他朝王阳明抱拳行礼，高声道："王老爷别来无恙，在下原本是您的部下，今天已无退路，愿意归降！"

王阳明远远地看了眼蓝天凤，觉得甚是面熟，但一时又想不起在哪见过。

蓝天凤见状，又道："在下蓝天凤，原名南忠慎！"

王阳明这才想起来，眼前这个山大王蓝天凤就是当年他任庐陵知县时将其扫地出门的刑房小吏南忠慎，再仔细打量，虽然模样有些变化，但果真是南忠慎不假，便笑道："原来是南师爷，不知什么时候改了名号？"

蓝天凤苦笑道："原来的名字像个读书人，既已落草，干脆连姓也改了。"

"蓝天凤，蓝天之上的凤鸟，这名字倒是不错。可惜的是，你聚众为恶，为害一方，今天看你这只凤鸟往哪飞！"王阳明语速平缓，却绵里藏针。

蓝天凤从马上翻身下来，跪在地上，朝王阳明磕了个响头："大人既是故人，能否放小的一条生路？"

"生路本朝你敞开，还得由你自己选。"

"我真心归降朝廷。"

"那好，收监！"王阳明做了个抓人的手势。

"不！"蓝天凤双手举起，做了个制止的手势，"王老爷听我讲完。小的在桶冈多年，桶冈山上至今还有上千人马，他们唯小的马首是瞻。我想回桶冈去，把他们一并带出山来投降官府，到时小的任凭王老爷发落。"

冀元亨、刘潜、陆澄等弟子都朝王阳明摇头使眼色。王阳明想了想，说："你已是戴罪之身，本院准你只身回桶冈。归降的最后期限定于十一月一日正午，过了此时，休怪我不念旧情！"

蓝天凤抱拳行了个礼，指着身后十几个小头目："小的再斗胆跟您老人家要几个人，这些都是跟着我的兄弟，有他们在，我回去才好说服其他寨子里的大小头头们。万一他们不听话，我也好对付。"

冀元亨在王阳明身旁低声道："先生不可手软，切勿放虎归山。"

王阳明却表情坚定地说："本院准了。再送你十几匹快马，快去快回！"

望着蓝天凤等十余人尘土飞扬中的背影，冀元亨不无惋惜地说："在庐陵时我就听说此人凶狠奸诈，这次恐怕也是使诈哦。"

王阳明淡淡一笑："我又何尝不知？姑且再信他一回，也算是仁至义尽。"

十月二十八日深夜，王阳明派义官李正岩、刘福泰和钟景前往桶冈游说蓝天凤。王阳明已经摸清，进入桶冈共有六条道路，分别是十八磊、茶坑、新地、锁匙龙、葫芦洞、上章，除湖广桂东县上章那一路稍稍平缓外，其余五条路线皆崎岖陡险，须架栈梯过山壑，沿绝壁攀岩而上。

在派李正岩等人上山游说的同时，王阳明将南赣官军分成五队，密令这五队人马悄悄向桶冈进发。汀州知府唐淳领兵直袭十八磊，南康县丞舒富领数百人奔锁匙龙，王阳明率中军与赣州知府邢珣部屯茶坑，吉安知府伍文定领兵直入西山界，潮州府程乡县知县张戬领兵往葫芦洞。只留上章一路待湖广官军来攻。三十日夜，南赣五路大军秘密抵达五处关隘，分兵把守，做好进攻准备。

十一月一日正午，李正岩派人从山上送来消息，蓝天凤还在召集各山寨头头商议归顺之事，众人仍在争执，至今仍无结果。此时，突降大雨。而李、刘、锺三人也还在继续与蓝天凤谈归降之事。寨兵断定官军此时不会攻寨，都放松了警惕。

但就在此时，王阳明向各路官军发出了全面进攻的命令。冀元亨劝道："李正岩还在上面谈判，能否再缓一缓？"

王阳明怒气冲冲地说："蓝贼奸诈之徒，上次放他回山，已定下十一月一日正午的最后期限。现在此时已过，他还迟迟不降，本院岂可被他一贼子摆布？"

"那李正岩他们……"冀元亨担忧起李正岩三人的安危，但见王阳明毅然决然的样子，也不敢多言，赶紧披挂上阵，率队出征了。

官军以迅雷不及掩耳之势从四面八方发起攻击。蓝天凤手下寨兵大惊失色，仓促应战。官军手中有锺景绘制的地形图，对各个隘口和关卡都了如指掌。神机营的火炮开路，雷济的火铳队冲锋在前，紧跟着是从樵夫和降卒中招募的敢死队攀缘而上，再后面是蜂拥而上的大队人马。官军以雷霆万钧之势迅速占领了各个隘口。寨兵大败。

桶冈大寨里，蓝天凤得知官军已发动进攻，拔出腰刀指着李正岩说："王阳明要我死，我先宰了你！"

李正岩面不改色地说："我本是詹师富的手下，论罪该斩，王都爷却待我如兄弟。今日死在你的手上，也算是为国捐躯，死得其所呢。"

蓝天凤怒道："你真不怕死？那本王现在就成全你！"说罢抡起刀就要砍。

锺景忙在旁劝道："蓝大王息怒，王都爷既然能以兄弟待我，自然也能以兄弟待您啦。只要各位当家的舵爷真心归顺，我们现在就下山，让官军停止进攻。"

刘福泰也说："是啊，是啊。大王杀了我们三个小兵，有什么用？只会激怒官军。不如放我们下山，我们把大王的诚意跟王提督禀告了，不就一切都妥了嘛。"

这时山寨有头目说，两军交战不斩来使。也有头目说，斩来使，不吉利，不如放了。说得蓝天凤心里七上八下的，大手一挥，让李正岩三人快走。李正岩三人如泥鳅般赶紧溜了出去，一路小跑着向山下奔去。

官军见李正岩三人下山，便停止了攻击。派人轮番朝山上喊话，并向山上隘口、营寨射出上千支携带传单的箭。山上寨兵见蓝天凤等大小头目还在争吵不休，又读了传单上劝降的话，心里都在打着退堂鼓，有些都悄悄收拾物什准备下山了。

第二天一早，见山寨上还是没有动静，王阳明下了总攻命令。官军所到之处，几乎没有遇到像样的抵抗，有几个隘口都是营门洞开，毫不设防。官军仅用一天时间就一举荡平桶冈等大小十三处寨巢。大头领蓝天凤被官军一路追至悬崖之上，王阳明亲自上山，质问道："本院放你归山，你为何失信于我？"

蓝天凤答道："士卒喽啰降你，还可回乡耕种。我乃大王，我若降你，好则牢底坐穿，差则人头落地。我看你王阳明也是多诈之徒，岂可信你？"

"你知自己罪不可赦，说明你心中尚有善恶之念，良知未泯。佛家说：'放下屠刀，立地成佛。'"

"屠刀可放下，成佛倒未必。"蓝天凤说罢，纵身跳下万丈山崖。

王阳明朝悬崖下俯视了一眼，长叹一声，默然离去。

此时，湖广统兵参将史春为了按计划与王阳明部会合，正急率大军朝桶冈奔袭而来，当他抵达两省交界的郴州府时，收到王阳明发来的公文，这才得知桶冈之贼已被悉数剿灭，惊喜不已，由衷感叹："此前官军多次会剿，都半途而废。我等花费一年时间备战，仍担心不足迎敌。而阳明先生竟一日尽破桶冈之贼，犹如秋风扫落叶，早晨出战，傍晚即告捷，真乃诸葛再世啊！"

王阳明凭南赣一地之力，仅用一个月时间就荡平了横水、左溪、桶冈八十余处寨巢，抓获及斩杀谢志珊、蓝天凤等八十六名头领及三千一百六十八名寨兵，另俘虏家属两千三百三十六人。

在随后报送朝廷的《横水桶冈捷音疏》中，王阳明列明监军副使杨璋，参议黄宏，领兵都指挥金事许清，都指挥行事指挥使郑文，知府邢珣、季敩、伍文定、唐淳，知县王天与、张戬，指挥余恩、冯翔，县丞舒富等二十余名有功官员和将领，请求朝廷对他们论功行赏。

官军获胜后，王阳明没有急着撤军，他驻扎的茶寮隘茶馆甚多，无事时常微服下茶馆喝茶，听百姓闲谈。官军打了胜仗，百姓自然欢欣鼓舞，但不少百姓在喝茶闲聊时也说出了心中的担忧：官军撤了后怎么办？寨兵死灰复燃，会变本加厉哦！

茶寮隘是桶冈的险要关口，东邻赣州府兴国县，南邻广东仁化、乐昌二县，西邻湖广省的桂东、桂阳二县，北邻吉安府万安县，可谓扼三省咽喉，此前寨兵曾派兵长年驻守于此。鉴于此，王阳明决定在此处设立哨所及巡检司。

此时，陆澄和薛侃来茶寮向老师辞行，他们俩要结伴进京赶明年春天的大考。王阳明兴致勃勃，拉他俩上到桶冈峒之上，饱览无边秋色。此地悬崖峭壁，怪石林立，沟壑纵横。陆澄禁不住感慨道："要是不闹匪乱，这简直是人间仙境啊！"

薛侃也笑道："前几日还烽火狼烟的，此刻已太平盛世了，可见皆是'景没负我我负景'，事在人为哩。"

王阳明道："你们的话提醒了我，我们不能光是仗一打完，向朝廷报了捷就完事了。多好的江山，多好的百姓啊，我们还得治理好这片遭受匪乱之地，让这里的百姓崇义敬文。"

陆澄笑道："先生何不奏请朝廷，在这里设一个崇义县呢？"

薛侃也说："是啊，上次先生在漳南设平和县的奏折，朝廷不是也批准了吗？这次循其旧制就好了。"

王阳明点点头："那就从上犹、大庾、南康三县划分新地设立新县，县名嘛，就叫崇义县，县治嘛，就设在这横水镇。"

陆澄、薛侃听罢，哈哈大笑。

临近年底时，王阳明准备将官军主力分批撤出。临走前，他心想，不能光这么打完仗就走人，何不模仿古人旧制，勒石立碑，以彰我军威，教化百姓？于是让人在茶寮立了一块高两丈五尺，碑身需十一人方能合抱的大石碑。他以提督军务都御史的名义亲自撰写碑文，里面有一句常被人称道："兵惟凶器，不得已而后用。"

十六　请君入瓮

十二月十五日，王阳明从桶冈撤兵，回师南康。他故意让知府伍文定率大军从大庾岭前绕过，大庾岭之寨兵闻讯作鸟兽散，陈曰能知大势已去，率残部两百余人，倾巢而出，伏于路旁，诚心归降。十二月二十日，王阳明率大军浩浩荡荡返回赣州。正德十三年正月七日至三月八日，王阳明率军赶赴广东龙川县，一举荡平浰头之乱，之后，又平定九连山。

在江西、湖广、广东、福建四省寨兵中，最强悍、最狡诈的莫过于浰头池仲容部。平浰头之乱，还得从正德十二年二月说起。

二月初七，赣州府信丰县令急报，龙南县匪首黄秀魁纠合广东浰头贼人池仲容，偷袭信丰县城，攻城不退，请求王阳明发兵救援。

王阳明收到此公文时正在赴上杭路上，着手指挥漳州戡乱，随即委派经历王祚、县丞舒富领兵前去助战，同去的还有义士杨习举和他招募的一支民兵。官军经过一番激战，里应外合，虽斩获四名寨兵，但杨习举被黄秀魁手下杀害，王祚被擒。于是，王阳明亲率大军赶赴信丰县，围城之敌方才退去。

王阳明亲自审讯所擒头目牛二、王六，问他们为何当贼匪。牛二、王六答称，为求一日两顿饱饭。王阳明当即赐其酒肉。牛二、王六又称，当贼匪为求有银子花。王阳明又赐二人纹银二十两。王阳明又问他们有家人没有，二人泪眼花花。王阳明说："若能救出王祚，再各赏纹银二十两，准你们回去与家人团聚。"牛二、王六受命返回老巢，终于设法救出了王祚。

王阳明留下一支官军交与王祚，驻守信丰县城，让他严加防范，并派出探子摸清龙南黄秀魁和浰头之贼虚实。王阳明临走时对王祚抛下一句话："你只管守住，等本院灭了漳南之贼，再来对付此处贼匪不迟。"

王祚不断向王阳明密报敌情。龙南黄秀魁不过纠合几十名游手好闲的地痞无赖，依附浰头大头领池仲容，干些趁火打劫之事，难成气候。而浰头匪首，主要有池仲容、池仲宁、池仲安三兄弟，此外还有高飞甲、高允贤、李全、黄金巢、温仲秀等人，皆瑶苗山民，性情野蛮，各据一方，称王称霸。他们屡次进犯邻县，杀害官兵，焚烧村寨，虐杀村民，致使百姓居无宁日，闻之色变。

王阳明当时一心忙着剿除漳南一带匪患，无暇顾及浰头之贼。等到九月，计划进兵横水、桶冈之时，为防浰头之贼趁机作乱，他便修书一封予以安抚，瑶寨头领黄金巢等当即出山投降。

唯独大头领池仲容对此不屑一顾，他愤然对手下说："我等做贼已非一年两年，官府来招也非一次两次。我等向来逍遥自在惯了，官府万一是诱饵，我们岂不是捡砖打天？等黄金巢投官后，若平安无事，我们再遣人出投也为时未晚。"

十月，池仲容得知官军已一举荡平横水，惊恐不已，担心王阳明接下来拿自己开刀。于是，他召集池仲宁、高飞甲等人商议对策，最后决定，先派其弟池仲安率两百老弱残兵归降王阳明，并假意协助官军剿匪。送池仲安下山时，池仲容把他拉至一旁，低声道："老弟此番去投官，主要是探听官军虚实，寻机里应外合，消灭官军，可不要真的上了官府的当哦！"池仲安点点头："大哥放心，我心中有数。这些年官府老爷经常换，但浰头地界的大哥只有你一个！"

王阳明看到池仲安带来的这两百老弱残兵，当即识破了池仲容的如意算盘，表面上却不动声色，还给池仲安封了官职，赏了些银两。官军征剿桶冈时，故意让池仲安绕远路堵截残匪，同时命官军提防池仲安部，以防哗变。

王阳明内心清楚浰头的问题最后还得用武力来解决，只是时间早晚的事。他暗自派人分头寻找到数十名深受浰头贼匪祸害的百姓，将他们带到军营，共商讨贼良策。众人你一言我一语，声泪俱下地控诉池仲容等人的罪行。村民陈东年轻时曾入县衙当过皂吏兵，他气愤不已地说："此贼狡诈凶悍，每次打劫行剽，都有深谋，人不能测。此前官府两次调狼兵二三万来剿，都奈何不了他。近几年，更加飞扬跋扈。"

"怎么个飞扬跋扈法？"王阳明问道。

"他常对人说：'狼兵好对付，调他来，要半年。我躲避他，只消一月。'他现在越发地肆无忌惮。他心想，官府要剿他，非大调狼兵不可。要大调狼兵，他也不怕！"

王阳明见百姓心中的怒火已经被激发出来，便让他们各自返回，回家前发给他们一些火铳、刀剑和十余匹战马，再三叮嘱，待官军对浰头之贼发动进攻时，请他们发动村民挖路设阱，阻挠寨兵通行。

十一月，王阳明率军一举剿灭桶冈的消息传到池仲容耳里，他更加惊恐，心想官府下一个目标一定是浰头，悄悄下令各山寨加强战备。不久，王阳明再次派出李正岩前往浰头，以奖赏池仲安部助剿为名，将牛马、酒肉等物赏赐给各寨主，实则探听其动静。李正岩见山上大修工事，脸色马上耷拉下来，质问道："你们意欲何为？想打仗吗？"

池仲容满脸堆笑："李爷不要误会。我们修工事，不是想跟官府作对，而是要防卢珂等人来偷袭我们。"他一个劲地控诉龙川县游侠卢珂、郑志高、陈英等人如何百般与浰头为敌，又如何放言要袭击浰头各寨。李正岩知道卢珂三人是新近归降朝廷的新民，有部下三千余人，在龙川、龙南地界，算是一支足以与浰头抗衡的力量。而且此前为了争地盘，双方一直矛盾重重。这会儿，池仲容嫁祸于卢珂，除了为自己大修工事辩护，还想借官军之手除掉自己的眼中钉。

王阳明听了李正岩的汇报，当着池仲安的面，佯装相信池仲容的话，对卢珂、郑志高、陈英等派兵袭扰浰头一事表现得异常气愤，暗地里却派发檄文给卢珂三人，告知池仲容诬陷龙川新民的事。卢珂等人对池仲容恨得咬牙切齿。

此时，池仲容也派出使者来到王阳明位于桶冈茶寮的军营。王阳明对池仲容归顺朝廷，派兄弟助剿桶冈贼匪之事大加赞赏，并表示已查实卢珂等人密谋袭击浰头挑起事端。他说："官军欲派兵征剿此贼，因要途经浰头，所以令你们伐木开道，保障通行。"

池仲容闻知此言，又喜又惧。喜的是，王阳明已误信卢珂等三人要袭击浰头；惧的是，官军若在途经浰头之时突然攻取浰头，其后果不堪设想。他再次派遣使者来答谢，声称不愿劳烦官军，自己会严加防范卢珂等人。王阳明前番所说取道浰头征剿卢珂的话，本是试探，而今看到池仲容如此惧怕官军，更加坐实了此人乃虚情假意，并非真降，心中暗自下了决心，一定要将计用计，收拾此贼。

十二月中旬，王阳明回师南康之时，卢珂、郑志高、陈英三人闻讯专程赶来王阳明的行营，揭发池仲容的罪行。卢珂说："池仲容表面上归顺官府，实际上仍我行我素，封官许愿。现今已点齐兵众，联络远近各巢贼首，授以'总兵''都督''指挥'等伪官，等候三省夹攻之狼兵一至，即同时举事，行其不轨之谋。"卢珂说完，向王阳明当场呈上池仲容伪授他的"金龙霸王"印信文书。

郑志高也说："此贼拉拢我们不成，就怀恨在心，诬陷我们，想借都爷之手，将我们除之而后快。"

王阳明其实早就派人查知此事，这时却故意怒斥道："一派胡言！原本以为你们擅自派兵仇杀投诚之人，罪已当死，而今又编造此等不实之言，乘机诬陷。池仲容派遣其兄弟正在我营中领兵报效，若非诚心归化，岂能如此？"当即命人将卢、郑、陈三人五花大绑，押赴死牢候斩。

池仲安的部下与王阳明在一个大营，见卢珂三人前来，心中原本不安，等看到王阳明要将卢珂等人斩首，又暗自高兴起来。他们由池仲安领着，来到王阳明的帐下，纷纷叩拜，高呼"老爷圣明"，然后，一把鼻涕一把眼泪地控诉卢珂等人的罪行。王阳明假意安抚，赞扬池仲安等人的忠心。

入夜时，王阳明偷偷派人潜入死牢，悄悄告诉卢珂："王都爷假装发怒，其实是演戏给池仲安部下看哩。"还让卢珂暗地里派人回到龙川县集结兵勇，待卢珂等人返回之时，即刻出兵剿灭浰头之贼。卢珂窃喜，一切遵令而行。

与此同时，王阳明又派遣生员黄表，义官李正岩、雷济、张保、钟景前去浰头游说池仲容，劝其不要再对官府生疑。黄表等人在寨中一住多日，整日除了与大小头领喝酒交朋友，就是在各寨游山玩水。黄表和李正岩能说会道，性情豪爽，在与众匪首推杯换盏间，暗中收买了不少池仲容的亲信，使其劝说池仲容主动归降。张保、钟景是察看地形的高手，所到之处，各隘口机关和兵力部署都了然于胸。

十二月二十日，王阳明胜利而归，在赣州城里大摆宴席犒赏三军。他以南赣提督衙门的名义发布檄文："今南安贼巢皆已扫荡，而浰头新民又皆诚心归化，地方自此可以无虞。民久劳苦，亦宜暂休为乐。"

眼看新年将至，王阳明又解散了民兵，让其回乡过年。满城喜气，似有天下太平、不再有兵戈之乱的迹象。王阳明特地把池仲安唤至都院后厅，和颜悦色地命他带兵返回浰头。池仲安还假称不愿回去，愿跟在都爷跟前效力。王阳明哈哈一笑："现在横水、桶冈贼匪已灭，你想效力也没有机会了呢。倒是浰头那边，你若回去还可助你大哥防守关隘。"王阳明又压低声音，神秘兮兮地说："卢珂等人虽然被我抓了，但他的手下可能会对你们心生怨恨，你们可要当心呢。"

池仲安听了这话，做出一副感激涕零的样子。他回到浰头，将此事告诉大哥池仲容，众人皆欢欣不已。池仲容暗自发笑："都说王提督厉害，我看不过如此。"

过了些日子，春节临近。王阳明又派指挥余恩、赍历前去浰头犒劳，送了不少年节礼物，并提醒他们勿要松懈，以防卢珂余党前来攻山。池仲容等人大喜。李正岩满脸欣喜地跟池仲容说："而今提督老爷派军中大员大老远地来慰问劳军，你何不亲往赣州当面回谢？"

看到池仲容面有难色，李正岩又拉住他低声说："我上山前就私下里得到消息，卢珂等人在牢中日夜哭诉你们要谋反。卢珂乞求王提督假装拘捕你等，若拘而不至，即可坐实你们谋反的事实。"

池仲容一听此话，大惊失色："卢珂跟我有仇，这纯属诬陷！"

"这个我自然知道，可是王都爷未必知道啊。"李正岩脸上挂着笑，"如果你能不等官府来拘你，自行前往赣州谢恩，当面斥责卢珂罪行，那他诬陷你的话便不攻自破。王都爷自然对你深信不疑，卢珂等人便离死不远了！"

那些此前已被李正岩等人收买的亲信，这时纷纷在池仲容面前极力赞成此事。池仲安也在旁说，王都爷一脸善相，对浰头信任有加。池仲容于是决定去趟赣州。

第二日，池仲容在余恩、赍历、黄表、李正岩、雷济、张保、钟景等人陪同下踏上了下山之路。

临下山前，他私下对池仲安等兄弟说："若要伸，先用屈。赣州那边就算搞小伎俩，我也得亲自去看穿它才行。"

王阳明得知池仲容已上路，心中暗喜，秘密向各府县传檄加强军备，以接应大军行动，又派千户孟俊率百余名旗校，先行赶往龙川县，暗中集结整顿卢珂手下兵马。为使孟俊顺利通过浰头，王阳明给孟俊下了一道拘捕卢珂余党的军令。浰头寨兵见孟俊带兵到此，便询问何事。孟俊拿出提督军令给他们看。寨兵一见此令，都争相护送孟俊等人过境。孟俊抵达龙川后，与卢珂的旧部暗自接上头，着手对他们进行整顿扩充。浰头寨兵却以为官府要大张旗鼓地拘捕卢珂余党，反而彻底放心。

闰十二月二十三日，池仲容一行抵达赣州城，见各营官兵已被解散，街市灯火辉煌，百姓听戏取乐，欢声笑语，更加深信官府短期内定不会发兵。他为探查卢珂等人近况，暗自买通死牢狱卒，见卢珂等人身披重枷，大喜。随后，他派人返回浰头，告知属下："而今我们高枕无忧，大事可得万全。"

见此，王阳明连夜偷偷释放卢珂、郑志高、陈英等人，厚加赏赐，命他们速返龙川掌兵。然后，他又命人每日杀羊宰牛，陪池仲容等人饮酒看戏，借以拖延归期。

正德十三年正月初三，王阳明接到龙川方面密报，卢珂等人已返回龙川，所需兵勇也已募齐集结，于是在都察院中庭设宴，并在四周埋伏众多甲士。池仲容一行九人鱼贯入席，却不见王阳明。冀元亨上前笑嘻嘻地说："今日过节，都爷有赏。请各位将军按阶位高低，一一入内，磕头领赏。"

冀元亨请池仲容身旁八人一个挨一个地进入后堂领赏，最后轮到池仲容只身入内，他远远地看见王阳明穿一身大红官袍，笑容可掬地端坐在正堂之上。池仲容伏身拜倒，正要磕头，所伏甲士应声而出，将他一举擒获。

池仲容扑腾挣扎，嘴里连声叫冤："我真心归顺，大人为何抓我？"

"你虽投顺，去后难保其心。"王阳明不紧不慢地从怀里掏出卢珂所书状纸，列数浰头匪众罪行，当面逐款质问，又掏出池仲容伪授卢珂的"金龙霸王"印信，呵斥道："此印信从何而来？"池仲容顿时哑口无言。

随后，王阳明又让人拿出数十名浰头周边百姓的控诉笔录，念与他听。池仲容眼看事已至此，多说无益，只好一个劲地叩头求饶。

王阳明命人将他押赴辕门，即刻问斩。池仲容被押至辕门之外，才知道其余领赏的八人都已被杀完，悔之不已，瞑目受刑。刑前仍大呼："王大人多诈！"

时日已过正午，王阳明退堂，突觉头晕目眩，栽倒在地，左右慌忙扶起，他仍呕吐不已。

十七 冬夜淹残匪

左右将王阳明送至后院私衙歇息，燕娘悉心照应。邢珣众属官与冀元亨众弟子听说了，都来私衙问安。王阳明卧在床上有气无力地说："连日积劳，又过于紧张，杀了池贼，全身心像绷紧的弹簧一松到底，反而病了。无大碍，大家放心。"

燕娘伺候他吃了些薄粥，在床上稍坐片刻，神色方才如故。大家这才略微放心，各自归家。

当天晚上，王阳明派出一队轻骑兵，分赴各县通知他们迅速集结回乡过年的民兵，同时命令他们于初七当日齐攻浰头匪巢。

初七这天，卢珂领兵率先从龙川县的和平都、乌虎镇、平地水发起进攻。随后，杨璋从龙南县的高沙堡、南平、太平堡，郏文、伍文定从信丰县的黄田冈、乌径等地同时向浰头发起进攻。王阳明亲率帐下亲兵由冷水径直取浰头大巢。

此前，池仲容派人回来通知浰头诸寨头领，说赣州官兵已尽数解散。众人信以为真，欢天喜地地各自返回山寨，过年的过年，玩耍的玩耍。初七这天突然得知官军兵分几路进攻浰头时，许多匪首还不信，以为是借道浰头去打龙川。等到兵临寨下，这才仓促应战。正想分兵去占隘口，可不少隘口已被上次王阳明武装起来的当地村民占领。

池仲宁、池仲安纠集精锐兵勇千余人，扼守地势险要的龙子岭，妄图在此设伏阻击官军。王阳明接到当地村民密报，知道龙子岭必有埋伏，指挥官军从另外三面攻打，唯独留下龙子岭围而不攻。等到官军占了龙子岭后面和左、右几座山头时，据守龙子岭的寨兵终于沉不住气，害怕被包了饺子，弃岭而逃。

王阳明于是挥师而上，与其他各路官军前后夹击浰头寨兵，寨兵大败而逃。官军穷追不舍，一举攻克上、中、下三浰。池仲宁、池仲安等人仓皇而逃，慌不择路，有些竟然直接撞进已被官军或村民控制的隘口，自投罗网。

傍晚时分，见已获全胜，王阳明令官军在各寨驻扎下来，燃起熊熊篝火，与前来助战的苗瑶各族村民饮酒吃肉大联欢。

次日清晨，王阳明命各哨官军不急于进军，派出小股人马探查残匪去向，再做打算。当晚，各哨来报，已将残匪藏身之地锁定在附近几座山寨。王阳明大喜，当即点兵，让他们第二日一早分兵合围，各个击破残余匪众。

初九日，官军从几个方向直扑寨兵躲藏的几座山寨，许多寨兵望风而降。然而，涮头头领李全、张仲全纠集八百余名精壮兵勇退守九连山，毁掉各条进山道路、桥梁，妄图凭借天险拼死一搏。

王阳明前次从赣州进出漳南，都是从九连山下经过，对这一带的地形较为熟悉。他认为，九连山山势极高，九座山岭相连，横亘数百里，且四面斩绝，官军若要硬攻，很难获胜。况且九连山东面与龙门山相连，此处尚有大小匪巢上百处，若官军一味追赶，九连山上的寨兵必定逃往龙门山。两处寨兵合为一处，则更难剿灭。

"那我们就这么干坐着，大眼瞪小眼，眼巴巴地望着山上的贼匪吃香的喝辣的？"许逵是个急性子，一听王阳明的分析就坐不住了。

冀元亨拉了拉许逵的衣角，示意他坐下来："许将军稍安勿躁，听老先生讲完再说。"

"我没说不打哦，只是说比较难打，你老许不要急嘛。"王阳明笑了笑，"目前九连山虽有天险可守，但上面却缺兵少将，乱糟糟一片，粮草也不充足。我们若是派出一支精锐人马偷偷潜入敌营，断其退路，现在天寒地冻的，只要将其团团围住，山上贼匪就真的只能喝西北风去啰。"

杨璋听了不住点头："如此说来，不要一个月，便可攻破此山？"

"一个月？"王阳明伸出一根指头，笑了笑，"依我看啊，不出半月，我们便可去山上采蘑菇了！"

众将听罢，无不欢欣鼓舞。

"杨将军，当初从漳南入赣时，特意让你在这九连山留了支劲旅，现在何在？"王阳明突然问起杨璋。

杨璋一拍脑袋，这才明白当初王阳明在此处安下一枚闲棋子的用意："哎呀呀，老先生真是神了。我都快忘了这里还有我们一支人马，原来在这里还能派上用场哩。"

众将也是诧异不已，盯着王阳明，看他有何妙招。

"我也不是神人。当初在这里留下这么支人马，只是想着防漳南之贼西窜赣州，没想到这洌头贼匪倒是东窜至九连山来了。"王阳明笑道，"俗话说：'养兵千日，用兵一时。'这留在九连山的人马估计肚子里都闲出鸟来了，这会儿正好让他们大展拳脚一番。"

"末将明白，"杨璋道，"这支人马目前还有一千人左右，驻守在九连山脚太平堡一带。从方位上看，目前应该在贼匪的左后方。"

"密令他们挑选七百壮士，让其佯装败退逃窜的贼匪，趁暮色急行通过崖下羊肠小路，绕到山上之贼的后方，断其退路即可。剩余的事就不用他们管了。"王阳明说着，脸上露出了难得的微笑。

当天傍晚，太平堡的一支官军佯装溃逃寨兵，急匆匆来到断崖之下，要取道小路进山。山上守险寨兵见状，连忙放下索桥接应。官军们也假意应承，迅速通过天险小路，头也不回地朝后面山头狂奔而去。

次日，山上寨兵才得知这群人为佯装的官军，而此时退路已被切断，还面临着腹背受敌的危险。

王阳明下令前后夹击山上之敌。由于官军占据了后山的有利地势，居高临下放箭，寨兵抵挡不住，只得节节败退，包围圈越缩越小。

王阳明料到山上残余寨兵必定连夜潜逃，吩咐各哨官军在山下设伏堵截。

果不出所料，入夜时分，寨兵分路潜逃。官军以逸待劳，守株待兔，在九连山下的五花障、白沙、银坑水等处截杀残敌。二十七日，见数百寨兵退守乌虎镇一碉楼里负隅顽抗，王阳明下令深夜掘碉楼旁湖水淹杀。寨兵哪里料到官军会出此一招，在睡梦之中就稀里糊涂地被湖水淹了，大部被冻死淹死，其余从水中逃出的也成了官军的瓮中之鳖。

二月二日至三月三日，一个月间，官军对残余寨兵展开拉网式搜捕，历经大小战役二十余场，将浰头各巢穷凶极恶之徒尽数擒斩，仅余张仲全率两百余名老弱残兵盘踞在白沙九连谷中。这些残兵躲避丁谷口，哀号痛哭，向官军投递降表，表示愿意归顺。

得知此事，王阳明下令官军封锁谷口，停止进攻，又派生员黄表前往九连谷以探虚实。得知众匪走投无路，果是诚心归降，王阳明命令黄表携些干粮、衣物，指引张仲全率残部出谷投降，又对有罪之人，按律处罚，其余被胁迫之人，重新录入户籍。至此，官军顺利收复白沙，浰头之战获得全胜。

在回军途中，王阳明途经龙南县，还忙里偷闲攀登了当地的玉石岩。此岩深处有两个深邃的大洞穴，可容纳百余人。洞壁有宋元名人留下的几十幅摩崖石刻。此洞与王阳明在家乡旧居的会稽山阳明洞极为相似，他在洞中流连忘返，特意命其名为"阳明别洞"，还饶有兴趣地作了三首小诗，其中一首写道：

> 阳明山人旧有居，此地阳明景不如。
>
> 但在乾坤皆逆旅，曾留信宿即吾庐。
>
> 行窝已许人先号，别洞何妨我借书。
>
> 他日巾车还旧隐，应怀兹土复乡间。

自正月初七至三月初八，历时三个月，官军攻破浰头各寨巢共三十八处，擒斩大头目二十九人、小头目三十八人、寨兵两千零六人，俘虏寨兵八百九十人，收缴牛马一百二十二匹、枪矛器械两千八百七十只、赃银七十两六钱六分。战后，王阳明上《浰头捷音疏》，请求朝廷对兵备副使杨璋等将官论功行赏。

王阳明后来与冀元亨一众弟子闲聊时，说起浰头大头领池仲容临死时说他多诈，淡然一笑道："《孙子兵法》有言'兵以诈立'，又说'兵者诡道'，还说'善战者，致人而不致于人'。我不诈他，难道等着他来诈我呢？得先胜之算于庙堂，收折冲之功于樽俎，这才是用兵之要道。"

从正德十二年正月抵达赣州至正德十三年三月，王阳明马不停蹄，征剿闽粤及横水、桶冈、三浰等处，最终收得全功。连日来的鞍马劳顿和劳心劳力，尤其是智斗三浰大头领池仲容，更使得他心力交瘁，疲惫不堪，最终导致肺痨旧疾复发。王阳明向朝廷上疏，请求辞官休养。

燕娘整日陪伴左右，为他抚琴，陪他下棋，听说他给朝廷上了休致疏，便不解地问："赣南匪患刚平，先生正可恢复生产，行治平之策，在赣南推行您的知行合一学说。为何选择辞职不干了呢？若是身体累了，有奴家帮您调养哩。"

王阳明握着她的手，苦笑道："修齐治平是每个读书人的梦想，我又何尝不想在赣州干一番事业？可是……"他长叹一声，摇了摇头，"人在江湖，身不由己啊。"

燕娘给他递上一盏燕窝汤："先生趁热喝了。"

王阳明看着燕娘，接过汤碗，小口小口地喝起来。燕娘又掏出手绢给他擦了擦嘴角："听先生刚才所言，似有难言之隐。"

王阳明双眉紧锁，从怀中掏出一封皱巴巴的书信递给她。展开一看，原来是缴获的一封宁王写给池仲容的信。从信中内容来看，宁王私通寨匪，伺机谋反之心昭然若揭。

燕娘大吃一惊："这、这宁王胆子也太大了，这江西早晚还要大乱！"

王阳明点点头："我此时休致，正可虎口脱险。"

"就怕朝廷不准先生休致哩。"

他又是一声长叹："这王室操戈，我们臣子可遭殃啰！"

"不管先生是为官也好，休致也罢，奴家反正都会陪着您。"燕娘依偎在王阳明肩头。他抚摸着她的香肩，脸上露出了微笑。在这兵荒马乱、戎马倥偬间，有一红颜知己陪在身边，他也倍感欣慰。

突然王能慌慌张张地冲了进来，看到两人亲密的样子，赶紧低了头，用手遮住眼睛。

"你咋门都不敲？越来越没规矩了！"王阳明嗔怪道。

"老爷不好了！"

"什么不好了？你没看到老爷我好得很吗？"

"夫人来了！"

"什么夫人来了？尽说些无头无脑的话！"

"诸、诸、诸夫人，带着公、公、公子来了！"王能急得直结巴。

"呃——"王阳明也是一惊，"他们怎么来了？现在到哪了？"

话音未落，门外传来爽朗的笑声："你们老爷在哪？怎么还不出来迎接咱娘俩？"

王阳明慌忙起身去接，一位削肩长颈、瘦不露骨、眉清目秀、干练清爽的妇人出现在门口，戴着银丝鬏髻、金镶紫瑛坠子，穿着藕丝对襟衫、白纱挑线镶边裙。虽是徐娘半老，但也风韵犹存。她身后跟着一位俊秀的总角少年。

王阳明又惊又喜："是什么风把你们娘俩吹来了？也不提前来封信？"

"写了几封信，也不见你回，知道你在这边剿匪忙，也不怪你。"

诸夫人笑着把身后的少年拉出来，"宪儿，快叫爹！"

少年怯生生地叫了声爹，又躲到诸夫人背后去了。

王阳明脸上挂着笑，摸了摸少年的头："几年未见，正宪都长这么高了！"

诸夫人注意到王阳明身后有一美妇人，身材婀娜，顾盼生辉，气质脱俗，不像是寻常家的女子，便揶揄道："王都堂金屋藏娇啊，怪不得王能这狗奴才看见咱娘俩来了，慌里慌张的。"

王阳明听夫人如此这般讲话，脸上有些挂不住，朝王能看了眼，王能知趣地退了出去。他这才将燕娘介绍给她："张女史燕娘小姐。"

燕娘道了个万福金安："小女子张燕娘参见夫人。"

诸夫人上下打量她，冷笑道："女史？小姐？这提督都御史衙门还设了女史司？"

王阳明忙上前拉住诸夫人的手，赔着笑脸："夫人有所不知，张女史是我的京城故交，前司礼监掌印太监、东厂提督王岳老公公养女。"

"你少拿这一串官名来唬我！我也是打小在官衙里长大的。"

"夫人误会了，张女史在京城时救过守仁的命，"王阳明一个劲地朝诸夫人挤眼睛，"她这次来南赣是率神机营来助我一臂之力的。"

诸夫人鼻子一哼："助你一臂之力？这倒不假。要不然你也不会连命都不要去输血救她呀！"

王阳明一听此话，知道夫人早就有备而来，再作掩饰也是徒劳，觍着脸笑道："夫人有千里眼、顺风耳，明察秋毫，我多说无益。一切听夫人安排。"

燕娘一脸尴尬地说："夫人千里迢迢来与先生团聚，燕娘不敢打搅，这就告退。"

诸夫人忙拉住燕娘的手，扑哧一笑："妹妹莫生气呀，姐姐我逗你玩哩。守仁这身子骨多病，这些日子多亏了妹妹照顾。"

王阳明听她这么讲，心里那根绷紧的弦才松了下来，站在边上，看她们俩刚才还跟仇人似的，这会又成了亲姐妹，一个劲地拉家常，倒把他晾在了一边。

王阳明弯下腰来逗正宪，问他读些什么书，一路上见到哪些新奇的事。

燕娘也很知趣，跟诸夫人闲聊了一会儿，便说要带正宪去骑马，拉着他出了门。王阳明把门一掩，凑到诸夫人跟前，握住她的双手。她把手一甩，嗔怪道："祖母临终前还唤你的小名呢，你倒好，在这里红袖添香！早把我们娘俩忘到九霄云外去了吧？"

"夫人如此说，真是折煞我也！"王阳明气急败坏地拿出他《乞休致疏》的底稿给她，"你看看，我早就上疏，要告老还乡了！现在天天盼着朝廷给我批复哩。祖母跟前没有尽孝，遗憾终生啊！"眼圈一红，滚出几滴热泪来。

诸夫人见他如此，也有些心酸，便把话岔开："我也就这么一说，你别太往心里去。不过我看这张燕娘还算知书达理，对你也贴心，不如你把她收了房，给你生个一儿半女也好。都怪我肚子不争气……"

"夫人又误会我了！我跟燕娘只是引为知音，不敢越雷池半步的！如有半句假话，天打……"王阳明急了，就要赌咒，诸夫人连忙用手去掩他的嘴，嗔道："呸呸呸，我都跟你半辈子了，我还不知道你？"

"贫贱之知不可忘，糟糠之妻不下堂。祖母过世不久，居丧期间，哪有心思想这些？"

诸夫人听到此话，也有些感动，把身子倚在王阳明的肩上，用手抚摸他的脸颊，脉脉含情地看着他："守仁，你又瘦了。我说的是真的，有个女人在你身边，我也放心。不像王能这些奴才，笨手笨脚的。"

"对了，我跟燕娘的事，是不是王能这个狗奴才报的信？"他装作很生气的样子。

"他呀？你没看到刚才他吓成那样，还会给我报信？"

王阳明想想也是，疑惑不解地问："那你远在千里之遥，还真有一双千里眼？"

"千里眼倒没有，不过你别忘了，咱爹可做过江西布政参议，这江西地界上，他的门生故旧可不少。你的幕府里，就有哩！"

"是谁？看我不军法处置了他！"王阳明故意开玩笑。

"我先军法处置了你再说吧！"诸夫人说着便抡起粉拳，往王阳明身上胡乱拍打一气。

王阳明见她低垂粉颈，粉汗盈盈，别有一番风味，便一把将她搂住，紧紧地抱在怀里……

诸夫人一次在床第之侧，跟王阳明说："燕娘美而丰韵，一颦一笑，甚是可爱。"

王阳明不知说甚才好，翻转身不去理她。诸夫人推了推他，笑道："如果我是男子，也要为她着迷。"

王阳明一听此话，知道她下面准没好话，便说："好端端的，你又来了。我有夫人，此生何求？甚为知足！"

诸夫人趴到他肩头，扯了把他的长须："你就等着，我来为你求之。"

王阳明只当她又在说笑，骂道："越说越离谱！"

时方夏日，衙署后院荷叶田田，小桥流水。诸夫人时常邀请燕娘前来，或赏晚霞，或听蝉鸣，并与她结为姊妹，把自己手腕上的玉镯也取下相赠。诸夫人一次在她耳旁悄悄说："妹妹，姐姐求你一件事。"

　　燕娘微笑道："夫人有啥事尽管吩咐。"

　　"愿与妹妹共侍一夫。"

　　燕娘顿时面红耳赤，低头不语，轻声道："夫人说笑，妹妹哪有这个福分？先生与夫人情投意合，神仙眷侣，我们只有羡慕的份。夫人千万别误会，妹妹只把先生当恩师来敬着哩。"

　　诸夫人拉住燕娘的手，笑嘻嘻地说："你呀，还是把姐姐当外人！不瞒你说，姐姐我体弱多病，此前有算命先生就说我'福泽不深'哩。有你照顾他，我也放心。"

　　"算命先生的话，尽是哄人的，你也信？"燕娘抛下一句话，迈着轻盈的步伐，飞也似的掩面跑了。

第三章 宁王之乱

一 宁王早有异心

兵部尚书王琼收到王阳明发来的奏捷疏，大赞他为奇才。没几日，又收到了他的《乞休致疏》，便左右为难。南赣诸乱已平，王阳明旧疾复发，加之其祖母又病重，不准似不合常情。但南昌的宁王朱宸濠正气焰嚣张，而且与南赣诸匪相交甚密。更有甚者，就在王琼从陆完手中接任兵部尚书前，宁王运作关系，竟然让朝廷恢复了自己的王府护卫。王琼前几日在陆完府中宴饮，竟然看到了宋代大画家张择端的名画《清明上河图》，在其图尾，陆完新写的跋文竟赫然列于李东阳之后。王琼仔细端详此图，在图尾的一角看到了宁王府的鉴章，这才恍然大悟：这一定是宁王送给陆完的礼物，感谢他任兵部尚书时帮忙恢复王府护卫。

先是陆完为江西按察使，宁王极力拉拢，逢人便说："陆先生他日必为公卿。"此话传至陆完耳中，陆完也有心攀附。后来陆完升任兵部尚书，宁王大喜："我们宁王府的护卫可以失而复得了！"陆完调入北京后，逢年过节宁王与他一直书信问候不断，自然少不了厚赠礼物。后来宁王去信陆完，提到恢复护卫的事。陆完也不敢贸然行事，回信称须遵守祖训。这时教坊司伶人臧贤，深得太后赏识，与皇上身边的钱宁、张锐、张雄等人也暗自勾结。臧贤擅长声乐和秘戏，常在各达官贵人府中走动，偶尔也由钱宁带入豹房给皇上献艺，甚得皇上欢心。恰好臧贤的女婿司钺犯法，被发配到南昌当卫军。宁王趁机关照司钺，并通过他交结上臧贤。宁王每次让司钺从南昌用马车满载金银珠宝运至北京，藏在臧贤家中，由他分送朝中权贵，受贿最重的便是国姓爷钱宁。宁王还在臧贤家设立了一个秘密的驿传系统给江西方面传递消息。次辅费宏得知此事，公开扬言说："而今宁王用成千上万的金银珠宝来想方设法恢复护卫，乃狼子野心。若是听其所为，我们江西无宁日了！"

费宏是江西铅山人，十三岁中信州府童子试文元，十六岁中江西乡试解元。成化二十三年，年仅二十岁的费宏又中了状元，被任命为翰林院修撰，可谓"连中三元"，是明朝开国以来最为年轻的状元翰林。他对宁王的异谋早就有所耳闻，不少乡党来京，说起宁王都是视为王莽一类。他还有一处特别的信息来源，来自他的堂弟费寀。费寀与宁王是连襟——都是江西上饶名儒娄谅的女婿。

一日入朝议事，陆完迎面碰到费宏，便问："宁王请求恢复护卫，是否准其所请？"

费宏冷冷地说："不知当初革去是何缘故？"

陆完语塞，支吾道："今日恐怕不能不给他哩。"

费宏板着脸不理他。

后来钱宁指使宫中太监拿着宁王的奏折来到内阁，征求内阁意见，费宏极力反对给宁王恢复护卫。可是，陆完却串通首辅杨廷和背着次辅费宏把这事给办了。当时正值廷试进士，已定于三月十五日内阁与部院大臣都在东阁阅卷。陆完便于十四日投《复宁王护卫疏》。十五日，司礼监太监卢明将这封奏疏下到内阁，偷偷把杨廷和从东阁约了出来，让他票拟准了宁王所请。

此事过后，钱宁与宁王勾结越紧，也就越加憎恨费宏。钱宁甚至派锦衣卫密探日夜在费宏门前窥视，总想找出他有什么见不得人的事才甘心。几个月过去，却一无所获。

钱宁仍不心甘，多方勾结，上下乱窜。朝中很多大臣都收受了宁王的贿赂，担心费宏揭发，因此在钱宁的挑拨下恶人先告状，四处找茬弹劾费宏。钱宁指使御史余珊弹劾费宏的堂弟费寀是凭借费宏的关系才留在翰林院的，并翻出乾清宫上次火灾的老账攻击费宏说："乾清宫大火，费宏奉命起草诏书，最后却将起火的原因归咎于皇上不修私德。"皇上一听此话，也觉得很气愤。一天，内阁突然来了个大珰，当着众阁臣的面，莫名其妙地降旨斥责费宏。费宏脸上挂不住，只好上疏请求致仕还乡。杨廷和"吃人的嘴短，拿人的手软"，只能眼睁睁地看着次辅费宏被钱宁、陆完等人合计陷害致了仕。费寀不久也被罢免南归。

费宏离京后，宁王指使王府中豢养的一批号称"把势"的盗匪，跟在费宏回老家的船后。船到山东临清一带，派去的亡命之徒放火烧了费宏的船，行李箱笼被烧得一干二净。费宏狼狈不堪地回到江西铅山老家，宁王又唆使铅山当地一些恶棍地痞，偷窃费家财物，还放火焚烧费家，甚至毁坏费宏的祖坟。费宏携家带口只得逃往邻县躲避。谁知道宁王还不放过他，又暗中指使一帮贼匪攻城，还绑架了费宏的哥哥和兄弟，哥哥竟被肢解。费宏只身逃出。江西巡抚孙燧闻讯大怒，心想堂堂内阁次辅，竟落得这步田地！急忙派兵来救，这才剿灭了这帮乌合之众，让费宏化危为安。

钱宁结交宁王，完全是为了防备江彬，不过也有宁王府道士李自然的一份功劳。此人喜欢装神弄鬼，在江湖上颇有些名气。此前宁王就是因为他的一句谶言"殿下有贵为天子之骨相"，而对帝位生出觊觎之心。李自然由臧贤引荐给钱宁。他一见到钱宁便匍匐在地，说："大人命相，贵不敢言！"钱宁屏退左右，李自然这才说："大人已是国姓爷，单名一个'宁'字，乃是朱宁，这是暗指咱朱家江山会归于宁府呀，而大人是上天派来践行此事的天之使者哦。"

"那依你之见，我该如何做才好？"钱宁被说得有些得意。

"皇上虽值壮年，后宫豹房嫔妃众多，但却无子。这也是天意归宁的征兆。"

钱宁心想，朝中已有不少大臣上折劝皇上早日建储，江西宁王有勇有谋，如果能让宁王世子入承大统，他以拥立之功，可轻而易举地扳倒江彬。这次听了李自然一番话后，更加坚定了与宁王结盟的决心。

宁王朱宸濠的反心由来已久。当年他的先祖、第一代宁王朱权与燕王朱棣共同造反，但燕王称帝后，却把宁王朱权软禁到南昌。这个先辈人结下的梁子，到了朱宸濠这一代仍没有解开。而且当今正德皇帝又是一个顽主，把朝廷弄得乱七八糟、乌烟瘴气，朝野上下怨声四起，安化王朱寘镭先前的造反就是对正德皇帝不满的一例明证。一向自以为雄才大略的朱宸濠心想，此顽童都能当皇上，我为何不能取而代之？由此便生出了造反的野心。不过，造反毕竟风险太大，宁王转念一想，只要儿子做了皇帝，自己以太上皇之尊，同样可以把持国政。

于是，钱宁一方面劝宁王多进珍玩宝器，取悦皇上；另一方面又假托皇上之名，对宁王有所赏赐。总之，他在中间为拉拢两人打圆场。

宁王如愿以偿恢复护卫后，野心更为膨胀。他不仅在府中养了百余名武功高强的"把势"，串通南赣诸处贼匪，还勾结一帮水盗，在鄱阳湖上肆行劫掠。这事引起了江西按察副使胡世宁的警觉。胡世宁是杭州人，说来也巧，他与王阳明、孙燧都是浙江同乡。他们三人同为弘治五年浙江乡试举人。胡世宁和孙燧又于次年同时中进士。

胡世宁平盗之余，给朝廷上了一封奏折，比较隐晦地表明："江西患非盗贼。宁府威日张，不逞之徒群聚而导以非法。上下诸司承奉太过。"此奏折到了陆完手中，陆完避重就轻，庇护宁王，只建议派都御史俞谏到江西"计贼情抚剿之"，而对宁王的"违制扰民"则轻描淡写。皇上无心深究，便批准了陆完的奏议。

宁王得知胡世宁参奏他的事，大怒，扬言必杀胡世宁。他遍贿京中权幸，罗列罪名构陷胡世宁，参胡世宁的奏折转到都察院右都御史李士实手中，此人正是被宁王收买的死党。李士实说服左都御史石玠一起上奏，称胡世宁太过狂狷无理，要治他的罪。他们草拟好的圣旨还没有下发，宁王第二道折子又送上来了，说胡世宁妖言惑众，大逆不道。钱宁便矫旨命锦衣卫逮捕胡世宁。此时胡世宁已调任福建按察使，取道回浙江老家省亲。宁王便诬陷他畏罪潜逃，发出五百里加急飞递至杭州，令其党羽、浙江巡按御史潘鹏将胡世宁拘送江西。潘鹏率兵赶到仁和县，将胡世宁家团团围住。恰好胡世宁此时外出访友，不在家中。潘鹏便将胡的家人全部抓了，逼问胡的去处。浙江按察使李承勋此前曾任南昌府知府，与胡世宁有旧，深知胡为人耿介，便私下派兵保护他，将他从潘鹏的虎口中夺出。胡世宁亡命抵达北京，自投锦衣卫诏狱中，在狱中虽受尽折磨，仍三次上书揭发宁王逆行。宁王惊恐，重金贿赂钱宁及办案官员，让他们把胡世宁拟成死罪。监察御史程启充是有名的谏臣，爱仗义执言，得知胡世宁的事，联合徐文华、萧鸣凤、邢寰等敢言的同僚，各自上奏章援救，胡世宁这才免于一死，被发配到辽东。

却说宁王得知王阳明在漳南之役全歼贼匪，大获全胜。宁王觉得这里面有文章可做，便通过贿赂钱宁，让其在皇上面前吹风，派他的党羽、南昌镇守太监毕真去赣南做王阳明的监军。宁王企图通过此举控制王阳明在南赣拉起来的兵马。而毕真也想去兵营之中浑水摸鱼，大捞一笔。

奏折转到王琼手中，王琼一眼就看出了宁王的企图，顿时冷汗淋漓，湿透了衣背。王琼虽然此前与彭泽在朝中斗得你死我活，但在大是大非面前却也毫不含糊。他挺身而出，在皇上和内阁阁老面前说出了自己的看法："兵法最忌遥制，若是南赣用兵却有待省城的镇守做最后决断，这不是八月十五卖门神——迟了吗？"但看到钱宁站在皇上身边脸色不大好看，他转念一想，还得给镇守太监毕真留点面子，又说："不过，若是省城南昌有警，南赣军队必须接受镇守太监调遣，前往救应。"这么一来，王琼总算圆了这个场。

等到王阳明上书申请改任提督军务，又恳请朝廷授予旗牌，王琼暗自高兴：如此一来，他虽在南赣，南昌如果有警，他仍可遥制。他在内阁白批时，提议准许王阳明所奏之事。吏部尚书陆完却在旁说起了风凉话："王部堂为何对这个王守仁格外关照，你们都姓王，莫非是亲戚？"王琼哈哈一笑："陆大人说笑，都是皇上的臣子，管他姓王姓李。国家有此等人才，不予以权柄，还将有谁可用？"

王琼手里拿着王阳明的《乞休致疏》，左右权衡，反复掂量，最后在白票上拟了一个：不准。王琼放下手中蘸满墨汁的毛笔，暗自说："你休怪我无情。此刻国家有难，我们做臣子的，岂可全身而退？"

王琼将白票附在王阳明的奏折后面，用信封装好，放在一个专门装奏折的楠木匣中，准备让书办送进宫去，突然想起杨一清致仕的事，心中又放心不下。杨一清是出将入相的朝中重臣，性耿直，敢谏言，有威名。前次乾清宫火灾，皇上按惯例下罪己诏，求直言时，杨一清上书称皇上视朝太迟，享祀太慢，在西内大造寺庙，在禁中留宿边兵，并直陈在京畿内设立皇店的弊病，以及江南织造扰民等事。见皇上我行我素，把他的话当耳边风，杨一清一气之下，上了封因病乞归的折子。皇上见杨一清闹情绪，自然好言相劝，将他挽留下来。大学士杨廷和丁忧时，皇上还命杨一清以吏部尚书兼武英殿大学士的名义，入阁参赞机务。钱宁在皇上身边得宠后，一手遮天，扰乱朝政，杨一清实在看不下去了，几次当着皇上的面指责他。于是，钱宁与江彬等人勾结，派人在皇上面前诋毁杨一清，此后还处处掣肘杨一清。不是把他的折子留中不发，就是让他的建议无端被驳回。杨一清又想故伎重演，再次上奏折请求致仕归乡。他本以为皇上又会极力挽留，他到时也好给钱宁一些脸色看看。可是，这次杨一清失策了，他的乞休致仕的折子被退了回来，上面不是挽留的话，甚至都没有客套，赫然朱批：准奏。

按照朝廷规定，京中大臣休仕就得归乡回籍，不得在京城逗留。杨一清手里拿着折子，看着上面"准奏"二字，这位当朝一品大员不觉犯了难：原籍在哪里呢？他的祖籍在云南安宁。他父亲任广东化州同知时，杨一清生于化州，其生母为张氏。他六岁时，其父杨景致仕，又随其父迁居湖南巴陵，这里是杨一清前母刘氏的老家。在巴陵住了六年，杨一清由岳州府推荐入翰林院读书，父母于是随他前往北京居住。后来父亲逝世，无力归葬云南，便葬在杨一清异母姐姐所在的江南镇江府丹徒县。杨一清的籍贯有点复杂，用李东阳此前赠他的诗说："君本滇阳人，还生岭南地。巴陵非故乡，京口亦何意……"杨一清左思右想，最后在给皇上上的谢恩折上，将自己归老的原籍写成了镇江。镇江毕竟是父亲叶落归根之地，那里还有自己的一脉血亲。于是，与杨廷和并称"二杨"的风云人物杨一清被朝中弄臣钱宁摆了一道，戛然谢幕，黯然离京，在一个细雨的清晨，前往长江边上那个叫镇江的陌生之地。

王琼心想，这钱宁因为上次宁王往南赣派监军之事，本来就对王阳明有了芥蒂，恨不得把他赶回老家，现在看到王阳明乞休的奏折，如果故伎重演，又来个顺水推舟，岂不坏了大事？想到这一层，王琼连忙把王阳明的奏折和自己拟好的白票又从木匣里拿了出来。他换上朝服，出了府门，叫家仆套了骡车，径直朝西苑方向而去。他要亲自将票拟好的这封奏折交到皇上手中。

二 假法王身灌女活佛

到了西苑豹房，管事牌子张得富笑嘻嘻地拦住王琼："王部堂，您老这风尘仆仆的，又带来了啥好消息呢？"

"我有急事要面见万岁爷！"虽然内阁阁老要见皇上都不是件容易的事，但他这个兵部尚书却有无须通报面见皇上的特权。前方战事吃紧，八百里加急快报，都是最先报到他这个兵部尚书手上的。

"万岁爷啦，不在。"张得富眼睛眯成一条缝，似笑非笑地看着王琼。

王琼一愣，把王阳明的折子夹在腋下，朝怀里掏了掏，掏出一张二十两银票来，递与张得富。

张得富一个劲地摆手："王部堂，您老这是干什么？万岁爷啊，还真是不在。"

"拿着！在不在都拿着！"王琼手一伸，将银票递到了他的手上。

张得富连忙接住，又鞠躬又道谢，忙个不停。

"好了，好了。"王琼一脸的不耐烦，"快告诉我，万岁爷去哪了？"

"这个——"张得富迟疑了一会儿，把银票又塞回王琼手中，"这个还是还您吧，小的还想留着这张嘴多吃几年饭哩。"

"是不是又出城了？"王琼低声问。

张得富一脸的惊诧，脖子一缩，脑袋侧向一边："我的王大人啦，我可什么都没说，您就饶了我吧！"屁股一颠，溜进门里去了。

钱宁前段时间向皇上引荐了一位乌斯藏高僧贡巴也失，据说精通密法，打通了天眼，有预知来世的法力。风传皇上迷上了他传授的密宗双修法，还给自己加封佛号：大庆法王系觉道圆明自在大定丰盛佛。贡巴也失献上一个名叫马昂妹的西域舞女，这舞女是绝色佳人，身材挺拔，鼻梁挺直。皇上就与她在豹房里行双修之事。也有人传言，马昂妹已是有夫之妇，并且还怀有身孕，但皇上并不介意。有一次，锦衣卫副指挥于永带来十二个色目舞女供皇上双修之用。皇上酒后竟然下旨让于永带他的女儿到豹房。于永吓得手足无措，后来找到邻居一个女子替代，总算糊弄了过去。

皇上从贡巴也失口中得知，藏地有一噶玛巴活佛，法力无边，通晓三世。为此，皇上专门派遣身边太监刘允携茶盐数十万担、马船近百艘从北京出发赴藏地迎佛。由于船队太过庞大，船只首尾相连达二百余里。到达山东临清时，迎佛船队致使漕运阻塞。船队抵达成都后，每日需百石粮食、近百两银钱的蔬菜，就连驿馆也人满为患，附近数十家旅馆均被征用。刘允一行在成都住了一年多，花了二十万两白银，由当地工匠夜以继日赶制，将皇上赏赐活佛的器具礼物制作完成，这才率领十名将校、千名士兵启程，历时两个月终抵活佛居住地拉萨。然而，噶玛巴活佛却拒绝相见。众将士闻讯怒不可遏，与活佛发生争执。

刘允无奈，只得返回成都，担心被皇上知道要他性命，叮嘱属下切勿谈被拒之事，只推说噶玛巴活佛身体欠佳，暂不成行。但天下没有不透风的墙，消息不胫而走。满朝上下议论纷纷，颇多猜测。王阳明得知此事，也是心中难平，写了一封长文《谏迎佛疏》，明确反对劳民伤财去藏地迎佛。

可是刘允回到成都第一件事便是花巨资买通钱宁，请其将这些各地反对迎佛、揭他老底的奏折通通截住，并派锦衣卫在酒肆茶馆缉捕清议此事之人。钱宁收了刘允钱财，便果真为他消灾，把事情办得妥妥的。刘允大喜，跟身边人说："钱宁钱宁，就是花钱买安宁嘛！"

看到张得富刚才那副表情，王琼心里明白，皇上一定又是出城去了。皇上这次又能去哪呢？皇上出城，一定会带上与他在豹房同卧起的江彬。那江彬掌握的"外四家"自然随驾护卫。江彬自从上次在豹房拒虎救驾后，与钱宁结了冤家。两人内心积怨极深，但表面上却相安无事。江彬握有由边军改编的精锐"外四家"，钱宁的锦衣卫拿他也没办法。两人谁也扳倒不了谁，怕一动手则两败俱伤，于是各自作自保之计：钱宁看得比较远，交结宁王等强藩以自固；江彬看得近，只打算着如何固宠，千方百计将皇帝与钱宁隔离开来。江彬的计策，便是引导皇上微行出京巡狩。上次出居庸关，千里奔袭鞑靼"小王子"，最后还风风光光地从德胜门胜利回京。皇上令百官无论勋臣品官都戴着曳撒、大帽、鸾带，无论文臣武将，都穿着大红纻丝罗纱朝服迎驾，其朝服彩绣一品斗牛、二品飞鱼、三品蟒、四品麒麟、五六七品虎彪，翰林科道不限品级者也都穿着罗纱朝服。江彬骑着高头大马，陪侍在皇上身边，一道接受百官的祝贺，这也算是位极人臣，风光无限。钱宁听说江彬陪皇上打了胜仗回来，还要礼部搞什么"迎驾仪"，简直是在打他的脸。那日，他躲在家里直生闷气，一连几天都称病不出。

离开豹房，王琼当即让家仆驾车直奔金吾卫指挥使司。"外四家"虽由皇上亲自掌握，但其后勤补充仍由金吾卫提供。金吾卫指挥使张英听说王琼亲自莅临，连忙出门迎接。王琼也不下车，让他凑到跟前，铁青着脸问："去哪了？"张英也颇为知趣，答道："山西。"

"山西？"王琼的脸当即就绿了，"那你还愣着干啥？还不带上你的人，跟我去追！万一再闹一出'土木堡之变'，你我的脑袋都得让人砍下来当球踢！"

在王琼赶赴金吾卫之际，皇上正在五台山显通寺听贡巴也失与一众乌斯藏弟子辩经。虽然与贡巴也失相处的时间还不到一年，但皇上已经能大略听懂他们的藏话。看到他们手舞足蹈拍手辩经的样子，皇上觉得大为过瘾，自己也上场学着他们的样子辩了一回，最后还欣赏了一场乌斯藏弟子戴着牛头面具专门表演的大戏。

贡巴也失神秘兮兮地俯身在皇上耳边说："尊贵的大庆法王，灌顶礼定在明日。"

皇上的眼睛始终盯在那些上腾下跳的牛头面具上，想起禅院壁画上面金刚喜菩萨禅坐中央，正在跟趴在其身上抬起双腿的空行母修男女双身，内心涌起一股莫名的躁动。此前他听贡巴也失跟他讲过，寺里十五岁的扎西女活佛正期待他这位尊贵的法王为她举行金刚杵身灌礼，以作为她的显露活佛仪式的最重要一环。这些天显通寺寺里寺外重新换了幡帕，各殿堂都灌满酥油灯，不分昼夜地燃着。寺里那些十几年没用的长号也被重新拿了出来，几个喇嘛天天吹练。扎西女活佛长什么样，他记不太清楚了。他刚到寺里驻跸，她在一群喇嘛的簇拥下出来接驾，弯着腰，垂着头，穿着宽大的喇嘛服，看不太清脸长什么样，只记得脸黑里透红的，脑袋圆圆的，好像是剃了光头。还有就是她好像知道要跟他修双身似的，抬头偷看他的眼神怯怯的，有几分羞涩。想起这些，皇上觉得有些口干舌燥，端起酥油茶，接连喝了好几口。

第二日清晨，旭光初露。禅院中央的曼荼罗道场里铺了几层厚厚的卡垫，四周摆满了上百盏酥油灯，把壁画上的各路佛菩萨照得神采奕奕。沐浴一新的大庆法王正德皇帝穿着华贵僧袍，在贡巴也失的导引下，缓缓步入道场。他在卡垫中央坐定，扎西女活佛在一群女尼的搀扶下，与他对面盘坐。这时他可以仔细端详近在咫尺的这位女活佛，脸色呈酱红色，眼睛大而澄澈，鼻梁圆润有肉，两片薄嘴唇像两片柳叶，嘴中念念有词，默诵着五秘菩萨真言。她双眼低垂，双手上翻放在膝盖上，手指微微颤抖着。

贡巴也失敲响了木鱼，围着道场盘腿而坐的几百名喇嘛高声念起五秘菩萨真言。这时，各种法号和着鼓钹一齐奏响，道场上弥漫着一股神秘而又威严的气氛。

大庆法王在众目睽睽之下，倒觉得有些不自在，想下令停了这些繁文缛节的法事，但看到眼前的这位女活佛一心入定的样子，竟然感觉也有点被她带进了这种神秘的仪式之中。这时，贡巴也失猛地敲响了铜钹。他知道，这是在提醒他该进入金刚杵身灌礼的实质环节了。

他的眼睛扫了眼女活佛，只见她罩在绛红袈裟下的娇小身子竟瑟瑟发抖，牙齿发颤。他内心突然萌发一丝怜悯，不想当众与她修双身了，便站起身，想要离开这个鬼地方。

正当他抬起腿想走的时候，女活佛趴下身子，伸长手抓住了他的腿，嘴里说着他不太明白的藏话，意思是求他给她加持。他回头看她的时候，无意间瞄到了喇嘛服下她裸露出的身子。他突然觉得整个身子好像要飞起来一样。他知道，有四方菩萨被引进了本尊，他的体内涌起一股热流，脑子嗡嗡直响，他这才意识到此刻他不是皇上，而是法王。

法王猛然转身，剥开了她的袈裟……

不知道过了多久，法王睁开眼，整个道场都沐浴着正午的阳光。

这时法号齐鸣，诵经声四起，贡巴也失踱着方步进到了道场的中央，高声唱诵佛谒。灌顶终于结束了。

两个女尼过来，把女活佛架开，用金钵端水给她擦洗身体。女活佛全身无力地蜷缩成一团，伏在法王的脚跟前。贡巴也失亲自上前，将一袭明黄色的僧袍披在了法王的身上。

法王瞥了一眼道场周围，突然看到一个喇嘛与众不同，皮肤白净，脸型瘦削，鼻梁正中有一颗肉痣很是显眼。这喇嘛正目不转睛地盯着他看，不像其他喇嘛在聚精会神地念佛经、做法事。法王见此人甚为面熟，又想不起在哪见过。此人似乎也注意到了法王在看他，连忙低下头，嘴中念念有词起来。

贡巴也失扶法王起来时，他感觉整个身子轻飘飘的，往前迈了几步，摇摇晃晃的，险些摔倒。站在场外的几名小太监见状忙上前搀扶，法王手一伸，示意他们不要靠近他。他深吸了口气，空气中的檀香吸进肚子里，顿时精神了许多。这时江彬不知道从哪弄来一根法杖递了过来。法王就一手扶杖，踱着碎步回到了寺里的行宫。

法王感觉面熟的那位白净喇嘛，确实是他的故人——正是正德六年元宵节在皇店企图刺杀他的"白衣人"。披着喇嘛服的"白衣人"见贡巴也失回到后殿，便悄悄潜了进来，低声问："这法子行吗？"

"扎西女活佛的采补大法，可是天下无双。"贡巴也失脸上露出一丝诡异的笑，"短则半年，长则三年，就要去见佛祖。"

"长则三年？王爷可等不到三年！""白衣人"鼻子哼了哼，掏出一张两万两银票重重地摔到贡巴也失的手心里，扭头就走。

贡巴也失手里紧攥着银票，朝他嚷："你们若急的话，我们就再安排几场双修嘛！"

从五台山下来，大庆法王又成了尘世的皇上，率领江彬的"外四家"在榆林、大同一带游幸。一日来到太原城郊，江彬在他跟前说："晋王府的女乐、舞姬冠绝三晋，皇上何不派人去索要几个来军中解闷？"

皇上一听，突发奇想："若派人去要，不一定能要到可心之人，不如自己去挑！"

"去挑？"江杉暗自纳闷。

皇上叫人拿来几套百户、总旗的衣服，自己挑了一套百户的衣服穿了，又递了一套总旗的衣服让江彬穿上。江杉边穿边嘟囔："这总旗的衣服穿起来真是寒碜。"

皇上骂道："你当年在榆林戍边当大头兵时，你做梦都想穿这身哩！"

"万岁爷，您这又是唱的哪一出？"

"你只管跟着，到时自然就明白了。"

江彬和两名贴身侍卫跟着皇上出了营，打马进了太原城，混进了晋王府的教坊。这里正在上演乱弹戏，唱旦角的"花梆子"小步非常出色，唱腔也动听，皇上站在后排听得有点如醉如痴。一曲唱罢，坐在前排正中的一位官人叫了一声"好"，又高声道："赏！"

　　旦角行了个万福大礼："小女子多谢王爷打赏。"

　　皇上将目光投向台上的旦角，只见她身材娇小玲珑，婀娜多姿，脸蛋俊俏，双眼顾盼有情，一张樱桃小嘴红嘟嘟的，煞是可爱，张嘴说话，声音清脆动听，像百灵鸟叫似的。皇上禁不住盯着这旦角入了迷。

　　台下的晋王爷喝了杯酒，摇头晃脑道："只要天天有戏听，皇帝老子都不抵！"

　　江彬听这晋王爷口出狂言，双眼圆睁就要上前去抓他。

　　皇上将江彬扯住，低声说："听戏，听戏。"

　　旦角又唱了一曲，自然又是赢得满堂喝彩。按照这台戏的情节，最后一幕是旦角背转身子往台下抛绣球招亲。这时台下乱成一团，争先恐后地往台前挤，准备争抢台上抛下的绣球。晋王爷也是身先士卒，与民同乐。大家见怪不怪，因为他早就有言在先："赌场无父子，戏场无兄弟，咱这晋王府的教坊，就是个取乐的地儿！"

　　旦角手中的绣球冷不防抛了出来，没有落在晋王爷身上，也没有被太原城的公子哥们抢到，却不偏不倚地砸中后排站着的皇上。大家扭头一看，抢到绣球的是个百户小官，都嚷嚷道："不行，不行，重新再抛！"

　　皇上手里抓着绣球直发愣，不知道咋办。江彬见众人乱嚷嚷，就不服气地说："绣球明明被我们抢到了，凭什么要重新抛？"

　　有一个穿着华丽锦袍的公子哥摇摇晃晃地来到跟前，指着皇上的鼻尖道："你以为这是在你们军营里踢蹴鞠呀，抢了绣球可得上台扮新郎，你出得起这缠头费吗？"

"什么缠头费？"皇上直纳闷。

公子哥哈哈大笑，从怀里掏出一锭大银子在皇上面前晃了晃："就是这个啦，你要牵人家小姐的手入洞房，那可不是白牵的哟。怎么样？把这绣球转给你爷爷我，这锭银子就归你了！"

江彬一听要发怒，皇上却不恼，手一抬让江彬退后。

晋王见这边闹哄哄的，自然不悦，吩咐手下说："把这些闹事的大兵头给轰了出去！"

晋王手下一群家丁抄了棍子就来赶皇上。江彬跟他们理论了几句，这群家丁不由分说，棍子像雨点般打了过来。江彬等人也不是吃素的，挥起拳头还击。眼看就要上演一场全武行。

"住手！"台上响起了女旦清脆的声音，"来的都是客，有请这位捡到绣球的官人上台，今晚小女子的缠头费免了。"

一听此话，家丁和江彬等人这才住了手，众人纷纷向皇上投来羡慕的眼神。

两名跑龙套的配角拿了一件大红袍套在皇上身上，把他推上了台。此时鼓乐大作，女旦一把牵住皇上的手，在台上一道演起了拜堂成亲的戏。看着皇上扭扭捏捏的样子，大家哄堂大笑。最后，司仪高喊："送入洞房！"女旦便牵着皇上退至了后台。在黑暗中，女旦塞给了皇上一条香巾。

第二天，皇上在"外四家"精锐骑兵的护卫下，风驰电掣地进了太原城，直入晋王府。晋王合府上下俯倒在地迎驾。

皇上在王府正堂坐定。晋王率山西文臣武将行了三叩九拜之礼。皇上退入后堂，晋王又行了家礼。

皇上说："听说晋王的教坊远近闻名。"

晋王一愣，低着头答道："荒废已久，只留有几个乐工闲住。"

"荒废？你不是说'天天有戏听，皇帝都不抵'吗？"

晋王大惊，连忙跪倒在地，把地板磕得咚咚作响。

"呃 ——"皇上笑道，"你这是做甚？快起来说话。"

晋王见皇上兴致颇高，便道了谢，爬起身，侧头瞄了一眼皇上，又是一惊：这不是昨晚抢了绣球上台演新郎的那个百户吗？这一惊不要紧，脚就不听使唤，当场软了，整个身子一下子瘫倒在地。

"你看看，你看看，昨晚还生龙活虎的，今天咋成一团湿泥了呢？"皇上一看晋王这样子，心里直乐，嘴上便打趣。

晋王身子直哆嗦，干脆坐在地上回话："臣死罪，死罪啊。臣就好这一口，听戏解闷，绝无二心！"

"本大将军说你有二心了吗？"皇上笑得眼睛眯成了一条缝，"就你这怂样，你二心得起来吗？不瞒你说，你这里歌舞升平，本大将军就高枕无忧哩。"

晋王颤巍巍地从地上爬起来，躬着身子说："罪臣要替皇上守好这九边重镇。"

皇上大手一挥："不谈这个，这次本大将军来你们府，可是要找你听戏的。"

晋王赶紧点头："臣明白，明白，这就安排，保皇上满意！"

王琼、张英追至太原晋王府时，皇上正兴致勃勃地在教坊听戏。王、张二人不敢扫了皇上的兴，守在门口。等到曲终人散，皇上意犹未尽地从里面出来，看到他俩，装作没看见，大步往前走。王琼赶紧快步跟上前，跪倒在地，高呼万岁。皇上这才停下脚步，假装诧异："哦，原来是王尚书啊，你来太原做甚？也想来听戏？"他把王琼扶起来，对晋王笑道："你们晋王府打仗不行，戏班子倒是连兵部尚书都知道哩！"

晋王搓着手，接不上话，笑得一脸尴尬。

王琼道："回皇上，臣是来报捷的。"

"哦？"皇上一听报捷，顿时来了劲，"这个倒中听。你说说看，报什么捷？"

王琼便把王阳明的奏捷疏递了上去，把漳州、南赣等处平叛的事简略说了。皇上大喜："当初本大将军说派这个会吐火的王阳明去剿匪，果真没看错人。你们兵部拟道旨，重赏！"

王琼又赶紧把王阳明的《乞休致疏》递过去："王阳明想休致。"

皇上随口答道："他打了胜仗，想干啥就干啥呗。"

"启禀皇上，南赣地方贼匪刚平，局势未稳，还有死灰复燃之势。"

"那你说咋办吧。"皇上一脸的不耐烦。

"依臣之见，王阳明暂时不许致仕，仍需小心办事，为国……"

"准奏！"

王琼一听此言，心中窃喜。

皇上拉着晋王的手，正要迈开步，王琼又在他面前"扑通"跪下了。

"你这又是做甚？"皇上把迈开的腿又收了回来，神情不悦。

"微臣奉太后懿旨，迎皇上回京。"

江彬恶狠狠地瞪着他："老王，你这是干啥？抽什么风？皇上才刚看了两出戏，好戏还在后头！"

"这个好办，把整个戏班子搬到北京去就好了。"王琼硬着头皮答道。

皇上呵呵一笑，觉得这个主意出乎意料："就怕晋王爷舍不得呢。他可是宁愿天天听戏，皇帝都不做的主！"

晋王连忙答道："舍得舍得，别说一个戏班子，就是把整个晋王府搬到北京去，我也愿意！"他刚说完，觉得此话不妥，下意识地用手去遮嘴。当年太祖皇帝定下规矩，亲王成年后都要就藩，皇帝不召，不得入京。他这话说得有点大逆不道，好像要跟皇上抢江山似的。

不过皇上也不恼，不知道是没听出他话的破绽，还是不跟他计较，只顾挖苦他说："你们晋王府的人都是吃闲饭的，你们若是搬去北京城，岂不是白白浪费我的皇粮？"

晋王听皇上打趣，倒是松了口气，也开玩笑说："这个好办，我自带干粮，要是万岁爷不嫌弃，我还可以直接上戏台给您吼几嗓子解解闷。"一边说着，一边还做了个角儿出场亮相的姿势，有板有眼的样子逗得皇上大笑不已。

"你呀就算了，戏班子也不用搬了，本大将军就收了你们这个当家花旦吧！"皇上示意王琼起身，迈开腿，悠闲地漫步。

"这个，这个刘良女可是有夫之妇，她是我们王府乐工杨腾的妻子。"晋王额头直冒汗，他知道将有夫之妇献给皇上，那可是死罪。

"呃——"江彬在旁向晋王一个劲地使眼色，"王爷肯定是记错了，她怎么会是有夫之妇呢？记错了！是不是呀，王爷？"

晋王看看江彬，又看看皇上。皇上的脸色很难看，刚才还是晴空万里，而今已是乌云密布。晋王左右为难，只好磕磕巴巴地说："小王是记错了，是记错了！刘良女可是良家女子，良家女子。"

皇上的脸上这才云开雾散，大步流星地走了。

晋王终于长舒了一口气。

三 无功利之心，虽搬柴运水，何事而非天理？

王阳明接到不准他致仕的圣旨时，心情显得异常平静。他其实早就料到，朝廷不会轻易放他走。他想致仕归乡，一则想能最后看一眼卧床多年的老祖母，二则想着能亲至徐爱的坟前祭奠。

去年春天，他在漳南与贼匪激战正酣，徐爱在病中寄来书信，说与二三友人于湖州溪之畔购下农地，等待他归来。王阳明在战火之中的空暇，写下两首诗，其中有这么几句："山人久有归农兴，犹向千峰夜度兵。""百战自知非旧学，三驱犹愧失前禽。"

王阳明的思乡归耕之心溢于言表。他真心期待着能早日解甲归田，与徐爱在溪边一边垂钓，一边论道。可是就在五月他上疏朝廷奏报平定漳州之贼的十几天后，他接到了徐爱去世的消息，当场放声恸哭。王阳明时年四十六岁，徐爱年仅三十一岁。

徐爱不仅是王阳明的妹夫，而且是王阳明最器重的学生。徐爱年轻时不及弟弟聪明，但王阳明的父亲龙山公力排众议将女儿许配给他，而不是他的弟弟，就是看中他的质朴淳厚。后来徐爱果不负众望，考中了进士，而且成了王阳明门下高足。他将王阳明的对话、语录编成了一本书，取名《传习录》。而当初王阳明是反对门下弟子私录他的话的，他说："圣贤教人如医用药，皆因病立方，对症下药。要看病人虚实、温凉、阴阳、内外等情况的不同而时时加减药量。关键是能治好病，究竟怎么用药，用多用少，并无定说。若拘执一方，想着用一个方子包治百病，他日误己误人，我的罪过可就大了！"他这种想法有点类似老子的"知者不言，言者不知"，心学的道理让学生在生活经验和实践磨练中自己去揣摩就好了，不需要太多的文字束缚了大家的思想。当年在贵州龙场，出于这种考虑，他竟然将自己辛苦数载撰写的《五经臆说》付之一炬。

所以，徐爱将详细记录的王阳明所教之言编辑成书时，有同门好友便用上面王阳明说的那段话来规劝他。徐爱笑着答道："若是照你这么说，又是像先生说的那样'拘执一方'了。孔子跟弟子子贡说'我跟你没话说'。过了几天，他又说：'我跟颜回讲了一整天的话。'孔夫子难道言行不一吗？"

好友便问："这又是何故？"

徐爱说："因为子贡喜欢记些孔子的话语，做些表面文章，所以孔子不跟他说话，并以此警示他，让他多揣摩自己话语的深意，以求自得。而颜回不一样，他将孔子的话默记在心，并触类旁通，举一反三，因而孔子跟他讲话一讲就是一整天。"

好友恍然大悟："原来如此。"

"我们同门好友大多离群索居，有了这本语录，我等弟子能从先生言语之中，窥其要义，而实践履行。这才能明了先生之学，确为孔门嫡传。其他学说皆是旁蹊小径，断港绝河。"徐爱颇有感触地说。

好友听到这话，大为叹服。

王阳明摩挲着眼前这本《传习录》，看着徐爱写的序言，泪水夺眶而出，滴湿了书页。他含泪写下《祭徐曰仁文》，师徒情深溢于言表。写罢祭文，他意犹未尽，提笔给弟子陆澄写了封信，说："徐爱去世后，真正理解我学说的人更少了！"

没多久，王阳明又得知广东乐昌的高快马纠集李斌、吴凡等残匪，侵扰三省，荼毒百姓。他此时身心俱疲，已不能亲率大军出征。但他还是运筹帷幄，指挥官军声东击西，阳背阴袭，或先散离其党羽，或阴诱致其心腹，一举击败了这伙盘踞三省交界的残匪。官军斩杀贼匪两千八百零九人，俘虏五百零四人，大获全胜。王阳明的《三省夹剿捷音疏》还没有送走，朝廷升任他为都察院右副都御史、荫子锦衣卫世袭百户的圣旨就来了。对这些赏赐他照例辞免，并请求以原职卸任，回乡务农。在这封奏折中，他将剿匪的功劳全部归结于朝廷任人唯贤、用人不疑。他说，马车跑得顺畅，是因为车夫驭马有方，朝廷就是车夫，自己不过是识途老马而已。此后又多次上疏请辞，皆未获批准。最终，王阳明未能见到祖母岑氏最后一面。

这段时间，幸亏有张燕娘终日陪伴在侧，悉心照顾，王阳明身体日渐好转。到了第二年，也就是正德十四年的春天，邹守益、陈九川、冀元亨等几名弟子陪着他一道前往赣州郊外的通天岩游览，借此让其乐而忘忧。此岩位于大和山上，三面绝壁环绕，风景绝美，"石峰环列如屏，巅有一窍通天"，周围又有大小不一的十几个洞穴和石窟。王阳明登上通天岩四下望去，万里江山风景如画，不知何处传来阵阵笛声，令人忘却心中忧愁，便于崖壁题诗一首：

> 青山随地佳，岂必故园好？
>
> 但得此身闲，尘寰亦蓬岛。
>
> 西林日初暮，明月来何早。
>
> 醉卧石床凉，洞云秋未扫。

王阳明一生酷爱洞穴，家乡山阴、贵州龙场，哪怕在战事稍歇的龙南和赣州，他都能找到风景奇崛的洞穴。在这通天岩，他也特别喜欢其中一个僻静洞窟，觉得酷似家乡会稽山的旧居阳明洞。他常在此处给赣州的弟子们讲学，要求弟子多做些去欲存理、省察克治的体认实学功夫，"如果我没有功利之心，虽钱谷兵甲，搬柴运水，何事而非实学？何事而非天理？"并断言"万事万物之理不外乎吾心""本心之明，皎如白日。心明就是天理"。时人也将此洞称为"观心岩"。

一日，王阳明与弟子冀元亨一同冒雨前往赣县附近山里的栖禅寺，探访寺中闭关度日的高僧，突然府中书童传来消息，薛侃、陆澄、季本、许相卿、蔡希渊五名弟子一同考中进士。王阳明大喜："非为他们登第做官而喜，为山中日后有良伴而喜！"

这一年，王阳明在赣州刊刻了《大学古本》和《朱子晚年定论》。他跟邹守益等弟子说，他在贵州龙场时就怀疑朱熹的《大学章句》并非圣门本旨，"圣人之学本来简易明白，其书只有一篇，原本并无经传之分"。在《大学古本》的序中，他将《大学》的宗旨归纳为"诚意"二字，并将"致知"作为求学的宗旨，并认为"致知"乃"致本体之知"，且以致知为诚意之本。

也是在这一年，薛侃于赣州刊行了徐爱编撰的《传习录》，里面有一段记录了他与王阳明关于"花间草"的讨论。周敦颐不除窗前草，浑然与万物同体，一派仁者气象。而薛侃去除花间草，只因"我"爱花，故恶草。王阳明说薛侃"从躯壳起念"便是错误的，周敦颐的心，从理所出，是公心；薛侃的心，从"我"所出，是私心，境界不同。王阳明又说："天地生意，花草一般。何曾有善恶之分？你欲观花，则以花为善，以草为恶。如欲用草时，则以草为善哩。此等善恶，皆由你心生好恶，故知是错。只因这是私心，一时喜怒无常，物在我心忽善忽恶，这是'动气'。"他最后总结说："无善无恶者理之静，有善有恶者气之动。"

王阳明在赣州平定匪乱后，四方之士聚集而来，拜在其门下。刚开始，他将弟子安排在射圃寓居，但后来人太多住不下，因而在旧布政司故址重修濂溪书院，收容弟子，并让冀元亨担任书院的主讲。

王阳明在赣州办书院讲学名声日隆，南昌的宁王朱宸濠来信，邀请他赴南昌讲学，说是有些问题想当面请教。王阳明与冀元亨正在对弈，便把宁王的信递给他看，问他有何见解。冀元亨答道："宁王已是'司马昭之心，路人皆知'。南昌而今是虎穴龙潭，先生不可冒险。"

王阳明一边在棋盘上落子，一边笑道："不入虎穴，焉得虎子？再说了，他是王爷，他来召我，我岂能不去？"

冀元亨哪还有心思下棋，手里捏着的棋子都不知道往哪落子："先生去了南昌，那赣州军中无主，万一残匪作乱，或是南昌那边突然发兵，岂不危矣？不如我去！宁王不是说要讨论什么学理问题，我现在好歹也是濂溪书院主讲，我去会会他也无妨！"

王阳明想了想，点点头："这样也好。一则弘扬正学，规劝他走正道，二则也刺探些敌情。最好不打，要打也不怕。你向来机警有谋，临危不惧，你去，为师放心。"

冀元亨来到南昌，住在阳春书院。这阳春书院本是宁王笼络士林、储备人才的地方。因科场案无缘仕途的唐伯虎，回到苏州，与街巷狂生张灵等人整日纵酒放浪，颇有微名。宁王认为这种对朝廷不满、牢骚满腹的人正可收归麾下，大加利用，便卑辞厚币，把他请来南昌，奉为上宾。唐伯虎与其他宁王网罗来的名士就住在这书院里。

宁王对冀元亨盛情接待，带他参观宁王府护卫营，企图炫耀武力。冀元亨暗中发现，宁王不仅邀请江湖巨盗杨清、李甫、王儒等百余人入王府为"把势"，护卫营里还蓄养死士，招募凌十一、闵廿四等流窜在鄱阳湖的强盗五百余人，厚结广西的土官狼兵以及赣南、汀州、漳州一带的山贼。此外，还暗藏盔甲、火器等违禁器物。护卫营公然收买皮张，制作皮甲，私制枪刀盔甲和佛郎机铳火器，日夜造作不息。他看到宁王府武库里有几千把形式怪异的刀剑，不像是大明本土所造。宁王特意挑出一把当场比试，真乃锋利无比，削铁如泥。

冀元亨还留意到武库里有一密室，旁人不得入内，料想其中必有隐秘。深夜，他潜入武库密室，发现里面摆满了宁王私造的印章。他数了下，里面有丞相、大将军、护卫及经历、镇抚司、千户、百户等大小印章，共有五十八枚之多。

白天，宁王到书院跟他谈王霸之道，企图让他拉拢王阳明入伙。冀元亨昧昧然装糊涂，只是跟宁王说些为学立志等话。宁王见他油盐不进，从书院出来直跺脚："这就是个书呆子嘛！"

一日，冀元亨在书院里讲《西铭》，反复陈述君臣大义，想以此来打动宁王。谁知宁王勃然色变，当场把佩剑从腰间解下来，"啪"的一声砸在案桌上。旁人大惊失色，冀元亨却面不改色，照讲如旧。宁王出来，身边人问："要不要抓捕？"宁王摇了摇头："此人大有胆气，姑且放他一马！他是王阳明的高徒，此刻就跟他闹僵了不好。严加看押，礼送出境！"

冀元亨从书斋出来，看到在后堂的墙上刻有一篇赋记，仔细一瞧，是《阳春书院记》，再看落款，作者竟是大名鼎鼎的当代大文豪李梦阳，心中"咯噔"了一下。

他绕到后花园，远远看到水榭里有人正在挥毫作画，再仔细一瞧，此人正是唐伯虎。此前王阳明派冀元亨来南昌托他出售《清明上河图》筹措军饷，因而两人相识。冀元亨凑近一看，唐伯虎正在临摹《清明上河图》，画得惟妙惟肖，几可乱真。他原本以为自己临摹的功夫了得，此刻看到唐伯虎的画那才自叹不如。唐伯虎看到冀元亨远远地过来，心中暗喜，本想与他叙旧一番，后来走近一看，他旁边还跟着宁王的几个爪牙，这才知道他处境不妙，便装作不认识。冀元亨站在唐伯虎临摹的《清明上河图》前看了看，也不作声，突然拿起此画翻了过来，自言自语："这么好的一幅绢子，背面怎么啥都没画呢？岂不浪费？"

唐伯虎假装嗔怪道："哪里来的怪人？墨迹未干哩，不可捣乱！"

冀元亨身后跟着的几个人也觉得他怪怪的，掩面而笑，催他快走。

唐伯虎看着冀元亨大笑而去的身影，再回头瞧了瞧眼前被翻转了过来的画作，心里直纳闷，不知道这老冀葫芦里卖的什么药。这画翻了转，意思是"返"吗？难道是想告诉自己宁王不会加害于他，他要平安返回赣州去，还是暗地里劝自己返回苏州老家去？唐伯虎突然想到这个"返"字，去掉"走之"旁，不就是个"反"字吗？莫非是想告诉自己，再不走，宁王就要反了？唐伯虎一想到这里，顿时大吃一惊：虽说外面有种种有关宁王要谋反的传言，但这几年宁王除了跟一班江湖大盗偶尔聚聚餐，再在鄱阳湖上抢劫些商船外，也没见有什么谋反的举动啊。再说，宁王对他们这些落魄的文人名士还是礼遇有加的。但万一宁王真要谋反，他唐伯虎居其幕府、为虎作伥的罪名便坐实了，那可是株连九族的大罪哦！

唐伯虎转念又想，成祖爷朱棣当年也只是个镇守燕地的亲王，不也是靠谋反抢了他侄子建文帝的江山吗？那个人称"黑衣宰相"的姚广孝，当初不也是像而今他唐伯虎一样屈居王府幕宾吗？他唐伯虎本可蟾宫折桂、连夺三元，却命运多舛，莫名其妙地卷入一场科举案，并被逐为小吏，羞辱终生。今生已与功名无望，何不纵身一搏跟着宁王打天下，将来如能大事成功，他不也是姚广孝那样令万人景仰的国师吗？

可是万一失败了呢？那就是万劫不复，死无葬身之地。成祖爷是太祖亲生儿子，雄才伟略，亲率大军出大漠穷袭北元，岂是现今这个与盗匪沆瀣一气的宁王可比的？他若真要反叛，可能不等朝廷调来京师团营和九镇边军，镇守南赣的王阳明就可以轻而易举剿灭他身边这些散兵游勇。想到这里，唐伯虎心想，科举也罢，功名也罢，还不如浪迹江湖，学柳永浅吟低唱"晓风残月"来得痛快！

但已入牢笼，要想脱身谈何容易？搞得不好，宁王一怒之下会杀他灭口哩。那岂可坐以待毙，坐等协同谋反的屎盆子扣在自己头上？唐伯虎左想右想，茫然无计，后来突然想到，当年成祖爷还在北平当燕王时，也有朝中大臣怀疑他有谋反之心，燕王便以装疯来遮掩行迹：在闹市中大呼小叫，语无伦次，随便闯入民宅，夺人酒食。再就是大热天的穿着棉衣烤火，或者就在大街上露宿，随地大小便。他这一招竟然骗过了建文帝派来暗中监视他的人。

唐伯虎计上心头，说干就干，他也要学成祖爷来装疯卖傻一回！他有时在阳春书院讲学，讲着讲着，竟然把衣服脱光了，赤身裸体坐在太阳底下捉虱子；有时披头散发，在南昌城里狂奔；还有就是突然大吼大叫，打人骂人，对宁王身边的人也不例外。经他这么一闹腾，好好的一座书院变得乌烟瘴气，满南昌城百姓都在争看这位宁王府名士的笑话。阳春书院的不少名士告到了宁王跟前，宁王大为失望，只好派人把他送回苏州。唐伯虎终于逃出魔窟。

四　宁王反了

冀元亨回到赣州，将宁王谋反的种种迹象告知王阳明，还特意说起武库里藏有几千把怪异的刀剑，刀柄很长，倒很像是倭刀。王阳明顿时明白，正德五年日本了庵和尚那七千把刀剑的神秘买主竟然是江西宁王！当时了庵和尚说是太后下旨高价买了去，宁王原来打的是太后的旗号。

冀元亨还说起李梦阳那篇《阳春书院记》，王阳明也甚觉奇怪，想了想说："梦阳正德六年至九年在江西当过提学副使，跟宁王应该也有交集，不过按他的性格，不该为宁王歌功颂德。此间定有蹊跷。"

宁王后来听说冀元亨向王阳明告密的事，怒不可遏，扬言要取冀元亨的项上人头，派出一帮所谓武林高手来赣州行刺冀元亨。听到风声，王阳明连忙派亲兵护送冀元亨回了湖广武陵老家，暂避风头。

正德十三年五月，因月粮无法供应，福州府三卫军士进贵、叶元保等以索饷作乱，延平、邵武等卫的军士也响应骚乱。福州城内人心惶惶，致仕在家的原都御史林廷玉、按察副使高文达出面调停，骚乱乃定。八月，又乱。乱军大搜城内金银，藏于开元寺，兵备副使李志刚等出兵平乱，但此乱刚平，他乱又起，官府应接不暇。

正德十四年二月，福建巡按御史程昌奏请调王阳明的南赣官军前去平乱，而此前王阳明也上折请辞提督军务及交还调兵旗牌。两份奏折转至兵部尚书王琼处。王阳明的弟子应天彝此时正在兵部任主事，王琼便对应天彝说："福州此等小事，不足烦令师，但借此机会让便宜行事的敕书旗牌留在令师手中，以待他变。你不妨帮我拟一题稿来看。"王琼对宁王所欲也是心知肚明。

应天彝的题稿拟好后，经司礼监加印降敕给王阳明："福州三卫军人进贵等协众谋反，特命你暂去彼处地方会同查议处置，参奏定夺。"

六月五日，王阳明接到调他赴福州平乱的敕书。九日，率军沿赣江北上。他在离开赣州前，奏请平叛成功后顺道从福州回浙江老家一趟，探望其父并参加祖母的葬礼。因此，与他一同乘船的还有诸夫人和继子王正宪，本来邀燕娘一道同行，但燕娘推辞说接到养母于夫人的信，说近来身体微恙，催她回京探望，她便收拾行装先行北上了。

六月十三日是宁王大寿，此前王阳明已接到宁王的请柬，正想顺道去南昌给宁王拜寿。可是船至吉安府时，他突然想起自己忘带官印，便派中军典仪官返回赣州去取。这么一来，路上就耽搁了几日，十五日才抵达丰城县的黄土脑，此处距离南昌城只有一百二十里。

王阳明正泊船岸边，略为休憩。前方官道上一匹快马奔驰而至，近到跟前，马上人一骨碌滚落下来，上气不接下气地朝着船上喊："宁王反了！"

王阳明认出此人是丰城知县顾佖，前年他刚至南昌城时，碰巧见过此人。顾佖已接到宁王的伪檄，上船面告，王阳明这才知道，宁王虽蓄谋已久，但这次反叛，却由皇上身边的小人倾轧所引发。江彬与钱宁不和，而太监张忠等人被钱宁欺压已久，心怀怨恨，就想借江彬之手扳倒钱宁。张忠等人所持钱宁的短处，便在他交结宁王一事。但太早揭发的话，宁王罪状还没显现出来，便扳不倒钱宁。所以他们一直在等待机会。

正德十四年初夏，时机成熟了。这宁王朱宸濠是太祖朱元璋四世孙宁康王朱觐钧的庶子，是小妾所生，初封上高王。因宁康王没有嫡子，他于弘治十二年袭封宁王。按理说，他是太祖五世孙，而当今皇上是太祖的七世孙，而且脉系相隔较远。但为了帮助宁王，钱宁挖空心思做文章。春季太庙祭祀大典，钱宁蒙骗皇帝，召宁王世子入太庙司香，以为将来继统张本，又让人将诏令写在一种被称为"异色龙"的特殊纸上。这种纸，依照惯例是专用于与监国联络的。如果没有太子，监国就代皇帝行事，这暗示宁王世子有望成为监国。江彬得知此事，大为焦虑。

此时，江西巡抚孙燧在派兵保护费宏、镇压土匪活动时，从捕获的几个匪首口中侦破了宁王与贼匪勾结并蓄谋反叛的事实。孙燧为人有正气，性格刚毅。正德十年十月，他由河南右布政擢升江西巡抚时，同僚都劝他说："现在江西的官员们都以调离江西为幸事，你此时去江西趟这浑水做甚？"孙燧毅然道："我就当去赴死报国难吧！"他把家眷送回余姚老家，只带了两个书童去江西赴任。他知道不仅他身边的属吏，而且布按衙门官员中都有不少宁王的耳目，因而谨言慎行，军机大事左右都不得窥探。他还时常找机会规劝宁王，陈说大义，但宁王毫无悔改之意。他暗自观察到按察副使许逵忠勇有谋，可以嘱托大事，有事时便与其一起谋划。

与孙燧同年中举的胡世宁此前向朝廷举报反而获罪，孙燧认为没有确凿证据，贸然上书朝廷毫无用处，反而打狗不成反被咬。他与许逵计议，以剿匪为名，备兵各地。许逵进士出身，而仪表脾性都似名将。他于正德十二年到江西当按察副使，一到就大捉宁王府庇护的群盗。他认为这不仅仅是为了地方治安，还另有深意。

许逵跟孙燧说："宁王敢为暴，是因为朝中有权臣撑腰。权臣为何给他撑腰？因为受了宁王的重贿。而宁王行的重贿来源于他豢养盗贼的抢劫。现今只要剿灭了盗贼，宁王便没了钱行贿，朝中权臣便也不会再给他撑腰。"

孙燧深以为然，大力支持许逵剿匪，还让许逵赴南赣军中，协助王阳明剿匪，历练一番。

为了防备宁王强夺军械库，孙燧又将省城所贮兵器分运他处。宁王知道孙燧不好惹，便用对付此前江西地方官的方法，命人送他四样果蔬。孙燧打开一看，是枣、梨、姜、芥，知道这是要他"早离疆界"的意思，故笑而不受。

宁王得知有匪首被孙燧所擒，担心他们可能在拷问下泄露他的计划，四处打听到孙燧将他们关在南康府城的牢房里，便派王府护卫袭击南康企图营救。而这只是孙燧事先布置好的一个计谋，只等宁王派人来救，一则坐实他与贼匪串通谋反，二则也趁机抓住王府护卫几个兵卒，收集可靠证据。于是，从这一年春天开始，孙燧接连向朝廷递送了七份关于宁王谋反的奏折。钱宁一再扣押、拦截这些奏折，但还是有一两封落到司礼监太监张忠手中。张忠与江彬密谋，正可以此击垮钱宁。恰在这时，南昌一帮无行士子拿了宁王的好处，上疏保举宁王孝行，说他居母丧期间如何如何礼仪有加。江西巡按御史等一些地方官也跟风上奏举荐。皇上一见这些奏折，满脸惊诧："百官贤达可以升官，宁王贤达意欲何为？他是想将我置于何地呢？"

于是，张忠趁机密奏钱宁、臧贤勾结宁王之事。东厂厂公张锐与首辅杨廷和也发现事态严重，纸包不住火，于是秘密商定，革除宁王护卫，以翦其羽翼。风声一漏，言官纷纷发难攻击宁王。御史萧淮上疏称宁王"不遵祖训，包藏祸心，招纳亡命，叛形已具"。江彬、张忠看到此奏折，大赞御史敢言。

江彬又指使给事中徐之鸾、御史沈灼各自上疏，揭发宁王将密探林华藏身乐工臧贤家中的不法行径。皇上于是诏令张锐率东厂捕快去抄臧贤的家。林华闻讯从臧贤家墙壁里的暗道逃走。虽然张锐没有抓获林华，但却侦破臧贤家中的间壁机关：从外面看是上了锁的木橱，打开则是长巷，直通外街。布局精妙，常人无法察觉。

皇上听说臧贤家密室里有间壁机关，大惊："朕此前也曾去过臧贤家听戏，就在此密室起居，不知墙上竟有间壁，间壁里竟有暗探窥探，真是好险！"

事已败露，江彬等人便在皇上面前建议，派太监赖义等携带敕书前往南昌革其护卫。皇上问内阁的意见，首辅杨廷和赞成革除王府护卫，但主张仿照"宣宗谕赵王故事"，增派皇上姑丈、驸马都尉崔元和左都御史颜照寿一同前往南昌"戒饬"宁王，变兵戎相见为皆大欢喜。

宁王原本只需交出护卫便可相安无事，但他接到林华的报告，联想到的不是宣德年间皆大欢喜的"赵王故事"，而是弘历七年被捕赐死的"荆王故事"。他以为崔元等人此次来南昌召他，也是照此行事。如果他奉召入京，则必死无疑，便决定兴兵反叛。

却说林华从臧贤家间壁逃出，一路乔装改扮逃回南昌。这一天是六月十三，恰好是宁王的生日，大宴江西的文武官员。宴罢，林华面见宁王，将东厂如何在臧贤家抄家，朝廷如何要派太监来南昌问罪一股脑全说了。其中少不了添油加醋一番，听得宁王胆战心惊，急召军师刘养正来王府密议。

这刘养正幼时称神童，以诗文见长，中举后却一直无缘进士及第。宁王以重金将其招之幕下，与唐伯虎等名士一道在阳春书院居住。刘养正已铁定一条心跟宁王谋反。他与宁王原来商定的计划，是在六月十五日起事。因为这年是乡试大比之年，六月十五日那天地方大僚要入闱监考，城防空虚，易于起兵。

一心想做"姚广孝第二"的道士李自然，此前也在宁王面前出主意，说选在今年六月造反是天意使然。燕王朱棣举兵造反是乙卯年，今年也是乙卯年，正好相差两个甲子一百二十年。燕王于壬午月称帝改元为永乐，今年六月也是午月，也宜称帝改元。他将要改的年号都给提前想好了：顺德，意思是顺天承德。还有，当年太祖朱元璋拜李善长为太师，刘伯温为军师，太师姓李，军师姓刘。现今宁府太师、军师也是现成的，而且一个姓李，一个姓刘，他说的是李士实和刘养正。李自然说："这不是天意是什么？"他这一番话，说得宁王甚为心动。李士实、刘养正听罢，也是蠢蠢欲动。

刘养正听了林华的一番话，认为事态紧急，非提前动手不可。他劝宁王趁第二天布、按、都三司等大僚入王府谢宴之际，先发制人，一网打尽。李自然在旁边摇着鹅毛扇，慢条斯理地说："这个也有出处，当年燕王也是在王府宴请朝廷派来的张昺、谢贵等官员时宣布起事的，并将府内叛变的葛诚、卢振一并处决！"

宁王点头称是，于是星夜召集大盗吴十三、凌十一、闵廿四等匪众来王府埋伏，王府护卫也提前戒备。宁王又把李士实找来。李士实是江西南昌府新建县人，原本是右都御史，与宁王是儿女亲家，此前帮宁王陷害过检举他的胡世宁，后致仕回到江西，干脆入了宁王幕府，被宁王奉为上宾。李士实颇迷权术之道，以姜子牙、诸葛孔明自诩。李士实听了刘养正提前起事的计划，觉得甚是突然，但也只好唯唯称是。

第二天一早，锣鼓喧天、张红燃爆的宁王府早已杀气腾腾，但江西地方文武官员不明就里，仍由巡抚孙燧率领，鱼贯而入，笑容可掬地谢宴。

宁王朱宸濠端坐王座受礼后，出临露台，大声质问："你们可知大义所在？"

孙燧一脸诧异："殿下何出此言？"

宁王板着脸说："孝宗皇帝被太监李广所误，抱民间弃子当亲生儿子。我大明朝列祖列宗，不能享用血亲供祀已经十四年了。如今我奉张太后密诏起兵讨贼，共申大义，你们晓得不晓得？"

当今皇上非孝宗亲生的事在江湖上也确有传闻，但都是捕风捉影的事。孙燧问道："哪里来的这话？请殿下拿太后的密诏出来，大家瞧瞧！"

这一问把宁王给问住了，他昨晚决定提前起事，密诏之事也是临时起意，并无提前伪造一份太后密诏，于是支支吾吾，面有难色，气势顿时矮了半截。底下文武官员见宁王答不上话，纷纷交头接耳，场面一下变得闹哄哄的。

这时，露台后面传来一个尖嗓了男人的声音："王爷莫急，老大来也！"话音刚落，一个獐眉瘦脸、鼠须长颈的男子在露台上冒了出来。宁王一看，大喜："臧贤来了，臧贤来了！你还活着，甚好，甚好！"

"王爷，您猜这位是谁？"臧贤说着，做了个手势，几名护卫将一位身穿道袍、足踏芒鞋的中年道姑推上了露台。郏文因剿匪有功，已升任江西都司金书，此时他正混在官员队伍中。他心头一惊，认出此名道姑正是当今皇上生母于夫人！

原来这臧贤精通缩骨术，那天在家中掩护林华逃走后，来不及躲藏，被东厂的人捕了去，关在宫里。谁知道他深夜趁看守不备，解掉了捆在身上的绳索，从宫中密道潜了出来。他原本与张太后有私情，一次从张太后那里无意间得知皇上生母另有其人，经多方打听，终于查明西山万花娘娘庙里的于夫人正是当今皇上生母。知道这一天大的秘密，臧贤按捺不住内心的激动，在一次酒后泄露给了他的女婿司钺，司钺后来被发配到南昌当卫军，被宁王暗自救出，招至幕府。司钺在宁王面前将此事吹了下风。说者无心，听者有意。宁王窃喜，暗自将此事记在心里，因而刚才在文武官员面前才能说出皇上并非先帝亲生的那些话来。

臧贤指着于夫人高声道："此人就是当今皇上的生母——于夫人！"

中庭里站着的官员一阵骚动。

"就是她当年生的野孩子，现在在紫禁城里坐着龙椅哩！"臧贤一阵奸笑。

宁王一听也来了劲，大声嚷道："我才是太祖爷的正统血脉！让一个野孩子坐了我们老朱家的江山，真是天理不容！"

于夫人在旁冷笑一声："大胆反贼，口出狂言！"

"你们现在知道北京西山一个小小的紫霞元君庙，为何是敕建了吧？去年还重修了金殿呢，就因为他朱厚照是庙里道姑的儿子！"臧贤在一旁帮腔。

于夫人目视前方，一脸冷峻，不去搭理。

"不吭声是吧？"臧贤从怀里掏出一个用黄布包裹的东西，一层层揭开，里面是一枚盘龙纽金印，上面篆刻阴文：母后皇太后之宝。臧贤嚷嚷道："你们瞧瞧，瞧瞧，这就是明证！"

于夫人正色道："我是当今皇上生母不假，当今皇上乃先帝孝宗亲生血脉也不假。我只是一心求道，才出宫修炼。谁敢颠倒黑白，那是诽谤皇上，乱我朝纲，是诛九族的重罪！"

宁王忙令人把于夫人拉走。他扫视一眼中庭文武官员，见大家都有点懵懂诧异，心中窃喜，心想臧贤这厮还有两下子，这一招还算管用。

孙燧刚才看到那枚金印，一时有点头昏目眩，搞不清楚里面究竟是何等盘根错节之事。但转念一想，这个道姑身份存疑，就算是真的，也不能证明当今皇上就是假的。

宁王见孙燧有所动摇，笑道："孙巡抚，我现在要到南京去拜谒太祖孝陵，你保不保驾？"

宁王这一问，露出了他造反的原形，也惊醒了孙燧。孙燧心想，作为封疆大吏，在谋反这种大是大非面前可不能有丝毫含糊，于是遽然变色道："天无二日，国无二主！你这是自取灭亡，还想本院跟你一起造反？简直痴心妄想！"

宁王大怒，当即喝令护卫营校尉火信将孙燧捆了起来。

其他文武官员眼睁睁地看着孙燧被擒，惊愕失色，却手足无措，噤若寒蝉。这时，许逵冲了出来，喝止火信，与他争执。宁王便道："许副使说什么？"

许逵凛然答道："副使唯有赤心！"

"我倒要剖开你的心看看，究竟是什么颜色！"宁王恶狠狠地威胁道。

许逵也翻了脸，破口骂道："你杀我，皇上也要杀你！我是忠臣良将，死了也配享忠烈祠，名入紫光阁！你是反贼，合当碎尸万段，悔之不及！"

宁王命人将许逵也捆了，将二人拖至南昌惠民门外，斩首示众。斩许逵时，刽子手按他下跪，许逵挺胸而立，拒不屈膝。数名刽子手都奈何不了他，只好挥刀斩断其颈，许逵身子仍屹立不动。众人称奇，一齐推他令其跪倒，最终还是不能。许逵就这样站立而死，年仅三十六岁。

听闻此讯，宁王妃娄妃连忙派遣近侍女官前去惠民门营救，但赶到时人头已落地。当时正值正午，天空骤然变得阴云密布，狂风四起。

任浙江巡按御史时曾帮宁王捉拿胡世宁的潘鹏，此时任江西兵备佥事。他率先叩头，高呼万岁。布政司参政王伦也跟着下拜。

原南安知府季教此前跟着王阳明平贼有功而被保荐升任广西参政，带着家小由水路赴任，行至省城，适遇宁王生日，也跟着来宁王府凑热闹，没想到摊上这等大事。看到吴十三、凌十一、闵廿四等大盗带着一帮匪兵突然将他们团团围住，凶神恶煞的样子，季敩真后悔没有早点去广西赴任。他看了看站在他旁边的杨璋。杨璋因剿匪有功，此前也被王阳明保荐升为江西按察使。杨璋跟他四目相视，大汗直流，不敢出声，也不知做甚才好。

这时吴十三看见季敩东张西望，用眼睛瞪了他一眼，把大刀架在他的脖子上。季敩吓得赶紧拜伏，拜前还扯了一把杨璋的衣角。杨璋也只好跟着下拜。

左布政使梁宸、按察副使唐锦、都指挥马骥面面相觑，不知该说什么。

宁王大喝："顺我者昌，逆我者亡！"

梁宸、唐锦、马骥三人也不由得屈膝下跪。

镇守太监王宏、巡按御史王金、右布政使胡濂、参议黄宏、奉差主事马思聪等不肯附逆，都被夺去官印，打入大狱。郏文也被缚投入狱中。黄宏、马思聪二人在狱中宁死不屈，后来绝食七日而死。

南昌城内各衙门，尽为宁王叛军劫收。宁王随即称帝，改年号正德为顺德，任命吉曌、涂钦、万锐等为御前太监，尊李士实为太师，刘养正为国师，王伦为兵部尚书，季敩、潘鹏等各有加封。凌十一、吴十三、闵廿四等大盗都被封为将军。又向各地散布推翻正德皇帝的檄文，使用江西布政使的印鉴和公文，传檄各省布政司，鼓动一同举事。

宁王将此前招揽的各方贼匪四万余人，与王府护卫，及受胁迫屈从的按察司、都司衙门官军合到一处，凑齐七万余众，准备分兵掠地。

五　招募义兵

却说王阳明得知宁王叛乱，当机立断，取消福建之行，留在江西戡乱。此时由萧瑀打前阵的水师来报，宁王已派快船数十艘南下来追。此时王阳明麾下只有百余名羸弱士卒，自然不敢轻易迎敌，决定返回赣州，整顿兵马再做打算。不巧的是，南风劲吹，船舶无法南行。

眼看追兵将至，众人心急如焚。王阳明不慌不忙，命人取来香烛，亲至船头，焚香望北拜了三拜，口中念念有词："皇天若哀悯生灵，许王守仁匡扶社稷，愿即反风。若天心助逆，生民合遭涂炭，守仁愿投水自溺。"

他边念边掉泪，身边的随员看见此情此景也为之感动。祝祷毕，南风渐渐停了，不一会儿樯杆上小旗飘扬，已转北风。众人大喜，升帆行船。

船行二十余里，太阳下山。王阳明见官船过大，航速迟缓，便悄悄命萧瑀去找只渔船。

渔舟靠近，萧瑀劝王阳明赶快登舟。王阳明看到诸夫人和幼子正宪还留在官船上，心生犹豫。诸夫人提起长剑，大声说："都堂快走！不要担心我们母子。万一遇到贼人，我用这把剑可以自卫！"

雷济连忙搀起王阳明，转乘渔舟。在转乘前，王阳明已换上便装，将自己的官服冠冕脱下留在官船上，已致仕县丞、充当幕宾的龙光也随王阳明一道下了官船。

渔舟正要启航，王阳明突然问："是不是忘了什么东西？"

龙光和雷济面面相觑："没忘什么呀，全都齐了！"

王阳明笑道："不是还有一样吗？"

两人纳闷，不知到底忘了什么。王阳明指着官船舳前立着的青色罗伞说："没有那个东西的话，即使到了地方，又拿什么来证明我们的身份呢？"

龙、雷二人一听觉得有理，赶紧让人拆下罗伞，放到渔舟上。

一行人轻舟飞渡，旋即抵达临江府府治清江县。知府戴德孺出城相迎，接至府城中小憩，并询问对策。

王阳明道："临江濒临赣江，与南昌相近，且居道路之冲，不可久居。"

戴德孺听到此话，为之变色："听说宁王兵势甚盛，如何抵御才好？"

王阳明沉思良久，说："宁王若出上策，应乘其锐气，出其不意直趋京师，则宗社危矣。若出中策，则径直攻取南京，大江南北也被他所害。但如果踞守江西省城，则勤王之师四面蜂拥而至，他则如鱼游釜中，不死才怪！此是下策。"

戴德孺又问："那依老先生之见，我们该出何策应对？"

"缓兵之计！"王阳明答道，"关键是要拖住他。现在各地毫无防备，勤王之师聚集起来也需要时间。"

"怎样才能拖住他呢？"

"宁王未经战阵，在王府养尊处优惯了，内心必有怯战情绪。我们若在此时，伪造一封由两广巡抚都御史杨旦发来江西各地的紧急公文，说是接到兵部机密火牌：都督许泰等将边兵四万，都督刘晖等将京兵四万，水陆并进；南赣提督王守仁、湖广巡抚秦金、两广巡抚杨旦各率所部，合计十六万，直捣南昌。所至之处，有司备办粮草供应，不足者以军法论。"

"老先生妙计！不过宁王见此公文，恐怕未必会信以为真。"

"就算不信，也会心生怀疑。"龙光插话道。

"只要他一迟疑，那么就大势已去。"雷济也在旁说道。

"对！宁王闻讯必将死守南昌，不敢露头。再等个十天半月，待各地勤王之师围拢过来，便可关门打狗了哦。"戴德孺这会也明白了王阳明的意图。

"你再让人伪造一封信，封入蜡丸，致李士实、刘养正，嘉奖其归诚之心，叮嘱他们劝宁王早离南昌到南京。"王阳明自鸣得意，拂须大笑。

戴德孺也跟着会心地笑了起来，这才吃了定心丸，连忙安排可靠之人伪装成驿传公差，携带伪造公文和信件，专择大路而去。

得知王阳明将坐船经赣江赴福州平乱，宁王派内侍官喻才率百余追兵沿途来截。此时喻才乘快船已赶至丰城县黄土脑，截住官船。萧庾早将诸夫人、王正宪等人藏在船舱夹层内。喻才擒住萧庾诘问。萧庾答道："王都爷走了好久了哦！我乃船家，拿我做甚？"

喻才来追之前，宁王曾交代说，王阳明有济世之才，追到后要拉他入帐共谋大事，不可加害于他。眼见王阳明已遁逃多时，喻才不敢贸然再追，只好取走王阳明的衣冠回去向宁王复命。

王阳明从临江出来，谢绝戴德孺给他找来的大船，仍坐轻快渔舟，沿赣江南下，不久便抵达新淦县。平日悉心操练兵马的知县李美邀王阳明入城检阅了城中柱山巡司和义兵，王阳明慷慨激昂地发表了一通训话，勉励他们加强军备，准备打仗。

在新淦义兵营中匆匆用过午膳，王阳明突然想起那封伪造的两广巡抚公文，笑着问龙光："宁王此时想必已经收到那封两广的公文了吧？"

龙光点点头，笑而不语。

王阳明一脸神秘地说："我们此刻不妨再给他老人家送份礼物去！"

王阳明提笔写了一封回复兵部的手抄文书，先叙述了朝廷的命令：许泰、邰永率边军四万从凤阳由陆路进攻，刘晖、桂勇率京兵四万从徐州、淮安水陆并进，王守仁率兵两万，杨旦等人率兵八万，秦金等人率兵六万，定下日期，从四面夹攻南昌。紧接着他在该文书中建议：兵部的进军方略是先发制人，但如果把宁王包围在南昌府，一时难以消灭叛军，不如各军缓步进军，只等宁王率军离开南昌府，在前往南京的路上，设下伏兵，攻其首尾，定能生擒宁王。

文书写好后，交给龙光看。龙光看后，拍案叫绝。王阳明便将此文书交给李美，让他找来两名精干小吏，将这些文书分成两份缝到他们的衣袂里，又给了他们不少盘缠，让他们前往南昌，故意让宁王的伏兵擒住，好让这些文书落入宁王手里。

李美见王阳明舟车劳顿，便邀请他驻守县城。王阳明谢绝了李美的美意，直言道："此处固守还好，但是弹丸之地，不堪用武。"

新淦之后江道渐宽，王阳明换乘了李美准备的大船，前往吉安府，六月十八日安然抵达吉安城下。此时城中已收到宁王叛乱的消息，全城戒严，城门紧闭。雷济见状，便高高擎起提督罗伞，城中守御千户大喜，打开城门，将他们一行迎了进去。看到此情此景，龙光、雷济等人这才由衷佩服提督老爷临危不乱、游刃有余。

吉安知府伍文定本是王阳明在南赣剿伐桶冈、横水、浰头贼匪时的部将，有勇有谋。他是湖广松滋人，弘治十二年进士，体力过人，能骑善射，与人辩论起来慷慨激昂。他在江苏常州任推官时，判决狱讼果断敏锐。魏国公徐俌与民争田，经伍文定勘查，最终不畏权贵，将田判归百姓，因而被人赞为"强吏"。

宁王造反的消息传至吉安，吉安士民争相逃难，城门口一片大乱。伍文定怕后方动摇，人心不稳，闻讯赶至城门之下，于乱民中当场斩杀一人，悬首示众，乱象方才平息，民众各自归家。伍文定盼咐守城官兵封锁迎恩门、焕文门、魁聚门、永丰门、嘉禾门等五座城门，严防宁王派兵偷袭。

当伍文定听说王阳明到了吉安，立刻从府衙打马赶来魁聚门谒见，将他们一行接至府学安顿。王阳明本想驰奔赣州征集士卒，伍文定却劝道："本府士卒粮草充足，居南昌与赣州之中，进可攻南昌，退可守赣州。请都堂大人坐镇本府发号施令，不必返回赣州。"

王阳明心中本有此意，但嘴上仍说："本院乃南赣汀漳提督军务，吉安府并非本院辖地。"

"这有何妨？都堂大人手持八面王命旗牌，可便宜行事嘛。"

王阳明一听此话，也不再推辞，决定留驻吉安，一边向朝廷飞报宁王谋反之事，一边动用朝廷赐他的王命旗牌，征调江西吉安、南安、赣州等府及湖广、福建、广东邻省官兵，合军一处征讨叛军。他又行文周边各县，阐明大义，招募义兵，一时应者云集。

料想宁王将出兵袭夺南京，王阳明又向南京的各军卫发出《预行南京各衙门勤王咨》，邀请各军卫出兵勤王。请南京操江提督率舟师在沿江设伏，从东往西进军。又约西面湖湘水师，从西往东沿江而下。他自己率大军由南往北，攻击叛军，牵制其后。他很有信心地在咨文中说："以义取暴，以直加曲，不过两月之间，断然一鼓可缚！"

与此同时，他派遣龙光前往吉安府安福县，将刘养正的妻女请到县城盛情款待，并让其家属把这个消息传递给南昌的刘养正，令宁王对刘养正起疑。他又派心腹秘密拜访李士实家，对其家人说："王都爷不过只是奉旨行事，征集一下士卒，做做表面文章罢了。既没有想过干涉宁王之事，也没有考虑过战争成败，并非打算要与宁王为敌。"

宁王自然都得知了这些事，他被王阳明的这些计策耍得团团转，左右为难，举棋不定。

七月一日，王阳明发出《调取吉水县八九等都民兵牌》，特派龙光前往平素便以习武尚义著称的吉水县八都乡、九都乡，组织民兵义军。他在此牌文中称："宁府未叛之前，尚为亲王，人不敢犯；今逆谋既著，即系反贼，人人得而诛之，复何所惮？尔等义民，正宜感激忠义，振扬威武，为百姓报仇泄愤，共立不世之勋，以收勤王之绩……"

他还专门发出《牌行吉安府敦请乡士夫共守城池》，邀请居住于吉安府各县乡中的名士侠客，协助官军守城。听说吉安府居住着正德八年致仕的前福建按察使刘逊，是位身负才望、忠勇奋发之士，王阳明命人以宾师之礼将他延揽至军门，为军机事宜出谋划策。王阳明的倡议，激起吉安一带名士的积极反响，不少勇士壮丁踊跃参军，甚至出现父子从戎、兄弟投军的壮举。王阳明对此十分欣慰。

伍文定告诉王阳明："吉安可是南宋丞相文天祥的故乡。"

"英雄故里，百姓多忠义！"王阳明颔首笑道，"我记得去年你跟庐陵知县邵德容一道重修了文山祠，还请我作了篇《重修文山祠记》哩。"

"是啊，现在文山祠香火很盛，吉安民众奔走祭拜。"

"文山先生的《正气歌》，三百年来激起多少仁人志士的澎湃之心！文山先生的祠堂是吉安风化之所系，重修祠堂不只是改观庙貌，更是唤起大家的忠孝之心，对崇尚名教、传承国魂也是十分有益，所以说：'忠义有诸己，思以喻诸人，因而表其祠宇，树之风声，是好其实者也。'"

"是啊，这是先生《重修文山祠记》里的话。我记得里面还有一句：'以气节行义，后先炳耀。'正好契合当前吉安之民风哩！"

王阳明笑道："有文山先生的《正气歌》在前，我的那篇文章就是画蛇添足，只是记述下重修祠堂的来龙去脉而已，对后人算是有个交代吧。对了，听说文山祠里有一副很有名的长联，你是否还记得？"

伍文定想了想，默念道，"上联是：报宗室三百年养士之恩从容慷慨存两间正气立万古纲常日月争光风节凛然昭冀北。下联是：继乡贤六一翁文忠而后俎豆馨香听鹭渚渔歌挹螺峰岚影江山无恙英灵长此镇城东。"

王阳明点点头："此联果然有气势！你这几天择一个日子，以官府的名义去文山祠举办一个隆重的祭祀仪式，我要率众祭祷。"

伍文定一听此话，面有难色："现在国难当头，反贼即将兵临城下，大家正忙着招兵买马呢。要不这个祭祀仪式等到打完仗再说？"

"不！"王阳明一脸严肃，"越是国难之际，越要祭祀我们的先烈，奋扬官军及民众的忠义之气。这样才能打胜仗啊！"

伍文定应诺一声，转身要去布置。王阳明又把他叫住："在文山祠里摆上孙燧、许逵二位的神主牌位，祭祀文山先生的同时，也祭奠下孙、许二位当今的英雄！"

六 三良将死守安庆城

话说李士实、刘养正原本建议宁王朱宸濠立刻由湖广蕲州、黄州出兵，直捣北京，不然的话，就沿长江南下，夺取南京。但朱宸濠此时却截获王阳明故意放出的驿使所携公文，上面写着朝廷已发十六万各路大军大举来攻，便犹豫不决，坐镇南昌，一味坚守。朱宸濠只派他的内弟娄伯攻打南昌东南的进贤县，因兵器不足，出师不利，娄伯被进贤知县刘源清所斩。孙燧、许逵此前将省城军械库分发各地，此时才显其深谋远虑。

这时，李士实、刘养正又来劝朱宸濠速去南京，正式登基，号令一方。李士实急得直跺脚："朝廷刚派遣驸马来江西，怎么会遽然发兵？这肯定是王阳明的缓兵之计。陛下现在背负反叛之命，如果不风驰雷击，而困守一隅，等到四方兵集，必被围困。"

刘养正也说："现在应该分兵一支，打九江府。若得此府，内有二卫兵马可以调用。再分兵一支，打南康府。陛下应仿成祖旧制，亲率大军直趋南京，先即大位。天下必有贪富贵的人，纷纷来归，大业指日可定！"

而朱宸濠此前已收到王阳明伪造的书信，里面除了说李、刘二人的归诚之心可嘉外，便是要他们劝宁王早离南昌去南京。朱宸濠鉴于信中的先入之言，便对二人起了疑心，在南昌仍是按兵不动，观望各方动静。

直到七月初，朱宸濠才知道所谓边兵、京兵及三省会剿之说全属子虚乌有，这才发布檄文，声讨朝廷，主动出击，北上掠地。而这十几天的工夫，王阳明已完成了初步的战略部署，江西和长江一带府县也加强了防守。

七月初一，朱宸濠派本藩宗亲宜春王朱拱樤与内监万锐留守南昌，命凌十一、吴十三、闵廿四率军顺流而下往北攻南康。南康知府陈霖逃走，城池陷落。之后，叛军又攻九江，九江知府汪颖、知县何士凤、兵备副使曹雷也望风而逃。吴十三、闵廿四分别屯兵于南康、九江，派人报捷。

朱宸濠闻讯大喜："出兵才数日，连得二府，又添许多钱粮兵马，大事必成！"

这时探子来报，王阳明正坐镇吉安府厉兵秣马。朱宸濠便吩咐季教道："你曾与王阳明同在军中，如能为朕将此人招降，功劳不浅！"

季教知道王阳明不好对付，但也只好硬着头皮去趟吉安，一路上有南昌府学教授赵承芳等十二人跟随，随身携带宁王发布的檄文。

而在此之前，王阳明下令，让各路的领哨官但凡看到有宁王府的人路过，不问身份，立刻捉拿至军门审问。

季教等到达墨潭附近时，遭到领哨官杨昉盘问。季教叱道："我乃参政，你是何人？敢来拦我！"

杨昉问季教因何事至此，季教说他奉有宁王府檄文，让旗校将檄文牌面递与领哨官看。领哨官一看是宁王府字样，不由分说，拔出佩刀，将旗校和赵承芳一把拿住。季教见状，掉转马头仓皇逃走。

千户萧英打马去追，一举将季教擒获，将其与赵承芳等连同其所携檄文带至军门前。王阳明一看檄文，不写正德年号，只称大明己卯岁。他得知手下将季教抓获，不禁慨叹道："忠臣孝子与叛臣贼子，只在一念之间。季教此前立功讨贼，便是忠臣。今日奉贼驱使，便是叛臣。为舜为跖，毫厘千里，真是让人扼腕叹息！"

季教被押至王阳明面前，羞愧满面，无地自容。王阳明把惊堂木一拍，怒道："你本是剿匪有功之臣，为何忠奸不辨，为虎作伥？"

季敩跪倒在地，将如何途经南昌赴任，随众谢宴，宁王又如何威逼利诱，被囚狱中一股脑全说了。季敩泣不成声："罪官本欲为国捐躯，因妻女在船，便写信令妻女自尽。后因看守太严，求死不能。二十一日，放我回到船上，懵死良久方才苏醒。二十二日，宁王又……"

"哼！"王阳明狠狠地瞪了他一眼。

季敩赶紧改口："宁贼知道我与都爷您有旧，又将我妻女拘执，将我押至王府，派十二名旗校督押我与赵承芳前来吉安给都爷您送檄文。"

"前亦当有旧，今如陌路之人。"王阳明冷冷地说。

季敩辩解道："都爷有所不知，罪官本欲投赴军门，戴罪立功，听闻宁贼差我来送檄文，以为可脱身报效，却没想到被领哨官捉了来见。"

"听你之言，倒是我们冤枉了你？"王阳明冷笑道。

季敩一听此是反话，心中有愧，哽咽不能言。

萧英在旁插话道："此贼见手下被擒，还想逃跑，末将拼死追了来的！"

王阳明问："季敩，你口口声声说脱身报效，这又作何解释？"

季敩结结巴巴说："事出突、突然，见领哨官捕人太急，我、我怕还没见到都爷您，就成了刀、刀下之鬼，就、就没多想，挥了下马鞭，马、马就跑了。"说罢浑身战栗，老泪纵横。

王阳明见他也确实可怜，便挥了挥手，让人将他押了下去。

萧英在旁低声问如何处置。

王阳明念及季敩此前助剿有功，又跟他是浙江同乡，便有意为其开脱，答道："国难当头，没有舍生取义，反而苟且偷生，罪无可赦。但他进士出身，与南昌府学教授赵承芳本是文弱书生，内心受宁贼暴虐威恐，身体又受其鹰犬之徒钳制，也算情有可原。先将二人监禁，待本院奏明皇上，再行定夺。"

当天晚上，王阳明让亲兵将季敩偷偷提至帐内。季敩跪在地上，一把鼻涕一把泪地求饶。工阳明说："现在只有你自己方能救自己。"

季敩用袖子把眼泪抹干，请王阳明明示。

"我送你一匹快马，你今夜潜回南昌。我这边放出风去，就说你趁夜逃脱。宁贼必然问你我处虚实，你就说王阳明无心打仗之类，总之让他掉以轻心。另外，你就此潜伏在宁贼身边，有重要军情，差心腹之人随时报我。"王阳明一脸严肃地问季敩，"这就是你自救之路，别无他法。不知你愿不愿意？"

季敩想都没想，就磕头谢恩。

王阳明见朱宸濠遣人四处招降，为防他派手下袭击远在浙江绍兴的父老亲属，便派王能走小路回乡送信，将宁王叛乱之事告知父亲王华，顺便将诸夫人和正宪送回老家安顿。绍兴那边有人也劝说王华，让他暂且避难，以免宁王派人来寻仇。但王华泰然自若，答说："我儿以一支孤军急君上之难，我作为国家旧臣，如果先逃走了，此地老百姓怎么看我？"王华还与府县官员商议整备兵粮，谋划守城之策。

朱宸濠见季敩折翼而归，大骂王阳明不识好歹，又问季敩："王阳明那边有何动静，是否有准备出兵的态势？"季敩答道："吉安一带风平浪静，营中也只有些老弱残兵。王阳明只可自守，哪敢与陛下为敌？"

朱宸濠对季敩的话深信不疑，料想王阳明不敢率老弱来攻南昌。

七月三日，朱宸濠与"左右丞相"李士实、刘养正自率水军六万，号称十万，以刘吉为监军，王纶为参赞军务，葛江为都督，杨璋、潘鹏、季敩等降官随行，水军分为五哨一百四十余队，搭乘战船千艘出鄱阳湖，蔽江东下，攻打安庆，欲从安庆再东下攻取南京。

安庆上溯武昌，下抵南京，为腰膂之地，长江有事，每为战守要塞。一旦安庆失守，南京门户洞开，叛军将直抵金陵城下。而更有甚者，浙江镇守太监毕真，此前任江西镇守太监时与宁王就有勾结，当时已准备起兵响应，从赣、浙两路夹攻南京。一旦叛军夺取南京，以其城坚池深，守可凭城顽抗，进可侵略大江南北。

七月初七，朱宸濠带着娄妃、姬妾、世子坐中军船上，亲自指挥攻城。

安庆知府张文锦、都指挥杨锐、指挥崔文令军士鼓噪登城，大骂叛军祸国殃民。当时南康、九江相继陷落，远近惊骇。张、杨、崔三人踞守孤城，以忠义之士卒誓死固守。叛军攻城十日之久，遭遇城中顽强抵抗，相持不下。

潘鹏是安庆人，跟张文锦有旧。朱宸濠便令潘鹏派其兄潘鲲拿着书信和重礼入城招降。张文锦令崔文亲手斩杀潘鲲，将其碎尸投至城下。

朱宸濠还不死心，又令潘鹏至城下游说，点名要见张文锦。

张文锦坐在城楼之上，一边饮茶，一边质问潘鹏："王都堂前有牌面来，吩咐紧守城池，大军不日且至。潘金事乃国家宪臣，为何为反贼传话？"

潘鹏面有惭色，答道："宁王殿下率大军十万，旌旗蔽天，豪气冲云，天命所归。安庆小城，安能守得住？"

张文锦笑道："宁贼有本事，来打安庆城便是！"

潘鹏不死心："你且开城门，放我进来，有话商量。宁王还备有厚礼。"

张文锦答道："要开门，除非宁贼自来！"

潘鹏还要费话，崔文在旁站立，拉弓搭箭，欲射潘鹏。潘鹏拔腿就跑，才留住性命。

张文锦等潘鹏走了，仍是怒不可遏，亲率兵卒来至潘鹏家中，将其全家老少诛杀殆尽。

朱宸濠勃然大怒，叫嚣要将安庆城杀个鸡犬不留，于是挥师猛攻安庆城楼，极尽各种攻击之术，都不能奏效。

李士实在旁劝道："陛下顺江而下，速往南京即大位。不可在此耽搁太久，错失良机。"

朱宸濠心有所动，默不作声。

第二日，朱宸濠命令船队准备绕过安庆，直下南京。杨锐在城头看到叛军异动，便明白了其意图，暗自叫了一声"不好"。他知道如果叛军直奔南京，便成大势，东南一隅危在旦夕，眼下必须设计将叛军拖在安庆！

杨锐命人在城头四角竖起写有"剿逆贼"三个大字的旗帜，并让军民环立城头，向城下齐声呐喊："宸濠反贼，胆小如鼠！宸濠反贼，屁滚尿流！"

朱宸濠正立在船头，准备东去，听到墙上叫喊，怒不可遏。他问这是何人所为，潘鹏答道："此即安庆都指挥杨锐指使军民辱骂陛下。"

朱宸濠越听越气，怒发冲冠，嚷道："我且攻下安庆，取杨锐首级，再往南京不迟！"

于是，朱宸濠下令攻打安庆城西侧城郭，包围正观、集贤二门。李士实早上听说大军将东下南京，心花怒放，突然又见舟师停而不发，问清缘由，急忙赶到旗船来见朱宸濠，含泪劝道："陛下要以江山社稷为重，切不可逞匹夫之勇！"

朱宸濠一听，大怒："你竟敢骂我是匹夫？！"

李士实自知失言，不敢作声。

朱宸濠对其部下说："一个安庆，且不能攻下，又怎能想着去攻南京呢？"于是亲自运土填堑，发誓不拿下安庆不罢休。

安庆城池坚固，张文锦、杨锐、崔文料理已久，积聚大量炮石及守城器械。此时军卫士卒不足百人，守城者都是民兵。城中民户，全民皆兵。合家上下调发，老弱妇女，也令协防。登城者必带一两块石块，城墙上石积如山。又值盛夏，在城上支起几口大锅，煮茶解渴。叛军攻城，就投石击之，或浇以沸汤，叛军死伤者众，不敢靠近。

叛军搭起云楼，欲倚高攻城。城中守军便建起数十座飞楼，从高处放箭，致使云楼上的叛军非死即伤。等到夜晚，杨锐招募一批敢死之士，从城墙上顺绳而下，偷偷焚烧叛军云楼。

叛军又建起几十架云梯，宽达二丈，比城墙还高，在上面铺上木板，前后有门，中间藏有伏兵，攻向城壁。而城头军民则往一束束蒿草上倒上油脂，点燃一端，等到叛军的云梯架到墙上，便将蒿草束扔下，叛军云梯都是用干燥木头所造，着火即燎，藏在云梯中的伏兵多被焚死。

杨锐令人将大量劝降书射入叛军营中，劝他们自行解散。叛军兵卒互相传话，人心不稳，不少兵卒乘机逃走。

杨锐又招募英勇之士，夜劫叛军军营，纵火焚烧其粮草辎重。叛军大乱，至拂晓时分方才稍稍安定下来，但受此惊吓，斗志全无。

七月十五日，王阳明大集义师于临江府清江县的樟树镇，此处离南昌府丰城县仅六十里。吉安府知府伍文定，临江府知府戴德孺，袁州府知府徐琏，赣州府知府邢珣，瑞州府通判胡尧元、童琦，抚州府通判邹琥等各引府中所辖十余县义兵报到，总数八万，号称三十万。

这时原内阁次辅费宏的堂弟费寀率一支几百人的义军队伍从小路赶来与大军会合。得知宁王反叛，费宏与费寀在家乡秘密拉起一支义兵，还为邻近各府县义军出谋划策。费宏听说王阳明在赣南调集各地人马，便派费寀率兵前来助战，并带来了他对当前军事形势的意见，勉励各路勤王义军奋勇杀敌。

王阳明当场向众将士宣读了费阁老慷慨激昂的书信，义军上下齐声欢呼，备受鼓舞，同仇敌忾，众志成城。

夜幕时分，邹守益也随赣州知府邢珣赶至王阳明麾下效力，王阳明见之大喜，拉着他的手连声说："谦之来了，我如虎添翼！"

此前，考虑鄱阳湖周边的水夫大多已被叛军征集调用，王阳明还特意给福建布政使发去《预备水战牌》，调集漳州府海澄县一万名水手士卒，编成水战部队。因先前收到过叛军没收农民运粮船的报告，王阳明向吉安府发出命令，下令将粮米暂时收藏保存到府内谷仓或寺院内的粮仓，在叛军彻底平定之前，中断粮米贸易。

王阳明在辕门外筑起一坛，本准备第二天一早以提督都御史的名义立于坛上，给各路大军发号施令，却因积劳成疾病倒在床。

过了两天，王阳明的病情稍有好转，在丰城邀各路将领商议下一步的行军战略。至于进兵方向，是救安庆，还是攻南昌，大家众说纷纭。当时义兵初至，士气旺盛，多数人主张救安庆。

临江知府戴德孺也持此观点，他说："宁贼南昌谋反，半个月后方始出兵，定是对南昌防守做了周密部署。况且南昌乃省城，城墙坚固，易守难攻，攻南昌怕是一时攻不下。而安庆方面，宁贼久攻不克，兵疲意沮。如果义师由水路进逼，安庆守军开城夹攻，则宁贼必败无疑。"

戴德孺此言一出，众人纷纷附和。

王阳明沉思良久，方才开口："德孺之方，似乎有理，但本院并不赞同。"

众人甚为诧异，竖起耳朵，等着他说出高见。

王阳明摇着纸扇，有条不紊地说："我军如果绕过南昌沿长江东下，与宁贼对峙江上，安庆城中之兵，仅能自保，又无舟师，必不能援我于长江之上。夹攻之说不能成立。"

众人一听，觉得也有道理，不少人点头称是。

王阳明接着说："如果我们去救安庆，南昌贼兵便在我军之后，一旦绝我粮道，南康、九江之贼兵又合势乘机从长江上游顺流而下袭击我军，我军便会腹背受敌。"

众人恍然大悟。戴德孺也说："都堂大人高见，让人茅塞顿开。晚生未曾想到这一层呢，真是惭愧。"

王阳明摆摆手，笑道："军事会议，就是要集思广益。俗话说'三个臭皮匠，顶个诸葛亮'嘛。我的意思是，不如先攻南昌，宁贼攻安庆久攻不克，精锐皆出，防守必定薄弱。我军新集气锐，南昌可一举攻克！"

众人连声叫好。

王阳明又说："宁贼听说我们攻南昌，必解安庆之围，还兵自救。等他来时，我军早已攻克南昌，城头易帜。他一见这情况，必定气急败坏，首尾牵制，此贼可一举擒获！"

伍文定拊掌称赞："这就是兵书上说的'围魏救赵'哩！此前只在兵书上见过，都堂大人这是活用兵书，用兵如神啊！"

"那就以你为先锋，率大军攻南昌。"王阳明当即下令，"各路大军齐集一处，分成十三哨，每哨自一千五百人至三千人不等。以七哨各攻南昌七道城门，另余六哨，作为游击，外围策应。"

王阳明的具体分工是：

第一哨：吉安府知府伍文定，统部下兵快四千四百二十一名，进攻广润门，留兵防守本门，直入布政司屯兵，分兵把守王府内门。

第二哨：赣州府知府邢珣，统部下兵快三千一百三十余名，进攻顺化门，留兵防守本门，直入镇守府屯兵。

第三哨：袁州府知府徐琏，统部下兵快三千五百三十名，进攻惠民门，留兵防守本门，直入按察司察院屯兵。

第四哨：临江府知府戴德孺，统部下兵快三千六百七十五名，进攻永和门，留兵防守本门，直入都察院提学分司屯兵。

第五哨：瑞州府通判胡尧元、童琦，统部下兵快四千名，进攻章丘门，留兵防守本门，直入南昌前卫屯兵。

第六哨：泰和县知县李缉，统部下兵快一千四百九十二名，夹攻广润门，直入王府西门屯兵。

第七哨：新淦县知县李美，统部下兵快二千名，进攻德胜门，留兵防守本门，直入王府东门屯兵。

第八哨：中军赣州卫都指挥余恩，统部下兵快四千六百七十名，进攻进贤门，直入都司屯兵。

第九哨：宁都县知县王天与，统部下兵快一千余名，夹攻进贤门，留兵防守本门，直入钟楼下屯兵。

第十哨：吉安府通判谈储，统部下兵快一千五百七十六名，夹攻德胜门，直入南昌左卫屯兵。

第十一哨：万安县知县王冕，统部下兵快一千二百五十七名，夹攻进贤门，把守本门，直入阳春书院屯兵。

第十二哨：吉安府推官王昕统部下兵快一千余名，夹攻顺化门，直入南新二县儒学屯兵。

第十三哨：抚州府通判邹琥、傅南乔，统部下官兵三千余名，夹攻德胜门，留兵防守本门，于城外天宁寺屯兵。

各将应诺领命。

王阳明紧接着又下了一道极严厉的军令："一鼓附城，再鼓登。三鼓不登，诛。四鼓不登，斩其队将！"

伍文定等人尽皆咋舌惊叹。

王阳明正色道："军中无戏言，此是实话，谁敢以身试法，绝不轻饶！"

王阳明又给南昌府奉新县、靖安县两位知县刘守绪、万士贤发出密令，要他们赶在大军对南昌发动总攻之前，各率精兵三千秘密赶到南昌西山坟厂一带设伏。一则防止大军攻城时，叛军由小道偷袭；二则堵住城中溃逃叛军去路。

为了安抚南昌城内民心，王阳明让邹守益拟了一封《告示在城官兵》，声明攻击目标仅为发动叛乱主谋，也是为了解救平日遭宁王虐政的百姓。总攻当天，王族相关者闭门留家，寻常百姓与平日生活无异，勿惊慌，勿助逆。军兵缴械归顺，并敦促叛逆者投诚自首。《告示在城官兵》拟好后，让人印了许多份，潜送到城中分发。

一切准备就绪，就等发兵总攻。就在此时，王阳明接到谍报，朱宸濠当初出兵时，将三千兵卒埋伏在城外新旧坟厂一带，以备南昌城出现危机时增援。王阳明笑道："歪打正着！"便派遣奉新县知县刘守绪同千户徐诚领精兵四百，从小路夜袭，出其不意，对伏兵来了个瓮中捉鳖。伏兵一时溃散，齐奔南昌城来。官军还没总攻，就打了个胜仗，先声夺人。城内叛军骤闻王都堂兵至，杀散伏兵，人人惊骇，转相告语，都有畏避之意。

十九日，王阳明召集各路大军在南昌城南七十里处的市汊集合，誓师发兵。在出发之际，王阳明又下令当众斩杀了数名不愿听从命令的士卒，以儆效尤。但实际斩杀的，是之前跟随季敩前来送檄文的叛军旗校。

第二日清晨，总攻开始。听到鼓声，伍文定身先士卒，率兵卒向城墙进逼，一路高声呐喊，杀声震天。攻城云梯架到城墙上，一声令下，义兵踏软梯而上。城上守卒，不是望风而逃，就是临阵倒戈。有几个城门居然未关，一推就开。天还未大亮，南昌便已光复。

七　鄱阳湖水战

却说张燕娘借口于夫人身体有恙离开赣州，她本欲去北京看望于夫人，没承想才走到杭州，就接到凤仪镖局的密报：于夫人被臧贤掳了去。这还了得！于是赶紧往南昌赶，刚一入城，便赶上宁王叛乱，文武官员是杀的杀、掳的掳，城中大乱。燕娘侦察到被囚官员们都关在按察司大牢里，心想于夫人应该也在里面。无奈大牢防守严密，无从下手。她好不容易找到先前在大牢里干过看守的一名老皂隶，弄到了一份大牢地形图，并花重金，让这名老皂隶偷偷将某天某时将有人来营救的消息送到牢里去。

郏文被关在牢中，外界消息全无，心急如焚，此时接到老皂隶送来的密报，心中大喜。好不容易熬到劫狱那天晚上，郏文故意打落墙上油灯，牢中燃起熊熊大火，看守们急忙救火，一片混乱。燕娘趁机带着镖局的人杀了进去，将牢门打开，被囚官员尽数释放，唯独不见于夫人。

燕娘看到郏文便问："于夫人何在？"郏文指着东面楼上说："原本在东阁！"他们匆忙赶至东阁，也是人去楼空。审问看守才知，于夫人已于前几日被宁王的人提走了，去向不明。

此时正是十九日深夜。郏文从牢中逃出时，恰好捡到地上一张写着官军将于二十日攻城的《告示在城官兵》，连忙赶至都司衙门，旧部看见金书老爷回来了，又惊又喜。郏文问："我那一营弟兄呢？"郏文任金书，除了掌练兵事务外，还将神机营旧部扩充为一营，亲自提调掌握。得知他的旧部已被派去防守顺化门和惠民门，郏文驱马赶至城门处，令部下放下吊桥，大开城门，迎接官军入城。因而邢珣、徐琏率官军几乎没有遭遇抵抗，便轻松夺取顺化、惠民两座城门。

官军一举擒获留守南昌的宜春王朱拱樤及其三子、四子，宁府内监万锐等叛党共千余人。宁王眷属百余人深居宁王府中，听说南昌城破，放火自焚而亡。府中大火蔓延到城内百姓家中，王阳明急令各哨分头灭火。

由于各地义兵军纪不一，赣州、奉新一带来的，多为投诚的山贼流寇，打仗骁悍，但也恶习不改，喜欢打完胜仗，烧杀抢掠。此时城中又有大火，更是趁火打劫。王阳明得知这一情况，当机立断，迅速派出亲兵营前去执法，拿不守军纪的当街杀了几个才扭转乱局，又以

258

都察院提督军务的名义遍贴《告示在城官兵》。告示中说，如果是受宁王胁迫才跟从谋反的，免去死罪，而对于斩杀叛军首脑归顺之人，重重有赏。以此抚慰居民，人心始定。

火势稍定，伍文定等人将此前被宁王胁迫而听命的诸官，前右布政使胡濂、前参政刘斐、前参议许效廉、前副使唐锦、前佥事顾凤，以及南昌府知府郑瓛、同府知县何继周、通判张元澄、南昌县知县陈大道、新建县知县郑公奇等，押至王阳明临时驻扎的布政司堂前。诸降官跪倒在地，羞愧难言。王阳明见这些昔日同僚而今成了阶下之囚，心中不忍，便吩咐手下将他们提去监所，画押候审，待请旨发落，切不可为难他们。他又令中军官将叛军此前抢夺的九十六个各大小衙门、卫所官印押收入库，妥善封存。

南昌失守的消息传来时，朱宸濠正在安庆城下亲自督兵填壕堑，期在必克。得知南昌城破、留守的宜春王被擒、宁王府中人纵火自焚，朱宸濠顿时方寸大乱，打算放弃攻安庆，亲率大军去夺回南昌。

李士实苦劝："若陛下一回，则军心尽失。"

朱宸濠却不肯理会："南昌乃我之根本，怎能弃之不理？"

刘养正也劝道："而今安庆围城已久，音问不通，破在旦夕！得了安庆，殿下可坐镇安庆，再分兵一部，会同南康、九江之兵，齐救省城。王阳明等乌合之众，见我兵势浩大，定会不战而退。"

朱宸濠却气急败坏道："这安庆城是个死疙瘩，解不开，啃不烂！一时半会儿，怎能攻下？"

李士实又道："即使不攻安庆，也不必回师，可顺流直下，直取南京。先继了帝位，江西可传檄而定。"

刘养正也说："王阳明已占南昌，以逸待劳，我军如回师，必长途奔袭，此兵家之大忌！"

朱宸濠想着他宁王府多年积蓄已付之一炬，心中恼怒，如何肯听劝。李、刘二人还要劝说，朱宸濠怒目斥道："你们的家属正在受着王阳明的奉养，你们想以南昌作为送王阳明的礼物吧！"说罢拂袖而去。

李士实见朱宸濠一意孤行，捶胸顿足，仰天长叹："竖子不足与谋！"

得知叛军回师，在南昌的义军又有了两派主张，一派主守，一派主战。主守的邢珣认为，叛军失去老巢，愤怒异常，将会锐不可当。俗话说"哀兵必胜"，又说"怒兵不可与其争锋"。不如坚壁清野，踞高墙深堑，避其锋芒，待消磨其锐气，再击而溃之。

主战的伍文定认为，城中叛军耳目众多，怕里应外合，不好对付。

王阳明赞成主战一方，但却认为伍文定没有说到点子上。他认为叛军兵力虽强，但所到之处烧杀抢掠，胁众以威，民心已失。此外，宁贼掌控叛军部下全凭封官晋爵的空头许诺，其部下兵卒多是养尊处优的宁府府兵和只会欺凌百姓的贼匪，未曾见过堂堂之阵、正正之旗，更没遭遇过能决一死战的大敌。现在前有安庆堵其去路，进不能进；后有南昌老巢覆灭，退又不能退。士气一定不振，离心离德，只要以精兵良将进击，将不战而溃。所谓"先人有夺人之心"。

于是决定兵出南昌，在鄱阳湖上迎击叛军。

这时，恰好抚州知府陈槐、进贤知县刘源清也提兵赶到。王阳明便派遣伍文定、邢珣、徐琏、戴德孺各领五百精兵，分道并进，击其不意；又遣余恩率兵四百，往来湖上诱兵深入；遣陈槐、胡尧元、童琦、刘源清等十二人各引兵百余人，四面张疑设伏，静待时机，给伍文定等人打掩护。

大战在七月二十三日夜间打响。王阳明接到谍报，说叛军已由长江返回鄱阳湖，船帆遮蔽江面，前后连绵数十里。朱宸濠的中军在南昌西北六十里一处名叫"樵舍驿"的地方扎了水寨。

王阳明以伍文定为先锋，率兵乘夜正面疾进，余恩作为后队，紧随其后。邢珣绕出敌后，以击其背。戴德孺、徐琏则攻其两翼。

二十四日清早，北风大起。朱宸濠披着战袍，站在巍峨的楼船之上，瞭望辽阔的鄱阳湖面，上千艘战船旌旗飘扬。他知道，王阳明的船队正从湖的南面缓缓驶过来，一场恶战不可避免，成王败寇，就在此一役！想到这里，他掩饰不住内心的激动。

道士李自然这时摇摇晃晃地爬到楼上来，嘴里不住地说着："天意，真是天意！"

朱宸濠回过头去，不解地问道："大师何出此言？又是哪里来的天意？"

"当年太祖爷平定江南的最关键一战就是在这鄱阳湖哩！那一战他消灭了陈友谅。而今陛下又在这、在这鄱阳湖上与王阳明决一死战。太祖爷的在天之灵，都会保佑陛下您打胜仗的哦！"

朱宸濠听罢，大喜，挥师尽出樵舍驿，在南昌正东三十里的黄家渡与义军相接。叛军盛气挑战，率先发动攻击，伍文定与余恩佯装败退。对方不知是诱敌之计，擂响战鼓，顺风追击。湖面宽阔，叛军之船争相前冲，顾头不顾尾，前后脱节，后路空虚。邢珣抓住有利时机，率军从侧面展开突击，插入敌阵中心，叛军阵势大乱。伍文定和余恩回军反击，再加上徐琏、戴德孺从两翼同时侧攻，四面伏兵齐起，喊杀震天。叛军被打得措手不及，落荒而逃。

官军乘胜追击十余里，擒获并斩杀叛军两千多人，落水而死的叛军更是上万。朱宸濠不得已将叛军主力从位于南昌东北、鄱阳湖滨的婴子口撤出，退守八字脑。八字脑在鄱阳湖东岸，归饶州府管辖，东面距离府治三十里。至此，叛军已由鄱阳湖西岸退至东岸，整个湖面几乎都在义军控制之下。

当晚，朱宸濠乘坐旗船，停泊于黄石矶。

朱宸濠问手下水兵："此地何名？"

水兵答说："黄石矶。"

因南方人谓黄为王，黄石矶与"王失机"谐音。朱宸濠正在气头上，觉得此地名很不吉利，便拔剑斩杀了此水兵。叛军见兵败，纷纷散匿逃亡。朱宸濠连忙派人赶往九江、南康调兵增援。

这一天，建昌知府曾玙等率兵赶到。王阳明接到叛军从九江、南康两城调援兵的消息，心想贼兵已撤，二府空虚，九江、南康不收复，则道路梗阻，湖广援兵不能到达。于是，他令抚州知府陈槐率兵四百，与饶州知府林城合兵一处攻九江，令曾玙率兵四百，与广信知府周朝佐合兵一处攻南康。

二十五日，朱宸濠不甘心遭遇大败，在八字脑发布赏功令，"当先者千金，被伤者百金"。这一天北风更甚，朱宸濠叫嚣："天助我也！"下令乘风出击。

伍文定的先头船队因风势不利陷入苦战，接连数十名士卒战死，不少士卒被迫后退，阵脚有动摇之势。眼看就要招架不住，败下阵来，王阳明急令中军官持提督长剑，赶至军前，当场斩下退却者的头，并颁布提督军令，再有退却，立斩知府伍文定人头，以儆效尤。同行的诸位幕僚一听此令，皆惊惧不已。邹守益也大为吃惊，在旁劝道："伍知府不是怯战之人，对其要求是否太为苛刻？"

王阳明道："赏罚分明，乃兵家常事。狭路相逢勇者胜，两军对峙最讲气势。主将退一步，士卒便会退十步。气一泄，便一溃千里，不可挽回了。"

见到王阳明的令状，伍文定也大吃一惊，于是手持武器，身先士卒，立于船头激励士卒，冒着叛军炮火，指挥兵船逆风前进。叛军炮铳打来，他的胡须着火，但他依然屹立不动，奋督各兵，殊死并进。见此情形，义军上下，同仇敌忾，决一死战。

这时郏文、张燕娘率南昌的神机营旧部也及时赶到，迅速投入反击之战，一齐向敌军发起猛烈炮击。一时炮声如雷，令叛军闻风丧胆。一炮正好打到朱宸濠的座船，船身被击破，闵廿四也在炮击中当场丧命。朱宸濠大为震惊，赶紧换船败走。这一仗，共擒获并斩杀叛军两千余人，溺水死者，不计其数。

朱宸濠收集残军，退守樵舍驿。他坐在旗船之中，问群臣有何退敌良策。季敩乘机献策："启禀万岁，此役我军溺水死者，比战死还多，皆是因为风大船小，立足不稳。敌军四面来攻，我军也不能照应。若能将舟船相连，稳如城池，船中还可跑马，首尾也可照应。如此这般，敌军哪是我大军的对手？"

朱宸濠认为季敩说得有理，便下令连舟为方阵。季敩心中窃喜，暗自派出亲信将此消息告诉王阳明。

朱宸濠心想"重奖之下，必有勇夫"，便将携带的全部金银拿了出来，犒赏士卒。叛军将士见钱眼开，嘴上都发誓跟随王爷血战到底，其实内心早就打算拿了钱趁机溜号跑人。

王阳明得知宁王连舟，心中暗喜：这宁王难道没有听说过"火烧赤壁"的故事，非要让我重演一回周郎？他当晚便吩咐伍文定等人暗自筹备火攻器具。邢珣击其左，徐琏、戴德孺击其右，余恩等各官分兵四伏，等到火攻开始，就一齐发动攻击。

二十六日，朱宸濠召见群臣，斥责杨璋、潘鹏等投降他的三司各官没有出死力，只是坐观成败，并扬言要抓出几个人来问斩。杨璋等人纷纷为自己开脱辩护。正在争论未决之际，四面传来义军的喊杀声。原来伍文定率兵驾着装满干柴硫黄的几十艘轻快小舟，箭一般飞快驶近叛军方阵，趁着风势，四处放火。叛军船只接连起火，大火烧到了朱宸濠的副舟。一时浓烟霭霭，紫焰蔽日，乌云遮天。叛军被火海包围，乱成一团，个个心惊胆战，魄散魂销，撇鼓丢锣，投戈弃甲。楼船快艇，一霎间变成火焰；旗幡剑戟，也顷刻间化作灰尘。

潜伏于鄱阳湖芦苇丛中的义军，见火光四起，一齐冲出，杀往敌船。王春、吴十三等叛军首领皆被义军擒获。

朱宸濠知道大势已去，想起《史记·项羽本纪》里的话，不由得仰天长叹："天亡我也，非战之罪！"他泪别娄妃，感叹道："昔人亡国，因听妇人之言。我为不听贤妃之言，以致如此。"

娄妃泣不成声，只说道："王爷保重，勿以妾为念。"说罢，便与众妃嫔、宫女都跳入鄱阳湖溺水自尽。

朱宸濠心如刀绞，恨不得也纵身往湖中一跳，都抬脚到船边了，但最后还是没有跳湖的勇气。

正在这时，林华驾船前来，将朱宸濠救起，冒着炮火向湖边逃遁。

王阳明见状，亲率船队急追。眼看朱宸濠所乘兵船即将靠岸，芦苇丛中一声炮响，万安县知县王冕率伏兵杀出，将其团团围住。

王阳明立于船头，朝朱宸濠喊话，劝其归降。朱宸濠走投无路，正在犹豫间，林华从船舱押出一名妇人，此人一袭道服。林华嚷道：

"王爷莫怕，此是正德生母，有她在手，王阳明奈何不得我们！"

王阳明一见林华，其鼻梁上的肉痣甚是显眼，马上认出此人就是正德六年元宵节在皇店刺杀皇上的"白衣人"！也是正德八年夜访了庵和尚的那位神秘人物！王阳明指着林华，大叫："我认出你来了！你就是那名刺客！"

林华呵呵一笑："王都堂别来无恙！"

王阳明也冷笑一声："我们打了这么多年交道，今天终于看清了你的庐山真面目。原来以为你是太后的人，后来又猜想你是倭国奸细，今天才知道你竟是宁贼的爪牙！"

"你知道就好！"林华亮了亮手中的剑，示意他不要轻举妄动。

王阳明见于夫人在贼人手中，怕万一有点闪失，酿成千古憾事，便让义军士卒放下拉满的弓箭，全部斩断炮铳引线。这时燕娘也闻讯乘轻舟赶来，哭喊着要救于夫人。

朱宸濠大笑道："王阳明，你不敢杀我了吧？还不速速让出一条路来，让本王通过！"

虽有利剑架在于夫人脖子上，但她神态自若，高声朝王阳明喊话："先生当以国家社稷为重，贫道轻如鸿毛，无足为念。"

林华将架在于夫人脖子上的剑又逼近了一点："王阳明，识相点，赶紧让道！刀剑无情，爷爷可没有耐心了！"

燕娘也朝王阳明嚷道："先生，求您了！救救夫人！"

王阳明手一挥，下令让路。

义军各舟船瞬间向两边划去，中间让出一条水道。

林华正要吩咐手下开船，只见于夫人趁其不备，突然纵身一跃，跳入湖中。

八　宁王笑道："此我家事，何劳先生如此费心？"

王阳明连忙下令去救于夫人，无奈水深浪急，捞上来时已没了气息。燕娘自然悲痛欲绝，拔剑将被缚的林华刺死。王阳明赶紧令人将朱宸濠押走，以免成了燕娘的剑下之鬼。

他写下令状，派中军官前往义军各营，告知众将士：逆濠已擒，诸军不得滥杀，愿降者招降。各军义兵闻此捷报，勇气倍增。相反，叛军士卒得知宁王被擒，无心再战，或降或逃。

伍文定、邢珣等人乘胜追击，杀入叛军阵中，擒获宁王世子、郡王、将军、仪宾及伪太师、国师、元帅、参赞、尚书、都督、都指挥、千百户等官。李士实、刘养正、刘吉、屠钦、王春、熊琼、卢珂、罗璜、丁馈、秦荣、葛江、刘勋、吴十三、凌十一、吴国七、火信、喻才、李自然、徐卿等伪官皆被一网打尽。

此外，还抓住因遭朱宸濠胁迫而跟从叛军的前镇守太监王宏，前左布政使王纶，前巡按御史王金，前按察使杨璋，前奉差主事金山，前参政程杲，前佥事王畴、潘鹏等人。王纶因受宁王伪兵部尚书之职，自知无颜见江西父老，趁看守不备，跳湖自杀。

此一役，义军共斩杀叛军三千余人，落水而死者三万余人。元凶首恶，无一得脱。叛军的衣服、武器、财物和漂浮的尸体遍布湖面。

当日傍晚，众将聚集到湖边中军大营，向王阳明庆贺大捷。王阳明走下大堂，握紧伍文定的双手："今番破贼，足下功居第一！本院一定上奏朝廷，将足下首列。"

"托皇上洪福！"伍文定朝北面拱了拱手，"多凭都堂大人神机妙算，我一个小知府，何功之有？"

王阳明笑道："斩阵先登，人所共知，不必过谦！"

此后，王阳明又对邢珣、余恩诸将好言抚慰了一番，众人皆慷慨激昂。王阳明在众将簇拥之下，登上旗船，眺望波光万顷的湖面和猎猎招展的战旗，意气风发，心潮澎湃，用狂草挥笔写下一首七律——《鄱阳战捷》：

> 甲马秋惊鼓角风，旌旗晓拂阵云红。
>
> 勤王敢在汾淮后，恋阙真随江汉东。
>
> 群丑漫劳同吠犬，九重端合是飞龙。
>
> 涓埃未遂酬沧海，病懒先须伴赤松。

为不留祸患，王阳明令义军分头追击逃散的叛军舟船。二十七日，于樵舍驿赶上叛军船只，大破之。于南昌以北一百里外的吴城搜捕叛军残部，一举剿灭，斩下叛军首级千余。至此，宁王叛军已剿灭殆尽。

这一天中午时分，邹守益欣喜若狂地跑进大营主帐，大喊："九江、南康收复了！九江、南康收复了！"

一阵风吹了进来，王阳明案桌上堆放的书本、文稿随风乱舞，他放下手中的《论语》，微笑道："我这也是'漫卷诗书喜欲狂'！九江、南康光复，那也是意料之中的事啊。"

邹守益详细汇报了九江、南康收复的经过。

抚州知府陈槐与饶州知府林城合兵攻打九江，朱宸濠任命的伪太守徐九宁见陈槐部人马稀少，便率兵出城迎战。陈槐亲自提一把大刀冲上阵前，大吼一声，把徐九宁的坐骑惊得乱跳。陈槐趁其立足未稳，手起刀落，徐九宁的首级滚落马下。

九江知县何九凤在叛军当初攻城时，原本已经逃走，后来又潜回城中，秘密组织旧部和忠义之士，张贴推翻叛军的传单，偶尔在叛军背后放些暗箭，让叛军防不胜防，苦不堪言。这时，听说义军打回来了，何九凤率敢死之士出其不意，夺取岳师门，打开城门，迎接义军入城，城中叛军听闻城门已破，哪还有心思恋战，四处逃散，皆被义军扫平。

建昌知府曾玙与广信知府周朝佐率兵攻南康，刚逼近城门，城中百姓一拥而上，杀掉伪太守陈贤。义军几乎兵不血刃，将南康城拿下，叛军余孽或降或逃。

王阳明大喜，当即下令全军返回南昌。南昌城内数万军民倾城围观，欢天喜地。叛军头目都被拘禁于囚车里，唯独朱宸濠可乘马入城，见行伍整肃，排列在街道两旁，他回头对旁边的王阳明笑道："此我家事，何劳先生如此费心？"

朱宸濠进到城内，见自己苦心经营十年的南昌城，半个月工夫改天换地，已有悔意，问王阳明："王先生，我欲尽削护卫所有，可否降为庶民？"

王阳明凛然答道："有国法在。"

朱宸濠于是俯首不言，良久，慨然长叹一声，对王阳明郑重其事地说："昔日纣用妇人言而亡天下，我以不用妇人言而亡其国。娄妃真是贤妃啊！自始至终，她一直苦谏我，可惜我都没听进去。她已投水而死，恳请先生派人收殓葬了她吧。"

娄妃乃名儒娄谅之女。王阳明十八岁时与新婚妻子诸夫人结伴由南昌返回家乡余姚，途经上饶，专程拜访娄谅，娄谅当时就勉励他说："圣人必可学而至。"这句话无疑在少年阳明心中点亮了一盏求圣的明灯。他一直将这句话铭记在心，并孜孜以求。

王阳明派出中军官与宁王府中一名差人前往娄妃投水处搜寻，果然找到一具女尸，衣着华贵，以布帛裹身，用丝线密密缝固，看来早就做好了不被乱兵所辱，投水自尽的打算。宁府差人一眼就认出这正是娄妃。王阳明令人装她装殓好，仍以王妃之礼葬于湖口县城外。

王阳明率大军凯旋回到南昌后，向朝廷奏捷，并恳求朝廷对跟随自己奋战的各将官论功行赏。他没有忘记在奏疏里将平叛的功劳归于对自己有知遇之恩的兵部尚书王琼，浓墨重彩地写了儿笔其如何运筹帷幄的事迹。他本想把致仕阁老费宏不惧宁王迫害，参赞军务，组织义军的功劳也上报朝廷，但被费宏婉言谢绝。

八月三日，福建按察司整饬兵备兼管分巡漳南道金事周期雍，率领上杭等地军兵五千余名和海沧的三千余名水兵冒着酷暑，赶在江西之外其他省份的援军前面到达南昌城外。

他为何行动如此神速？原来在宁王叛乱前一年的冬天，周期雍曾因公事到赣州拜访过王阳明。当时，王阳明见他性情耿直有正气，便私下告知他，宁王谋反的举动日渐明显，虽然赣州方面也有所准备，但因江西地界宁王耳目众多，有些事不便大张旗鼓。而福建方面，宁王鞭长莫及，正可暗中布置。周期雍回到上杭，便暗中招募骁勇之士，整备兵器，勤加训练，以防江西有变。

已致仕回到福建莆田闲住的原刑部员外郎林俊得知宁王叛乱，便立刻命人仿造葡萄牙人的"佛郎机铳"，记录火药配方，命两名仆人避开叛军，沿小路日夜兼程，也于八月三日这一天，将上百支佛郎机铳送至南昌军营。林员外比王阳明年长二十岁，为何如此拼尽全力前来助战？这中间也有一段往事。当年王阳明的父亲王华考中状元，留任京师，将年迈的父亲竹轩公接至北京尽孝心，年仅十一岁的王阳明也随祖父一道北上进京。这时，王家与林家在北京恰好是邻居，所以往来亲密。王阳明算是林俊的世侄。林俊心想，世侄有难，焉有不助之理？

得知宁王叛乱爆发，冀元亨立刻从老家常德出发，一路潜行，赶往江西，恰好也是在八月三日这一天，他回到了恩师王阳明的身边。

周期雍、林员外的仆人以及冀元亨看到南昌城内秩序井然，仗已经打完了，都后悔来晚了几天，错过一次效力的机会。

两天后，席书率领二万士兵也风尘仆仆地从福建赶来。王阳明龙场悟道后，时任贵州提学副使的席书对他执弟子礼。宁王叛乱时，席书任福建左布政使。席书接到王阳明发出的调兵勤王牌文后，紧急招募士兵到江西参与讨伐，可惜也来晚了。

当时虽已生擒朱宸濠，叛军余部也已基本肃清。但王阳明心中感激他们的勇略多谋、兼程赴难，同样对他们进行了嘉奖，并感慨道："林员外在莆田，周期雍在上杭，冀元亨在常德，离南昌都有三千多里，却都在同一天到来，这真不是一件偶然的事啊！"

说起不是偶然的事，王阳明又想到他与孙燧的命运交集也仿佛是上天冥冥注定。弘治五年，王阳明与孙燧一同参加浙江乡试，一同考中举人。孙燧第二年便考中进士，出任刑部主事。而王阳明在六年后才登第，第二年方才受任孙燧当年担任过的刑部主事。后来在江西同为巡抚都御史，又同遭宁王之乱。种种事态，总让王阳明觉得并非偶然，冥冥之中，似有神助。

王阳明为孙燧举行了公祭，还下令对孙燧、许逵等烈属进行优恤。

此时，邹守益火急火燎地跑来，掏出一叠信纸，说是从朱宸濠身上衣缝中起获的，全是他交贿大小臣僚的书信。邹守益兴奋地说："有了这些物证，朝中这些看着道貌岸然、实则认贼作父的奸臣，可一网打尽了！"

王阳明随便翻了翻这些书信，却皱起了眉头，想了片刻，吩咐说："烧了吧。"

"烧了？"邹守益简直不敢相信自己的耳朵。

"烧了！"王阳明斩钉截铁地说。

邹守益睁大眼睛看着老师，不解其意。

王阳明长叹一声："宁王叛乱，祸及江西百姓。如果这些书信不烧，那满朝文武都不得安宁。大狱一兴，人人自危，国本动摇，其危险比江西叛乱更大呢！"

邹守益这才明白老师的良苦用心，心中暗自佩服。

当宁王叛乱的消息传至京城，举朝惴惴不安。只有兵部尚书王琼镇静如常，他在朝堂之上自信地说："诸公勿忧！我用王阳明镇守赣州，正为今日。反贼早晚之间，就可被擒！"

许多朝中大臣却忧心忡忡，高估宁王实力，以为光靠王阳明组织的一些义兵，无法与蓄谋已久的宁王抗衡。

正德皇帝接到王阳明发来的急报，心中窃喜，他早就盼望有这么一个御驾亲征的好机会了！江彬等人更是在旁怂恿。皇上便下旨："令总督军务威武大将军总兵官、后军都督府太师、镇国公朱寿，亲统各镇边兵征剿。以张忠提督军务，朱泰挂威武副将军印，朱晖挂平贼将军印，俱统总兵官，镇守巡按等官听其节制。平虏伯朱彬、左都督朱周随驾南征。"

朱寿是正德皇帝自称。朱泰本名许泰，朱晖本名刘晖，朱彬即江彬，朱周即神周。神周原为陕西都指挥，由江彬推荐，也为皇上义子，赐国姓。

这时的阁臣，首辅为杨廷和，其次为梁储、蒋冕、毛纪。皇上命杨、毛留守，梁、蒋随扈。杨廷和力谏无须亲征，皇上正在兴头上，哪里肯听。

出发前还搞了一个盛大的亲征大典。皇上在禁中内校场亲自检阅"外四家"边军，然后颁诏发兵，大队人马浩浩荡荡出正阳门南下。

就在这一天，大军行至良乡，王阳明飞奏的《江西捷音疏》和《擒获宸濠捷音疏》到了北京。江彬等人一看：宁王朱宸濠已被生擒，所部叛军已全军覆灭。这本是一件天大的喜讯，但如此一来，御驾亲征便师出无名。江彬与张忠、许泰、刘晖等人密议后，决定将此捷报秘而不发。亲征大军仍然逶迤南下，到了保定府驻跸。

保定巡抚伍符，与巡按、粮道诸官在大堂摆酒菜宴请皇上，分别敬酒。皇上听人说伍巡抚酒量好，便与他猜枚行酒令。谁猜中了，被猜的人便得罚酒。一次，伍符猜中了，皇上不高兴，把手心握着的阄子丢在地上，让伍符去捡，并罚他饮了好几瓢酒。看到伍符被喝得傻傻的样子，皇上仰天大笑。

御舟沿京杭大运河南下，过德州时，恰逢皇上生日，岸上官员望舟遥拜。过了德州，运河两岸皆是村庄，皇上整日在御舟上有些无聊，偶然看到前方有一大船，上面坐的像是官员及其家眷，便想着要是突然登上他们的船，看他们作何表情，也好看看热闹。

船上坐的是新任湖广参议林文缵，他离京赴任时还不知道皇上要沿运河御驾亲征，要不然也不敢挡了御舟的去路。看到皇上宛如从天而降，林参议吓得伏在船上接驾。家眷躲避不迭，也皆俯身下拜。皇上看到他们惊慌的样子，哈哈大笑。这时，也怪林文缵倒霉，他刚娶的一房姨太太，不知皇上登舟，听见船上有动静，便从客舱里出来。皇上一见她身材妖冶，面如桃花，当场令人将她抢了去，这才心满意足地走了，徒留下林参议在船上恭送圣驾，哭笑不得。

到了山东临清，皇上忽然想起"刘美人"来。这刘美人就是上次皇上在太原晋王府里收罗的那位唱戏的女乐，携回京城即封为"美人"，宠冠一时。哪怕皇上怒发冲冠，只要求得刘美人点头，必可大事化小，小事化了。所以江彬、钱宁等人都尊称她为"刘娘娘"。而按定制，不是后妃是不能称"娘娘"的。

亲征之前，皇上以为此去必有一场恶战，带着刘美人怕不太方便，便把她安置在大运河的北口通州，说是看情形再来接她。临别时，刘美人拔了一根玉簪给皇上，约为派人接她时的信物。可是不巧的是，这时皇上却怎么也找不到那根玉簪了，想必是一路驰马，把那根玉簪给弄丢了。

等到皇上派出的人返回通州，刘美人问来人可有信物，来人却根本不知有什么信物，当然也拿不出玉簪。刘美人就不相信是皇上要接她，便不肯走，还杏眼圆瞪，发了一通脾气，嗔怪皇上不把她放在眼里，把与她约定的信物不当回事。

皇上听了使者回奏，知道刘美人还惦记着玉簪的事，为了不让她生气，便连夜坐一只小船，赶到通州张家湾，亲自迎接。皇上走的时候，左右皆不知，大军刚发，御驾便失踪了，左右无不惊骇。随驾的阁臣梁储、蒋冕经过仔细查问，才知其事，连忙派人去追，直到通州才赶上。这时皇上与刘美人已经准备兰舟轻发，直下江南。

钱宁原本也在随扈之列。宁王谋反的消息传来，皇上也有点怀疑钱宁与宁王勾结。江彬在南征途中向皇上建议，将钱宁派回北京管理新修皇店等工役之事。皇店原指玄武门外西侧一排长短连房，俗称"廊下家"。后来皇上看到皇店来钱快，还不受户部约束，起造豹房时，便拆了京城西北角西直门与德胜门之间的"积庆坊""群玉坊"两坊民居，开设酒肆、茶馆及各种商铺，亦名"皇店"。这皇店本来用不着钱宁这位国姓爷去亲自打理。江彬的用意是"调虎离山"。

等到钱宁一走，江彬便将他通逆的事报告了皇上。皇上说："这狡猾的奴才，我早就怀疑他了。"于是派人追捕钱宁，将他拘禁在山东临清，又派人驰入京城将他的妻儿家属尽皆下狱。当然，钱宁在北京的家也被抄了，抄得玉带二千五百束、黄金十余万两、白银三千箱、胡椒数千石。赃资之巨，骇人听闻。皇上听了也吃惊不小，骂道："这厮误我，不得好死！"

第四章　圣驾南巡

一　拿宸濠之功，我第一，你第二

王阳明听到皇上将御驾亲征的消息，立刻上疏谏阻。他在奏疏中说："亲征反贼朱宸濠之举危险至极，请圣上立刻中止。今宁王已被擒，臣将亲自率军，押解朱宸濠前赴阙下。"为了能有效阻止皇上亲征，他还在奏疏中编了一个理由，说宁王当初谋反时就料到皇上必将亲征，于是在沿途埋伏许多像荆轲一样的刺客，就等着在路上行刺呢。

皇上游兴正浓，哪里肯听。御驾一行，在山东一路流连，走了两个月才过济宁，由济宁顺河而下，在清江浦驻跸。此处乃黄河、运河交汇之处，为南来北往有名的大码头，人口稠密，市井繁华。皇上心花怒放，四处行走，还临幸监仓太监张杨私第。此处渐近江南，风光人物与北方自有不同。皇上在北方喜欢行围打猎，现在到了南方水乡，则入乡随俗，兴趣为之一变，连日钓鱼取乐。皇上钓得的鱼，分赐地方各官，地方各官各献金帛珍玩致谢。这一路，皇上遇到风景好的湖泊，如宝应泛光湖等，常常驻跸垂钓。这样一直到十二月初一，南征大军才到扬州。

"十年一觉扬州梦，赢得青楼薄幸名。"皇上对扬州也是早有耳闻，心向往之。大军还未到扬州，皇上便派太监吴经打前站，先抵扬州，挑选民间深宅大院，辟为接驾的"都督府"。吴经又矫旨征集秀女幼媚。消息一出，市井哗然，抢亲风行。过去抢亲是男方主动，这次却多是女家出面，"掠寡男配偶，一夕殆尽"。也有女家携幼女连夜从城中出逃的。人数太多，守城官竟不能禁止。

扬州知府蒋瑶一看城里乱成这样，便跑去跟吴经说："吴公公如此这般搜征民女，民间舆情汹汹。我扬州百姓岂能无辜遭此浩劫？"

吴经答道："此是皇上圣意，是对你们扬州高看一眼，你敢抗旨不遵吗？小心项上人头！"

蒋瑶不为所动，平静如初："小官抗上意，理应当死。但百姓乃朝廷之百姓，倘激起民变，将来圣上追究下来，恐怕得有人出来承担责任。"

吴经一听此言，大怒："扬州百姓不怕死吗？敢民变的话，南征大军正好有事可做了。"

二人不欢而散，蒋瑶回到知府衙门独自叹息。

此后，吴经也有所顾忌，不再光天化日之下明目张胆搜人抢人，而是秘密派人侦察，看准了谁家有待字闺中的女儿或年轻貌美的寡妇，半夜里派人跑到他家门前大喊一声"皇上驾到"。四下点起火把，把门口团团围住。吴经带着校尉，破门而入，直接抢人，有藏起来的，便拆屋搜查，搜到了方才罢休。于是，偌大一个扬州城一到晚上如地狱阎王殿，哭喊之声此起彼伏，让人心惊肉跳。吴经把抢来的妇女寄养在尼姑庵中，不少人悲愤难平，绝食或悬梁自尽。

却说于夫人投水自尽后，张燕娘将她就近安葬在湖口县长江口的石钟山顶。此时凤仪镖局扬州分舵来信，说老舵主陶四爷即将七十大寿，又到了退休年龄，想邀张总舵主前去主持换届仪式。燕娘此刻心情极为抑郁，也正想出去走走，散散心，便辞别王阳明、郏文，乘舟东去。

燕娘还没进扬州城，只见城内居民成群结队携家带口往城外逃窜。她拦住一问，人家一看她是俏丽女子，连忙说："小娘子还不快逃，皇上要来扬州了！"

她觉得诧异："皇上要来，皆大欢喜才对，怎么一个个如临大敌似的？"

对方这才将皇上派太监坐镇扬州，强征民女的事说了。燕娘心头火起，打马入城，直入驿馆，说要面见吴太监。

吴经一见燕娘绝色，便不由分说，要手下强行留置。燕娘道："不劳公公的人动手，小女子本就是来自荐的，愿'一朝选在君王侧'。"

"你还想'六宫粉黛无颜色'吗？"吴经坏笑道，"'侯门一入深似海'，你可不要后悔哟！"

燕娘冷笑一声："咱们走着瞧，到时看谁后悔吧！"

燕娘被送至一尼庵暂住。到了里面，她眼见有些女子被抓了进来，过了几日又被家人接了出去，便问这是什么道理。有贫家女子告诉她，只要家里人肯出钱，可以赎人。像她们这样贫苦家的女孩，只能等着被送进总督府了。燕娘这才明白，吴经所谓选秀，其实是为了讹财。

皇上一行如期驻跸总督府。是夜，燕娘被人服侍着沐浴一新，梳洗打扮一番，押进了皇上的寝宫。燕娘也不反抗，任其摆布。

皇上正好从城西打猎回来，燕娘听见他在外面一个劲地抱怨猎物太少，仅得獐子、野兔数只，吩咐神周去泰州等地搜取一些鹰犬过来。等他光着身子被吴经扶着进到寝宫，眯着醉眼看到床沿上坐着一位如花似玉的姑娘，顿时心花怒放，正要扑上前去。燕娘喝道："你可要看仔细了！"

皇上被这一喝，酒醒了一半，定睛一看，大惊："怎么是你？！"他认出眼前这位美女正是宣府郊外阎王殿里那位张燕娘——于夫人的养女、张太后的亲生女儿，怎么算起来，都是他的亲妹妹！

皇上大窘，慌忙把衣服套在身上，问："你怎么来了？"

燕娘冷笑道："你问我，我还要问你呢。"

吴经在旁呵斥道："大胆！怎么跟大将军说话的？不想活了？"

皇上顺势甩了他一个耳光。

吴经捂着脸，莫名其妙。

皇上指着燕娘，质问吴经："她，怎么回事？"

吴经这才明白当初她说"走着瞧"的意思，知道这女子不同寻常，支支吾吾地说："选秀，民间选秀，选来的。"

皇上看看燕娘，燕娘又是一声冷笑。皇上顿时明白了什么意思，又甩了吴经一个大嘴巴，叫来御前锦衣卫："拖出去，将这狗奴才乱棍打死！"

燕娘一脸怒气地问："大将军准备怎么处置民女我？"

皇上脸上挂着尴尬的笑："都是这些狗奴才惹的祸，狐假虎威，有眼无珠，惊扰了公主殿下的圣驾哦。"

"我可不是什么公主，只是一介民女。我倒想问问，跟我一起被抢进总督府的那些民间女子，大将军有何打算？"

"放！当然放人！我说了，都是这些奴才们办的好事！"皇上当即下令将搜来的民间女子尽皆释放。

燕娘这才起身要走。

皇上在后面大声喊："你这要去哪？我的江山还要等着妹妹跟我一起坐哩！"

燕娘眼里含着泪，她本想将于夫人的死讯告诉他，但看到他如此荒淫无道，话到嘴边又噎了回去。临出门时，她抛下一句话："你坐你的江山，我闯我的江湖！"然后头也不回地走了。

却说王阳明得知自己苦谏无果，亲征大军已至扬州，只希望皇上一行留在江南，大军不再来江西骚扰，于是奏报押送朱宸濠去皇上驻地献俘。江彬、张忠等人一听此事就慌了，这样的话，皇上亲征岂不是徒有虚名？他们这些随驾南征的提督、将军、总兵官们岂不是邀功无望？于是，他们给王阳明下了道军令，说要将宁王朱宸濠和其余党放回鄱阳湖，由皇上亲自带大军去把他们擒获，再奏凯班师，论功行赏，还接二连三地派人来向王阳明索要朱宸濠。王阳明为了不让闹剧上演，要亲自押着朱宸濠去南京献俘，好让亲征大军没有借口再西进江西。

邹守益劝道："江彬、张忠等人可不是好惹的，先生这样顶风跟他们较劲，怕是会惹火上身哩！"

"就算把我活活烧死，也不能让他们把关乎社稷安危的大事视同儿戏，更不能将这祸水再往江西千千万万黎民百姓头上引！"王阳明气得脸都绿了，当场摔了一个茶缸。

"先生，您这样带着兵马，押着朱宸濠非要去扬州。江彬等人诬您抗旨不遵还算好，如果再说您是图谋反叛，那就是株连九族的大罪哦，到时您是百口难辩啊。"冀元亨也在旁晓之以理，动之以情，劝老师不要冲动。

王阳明还是不听劝，执意要去扬州。

邹守益便跟龙光等幕僚们商量，请费宏费阁老来南昌劝劝老师。

这一天，王阳明带着两千中军亲兵，打着提督军务都御史的大旗，押着朱宸濠和世子等一众贼首刚出城门，正赶上费宏骑着快马风尘仆仆地来了。王阳明有点诧异，连忙勒住马头，笑问："什么风把费阁老给吹来了？"

费宏做了个手势，身后仆人忙上前把其搀扶下马。王阳明只好跟着下了马，费宏把他拉到一旁，语重心长地说："伯安啊，你可不要犯糊涂啊。皇上的脾气，你还不清楚？只能顺着捋龙须，可不能逆着触龙鳞啊！"

王阳明却一脸的坚决："让阁老费心了！下官这次粉身碎骨全不怕，也要阻止皇上被小人蒙骗。跟六百多万江西子民相比，我一个人的安危算得了什么？"转身上马就要走。

费宏拉住他的缰绳，满脸涨得通红："王都堂！'君子不立于危墙之下'！你明知是送死，还去撞南墙做甚？"

王阳明坐在马上，朝费宏拱了拱手："费阁老，下官得罪了！"他一把抓过缰绳，双腿一夹，打马跑了，徒留下费宏在路旁直跺脚。

冀元亨扶着费宏说了几句，又叫来萧庚反复叮嘱，这才上马去追赶王阳明的队伍。

王阳明一行抵达广信时，张忠、许泰的人追了过来，要他押着朱宸濠回江西。他哪里肯听，掏出王命令旗，把来人喝退，连夜由广信过玉山、草萍驿，直奔镇江而去。一路舟车劳顿，一行人终于抵达与扬州隔江相望的镇江城。

第二天，冀元亨怂恿王阳明去大名鼎鼎的金山寺一游。王阳明见他说得恳切，只好答应。到了山下，只见古寺依山就势，大门西开，正对长江。抬头一望，寺内所有殿堂楼阁皆散布于金山之上，鳞次栉比，楼塔争辉。

王阳明依稀想起自己十岁那年，父亲王华高中状元在北京做官。他随祖父竹轩公王天叙从浙江余姚北上随迁，乘船路过镇江。祖父被镇江的好友挽留，与友人同游金山寺，在妙高台上酒酣之际，有人提议以"金山寺"为题作诗。在众人一番推辞之中，王阳明却童真未泯地站了出来，率先赋诗一首："金山一点大如拳，打破维扬水底天。醉倚妙高台上月，玉箫吹彻洞龙眠。"即景兴诗，律对工整，而且展示了江天一览的气势和醉卧高台之上的景象。众人啧啧称奇，于是指着妙高台旁边的"蔽月山房"让他再作一首。王阳明再次脱口而出："山近月远觉月小，便道此山大如月。若有人眼大如天，当见山高月更阔。"

想起这些童年往事，王阳明自己也觉得有趣。他跟冀元亨拾阶而上，远远地看见一位老者含笑坐在路边一石凳之上，朝他招手，似乎已候他多时。近前一看，正是致仕吏部尚书杨一清。

他忙趋身上前向老部堂施礼。杨一清笑呵呵地拉着他的手："今天可是巧了，在这江山胜迹，竟然得见故人。这金山寺对我们来说，也算是故地重游。"

两人携手登山，杨一清谈兴正浓。王阳明虽然心事重重，但在这位老上司面前也只能强颜欢笑，有一搭没一搭地答话应酬。

山上殿宇栉比，亭台相连。杨一清笑着问王阳明："伯安，金山寺是山上寺，但又称'寺里山'。你知道这是何缘故？"

王阳明哪有心思想这事，只是摇摇头。

"你发现没有，远看山是一座寺，近看寺即一座山，这就叫'金山寺裏山'。不是寺里山，是什么？"杨一清谈兴方健，又跟王阳明说起神话《白蛇传》中"水漫金山寺"的故事，还有白蛇娘子、许仙、法海等一大堆人物。

王阳明几次想说皇上亲征的事，但也不好搅了老部堂的兴致，只好装作饶有兴趣地听着。

不知不觉天色已黑，寺中住持早就在山顶妙高台上摆了一桌斋饭。这时焦山寺住持妙福禅师闻讯专程从焦山岛渡江过来相见。这些年杨一清在镇江丹徒告老后，便与妙福禅师成了挚友，常与他谈禅论道，不亦乐乎？

这时一轮圆月从江上升起，江天一色，风月无边。王阳明见此情此景，高朋满座，索性暂且将谏阻皇上亲征的事抛诸脑后，与各位坐而论道，品茗赏月。他看到妙高台边的围墙上，勒有北宋大文豪苏轼的《水调歌头·明月几时有》，便好奇地问，"学生只知坡仙有一首《金山妙高台》的诗：'我欲乘轻舟，东访赤松子。蓬莱不可到，弱水三万里。不如金山去，清风半帆耳。中有妙高台，云峰自孤起……'写的就是这金山寺的妙高台。但为何这院墙之上刻的却是他的《水调歌头·明月几时有》？"

"这个老衲略知一二。"妙福禅师微笑着讲了一个典故。相传苏东坡一日与友人同游金山，当时正是中秋之夜，天宇四垂，一碧无际，江流倾涌，月色如昼。东坡与友人同登妙高台上，命袁绚歌其《水调歌头·明月几时有》。歌罢，东坡起舞，而环顾四座说："此便是神仙矣。"于是金山寺便将此词刻在墙上，苏东坡"坡仙"的雅号也不胫而走。

"东坡和李太白一样，其天才非凡人可比，他们写诗赋词，不十分用力，全凭手气。"王阳明笑道，"这写诗填词，有如博弈。在弈棋型的诗人看来，赌博型的诗人下笔兔起鹘落，着实令人艳羡，可是写到后面有时也接不上劲。东坡先生学富才大，意到笔行，有些句子欠锤炼，但似乎也不必锤炼。他真乃赌徒般的诗人啊！"

"伯安比喻得不错。朱子就有言：'坡文雄健有余，只下字亦有不贴实处。''只是大势好，不可逐一字去点检。'"杨一清含笑道。

大家听罢，都会心一笑。

这时一轮满月升到了金山之上，杨一清便聊起王阳明十岁那年即兴赋诗的事："伯安啦，听闻你十岁时与祖父同游金山寺，也当场吟了首与月亮有关的诗，是怎么说的来着？"

王阳明摆摆手，不好意思起来："那时学生年幼，不知天高地厚，关公面前耍大刀。不提也罢，不提也罢。"

妙福禅师捋了捋花白的长须，笑道："阳明先生乃神童也，十岁时赋的诗如有天授。至今镇江无论童叟，谁人不知您那首'山近月远'的诗：'山近月远觉月小，便道此山大如月。若有人眼大如天，当见山高月更阔。'禅意十足，与东坡诗风格自是不同，但却是一样的意到笔行，学富才大咧！"

"大师谬赞，学生实难望坡仙项背。"王阳明吃了几杯小酒，脸颊通红。

"伯安这诗，看似平常如聊家常，娓娓道来，实则大有深意。山月远近，道出宇宙哲理。想象之奇崛，气概之不凡，令人刮目相看！"杨一清由衷大赞。

当晚，大家诗酒相酬，夜半方歇。

次日天明，王阳明带着冀元亨悄然下山，想赶紧回城，渡江献俘。刚出山门，杨一清正乐呵呵地站在门口欣赏两壁的楹联，见到王阳明来了，忙拉住他的手说："老夫家就在丹徒，离这不远。走，去老夫家里看看！"

王阳明面有难色，婉言拒绝。他禁不住杨一清的一再相邀，只好将准备押着朱宸濠过江去面圣的事和盘托出。

杨一清吃惊不小，把他拉到一旁，悄声道："实不相瞒，万岁爷此时已不在扬州。前几日还在鄮府驻跸，今日恐怕已乘龙舟抵南京了哩。"

这回轮到王阳明大吃一惊："那如何是好？朱宸濠一众逆党此刻还押在镇江城里。不如我即刻启程，溯江而上，去南京献俘去！"

"万万不可！"杨一清摇摇头，"王都堂的不世军功自不待说，但皇上此次南来欲与朱宸濠亲自交战，你却先擒获了朱宸濠，已经扫了皇上的兴，此刻再去献俘奏捷，后果可想而知！"

"那依老部堂之见，如何是好？难道真的要把朱宸濠放回鄱阳湖去不成？"

"那自然不成！此等庙堂大事，岂可儿戏？"杨一清说着，从怀里掏出一封信递给他，"大太监张永已经替皇上打前站到了杭州，你可拿我写的推荐信直接去找他，将朱宸濠交给他处置。我跟他有旧，料想他不会为难你。"

"老部堂原来早有打算，真是宰相不出门，遍知天下事咧。"王阳明知道，张永曾与杨一清一道率大军赴宁夏平息安化王叛乱，又听从杨一清之计一举翦除刘瑾。王阳明认为张永算是皇上身边比较靠谱的人。杨一清让他将朱宸濠交给张永，一则避免了触犯龙颜，二则又避免了朱宸濠落入江彬、张忠等奸人之手。但既然已到镇江，离皇上南征大军不远，这时如不当面谏阻皇上，还是很不甘心。

杨一清见王阳明还在犹豫，从怀里又掏出一张纸，低声道："此乃御书密旨。"

王阳明半信半疑地展开一看，果然是皇上亲笔写的十一个字：拿宸濠之功，我第一，你第二。

王阳明哭笑不得，知道皇上是不好伺候的主儿，只好表示，即刻率兵南下杭州，去见大珰张永。

杨一清笑道："慌什么？都到了老夫家门口，怎能不来家里坐坐？"

二　杨一清接驾待隐园

杨一清的府邸名为"石淙精舍"，位于镇江府城南丁卯桥下洞溪畔。园内奇树怪石，曲径通幽，房舍亭台错落有致，竹堂月阁点缀其间，清泉从山石的缝间穿出，翠竹随弯曲的路径成行。

王阳明问起精舍名的来历，杨一清解释说："我云南老家门前有一处风景叫'石淙流韵'，现以镇江为新家，便以老家之地名作为新居之别号，聊寄乡思。"

"石淙，石淙，想必当初命名者是取其溪流有金石之声吧？"

"正是，伯安果真深解其意，"杨一清兴趣盎然地说，"李梦阳也是这么说的。"

"老部堂的高足李梦阳也来过石淙精舍？我可好多年没有见他了，说来甚是想念！"

杨一清笑而不语，与王阳明肩并肩在园中漫游。

闲逛了一圈，王阳明由衷赞道："石淙精舍真是人间天上，可寄怀，可探幽，还可忘却人间忧愁。"他触景生情，有感而发，当场赋诗一首："绿野春深地，山阴夜静时。冰霜缘径滑，云石向人危。"

"老夫自号'三南居士'，已无他求，终老于此山水幽静处足矣！"

"何为'三南居士'？"王阳明好奇地问道。

"老夫生于云南安宁，长于湖南巴陵，现在却老于江南镇江，正好是'三南'。"杨一清笑吟吟地说。

"此前老部堂是我朝赫赫有名的'三边'总制,而今归隐田园,又做起了'三南'居士。这也是一段佳话。"

两人有说有笑,在园中闲逛,冀元亨远远地跟在身后。拐弯处,王阳明突然看到萧庾在一处墙壁后面探了个头,跟冀元亨窃窃私语,顿时明白杨一清为何料事如神,知道他来镇江。

此时,园中响起呜呜咽咽的箫声,循声望去,远远看见一名男子身穿蓑衣,头戴斗笠,侧坐在一间亭榭之中。王阳明认出来,此人正是当年把他和郏文、徐爱等人从郏文家救出,再送至通州码头的"车把式"。

他们轻手轻脚踱到跟前,"车把式"视若无睹,低着头将一曲《潇湘水云》吹罢,方才起身,摘下头上斗笠。王阳明顿时大喜过望,与他久久相拥。原来"车把式"不是别人,正是李梦阳!

王阳明喜道:"上回在通州渡口就觉得你这个'车把式'似是故人,没想到竟是你这位文坛翘楚、七子之首!"

李梦阳也是笑容可掬:"上回救你,实是十万火急,只好做了回无名英雄。这次得知你来了镇江,我便特意在恩师府中候着你来,就是想给你一个惊喜!"

两人坐在亭中,执手相望,聊了不少别后见闻。

李梦阳从衣袖中掏出几张纸:"这是我草拟的一篇《石淙精舍记》,请阳明兄雅正。"

王阳明接过一读,开篇便是:"丁卯桥负山带江,据东南之会上游之地,其泉石岩壑之佳不在庐山阳羡下也。"

再往下读,里面果真提到了"石淙"一名的来历:"石淙有虎丘之丘,曹溪之溪,螳螂之川,自昆明池来者,奔流数千里,其地崩湍

286

激石，泠然金石之音，故云石淙。"

王阳明赞赏之余，想起此前冀元亨提到有一篇《阳春书院记》落款是李梦阳的名，便问起此事。

李梦阳摇摇头，长叹一声："此事说来话长。"便悉数将来龙去脉讲了一通。

正德五年八月，刘瑾伏诛。第二年四月，诏李梦阳起复，迁江西按察司提学副使，正四品，当年五月赴官，六月到任。这一年他刚好四十岁，但他刚介耿直的个性并未改变，不肯同流合污，还常常狂狷使气。他先是与总督军务都御史陈金相抗，被处监司五日。接着，巡按御史江万实新抵江西，众属僚同去巡按御史衙门向江万实行揖礼，独李梦阳不去行礼，还让学宫诸生不要去谒见上官，即使去谒见，长揖即可，不可下跪。江万实从此嫌恶李梦阳。因不满当地官员"送门子、造伪章"之事，李梦阳又与布政使郑岳闹翻。

后来，李梦阳得罪了就藩江西饶州的淮王朱祐棨。淮王府校与学宫诸生争执，李梦阳叫人鞭笞府校。淮王闻之大怒，上奏参他。布政司参政吴廷举与李梦阳有隙，也加入到江万实等人行列，搜罗材料，上疏说尽他的坏话。

矛盾加剧后，陈金命郑岳勘查此事。李梦阳不甘示弱，进行反击，抓了郑岳亲信的胥吏，揭发郑岳受贿。这个时候，宁王朱宸濠正在四处搜罗名士，早就名动文坛的李梦阳自然成为他沽名钓誉、重点延揽的对象。宁王便插手其间，一边诱骗李梦阳撰写《阳春书院记》，一边暗地里帮助李梦阳弹劾郑岳。

当时江西上层人物之间因他一个李梦阳变得剑拔弩张，官场被搅得一团乱麻。巡抚任汉顾虑各方势力不能决断，只好奏请朝廷派要员来调查此事。朝廷便派遣大理寺卿燕忠会同给事中黎奭来江西勘处。

正德九年正月，燕忠到江西后，为了避嫌，驻在广信府勘问此事。此时李梦阳正受命待罪南康。燕忠将他提调至广信关进大狱中，对他无端刁难，又侮辱他的学生。李梦阳孤立无援，处境可怜。李梦阳的好友何景明听闻此事，即刻上书李梦阳的座师杨一清，请他为之申解。李梦阳在狱中卧病了好几个月，最后勘审结果：李梦阳反映的"送门子、造伪章"两件事都有着落。李梦阳本以为公道将至，但燕忠还是参奏了李梦阳"欺凌僚属，挟制抚按"。最后，皇上诏令李梦阳"冠带闲住"，郑岳遭撤职，吴廷举也被判罚俸。

这时，宁王又派人来请李梦阳去主持阳春书院。李梦阳这才恍然大悟，觉察到宁王的用意，悍然拒绝了他的邀请，连夜携家人逃离南昌，经襄阳至开封，一路北上抵达京城，投至杨一清门下。正赶上东厂的人为太后寝宫密道的事追杀王阳明，李梦阳便假扮"车把式"，把他们救了出来，安排到滁州上任。

李梦阳将这些年的经历讲得波澜不惊，王阳明却感觉到了其中的风起云涌、波诡云谲。

"献吉正受我所托，选校、评点老夫拙著《石淙诗稿》。"杨一清说，"年纪大了，将早些年写的这些小诗归拢归拢，算是敝帚自珍，留些念想。"

"献吉兄才高八斗，他来编老部堂的传世名作，是再合适不过了。"王阳明说，"献吉兄在江西这些事我倒还是第一次听说，不过江西老百姓至今念念不忘的是你那次出对联考举人的趣事哩。"

"呃，这个老夫竟然不知哩，"杨一清用一只手遮住耳朵，对李梦阳打趣道，"愿闻其详。"

李梦阳兴致也颇高，便活灵活现地将这一趣事讲了。

李梦阳督学江西时，有一年担任乡试主考官，发现应试秀才的花名册上有一考生与他同名，觉得很巧也很好笑，于是在唱名时，就朝那同名秀才开了个玩笑："小老弟与本官同名，真乃巧事，本官理当照顾。这样吧，我出一联让你来对，倘能当堂应对，你就算中举了。倘若对答不上，就请回去再苦读三年，下届乡试再来。"

那秀才也是饱学之士，听后不卑不亢，微笑答道："先生请出句，学生试试看。"

李梦阳便出了精心构思的诙谐上联："蔺相如，司马相如，名相如，实不相如。"此上联以其名同人不同，正契合自己与那秀才同名之事，还暗含揶揄之意。那秀才听后一沉思，拱手便对："魏无忌，长孙无忌，尔无忌，吾亦无忌。"此下联以其名"无忌"，实乃双关，暗示考官考生双方不要忌讳。后来这名秀才还果真考取了举人。

大家听罢，皆称赞其联有趣，其事也有趣。大家边聊边逛，不觉来到一处名为"待隐园"的园门前，此刻已经上锁闭园。王阳明心里明白，此处定是皇上驻跸的行宫。

正德皇帝是五天前从扬州启程渡江的。

在淮扬的日子，皇上乐不思蜀，仍然我行我素，整日渔猎。一日，皇上跑到扬州府郊的仪真县新闸捕鱼，看到大江浩荡，便命江彬祭江。第二天，一行人在瓜洲遇雨，便来到此处大户黄昌本家避雨。太监张雄及守备马昹选了百余名绝色歌伎送了过来，任皇上挑选，打发雨中寂寥。皇上兴致勃勃，选了一半，让送到舟中，听其弹唱。船连夜渡江到了镇江。

当晚夜宿望江楼。第二日由瓜洲渡江，游金山寺。再从金山寺抵达杨一清府，皇上在杨府中的茂祉堂中和大臣饮酒赋诗。

皇上第二天再幸杨府，专程来到杨一清待隐园的"邃庵"藏书楼看书。他来到楼下，将三间书屋看了个遍，看了两个多时辰，还命杨一清取些善本来给他御览。

皇上翻到一册《文献通考》，随口说了句："《文献通考》是本好书。"

杨一清答说："有事实，有议论，诚如皇上所言，是本好书。"

"有多少册？"

"六十册。"

皇上一听这么多，有点吃惊，又问："还有没有比这更大的书？"

杨一清想了想，说："《册府元龟》较多，有一百多册。"

杨一清心里明白，还有比《册府元龟》更大的书，比如宋太宗时为了羁縻十国降臣，开馆修书，编撰的《太平御览》《文苑英华》皆一千卷，《太平广记》五百卷。但贸然说出这么多册的书来，怕把皇上吓着，再说这些书或辑录散乱，或是小说家言，不堪入明君之眼。而宋真宗钦定义例的《册府元龟》，叙历代君臣事迹，只取六经子史，不录小说，去取格外严谨，而且贯串数千年事，条理井然，有裨益于圣学。

皇上听后很好奇，兴致勃勃地命杨一清去取了来看。

当晚皇上在杨府住下。第二日，设宴作乐，皇上索纸笔制诗十首赐予杨一清，并命他和诗。杨一清当场和诗十首，呈上以后，皇上竟饶有兴趣地御笔点窜，让江彬、张忠等人刮目相看。杨一清在酒宴中借机劝皇上取消江浙等地的巡游，皇上于是决定直趋南京。

南京乃"十里秦淮河，六朝金粉地"，笙歌画舫，桨声灯影，其风华自与北京不同。皇上玩得不亦乐乎。

一天晚上，皇上在江彬、张忠等人陪伴下微服来至夫子庙，逛了逛庙会，便在秦淮河登上一艘画艇。艇中歌女云奴正在唱新曲《桃叶渡》，曲极婉约，语语入律，皇上击掌称叹，情不自禁地脱口而出：

"'此曲只应天上有，人间难得几回闻'，不知何人所作？"

云奴掩面而笑："客官定是外地来的，此曲是咱南京大才子徐霖所作，说起他呀，南京城无人不知，无人不晓。"

皇上喃喃自语道："徐霖这个名字好熟悉哦。"想了想，一拍巴掌，"对，想起来了，臧贤这厮以前说起过他！说他擅填曲，是什么'曲坛祭酒'，还跟另外两个人一起被称为'江东三才子'。"

云奴点头附和："听说徐大才子风流倜傥，有潘安之貌，还是一个美男子哩。不怕客官您笑话，云奴我假使能一睹其真容，以身相许也罢，就是跳入这秦淮河里淹死了也无憾哩！"

她这一番话，引来大家一阵笑。

皇上听了云奴这话，心中暗自有了主意。

第二天，皇上将玄武湖一带逛了个遍，傍晚时突然想起徐霖的事来，便问江彬："徐霖找到没？"

江彬笑答："这太阳底下还有大将军您找不到的人吗？"

皇上也笑道："太阳快下山了，咱们得快点去才行！"

到了乌衣巷徐霖家，书童开门说主人一早就出去了，至今未归，或许去了秦淮河边。

皇上一行便沿着秦淮河边去寻人，这时听到一阵洞箫声呜呜咽咽，如泣如诉，动人心弦，循声找去，只见一位白衣男子正坐在河岸大青石上神情专注地吹箫。男子容貌俊朗，举止潇洒。皇上示意江彬等人不要出声，站在一旁静听箫声。一曲终了，皇上这才趋前询问："阁下可是徐霖先生？"

白衣男子抬头一看，见皇上衣着光鲜，气度不凡，便起身行礼："在下乃徐霖先生的弟子。先生风流人物，在下望尘莫及。"

皇上略有些失望，也更期待能见到徐霖。这弟子说，先生平时爱在河中垂钓，往往鱼未上钩，新曲已谱成。

皇上二话不说，带上随从又赶去徐霖往常垂钓之处寻找，在这里果然看到一叶小舟上，坐着一人，头戴斗笠，身披蓑衣，正临河垂钓。夕阳西下，江面上映照万丈霞光，此人就在霞光中间，还浅吟低唱。

皇上情不自禁地赞叹："这才是神仙般的人物啊！"

江彬等人唤垂钓者上来，只见其身材修长，面白如玉，双瞳剪水。皇上连忙冲上前去，一把握住他的双手，唤道："徐霖兄！"

此人先是一愣，后来笑道："阁下弄错了，晚生徐霰，徐霖是我堂兄。您是我堂兄的朋友吧？"

这次轮到皇上一愣，半晌才反应过来，有点难为情，嘴里喃喃道："哦，是哦，你们长得像，我险些认错人。"

徐霰摆摆手道："我堂兄是修散仙的，要找他，可难哦！"

皇上只好懊恼地离开，脚步匆匆，江彬等人紧跟其后。穿街过巷，不知道走了多远，来到了闹市。店铺林立，饭店、茶馆、酒肆众多。皇上感觉有点渴了，便抬脚迈进街边一间"春和茶坊"。

三 皇上与徐霖倾盖如旧

楼上雅座典雅精致，多悬名人字画，清丽可喜。窗户正临着秦淮河，小桥流水，灯红酒绿，别有一番景致。茶坊还有南戏上演，敲锣打鼓，丝竹琴瑟，好不热闹。茶叶有云雾、龙井、珠兰、梅片、毛尖，茶煮沸泡好，如玉带兰雪，清香四溢，又佐有瓜子、酥烧饼、春卷、水晶糕、烧卖等各种精致点心。

皇上喜道："这南京自与北京不同，茶叶也要香些！"又问店里伙计，演的是什么戏。

伙计答说："是《绣襦记》，讲的是唐代妓女李亚仙与郑元和的曲折爱情故事嘞。"

此时正演到郑元和沦为乞丐，被扬州阿二收留，并教他如何做乞丐。扬州阿二讲一口扬州话，逗趣得很，引得满堂大笑。

皇上也忍不住大笑："这出戏，甚有趣！"伙计在旁说："这戏是我们南京城徐霖大才子的戏，可露脸了！"

皇上一听，又是徐霖！心中掠过一丝不悦。江彬一挥手，示意伙计走开，自己弯腰在皇上耳际低声说："末将这就让锦衣卫和东厂的人去……"说着一只手做了一个"抓"的动作。

皇上瞪了他一眼："干吗？你以为是抓贼啊？"

江彬悻悻地退至一旁站着，不再作声。

皇上正一边摇着扇，一边聚精会神地听着戏，忽然邻桌传来一阵吵闹声。原来是一个小乞丐不小心将茶碗撞翻，洒了一位歪嘴茶客一身茶水，被此茶客一顿好打。小乞丐被打得鼻血直流，跪地求饶，歪嘴茶客还不罢休。此时，一位青年男子挺身而出，喝止打人茶客。皇上闻声看去，只见此男子身穿莺背色夹纱直裰，脚踏丝履，右手执扇，左手捋衣，白皙修伟，须眉蔚然，长须垂腹，气质儒雅，飘然有神仙之慨。再一细看，面如傅粉，眼若点漆，眉眼清秀又不失英气，脸部棱角分明，鼻秀高挺，唇红齿白。皇上暗赞此人好相貌！

歪嘴茶客嚷道："这狗儿弄脏老子衣裳，犯嫌得很，打几下解气！要你管？"

长须男正色道："小乞丐还是小杆子，你忍心下得了这重手？你的衣裳，我来赔你！"

"那好！一两银子！"茶客伸出一只手，做了个要钱的姿势。

长须男掏出一吊钱放到他手掌上。

"老子说是一两银，没听见啊？"

"你这身衣服非绸非缎，值得了一两银？再说了，只是茶水泼洒，洗洗就好。"

歪嘴茶客头一扬，身后几个壮汉便闪了出来，将长须男团团围住。

歪嘴茶客站起身，指着长须男鼻尖骂道："看你这海里胡天的样，就不对箍子，异怪得很呃！"

长须男也不甘示弱，怒斥茶客道："恃强凌弱，丧尽天良，毫无恻隐之心，与禽兽无异！"

那几个壮汉抡起拳头就要朝长须男身上打去。皇上下巴一扬，江彬等人会意，抓起桌上茶杯，就朝壮汉们掷了过去，打得他们脸上开了花。

歪嘴茶客见手下吃了亏，怎肯罢休，便大声嚷嚷，齐刷刷地朝江彬等人冲来。这些地痞平时耍耍无赖，欺压老百姓凶神恶煞的，都是很厉害的样子，但碰到久战沙场的边军将领，便如同鸡蛋碰石头——自讨没趣，自然被打得落花流水。

皇上也撸起袖子，亲自上场，抓起歪嘴茶客，直接将他从楼梯口扔了下去。

看见打起了群架，茶坊里的茶客们各自逃散，一时场面乱哄哄的，杯碗一片狼藉。茶坊掌柜和伙计心疼得直掉眼泪，嘴里直叫唤"哎呦"，仿佛打碎的不是杯碗，而是他们的心肝。

皇上让张得富拿出一锭银子给掌柜的，算是赔他的损失。掌柜和伙计这才破涕为笑。

临走时，掌柜跟在身后小声嘀咕："客官可要小心哦，今天挨了打的可不是善茬啊，人称'歪嘴太岁刘'，是南京镇守太监刘璟的侄子哟！"

长须男向皇上等人作揖致谢："今天多亏了各位壮士出手相救，要不然学生可是秀才碰到兵——有理说不清了呀。"

皇上一摆手："小事一桩，不值一提。兄台侠义，岂能不助？可惜这群小喽啰太不经打，我们打得还意犹未尽嘞！"

"听口音，壮士是燕赵人氏？"

"正是。"

"人说燕赵多义士，此话真不假。"长须男抬头看了看天，"今日月光皎洁，真想跟你们在这月下痛饮几杯，也感受下你们的豪气！"

"这个好，这个好！可惜这里是茶楼，没有好酒啊。"皇上一听要喝酒，肠子痒痒，全身抖擞来了精神。

"寒舍就在附近，各位壮士如不嫌弃，欢迎你们光临寒舍，小酌几杯。"

此话正合皇上心意，一行人便踏着月色，走了几条街巷，又沿着河边走了一段，最后拐回乌衣巷，来到了刚才他们来过的徐霖家门前。

皇上甚感惊讶："你是徐霖的什么人？"

长须男笑答："学生正是徐霖，徐子仁。"

皇上一把将他紧紧抱住："子仁兄，找你找得好苦啊，可把你给找着了哟！"

徐霖当即唤来书童，抱出一坛老酒，在院子里的石桌上摆了咸水鸭、芦蒿、笋片等几样小菜下酒。酒酣之际，徐霖当场抚琴，吟唱了一首《月下闲情》。琴声悠扬，曲调婉转，皇上听得入了迷。

皇上问徐霖："子仁兄有啥爱好？"

徐霖答说："除了丝竹，就是山水。"

"有美食之好吗？"

"饮食清淡，果腹即可，谈不上什么好咧。"

两人又喝了几杯酒，都有些微醺。皇上又问："好美色不？"

徐霖长叹一声："美色美色，难道只有女人才叫美，才叫色么？学生看来，男子之间，知音之谊才是真爱！鄂君绣被、断袖分桃的故事虽不关美色，但却是真情！"

皇上笑道："这个确实不同凡响。子仁兄可曾遇着一个知心人么？"

徐霖拍膝嗟叹道："知音难觅！假使能遇见这样一个相识、相知，心灵相通，超越生死的人，也不枉此生来这世间走这一遭！"

皇上赞道："难得子仁兄风流倜傥，一身侠骨，心里却是柔情似水！"

两人正说话间，院门被人猛地一脚踹开，歪嘴茶客带着一群人手握兵器气势汹汹地冲了进来，身后跟着一位官老爷模样的人，尖声嚷道："我看是哪位活得不耐烦了，竟敢欺负到洒家头上来了？"

皇上的雅兴被这群人打断，心中火起，站起来指着这人大骂："本大将军看你是活得不耐烦了！"

这人一惊，定睛看了看皇上，吓得屁滚尿流地跪地磕头，口里唤道："万岁爷饶命，奴才罪该万死，罪该万死！"

他身后一群人一看这阵势，全都傻了眼，纷纷跟着下跪求饶。

徐霖这才知道，来者正是当今皇上，也大感意外，连忙下跪行礼。

皇上把徐霖扶起，笑道："子仁兄无须多礼，咱们接着喝酒。"

徐霖低着头，一个劲地摆手："不敢，不敢，草民不敢。"

皇上拉他在身旁的石凳上坐下："咱们继续。"又斜瞥了地上跪着的一帮人，喝道："还不快滚！"

这帮人连滚带爬，一溜烟地跑了。

皇上微笑道："子仁兄啊，你擅谱曲，又是这么玉树临风，待在家里不出来为朝廷做点事就太屈才了。"

徐霖心想，莫非要封我做官？心中窃喜。

"你曲子写得好，不如去教坊司当差！"

徐霖一听此话，如同晴天霹雳："陛下，教坊司是贱籍啊。草民祖宗八代都是耕读传家，清清白白。草民万死不能从命！"

皇上自知失言，赶紧把话岔开。

夜深了，皇上移步徐霖书房，与他彻夜闲谈曲词歌赋、秦淮风物，引为知己，当晚便在书房的卧榻上搂着徐霖睡下，极尽断袖之欢。

第二天一早，皇上从睡梦中醒来，徐霖仍在酣睡。皇上见徐霖长须美髯，甚是喜欢，竟然持剪刀剪了一把胡子作为拂子。

徐霖醒来，笑道："以后我就自号'髯翁'了。"

皇上看着他胡须参差不齐的样子，一脸的坏笑。

此后，皇上入则与刘美人共枕，出则与徐霖同行，并赐他一品官服。

一日，皇上与徐霖微服来到秦淮河上画舫，皇上指着徐霖对云奴说："他就是徐霖。"

云奴笑道："大官人又来骗我！"

徐霖当即吟唱一首新曲，顿时满座皆惊。

云奴喜不自禁："真是徐先生耶！"

皇上打趣道："云奴，你上次怎么说的来着？见到了徐霖要怎么样？"

云奴双颊绯红，佯装生气，低首摆弄衣角："大官人好坏！奴家不理你了！"

皇上笑着对徐霖说："云奴上次说，如能见到你，愿以身相许咧！"

"云奴乃秦淮河上的头牌，学生不才，不敢独占花魁，辜负姑娘美意。"

"这有何难？"皇上大手一挥，"别说一个云奴，整个秦淮河上的姑娘们，让你随便挑都行！"

云奴一听急了，脱口而出："奴家愿意侍奉徐先生！"说罢满脸通红，用手中团扇将脸半遮住，口中轻声唤道："羞死我了，羞死我了！"

画舫笑声盈盈，其乐融融。

二月间，南京行辕闹出一场虚惊，此中又大有深意。

当时御驾驻跸南京南面的牛首山。一天晚上，皇上突然失踪，左右皆不知其所在。禁卫军深夜惊起，引起极大骚动。

梁储怕走漏消息，激发宁王余党垂死挣扎，危及皇上安危，与一众都督、御史商议后，严密封锁消息，同时派人打探皇上下落。

正当伴驾之臣日夜轮守，侦缉密访，仍无头绪之际，一个月后，皇上又神奇地出现在牛首山上。梁储一见，喜极而泣，当场哭晕在他跟前。皇上却轻描淡写地跟人说："长江鱼大，钓鱼去了。"

原来这一切都是江彬的阴谋。钱宁被抄家查办后，锦衣卫暂由他节制，他从锦衣卫的密报中得知，皇上生母于夫人被宁王逼迫投水自尽，葬在湖口石钟山。他心想，于夫人毕竟是皇上生母，不如以此诱骗皇上微服去一趟湖口祭拜，以此试探各方反应。如果皇上失踪，天下大乱，他正好浑水摸鱼，神不知鬼不觉地弑杀皇上。宁王之乱初平，地方惊魂未定，整个北军精锐尽在他的掌控之下，夺取东南半壁江山如探囊取物。正德这个昏君，凭啥不能取而代之？

皇上一听江彬所言，心中也悲怆不已，心想生前未曾尽孝，死后理当祭扫，便让江彬安排，在深夜悄然乘船溯江西上。

船行两昼夜，平安无事。皇上心中有事，也无心欣赏两岸风光，只是在船舱看些闲书，饮些闷酒。傍晚时分，江上起了风浪，船在芜湖靠岸避风。江彬心想，不如今夜动手，让皇上来个落水而亡。此时江彬亲信李琮从岸上驿站取来牛首山发来的飞鸽传书，却说牛首山及南京一带风平浪静，并无大乱迹象，兵部尚书乔宇还大张旗鼓地组织守备军操练兵马，暗地里搜索皇上行踪。江彬心里又打了退堂鼓，这长江上游有王阳明的鄱阳湖水师，长江下游有南京的操江提督，他们"外四家"边军大多不识水性，真打起仗来，怕是不好对付。

过了几日，风浪小了，继续西进。两日后到了安庆。皇上看到北岸码头熙熙攘攘，好不热闹，按捺不住，要上岸游玩一番。大家上得岸来，只见枞阳门外长江边上有一古刹，名为"万佛寺"，山门两边刻有一联："万里长江此封喉，吴楚分疆第一州。"

"这对联还算有些气势！"皇上赞了一句，自然要进寺礼佛，吃顿斋饭。寺里的点心墨子酥和顶雪贡糕甚是可口。皇上问小沙弥，这白花花的糕点，为何叫贡糕。沙弥答说，永乐年间此糕点曾作为怀宁地方的贡品上贡，深得永乐皇帝的喜爱。皇上听了满心喜欢，又多吃了几块，不住地点头："成祖爷爱吃的贡糕，真是名副其实哩。"

江彬在一旁心神不定，左瞅瞅，右瞄瞄，总想找个机会置皇上于死地，心想过了安庆就是湖口了，再不动手，这一趟就真的只是陪吃陪喝陪玩了。好不容易熬到晚上，皇上要去江边的"稻香村"喝酒。江彬心想，到了酒楼见机行事。

江彬让其余陪驾侍从候在外面，他独自陪着皇上上了楼，在靠窗处找了个包间坐下，吹着江风，喝着米酒。酒过三巡，已是微醺。这时皇上内急，又不愿下楼。江彬笑道："四处无人，不如凭窗更衣，也算是皇上对这片江面的厚爱。"

皇上一听，也觉新奇，笑道："就是你鬼点子多，不妨一试。"

江彬便搀扶着他站在窗台上，对着万里长江解起手来。皇上正痛快地解手，江彬站在他身后，举起双手，正想一把将他推下江去。这时楼下传来嚷嚷争吵之声，皇上闻声回头，江彬吓得赶紧将要推的手缩了回来。

皇上系好腰带，踱下楼，只见一名穿着三品官服的人在跟楼下的侍卫理论，他身后跟着一大队营官兵卒。

皇上让侍卫退后，气定神闲地问："有何事？"

这官员连忙下跪请安。

皇上甚感惊奇，这番是微服私访，这地方官府怎么就知道了消息？便道："官人定是认错人了。本人乃一商人，怎敢受你如此大礼？"

官员仍然跪地不起，低头道："下官安庆知府张文锦，率都指挥杨锐、指挥崔文叩见大将军。"

皇上见他称自己为大将军，觉得有趣，便道："既被你认出来了，也不跟你兜圈子。本大将军此行甚为隐秘，你是如何知道我的行踪的呢？"

张文锦答道："梁阁老给沿江各府发了十万火急牌文。刚才听万佛寺的小沙弥说，寺里来了操北方官话的客官，气度不同寻常，下官便猜到了是大将军大驾光临咱安庆小城了！"

"你倒巧舌如簧。"皇上眯着眼睛笑，又看了眼江彬，"这小沙弥比你们锦衣卫还强些嘞！"

江彬没想到半路上杀出个程咬金，心情懊恼，嘴上言不由衷地说："是，是的，是很强！"

张文锦便请皇上移驾城中驿馆。皇上也不推辞，拾阶而上，饶有兴趣地逛起码头上的夜市。

皇上在安庆流连数日，方启程继续溯江而上。张文锦派出一支船队护送，船队领队却是萧庚。

在码头，张文锦特意跟江彬介绍萧庚："这是王阳明王都堂手下水兵将领萧庚将军，在鄱阳湖大破宁王叛军，火烧贼营就是他的杰作！"

萧庚说："草民本是江上打鱼的贱民，蒙王都爷赏识，方有出头之日。不过，不是在下吹牛，这长江就如我的家，就算翻江倒海也不怕。"正说着话，突然手中甩出一只鱼钩，再一抻，一条翻腾的江鲤便被钓了上来。整个过程不过眨眼工夫。

江彬暗自称奇，心想王阳明手下竟有这等人物，可不敢小觑。

萧庚又大大咧咧地说："草民来前，王都堂让我给国姓爷捎个话，这长江上游鄱阳湖口有咱水兵十万，这几天正在加紧训练。湖口离这近得很，等着国姓爷前去检阅哩。"

江彬心中一惊，知道这是王阳明在暗自向他示威，嘴里却搪塞道："这个好，有空要去看看。"

离出发时，张文锦暗地里叮嘱萧庚沿途多加小心，并要他转告王都爷，安庆固若金汤，若有奸人作乱，定将扼守长江咽喉，休叫片板过江。

原来此中又有一段故事。

张燕娘在扬州与皇上闹得不欢而散，恨不得此生再不相见，但后来念及于夫人养育之恩，爱屋及乌，不觉又生出一些手足之情来。她看到皇上身边全是些心怀叵测之徒，便命凤仪镖局的手下密切监控皇上在江南的行踪，暗中保护。

得知王阳明一行到了镇江，燕娘按捺不住内心的思念，便渡江来见。恰在这时，牛首山夜惊的消息传来，凤仪镖局设在江南一带的探子侦得皇上是被江彬暗地里挟走，沿江西去。王阳明大怒："本院要将江彬逆贼亲手捉拿，押至皇上面前，申斥其狼子野心、危害宗社之罪，大不了我跟他以死相抵！这样也稍平天下之忿。"

燕娘见王阳明大动肝火，担心他的痰疾复发，便劝道："江南一带忠臣良将诸多，先生的义军也还在江西，谅他不敢轻举妄动！"

"还是小心为妙。"王阳明吩咐萧庚乘快船溯江去追，走前，授他一面王命旗牌，并特意交代，如发现江彬有异心，可持此旗牌调遣沿江各州府官兵，先斩后奏。王阳明估算了下日程，预计萧庚可在安庆地界追上御船，便又给安庆知府张文锦写了一封手札，让萧庚转交。王阳明说："张知府是经过战火考验的忠肝义胆之士，可请他出面，妥为周旋。"

燕娘也发出加急鸽报，急令凤仪镖局沿江各府暗子眼线，协助萧庚救驾。

过安庆以后，皇上御船旁边有萧庚的水兵护航，即使上岸，萧庚的人，或是镖局的人，也若即若离地在皇上周围转悠。江彬一看这形势，一路上也不敢造次。

终于到了湖口石钟山，登岸时，皇上问："这石钟山是不是苏轼写的那个石钟山？"

江彬胸无点墨，答道："这山在江边，应该舒适些，至少有风吹，不闷。"

皇上哈哈大笑，知道自己对牛弹琴。临上山时，他吩咐江彬在山脚下守着，任何人不可打扰。他只带了贴身太监张得富沿石板小路悄然上山。

到了山顶，寻到墓地，与平常百姓之墓无异，石碑上只简单地刻着"于夫人之墓"。皇上心想：回头得了闲要派内务府的人来好好修缮一番。

皇上在墓前磕了头，烧了些纸烛，刚起身，便看到树林里有个人影，心里一惊。张得富朝人影大喝一声："是谁？出来！"

人影披着一身黑袍，从林子里闪了出来。皇上一看是张燕娘，便放下心来："你怎么也来了？"

燕娘冷冷地说："你还算有良心，难得你还能来这里祭扫一趟。"原来，她在镇江仍不放心，怕皇上有个什么闪失，随萧庚之后，乘一叶轻舟，日夜兼程，疾速赶来了石钟山。

皇上道："全天下，也只有你敢这样跟朕说话。"

"要不是看在夫人的面上，我才不想跟你说话！"燕娘仍是一脸怒气，不去看他，蹲在墓前，往火里加了些纸钱。

张得富喝道："大胆！竟敢跟皇上这般说话！"

皇上瞪了他一眼，低声骂道："滚！"

张得富自讨没趣，退至一旁不敢出声。

燕娘说："你这样跑了出来，南京那边在四处找你，乱成一锅粥了！"

皇上一听，不恼反而笑了："让他们找去！"

"你就不怕你身边有人要害你，夺了你的皇位？"

皇上嘴角一撇："让他们夺去！做皇帝不如做大将军好玩，做大将军又不如做个老百姓逍遥自在咧！"

"你光图你自己自在了，满朝文武大臣和黎民百姓的死活，就不管了？"

"我不做皇帝，他们就活不成了？"

"你也不想想，你不做皇帝，还能做得了平民百姓？天下大乱，自然少不了又要打来打去，到头来倒霉的还是老百姓。"

皇上细思一番，觉得燕娘的话似乎也有些道理，便问："谁要害我？"

"还能有谁？姓江的呗！"

皇上脸一沉："待我回去京城再收拾他不迟，现在周围都是他的人！"

"先帝在世时，从东厂里挑选了一批忠勇之士，组了一个凤仪镖局，里面个个武功高强，身怀绝技。而且在各大衙门及驿馆邮传，也隐藏了一批能干的人哩。"

"呃，你手里还有这样一支队伍，好生了得！"皇上一听这话，又提起了精神。

"镖局原本是保护于夫人的，现在于夫人不在了，这镖局本应解散。但如果你在江南这段时日用得着的话，我们就晚些散伙，暗地里再护你一程。"

皇上笑道："这敢情好！待我回京后，直接授你一个指挥使，把镖局收编内务府好了。"

"那可不行。还是解散了好，免得又弄出一个锦衣卫、东西厂出来。"

两人正说话间，江彬提着一把大刀，从山下轻手轻脚地上来，快到跟前，燕娘才察觉，喝道："你什么人，竟敢提刀前来？"

燕娘不认得江彬，但江彬此前在宣府的草甸上，见过她和于夫人，隐隐知道她的身份非同寻常，忙把刀放下，双手抱拳，行了个礼：“末将朱彬，是皇上身边的奴才。”

燕娘这才知道他就是人称国姓爷的江彬，一时怒从中来，拔出宝剑指着他的鼻尖：“你敢对皇上有半点异心，要你人头落地！”

江彬吓得跪在地上，边磕头边嚷道：“主子冤枉奴才了！奴才一片忠心，肝脑涂地，天老爷可鉴！”

“不是让你们守在山下吗？你上来做甚？”皇上质问道。

江彬一迟疑，将披在自己身上的一件袍子解下，递了过来：“奴才怕山顶风大，特地送袍子给主子挡风。”

江彬抬起头，看到燕娘杏眼圆瞪，赶紧垂下头。

“是本大将军准他御前带刀的，”皇上在一旁打圆场，“他大字认不得几个，刀法还可以。”手一摆，让江彬下去。

江彬看到树林之后有几个人影闪烁，知道张燕娘暗自布下伏兵，连滚带爬地跑下山去了。

燕娘看着他狼狈下山的样子，咬牙切齿地说：“听说他还想对王先生不利，刚才真该结果了他！”

“王先生，什么王先生？”皇上问。

燕娘脸颊绯红，转身下山，走前抛下一句话：“我还有事，你好自为之。”

江彬下得山来，神周、李琮等亲信焦急地围上来问：“事情办得咋样了？”

江彬气急败坏地说：“正德小儿的亲妹妹，叫什么燕娘来着，带着人埋伏在山上哩！”

李琮嚷道：“国姓爷一声令下，我们这久经沙场的数百精兵，还灭不了他几个跳梁小丑？”

神周也说："机不可失，时不再来。此时不出手，恐再无此良机！"

"这里就算能对付，那下一步呢？那个王阳明派来的萧庾，说是保护，实则监视。离这几里路就是湖口王阳明的大本营。你们想，我们能跑得掉吗？"江彬一屁股坐在地上，垂头丧气，像只落败的公鸡。

四　无想寺枯井逃出生天

却说王阳明来杭州见到张永后，说了一番推心置腹的话："江西之民，久遭宁王之毒害，而今又经历大乱，继以旱灾，还要供京军、边军的军饷，困苦已极，必逃聚山谷为乱。过去帮助叛军，尚为胁从，而今为穷迫所激，奸党群起，天下将成土崩瓦解之势。到了那个时候，再兴兵定乱，谈何容易？"

张永深以为然，也很坦诚地说："我这次跟着皇上出来，就是因为一群小人在皇上身边，我不放心，所以才暗自调护左右，默辅圣躬，并非为邀功而来。"

王阳明抱拳道："多亏老公公考虑周全。"

张永又道："但皇上的脾气，顺着他而行，犹可挽回万分之一。若逆其意，反而激发他身边那群小人的挑拨，就算天大的事，想救也救不了了。"

王阳明见他说得诚恳，便将朱宸濠交给他，自己则托病住在西湖边上的净慈寺。

此时，江彬打探到王阳明带着朱宸濠到了杭州，便以威武大将军的传牌，派遣一个锦衣卫千户来见他，向他索取朱宸濠。

王阳明先不肯理会这个威武大将军的传牌，后来经邹守益、冀元亨、龙光等弟子和幕僚苦劝，方准接待。邹守益问他送那千户多少程仪，他说："只准送五两银子。"

锦衣千户哪里将五两银子放在眼里，当场发怒摔在地上。第二天要走了，他来王阳明这里辞行，顺便想发一通脾气。

王阳明明知他嫌少，却装糊涂，拉着他的手一个劲地赞不绝口："我在正德初年，下过锦衣卫的诏狱，不曾见过像足下这般轻财重义的！"

这锦衣千户一听这话，倒不好意思再发脾气了，把到了嘴边的丑话又噎了回去。

"昨天送您的那一点点薄礼，出自我的私囊，聊表心意而已，听说您坚辞不受，让我惶恐惭愧。"王阳明把拉着千户的手握得更紧了，"我别无长处，就是善作文字，将来一定要写篇文章表扬您，让大家知道锦衣卫里还有您这样的人！"

这番话让锦衣千户无话可说，最后还不得已顺着说了些感谢王阳明的话。

等锦衣千户出了门，邹守益、冀元亨等人再也憋不住了，捧腹大笑一通。王阳明也甚为得意："怎么样，连五两银子都省了？"

大家笑过后，王阳明郑重其事地说："看来，教人为善是我们平常挂在嘴边的话，但真正到了实践中，怎么教，却难了。今天连锦衣千户这样的人，都能被我引导着有了羞耻之心，有了向善之意，这就要看怎么教了。如果不讲方法，一味跟他讲大道理，他不骂你一通才怪哩。"

邹守益等人心悦诚服，点头称是："先生常说'人皆为圣贤''圣贤必可学而至'，从今日之事来看，此言不虚！"

冀元亨却在旁不无担忧："先生倒是把锦衣千户打发走了，但我想江彬一伙不会善罢甘休哩。先生还是从长计议才好！"

大家听他这么一讲，也都止住了笑，将目光投向王阳明。

王阳明淡然一笑，就势拿起案桌上的毛笔，蘸满墨汁，在宣纸上笔走龙蛇，一幅狂草一挥而就：

百战归来一病身，可看时事更愁人。

道人莫问行藏计，已买桃花洞里春。

江彬和张忠等人将王阳明视为眼中钉，先是因为妒其生擒宁王之功，后来又想夺他的平叛功劳，见他不肯将宁王放回鄱阳湖，偏将其交与张永，心中那个翻江倒海，五味杂陈，真想置其死地而后快。可王阳明偏偏又是平叛的功臣，天下人有目共睹，不想些阴招难以将其打倒。

江彬便跟张忠、许泰私下里说，就说王阳明最初依附宁王，后来看他势败，方才擒之以邀功。同时暗自派人四处搜集王阳明的"罪证"。这时得知宁王叛乱前，王阳明曾派他的高足冀元亨去南昌给宁王讲过学，张忠、许泰等人大喜，指使东厂捕快秘密逮捕冀元亨，对其严刑拷打，并逼迫他承认，当初去南昌是奉王阳明之令前去与宁王私下结盟的。

冀元亨宁死不屈，不肯诬陷恩师。张忠、许泰等人恼羞成怒，将他及其妻女打入大牢。在狱中，冀元亨处之泰然，每日为囚徒们讲授心学，整座监牢里书声琅琅。众囚徒竟然与他结下深厚友谊。

朝廷有位监察御史名叫程启充，这人性子有点偏激，做事喜欢一根筋，以直谏敢言著称，这时正好外放江西任职。他从一位被废黜的知县章立梅那里得到宁王私通萧敬、张锐、陆完等人的信件，宁王在信上说欲除去孙燧，而汤沐、梁宸、王阳明可以取代孙燧的位置。因此程启充判定萧敬、张锐、陆完等人有勾结宁王之罪，而王阳明与宁王关系密切，似有同党通谋之嫌。他还说，王阳明擒获宁王后，竟然将宁王与朝中大臣的通信付之一炬，又有毁灭证据之嫌。

江彬看到了程启充的奏折，如获至宝，撺掇张忠等人一起去皇上跟前告王阳明的御状，说他是宁王的同伙，心怀不轨，见风使舵，总之说了他一堆坏话。

让他们没想到的是，皇上却不置可否，顾左右而言他。原来，张永有一次正好无意间听到他们密谋陷害王阳明，回到家里左思右想不是滋味，跟家人说："王都堂乃为国尽忠的大忠臣，而今这些小人却在背后使绊子害他。他日朝廷有事，哪个臣子还敢为国效力？"张永怕江彬这些人的话传到皇上耳朵里，有了先入之见，对王阳明大不利，于是连夜去见了皇上，将张忠、江彬等人想陷害王阳明的事说了。所以第二天当江彬等人在皇上面前说尽王阳明的坏话时，皇上也不觉得新鲜，只当是耳旁风，充耳不闻。

稍后，皇上说收到王阳明申请退职回乡省亲的奏折，问张永的意见。张永奏明王阳明忠心耿耿，恳请皇上切勿准许。他还拿出给事中汪应轸、主事陆澄为王阳明辩解、求情的奏折说："这个程启充轻信原知县章立梅一面之词，参王阳明的本子完全是无中生有。王阳明焚毁叛逆朱宸濠的私人信件，是为了从大局出发，以免牵连过广，朝中大乱。不然，朝中大臣都被抓完了，谁来替皇上干活？"

皇上不置可否。

张永接着说："程启充这完全是以小人之心度君子之腹。再说王阳明一听说朱宸濠叛变，就火速兴兵，戡定大难。如果是通谋的同党，早就跟着他造反了，又怎会自相残杀？"

皇上听了觉得有理，说："我心中有数。"

张忠见皇上没把程启充参王阳明的本子当回事，便在皇上面前说："王阳明在杭州，竟不来南京面圣。陛下试着召他来，他如不敢来，必定是参与了谋反，心虚！"

皇上也觉得这样好玩，于是颁下圣旨，命王阳明速来南京觐见。司礼监的太监带着圣旨出发后，张忠又派出一队东厂的太监，拿着伪造的圣旨赶赴杭州，让王阳明留在杭州，不准来南京，还恐吓王阳明说宁王余党知道他要来南京，沿途设了埋伏，要置他于死地。

王阳明第一天接到让他去南京的圣旨，第二天又接到不让他去南京的圣旨，正左右为难之际，张永派来的顺天府检校钱秉直到了，说这是张忠等人的奸计，让他赶紧赴南京面圣。

王阳明收拾行装，只带了龙济、李正岩、萧庚、雷济和七八个亲兵就赶紧上路了。他心里想，这次去南京，还要找机会向张忠要回冀元亨。

傍晚时分，到了莫干山下，路旁有家客栈，招牌上写着"畔山客栈"。王阳明说："看来今晚只能在这打尖了。"一行人便进了客栈，吃些酒菜。

李正岩注意到邻桌有几个操河北口音的彪形大汉神色可疑，东张西望，还时不时往这桌看。其中一个马脸，面目可憎，面露杀机。李正岩悄声将此情况告诉龙济，龙济便令亲兵提高警惕。

果不其然，饭吃到一半，那马脸便翻了脸，桌子一掀，带一伙人围了上来。

王阳明正襟危坐，呵斥道："大胆刁民！竟敢袭击朝廷命官！本院乃提督军务都御史，还不赶紧退下！"

"哦，原来是都堂大人啊，我们找的就是您啦。"马脸唰的一下从腰间拔出了刀，其他歹徒也跟着掏出了家伙。

310

萧庾带着几个亲兵不由分说，操着刀棍迎了上去，少不了一场混战。李正岩等人提着剑，紧紧地护在王阳明身旁。王阳明却面不改色地坐在桌前，慢慢饮茶。

客栈的几扇门猛然被踹开，闯进来二十几个凶神恶煞的歹徒，加入到了马脸的队伍里。萧庾等人渐渐抵挡不过，眼看就要败下阵来。雷济这时从怀里掏出几个火药弹，对着歹徒扔了过去，当场炸死几个。可是对方人多势众，十分顽固。王阳明这边几个亲兵被他们打死打伤，血溅了一地。龙济、李正岩也加入了打斗的行列。王阳明也坐不住了，拔出青琅剑，手刃了几个歹徒。

歹徒对王阳明等人的包围圈越来越小，王阳明等人只能背靠着背迎战了。

马脸狞笑道："姓王的，你今天就是插翅也难飞，还不快快束手就擒！"

王阳明厉声道："你们是何方大盗，竟敢平白无故地袭扰本院？你们就不怕国法，不怕朝廷追究吗？"

马脸又是一阵坏笑："国法？朝廷？你们死到临头了，老子也让你们死个明白，老子乃文安大侠张茂是也！当今皇上身边大太监张忠张老公公，就是俺们大哥！俺们大哥就是国法，就是朝廷！"

龙济站出来，怒喝道："我们就是奉张忠张公公之命去南京觐见皇上，你们还不快快退下！"

张茂把大刀在手里晃了晃，冷笑了一声："奉张公公之命？老子奉的就是他的命，来要你们的命！"说着大刀一挥，指挥一众歹徒就要砍杀过来。

这时，客栈外响起一声清脆的口哨声。张茂回头一看，顿时面如死灰——上百名身穿飞鱼服，腰佩绣春刀的锦衣卫捕快已经将客栈团团围住。为首一人，穿着大红蟒袍，白面虬髯，正是锦衣卫北镇抚司指挥使牟斌。

牟斌大喝一声："小贼张茂，还不跪地求饶？咱锦衣卫的绣春刀可不长眼睛！"

张茂哪里肯降，带着一众手下想夺路而逃，但大门口已被锦衣卫封得死死的，大堂后面又有王阳明的亲兵把守，无奈之下只好冲向锦衣卫，想来个鱼死网破。

牟斌手一挥，一排弓箭手站了出来，弓箭一拉一放，当场就射死几个张茂的手下。

张茂纵身一跃跳到桌上，再一飞身破窗而出。几名锦衣卫捕快连忙追了出去。

这边客栈里，张茂的手下面临两面夹攻，哪里是锦衣卫和萧庚等人的对手，很快死伤过半，其余的束手就擒。

牟斌来到王阳明面前，拱手行了个礼："王都堂别来无恙。"

王阳明一见是牟斌，想起上次牟斌向他索要了庵赠的日本刀，后又故意陷害他的事，心里就来气，只淡淡地说："原来是牟指挥，不知是来救我们的，还是来拿我们的呢？"

牟斌又朝王阳明鞠了一躬，笑道："伯安兄还在生兄弟我的气呀？上回我也是没有法子哟，钱宁这厮精心策划，要做局陷害老兄，你我都只是他的棋子而已。他可是锦衣卫都指挥，我的顶头上司！"

王阳明听他这么一说，又看他一脸的诚恳，似乎又有些为之打动，态度和缓了一些："牟指挥怎么突然现身在这远离京城的客栈里？这回又是奉了哪位大人的钧旨呢？"

"这回我也没想到能在这里碰到伯安兄咧！"接着牟斌便把如何跟踪东厂捕快"唐胖子"，侦察到钦犯张茂的藏身之所，以及正赶上他们秘密串联，外出行动，便又一路跟到了江南，终于将他们"一窝端"，还碰巧把王阳明给救了等事讲了一番。

说到这里，牟斌一脸纳闷："钱宁这大奸贼被皇上给收拾了，这张茂怎么又盯上老兄了呢？"

王阳明一脸苦笑："钱宁倒了台，台上还有张忠啊！"

牟斌一拍脑袋："明白了！这张茂跟张忠是结拜兄弟，一丘之貉。原来是张忠使的坏，等我抓到张茂，一定把他押到皇上跟前揭发张忠这老儿！"

牟斌又与王阳明叙了叙旧，王阳明把如何接到圣旨宣他去南京，又如何接到张忠矫旨阻止等事情都说了。牟斌便劝他不要再走官道，还给他指了条小路——翻过莫干山，经马头山至安吉县，再绕天目湖，过白马镇，到南京。

牟斌从腰间解下那把倭刀，递与王阳明："现在物归原主！"

"已经赠你了，怎么又还我？"

"君子不夺他人所爱。上回实出无奈，还请老兄大人不计小人过，宰相肚里能撑船。"

两人拉了拉手，相视而笑。牟斌说还要去追逃犯，跟王阳明互敬了一杯酒，转身大步流星地走了，渐渐消失在夜色之中。

李正岩在旁说："此人狡诈多变，先生可别又上了他的当。"

王阳明沉吟道："《左传》有云'过而能改，善莫大焉'。"

李正岩问："那明天我们走官道还是走他说的小路？"

"走小路！"王阳明果断地答道，"收起旗帜、刀棍，微服出行。"

一行人沿小道走了两日，过了白马镇，终于一路平安无事地来到溧水县。看到不远处的溧水县城，伍文定长吁一口气："南京终于在望了。"

王阳明也笑着说："晚上赶到夫子庙，去吃咸水鸭！"

大家都很兴奋，快马加鞭往前赶路。

到了溧水城下，城门口却有一伙人鬼鬼祟祟地拿着一张画像盘查过往行人。王阳明把帽檐压低了些，若无其事地骑着马往城门里走。

那伙人盯着王阳明看了半天，突然喊道："就是他！抓住他！"

王阳明一看情况不妙，掉转马头就跑。那伙人骑上马就追，被萧庾率着亲兵拦住，双方厮打起来。城头上突然一声哨响，城门里顿时冲出几十匹快马，后面还跟着上百名步兵。伍文定一看这些人训练有素，穿着边军的制服，知道是江彬的"外四家"，大喊："是江彬的北军，大家快跑！"

王阳明等人且战且退，但没跑多远，就被北军团团围住。

为首的胖军官骑在马上，朝他们喊话："姓王的，没想到你竟能活着来到咱溧水城。你以为走小路就能逃得了咱们的天罗地网？赶紧的，引颈就死吧！"

李正岩怒道："我们奉旨进南京觐见皇上，你们胆敢拦截钦差，就不怕满门抄斩吗？"

"哟——我们好怕哦！"边军那边一阵大笑。胖军官笑罢，手一挥："兄弟们，懒得跟他们废话，给我上！"

李正岩等人也握紧手中的刀剑，准备拼死一搏。

正在这时，一队人马从北军身后杀将过来。在飞镖的"嗖嗖"声中，胖军官和一众头目跌落马下。边军队伍大乱。

令王阳明万万没有想到的是，率人来救的竟然是牛叔！

牛叔往身后北军人马里撒了一把花瓣，只闻到一股异香，边军便一个个四肢无力，昏倒在地。牛叔领着王阳明等人策马狂奔，冲出重围，来到南郊一座山岭。北军还是紧追不放，王阳明一行只好躲进一座失修的寺庙。大家把山门关紧，用巨木顶住。北军顷刻将寺庙团团围住，箭矢像雨点般从空中射落下来。众人窝在石案几底下躲避箭雨。王阳明抬头瞥了一眼头顶的残匾，才知道这寺庙名叫"无想寺"，心中纳闷：这无想寺应是江南名刹，为何如此败落？

山门锁得太严实，北军攻不进来，便在门前和四边高墙架起柴火，燃起熊熊大火。王阳明暗叫一声"不好"，这下真是插翅难飞了！

牛叔看着火焰夹着浓烟直往里面窜，骂道："真想把老子往死里整啊！"站起身，拍拍身上的灰，压低嗓子道，"兄弟们不要怕，跟我老牛走！"

他领着大伙拐到后院，院里有一口井。他熟练地揭开井盖，二话不说一骨碌跳了下去。伍文定正想伸手去救，听见他在井下喊"大家快下来"。伍文定伸长脖子朝井底看，原来此井是个枯井，井也不深，才比一个人高一点。

大伙儿一个接一个下了井，弓着腰从井下一个暗道往前钻，这时回头看，火焰已经把整个井口都吞没了。大家都说："好险，幸亏有牛叔的这一暗道，否则都烧成灰了。"

李正岩好奇地问牛叔："刚才把边军熏晕的那些花瓣是什么东西？"牛叔笑了笑："这是产于我们云贵一带的'醉花'，又叫木菊花。只不过我老牛又给它加了点料，就是大山里那种神奇的菌子。人吃了，脑子会像做梦一般，闻一闻，也得晕几个时辰哩。"

大家无不啧啧称奇，就这样摸索着前行。半炷香工夫，前面露出了光，终于从洞里钻了出来。此处原来是山的另一边，荒无人烟。

王阳明坐在一块石头上歇息，问牛叔："你不是在贵州吗？怎么突然变戏法似的跑来这溧水地界？"

牛叔搔了搔脑袋，憨笑道："这个……真不知道从何说起咧。"原来他前些日接到凤仪镖局的指令，让他火速赶来扬州，接替分舵舵主。他人刚到南京，又接到密令，说江彬、张忠一伙准备截杀奉旨来南京的王阳明，让他率南京分舵的兄弟打探其行踪，并沿途暗中保护。他得知王阳明一行走的是山间小路，便率一支人马南下接应，终于在溧水县城外赶上。

"来得早，不如来得巧！"伍文定称赞道，"今天要不是你们赶来相救，我们可就遭大殃了哟。"

大伙休息了一会儿，便接着上路。

快到南京城时，远远地望着巍峨的城楼，大家兴奋地扬鞭策马往前跑。王阳明和牛叔独独落在了后面。王阳明见四下无人，好奇地问："你初来乍到，怎么知道这无想寺里有个枯井，枯井里又有个逃生暗道呢？"

五　弓不能靠臂力来拉，而要用心来拉

听王阳明问他枯井的事，牛叔左右看了看，悄声答道："说来也巧，这无想寺曾是当年先祖建文帝落难时避难之处。我小时候听父辈说起，还看过建文爷生前画过的地图，所以知道此寺有口逃生的枯井。"

王阳明连声称奇。

当王阳明完好无损地出现在南京下头三汊河旁的龙江驿时，江彬、张忠等人都傻眼了，他们怎么也没想到，王阳明就这么带着十余个人，竟能穿过沿途重重关卡和暗哨的阻拦，平安无事地抵达

南京。

这时正德皇帝正驻跸在龙江驿。靖难之变中，造反夺侄子帝位的燕王朱棣，在穿上龙袍登基成为永乐皇帝之前就下榻于此。龙江驿因而成为风水极佳的"天子潜邸"。

王阳明请求觐见皇上。张忠便从中作梗，百般刁难，阻挠他与皇上见面。王阳明在驿站门口等了几日，毫无结果，还被张忠手下的小太监奚落，一气之下换上纶巾野服，只身飘然登九华山去了。

张永听说了此事，便找了个机会在皇上跟前说："王阳明确是忠臣，接旨即来南京觐见。听说大家都在争夺平叛之功，他交了辞呈，想弃官去九华山当道士呢。"

皇上对王阳明便不再怀疑，任命他接孙燧的缺，担任江西巡抚，并擢升吉安知府伍文定为江西按察使，赣州知府邢珣为江西布政司右参政。

等到十一月间，王阳明从山上下来回到南昌时，江西已闹得一塌糊涂。

许泰、张忠等人以搜捕宁王余党为名，得到皇上许可，率两万北军抢在王阳明之前来到南昌，军马屯聚，四处搜罗，肆无忌惮，靡费不堪，地方官府、百姓叫苦不迭。

这日，张忠来到都院衙门，依王阳明之命署理都院事务的伍文定出来谒见。张忠把头抬得老高，尖声道："给你一个立功的机会！有人检举王阳明私通朱宸濠，你应该知情，快快招来。"

伍文定正色道："这一定是小人诬陷！王都堂如私通朱宸濠，又怎能这么快就平定叛乱？"

张忠大怒："你不要敬酒不吃吃罚酒！"

伍文定也火了："如此敬酒，我不吃也罢！"

"宁王府的财物现在何处？"

"王都堂早已安排专人清点造册，上报户部封存。"

"咱家是问你，这些宝贝物什，现在放在哪里？"

伍文定将头一撇："早就差人解往京师，送交二十四监。"

"胡说！"张忠恼羞成怒，令人夺了伍文定的头冠，将他捆绑。伍文定高声骂道："我冒着被宁王灭九族的危险，为国家平大贼，有什么罪？你是天子心腹，屈辱忠义，为逆贼报仇，按法当斩！"

张忠气急败坏，一把将伍文定推倒在地。伍文定被摔得鼻青脸肿，满嘴是血。都院衙门的将领和兵卒都是跟着王阳明和伍文定剿南赣山贼、平宁王之乱、出生入死的，如何能容伍文定被太监如此欺凌，纷纷冲上前来相救。

张忠尖声喝道："此乃钦犯，谁敢来救，与他同罪！"

正在这时，王阳明怀揣圣旨，打马进了南昌城。守城官见到他，连忙跪倒在地，向他哭诉北军如何飞扬跋扈，以民为敌。都院衙门的人也闻讯跑来报信，说一个太监抓了伍老爷，百般凌辱，都院衙门的兄弟都怒不可遏，恐怕要激起事变。

王阳明驱马直奔都院衙门，正赶上张忠的人绑了伍文定，要将他带走，都院衙门众将士将他们团团围住，不肯放人，双方僵持不下。

王阳明勒住马头，厉声大吼："把伍文定放了！"

张忠怎么也没想到王阳明突然出现，一时慌了手脚，不知说什么好，支支吾吾道："咱家奉旨拿人，伍某不识抬举！"

"奉旨拿人？请将圣旨出示给大伙看看，不然你休想出得了大门！"王阳明坐在高头长颈的"狮子骢"上，威风凛凛地说。

张忠被问得一时答不上话，想了半天，说："咱家奉的是密旨。"

王阳明不慌不忙地从怀里掏出一张黄纸，高声念道："众人接旨！"

大伙全都跪下听旨。张忠看到周围人都跪了，只好不情愿地跪了下来，气势顿时矮了半截。

王阳明便把皇上委任他为江西巡抚，擢升伍文定为江西按察使的圣旨念了。

张忠等人这才傻了眼，个个像落败的斗鸡，但嘴上不肯服软，也不肯放人。

王阳明大怒，指着张忠的鼻尖："伍文定是钦命的江西按察使，不是你所谓的什么钦犯，你敢抗旨不遵？"

张忠狡辩道："咱家是帝王家臣，都是奉旨行事，你莫拿抗旨来吓我！"

王阳明从袖中掏出一支令牌，高举过头："王命旗牌在此，众将士听令！"

都院众将士齐声唱喏，威武雄壮。

王阳明吩咐道："本院奉旨担任提督军务，有违军令者，先斩后奏！"

都院众将士齐刷刷地将刀剑拔出，将枪棒举起。

张忠一看王阳明动真格的，也有些害怕，手一挥，让手下将伍文定放开，尖嗓子朝王阳明嚷道："姓王的，咱们走着瞧！"气呼呼地带着一群手下灰溜溜地走了。

此后，张忠指使北军接二连三地挑起事端，或围住巡抚衙门肆口谩骂，或故意与衙门公差冲突挑衅。巡抚衙门上下怨声载道，王阳明却告诫身边的弟子和手下委曲求全，务必克制，待北军以礼，还时不时地派军需官送些牛羊肉犒赏北军将士。在路上如遇到北军出丧，便下马慰问，赐给棺椁。他还约束南昌的军民，不与北军发生正面冲突，同时将城中部分居民秘密疏散到郊外，以防北军闹事。由于王阳明处处谦让，久而久之，不少北军将士态度发生转变，打心底里对这位战功赫赫的巡抚大人十分佩服。

只是许泰、张忠等北军头领，对王阳明的逼凌，却无所不用其极。他们商量好了要让王阳明在北军面前出丑。某日，许泰、张忠、刘晖三人借演武之名，邀请王阳明来到教场阅射，三番五次地提出比试射箭。他们心想，射箭是北方人的拿手好戏，而王阳明出生在南方，又是文弱书生，虽然身为提督军务，挂帅掌军，但射箭肯定不行。他们是故意想让王阳明在北军面前威风扫地。

王阳明先是坚辞，不肯比试，许泰等人反而以为他是胆怯，心中窃喜。许泰故意说："老先生统领大军，想必箭术高超，不然何以服众？"

王阳明只好说："王某一介书生，哪敢与诸公较量？诸公请先射，王某随后学射一二。"

听他这么讲，刘晖以为他果真不会射箭，顿时意气风发，掏出弓来反复擦拭。许泰沾沾自喜道："我们先射一回给老先生看，回头老先生也务必射一回赐教。"张忠也在旁不屑地拎着几支箭把玩，吹着口哨："这射箭都不会，某某人还敢带兵打仗？"

王阳明对张忠行了一个礼："张公公，王某愿与公公打个赌。"

"好啊，求之不得咧，"张忠阴阳怪气地说，"赌钱，赌地还是赌这项上人头啊？"

"如果王某侥幸赢了，请将冀元亨放了。"

"如果输了呢？"

"输了，王某解甲归田，告老还乡。"

"好！"张忠大腿一拍，"一言为定！"

于是，三人一同站到箭场上。箭场周围黑压压都是人头，北军、南军将士把箭场围了个水泄不通，个个睁大眼睛盯着箭靶。

第一个是许泰，只见他心高气傲，掂起一支箭，拉开一张弓，对着靶子"唰"的一声射了出去。大家伸长脖子望向箭靶，上面却不见有箭，射空了！拉弓又射，又射飞。射第三箭前，许泰深吸了口气，瞄准箭靶，再射，这次射到了箭靶的上方。

三箭射罢，许泰垂头丧气，完全没了刚才那份兴致。

接下来是张忠和刘晖，除了张忠一箭射到箭靶的角落上，其他全都偏离了箭靶。

三人面红耳赤，但嘴上仍逞强，对王阳明说："咱们自从跟随圣驾后，久不曾操弓射箭，手指都生疏了，一定要请老先生射一回赐教。"

他们心里想，自己虽然射艺不精，但王阳明肯定更差。这样的话，他们也就能挽回一些颜面。

王阳明叫中军典仪官取来弓箭，对许泰等人说："下官初学，休得见笑。"

王阳明徐徐走上箭场，气定神闲，左手如托泰山，右手如抱婴儿，搭弓引箭，"嗖"的一声，正中红心。在场的两军将士尽皆拍手喝彩，欢呼助威。许泰等人见状，气沮色变，心知无趣，嘴上却说："或是偶然幸中。"

王阳明接连又射两箭，也全射中红心，将士们发出欢快的喝彩声。北军将士纷纷赞道："咱们北边倒没有这般好箭！"

王阳明毫无矜色，笑道："下官侥幸！这三箭不算，权当热身，我们重新再来。"

许泰心中胆怯，怕再丢丑，起身说："老先生久在军中，果然习熟。已领教了，不必射了。"说罢羞愧退场。

张忠低着头，紧跟在许泰身后也要开溜。

王阳明一把拉住他的胳膊："张公公留步。适才王某跟你老人家打赌的事，何时兑现？"

张忠面有难色，结结巴巴地说："什么赌？不曾记得。"

"军中无戏言，众将都可见证。"王阳明诚恳地说，"虽是打赌，似有不妥。但弟子冀元亨一片忠心，却无辜受累，还请公公开恩。"

"哦，这事，我知道了，回头再说！"张忠说着跨上马一溜烟跑了。

众将士朝着张忠等人的背影，齐声起哄。

王阳明从箭场下来，邹守益等弟子兴奋地迎上前："真没想到，先生箭术如此高超！刚才真替先生捏把汗呢。"

王阳明自嘲道："他们只知道我是进士出身，书生一个，却不知我年轻时沉溺于'五溺'，任侠骑射，飞鹰走马，样样精通咧。"

众弟子都掩面而笑。有弟子问："先生箭射得如此之好，有何心得可以传授我们？"

王阳明想了想，笑道："弓不能靠臂力来拉，而要用心来拉。"

看到众弟子个个疑惑不解的表情，他解释说："用臂力去拉弓，弓是弓，我是我，用心去拉弓，便没有了我，进入无我之境，此时弓我一体，不再是我来拉弓，而是由弓自己来拉弓。这样还怕射不中靶吗？"

众弟子恍然大悟，点头称是。

当天夜里，刘晖派出心腹到北军中去打探兵卒们对此事的看法，兵卒们都说："王都堂做人又好，武艺又精，咱们服侍这一位老爷，也好建功立业。"

第二天，刘晖对许泰、张忠说："北军俱归附王阳明了，为之奈何？"

许泰、张忠你看着我，我看着你，没有主意。这次他们率北军来到南昌，本想将宁王宫殿里的奇珍异玩据为己有，趁机捞一票。但现在啥便宜都没占到，灰溜溜地离开南昌，又不甘心。

王阳明见北军有所分化，决定亲赴他任南赣巡抚剿匪时的大本营赣州一趟，演他一出敲山震虎。

他先是去了趟吉安，后又到泰和，问候了比自己大七岁、致仕前曾任南京吏部尚书的罗钦顺，送给他自己编辑的《大学》古本，并与他展开论学。

罗钦顺认为，学当为内求，而王阳明将程朱的格物之说视为外求，并对他去除朱熹定下的《大学》分章，删减朱子勘补的经文，提倡复原《大学》古本的行为，表示质疑。

王阳明回答说，学岂能分内外，学的重点，在于求之于心。他还说《大学》古本是孔门相传的旧本，朱熹怀疑有所脱误，而改正补缉。而在他看来，其本并无脱误，因而应该恢复其本来面目。王阳明虽然像敬神明一样尊崇朱熹，不忍背驰，但为了阐明学问之道，又必须纠正他的错误："道，乃天下之公道；学，是天下之公学。不能以孔子、朱熹之是非为是非。天下之公，就应该公开讨论！"

两人都是学问大家，其辩论影响甚大。双方弟子门生众多，皆围坐听讲，门庭若市。

张忠派出的暗探将这些对话抄录报送至南昌。张忠等人看得一头雾水，不知所云，但对王阳明在士林中的声望也有所顾忌，不敢轻举妄动。

随后，王阳明抵达赣州，召集旧时民兵，连日展开大阅兵，并进行实地野战拉练。他身边有些弟子对老师的这一举动十分担心，弟子陈九川劝道："先生不怕南昌城里的小人们抓您的小辫子吗？他们可都是指鹿为马之徒哩，到时他们诬您意图对抗王师，那该如何是好呢？"

王阳明笑道："我在赣州乡下与童子们歌诗习礼，有何可疑？"并作了一首童谣《啾啾吟》抒其心志：

> 知者不惑仁不忧，君胡戚戚眉双愁？
>
> 信步行来皆坦道，凭天判下非人谋。
>
> 用之则行舍即休，此身浩荡浮虚舟。
>
> 丈夫落落掀天地，岂顾束缚如穷囚！
>
> 千金之珠弹鸟雀，掘土何烦用镯镂？
>
> 君不见东家老翁防虎患，虎夜入室衔其头？
>
> 西家儿童不识虎，执竿驱虎如驱牛。
>
> 痴人惩噎遂废食，愚者畏溺先自投。
>
> 人生达命自洒落，忧谗避毁徒啾啾！

此童谣朗朗上口，诙谐有趣，一时在民间广为传唱。陈九川在邹守益跟前赞道："真没想到，先生正立于谗徒围攻之中，却一如平日乐天洒脱。"

邹守益说："这诗中讲，东家老翁时刻防备虎患，却被老虎咬掉了头颅，西家儿童不认得老虎，拿着竹竿竟然像赶牛一样将老虎赶走了。你不觉得在这里面，先生有什么深意吗？"

陈九川想了想，说："我明白了！先生这是在讲'无心'的妙用，也是突出'得良知'的妙用。看来先生的心学已经到了炉火纯青的地步。先生曾对我讲过，他看似不轻举妄动，其实内心有深思熟虑。"

邹守益点点头："先生在诗中看似洒脱、自嘲，追求隐者之境，其实他身为儒者，不是真隐，是儒隐。"

许泰、张忠等人接到谍报，得知王阳明在赣州还有一支英勇善战的民兵队伍，当地民间又传唱他的诗作，深得民心。他们内心清楚，如在南昌作乱，不会有什么好果子吃，便暗自犹豫，是否要从江西撤兵。

王阳明从赣州回到南昌，正值冬至。他悄悄吩咐下去，让全城百姓在巷道里哭祭，然后去上坟。一霎时，城里哭声震天，离家日久的北军士卒都思念起家乡来，也跟着大哭。许泰、张忠等眼看军心动摇，怕日久生乱，军中哗变，不得已下令班师，离开南昌。

走之前，张忠还指使手下抢了城中几个大户，杀害了数百名居民，说是朱宸濠的残党余孽，上报朝廷，为自己表功。

皇上七月才在南京公开出现。江彬此时派人打听江西方面动静，得知许泰、张忠等人铩羽而归，他们在江西并没有像预想那样挑起事端，引发大乱，只好按兵不动，不敢轻举妄动。

许泰率北军回到南京，跟江彬等人都争着要抢献俘的大功。张永在皇上面前极力反对："皇上不曾出京，朱宸濠已被擒。皇上刚抵淮扬，王阳明便过玉山，到杭州来献俘。昭昭在人耳目，岂可再来一次献俘？岂不自欺欺人？"

皇上于是不得已变通办法，以威武大将军的钧帖，命王阳明重上捷奏。

王阳明接到威武大将军钧帖，哭笑不得，只好重写奏疏，不得已承认了皇上自封的军职，然后将平叛之功归于威武大将军，说克坚城、俘元凶，"是皆钦差总督德威，指示方略之所致"。同时，他又违心地将江彬、许泰等人的名字列入奏内，为他们论功行赏。

对此，邹守益不甚理解："先生明知江彬、许泰等人乃佞臣小人，又处处为难先生，为何还为他们请功？"

王阳明长叹一声："隐忍不发，也是大忠大仁。"

"先生是说必要时也要忍气吞声？"

王阳明不置可否，接着说："平宁王之乱，不难于倡义兵，剿叛军，而难于处理好江彬、许泰、张忠等人之变。江、许等人挟天子南征，谁能奈何？况且宁王之乱刚平，朝中仍有内应，人怀观望之心。此时，若不委曲求全，保乘舆还宫，一旦世间再生大乱，有谁还肯挺身而出？"

邹守益说："先生若没有一颗体国爱民之心，绝不能忍受这常人不可忍之苦痛！江彬、许泰等人鼓动御上亲征，兴师动众，骚扰地方，还杀民奏捷，攘功贼义，厥罪滔天，千古自有评说！"

王阳明眼角湿润，默然无语。

皇上收到王阳明重上的捷奏，看到疏中对他的溢美之词，满心欢喜，才计议北旋。

闰八月的某一天，江彬等一手策划举办了所谓的盛大献俘仪式。南京城东大教场上竖起大旗，诸军环列。先是神机营演放了一通火器，然后将朱宸濠的脚镣手铐卸下，纵之场中。皇上一声令下，击鼓鸣金而擒之。这就算是亲征擒获元凶了，于是下诏班师。

此时，皇上已与徐霖形影不离，一日不见徐霖，便如隔三秋，必派中官去请。因而班师前，皇上特意下旨，令徐霖随驾赴北京。

王阳明趁机上了一道奏疏，为江西南昌、新建等县百姓免除租税，赈救因叛乱、旱涝等灾害带来的损失，并将朱宸濠之前强占的民田和搜刮掠夺而来的财物变卖为银钱，代百姓上缴租税，百姓无不拍手称赞，又改善贸易，安顿民生，民心稍定。

此外，王阳明念念不忘弟子冀元亨被张忠等人下狱之事，上了一道奏折《咨六部伸理冀元亨》。在折子中讲明了自己当初派冀元亨去南昌探查宁王虚实的来龙去脉，说冀元亨是有功之人，现在却蒙冤入狱，希望能为其申冤。最后他表明，冀元亨都是因他而祸起，自己即使一死，也难以削减对其下狱一事的痛心。折子报送京师后，却迟迟没有圣谕。王阳明一气之下，再次上奏，请求回乡省亲。

六　首提"致良知"

王阳明创立"良知学"，是在四十九岁从九华山下来回到南昌之前。当时王阳明还在赣县，原太常博士陈九川从老家临川专程前来拜师。此前陈九川因接连上疏谏阻皇上南征，被下狱，罚跪午门五昼夜，差点被廷杖而死，后削职为民。

陈九川愁眉苦脸地说："近段时间寻天理算是寻到了点门路，但却难寻个稳当快乐处。"

王阳明大声说："你却去心上寻个天理，此正所谓理障。此间有个诀窍。"

"请问是何诀窍？"

"只是致知。"

"如何致？"

"你那一点良知，是你自家的准则。你意念着处，它是便知是，非便知非，更瞒它不得。你只不要欺它，实实落落依着它去做，善便存，恶便去。它这里何等稳当快乐！此便是格物的真诀，致知的实功。若不靠着这些真机，如何去格物？"

"先生是如何悟出此诀窍的？"

"我也是近年才体会得如此分明，刚开始还犹豫只依这一诀窍恐有不足，后来仔细观察体会，发现此诀窍并无任何欠缺哩。"

在赣县的日子，陈九川与王于中、邹守益等弟子整日不离王阳明左右。在一次讲学时，王阳明说："人人胸中各有个圣人，只自信不足，都自埋没了。"

他扭头看着王于中说："你胸中原是圣人。"

王于中说："不敢当。"

王阳明说："良知在人，随你如何，不能泯灭。虽盗贼也自知不当为盗，唤他做贼，他还忸怩。"

众弟子点头称是。

王阳明又说："这些子看得透彻，随他千言万语，是非诚伪，到前便明。合得的便是，合不得的便非。如佛家说心印相似，真是个试金石、指南针。"

正德十五年九月，王阳明回到南昌。陈九川、夏良胜、万潮、欧阳德、魏良弼、李遂、舒芬及裘衍每日侍奉在讲席之侧，专心听讲。而巡按御史唐龙、督学佥事邵锐，固守旧学朱子学，对王阳明的学说常存疑虑。

唐龙三番五次地劝他撤掉讲席，谨慎择交。

王阳明答道："我真见得良知人人所同，只是学者未得启悟，才甘愿随俗习非。而今我将心中悟得的这一至理与人倡明，却又引来一身疑谤。如果下定决心不跟人讲，于心何忍？求真才，就像淘沙而得金，不是不知道淘汰的沙子十有八九，然而却不能舍弃沙子直接求到真金。"

王阳明用淘沙洗金的例子来表明他的心意：但凡求圣贤之道者，需来者不拒，方能找出真正的有才之人。

当唐龙、邵锐公然质疑王阳明的心学时，人多畏避，看见同门戴着方巾，穿着长衫而来听讲的，都指为异物。唯独王臣、魏良政、魏良器、锺文奎、吴子金等人岿然不变，潜心研学。久而久之，跟着王阳明起居的弟子越来越多。

泰州人王银，身穿古服，手执木简，以自作的两首诗作为贽礼，来见王阳明。王阳明觉得此人甚为特异，于是降阶而迎。

王银进到屋内，坦然在上座一屁股坐了下来。

王阳明问："你戴的是什么帽子？"

王银答："有虞氏的帽子。"

"穿的是什么衣服？"

"老莱子的衣服。"

"你在学老莱子吗？"

"当然。"

王阳明笑道："你只学穿他的衣服，没有学他在大庭广众之下假装跌倒，掩面啼哭吗？"

听到此话，王银一惊，方知自己装腔作势，已被他看穿，便徐徐站起身，侍坐在王阳明身旁。

王银七岁受书乡塾，因家贫辍学。他父亲是煮盐的灶丁，寒冬腊月都要给官府服劳役。王银哭道："作为儿子，令父亲劳累至此，这还是人吗？"便出门代父亲服役，晚上回到家中，在夜深人静之际读书定省。他只读了《孝经》《论语》《大学》，信口谈说，却常能切中要旨。读书不多的王银，却极具悟性，爱思考、喜辩论。成年后阅历日广，聚众讲学，从学者多为农工商贾、贩夫走卒。有客人听到王银谈论，诧异地说："你的这些话，怎么跟王阳明王中丞如出一辙呢？"王银这才知道江西有个王阳明，于是启程赴南昌，找王阳明进行驶难。

王银又与王阳明展开数番舌战。最后，极有悟性但毕竟是野路子和绿林手段的王银，被同样极有悟性、同样有野路子和绿林手段但又是科班出身且身居高位的王阳明所折服。他听到王阳明讲授的致知格物论后，方才领悟："我们的学说，饰情抗节，矫揉造作于外物。先生之学，精深极微，得之于心。"

随后，王银换下古服，执弟子礼。王阳明为其改名，将其原名"银"字改为"艮"，并赐字"汝止"。"艮"乃八卦之一，《象》曰："艮，止也。时止则止，时行则行。动静不失其时，其道光明。"王阳明将其名去"金"为"艮"，极有深意。

在南昌时，王阳明还与舒芬就音乐进行过问答。

舒芬是南昌府进贤县人，正德十二年状元，曾任翰林院修撰，因谏阻皇上打猎巡游、寻欢作乐、荒废朝政，被贬谪为福建市舶副提举，此时正在进贤老家闲住。

舒芬在南昌城是童叟皆知的名人，因为南昌一座城门跟他有关。

舒芬考中状元，衣锦还乡回到省城南昌，爱才如命的江西巡抚孙燧亲自到章江门迎接，并赠给他一匹枣红马，并让他穿着红袍，戴着红花，敲锣打鼓在南昌城骑马逛街。晚上，孙燧在滕王阁设宴款待，自然少不了吟诗作对，推杯换盏。

席间，孙燧问舒芬："状元公何日返故里省亲？"

舒芬答道："南昌城池坚固，建有七座城门，我不知从哪个门出去才是回故乡之路？"

一参政答说："抚州门直通进贤县。"

"抚州门，那不是抚州人的门吗？"舒芬故作惊讶道。

孙燧马上明白了他的意思，笑而不语，当晚就叫人把南城门"抚州门"改为"进贤门"。

第二天一早，舒芬骑着枣红马，回故乡省亲。孙燧亲自送他出城。他骑马穿过抚州门，回头看到城楼上写着"进贤门"三个大字，赫然醒目，忙翻身下马，向孙燧一拜，表示感激之情。

其实，孙燧将抚州门改名进贤门，一则是表达他对状元、对人才的尊重，二则也是觉得"进贤"二字甚好，作为省城大门之名，有"求贤若渴"之意。

此事一时传为佳话。

舒芬气度不凡，体貌修长，以昌明圣学为己任，通晓诸经，擅长《周礼》，对音律尤为精通。他自恃博学，意气风发而不肯屈于人下。

一日，舒芬来见王阳明，故意问起律吕之事。

王阳明不答，且问他何为元声。

舒芬回答说："元声制度翔实细微得很，我还来不及设置一间安静的密室，来调试出元声咧。"

"元声岂能从管灰黍石等乐器音响中获得？"王阳明说，"心得养则气自和，元气自然从中出来。'诗言志'，志即乐之本；'歌永言'，歌即制律之本。咏言和声，俱本于歌，歌本于心，因而心才是最中和的地方。"

舒芬这还是第一次听王阳明用心学来阐释音律，甚为新奇。此后，在聆听了他有关律吕、礼乐的教诲后，舒芬欣然向王阳明执弟子礼。

正德十六年，王阳明于江西南昌首次向世人提揭"致良知说"。

他跟弟子们说，自从经历了宁王之乱和张忠、许泰之变，益发相信，良知真正足以忘却患难，超越生死。

一次，他在写给弟子杨仕鸣的信中说，能够体会到良知的真意，就会明白《中庸》中所讲的君子之道，即"考诸三王而不谬，建诸天地而不悖，质诸鬼神而无疑，百世以俟圣人而不惑"！

他跟邹守益说："近来信得'致良知'三字，真圣门正法眼藏。往年心中尚有疑惑，今自多事以来，才知这良知无不具足。有如操舟掌舵，有了良知这舵柄在手，虽遇颠风逆浪，都可免除溺水覆舟的危险，抵达自在无碍之境。"

一日，见王阳明喟然长叹，侍坐一旁的陈九川问其原因，他答道："致良知的道理如此简易明白，竟然沉埋数百年无人知道！"

陈九川感慨道："宋儒所谓穷理本可谓极其简易，但却从知解上求索，因而头绪纷繁，难以登堂入室，闻见日益，障道日深。而今先生拈出良知二字，此古今人人真面目，这还有什么可以值得怀疑的呢？"

"你说得对！"王阳明说，"这就好比有人冒别姓坟墓为祖墓，怎么辨别呢？只能开棺，将子孙的血滴到死者的骨头上，如果有血缘关系，就会渗入骨中，真伪当场便可验明。我此良知二字，实乃千古圣学代代相传的那一点骨血哦！"

"此良知二字，也是先生历经千辛万苦才得来的！龙场之难、宁王之乱和张忠、许泰之变，都非常人所能经历。"

"我于此良知之说，确是从百死千难中得来，不得已与人一口说尽。只恐学者得之容易，当作一种光景玩弄，不实实在在用功，有负此知咧。"

欧阳德问："听说先生在南京时，门人众多，先生却只让他们以存天理、去人欲为本，并未说明天理为何物。即便有人询问也不作答，令自求之，可有此事？"

"确有此事，"王阳明答说，"那时弟子中流行静坐求道，十分教条。我让他们自求天理，皆因为天理应当亲身体会，不可言传，以此倡导一种讲求务实的学风。"

"其实，先生也在孜孜以求此天理？"

"我常说，每个人心中皆有一个天理在，不必外求，彰明内心即可。但又不能落于禅宗的流弊，而要讲究从事上磨练。"

"学生明白，这就是先生经常教导的知行合一。"

王阳明想了想，说："近来想有所发挥，只觉有一言发不出，津津然如含在口里，却又吐不出来。"过了一会儿又说，"我觉得此学更无有他，只是这些子，除了这些子，没有其他的了。"

旁边有弟子热情询问："'这些子'是什么？"

于是，王阳明又说："连这些子，也无放处。今经叛乱、兵变后，始有良知之说。"

王阳明的弟子席书此时已由福建左布政使提任湖广巡抚都御史。他写了为陆象山之学辩护的《鸣冤录》赠予王阳明。陆九渊，字象山，是江西抚州府金溪县人，本是孔孟正传的学者，却因朱子学成为官学而受到压制，牌位没有进入文庙配享，子孙也未沾褒崇之泽。王阳明对此事也深以为憾，去年正月，他给金溪县令发去牌文《褒崇陆氏子孙》，要求仿各处圣贤子孙之惯例，免除陆氏嫡派子孙之劳役，有俊秀子弟，保举至府学深造。

在贵州时，席书曾就朱陆异同向他发问，当时王阳明位卑言轻，朱子学如日中天，他并未正面作答，只是讲了自己的感悟。此外，他也认为圣人之道必须通过自己亲身体会、比较，感同身受才能领悟。

此时，他收到席书的《鸣冤录》，读后很有共鸣，当即回信说："陆象山之学简易直接，是孟子之后唯一提出'心即理'的学者。其学问思辨、致知格物之学，虽仍拘泥于传统的套路，但陆学的精髓断非他人所能比及。"

同年，抚州知府李茂元刊行了《陆象山文集》，请王阳明为之作序。他在序文中公开宣扬"圣人之学，心学也"，强调心学为正统学问，并指出，孟子说："仁，人心也。学问之道无他，求其放心而已矣。""仁义礼智，非由外铄我也，我固有之，弗思耳矣。"象山之学与孟子之学一脉相承，而世人却将象山之学诬蔑为禅学，不辨其是非异同，如同矮人之观场，莫知悲笑之所自。他最后指出，其学说归结为一句话：其学之必求诸心。

宋明以来，朱子学已是官学正统，象山学一直处于蛰伏抑制之状。王阳明于龙场悟道后，虽在心中坚定了以心学为宗旨的决心，但在当时天下独尊朱子学的时代，也不敢公然力排众议，颂扬象山学。

正德十五年他创立"良知说"后，尤其是正德十六年他首倡"致良知说"后，他一反常态地高调表彰陆学，而批判起朱子学来。

皇上车驾北还之后，南昌周边重又恢复平静。这一时期，王阳明的讲友湛甘泉、霍韬和方叔贤都辞官归隐，开始讲会。王阳明几次辞官都不成，对他们羡慕不已，感慨道："既然让我跟他们这几位英贤生在同时共地，为何又让我在此虚度光阴，失去与他们一块讲学的机会呢？"

此时，南昌知府吴嘉聪计划编撰《南昌府志》，王阳明的高徒蔡宗兖此时正好在南康府任教授，主持白鹿洞书院事务。白鹿洞书院位于风景秀丽的庐山脚下，南宋年间因朱熹在此讲学而闻名遐迩。王阳明便将编写《南昌府志》的机构设在白鹿洞书院，召集夏良胜、舒芬、万潮、陈九川、袁庆麟等弟子共同编撰。王阳明又写信给邹守益，邀他来白鹿洞举办讲会。这一讲，又讲出了一桩文坛公案。

七　石头缝里惊现朱子遗书

王阳明一行来到庐山五老峰南麓，蔡宗兖已拱手在路边迎候。

书院坐北朝南，为五进五出的大四合院建筑，屋顶是人字形硬山顶，有礼圣殿、朱子祠、御书阁、明伦堂散落在庭院之中。

书院门前古树垂荫，溪水轻吟。大门是一座双层飞檐单门，门上高悬"白鹿洞书院"横额。王阳明一看，就认出是李梦阳的手笔，笑道："梦阳的字越发地有颜鲁公的神韵了！"

在朱子祠，王阳明驻足阅读墙上挂着的《白鹿洞书院揭示》。蔡宗兖在旁介绍说，白鹿洞书院始建于南唐升元年间，当时叫"庐山国学"，南宋理学家朱熹出任知南康军时，这里已是断壁残垣，杂草丛生，便在旧址重建书院，亲自讲学，这个《白鹿洞书院揭示》便是他定的学规。

王阳明指着墙上的《白鹿洞书院揭示》，念道："熹窃观古昔圣贤所以教人为学之意，莫非使之讲明义理，以修其身，然后推以及人，非徒欲其务记览，为词章，以钓声名，取利禄而已也。今人之为学者，则既反是矣。"

他转过身，面对一众弟子，深有感慨地说："朱子讲得真好！当今世人都重词章之学，谁写得一手好文章，又能吟诗作对，便在社会上吃得香。而明理修身这些古圣先贤遵循的学问之道，反而废弃了！"

他带着众弟子在书院里转了一圈，却没发现有洞，便笑着问蔡宗兖："白鹿洞，白鹿洞，不见有洞，也没有白鹿啊？"

"这里面还有一段传说哩，"蔡宗兖微笑着说，"唐贞元年间，洛阳人李渤与其兄李涉年轻时在这里隐居读书，李渤养了一头白鹿。

这头鹿通人性，跟李渤出入，形影不离，人称'神鹿'。"

"那洞呢？"

"这里本没有洞，因地势低凹，俯视似洞，便被人称为'白鹿洞'。说来也巧，李渤离开这里后，辗转到长安等地做客，后来又被朝廷任命为江州刺史。旧地重游，便在此处兴建书院和亭台楼阁，并广植花木。'白鹿洞'由此得名。"

王阳明点点头："真正将书院发扬光大的，还是朱子啊。他不仅在此处兴修书院，聚众讲学，还邀请陆象山来这里辩过学哩。"

"不仅朱子，他的儿子朱在对书院贡献也很大。"蔡宗兖介绍说，"说来又巧了，朱子知南康军三十八年后，他儿子朱在也来九江知南康军咧。朱在又将书院重修了一番，邀请朱熹的大弟子李燔担任书院堂长，同窗黄干、胡泳等十余人来庐山交游，各地学者云集，讲学之盛，它郡无比。"

王阳明对白鹿洞书院的文化传承、自然风貌非常推崇，为自己能找到这么好一个讲学之所暗自高兴。自此后，他在书院开坛布道，诸生环侍，颇有当年孔子杏坛讲学之风。

一日傍晚，王阳明独自沿五老峰攀山而上，踏歌而行，不知不觉已至半山，忽然看见一只白鹿从林中窜了出来，在路旁站着，回头向他这边张望。他快步追过去，白鹿便也快跑几步。他停住脚，白鹿也停下来，似乎想带他去一个神秘的地方。他见这白鹿能通人性，甚是好奇，便一路跟着它在山中转悠，觉得甚是有趣。在一个转弯处，白鹿身子一闪，便不见了踪影。他正欲四处寻找，隐隐看见前方似乎有一山洞，洞口在夕阳之下明灭闪烁。

他暗忖："莫非还真有白鹿洞？"双腿不听使唤地朝洞口走去。到了跟前，树丛掩映之下，果真有一小洞，洞口不大，刚够容一人入内。他弯腰钻进洞里，摸着洞壁走了几步，顿觉豁然开朗。洞内有石室、石桌、石椅，各成格局，顶上有隙缝透光，斑驳陆离，恍若隔世。

他见石室里有光，还有人影，甚感诧异。

这时石室里传来略带沙哑的声音："山中无甲子，寒尽不知年。夜深花睡去，知是故人来。"

这声音有些熟悉，但一时又想不起是谁。他进到石室一看，一位鹤发童颜、胡须雪白的老者正微闭着眼，盘腿在石凳上打坐。

他上前施礼，口中唤声"打扰"。

老者眼睛睁开，捋了捋胡须，微笑道："刚才还说故人来，故人相见不相识哦。"

王阳明听他这么说，心中更为惊讶，借着微弱烛光，仔细打量老者，这才认出来，眼前这位就是无为道人，只不过此前满脸的疙瘩已消失不见，皮肤变得光洁如玉。王阳明知道他是得道之人，会返老还童之术也不足奇，只不过，在这庐山之上，山洞之中，又见到他，这才让人惊诧不已。

无为道人仿佛看出了王阳明内心的疑惑，给他斟了杯茶："普陀山是好，海上风太大，突然怀念这里的好茶了，去年便来这山上当起茶农来了。"

王阳明抿了口茶，啧啧赞道："此甘霖只应天上有，人间难得几回饮！"

"这是上好的庐山云雾茶，贫道骑着白鹿自采的。"

"那白鹿原来是你养的呀，真是灵性十足！"

"这白鹿本在此洞中，我找到此洞时，它正长睡不醒呢。"

"莫非还是李渤那头白鹿？"

无为道人笑而不语，跟王阳明闲聊起来。聊到兴头上，道人说最近在《易》理上又有些心得，便自告奋勇地给他算了一卦，是个吉卦：天火同人。

　　道人用手指掐了掐，半眯着眼，口中念念有词，等王阳明睁开眼时，眼神炯炯："恭喜，你命中还有一子！"

　　王阳明一听，哑然失笑："好你个无为道人，原来在这里等着捉弄我咧！我跟内子都已年过四十，只有一个过继的养子。"

　　道人嘴角一撇，坏笑道："王都堂，您还年轻哩。"

　　王阳明一眼就看出他不怀好意，叹了口气，似乎有些无奈："我跟内子感情甚笃，我曾经跟她讲过，此生不纳妾。"

　　"世事难料，斗转星移。不说这个了，我们去洞外看看，今晚应是月朗星稀。"道人手里举着灯烛，领着他往洞外走。

　　洞外夜色如水，万籁俱寂，清风徐来，暗香浮动。王阳明由衷赞道："真是一派好风景，神仙宫宇也不过如此！"

　　道人抬头看了看星空，猛地大叫一声"不好"。王阳明吓了一跳，侧过头去看他。道人用手指着紫微星的方向："你看，紫微星易位，恐有大变！"

　　王阳明顺着他手指的方向看去，紫微星果真偏离了它的星位，旁边隐隐可见牛斗星冲犯。这是大忌，预示圣上将有灾难。想到这里，王阳明心中不安起来。

　　道人却说："王侯将相，代际更替，一切皆有定数。我等皆是过客，莫太执着。"

　　当晚，王阳明与道人把酒临风，说了些古往今来的兴亡故事，最后都叹息不已，微醺中，就躺在石床上睡着了。

　　凌晨时分，王阳明依稀听到有人喊他，无为道人正骑在白鹿背上跟他说话："阳明子，我本是唐代李渤，在此山中修道，道名无为。山中一日，人间百年，而今已是明代正德年间了。对了，恐怕又要换年号了哦。"

王阳明一听此话，心中惊惧不已，忙爬起身来，追至洞口，想向他细问缘由。

白鹿突然腾空而起，仿佛脚下有片祥云托举一般。无为道人俯身笑道："朱晦庵也是贫道的挚友，他有些书信底稿，留给你了！"话音未落，白鹿驾着祥云向天边飞去，眨眼间便消失不见。

王阳明伸出手，大声叫唤："道人，道人，不要走，不要走！"

"先生醒醒，先生醒醒！"

王阳明听到耳边有人唤他，睁开眼一看，蔡宗兖、夏良胜、舒芬、万潮、陈九川等弟子正围着他，焦急地叫唤着。再环顾左右，自己竟然躺在山中一块大石头上，衣角上尽是露水。

"先生终于醒来了！"蔡宗兖脸上露出了笑容，"先生一晚没有回来，我们可急坏了，原来在这半山腰的石头上睡着了。"

见王阳明一会儿抬头看天，一会儿四处张望，陈九川便问："先生在找什么？"

"有没有看到一个道士骑着白鹿飞到天上去了？"

弟子们你看着我，我看着你，都懵懂地摇摇头。

"洞口呢？有一个这么大的山洞！"他张开两只手臂，做了个环抱的姿势。

众弟子仍是摇头。

王阳明心想：一切莫非是梦？便笑着将如何见到白鹿，如何发现洞口，又如何与无为道人一番谈话等诸事与众弟子说了。

大家都当是梦境，饶有兴趣地听着，间或插插话，打打趣。听到他讲无为道人跟朱熹是挚友时，大家都呵呵地笑了。

"这是什么？"舒芬指着王阳明身下石头的一个缝隙，大家循声看去，这石头缝里好像有个木盒。夏良胜手臂比较长，便伸手掏了出来，是一个紫檀木匣。

打开一看，是一些潦草的书信，再仔细辨认，众人皆大惊：竟是朱熹与弟子们通信的底稿，上面的字迹竟是他的亲笔。

王阳明这才相信昨晚所见所闻并非虚幻。众弟子也啧啧称奇。

此时旭日升空，朝霞映照在各位的脸上，洋溢着一片喜庆的气氛。王阳明率众弟子朝东方旭日拜了三拜，感谢天赐圣人手迹，决心要为往圣继绝学。

下山前，众弟子找遍了周遭山林，都不见有老师所说的白鹿和山洞。最后，王阳明摆摆手，怅然若失地说："世间事，本虚虚实实。这白鹿洞原来真有其洞，只是藏身名山之中，平常不肯示人。既不肯示人，何须费力去寻？"

下到山脚，王阳明突然想起昨晚与无为道人夜观天象时的预警，心中不无忧虑。他想起上回在镇江与张燕娘分别时，她送给他一只信鸽，说有急事可让信鸽传信，便赶紧让家仆王能找来鸽笼，亲笔在一小纸片上写上"上有警，宜速救"六个小字，塞进信鸽腿上的羽管里，再将它放飞。

看着信鸽朝着天际飞去，消失在视野之中，他这才心中稍定，坐下来小心翼翼地从紫檀匣里捧出信纸，毕恭毕敬地阅读起来。

这一读，他欣喜若狂，原来这是朱熹晚年跟弟子之间的书信。在这些书信中，朱熹承认了自己早年在"格物致知"解释上的谬误，要格的"物"是心物，非外物，还提及生怕来不及改正以往著述上的错误。

朱熹晚年的体悟竟然跟自己的一样！自己和朱熹的感悟原来别无二致！王阳明喜不自禁。

朱熹说他晚年时眼睛失明，行动不便，常常静坐。他发现用他以前的学问无法安定自己浮躁的心，写了这么多的书竟然都如空谈一般。静坐反观久了，有了更多的时间往内关注，更容易觉察自身，他忽然体会到了圣学里面最精粹、根本的内涵，竟然就在内心这个小小的区域里，心体原来就是一股气！这也许是天意，朱熹观外物的眼睛失明了，观内心的心窗却意外地打开了。这才让朱熹有了这个惊天的发现。他想到自己中年以前的著述有这么大的谬误，非常后悔，一有机会就在书信里面告知他的学生，且为无力改变现状而忧心。

读罢这些信件，王阳明掩卷沉思，却掩盖不住内心的激动，赶紧叫来蔡宗兖、夏良胜、舒芬、万潮、陈九川、袁庆麟等弟子，将这个惊人的发现告诉他们：原来自己倡导的心学，跟朱熹倡导的是完全一样的！他要把它节录下来，编排整理，以平息世人对他学说的指责和不解。

袁庆麟听了这些话，知道老师所倡导的学说与朱子同出一脉，一跺脚，大声说："先生的话，睹之即见，像在地里种五谷，种之即生，不假外求。而真切简易，恍然有悟。但是回头与朱子的论断一比较，又不甚契合，则又不免产生迟疑。现在朱子这些晚年信稿重见天日，我终于释然。我现在才知道从前所学乃朱子中年未定之论，是故三十年而无收获。今赖天之灵，才知道先生与朱子本是同源，衣钵相传！这些信稿真是给我们指点迷津啊！"

陈九川也激动地说："先生和朱熹一样，都是本着'为往圣继绝学'的赤诚之心，前赴后继，为的是正本清源，为的是推行圣学真谛。本着同一颗心，就是为了接上圣人血脉，让真理之学传扬，让世道人心复明！"

舒芬感慨道："先生之学与朱子无相谬戾，则与孔孟的千古正学同出一源！"

见诸位弟子与他一样，对发现信稿激动万分，王阳明欣喜地说："无意中得此一助！格尽万物终无解，直到晚年方明心！为师意外得到朱子晚年信稿，似是意外，也确是为师求学向圣之心打动上苍。有了朱子晚年这些自省信稿，咱们的学说必将更能匡正谬误，打动人心。我姑且将拟编的这本卷册取名为《朱子晚年定论》，可否？这样就可以告诉世人我的学问不是哗众取宠，我也不是想要求名求利，只是想要把圣学传承推广而已啊！"

诸生拍手称快。

王阳明又说："咱们所在的这个白鹿洞书院，非寻常之地，朱子与陆象山就曾在此论道辩学。此前世人都知道，朱子格物是向外格，象山格物是向心内求。现在我们才知道，朱陆是早异晚同。我们若是能直接走进圣贤的心源性海，这才能得到儒家经义的真传。"

诸生垂手侍立，点头称是。

八 皇上溺水，大龟救驾

张燕娘接到王阳明手书的示警鸽信，心系皇上安危，通过信鸽向凤仪镖局江南各分舵发出加急令，要各分舵派出密探火速奔赴皇上行营所在，暗中保护皇上。

皇上此时正在清江浦，仍旧住在太监张杨家，此前自南京东下镇江，北渡长江，再宿瓜洲望江楼，派遣江彬祭旗纛之神于蕃厘观。抚按等官设庆功宴，宴中献赠金银牌匾、旗、联、轴等礼物，上面都是歌功颂德的文字。

过淮安时，都御史丛兰、总兵官顾仕隆等进献贺功金牌、花红、彩幛。大军打着威武大将军总兵官的旗号，皇上戎服簪花，得意扬扬地骑马入城。地方官早已将退仕尚书金濂的府宅修缮一新，作为皇上驻跸的行宫。

淮安府首县是山阳县，皇上还饶有兴趣地临幸山阳县学，巡视了两庑所列先贤牌位，最后到县学后面的教授住宅，看见有一部《资治通鉴》，便顺手拿走。

由淮安至清江浦，皇上在这里一住数日，此时江彬内心十分纠结。由清江浦再沿运河一路北上，几日便可抵京师。皇上在石钟山与张燕娘的对话，他正好在树林后面隐隐约约窃听了一个大概。皇上当时说等回到京城再收拾他这段话，他听得一清二楚。当时远处有王阳明的鄱阳湖水师陈兵长江上游，虎视眈眈；近处有萧庚的水兵环伺左右，江彬不敢贸然行动。等皇上回到南京，李琮便出主意，让江彬仿曹操旧制，"挟天子以令诸侯"。

左都督神周也说："而今我们十万边军骁勇掌控南京，天子已成我等瓮中之鳖。国姓爷忌惮王阳明，我们颁旨让他来南京，他敢不来？来了就夺其兵权，东南半壁江山唾手可得！"

李琮笑道："别说南京，现今京师团营也尽在我们掌握之中，还有锦衣卫、东西厂，都是唯国姓爷马首是瞻，只需国姓爷一声令下，两京文武勋臣尽可缉捕。就算不胜，也可北走，北面边军尽是国姓爷旧部，还不是一呼百应？！"

江彬一听这些话，也颇为心动，于是叫李琮矫旨去索要南京各城门锁钥，城门官大骇，报至五军兵马都督府。督府也不敢擅自决定，又派人去问南京兵部尚书乔宇。

当时，江彬率边兵十余万驻守南京，又挟天子之威，飞扬跋扈得很。因皇上不管事，大小事都是江彬说了算，人称"威武副将军"。守备南京的勋臣成国公朱辅见了他都要长跪，魏国公徐鹏举及公卿大臣皆侧足而立。只有参赞机务的南京兵部尚书乔宇敢挺身与之抗争，江彬气焰稍折。

乔宇是杨一清的得意门生，为人凛然正气，刚正不阿，而且每逢大事胸有成竹，临危不惧。宁王叛乱时，南京勋臣及文武百官无不惊惧，唯独乔宇指挥南京守备兵马严为警备，而谈笑自如。他常常携带门客亲赴城外，密察地形，置兵戍守，防备周密，井然有序。他知道指挥杨锐有才略，便派其去安庆代理守备一职，又刺探得知南京镇守太监刘璟与宁王私下勾结，让其在城中潜伏了三百死士。乔宇当面诘问刘璟，刘璟惊惧不敢回话。乔宇乃派兵在城中广为搜捕，将宁王密伏的三百名死士尽悉捕获斩首，悬首江上。宁王得知失去南京城里的内应，且知南京城已有戒备，不敢擅自东下。后来攻安庆，杨锐固守，久攻不下，宁王不久便遭大败。

此时，乔宇一听督府的人说江彬想索要城门锁钥，怒道："之所以设置守备，就是为了严防非常之变。城门锁钥哪个敢索要？又有哪个敢擅给？虽天子有诏也不能给！"

督府的人仍不敢去跟江彬回话。乔宇便说："让应天府丞寇天叙去，这人是个硬骨头！"

寇天叙便打马来到都督府，见李琮怒气冲冲地站在大堂上龇牙咧嘴，指手画脚，便笑道："李将军何故动怒？"

"皇上有旨，索要锁钥，竟敢抗旨，你们有几个脑袋？"

寇天叙摸了摸脑袋，脸上还是挂着笑："脑袋只有一个，但太祖爷定的法规也只有一个。这城门锁钥就是为了防备非常，虽有圣旨，不能擅给！"

李琮指着寇天叙的鼻尖，吼道："少跟老子来这些虚头巴脑的！信不信，我们把你这个小小的应天府踏为平地？"

寇天叙挺起胸膛，硬气回了句："应天府虽官小，但确保南京城民安全是下官的职责。你能把我应天府衙踏为平地，你敢把整个南京城踏为平地吗？"

李琮气得吹胡子瞪眼睛，接不上话，只好带着一帮人拂袖而去。

江彬得知李琮碰了一鼻子灰，又想起此前矫旨有所求，乔宇必定当廷问清事由，还常常当众顶撞他。江彬欲除掉乔宇，但碍于其执掌南京兵部，是实权重臣，不敢擅自处置，便常在皇上面前诬陷乔宇有异心、与宁王手下勾结，等等。

江彬几次进谗言，都被南京守备太监王伟无意间听见。皇上在东宫当太子时，王伟做过皇上的伴读，皇上对他十分信任。宁王此前进逼南京时，乔宇从容应对，指挥若定，让王伟十分佩服，看到江彬四处为难乔宇，心中不忍，便从中调护，不让江彬得逞。

一日，皇上祭了南京太庙，江彬献计说，不如在南京行完郊祀，再走不迟。这郊祀为天子祭天告地之礼，冬至报天，夏至报地，一在南郊，一在北郊。如果皇上要在南京行郊祀礼，本年冬至已过，则需等到第二年冬至。这其实乃是在南京拖延一年的借口。

阁臣梁储听说此事，极力反对，三次上疏，搬出一大堆书籍典故来说事。皇上一看心烦得很，只好作罢。

在南京，正赶上立春接福，百戏杂陈，好不热闹。南京多寺庙，各种庙会、礼佛、说法，让人眼花缭乱。皇上带着刘美人、徐霖遍游古寺，命织造局绣制大幡、幢盖、佛幔、经缕等物，上绣"威武大将军镇国公朱寿与夫人刘氏施用"字样，赐予各大寺庙。

皇上在南京驻跸九月之久，乔宇联络诸大臣三请回銮，又亲自跪伏在行宫外请命。皇上无奈，只好召见他。乔宇跪在皇上面前，一把鼻涕一把泪地说："逆王朱宸濠已就擒，现系在江上舟中，民间盛传长江之上，常有不明船只逡巡窥视，宁王不死或还有变数，恳请皇上押俘虏回京，以平息谣言，稳定民心，也好让叛党余孽死心。"

乔宇非常清楚，江彬、张忠的人不离皇上左右，不好直接揭发江彬等人的异心，便从宁王的角度找了个理由劝皇上回銮。

此时，献俘礼也举行完毕，南京周边好玩的地方也都临幸了，没有太好的理由再滞留南京不归。皇上对江彬及其辖下边军的异常骄横也有所觉察，便决定起驾北旋。乔宇一直随扈至扬州方归。

却说皇上抵达清江浦，在张杨家住了几日，白天四处观光，晚上摆宴听戏，自是十分惬意。

江彬一伙人却心神不宁。神周与江彬密语道："此处再不动手，过了清江浦，沿运河北上，几日便可抵北京，到时深宫大院，中官环侍，再找机会下手就难了！"

"前些日在瓜洲时，他还派我祭旗纛之神，他对我还是很依赖的。"江彬显得犹豫不决。

"那昨日他将你控制的锦衣卫移交给了张忠，又作何解释？"神周说。

李琮也焦急地说："当断不断，反受其乱！一旦这顽主回到北京，先下手为强，我们就只有等死的份了！你看，钱宁多么风光，还不是一声令下，满门抄斩！"

"我也想下手，但不知如何下手才好哩！"江彬在屋子里急得团团转。

李琮想了想，说："他喜欢钓鱼，不如——"他双手做了一个翻转的手势。

江彬看了眼神周，神周点了点头。

江彬一咬牙："那就这么办，办妥帖些！"

第二日，江彬撺使皇上去积水池钓鱼，说那儿风景如何之好，鱼儿又是如何之肥。皇上一听，十分心动，当即收拾行装，准备出发，由江彬负责警卫。

行至半路，皇上突然说肚子疼，便要打道回府。江彬便朝神周使眼色。神周便说："皇上定是积了食，出来活动活动，吹吹风，便就好了。"

皇上捧着肚子说还是难受，当即吩咐锦衣卫大汉将军起驾回府，走到半道上，在野地里出了恭，似觉好一些。李琮便瞎诌道："这积水池里有一种鳖，会在水面上飞，钓上来通人语，会学舌哩。"

皇上一听，又有了兴趣，便问太监张杨可有此事。

张杨被问蒙了，不知怎么答才好。江彬朝他一个劲地挤眼睛，张杨只好支吾道："好像听说过，确有此事，确有此事。这鳖会飞，还会说话。"

皇上脸上笑逐颜开："那好，本大将军定要捉了此鳖，开开眼界。"

江彬等人这才如释重负地松了口气，相互用眼神交流了下。

"不过，今日有点累，明日再去捉它不迟！"皇上还是示意銮驾回程。

江彬等人心怀鬼胎，但也只好默默地跟着往清江浦张杨家去。

快至埠口时，江彬的四子江熙押着朱宸濠的囚车赶了过来。皇上问江彬："这是做甚？"

江彬也有点吃惊，不知这是演的哪一出。李琮一脸讪笑地说：

"这积水池虽不大，但地形却像极了鄱阳湖。我们不如将逆王放入湖中，请皇上来个亲擒！"

皇上此次南征，才出京城，便接到王阳明的捷报，一次南征硬是变成了南巡。他这个大将军为没能亲手将宁王擒获而遗憾不已。看王阳明的捷报上说如何在鄱阳湖急战，如何火烧敌船，又如何生擒宁王，心里直痒痒。虽然后来江彬、张忠等人提议将朱宸濠等贼首重新放入鄱阳湖，再来一次生擒逆王的大剧，但无奈王阳明和左右阁臣强烈反对，只好作罢。后来，他每过一处湖泊，都有一种将朱宸濠放入湖中，由他自己去生擒的冲动。

现在听说在这积水池可以再来一次这样的游戏，皇上自然大喜，心想这积水池虽小，但模拟一回鄱阳湖擒贼也应凑合，便吩咐掉转马头，再次上路，朝积水池而去。

李琮看着江彬，做了个鬼脸。江彬这才明白，这一切都是他的主意，连连点头，表示赞许。

到了积水池，垂钓的小船早就备好。江彬借故将张得富等几个皇上贴身太监支开，请皇上登上小船，船上只有一名船工在后舱划船。江彬和李琮坐在另一艘船上，紧随其后。

皇上说："将朱宸濠这个叛贼放到湖里去！"

李琮隔船回禀说："不急，先钓只鳖上来再说！"

船工越划越快。

张杨等人也想上船，却被神周拦住，说皇上有旨，随同不可跟得太多，以免打扰他的雅兴。张杨等人只好坐在岸边，远远地看着皇上的小船越划越远，渐渐划到了积水池的中央。

皇上急了："把朱宸濠这个逆贼放到池里来，我来捉他比捉只鳖好玩些！"

李琮嘴上一边搪塞，一边朝船工使眼色。

只见皇上的小船突然剧烈地摆动了一下，船就翻了。皇上和船工都掉到了水里。张杨等人在岸上看见这一场景，大惊失色，纷纷下水来救。

江彬和李琮在另一只船上大喊大叫，拿着船桨把水花拍得老高，但就是够不着正在水里扑腾的皇上。

眼看着皇上慢慢沉到水里，江彬和李琮等人呼天抢地，如丧考妣，又假模假样地在水里捞了一阵子，才将船靠岸。江彬先将岸上的人劈头盖脸训了一通，骂得张杨等人跪地求饶，然后才让人去附近渔户搬救兵。

大家手忙脚乱瞎折腾了一通，水面仍是毫无动静。正当江彬、神周、李琮等人心中窃喜，盘算如何出其不意夺取许泰、张忠的禁军兵权，直袭南京之际，水面突然一声巨响，一只大龟腾空而起，托起皇上的身体在池面上滑行，稳稳地落在池边。

江彬看傻眼了，半晌才回过神来，问李琮："这池里还真有什么飞鳖？"

李琮的脑袋摇得跟拨浪鼓似的："这个……我真不知。什么飞鳖，我那是瞎掰的哦。"

神周也傻了，瞠目结舌，嘴里喃喃道："现在咋办？"

"咋办？"江彬恶狠狠地说，"开弓没有回头箭！"说罢，拔剑出鞘，就要上前。

这时，一队人马尘土飞扬地往池边急驰而来。许泰、张忠等人率一支锦衣卫到了。

原来是徐霖一早起来，找不见皇上，右眼皮又直跳，心中烦闷不安，拿出焦尾琴，想弹一首曲子解闷，刚一拨琴弦，琴弦便绷断了，心中一惊：莫非皇上有事？

遣人打听，得知是江彬一早领着皇上去积水池钓鱼去了，后来李琮又慌里慌张地将朱宸濠提了去。徐霖心想，钓鱼为何还要带上叛王？江彬、李琮他们在要什么花招？他预感此中有阴谋，便急匆匆跑去找张忠，说皇上有危险，让他率人去救。

张忠正在就着稀饭吃早点，见徐霖衣冠不整地跑来尽说些不着边际的话，心中不悦，但碍于皇上的情面，只得脸上挤出一丝笑："徐先生何出此言？皇上好端端的，有啥危险？"

"皇上一早就去钓鱼去了！"

"扑哧"一声，张忠险些把嘴里的稀饭喷了出来，掏出手绢抹了抹嘴："皇上好水，喜欢钓鱼，先生又不是不知道。"

"可皇上不习水性，有人要害他！"

"十万禁卫军在此，谁能害得了皇上？"张忠慢条斯理地说，对眼前这个大胡子一脸的不屑。张忠心中暗想：我不长胡子，不男不女。你长了一脸大胡子，也是不男不女哩！

"宁王朱宸濠被他的叛党救走了！"

张忠一听，手上的筷子惊落地下，跑去后院关押朱宸濠的柴房一看，果真不见了踪影。这还了得，放跑了钦犯，那可是死罪！当即将几名锦衣卫指挥一顿臭骂，叫上许泰，直奔积水池。

到了跟前，见江彬手中握着剑，一脸杀气，许泰道："平虏伯这是做甚？"

江彬一愣，忙将剑收回鞘中："我还以为是来了打劫的盗贼呢，你们来得正好，赶紧救皇上要紧！"

徐霖见皇上浑身湿透，不省人事，将他抱在怀里拼命摇晃，当场哭晕过去。

等到大队人马走远，萧庾和凤仪镖局的几位镖师才从池边一片树丛中出来，抱起大龟，拍拍龟背，笑道："养了你十多年，你今天终于立了大功！"

一位镖师道："好险！幸亏王都爷报警及时，不然皇上危矣。"

此时已是深秋，皇上落水后受寒又受惊，从此神情恍惚，一病不起。

御舟由清江浦一路北上，直抵通州，此时正值十月。在这里，朱宸濠被照安化王朱寘鐇的例，赐自尽，燔尸扬灰，不让其见帝都。

天机入冥

文远竹 著

SPM 南方出版传媒·广东人民出版社
·广州·

目　录

第六章 朝廷争斗

第七章 广西平叛

第一章　剪除乱党

一　正德皇帝驾崩

江彬此时想挟皇上去他的老巢宣府，矫旨召勋戚大臣商议如何给朱宸濠余党治罪。等各勋戚大臣到齐后，江彬说："皇上龙体欠安，命我代为通报，御驾拟明日从通州直趋宣府，暂不进京。"

梁储、蒋冕等随扈阁臣自然极力反对。江彬竟然恶狠狠地说："圣意已决，明日拔营。谁再敢废话，以抗旨论！"说罢拂袖而去，留下一群勋戚大臣你看着我，我看着你，一个个六神无主。

第二天一早，江彬便令边军护着皇上，冲破许泰、张忠等锦衣卫禁军的警戒，直驱居庸关方向而去。梁、蒋等人阻拦不住，只好骑着马紧跟其后。

御驾一行刚至昌平，一人身披大红氅袍，骑马横挡在马路之中，背着光，看不清面部长相。

江彬喝道："谁敢拦堵圣驾，格杀勿论！"他话音刚落，一排弓箭手便拉弓搭箭，准备射杀。

"大红氅袍"凛然道："我乃大明公主，谁敢乱来！"

江彬一听声音很熟悉，心里咯噔一下，再定睛一看，果真是张燕娘。他此时也只好装糊涂："我只听说皇上有个妹妹太康公主，刚出生没几天就夭折了，你算哪门子的公主？给我射杀！"

十余支利箭脱弦，"嗖嗖"射向燕娘。燕娘从马上纵身跃起，甩开氅袍，在空中划出一道漂亮的弧线，将利箭一一扫落在地。

"再射！"

又是十余支利箭以迅雷不及掩耳之势射来！

燕娘在马上一个俯身，手里抡起大红氅袍，将射来的利箭就势一挡，再甩了回去。江彬身前一排弓箭手瞬间中箭倒地，江彬也险些被甩回来的利箭所伤，惊骇不已。

江彬还想指挥手下去攻燕娘，此时皇上从马车里探出头来，一边喘着气，一边扯着嗓子喊："她、她确是公、公主！不得无、无礼！"

燕娘坐在马上，面不改色，手握金牌，厉声道："本公主奉太后懿旨，宣召皇上御驾即刻回京，谁敢抗旨，以叛党问罪！"

江彬气急败坏地下令："众将听令，当场斩杀此妖女！"

可是无人听令，江彬顿时傻眼，进退两难。

恰在这时，梁储、蒋冕从后面赶了上来，见皇上喘得厉害，还咳了块痰血出来，连忙吩咐御前中官和大汉将军："皇上病得不轻，赶紧回銮要紧！"

中官和大汉将军却不敢擅动，都眼巴巴地瞅着江彬。

梁储老泪纵横地劝说江彬："平虏伯！皇上身体如此虚弱，宣府边城风沙又紧，万一有个闪失，我们都吃罪不起啊！"

江彬哪有心思理会这帮手无寸铁的文臣，装作没听见，心里盘算着怎么先拔了张燕娘这根刺儿头才好。

剑拔弩张之际，许泰、张忠率一队禁卫军及时赶到。许泰见皇上确实病重，怕太后那边不好交代，便对江彬笑道："老江，既然太后有懿旨，还是起驾回京算了。等天气好些，再去宣府不迟。"

张忠朝身边的牟斌使了个眼色。牟斌做了个手势，一群身着飞鱼服的锦衣卫旗校雷厉风行，迅速接管了皇上御车的防卫，不由分说，扭转马头，一扬马鞭，往东南京城方向奔去。

江彬刚想去拦，御车已在锦衣卫的护卫下奔出半里远。

御驾还抵京城，文武百官迎于正阳桥。当天，军容大展，将俘获的宁王家属及从逆者，押至辇道两旁。陆完、钱宁等与宁王同谋之人也都赤身裸体被反绑在道旁。这些人都用白色小旗帜写上姓名，插在后背上。所俘叛军首级也一个个被插上小白旗悬于竹竿之上，绵延好几里路长，一眼望不到边。

接下来，便是礼部遵旨拟定献俘礼。为此，皇上又来了个自奏自批。

奏的是：赖镇国公朱寿指授方略，擒宸濠逆党申宗远等十五人，乞明正其罪。

批的是：着论功行赏毕，即将申宗远等献于阙下，会鞫以闻。

皇上还郑重其事地下诏褒赐镇国公威武大将军朱寿，又诏令给江彬每年加禄米百石，荫一子锦衣千户。

此时，皇上已病得不轻，不理朝政，这一切都是江彬在背后运作。江彬又矫旨改京师团练营为威武团练营，由皇上直辖，不由兵部和五军都督府节制，他亲自统率军马，令许泰、神周、李琮等提督教场操练。

两天以后，因为亲征凯旋，大祀南郊。正在行初献礼时，皇上忽然呕血，初献礼举行到一半便草草收场。皇上从此卧病不起，苟延到第二年二月十四日，驾崩于豹房，终年三十一岁。

皇上驾崩时，正是半夜，平时江彬每日守在皇上卧榻之侧，这晚恰好不在左右。乾清宫管事牌子张得富慌忙赶赴紫禁城报丧。这时各宫门已落锁，张得富便拟了一道报丧帖子，赴长安门投递，启用"急变"方式直达太后仁寿宫。所谓"急变"，乃大明朝宫禁应付非常事变的一种信息传递制度。宫门落锁后，帖子自长安门缝隙中投入后，无论何人经手，须立即送达御前，迟则用军法问斩。

张得富的"急变"帖子投入长安门，被一个老厕卒发现，隔门相语，逐门转递，最后送抵司礼监。司礼监当值中官张永接到急变帖子，不敢马虎，亲自交至仁寿宫。

此时天还没亮，太后从睡梦中惊醒，接到噩耗，如遭晴空霹雳，惊厥过度，当场晕倒过去。一时仁寿宫哭声一片，太监、宫女乱作一团。

张永急召太医救治，好不容易将太后救醒。太后醒来第一句话便道："好好的，人怎么就没了呢？"

张永答道："皇上南征途中就染了疾，一直病着。前几日精神好些，还临摹了一幅辛弃疾的书法。突然不治，奴才也是吃惊。"

"辛弃疾的书法？辛弃疾不是写词的吗？"

"小人也不太清楚，好像这书法是江彬那厮送来的。"

"宣张得富进宫回话！"

张永又问如何治丧。

太后反问他："以前惯例如何？"

张永想了想，答说孝宗驾崩时，当天紫禁城鸣响丧钟，诏告天下，全国居丧，由礼部晓谕各国使节。

太后便哭着说："循先例即可。"

张永领命而去。

天色拂晓，宫门初开。张太后还在仁寿宫中垂泪，有宫女来报，有客人到。

张太后抬头一看，来者正是张燕娘，甚感意外，顾不得礼仪，赤着脚便上前拉住她的手，满脸诧异："我儿怎么来了？这深宫大院，你怎么进来的？"

燕娘从腰间摘下一块金牌："这是先帝爷亲赐于夫人的。"

张太后一听于夫人，面有难色，一边拭泪，一边说："你皇兄昨晚走了……"话没说完，哽咽不能言。

燕娘淡淡地说："这个我知道。"

张太后抬头吃惊地看着她。

"豹房也有我们的人。"燕娘一脸冷峻，"你别忘了，我可是王岳王公公的养女，他是东厂提督。"

张太后似懂非懂，哭哭啼啼的，一个劲地攥住燕娘的手不放。

燕娘将手一把抽了出来："我来不是听你哭的！皇上驾崩的消息还有谁知道？"

张太后一愣："半夜收到急变帖子，刚才司礼监的太监说按先帝的例，等天明时即鸣丧钟，诏告天下……"

"你好糊涂！"燕娘焦急地说，"皇上是怎么驾崩的？你不知道吗？江彬等奸贼正蠢蠢欲动，等着皇上闭眼哩！"

张太后一听这么严重，也慌了："那我儿你说，怎么办才好？"

燕娘唤来仁寿宫管事牌子陶春，吩咐道："火速叫来司礼监当值太监，不鸣丧钟，皇上驾崩的事，秘不发丧。违者，斩！"

陶春不吭声，抬头看张太后。张太后骂道："还不赶紧去！公主的话，就是我的话！"

看着陶春一路快跑地去了，燕娘冷笑一声："我不是什么公主。

要不是怕背一个卖祖宗的罪名，我才懒得管你们家的事！"

张太后跌跌撞撞上前扯住燕娘，差点要下跪，语无伦次地说："我儿还不肯原谅哀家？你皇兄没了，我儿再不帮哀家，哀家不如死了算了！"

等张永赶到仁寿宫，跪倒在地，燕娘冷静地吩咐道："皇上驾崩，秘不发丧，豹房那边也要保证密不透风，违者拿司礼监是问！"

张永是经历过风雨的人，人也极聪明，此前听张忠等人隐约说起张太后有一亲生女，上回在宣府还演了出久别重逢的好戏，没想到这公主竟然是王岳从小养在教坊司的养女张燕娘。张永这才佩服王岳老哥哥心思缜密，这教坊司本是三教九流、污浊不堪的地方，谁也不会想到一位躲过生死劫的小公主竟然在这里神不知鬼不觉地长大，如果在其他地方，恐难安然活命。

见张永身后跟着张得富，太后指着张得富诘问道："皇帝向来龙体康健，生龙活虎的。就算落了水，受了凉，怎至突然驾崩？皇帝是怎么染的病，太医又是怎么诊治的？你个狗奴才，给哀家从实招来！如有半句假话，哀家亲手剥了你的皮！"

张得富跪在地上，不住地磕头，抽搐着将皇上回京途中如何被江彬等人唆使钓鱼，不慎落水，受了惊，从此一病不起；江彬在豹房又如何支开太医，在药里投毒，又趁机进献番女侍寝，皇上最后脱阳而死等来龙去脉一五一十地说了。

太后怒火中烧，冲到张得富跟前，发了疯地对他拳打脚踢，骂道："你们这些狗奴才，都是死人吗？江彬毒害皇帝，你们为何不阻止，为何不向本宫报告？"

张得富被打得在地上抱着头，口里叫唤着："江彬一手遮天，奴才也被蒙在鼓里，等到奴才知道，都无力回天了呀！"

燕娘上前将太后扯住，将她劝回座上。太后又号啕大哭起来，良久，才止住哭声，对张永怒道："宣旨，即刻锁拿江彬！"

张永问："他如反抗咋办？"

"连他都奈何不了？你们羽林卫，还有锦衣卫是干什么吃的？"

张永踌躇不言，侧身去看燕娘。燕娘向他递了个眼色，让他不要激怒太后。

"还不快去！难道要本宫亲自动手抓人不成？"太后咬着牙，狠狠地说，"本宫倒想亲手剐了这个奸贼，解我心头之恨！"

张永又看了看燕娘，燕娘示意他退下。

不一会儿，燕娘从殿里出来，张永还立在殿外等候，赶紧迎了上来，低声问："内阁那边是否如实相告？"

燕娘略一沉思，说："皇上驾崩这么大的事，内阁想瞒也瞒不住啊。没有内阁支持，要办江彬，也非易事。"

"可不是吗？拟遗诏、颁懿旨、用钱、调兵，政令无不出自内阁哩。还有继承大统的事……"

"皇上驾崩和擒拿江彬之事，请张公公亲自转告杨廷和杨阁老，就说是太后懿旨，让他好生办差。皇上遗诏和立储的事也请他定策，让他切莫辜负先帝眷顾。"

张永领命出来，心里暗想，这张燕娘果真不简单，真不愧是先帝血脉，龙子龙孙，临危不惧，巾帼不让须眉。转念又想，她若是男子该多好！原来孝宗幼年命苦，险些丧命。他的父亲宪宗极度宠爱年长他十七岁的幼时保姆万贵妃，但有一次宪宗偶然巡视大内藏书楼，一时风流，让担任女史官的广西大藤峡瑶女纪氏珠胎暗结。因此，纪氏招致万贵妃的嫉恨，万贵妃千方百计想要除掉她。对纪氏怀孕之事，整个大明皇宫所有的宫人都心照不宣地保持了沉默。

后来，生母纪妃被万贵妃毒杀，孝宗在遍布万贵妃耳目的深宫里，靠着卑微的宫女、太监们的私下救济竟然生存了下来。直到六岁，孝宗的胎发都没有剃。太监张敏冒死向感叹"老将至而无子"的宪宗皇帝透露了他的存在，至此，他才走到了阳光下，跟他的父亲见面，并得到祖母周太后的护佑。孝宗登基后深仁厚泽，堪比汉文帝、宋仁宗。可惜这么个好皇帝膝下只有二子，次子三岁早夭，长子即正德皇帝，又无子。正德皇帝驾崩后，孝宗的血脉竟断绝！张永一边想，一边长叹。

张永来内阁值房时，杨廷和正在埋首批阅公文，案桌前的各地奏折和各部的咨文堆起来像一座小山。杨廷和多年来养成一个习惯——不让奏折过夜，每一封经内阁票拟好的奏折报给司礼监前，他都要亲自把关。

听说张永来了，杨廷和站起身，踱至房门口迎接，脸上挂着笑："张公公难得来内阁，稀客啊！"

张永脸色铁青，朝值房里的两名书办扫了一眼。两名书办知趣地将房门一关，退了出去。

杨廷和看他这副表情，知道定有大事，将脸上挂的笑收了回去，直直地盯着他。

张永朝房门处看了眼，回头对杨廷和低声道："皇上驾崩了！"

杨廷和顿时瘫坐在地，号啕大哭起来。

张永赶紧用手捂住他的嘴，在他耳旁悄声说："秘不发丧！太后懿旨，秘不发丧！"

杨廷和眼睛睁得老大，嘴里发出呜呜的声音，不住地点头。

张永这才松手，将他扶起。两人在太师椅上坐定，杨廷和时不时地用袖口揩泪，一副心神未定的样子。

张永便好言相劝："杨阁老不可乱了方寸，太后有旨，此国难时刻，还需杨阁老力挽狂澜才行呢。"

杨廷和朝仁寿宫方向拱了拱手："多谢太后信任。皇上正当壮年，此事太过突然，老臣还有点理不清头绪。"

"那依元辅之见，当今朝廷重臣中还有哪几位是可效忠贞之节的股肱之臣？"

杨廷和默然无语。

"大学士蒋冕如何？"

"蒋敬之乃朝中中流砥柱，可惜为官过于谨厚，不懂变通。"

"王守仁王阳明能文能武，是难得之才。"

"此人有勇有谋，临危不惧，但却严谨不足，爱作惊人语。而且他远在江西，远水救不了近火呀。"

"平虏伯江彬如何？"

杨廷和勃然变色，反问道："张公公意下如何？"

"皇上生前最为倚重，守边多年，卓有成效。现执掌威武团营，其羽翼遍布京畿，风头正劲。"

杨廷和将案桌一拍："若无此人，皇上怎会有豹房之戏、覆舟之虞？又怎会英年早逝？老夫恨不能手刃此贼！"

"可是平虏伯力拔山……"

"张公公无须多言！"杨廷和刷地站起身，做了一个制止的手势，"若将国家社稷托付此人，那就是陷百姓于水火，置朝廷于倾覆！老夫要率内阁誓死力争，不惜与此贼同归于尽！"

"杨阁老不要动怒，"张永扯了扯杨廷和的衣袖，示意他坐下来，"洒家只是试探一下杨阁老的虚实，休要怪罪。"

张永便将太后懿旨择要紧的说了，让他赶紧以内阁名义拟旨，宣布江彬罪状，令大理寺抓捕会审。

"不可！"杨廷和猛一喊，把张永吓了一大跳。

杨廷和咳嗽几声，清了清嗓子："与其打草惊蛇，贸然行事，不如欲擒故纵，徐而图之。"

张永道："太后盛怒，恨不得置江彬于死地！"

"请替微臣转禀太后，此事须谋划周全，方可实施。不然，便是引火烧身，危及社稷苍生！"

二　徐霖假扮皇上吓跑江彬

仁寿宫宫门前挂着一副楹联：兰殿颐和尊备养，萱庭集庆寿延禧。楹联的漆有些掉色了，显得斑驳破旧。宫里陈设、装饰一如以往，但太监、宫女却都阴沉着脸。院子里种的两棵海棠树无精打采的。虽是中午，宫里宫外都悄无声息，死气沉沉。

杨廷和由张永陪着，来到仁寿宫。张太后端坐在起居室的炕上，燕娘立在旁边。待杨、张二人请安，张太后赐座、看茶后，宫中太监、宫女把帘子放了下来，尽皆退出。

太后看着杨廷和，掩袖拭泪："国是如此，有劳杨爱卿扶持！哀家信得过您。"

杨廷和好言劝慰了几句，便直入正题："对于江彬此贼，不能一击而中，就不能贸然出手！"

太后无语，扭头去看燕娘。

燕娘问："太后降懿旨，还抓他不得？不行的话，来个秘密抓捕如何？"

"现今威武团营十万精锐尽由其掌握，又有神周、李琮为虎作伥。许泰执掌京营，负责城防，与江彬是一丘之貉。戍守紫禁城的锦衣卫由张忠节制，张忠也跟江彬打得火热。恐怕密捕江彬的旨意还没出宫，他们就把紫禁城给围了哦。"杨廷和说着，豆大的汗珠从额头上滴了下来。

太后道："皇帝生前糊涂，尽用些小人！"

燕娘却不以为然，问杨廷和："他们想造反也不是一天两天了，怎么这么久没有动静？"

"那是因为有皇上在，他们三人互为牵制，皇上又英明神武……"

"那依元辅之意，如何是好？"燕娘打断他的话，急切地问道。

"先稳住他们，切不可让他们知道皇上宾天的消息。"杨廷和用袖口擦了擦额头上的汗，"请太后放心，内阁那边有老朽在，定能稳住阵脚。我等下让礼部拟一道给江彬等人加官晋爵的恩旨，表彰他们南征有功。只怕是豹房那边不好对付。"

太后便将目光投向张永。张永本是半个屁股侧身陪坐的，这时赶紧起身，垂首道："回禀太后，豹房那边老奴已派东厂的人接管。张得富老奴已交代过，谅他不敢多嘴。其余的人都关到北三所里，那里密不透风，更别说走漏风声了。"

"江彬这厮，据说每日都要去豹房一遭。现在见不到皇上，岂不生疑？"杨廷和还是忧心忡忡。

"这个、这个嘛……"张永一时语塞，看看太后，又看看燕娘，最后低着头一个劲地想主意。

燕娘道："这个放心，我自有良策。只是如何擒住江彬等贼，还请杨阁老和张公公好生谋划。"

杨廷和和张永对视一眼，一声长叹。

却说江彬来豹房，却被拒见，说皇上被太后召进宫里去了。第二日再来，又被拒。江彬一脚将守门的张得富踹倒在地："狗奴才！敢挡爷爷的驾，不想活了？"嘴里骂着，抬腿就要往里走。

张得富一把抱住他的腿，哭丧着脸："爷爷饶命！万岁爷昨日挨了太后的骂，这会儿正在生闷气哩，他确有交代，谁都不见。您老人家行行好，就饶了奴才吧！"

江彬拔腿又是一脚，把张得富踢出老远，嘴里骂骂咧咧，径直进了内院，竟无人敢拦，如入无人之境。

眼看江彬就要迈进卧室，张得富从地上爬起来，顾不上擦去嘴角的鲜血，冲上前从后面拦腰抱住江彬，大喊："快拦住他！他要抗旨！"

几名东厂捕快闻讯冲了上来，挡在江彬面前。江彬双手抓住张得富的胳臂，腰身一扭，将他就势甩到捕快们身上，再使出一连串螳螂拳，将捕快们一个个打得东倒西歪。

这时，卧室里传来皇上威严的声音："谁活得不耐烦了？本大将军不是说了，谁都不见吗？"

江彬一听是皇上的嗓子，顿时也慌了手脚，赶紧退了出来，看见地上躺着的张得富等人，喝道："好生伺候皇上，出了差池，拿你们是问！"说着还做了个砍头的手势。

张得富听到皇上在卧室这一喊，也吓得不轻，心想：莫非皇上起死回生了？一想不对呀，皇上明明是咽了气、身子都硬了的！抑或是皇上的鬼魂回来了？这一想，吓得魂不附体，把头埋在胳膊里，不敢往卧室里看。

等到江彬走远了，几名东厂捕快喊他去卧房看看，张得富连连摆手。一名叫陈梓旦的捕快说："这大白天的，你不去把皇上服侍好了，还等着他老人家晚上来喊你啊？"

张得富一听此话，用手指着陈梓旦，气得两腮通红。

陈梓旦说："老张，要不咱们兄弟们陪你一块进去瞧瞧？要不呀，咱们心中没底，七上八下，白白挨了江彬这厮一顿毒打哦。"

张得富一想也有些道理，便从地上爬起身，叫上陈梓旦几个，鼓足勇气，硬着头皮进了卧房。只见一人身穿黑衫，披头散发俯身在灵柩之上，浑身抽搐。张得富顿时吓得魂飞九天，缩着头就往后退。

陈梓旦拦住他："光天化日之下，怕啥？"

张得富指着灵柩上那人说："皇上，皇上活了……"

陈梓旦眼睛睁得溜圆，一脸的狐疑。

这时，趴在灵柩上的那人站直身子，转过身来，长须飘拂。

"徐先生！怎么是您？"张得富吃惊地看着他。

徐霖泪流满面，黯然道："皇上千金之躯，对草民我有知遇之恩。他走了，我来送送还不行吗？"

"行，行。"张得富见眼前这位果真是徐霖，心里一块石头方才落了地，"刚才把江彬吓走的，也是您？"

"嗯。"徐霖鼻子哼哼，又模仿皇上的声音说道，"你们别忘了，草民可是曲艺人出身。"

张得富竖起大拇指，赞道："徐先生果真是不同凡响！奴才跟了皇上二十年了，您刚才那几句话，竟然把我也骗到了，真是什么来着？"

"惟妙惟肖。"陈梓旦在旁接了句。

"对，惟妙惟肖，惟妙惟肖！"

徐霖自言自语道："草民谱了一首新曲，来送别皇上。"他从背囊中拿出焦桐古琴，摆在灵柩前，抚琴吟唱："含泪送君王，天涯欲断肠。琴断有谁听？云山两茫茫……"

琴声如泣如诉，曲调哀婉异常。张得富等在场的人听着无不垂泪。

最后，"嘣"的一声响，徐霖将琴弦挑断，又将古琴高举过顶，猛然摔在地上，断成两截。

"此曲作罢，草民不复抚琴矣！"徐霖站起身，踱出门外，飘然而去。

燕娘从仁寿宫出来，反复咀嚼杨廷和的那些话，心乱如麻。江彬等人已经坐大，他们相互勾结，手握权柄。他们这些武将一旦得知皇上驾崩，岂会将太后一介女流和内阁的几个文臣放在眼里？要扳倒江彬等人又谈何容易？

她出得宫门，凤仪镖局的几位大镖师便迎了上来，萧庚也跟在后面，缩头缩脑，欲言又止的样子。燕娘问："老萧，你有话说？"

"王都爷派人送来鸽报，寥寥几个字，无头无尾的，小的没上过几天学堂，看不甚明白。"

燕娘一听王阳明有书信来，内心一阵激动，但表面仍不动声色："先生的信，不妨拿我瞧瞧。"

将纸条展开一看，上面只有几行小字：分化瓦解，各个击破，擒贼擒王，瓮中捉鳖。

燕娘反复念了两遍，觉得此话大有深意，于是将纸条收好，一路揣摩，突然一拍巴掌："有了！"

跟在她身后的几名镖师和萧庚都吓了一跳，愣愣地看着她。燕娘道："阳明先生真是运筹帷幄之中，决胜千里之外。"

萧庚等人还是不明就里。

燕娘胸有成竹地说："先生早就料到我们现在的困境，这纸条是给我们的锦囊妙计哩。"

当晚，仁寿宫戒备森严，后殿大佛堂堂门紧闭，屋檐之外十步之内不许站人。

太后端坐在佛堂侧殿暖炕茶几右侧，燕娘侧身坐在炕上左侧，杨廷和坐在对面的太师椅上，张永躬着身立在炕前。

"老朽最担心宫里的安全。"杨廷和愁眉紧锁。

大家的眼睛都齐刷刷地看着他，他却欲言又止。

太后道："杨爱卿，这里都不是外人，你也是哀家的倚重之臣。你有什么话尽管道来。"

"回太后的话，微臣是担心一旦发生宫变，负责宫廷宿卫的羽林卫是否会异动。"

"羽林军是归谁管辖？"

"一直由皇上亲自掌握。"

"现在皇上驾崩，那交给张永署理吧。"

张永赶紧跪倒在地："奴才叩谢太后隆恩，不过……"

"不过什么？哀家最见不得你们这吞吞吐吐的熊样！"

"太后教训得是！"张永直起身说道，"羽林卫名为皇上掌握，实乃许泰控制。从许泰曾祖父许成开始，许家一直统领羽林卫，或在羽林卫中世袭要职。许泰祖父许贵、父亲许宁都是承袭武职，为羽林卫左卫指挥使。许泰以副总兵协守宣府之前，也是袭职羽林前卫指挥使。羽林卫统领、将校无不受许家提携、恩惠，这羽林卫名为羽林卫，实则许家军啊！"

太后一听此话，也左右为难，看着燕娘，不知如何是好。

燕娘却神色自若地说："着内阁拟旨，升许泰为太师，节制威武团营。原由许泰统领的京营'老家'，包括羽林前卫、金吾、腾骧、武骧诸卫亲军，仍由许泰提督军务，不过由张永任监军。"

"老奴遵旨。这样一来，那许泰的风头岂不盖过江彬？"张永问。

"就是要让他大出风头，这还不够哩。他不是安边伯吗？他曾祖父许成被封为永新伯，那就让礼部拿出一个条陈，再擢升他为永定侯！"

"永定侯？"张永一听此话，吃惊不小。

杨廷和在旁插话说："老夫再请翰林院的学士、编修们写一篇歌功颂德的文章，从他考取武状元开始一路歌颂下来，让他'青史留名'！"

太后看到张永和杨廷和的表情都有点怪异，转身问燕娘："这样抬举他，妥当不妥当？"

"妥当。"燕娘斩钉截铁地说，"非常时期要用非常手段。许泰、江彬两条狗，不能同时打，要抬一个，打一个！"

"那江彬这条恶狗怎么打才好呢？"张永问。

"宣江彬入宫，关门打狗！"

"以何理由宣他入宫呢？他向来多在豹房行走。"

燕娘回头问张太后："太后，最近宫中有何大事？"

张太后摇摇头。

张永想了想，说："启禀殿下，坤宁宫前些日子兽吻被雷击，近日正准备安装兽吻。"

"那就令内阁拟旨，以坤宁宫安兽吻为名，宣江彬等人入宫祭祀。"

"那羽林卫的事还是没有解决啊？"张永追问道。

"张公公，"燕娘正色道，"让您任监军可不是挂名的，宫中禁卫凡属许泰亲信，或与江彬有瓜葛的，尽皆调出。"

"有张公公监军，老夫仿佛吃了颗定心丸。平宁夏、江西叛王，张公公都如烹小鲜，对付这区区几个佞臣贼子，自然不在话下。不过——"杨廷和话说了一半，就舌头打转。

"不过什么？杨爱卿有话直说无妨。"太后道。

杨廷和话锋一转："锦衣卫仍在张忠掌控之下。这厮与江彬、许泰沆瀣一气，不可小觑。锦衣卫是宫中近侍，又负缉拿之责，跟羽林诸卫相比，这才是真正的禁卫军！"

太后不悦："杨爱卿这么一说，哀家不就被群小围绕，整天生活在奸臣贼子周围了吗？"

"老臣不敢。"杨廷和起身跪在地上，"老臣的意思是，'君子不立危墙之下'，先清内奸再'请客'。"

"启禀太后，杨阁老说得在理。"张永说，"京城诸卫中，唯有锦衣卫一家独大，权重责大，而且尽是身怀绝技的骁勇之士。咱们东厂虽说也是皇家法司，但毕竟不是正规卫军，自愧不如。"

"这个好办，锦衣卫向来唯皇命是从，指挥使也好，旗校也罢，都是只遵皇命，不问上下级。"燕娘说。

"可是，可是皇上驾崩了呀。"太后掩面而泣。

"皇上不在，太后懿旨就是皇命！"燕娘刷地一下站起身。

太后扯了扯燕娘的衣角，用哀求的眼神看着她说："张忠这奴才对哀家向来还算忠心，你们打狗还得看看主人吧。"

燕娘一听太后这话有些妇人之仁，心中十分厌恶，但碍着太后情面，只好正色道："关门打狗前，找个理由调张忠出京办事吧。还有，北镇抚司指挥使牟斌，此前听阳明先生说起过，本小姐倒想会一会他。"

三 宫变

接到由许泰节制威武团营的圣旨，江彬怒道："这威武团营是我们三边将士浴血奋战组建而成的，一直由我提督军务。许泰小儿靠祖上荫恩勉强得了个爵位，名不副实，沐猴而冠。我才是一人之下、万人之上的威武团营副大将军，他只是个提督教场操练，凭什么节制我们威武团营？"

神周在一旁敲边鼓说："一定是许泰在皇上面前谄媚，说了伯爷您的坏话。不然，岂会轮到他来节制威武团营？"

李琮冷笑一声："这还不算，听说礼部正在热火朝天地讨论升他为侯爷哩。还有翰林院那帮腐儒，也见风使舵，忙着给他写传记，将平叛之功尽归其名下。据说还要将其收入本朝实录里，那可是流芳百世的哦。"

江彬勃然变色，挥剑砍掉书案一角："是可忍，孰不可忍！"

李琮劝道："不如以清君侧为名借机起事，封锁九门，包围紫禁城，诛杀许泰！"

江彬看看神周，神周也帮腔道："姓朱的小儿突然夺你兵权，定是生疑了。十万边军在我们手中，万一不成功，也没什么大不了的，我们撤回宣府就好了！再不济，我们兵出大漠，投鞑子去，也是一方诸侯！"

江彬犹豫不决，拿不定主意，嘴上说道："等我再去豹房看看，探听虚实再作打算不迟。这姓朱的只剩半口气了，我们不妨等他咽了气，我这个威武副将军真的坐正了，谁还敢挡我的路？"

李琮急得面红耳赤："当断不断，反受其乱！等许泰夺了我们的兵权，我等就死无葬身之地了！"

江彬一听此话，为之变色，喝道："尽说死啊死的，不吉利！我意已决，你们勿再多言。再多言，休怪我不顾兄弟情分！"

李琮、神周气得吹胡子瞪眼睛，拂袖而去。

第二日，许泰派中军典仪官来江彬府上索要兵符。江彬将其羞辱一番，驱赶出去，并放出话："要拿兵符，让许泰小儿亲自来取！"

许泰从典仪官口中得知江彬如此肆意妄为，大为震怒，当众骂道："江彬这厮，不过边卒贱籍出身，全凭谄媚上位。我乃世代伯爵，武状元出身，岂能为此贱人所辱？老子跟他势不两立，恨不得手撕此贼！"跨上马就要率府兵去找江彬算账，被幕宾死劝方罢。

却说江彬来豹房想找皇上讨说法，却被拒见，说皇上被太后召进宫里养病去了。江彬心中生疑，派人向暗布在朝中各衙门的心腹大臣打探消息，自己待在家里，称疾不出，衣服里裹着铠甲，做好一有风吹草动就起兵造反的打算。等了两天，外面还是风平浪静，江彬有点坐不住了，趁着夜色率十余名将士来到杨廷和家探探虚实。

杨廷和正在书房伏案写字，江彬突访，直入府中。杨廷和打着赤脚，刚走至书房门口，江彬就进来了。杨廷和一副又惊又喜的样子，拍拍身上的袍子，笑道："平虏伯光临寒舍，也不提前通报一声？你看，老夫还穿着睡袍，光着脚丫哩。"

江彬见书案上铺着写奏折专用的纸本，径直来到案前，口中说："杨阁老写的什么好文章？本将军也好学习学习。"说着，拿起纸本就看。

杨廷和上前一把按住，笑道："还是草稿，不能让伯爷见笑。"

"呃，无妨无妨。"江彬见杨廷和阻止他看纸本，他越是想看看上面写的什么。他将杨廷和按着的手抓起，一把将纸本抽了过来。

杨廷和又要去抢，江彬用手一把挡住，大声道："莫非此本有啥见不得人的？本将军想看，谁都拦不住！"

江彬身后几名大将齐刷刷地把佩剑抽了出来，杨廷和的书童一看这阵势，吓得哭了起来。

杨廷和只好作罢，在旁直跺脚："这下完了，这下完了！"

江彬一脸怒气地捧起纸本一看，上面墨汁未干，抬头写着：臣内阁大学士杨廷和跪奏：举荐平虏伯朱彬任上柱国统领天下军马及协理朝纲，仰祈圣鉴事。再一浏览，纸本还没写完，内容大概为推荐江彬在皇上病重期间总揽朝政，里面自然写了不少江彬的好话。

江彬看后，笑得合不拢嘴："杨阁老抬爱了！本将军草莽一个，不堪此重任，不堪此重任啊。"

"伯爷文韬武略，乃当世豪杰，国家栋梁，皇上的左臂右膀，辅佐皇上多年，又有守边经历。满朝文武，无人能出伯爷之右！"

"对了，"江彬突然好奇地问，"大学士既然是写纸本抬举本将军，为何刚才拦着不让我看呢？"

杨廷和笑道："老夫此本本是密奏，自然要保密，伯爷就算是当事人，也不例外呀。再说了，让你知道是老夫保荐你，这不是公然让你欠我人情吗？这可受不起哦。"

江彬哈哈一笑："你们这些大学士，就爱玩文字游戏、打哑谜。您老这个人情啊，本将军欠得起！"

杨廷和又在江彬耳边悄声说，举荐他的折子虽是自己写的，但却是太后的旨意，事涉机密，切勿外传。

江彬笑着不住地点头，口里说着："知道，知道！放心，放心！"

江彬从杨廷和府里出来，略为心安。内阁这边没问题，那宫里情况如何呢？他想起他的亲家魏彬在宫中任司礼监掌印太监，何不向他打探一下皇上的情况？魏彬曾是"八虎"之一，起初在刘瑾手下执掌三千营，后来刘瑾被杀，代掌司礼监。一年后，因为宁夏战事叙功，封自己的弟弟魏英为镇安伯。魏彬虽与江彬结为姻亲，但眼见江彬引皇上兴豹房、出居庸关，又御驾南征，确实闹腾得太不像话，心想他早晚会闹出大事来，便有意与他疏远，以免惹上杀身大祸。

杨廷和知道魏彬与江彬是姻亲，皇上驾崩秘不发表的事江彬必起疑心，一起疑心必定向魏彬打听。于是，杨廷和请魏彬来内阁叙事。

杨廷和说："平虏伯威风八面，朝中文武都忌惮他，为何？"

魏彬答道："皆因皇上宠爱。"

"皇上若是驾崩了呢？"

魏彬一听此言，大惊："那江彬必将弃市！"

杨廷和道："魏公公与江彬是姻亲，朝中早有非议。江彬若弃市，魏公公还能安居宫中吗？令弟的伯爵之位恐怕也难保哦！"

魏彬一听，额头上大汗淋漓，跪倒在地："请杨阁老救小的一命！"

杨廷和一脸严肃："现在只有魏公公自己方能救自己。"于是将太后懿旨告诉他，要他从中周旋，助太后密捕江彬。

等到江彬找上门来，魏彬说："皇上安好，昨日还念叨你呢，说离了你还是不舒坦。许泰只是徒有虚名，办事远不如你。"

江彬暗喜。

魏彬又说："明日，坤宁宫安兽吻，皇上命你与工部尚书李镶入宫祭祀。"

"这等事，文绉绉的，我一个武夫，还是不去掺和的好。"江彬摆摆手。

魏彬笑道："国姓爷此言差矣！皇上龙体欠佳，但还是最信任您呢，让您代祭。这是多大的荣耀，人家盼都盼不来呢。"

江彬见他说得自然，心想此前陪皇上御驾南征时，皇上也几次遣他祭神，便满口答应。

回到家中，江彬又将魏彬的话反复琢磨了一遍，没有发现什么疑点，魏彬也是谈笑自如，不像有事瞒着他，这才安然入睡。

第二天一早，江彬穿着礼服准备入宫，刚出府门，李琮便拦住他说："提督，不可轻易入宫！"

江彬不悦："我乃奉旨主祭，不入宫哪成？"

李琮低声道："宫中我们的眼线传来消息，最近宫中警卫调动频繁，我们的人都靠边站了。"

江彬撇了撇嘴："我看你是杯弓蛇影了吧！有老张在，我在宫里如出入无人之境。"

"张忠这厮昨日去保定办差去了！"

"哦？"江彬也感到有些诧异，"办的什么差？"

"据说是选秀，还有皇庄的事。反正走得急。"

江彬笑道："原来是肥差！怪不得这老家伙招呼都不打一个。"

李琮拉住马头，苦劝。

江彬拗不过，便弯下腰低声对李琮说："皇上已病重，太后已让内阁起草密旨，让我统领天下兵马哩，到时不费吹灰之力，整个紫禁城都是我们的！"说着还做了个捏手的手势，打马就走。

李琮急得在他身后直跺脚。

到了午门，家人侍卫止步宫门外，不得跟从。安兽吻之祭一番繁文缛节完毕后，江彬正想出宫，张永拉住他的手袖，指了指天上的太阳，笑道："正午了，用完膳再走，李镋李尚书一起哩。"

江彬此时也是又累又饿，便跟着李镋去文渊阁吃午饭。

正吃着，太后突然下诏拘捕江彬。锦衣卫大内捕快在文渊阁外疾走。江彬十分警觉，便借故出恭，快步跑去西安门，门已关闭，又赶紧跑向北安门，坐更将军说："有旨留提督。"

江彬说："今日哪有什么旨？"一把将坐更将军推倒，就想夺门而出。守门军士蜂拥而上，围捕江彬。江彬臂力过人，双手一个横扫，竟然将十余个守门军士推出一丈远。

江彬夺过一根棍棒，抡起一阵风，呼呼作响，军士们近前不得。江彬一边使棍子，一边跨出北安门。军士们还想去追，江彬大吼一声："我乃威武副将军，皇上养子，谁敢过来！"

众军士慑于其淫威，都不敢近前。

江彬刚迈出大门，背后便被狠狠地踢了一脚，险些跌倒在地。转身一看，张燕娘一身短装，手持宝剑，正在门外候着他哩。燕娘道："无耻小人，竟还有脸称是皇上养子，还不束手就擒！"

江彬提棍上前，两人一阵厮杀。江彬不愧是边军老将，使出疯魔杖法，上剃下滚分左右，上下挪展，进退闪让，棍影如山，环护周身，棍势如长虹饮涧，拒敌若城壁，破敌若雷电。燕娘身轻如燕，以柔克刚，接连闪避了江彬几记挥来的硬棍后，江彬棍法渐乱。他虽有蛮力，但只想早些脱身，反而心神不定，破绽百出。燕娘趁机剑走偏锋，迂回穿插，将青龙降魔剑法舞得炉火纯青，几次击伤江彬手臂。江彬招架不住，节节败退，最后只得靠在宫墙上负隅顽抗。此时，凤仪镖局的几名镖师闻讯赶来，一哄而上，将江彬扑倒在地，捆了个严严实实。

刚才挨了他棍棒的守门军士，眼看有死老虎打，便一个个围上前，将江彬的胡须一根根全部拔掉。

正在这时，一支劲旅从北安门外包抄了上来，将城门围了个水泄不通。燕娘一看，是李琼率威武团营赶到。

紧接着，身后一阵骚动。燕娘回头一看，又有一些身着飞鱼服的捕快从北安门内围了上来，为首的是牟斌。

李琮骑在马上，哈哈大笑："就料到你们要演一场宫变大戏，我早就让牟指挥加强警戒了。"

江彬看到救兵来到，大喜，朝牟斌高声嚷道："牟指挥救我！"

牟斌却将腰间绣春刀拔出鞘，厉声道："奉旨，捉拿江彬。谁敢反抗，格杀勿论！"

话音刚落，锦衣卫捕快们齐声唱喏。

江彬气得直发抖，大叫："牟斌，你别忘了，可是本将军将你从钱宁那厮手中解救出来的！你竟敢恩将仇报！你个小人！"

牟斌鼻子一哼："笑话！咱锦衣卫可是天子亲军、禁城拱卫，还要报你的恩？"

江彬脸色惨白，声音战栗着说："你就不怕张忠回来处置你！"

"张忠？在哪？哪个张忠？忠于哪个？"牟斌做出一副左右环顾的样子。

李琮将马鞭指着牟斌，怒道："姓牟的，识时务者为俊杰！"

"下官武夫一个，只知道忠于皇上，其他一概不管！"

"忠于皇上？皇上早就死了！只是秘不发丧！"李琮气急败坏道，"你知道为什么秘不发丧吗？因为整个京城，包括紫禁城都在我们的掌控之下！"

牟斌闻之心中一惊，嘴上却说："一派胡言，妖言惑众！"

李琮骂道："恶狗再敢挡道，便是死路一条！"说着把手一挥，成千上万的威武团营兵冲了上去。

牟斌下令封锁北安城门。

威武团营兵早有准备，架起云梯，朝门里放箭，又用冲车猛撞城门。没多久，城门被攻破。燕娘、牟斌挟江彬退守玄武门。

营兵又要攻玄武门。牟斌站在城头，朝下面厉声道："此是宫门，再敢攻城，就是叛逆！"

攻城士卒一听此话，顿时停了下来。

李琮骑在马上，大叫："皇上已被锦衣卫的人谋害，我们威武团营奉皇上遗旨清君侧。兄弟们，替皇上报仇！替大将军报仇！"

众营兵齐声喊道："替皇上报仇！替大将军报仇！"

一时杀声震天，箭镞纷飞。牟斌将江彬押到城楼上，将腰刀抵在他的脖子上，朝下面喊话："再不退兵，就杀了他！"

团营将校都看着李琮，李琮冷冷地说："此时退兵，大家都小命不保！"说罢下令发起总攻，全然不顾江彬死活。

眼看宫门不保，牟斌也乱了手脚，朝燕娘鞠了一躬："请殿下移步大内，陪太后从密道出宫。并请转告阳明兄一句话，'前次倭刀构陷之事，非下官所愿，也不是钱宁胁迫，而是杨大人授意。'下官今日随皇上去了！"

说罢，抢起绣春刀，接连手刃数名攀上城楼的营兵，又拉起大弓，朝城楼下连发数箭，射杀数名操纵冲车的兵卒，最后不幸中箭，摔下城楼，死于营兵乱刀之下。

营兵气焰甚炽，一举攻下玄武门。李琮一马当先，率兵突入坤宁门、承光门，进抵钦安殿。

此时，钦安殿钟鼓齐鸣，负责天子仪銮和直驾侍卫的锦衣卫大汉将军们在殿前分列排场。殿前黄伞下端坐一人，身穿明黄色龙袍，头戴皇冠，冠冕压得很低，遮了半个脸，他朝殿下斥道："李琮，你要谋反吗？"

威武团营众将士此前与皇上曾朝夕相处，对皇上的声音非常熟悉，一听这声音果真是皇上的，顿时都愣在原地，不敢动弹，有几个将校还吓得跪倒在地。

李琮一看这阵势，也有点慌神，但旋即镇定下来，指着殿上的"皇上"，破口大骂："皇上早已驾崩，尸身现摆在豹房里哩。你是他的相好，擅吹箫、擅学话的徐霖，少在这里学腔学调、装神弄鬼！"又转身对亲兵吩咐说："将张得富押过来！"

几名亲兵押着张得富到了阵前，李琮说："你告诉大家，皇上究竟死了没有？"

张得富跪在地上，吓得直哆嗦："皇上、皇上他老人家，前日子时已驾、驾崩了！"

被五花大绑的江彬被押着跪在御座之侧，此刻方才醒悟：原来上次豹房里那个声音竟是徐霖模仿的！便在一旁挣扎着大声嚷道："他是徐霖！是他害死了皇上！"

戴皇冠者刷地站起身，狠狠地踢了江彬几脚，然后将皇冠扶正，往前走了几步，立在石阶前，朝殿下广场上的威武团营将士大声道："大家看好了，是本大将军还是徐霖？！"

张得富抬头一看，果真是皇上不假，吓得尖叫："皇上复活了，皇上复活了！"

"皇上"凛然道："本大将军早就料到江彬、李琮等人预谋反叛，故意装死，让你们原形毕露，我再一举剿灭！"

江彬、李琮一听此话，顿时目瞪口呆，六神无主。

此时，身穿大红战袍的羽林前卫及腾骧左卫、武骧右卫等禁卫军从钦安殿的四面八方围了过来。张永率一营东厂捕快也全副武装地出现在"皇上"身后。弓弩手黑压压的一片，拉弓搭箭，瞄准殿下的团营。

张永厉声道："李琮大逆不道，给我拿下！"

话音刚落，大殿屋檐上一只弩机猛地射出一根绳索，到了李琮跟前瞬间打开变成一张大网，将他团团捆住。弩机再一收，李琮便被吊起拉回到殿阶之上，重重地摔在地上，然后被几位东厂捕快当场拿住。

其他威武团营的将士们都被这阵势震慑住了，个个呆若木鸡。张永朝他们发令道："团营将士听令，速回营地待命。违者杀无赦！"

团营将士闻讯，一个个鱼贯而出，夺路而逃。

燕娘立在"皇上"御座之后，握着剑柄的手心全是汗。她看了眼张永，张永朝她揩了揩手。她又看了眼"皇上"，"皇上"一脸的紧张。此时殿下团营已尽数撤出，只留下羽林卫整齐肃立，燕娘这才长舒一口气。

钦安殿内供奉着真武大帝塑像，阴森肃穆。"皇上"瘫坐在供桌前的蒲团上，将脸上的假皮从额角处揭开，露出里面的真面孔，原来是徐霖。

"今天好险！多亏了徐先生！"燕娘看到徐霖光溜溜的脖子，有点内疚地说，"可惜了徐先生一嘴漂亮的胡子！"

徐霖仍惊魂未定，有气无力地说："当年跟戏班子学唱戏，学了几招易容术，没想到今天竟派上了用场。俗话说'人生如戏'，今天这台戏也演得够大了。"

"下一步徐先生有何打算？"燕娘看到徐霖这个样子，心生怜悯。

徐霖环视大殿内的神像，说不出话。

"不如留在京城，先生是曲坛祭酒，教坊司还有许多民间曲谱、西域音乐等着先生去整理哩！"

"教坊司……"

"教坊司虽是贱籍，但徐先生已是有御赐一品官服之人，自然不用在意世俗眼光。再说了，奴家也是教坊司出身……"

"不才没有瞧不起教坊司的意思，"徐霖自知刚才的表情容易引起张燕娘误解，忙用话遮掩，"只是闲散惯了，喜欢的也是些散曲，还是去江南散发弄扁舟吧。"

四　兴献王世子继皇位

张太后下制发丧，宣布江彬、李琮的罪状，拘捕江彬同党神周等人，将其下狱，论死。

李琮被缚至诏狱，见到江彬，大骂："贱奴，早听我的，岂被人擒？"

神周也朝江彬脸上吐口水："呸，畏首畏尾的懦夫！老子被你害死了！"

江彬羞愧不敢言。

锦衣卫从江彬家中抄得黄金七十柜、白银二千二百柜，其他珍宝不可计数。另外，还从他家中抄出隐匿、扣留下来的一百多本奏折。

内阁首辅杨廷和用遗命厚犒江彬所辖边军，遣归四镇，撤销威武团营。

边军离京返回四镇，礼部、兵部将其称为"离京戍边"，为此举行了一场出师礼。杨廷和、许泰等文武大臣应邀上德胜门城楼观礼。十万边军旌旗鲜明地从门楼下出去，逶迤而行，甚是壮观。杨廷和扶着城楼上的箭垛，侧身问旁边的许泰："太师以为，京营与边军相比，如何？"

许泰想了想，答："不如也。"

"太师与江提督相比，又如何？"

"也不如。"

"边军已出，城内只剩京营。许太师有何打算？"

许泰一听此话，细思极恐，不觉打了个冷战，但又不明虚实，只好脸上挂着笑："元辅大人尽管放心，京营虽不如边军骁勇，但忠心远在其上，有京营尽心守护，京畿当固若金汤。"

杨廷和冷笑一声："江彬在狱中给太后上了一封密折，里面说了太师不少好话哟。"

许泰大惧，连忙辩解道："江彬这厮，素与本官有隙，他这是诬陷！是毁谤！"

"哼！"杨廷和突然变脸，"是不是诬陷和毁谤，请太师去当面跟太后解释吧。"

话音刚落，一队东厂捕快冲上来欲将许泰扑倒。许泰眼疾手快，飞身跃上箭垛，再一个扫堂腿，将面前几名捕快踢倒。他趁机跑到楼梯口，这时石阶上撒满了黄豆，许泰脚底打滑，站立不稳，从城楼上滚落下来，摔得鼻青脸肿。他趴在地上看到眼前有一双官靴，勉强撑起身子抬头一看，站在他面前的是张永。

许泰喘着粗气唤道："张公公救我！"

张永手一扬："带走！"

这时杨廷和在随从的搀扶下，从城楼上下来，问张永："张忠现在何处？"

"回杨阁老的话，张忠在从皇庄回京城的路上已被我派出的羽林前卫擒获，现在关在诏狱里哩。"

杨廷和颔首笑道："至此天下方定，可高枕无忧了。"

正德皇帝膝下无子，又无兄弟，谁来继承大统，颇费脑筋。张太后与杨廷和商议，援引《皇明祖训》中"兄终弟及"的原则，从正德皇帝堂兄弟中挑选一位。

宪宗皇帝共生十四子，其中长子为万贵妃所生，未及命名就夭折了，次子悼恭太子也早夭，三子即孝宗皇帝。孝宗皇帝的几个兄弟中，五弟无子，十弟早夭。四弟兴献王朱祐杬去世不久，有一子名朱厚熜，此时年仅十四岁，性格倔强。六弟益王朱祐槟育有四子，家教甚严，个个崇尚俭约，爱读书史，爱民重士。七弟衡王朱祐楎这一支人丁兴旺，膝下有七子，长子朱厚燆十九岁，天资聪慧，有贤名。此外，十三弟荣王朱祐枢也生了六个儿子，其中也不乏俊杰之士。

张太后有意挑选十九岁的朱厚燆继位，说年龄、德行、长相都好。杨廷和却打起了小算盘：如果挑选朱厚燆，衡王朱祐楎还健在，他岂不成了摄政王？此外，朱厚燆已成年，自有主见，新皇帝的眼里岂有张太后和他内阁首辅杨廷和？再说，朱厚燆还有六个兄弟，如果他做了皇帝，将来他的那些兄弟们一个个都得成为亲王，一旦飞扬跋扈起来，也不好对付。

相比较来看，兴献王朱祐杬已薨，朱厚熜又是其独子，年纪尚小，涉世不深，如果他来当皇帝，必以太后和内阁为倚重。

杨廷和将这些想法向张太后当面奏明后，她还是不放心："兴献王这个儿子才十四岁，还不懂事哩。现在朝局这么乱，江彬、钱宁这些奸贼还关在大牢里。长城外面鞑子们蠢蠢欲动，西南也常有蛮子作乱。十四岁的娃娃，怕是坐不稳这个龙椅哦。"

杨廷和微笑答道："有太后在，不怕。"

"可是哀家……哀家也不能干政啊，不然御史们又要上折子说违反祖制了。"

"不怕，还有老臣在。"

太后想了想，脸上露出一丝笑意："杨元辅办事，哀家最为放心。"

杨廷和赶紧下跪谢恩："老臣多年仰仗太后恩典，今后也是唯太后马首是瞻。"

"燕娘可惜是个女流，不然……"太后长叹一声。

"公主殿下机敏过人，虽是女流，不让须眉。"

"对她，哀家最是亏欠。她从小长在民间，为了不被人欺负，喜欢舞枪弄棒，全不像女孩子家。"

"可不是，公主殿下身手不凡。听说她手中有一支人马，是当年王岳老公公秘密设立的，叫凤仪镖局，而今在江湖上，名气大得很，这次擒获江彬，也是功不可没。"

"不如安排燕娘提督东厂？既是自家孩子，有她帮着新皇帝看着这老祖宗打下的江山，哀家才敢睡个安稳觉。"

"太后所言极是，不过……"

"不过什么？"

"不过公主殿下已将凤仪镖局解散，说是于夫人不在了，皇兄也不在了，使命已完成。她本人陪着徐霖先生往江南去了。"

太后长叹一声："燕娘还是不肯原谅哀家。"说完眼眶湿润，泪垂不止。

杨廷和只好劝道："'人事有代谢，往来成古今。'请太后多多保重，我们都不过是尽人事，听天命罢了。"

张太后于是发正德皇帝遗诏，召就藩湖广安陆州的兴献王世子朱厚熜继承皇帝位。此遗诏是大学士杨廷和所拟，但却说是皇帝寝疾弥留之际所留。

正德十六年三月十五日，张太后派定国公徐光祚、寿宁侯张鹤龄、驸马都尉崔元、大学士梁储、礼部尚书毛澄、太监谷大用等前往安陆迎接朱厚熜，到北京即皇帝位。

新君进京前，杨廷和总揽朝政。他以正德皇帝遗诏之名，命太监张永、武定侯郭勋、尚书王宪挑选各营兵马，分布在皇城的四门、京城的九门及南北要害地带，东厂、锦衣卫安排部下四处巡逻防备。又下令废除皇店，皇店管店官校及军门办事官旗校尉等各还卫所，各边镇守太监留京者也被遣回。哈密、吐鲁番、佛郎机等各地进贡使臣都礼送回国。豹房的番僧及少林僧、教坊的乐队、南京的快马船等，凡不是依常例设置的，都被裁撤、解散。又发布正德皇帝遗诏，释放南京被关押的获罪官员，送回各地进献的女子，停止京城里不急需的工程建设，将宣府行宫中的金银宝贝收回内库。正德年间的弊政几乎被淘汰净尽。所裁减的锦衣各卫所、内监局的旗校工役人数达十四万八千七百，节省漕运粮食达一百五十三万二千余石，那些宦官、义子及奉中旨做了官的人大半被清退。一时朝野上下，人心大快，交相称赞杨廷和为贤相。那些丢了官的人却对他恨之入骨。杨廷和上朝时有人身带利刃在轿旁窥视，还有一次险些被刺。

却说谷大用先期至，朱厚熜不许其私谒。三月二十六日，徐光祚等抵达安陆，朱厚熜方才接见。

四月初一，朱厚熜拜别其父陵墓，次日，辞别母妃启程。四月二十二，朱厚熜抵达北京城外的良乡就不肯走了，为了以何身份入京，与大臣们起了争执。外藩入承大统，照例先由群臣劝进，经过一番谦让，始可"俯允臣民之请，以慰天下之望"。礼部尚书毛澄根据杨廷和的授意，定议以皇太子身份，由东安门入居文华殿，择日登基。朱厚熜对此安排不满意，对随其进京的兴王府长史袁宗皋说：

"遗诏上明明写着以我嗣皇帝位，不是嗣皇子位。"

袁宗皋是湖广石首人，弘治三年进士，本在朝中为官，一次偶然的机会认识了兴王朱祐杬，交往日密，时而结伴同游西山，诗酒相酬。弘治七年，兴王要去湖广安陆府就藩，专程去袁家向其辞行。袁宗皋却主动提出要随他去安陆任王府长史。有故人同行，又是进士出身，兴王自然高兴，当场应允。

当时与袁宗皋同朝为官的同僚都认为他好好的京官不做，却跑去湖广荆莽之地的山沟沟里去当王府幕僚官，真是明珠暗投。方良永时任刑部主事，是袁宗皋的同年，听说他要去湖广，便劝他不要意气用事，此举关系仕途前程，要三思而行。袁宗皋朝他神秘地笑了笑："老弟我对《麻衣相术》略有研究，我见兴王骨骼精奇，眉上双骨隆起，大口，隆准，必为人主。"

方良永一听此话，哑然失笑，心想当今皇上正值壮年，膝下又有皇太子，这兴王骨骼再怎么精奇，也就是个藩王的命，这袁宗皋定是痴迷相术走火入魔了！

袁宗皋在安陆兴王府当长史，忠于职守，励精奉公，除弊惩奸，部属畏服，不敢强取民财，深得兴王赏识。弘治十年，兴王奏升他为虚衔通议大夫，授正三品。正德十年，兴王又奏称他清廉谨慎，政事练达，晋升江西按察使。袁宗皋干了两年，正赶上南赣闹匪患、宁王瞎折腾。兴王仁厚，不愿自己的长史掺和宁王的事，此时又因自己患了病，王府的事无人打理，便上了道奏折将袁宗皋调回了安陆，继续当他的长史。袁宗皋也无心蹚江西这"浑水"，接到调令后便屁股一拍离开了南昌。

正德十四年六月，兴王朱祐杬薨，享年四十四岁，朝廷谥号"献"。袁宗皋亲自携带罗盘，卜定吉壤，最后以亲王规制将兴献王葬于安陆东北的松林山。

第二年，方良永因事途经湖广，特地转道安陆来看袁宗皋。闲聊时，方良永打趣道："当年兄台戏言兴献王骨骼奇特，不同寻常。今王爷已盖棺定论，兄台所言恐难成真。"

袁宗皋呵呵一笑："既是戏言，博一笑耳。不过……"

"不过什么？"

"不过世事难料，虽已盖棺也难定论。"

方良永一脸诧异地看着他，摇头叹息："我看你老袁在王府待了二十年，与世隔绝，魔怔了吧！"

袁宗皋也不跟他争辩，第二天带他去兴献王坟所在的松林山游览。

方良永见王坟掩映于山环水抱之中，相互映衬，如同天造地设。坟园后山岭俊秀雄伟，云雾盘旋，仙气十足。两侧山丘环护，中间台地有九曲河蜿蜒其间。从坟园前放眼望去，又有山丘连绵起伏，构成"前朱雀、后玄武、左青龙、右白虎"的风水格局。方良永禁不住赞叹："王坟与山水相称，真可谓形胜之地！"

袁宗皋笑道："何止是形胜！"

"我是外行，愿闻其详。"

"坟园外罗城呈金瓶形，有九曲环河和内外明塘。龙来东北，水走西南，入首龙为壬子过脉，坐丑向未兼艮坤，水出未。其内堂作法，左边引丙午方水上堂，右边引庚酉方水上堂，合三元地理正反夫妇交媾。丑未兼艮坤是水局，壬子来龙为帝旺龙，正应了那句'元辰水到，功名白手。垣星入局，立霸封侯'。"

袁宗皋如数家珍般地说了一通。方良永听得似懂非懂，答话说："站在坟园之中，只见前面山丘似笔案，后面山陵似靠山，左右两边山脉浩浩荡荡，似万马攒动，簇拥而至，气势不凡而又不过于张扬，让人心中油然而生一种安稳感。"

"谁说你不懂风水？你刚才讲的这些用行内话说叫'前案后乐'，左右随从有'护卫龙'。风水并不高深！用一句寻常百姓的话说，就是人与自然的和谐，让人觉得环境舒适，能藏风聚气，这就是风水。"

"王坟的选址，形止气蓄，不局促、不紧逼，确实可称之为作法合度。"

方良永话音刚落，天空突然阴云密布，两人仓促间躲到碑亭里避雨。此时一道闪电划破长空，紧接着一声惊雷，当头劈在坟冢之上，冢堆竟然裂开，里面冒出一缕青烟，一条白龙伴着青烟从冢中窜出，腾空而起，直上云霄。乌云之间又是一道闪电，白龙瞬间消失在云端。

方良永被眼前这一景象惊呆了，袁宗皋也是始料未及。等雨过天晴，两人赶紧跑去坟冢处察看，大理石堆砌的坟冢宝城上一道半尺宽的裂纹仍清晰可见。方良永啧啧称奇，问这有何讲究。袁宗皋诡异地一笑："此情此景妙不可言，我们不妨拭目以待。"

袁宗皋与方良永这番奇遇后不到一年，正德皇帝朱厚照无嗣崩殂，兴献王独子朱厚熜被迎往北京入继大统。袁宗皋在兴王府苦苦熬了二十余年，终于等到了出头之日，成为从龙之臣，护送新君入京。

当朱厚熜向他表达是以皇太子之礼还是以皇帝之礼入城的疑惑时，袁宗皋想都没想，当即表示："礼制不可违，但法统更不可更改。主公如以皇太子之礼入城，名不正则言不顺。今日此事受制于人，今后必将事事受制于人。"

朱厚熜点头称是，叫来毛澄等一众大臣到马车跟前，当场训斥一番，并下令行辕在郊外停下歇息，不肯入城。

梁储等大臣快马急报内阁，请杨廷和拿主意。杨廷和心想，新君还未登基，脾气就这么大，而且明显有违礼制，便坚持要求朱厚熜按照礼部的方案入城。双方僵持不下。

寿宁侯张鹤龄看这样下去也不是办法，便私下派人向他的姐姐张太后报信。张太后急召杨廷和，说："不如让储君按皇帝礼入城？"

杨廷和答道："有违礼制，怕引起中外非议。"

"他是储君，这个江山早晚是他的。这等小事，哀家以为，不如变通算了。"

杨廷和跪倒在地，情绪激动地说："这是储君在给太后和内阁一个下马威哩。此事如依着他，今后朝中岂有太后和老夫说话的份？"

"杨阁老多虑了，"张太后抿了口茶，微笑道，"他朱厚熜才多大？他这是闹小孩子脾气哩！"

张太后不顾杨廷和反对，令张永传懿旨，让群臣上笺劝进，朱厚熜在郊外受笺。当天中午，朱厚熜从大明门入，随即在奉天殿即位。诏书曰："奉皇兄遗命入奉宗祧。"以第二年为嘉靖元年。

嘉靖皇帝即位后第一件事，便是下旨诛杀钱宁、江彬。神周、李琮及江彬的几个儿子江勋、江杰、江鳌、江熙俱被斩首，绘处决图，榜示天下。江彬幼子江然及妻女俱发功臣家为奴。当时正值京师久旱，行刑之日突降大雨。

朝廷大臣对许泰、张忠交相弹劾，称其"交结朋党，扰乱朝政，依律当斩"。江西按察使伍文定亦上奏揭发许泰、张忠嫉妒王阳明的功劳，对其百般排挤，并逮捕窘辱他伍文定本人，及在南昌诬陷、刑虐士民的罪状。嘉靖皇帝遂将许泰、张忠下狱，论死。杨廷和、蒋冕、毛纪等连连上疏言道："不诛此曹，则国法不正，公道不明，九庙之灵不安，百姓之心不服，祸乱之机未息，太平之治未臻。"

出乎大家意料的是，嘉靖皇帝最后却特赦许泰、张忠不死，发许泰戍广东海南，张忠充军孝陵卫。言官张钦、王钧等上书，认为许泰等罪不容诛，不宜轻贷。皇上降旨：籍没家财，发原定卫所，永远充军。

杨廷和再次奏言："许泰等人之罪，当初法司会审即是死罪，继而多官复审亦如此，已而臣等拟旨又如此，群臣论奏又如此，是天下之人皆曰可杀，而陛下却独独宽宥他，臣等不理解。陛下为何不将这几个人绳之以法，以泄天地、祖宗之愤，以快中外臣民之心，以垂乱臣贼子之戒呢？"并以辞去官职相胁。皇上宣慰挽留，却不改圣旨一字。

这天傍晚，内阁当值的几位阁老都放衙了，杨廷和还待在值房里，拿起几本要票拟的奏折翻翻又放下，又找出《孝宗实录》来读，读了一会儿又去翻书架上的字画。次辅大学士蒋冕从隔壁值房里抱来一坛金华酒，又摸出一小包蚕豆。杨廷和笑道："知我者，敬之也。"

两人互敬了一杯。杨廷和赞道："金华酒，果真是好酒！"

蒋冕呵呵一笑："何以解忧，唯有金华酒。"

两人把门关起来，你一杯我一杯，不一会儿都喝得微醺。

杨廷和借着酒劲发起了牢骚："许泰、张忠人皆可杀，皇上偏偏要保他们。老夫愤而提交辞呈，皇上也不为所动，真不知皇上心中究竟是怎么想的？"

"新君这是在跟群臣较劲哩。"蒋冕看了看门口方向，见大门紧闭，便悄声说，"您老越是带着群臣上书要杀他们，新君却越不肯按你们说的办，他这是在给自己立威哟。"

"原来如此。"杨廷和半信半疑地点点头，"新君年纪虽小，想法倒是挺多。"

蒋冕笑笑，给杨廷和又斟满一杯酒："帝王心，无常情。元辅是朝廷的中流砥柱，我想新君也是十分倚重的。新君一登基就加封您为左柱国，这就是明证。"

杨廷和长叹一口气，摇了摇头。

"元辅何故叹息？"

杨廷和从案桌上翻出一叠奏折，递给蒋冕。这些都是给事中杨秉义、徐景嵩、吴严等言官参魏彬的折子，说魏彬附和忤逆的贼子刘瑾，并与边镇将军江彬私结姻亲，应对他处以极刑。

蒋冕浏览过后，说："我明白了，元辅想保魏彬。"

杨廷和点点头："当初用离间计除掉江彬，魏彬出了不少力啊。我可是跟魏彬打过包票的！"

"我有办法！"

杨廷和眼睛一亮，向蒋冕投去期待的眼神。

"元辅率领群臣像参江彬、张忠一样参他！"

"参他？"

"对，参他！言辞越激烈越好！"

杨廷和想了想，方才会意，指着蒋冕哈哈大笑："还是敬之老道，还是敬之老道啊！"

两人端起酒杯，喝到尽兴方罢。

果不其然，皇上下旨宽宥魏彬而不问他的罪，令他赋闲在家。

一日，嘉靖皇帝与新任吏部左侍郎兼翰林院学士袁宗皋闲聊时感慨，而今江彬、钱宁虽已被杀，张忠、许泰也已放逐，但朝中大臣尽是杨廷和的门生故旧。言下有提携新人、丰满羽翼之意。

袁宗皋当即举荐两人，一是江西王阳明，二是浙江方良永。理由是，两人都与江、钱一党格格不入，又长期在地方任封疆大吏，与杨廷和等阁老没有多少瓜葛。袁宗皋在江西任按察使期间，王阳明是负责剿匪平叛的南赣巡抚，两人多有交集。他对王阳明的儒帅风度及雷厉风行又灵活机变的做派印象深刻，此次在皇上面前对其更是极力举荐。

他说："王阳明书生带兵，仅用民兵之力、游击战法就剿清南赣、汀漳等地多年匪患。宁王叛乱蓄谋多年，声势浩大，几成气候，王阳明以一省之力仅用四十二天就生擒宁王，居功甚伟，却被江彬、许泰等人冒功。若不论功行赏，岂不让忠臣良将寒心！"

皇上一听大喜："有如此能文能武、可堪重用之人，又被前朝湮没，我朝自当起用。"

于是，皇上给远在江西的王阳明下了一道圣旨，称赞他能剿平乱贼，安靖地方，正值朝廷新政之初，特兹召用。并让他接到圣旨后，"驰驿来京，毋或稽迟"。

五 刑部抄出王琼与王阳明往来的十五封书信

王阳明接到此圣旨，大喜，心想新君果然新气象，竟然还惦记着他这位处江湖之远的人。他常将"事上磨练"挂在嘴边，此前许泰、张忠等人的窝囊气都忍了下来，还只能眼睁睁地看着自己最忠心的弟子冀元亨被诬陷入狱，虽一再帮其申冤也无人理会。现在朝廷要起用他，他终于有用武之地了，这也是他致良知的结果。他一直主张知行合一，光有知不行，此知不是真知，一切理论还要放到实践中去检验一番才知道行不行。

六月二十日，王阳明与邹守益、伍文定等南昌的门生故旧话别后，踌躇满志地踏上了进京的路途。

与此同时，北京紫禁城内阁首辅值房里，杨廷和与蒋冕又关起门来喝起了小酒。

杨廷和闷闷不乐，酒喝了一杯又一杯。

蒋冕轻声道："元辅在为皇上调王阳明、方良永进京的事发愁吧？"

杨廷和叹了口气："方良永一直在浙江等地做官，虽然政绩平平，但还算老实。这王阳明却是个刺儿头！"

"王阳明在南京、江西做官时喜欢呼朋唤友，好大喜功，寻新词异语以快言论。听说还公开诋毁朱子哩。"

"王阳明倒是个干臣，可惜劲儿使偏了。如果他来了北京，老夫的位子就得让给他了。不止我，你们这些阁老都得重新洗牌！也好，大伙都累了，正好回家躲个清闲。"

"也不尽然。听说张太后跟他有隙？"

杨廷和想起此前太后寝宫暗道的事，自己当初在太后面前给王阳明使过绊子，这次更加不能让他轻松进京了，便说："此一时，彼一时。据说燕娘公主跟王阳明打得火热，燕娘公主可是太后的亲生女儿哦。"

蒋冕做出一副恍然大悟的样子，捻着山羊胡须寻思良久，说："属下有一计，保管让他进不了京！"

杨廷和眼睛一亮："啥计？说来听听。"

"打王琼！"

"打王琼？"

"王阳明之所以能在江西剿匪平叛如鱼得水，都得之于王琼这个后台老板给他撑腰。不然，他能顺利拿到八面旗牌便宜行事？每次大捷，王阳明向朝廷奏捷，从不提内阁筹划之功，却将功劳都推给他王琼。兵部难道不归咱内阁管？"

"这个是不像话！"杨廷和气愤地将手中的酒杯重重地扔到桌上，"他俩常有私信往来，交往甚密，似有不可告人之处哩。"

"怪不得朝中有人议论，说他是'只请教王琼，不问候阁老'。"蒋冕诡谲地笑了笑，"王琼倒了，他王阳明还想进京？白日做梦吧！"说着，从怀里掏出几份折子，递给杨廷和："这是几个御史、给事中参他的本子。"

杨廷和放下酒杯，接过折子，又起身从案桌上拿来老花眼镜戴上，仔细地看了起来。这些言官在奏折中历数王琼罪状：在陆完倒台后，借助江彬的力量，取代陆完做了吏部尚书；勾结钱宁，用重罪中伤名将彭泽；又诬陷云南巡抚范镛、甘肃巡抚李昆、副使陈九畴下狱；等等。

杨廷和端起酒杯与蒋冕碰了下杯，夸奖他说："你这招隔山打牛，真是妙！"

不久，王琼即被投入都察院大牢。都察院、刑部、大理寺三堂会审，以触犯结交皇上左右侍卫的律令判处王琼死刑。王琼百般辩解，又上书攻击杨廷和，最后此案报请皇上圣裁。

皇上与袁宗皋正在御花园下棋，顺手将案卷递给袁宗皋，问他的意见。袁宗皋没有直接回答案子的事，却讲了另外一件事。他说，石珤以礼部尚书兼管詹事府事务，即将改任吏部尚书，杨廷和又奏请仍由他掌管詹事府的诰敕。

"有朝臣议论，杨阁老这样是否太独断了一点？"袁宗皋一边捏了颗棋子下在棋盘里，一边轻描淡写地说。

皇上心领神会，用朱笔在王琼的案卷上批了三个字：改流放。

都察院等法司承旨意，改判王琼充军庄浪。王琼又上诉说自己年老，因而又被改派到绥德充军。王琼一事算是告一段落。

可是过了几天，有御史上了道密折，列举王阳明在历次向朝廷报送的捷书中，多有称颂王琼的语句，弹劾他"心中没有朝廷，只有王司马"，是王琼的党羽。又说王琼授予王阳明八面旗牌，便宜行事，似有违规徇私之嫌，或许包藏祸心。

皇上看了后，骂道："这帮言官，只知捕风捉影，唯恐天下不乱。"

又过了两天，刑部又将抄家时收缴的王琼与王阳明往来的十五封书信呈了上来，都是剿南赣匪祸和平宁王之乱期间的信件。刑部将王阳明在这些信中对王琼的溢美、感激之词甚至一些客套话都摘了出来，并检举身为兵部尚书的王琼与封疆大吏私相授受，拉帮结派，有违祖制。

皇上看后，大怒："这刑部是它内阁之刑部，还是我大明朝廷之刑部？"

紧接着，言官们阻止召王阳明进京的奏折如雪片般递了上来，说了一大堆理由，诸如严查王阳明与王琼结党之事，国丧期间不宜行宴赏，新政期间国事太忙，等等。

"这些言官该死，四处与我作对！"皇上猛地站起身，将堆在御案上的这些奏折全部推倒在地，下令锦衣卫去将这些言官们抓来问罪。

袁宗皋在旁劝道："皇上息怒，言官抓不得！"

"怎么抓不得？不就是几个摇笔杆子的和耍嘴皮子的吗？朕还收拾不了他们了？"

袁宗皋脸上堆着笑："太祖爷定了规矩，御史词臣们都可以闻风言事而不得咎。"

皇上这才在龙椅上坐下，板着脸问："那怎么办？王阳明这会估计在进京的路上了，难道还让他折回去不成？"

"刚才微臣瞄了一眼这些奏折，有言官参他剿匪平叛期间老上乞休折子，一会儿说病了，一会儿说祖母年迈，说他是在推卸责任。"袁宗皋说到这里把话收了回来，咧着嘴看着皇上。

皇上愣了一下，骂道："你这老东西！说话老说一半。你是想让朕给他放个假，准他归省吧？"

"呵呵，微臣上次在南昌见他羸弱不堪，瘦得皮包骨头，风都吹得倒的样子哟。"

"哎，文弱书生带兵打仗，这么些年也算是勉为其难了。那就听你的，准他回乡省亲吧！"

"微臣还想帮王阳明向皇上求一件事。"

皇上犀利的眼神扫了他一眼，少年老成的脸上露出了一丝微笑："知道你一出又一出的，快说，什么事？"

"听说王阳明最得意的一个弟子叫冀元亨，是湖广省常德府人氏，此前被王阳明派去宁王那儿打探虚实，却被张忠、许泰等人诬陷其为王阳明派去的密使。现在他和妻女还被关在诏狱里哩。"

"王阳明没给他的大弟子申冤？"

"当然申了，也有御史为其上疏辩解，可是不管用啊，前朝奸人当道，就是张忠、许泰等人把持朝政啊。"

"冤案自然要平反，不然公道何存？"皇上毅然道，"即刻下诏为王阳明这个姓冀的弟子开释。"

王阳明走到金华，在驿馆看到一张邸报，上面赫然印着：皇帝下诏冀元亨无罪释放。上面还将诏书的主要内容摘录了一段。

王阳明看到这张邸报，泪水夺眶而出，掩饰不住内心的激动，让家仆王能去买酒，要好好庆祝一下。他至今最为后悔的事便是让冀元亨去南昌宁王身边刺探军情，导致蒙冤入狱，并累及家人。好在现在新君即位，亲自下诏为其平反，也算是劫后余生，苦尽甘来。他甚至想着与冀元亨在北京重逢时第一句话该说些什么才好，或者什么都不说，相拥而泣。他有太多的话要跟这个大弟子说了，往常他在心学上有什么体悟，冀元亨总是能最先感同身受。在行军布阵、用计设伏等方面，两人也常常心有灵犀。他心中常将徐爱比作他的"颜回"，那冀元亨便是"子路"。对了，冀元亨跟子路一样尚武，下次见面不如送其一把宝剑？他拔出随身佩带的这把青琅剑，熠熠剑光让他目眩。这是当年燕娘所赠，他爱不释手，时常抚摸把玩，偶尔兴致来了也会持剑舞一回。但为了补偿对冀元亨的亏欠，还是心甘情愿将此剑转赠给他。想到这里，他恨不得马上插上翅膀，纵身飞到北京去。

王能沽了酒回来，笑着说："老爷今天这是碰到什么大喜事了，平时难得见你喝回酒。"

王阳明喜不自禁，挥挥手："快让驿馆做些下酒小菜来，吃完还要赶路！"

他带着王能风尘仆仆地赶至钱塘县，内阁转来一道敕书，让他暂缓进京，理由是国丧期间不宜行宴赏，改任他为南京兵部尚书的闲职。而且把他上次写给正德皇帝的《乞归省疏》翻了出来，上面却是新皇帝的御批：准奏。

王阳明丈二和尚摸不着头脑，进京面圣的满腔热情和与冀元亨劫后重逢的希冀，此刻一下子破灭了。他陷入巨大的失望之中。他在想，皇上怎么会出尔反尔？或许是遇到了新的压力？那么又有谁能给皇上施加如此大的压力呢？

他心情低落，独自在驿馆里枯坐发呆。

这时驿馆外传来一阵吟啸声，起伏跌宕，声调铿锵，似有惊人之处。王能生怕老爷听了这些吵吵闹闹的声音心烦，便出馆驱赶，回来说："不知哪里来了个野人，披头散发，在驿馆门口大吼大叫哩。我去赶他，他还说什么一品官服、奉旨吟曲。我看呀，就是个疯子！"

王阳明一听，心中一惊，莫非此人就是江南名士徐霖？他虽未见过此人，却听说过此人的大名。他瞪了一眼王能："你就会捅娄子！"连忙起身去驿馆门口追赶此人。王能只好稀里糊涂地跟着，嘴里直嘀咕："赶个野人，捅啥娄子了？"

王阳明追上此人，长揖道："仆人有眼不识泰山，多有得罪，请多包涵。阁下莫非曲坛祭酒徐九峰先生？"

此人笑道："看你还算识货！老徐在此等你王都堂多时了哩！"

王阳明将他迎进驿馆，让王能煮了壶明前龙井，又上了几道点心。徐霖道："可有好酒？"

王阳明一愣，连忙让王能去找驿丞要坛绍兴上等黄酒来，笑道："不才体弱，平时不饮酒，今日破例，陪徐先生小酌几杯。"

两人就着茶点，喝起了小酒。酒一喝，徐霖的话匣子就打开了，将陪正德皇帝游江南、正德皇帝北上途中落水、假扮皇上吓退叛兵等事当作趣闻一股脑说了。

王阳明听了，也是感慨不已。到了酒酣之时，徐霖起身要走。王阳明突然想起他在驿馆门前等候多时说的话，便好奇地问："先生此番来见我，莫非就是为了说说这些？"

徐霖一拍脑门："呵，差点忘了，张燕娘让我给你捎话哩！"说着把头探出房门外左右张望了几眼才把房门掩了，一副神秘兮兮的样子。

王阳明笑着打趣道："你老徐在驿馆门前大喊大叫好几天了，这会儿又要关门说悄悄话，岂不是掩耳盗铃？"

徐霖顾不得跟他搭闲话，一本正经地说："此事事关重大，燕娘再三交代要我跟你当面说清。"原来张燕娘料到王阳明会取道杭州北上京城，便让徐霖在驿馆等候，将牟斌临终前要她转告王阳明的话讲给他听。

王阳明这才知道，牟斌竟然死得如此壮烈！当初他设下圈套反咬自己通倭，让自己百思不得其解，此刻方才明白他原来也只是一颗被人利用和胁迫的棋子。

他反复咀嚼着牟斌临终的那句话，倭刀构陷之事是杨大人授意。能够授意牟斌的这个"杨大人"除了杨一清，就只能是杨廷和了。杨一清是吏部堂官，为人耿直，对他向来青眼有加，自然不会干这种指鹿为马的龌龊勾当。

王阳明的脑海中掠过内阁首辅杨廷和那貌似谦和、实则自负的面孔。王阳明还记得上次为了太后寝宫密道的事，专门去他的值房禀报，没想到却招来一连串的杀身之祸。王阳明顿时明白，一定是杨廷和和其掌握之下的内阁在阻挠他进京面圣。杨阁老为何要阻止他呢？又是使出了什么撒手锏来让皇上改变圣意呢？他真想不通德高望重的杨阁老为何要处处为难他这个后辈。他还是其子杨慎高中状元时的主考官哩，虽然不是座师，但名义上杨慎也算是出其门下，与其有师生之谊呀。

燕娘专程让徐霖带来牟斌临终前的嘱咐，让他对老友冰释前嫌，他打心底里感激这位曾跟他患难与共又多次出手相救的红颜知己，便问起她的近况。徐霖说："她跟我一道来了江南，来前把凤仪镖局的人全部遣散打发了。她说喜欢江南的民曲小调，想收集整理一本曲谱哩。这些天也不见她人影，成日里往乡下里转。"

王阳明知道她寄情乐曲，心有所爱，甚感安慰，讷讷地对徐霖说："徐兄与燕娘兴趣相投，燕娘是个好姑娘，有徐兄照顾，她肯定是开心极了。"说此话时，心里酸酸的，有点不是滋味。

徐霖愣了一下，忽然哈哈大笑："阳明兄想到哪里去了？我老徐是散仙一个，行走江湖，无拘无束，不用别人照顾，也照顾不了别人哟！"

王能见王阳明前两天还欣喜若狂，今天突然变得闷闷不乐，担心他思虑过重，旧疾复发，便跟驿卒借来两支钓竿，提议去钱塘江边钓鱼解闷。徐霖一听要去钓鱼，当即像小孩子一般拍手赞同，蹦蹦跳跳地就要出门。王阳明不想扫了他的兴，只好跟在他身后。

每年八月十五日，钱塘秋潮天下闻名。作为浙东人氏，王阳明不止一次去海宁观看过汹涌澎湃如万马奔腾的钱塘潮。江潮与海潮在相碰的瞬间，激起高达数丈的水柱，浪花飞溅，惊心动魄，确如范仲淹笔下所写："海面雷霆聚，江心瀑布横。"而此刻的钱塘江却静如处子，碧波荡漾，江上渔舟帆影，两岸绿杨垂柳。王阳明心中不禁感慨，世事恰如这钱塘江，看似波澜不惊，实则蓄藏着惊人的能量，一旦发起威来，大有"翻江倒海山为摧"之势！

王阳明在江边钓了一会儿鱼，一无所获，心情却平复了不少。徐霖倒是钓了几条又瘦又小的江鲤上来。眼看暮色降临，王阳明无精打采地吩咐王能收拾钓具，准备回驿馆。这时驿丞急匆匆地跑来，手里拿着一封书信，气喘吁吁地说："王都堂，有急件！急件！"

王阳明接过来一看，是京城寄来的，看落款是吏部，心中狐疑，莫非又有变数？

拆开来一看，大惊。原来是王阳明的弟子方献夫写来的，方献夫此前在老家广东南海西樵山读了十年书，新皇帝登基后起任吏部员外郎。圣旨为冀元亨开释后，方献夫亲自去诏狱将他接了出来，没想到他在狱中受过炮烙之刑，全身已无完肉，出狱五日而卒。

王阳明将信纸攥在手里，痛哭失声，涕泗纵横，沿着江堤狂奔，口中唤道："惟乾回来！惟乾回来！为师还要跟你一起论学，还要跟你一起比剑！你怎么一声不吭就走了？你不要把为师抛下！"

王能和徐霖跟在他身后，生怕他有什么闪失。可是他越跑越快，像一阵风一样，王能和徐霖使了吃奶的力气也跟不上。这时江面急拐，前面又有一座山坡。等王能他俩喘着粗气翻过山坡，却怎么也不见王阳明的踪影，再仔细打量江面，静如一潭死水。王能急得直跺脚："不好了！老爷投水了！"

徐霖脸上全是汗："不会吧，水里也没动静啊。"

两人大声喊着，沿着江堤往下游去找。这时水里突然冒出一个大水泡，隐隐可以看见有衣服在翻滚。王能哭丧着脸，大叫："老爷真的落水了！老爷啊，你怎么这么想不开啊！"说着就要跳下江里去救，被徐霖拦住。徐霖说："河流急转，小心漩涡！"

王能一把将他推开，纵身一跃，跳入江里，往衣服出没的江心游去。

这时，只听"咕噜"一声响，一个人影从水中冒了出来，正是王阳明。再一细看，他的胳膊里还托着一个人。王能赶紧游过去帮忙，好不容易才合力将此人救上岸来。

徐霖见王阳明安然无恙，自然心喜，见他又救了一个落水者上来，更是惊喜。这时驿丞带着人也赶了过来，大家齐上阵，将落水者倒扣在王能背上。王能一阵小跑，落水者口中吐出大口水来，这才苏醒过来。

回到驿馆，安顿好了落水者。徐霖这才长吁一口气，对王阳明说："您王都爷今天可是吓死我们了，还以为您一时想不开，寻了短见哩！"

驿丞也是后怕，端上姜茶，笑着说："我就想，王都爷枪林箭雨、刀山火海的都过来了，还有什么过不了的坎？没承想，您老是救人去了呀！"

"我原本也没想救人。"王阳明喝了口姜茶，见徐霖和驿丞一脸懵懂地看着自己，淡然道，"我当时真是想不开，想寻冀元亨去了，纵身一跃就跳到江里。可是，到了江里才发现，我前边还有一个人在扑腾。我总不能见死不救吧？顺手就把他给救了。"

王阳明的话把大家逗得哈哈大笑。徐霖掩嘴笑道："王都爷还真会讲笑话！"

王阳明一脸的严肃："信不信随你。"

六　人皆有之的是非之心，就是良知

被救起的落水者是一位年仅二十来岁的青年，容貌俊秀，有书卷气。青年在驿馆歇了两日，便来向王阳明辞行，感谢他的救命之恩。

王阳明听他说话一口余姚口音，笑吟吟地用余姚话跟他说："小老乡，其实是你救了我的命哩！"

落水青年一脸的诧异，便问何故。王阳明便让他先讲为何投水。落水青年无奈之下只好一五一十地将他投水的缘由讲了出来。原来此人姓钱名宽，又名德洪，余姚人氏，屡试不中，只得在乡里以授徒为业。这次浙江乡试又落榜，于是心灰意冷，无颜见江东父老，欲跳江自尽，没想到却在水里被王阳明救起。

"'行到水穷处，坐看云起时。'水到绝境是飞瀑，人到绝境是转机。"王阳明颇有感慨地说，"刚才之所以说是你救了我，是因为我本来也是想投水自尽的，只是比你晚一步。在水里看到你在我前面扑腾，我顿生恻隐之心，本能驱使我由投水者变成了救人者。我王守仁这才明白这就是我自己常挂在嘴边的'圣人之道，本心自足'。"

钱德洪一听此话，俯身便拜："原来阁下就是我余姚乡贤阳明先生，晚生何其幸也！承蒙先生亲自出手相救，又能聆听先生肺腑之言。"

"我俩相继投水，又各自相救，也算是共了生死的缘分啦。"王阳明起身将他扶起，拉着他坐在自己身旁，微笑着说，"科考不第无须多虑，我也是考了两回才考了个进士出身哩。再说了，做官不成，我们还可以做人嘛。"

钱德洪赧颜道："学生一时糊涂，让先生笑话。"

王阳明摆摆手："你的心情老夫能够感同身受，我是过来人。这就像大雨过后，如果只是低头看地，看到的只是淤泥积水，艰难绝望得很。如果抬头看天，或许还能看到彩虹呢。"

"学生经历生死后，现在突然想明白了，知道今后往何处用力了。"

"是啊，我此前常说，要在事上磨练。绝境不仅仅是一场磨难，更是一种人生的醒悟和升华。"

钱德洪又起身跪倒在地。

王阳明道："德洪，你这是做甚？"

"听君一席话，胜读十年书。如蒙先生不弃，愿拜在先生门下，忝列为先生弟子。"

王阳明哈哈一笑："我刚才都说了，咱俩是共生死的缘分，今后互为师友，携手论学，也是人生快事！"

王阳明正好要回乡省亲，钱德洪便一路同行，侍奉甚恭。八月，王阳明先是回到了山阴县，这里是绍兴府治，也是他的第二故乡，十岁那年，他便跟着父亲搬到这里居住。此时祖母去世不久，父亲仍在老家余姚居丧守制。

他在山阴住了几日，见了些亲戚和旧友，便又马不停蹄，归心似箭地赶回余姚。

九月的余姚城外，暮色渐浓。他远远地看见有一位老者，拄着拐杖，佝偻着腰，站在官道旁的长亭外守候，走近一看，正是父亲王华。他鼻子一酸，连忙下马，跑至父亲跟前，扑通一声跪倒在地，大声痛哭。父亲抚着他的头，轻声道："回来了就好，回来了就好！"

家乡还是旧貌，老祖母已经仙逝。王阳明率众兄弟和继子王正宪专程去祖母墓前拜祭。王阳明幼年丧母，全由祖母亲手抚养长大，祖孙俩感情甚笃。王阳明为未能送老人家最后一程而悲恸不已。

他又拜访了自己的出生地——瑞云楼，此处庭院深深，幽静而又不失端庄和典雅。成化八年，王阳明诞生时，祖母梦见神仙瑞云送子，遂将此楼称为瑞云楼。王阳明在此楼度过了他的童年生活。

王阳明指着主楼对新收的弟子钱德洪说，自己的胎衣就藏在楼上的某间房子里，说着潸然泪下。他此刻想到了自己的母亲和祖母，因自己长年在外，军务繁忙，不能祭扫母坟，奉养祖母，备感痛苦。

回到了生命的起点，王阳明心中萌生出对生命的无限感伤和哲思。弟子陆澄恰好来信跟他讨论养生的问题，他深有感触地回信说："我往年也曾迷上养生之道，后来才知道养德、养生只是一回事。若能戒除恐惧而专心于陆九渊所说的'真我'，则神住、气住、精住，而仙家所谓长生久视之说，也在其中了。"他还举例说，白玉蟾、邱长春这些道家祖师，享寿皆不过五六十，他们所说的长生之说，是别有所指，即清心寡欲，一意圣贤而已。他劝诫体弱多病、向往神仙养生学说的陆澄，不宜轻信异道，疲精劳神，废靡岁月。

说来也奇，瑞云楼是王华考中状元前租自城中大户莫氏，待王华任职京师，择地龙山构筑新居后，此楼又由莫氏租给了钱家。弘治九年，钱德洪也是在此楼出生。王阳明听说此事后，对钱德洪笑道："我俩的缘分又进了一层。"

钱德洪本是授徒为业，他的学堂在龙泉山北麓的中天阁。现在先生来了，便盛邀他赴中天阁讲学，王阳明欣然允诺。

中天阁本是东晋龙泉寺的一个阁楼，至今寺庙已不存，徒留此楼矗立在半山腰上。钱德洪介绍说，此阁名是有来历的，取自唐朝诗人方千的"中天气爽星河近，下界时丰雷雨匀"。

王阳明笑道："方千此人名气不大，诗却写得气势磅礴。"

从阁楼上放眼望去，只见绿树参差，光影斑驳，环境幽静，遥对南天，一览无余。又有桂香浮动，沁人心脾。王阳明情不自禁地赞道："好一个读书做学问的佳境！"

钱德洪率侄子、门生、挚友共七十四人把王阳明迎请到中天阁里，请他在正中讲席上坐下。七十四人排列整齐，举行了拜师之礼。

自此后，中天阁便正式成为王阳明在余姚的讲学处。七十四名弟子中除钱德洪外，不乏夏淳、范引生、柴凤等余姚乃至浙东地区的饱学之士。

十二月的一天，王阳明正在中天阁讲学授徒，余姚县令兴冲冲地跑来报喜，说朝廷下了旨，因他平定叛乱有功，被封新建伯，特进光禄大夫、柱国，每年可享禄米千石，追封王家三代及其妻室，并赐诰券令其传给子孙后代。随后，朝廷派出的行人也敲锣打鼓地来到中天阁，赐他白银与锦缎。

面对这些荣耀，王阳明并没有特别激动，他平静地接了旨，送走了来客，继续讲学。

过了几日，恰逢王华大寿，亲朋好友齐聚一堂庆祝。王阳明举杯为父亲祝寿。王华庄严地说："宁王叛乱，都以为你要死而未死，都以为事难平而终平。此后两年，各种谗言构陷，危机四伏，家人没有一刻不为你担惊受怕。而今天开日月，显忠遂良，穹官高爵，父子复相见于一堂，这难道不是天大的幸事吗？"

亲友听罢，都起哄鼓掌。

王华话锋一转："盛者衰之始，福者祸之基。虽是幸事，也要心存畏惧！"

王阳明听后，跪倒在地："大人之教，儿日夜不敢忘。"

众人不禁感叹：虎父无犬子，家教如此，方出爵爷。

王阳明在老家的日子过得十分逍遥，除每月初一、初八、十五、二十三日为中天阁开讲之日外，其他时候常与宗族亲友宴游，随处指点良知。古越之地名胜古迹甚多，今日游一地，明日游一地，用他自己的诗说，是"种果移花新事业，茂林修竹旧风流"，有点林下宰相的风致。

第二年改元嘉靖。正月初十，王阳明上奏折辞让新建伯这一爵位。钱德洪等弟子对他的这一举措很不理解，纷纷说这是先生千辛万苦挣来的，实至名归，为何要辞？

王阳明长叹一口气："家父寿宴时告诫我'盛者衰之始，福者祸之基'，我深以为然。再说了，平定宸濠之乱，是众将士用鲜血和生命换来的。我此前给朝廷上过纪功表，为有功将士请功，可是到头来，只有伍文定升了职，其他人有的明升暗降，有的还被罢免。现在让我独自享受封爵，我于心何忍？"

王阳明还有一番心里话，话到嘴边，却没有挑明。他前几日收到老友湛甘泉的来信，说满朝大臣有不少嫉妒他文人带兵平定叛乱的功绩，内阁首辅杨廷和更是背后推手和始作俑者。一次退朝途中，湛甘泉甚至当面质问杨廷和："此次于中途将王阳明派往南京一事，是不是贵公所为？"杨廷和的目光不敢与他对视，打了个哈哈，夺路而逃。湛甘泉在信中说，杨廷和把持的内阁还将他的纪功书中的内容加以删改，以阻拦王阳明及其部下的升迁。

王阳明对这些媢嫉者心生鄙夷，这些人真是祸世匪浅。他此次以文人封爵，必将激起他们新一轮的嫉恨。他虽不惧流言蜚语，但却讨厌为是非所困以及无休无止地卷入不必要的争论中去。不就是个爵位虚名吗？与我心中求圣之道相比，简直就是天渊地别哩。

他在辞爵的奏折中借机表达了对帐下浴血奋战的将士未能得到表彰的不满，他说将士们"或犯难走役，而填于沟壑；或以忠抱冤，而构死狱中"。最后他感慨道："可见之功却遭裁削，何以激励效忠赴义之士呢？"

他在奏折中用激烈的言辞讲明了自己辞退封爵的理由：奖励没有惠及有功的部属，他自己没理由独享功劳，在这种赏罚不均的情况下，他辞爵也是为了避祸，避免朝中媢嫉者的造谣中伤。

他的辞爵折子送上去后，没有消息。

二月十二日，父亲王华病情突然加重，生命垂危。此时朝廷恰好派行人来到王家，要向王阳明正式下发封爵诏书。王华虽是重病缠身，却躺在床上吩咐王阳明等子弟以礼相迎，不可因他病重而废了礼数。听说礼数已经准备好，他才瞑目而逝。

王阳明不让家人哭泣，自己换上新的礼服礼帽，腰中系上宽腰带，从容迎接朝廷使者的到来。等送走了使者，他才令家人准备葬礼。

王阳明打开封爵的诏书，看到上面落款的时间是上一年十二月十九日，说明圣旨早就下了，只是被人从中作梗，阻挠了新君论功行赏。

老父病逝，同僚中伤，王阳明感到疲惫交加，一病不起。而每天都有从各地远道而来的朋友探视。无奈之下，他在墙上挂出了一幅拒客的揭帖。

七月十九日，吏部发来咨文答复说，辞爵之请未得批准。王阳明于是再次上疏请求辞爵。

在这次上疏中，王阳明再次慷慨激昂地表达了为患难与共的将士请求论功行赏的愿望。在国难当头之际，他尚未任江西巡抚一职，振臂一呼，兴举义兵，诸位大臣将士纷纷响应，挺身而出，以为报国不惜粉身碎骨的忠勇之气随他一道平定了叛乱。现今只有他一人独享恩典，其他大臣将士"赏未施而罚已至，功不录而罪有加，不能创奸警恶"，这简直是"以阻忠义之气，快谗嫉之心"！

他的这封奏疏报上去了，又是石沉大海一般，毫无回音。

这时，巡按江西监察御史程启宪与户部给事中毛玉，在杨廷和的授意下，上本弹劾王阳明，提出抨击王阳明的六点理由：

一是宁王朱宸濠写给朝中某大臣的私信中有一句"王守仁亦好"的话；

二是王阳明曾派遣冀元亨去南昌见朱宸濠；

三是宁王叛乱时，王守仁也正想去南昌给他贺寿；

四是王阳明起兵，是由于致仕都御史王懋中、知府伍文定的怂恿；

五是王阳明破城之时，纵兵焚掠，而杀人太多；

六是宁王本无能力，一个知县的力量即可擒获他，王阳明的功劳不算大。

王阳明的弟子陆澄当时正任刑部主事，闻讯后愤慨地写下《辨忠谗以定国是疏》，针对这六点非议，一一摆事实讲道理，末尾质问道："今建不世之功，而遭不明之谤，天理人心安在？"

王阳明听说此事后，给陆澄去信，阻止他为其上疏辩护，说应以谦虚为宗旨，自我反省，谨防卖弄辩解之词。王阳明说："是非之心，人皆有之。这人皆有之的是非之心，就是良知啊。我们致良知，就是要追求和坚守内心的是非之心。《伯夷颂》里讲'举世非之，力行而不惑者，则千百年乃一人而已'，也就是追求他们认为的内心的'是'，而不顾外界的'非'。我们岂能因一时毁誉而动心呢？"

他告诉陆澄，针对世人的批判要表示深刻的反省，同时也要认为那些批判自己学说的人也是有志于学问的人。王阳明豁达地认为，他们在遵循良知以后很快便会理解自己的学说。

王阳明的另一个弟子黄绾此时结束了在家乡雁荡山等地静养读书的时光，出任南京都察院经历。他听说有人攻击自己的老师，大怒，愤然上书朝廷，与程启宪、毛玉等人激辩，一时闹得沸沸扬扬。

当杨廷和与湛甘泉、黄绾等王阳明的好友、弟子们闹得不亦乐乎之际，嘉靖皇帝却在忙着他自己感兴趣的事情，无暇他顾。

第二章 礼议之争

一 新皇帝的心事

朱厚熜即皇帝位后，面临着一件烦心事：他继的谁的皇位？如果继的是伯父孝宗皇帝的皇位，那他就算是过继给孝宗皇帝的皇太子，他的脉系就要改归到孝宗皇帝这一支，与武宗朱厚照并列为兄弟。认一位从未见过面的伯父为父，这非他所愿。而且他的亲生父亲，也就是孝宗皇帝的弟弟兴献王只有他一个儿子，他过继给了孝宗皇帝，兴献王这一支岂不是断了血脉？

当初张太后派出的使团迎他进京时，在北京城外的良乡，为了以皇子身份还是以皇帝身份入城，他曾与杨廷和的人发生激烈争执。双方互不妥协，最后他听从了袁宗皋的计谋，勒马不前，不肯进城，让张太后和满朝文武在紫禁城里等得干着急。最后他赢了，他以皇帝身份从大明门直入，在奉天殿即位。当时面对内阁和礼部等大臣的轮番激辩和劝说，年仅十五岁的朱厚熜也有所动摇。但老谋深算的袁宗皋坚定地支持他要咬紧牙关，不可松口。袁宗皋让他坚持的理由，就是杨廷和起草的正德皇帝遗诏有让他"嗣皇帝位"这么句话，而不是让他嗣皇子。这也许是杨廷和的一个疏忽。但这句话给了很大的解释空间，既然是嗣皇帝位，嗣谁的皇帝位，便有很大的周旋余地。可以说是"兄终弟及"，嗣正德皇帝这位顽主的皇帝位，但从脉系来说，他朱厚熜其实是跨过孝宗、兴献王这一代，直接继的皇祖父宪宗皇帝的皇位。

但他毕竟只是一个藩王的儿子。如果他继的是皇祖父的皇位，他的父亲只有亲王的头衔，都不配入继太庙，这显得有点不太名正言顺。所以从礼法上来说，他必须给已去世的父亲兴献王更改一个名号。

可是，以杨廷和为首的内阁一伙人，引经据典，摆出一大堆理由坚定地认为新皇帝继承孝宗皇帝的皇嗣，是以孝宗皇帝继子的身份继位，孝宗皇帝是新皇帝的皇考，而不是皇伯考。嘉靖皇帝对此一筹莫展，他跟这些学富五车、满腹经纶的文臣们是有理讲不清，何况道理也许还不在他这一边。

袁宗皋却在嘉靖皇帝耳边吹风说："道理永远是在强者这一边！"

这个理他不是不知道，但他不想给群臣留下一个强词夺理的印象。何况他刚刚即位，如果没有内阁和六部文臣们的支持和配合，这个庞大的帝国简直一天也无法正常运转。

袁宗皋听皇上讲了他的苦衷，笑了笑说："内阁是皇上的内阁，再说了，天下群臣也不是铁板一块！"袁宗皋还支了一招：谕令礼部，集议兴献王的尊号。

对已逝去的藩王追赠一个尊号，何况这位藩王还是当今皇上的亲生父亲，这在礼法上也说得过去，此前也有先例可循。

皇上顿时明白，袁宗皋此番用意是想在群臣中培植杨廷和的反对派，并用其来瓦解和摧毁杨党阵营。不过他还是有点担忧："万一没有人站出来反对杨阁老呢？"

袁宗皋冷笑一声："那他杨阁老的死期便到了！"

这时一阵穿堂风从乾清宫西暖阁外的防火夹道刮来，皇上禁不住打了个寒战。

礼部集议的事没有引起群臣太多反响。大多数人觉得此事杨阁老已有定论，无须太多辩论。也有几个人另有想法，但却碍于杨阁老的面子，不敢异议。

在众大臣的眼里，此事是有前车之鉴的。此前有一位官员也想挺身而出支持新君，可是还没等他冒出火花，就被扑灭了。这位官员叫王瓒，浙江温州永嘉人，弘治年间榜眼，当时担任礼部左侍郎。王瓒曾经在工部任职，任职期间，曾受命到安陆监工修建兴王府，与兴献王朱祐杬颇有交情。王瓒凭借和兴献王的交情，决定支持嘉靖皇帝。他也知道自己势单力薄，无法与杨阁老抗衡，于是暗中联络官员，准备替皇帝出头。但是事情不慎被泄露，传到了杨廷和耳中，于是杨廷和勃然大怒，暗中派人调查王瓒，想揪出他的小辫子。一旦查出眉目，就唆使御史弹劾他。

调查的结果让杨廷和大吃一惊：王瓒此人胸怀坦荡，刚正不阿，可以说是一尘不染！他唯一被查到的错误就是在正德朝一封奏章中写了几个错别字。可是光凭写错别字的事也无法给他定罪呀，杨廷和又生出一个毒计：栽赃！

杨廷和派人找到王瓒的至交好友汪慎，要他送给王瓒一个玉石笔筒、一个玉石笔架和一双玉石镇纸，其原料都是原产自陕西滋水的蓝田宝玉。汪慎跟王瓒说，这些只是寻常文房之物，他家里摆不下，扔掉可惜，转送好友以物尽其用。王瓒不懂玉，推辞不掉就勉强收下了。几天后，首辅杨廷和家中价值不菲的玉石笔筒、笔架和镇纸丢失的消息在京城官员中广为流传。这时有人跳出来说，在王瓒的衙署里好像看到过杨阁老丢失的宝物。杨廷和的亲信、礼部尚书毛澄若无其事地到王瓒衙署里商量公事，结果却"意外"地发现了杨廷和"丢失"的笔筒、笔架和镇纸，于是严加盘问。

王瓒如实禀报，并请来好友汪慎对质。已经被杨廷和威逼利诱的汪慎矢口否认。被挚友出卖，王瓒倍感心寒，痛悔不已。这时候，杨廷和却满面春风地出现了，表示愿意将宝物送给王瓒，并且不再追究此事。但最后却暗示王瓒身为礼部侍郎，理当成为克己复礼的典范，做出这种事情，不适合继续留在京城。王瓒万般无奈之下，只好顺水推舟上疏乞休。杨阁老大笔一挥，将他调往南京礼部任职。

京城中唯一一个想替皇帝出头的人被陷害打击，谁还敢替皇帝说话？此事过后，只要提起兴献王尊号的事，大家都噤若寒蝉。

皇城根胡同一间破旧的民房里，有一位王瓒的同乡，正坐在油灯下，反复研读皇上发给礼部的谕旨。此人是新科进士张璁，也是浙江永嘉县人，跟王瓒是隔壁村。王瓒在永嘉乃至温州都是响当当的人物，人称"榜眼王"。张璁此前几次赴京赶考，自然少不了登门拜访这位乡贤。王瓒并未对他这个小老乡施以白眼，而多有提携鼓励，并常有资助。王瓒无端被陷害，并没有吓倒这位新科进士。他心中为前辈乡贤打抱不平，另外也敏感地意识到，这是新君对群臣的一次探风。不然的话，已成定论的事为何还要礼部集议呢？难道满朝文武就没人揣摩到皇上的用意，为何大都默不作声？就算有几个上折子的，也尽是些老生常谈！

张璁这时想起一件事，前几天他被吏部分到礼部观政，礼部尚书毛澄按例跟新进该部的进士见面寒暄一把。临走时，毛澄从书架上挑出一本《杨廷和奏议》给到张璁等新进士，严肃地说："咱们礼部是最知书达理的地儿，今后你们少不了要写奏折议事，多学学杨阁老的锦绣文章吧。"

后来张璁听部里的一个同乡讲，礼部的很多规章制度都是前任礼部尚书杨廷仪一手制定的，毛澄接任后萧规曹随，全盘接收。张璁好奇地问了一句："这个杨廷仪部堂的名字跟杨阁老的名字只有一字之差，像是两兄弟哩！"这位同乡笑着答道："他们就是两兄弟，而且是亲兄弟！"

想到这些事，张璁顿时明白了，群臣不愿掺和到集议兴献王尊号这事里来，不是看不出皇上的用意，而是不愿得罪了杨阁老。毕竟新君只是个十五岁的少年，从湖广安陆来到京城做皇上也没有几天。杨阁老可是四朝老臣，从成化十四年他十九岁中进士、授翰林开始算起，他在朝为官四十余年。从正德二年他入阁算起，他执掌中枢也有十五个年头。更何况在朱厚熜未至京师时，作为首辅的他总揽朝政三十七日，革除武宗朝弊政，裁汰冗员腐吏，一时威望如日中天。他简直就是个有实无名的"摄政王"！

时值夜半，寒风把窗子刮得呼呼作响，家徒四壁的屋子里四处漏风。张璁禁不住抱紧了身上的棉袍，跺了跺脚。这间屋是他前年来京赶考时租的，本是房东用来堆放柴火的杂物间。在北京能租到这么个杂物间落脚，总比住在破庙里强。此前张璁七次进京赶考都名落孙山，他心有不甘，决定赴京第八次参加会试。进京前，老妻拉着他的手说："孙子都添了几个了，这次你如果还考不上，就死了这条心吧。"张璁听了这话还嫌晦气，责骂了老妻一顿才出门。他家在浙江温州永嘉一带本来还算殷实人家，可是考了这么多年，家里也被他考穷了。这次进京的盘缠都是老妻跟亲朋好友东借西凑得来的。

第八次赶考，终于考上了！可他已是两鬓微霜，四十七岁了！杨廷和四十七岁这一年已入阁为相，他张璁四十七岁才观政礼部！照这样按部就班下去，他张璁干到致仕，顶多也就是个五品郎中。当然了，这比他在温州老家教私塾强。可是，他张璁志不在此！

他从小就是一个有着远大理想与抱负的人。小时候在书院读书，一天，上课时间到了，他还和一个同学在院子里玩耍。老师将他俩训斥一番，责令他们以垫桌脚的木头为题，合作一首诗。若作得好，可免责罚，并指令另一位同学先作。这同学想了半晌，开口吟道："小小木头器未成，无声无臭又无名。"张璁马上接道："纵然不是擎天柱，愿在人间抱不平。"前两句句意平平，张璁后面两句连缀上去后，竟成佳句。老师不仅没有罚他俩，还甚是赞赏。

十三岁时，他给一个族兄的扇面题了首诗：有个卧龙人，平生尚高洁。手持白羽扇，濯濯光如雪。动时生清风，静时悬明月。清风明月只在动静间，肯使天下苍生苦炎热。亲友们都惊讶于一个十三岁的少年竟能写出如此有气势的诗句来，一时传为美谈。乡亲们在路上碰见他的父母都会夸赞他："张璁这孩子将来肯定大有出息，说不定能像诸葛亮一样当宰相哩！"

张璁不想平庸地过一辈子，他清楚地认识到，集议兴献王尊号的事正是一个让他崭露头角的机会，他要出奇制胜！他年将天命，再不搏一次，必将平庸至死。虽说很可能他这冒头苍蝇一出头便会被杨阁老的内阁势力一巴掌拍死，但他宁愿冒险一试，大不了又回去老家当他的教书先生呗！

下定了决心，张璁开始搜肠刮肚，翻箱倒柜，从典籍和史料中寻找支持自己论点的依据。他的奏折不仅要以情动人，而且要以理服人。经过一个通宵的努力，一封力排众议、主张新皇帝"继统不继嗣"的奏折完成了。当他在被窝里，将奏折的最后一个字誊清，此时东方已露鱼肚白。

他虽然预料到这篇奏折递上去后也许会有不同凡响的效果，但怎么也想不到会掀起一片惊涛骇浪。这不仅成为他仕途的一个巨大转折点，而且改变了整个朝廷的运转轨迹。

张璁在这篇奏折中针对"为人后者为人子"的说法，指出如果兴献王健在并且即位的话，难道兴献王也要做孝宗的儿子么？认为杨廷和等人列举的汉代定陶王、宋代濮王，都是预先立为太子，养在宫中，实际上已经过继给汉成帝和宋仁宗，而新皇帝不一样，没有当过太子，自然没有过继一说。因而继承的大统，实际上是太祖之统，是来自祖父宪宗的。他在奏折中说："现在要迎养圣母来京，称其为皇叔母的话，就要讲君臣之义了，难道圣母要做皇帝的臣子？而且《礼记》有云：'长子不得为人后。'"因而他主张皇上仍以生父为皇考，在北京别立兴献王庙。

皇上见到此奏折，掩饰不住内心的喜悦，对袁宗皋等身边近侍说："此论出，我父子能保全了！"当即命内阁向各部院和各行省转发此奏折。

杨廷和接到司礼监转来的折子，一口气看完，气得肺都炸了，把毛澄叫来质问道："这个叫张璁的是什么人？是何背景？"

毛澄想了半天都没想起来这张璁是谁，额角直冒汗。

杨廷和又唤人去吏部查，没多久得到回复："是一个新科进士，刚分到礼部观政。"

杨廷和瞪了毛澄一眼："你们礼部干的好事！也忒没规矩了！"

毛澄一边用袖子擦汗，一边低声说："元辅息怒，毛某这就回去找这个张璁，看我怎么处置他！"

杨廷和把手一摆："处置他管什么用？他就是一个强出头的小萝卜头。眼下得要想想招对付这个！"他用两根手指敲了敲奏折上的朱批，意思是要想办法对付皇上。

毛澄的嘴角使劲抽搐了两下，他有一个习惯，一想事嘴角就抽筋。

杨廷和斜睨了他一眼："怎么样？你老毛又有什么高招？"

"这高招倒没有。不过，这张璁新科进士一个，我们犯不着跟他较劲。兴献王的尊号是什么人都可以议的吗？就说他没资格参与议论！"

"行吧，"杨廷和不耐烦地挥了挥手，"你们找几个人写折子，批一批这个张璁。就说他位卑言轻，投机取巧，人品低下，不配参与集议。"

虽说杨阁老发话说张璁不配参与集议，但朝中上下不少大臣却不这么想。当时赋闲在镇江老家的杨一清，在邸报中见到张璁的奏疏，兴奋不已地对前来向他辞行的门人、南京兵部尚书乔宇说："张生的这番议论，使圣人之义复起，真是胆识过人！"此前乔宇接到敕令，召他赴京就任吏部尚书，他这趟来镇江是专程向恩师辞行的。乔宇不解地问老师："为何对这一个名不见经传的新科进士如此青眼有加？"杨一清喟叹一声道："国朝内阁系统一潭死水久矣，有这么一个愣头青出来，也算是一石激起千层浪啊！"

王阳明看到张璁的奏折，也心喜其说，认为其立论以人为本，充分考虑了人伦与国本，实属不拘泥俗论、讲究变通的高见。他在中天阁跟钱德洪等弟子说起此事，有弟子说张璁标新立异，或许是想走终南捷径。王阳明却认为这些论点或许是出自张璁内心的真知灼见，并非阿谀奉承。他不无激愤地对中天阁的一众弟子说:"我朝饱读圣贤书的士大夫们整天将忠孝节义挂在嘴边,口口声声说要以孝治国,现在却打着冠冕堂皇的旗号,集体去逼迫少年皇帝不认亲生父母,和心怀纯真至孝的少年天子相比,高下立判!为生父立庙与为国继统并不矛盾呀,两全其美为何不好?"

出乎杨廷和意料,张璁这一奏折在朝廷内外引发广泛讨论,不只是礼部集议那么简单,而成为波及各个领域的"大礼议"。不少官员对内阁一手把控的官僚系统心怀不满,便借机指桑骂槐,或是借议礼呼吁制度变革。

此时,王阳明的弟子们,有些已居朝廷高位,有些主政一方。他们不满杨廷和对老师的打击,也想参与到大礼议中来,对杨廷和反戈一击。

二 桂萼的奏折给了杨廷和致命一击

一向行事低调的王阳明,在这次轰轰烈烈的大礼议事件中,却一反常态,或默许、或明使弟子们参与进来。

王阳明当年被贬到贵州龙场驿时,以师礼事之的贵州提学副使席书,这时已任湖广巡抚,看到朝廷讨论"大礼议"尚没有定论,便草拟了一道奏疏,以宋英宗入继大统为例,建议尊皇父兴献王为皇考兴献帝。奏疏拟好草稿后,他专程派人送去给老师王阳明,并交代说必求回信。

在这之前,王阳明的好友霍韬私下写了一篇《大礼议》,援引古礼,主张皇上应尊生父兴献王为皇考,不同意群臣以兴献王为皇叔考之议，义正词严，力排众议。

霍韬跟王阳明的弟子方献夫是广东南海同乡，为人极有个性，他本是正德九年会元，在吏部提名他候补后，就返回南海老家结婚，然后在西樵山刻苦读书，对经史等学问融会贯通，却不入官场，不问世事。嘉靖皇帝即位后，起用他为兵部职方司主事。"大礼议"的争论开始后，谁都没有想到一向默默无闻的霍韬会挺身而出，充当"继统"派的马前卒。

霍韬先是与毛澄书信往来，短兵相接，互相质问。后来，他意识到毛澄一时无法改变成见，就递上奏章说："按大臣们议定，认为陛下应当称孝宗为父、兴献王为叔，另外选崇仁王的一个儿子做献王的后裔。这种观点，根据古礼是不适合的，根据圣贤之道是说不通的，根据如今的事实是名实不相符的！"

他在奏章中还说："我提出以兴献王为帝，就是要破除前代故事给人的拘束。帝王之间的继承，只是继承王位而已，本来就不必斤斤计较父子的称呼。只有继承王位，才能使孝宗的谱系不绝，就连明武宗的谱系也不绝。这样陛下对兴献王还可以改正父子之称号，不断绝兴献王天生的大恩。对于国母的欢迎，也能改正对天子的母亲应有的礼仪。假如再对慈寿张太后、武宗皇后能用正确的方式对待，尽心中的诚意来侍奉，那么尊敬尊贵的人，亲爱亲近的人，这两条就都没有违误了。"

王阳明接到霍韬寄来的《大礼议》，打心里赞许其观点，但没有回复。这次席书专程派人将奏疏草稿送来给他看，他准备拟一封回信，表明他对大礼议的态度。

弟子钱德洪把席书的奏疏草稿看了两遍，知道他在奏疏中提出的意见是：过去宋英宗作为濮王的第十三个儿子过继给宋仁宗当了太子，现今皇上是以兴献王长子的身份入宫来继承王位。宋英宗的过继在宋仁宗当政期间，而皇上即位是在武宗逝世之后。既然已经把武宗的亲生父亲、当今皇上的伯父孝宗皇帝供奉为宗庙中的神主，那么再三坚持皇上应将亲生父亲称为"皇考兴献王"，这并没有错。但是礼应以人情为根基，陛下作为尊贵的天子，亲生父母假如没有尊称又怎么行呢？所以尊崇亲生父母为帝、后，告慰双亲，这是人之常情，也符合礼制。另外在宫廷中为兴献帝立庙，逢年过节祭祀过太庙以后，仍旧用天子之礼在宫廷中祭祀兴献帝，这或许是处理这个问题很好的办法。

钱德洪一脸疑惑地问王阳明："依弟子看，霍先生与席都堂的观点大同小异。先生上次接到霍先生的信，不置可否。这次为何又要给席都堂回信呢？"

王阳明答道："霍韬寄来《大礼议》时，纷争刚起，我又遭父丧不久，不便公然参与朝廷内外的讨论，只能坐观其变。而今席书来信，此说信从者渐多，我正好为之辨析，也算是委曲调停。"

"原来如此。"钱德洪一副恍然大悟的样子，"我还以为先生跟霍先生和席都堂有亲疏之别哩。"

王阳明哈哈一笑："有些话不便挑明，大家心照不宣就好了。"

王阳明另一名大弟子——吏部员外郎方献夫此时也上疏呼应席书的观点，支持"继统不继嗣"之论，主张尊嘉靖皇帝生父兴献王为皇考，还引孟子"孝子之至莫大于尊亲"之说为证。

杨廷和看到席书和方献夫两人的奏折后，心头生出无名火，但又不便发作，悄悄将这两份奏折压住不报。

奏折报上去半个多月了，像石沉大海一般毫无动静。席书明白肯定是被内阁压住了，便又给王阳明去了封信，说内阁无故扣压他的折子，他要与内阁据理力争。

王阳明赶紧给他回了封信，劝他心平气和一点，与其与内阁正面冲突，不如另辟蹊径，曲径通幽。他在信中最后建议席书将写好的这封奏折交给桂萼。

席书看了回信，对身边人说："读先生的信，这才明白什么叫醍醐灌顶。先生真是智慧过人，自己去闹，不如叫别人去帮自己闹，效果自然更胜一筹咧！"

桂萼也是跟张璁一样在大礼议中一炮走红的新贵，江西饶州府安仁县人，正德六年进士，历任丹徒、武康、成安等县知县，嘉靖二年才刚刚升了个南京刑部福建司主事的闲官。耐不住寂寞的桂萼一次偶然机会，从他担任翰林院修撰的兄长桂华那里得知张璁挑起大礼议，兴奋不已，心中暗自支持张璁的主张。

但张璁人单势孤，难以服众。不久，杨廷和指使吏部上奏折将张璁明升暗降，外放任南京刑部主事。皇上看到吏部的奏折，当场就火了，摔了一通杯子，要司礼监拟中旨调张璁来詹事府任日讲官。皇上的贴身太监赶紧把袁宗皋请来。袁宗皋刚刚入阁不久，深知内阁沉疴已久，一时半会儿难以撼动，便劝道："皇上登基不久，根基不牢，不如先与内阁妥协，以待来日。"皇上于是很不情愿地在吏部折子上批了一个"准"字。

张璁到了南京，仕途郁郁不得志的桂萼便主动找上门，两人一拍即合，引为知己，经常在一起讨论如何击败以杨廷和为首的内阁势力。

嘉靖二年十一月，酝酿了将近两年，张璁和桂萼又上疏旧事重提。少年天子正为此事发愁，此前他坚持以皇太后之礼迎接生母蒋妃入京，遭到杨廷和反对后痛哭流涕，表示愿意辞位，奉母返回安陆。杨廷和无奈之下只得让步，但他操控的内阁一直不赞成尊皇上的生父兴献王为帝，要皇上以孝宗为皇考，称兴献王为"皇叔考兴献大王"，母妃蒋氏为"皇叔母兴国大妃"，祭祀时对其亲生父亲自称"侄皇帝"。礼部尚书毛澄和文武群臣六十余人将此议上奏皇帝，引经据典，高谈阔论，目的只有一个：嘉靖皇帝不能认亲生父母。并放出话说："朝臣中有异议者即奸邪，当斩！"

此时朝中尽是杨廷和的亲信，袁宗皋在去年入阁仅四个月后突染怪病去世。皇上身边连个说话的人都没有，心中郁闷不已。当他看到张璁、桂萼两人的奏折时，心中暗喜，急召两人入京。

桂萼、张璁初到京师，杨廷和一派势力尚盛，二人颇为孤立。刑部尚书赵鉴与给事中张翀等密谋扑杀桂萼和张璁。皇上通过东厂和锦衣卫侦知此事，立即任命桂萼、张璁为翰林学士，并令武定侯郭勋派人保护。

嘉靖三年正月，皇上召集群臣再次集议生父尊号之事，桂萼此时抓准时机再次上书，并将席书先前寄他的奏折附在后面。皇上一看席书的奏折落款日期，便什么都明白了，顿时火冒三丈，他强压怒火，大声质问杨廷和这是怎么回事。杨廷和一时语塞，连忙跪地磕头，表示自己毫不知情，但愿担失察之责，请求致仕。他此前在武宗朝和新朝都多次用过这一招，希望以退为进，他心想，这个朝廷离了他肯定不能运转！

前不久，兴献王妃到了京城，皇上亲自确定仪式，由中门入城，访问祖庙。在大宴间隙，皇上假装漫不经心地跟杨廷和等人乐呵呵地说，想尊称兴献王、母妃为皇考、皇太后。杨廷和却板着脸答道："汉宣帝继汉昭帝皇位后，加史皇孙、王夫人谥号为悼考、悼后；光武帝往上承继汉元帝的统绪，巨鹿、南顿君以上立庙于章陵，都没有追加尊号。现在如果追加兴献王、王妃的尊号为皇考、皇太后，与孝庙、慈寿并列，就是忘记了先皇帝而看重亲生父母，重视私人间的情感而放弃国家的大义。我们这些做臣子的对历史没法交代哟。"他说罢就跪在地上，自请罢免官职。大臣跟着他跪倒谏诤的黑压压一片，竟有一百多人。皇上一时下不了台，心里对杨廷和恨得牙痒痒，但表面上还得面带微笑地说："众爱卿这是做甚？朕不过顺口一说罢了，此事再议，快快平身！"

嘉靖皇帝辩不过百官，也曾想直接下圣旨为亲生父亲正名分，结果圣旨到了内阁，杨廷和先后四次动用内阁首辅"封驳"的权力，把皇上的亲笔圣旨密封退回，并坚持己见，亲自上了近三十篇奏章劝谏。皇上愤愤不平，但又无可奈何。

硬的行不通，皇上就来软的，请杨廷和来偏殿喝茶，大肆称赞他的"丰功伟绩"，并暗示他只要给自己的亲生父母一个名分，其他事情都可以商量。纵横官场数十年，独掌朝政大权的杨廷和却装聋作傻，顾左右而言他，反正皇帝吩咐的事情就是不办。

朝中也有几个言官看不惯杨廷和的做派，认为他太过放肆，失掉做臣子的本分。谏官史道、曹嘉交相劾奏杨廷和的罪过。

皇上却违心地将此二人贬谪，以抚慰杨廷和。他打心里还是想拉拢杨廷和，袁宗皋去世后，他在朝廷上孤掌难鸣啊。不久后，朝廷评定辅立新君的功绩，皇上破例封杨廷和与蒋冕、毛纪为伯爵，年禄一千石。杨廷和坚决谢绝，皇上只好改为荫封其家世袭锦衣卫指挥使，他又推辞不受。皇上以为他嫌封赏太轻，便改为荫封四品京官世袭，杨廷和又推辞。适逢杨廷和复职满了四年，就破例加封他为太傅，他又推辞。皇上还特地颁发诰敕对他予以表彰，并在礼部为他赐酒宴一次，九卿都作陪。

皇上痴迷僧道，常在宫中设斋坛祈祷。杨廷和引用梁武帝、宋徽宗的事例来谏劝，皇上虽心中不悦，但也优旨采纳。

皇上自认为把表面文章都做够了，但这杨阁老就是油盐不进，在对他亲生父母封号这件事上仍是我行我素，毫不让步。皇上孤立无援，压抑郁闷，但也只能忍着。

杨廷和以为皇上年少软弱，其实他错了，他低估了皇上的能力，也错判了皇上与亲生父亲的感情。皇上自幼聪明绝顶，五岁之时，他父亲读王勃的《上百里昌言疏》时，情不自禁慢慢唱道："明君不能畜无用之臣……"他立即接上："慈父不能爱无用之子。"兴王爷惊诧不已。跟皇宫后院中长大的人不一样，在安陆僻远之地长大的朱厚熜，打小就跟兴王形影不离，父子情深。兴王长子早夭，膝下只有他这一个儿子，自然是疼爱备至。

皇上对杨廷和和内阁一再让步，他是在等待一个机会，给杨廷和致命一击。终于，他等到了桂萼的奏折，以及附在后面那份他从未见到的席书的奏折。

此时的嘉靖皇帝已非当年的正德皇帝，也不是当初刚从外藩赶来京城继位的懵懂少年。虽然说官话时还夹杂着明显的安陆口音，但他已慢慢熟习北京官场的套路，也摸清了朝廷大臣们的脾性。更重要的是，他知道他是皇上，是一言九鼎、翻手为云覆手为雨的皇上！他早已厌恶杨廷和等内阁文臣们的跋扈难制，他现在抓住了内阁扣压大臣奏折隐瞒不报这一把柄，这就点住了杨廷和的死穴。杨廷和心里应该明白，如果此事彻查下去的话，他欺君罔上、结党营私，按律当斩。

出乎杨廷和和满朝文武意料，这一次皇上来了个顺水推舟，同意杨廷和致仕归里，并严词责备他欺罔君上，不符为臣之道。不过仍然赐他加盖玉玺的书券，照常例供给他车马、钱粮、护卫人员，重申以前荫封一子锦衣卫指挥使的授命。朝中大臣纷纷上书请求挽留杨廷和，皇上都不予理睬。

三 状元郎杨慎险被浸猪笼

杨廷和离开后，皇上终于可以随心所欲地在朝堂之上讨论称孝宗为皇伯考了。

此时，颇感群龙无首的礼部尚书汪俊酝酿集体谏诤，率大臣两百五十人一同进言，反对皇上以兴献王为皇考。

皇上心中极为不悦，但却没有公然发作，反而心思一动，想出一个"引蛇出洞"的妙计。他表面上和颜悦色地跟众大臣说："此事事关国之大礼，既是集议，大臣们自然可以充分发表意见，畅所欲言。"他下令让更多的官员参与到议论中来，集思广益，并让通政司将大臣们写的不同意见的奏折印在邸报上，营造一种皇上垂询国是、君臣一团和气的气氛。

许多大臣误判了风向，以为皇上对杨廷和的去职心生悔意，纷纷上书言事，众说纷纭，而尤以挺杨派居多。看到各种反对他的奏折像雪花片般飞来，皇上恼羞成怒，强抑住内心的怒火，放任大臣们尽情发声，甚至指手画脚。

七月十二日，皇上突然诏谕礼部，十四日将为亲生父母上册文，祭告天地、宗庙、社稷，群臣哗然。正逢早朝刚结束，吏部左侍郎何孟春登高一呼："宪宗时，百官在文华门前哭请，争孝庄钱皇后下葬礼节，宪宗听从了，这是本朝的旧事。"

此时有人站出来说："西周时，周天子是天下大宗，而姬姓诸侯对周天子来说是小宗。如此类推，孝宗是大宗，皇上亲生父亲兴献王是小宗。有大就不能入小，当今皇上继大统，即入大宗，自然要称孝宗为皇考，天经地义，理所当然！至于亲生父母，和皇位相比，自然为小，关系也就要自然疏远。"

这人不是别人，正是杨廷和之子、翰林院修撰杨慎。杨慎是状元，也是当时文坛领袖，他撸起袖子，振臂高呼："国家养士一百五十年，我等坚守节操大义而死，就在今日！"

随后翰林院编修王元正、给事中张翀等在金水桥南拦阻挽留刚刚退朝的群臣。接着又有两百余名大臣跟在杨慎、何孟春身后，来到左顺门外跪倒在地，号啕大哭，大呼太祖高皇帝、孝宗皇帝，请求皇上改变旨意。

皇上此时正在文华殿焚香默诵《道德经》，听到门外哭声震天，便问是怎么回事。当值太监战战栗栗地答道："是群臣在闹事，说请皇上收回成命。"

皇上呵斥道："不成体统！带头的是谁？"

"翰林修撰杨慎，还有……"

"朕知道了！"皇上脸上露出极其厌恶的表情，他知道这个杨慎是个状元，而且他更知道杨慎是杨廷和的长子，他把桌子拍得砰砰响，怒道，"儿子带头闹事，帮老子招魂，意欲何为？朕给亲生老子追赠一个尊号，你们要死要活地堵着！你自己老子刚刚去职，你就知道来堵宫门，帮你老子申冤了，还带坏了一帮大臣！"

当值太监吓得跪在地上直哆嗦。皇上大手一挥，厉声道："你去传旨，让大臣们赶紧退朝，不得无故逗留，坏了规矩，否则绝不轻饶！"

但杨慎等人直到中午仍撼门大哭，伏地不起，企图迫使皇上屈服。

皇上震怒，令锦衣卫逮捕为首者杨慎等八人，下诏狱。此举令其他大臣更为激动，冲至左顺门前擂门大哭。

皇上亲生母亲兴献王妃听说大臣们在宫外闹事，专程从慈宁宫赶到文华殿，对皇上哭着说："为娘不要什么尊号了，你死去的老子也更不要这些虚荣了。只要我皇儿把皇位坐得稳稳的，大臣们不难为你就好了，为娘明日就回安陆去。"

皇上一听此话，心中更是火冒三丈，他强压怒火搀着母亲坐下，帮她拭泪，强颜欢笑道："母后不要担心，一切尽在儿臣掌握之中。儿臣是当今皇帝，宪宗皇帝嫡孙，是咱大明江山的主人！几个读书读坏脑壳的文官，他们翻不了天！"

他好话说了一箩筐，才把母亲劝回慈宁宫去，随后怒不可遏地向锦衣卫下了一道谕令：将五品以下官员一百三十四人下狱拷讯，四品以上官员八十六人停职待罪。

七月十六日，皇上在大臣们一片反对声中，强行为母亲上尊号"章圣慈仁皇太后"。

七月二十日，锦衣卫请示如何处理逮捕的大臣，皇上下旨罢免毛纪等人职务，四品以上官员停俸，五品以下官员当廷杖责，因廷杖而死的共十六人。左顺门廷杖后，反对议礼的官员纷纷缄口。

杨慎于七月十五日被捕，十七日被廷杖一次，死而复醒。隔十日，再廷杖一次，几乎死去，然后充军云南永昌卫，永不叙用。不久后，锦衣卫百户王邦奇上疏参劾杨廷和及其次子兵部主事杨惇、女婿翰林院修撰金承勋、同乡翰林院侍读叶桂章与原兵部尚书彭泽的弟弟彭冲相互勾结、请托。王邦奇原是锦衣卫百户，在正德十六年已升任千户，但在杨廷和革除正德朝弊政期间，他却被降为百户。嘉靖初年，他请求朝廷恢复其千户之职，被当时的兵部尚书彭泽阻挠，因此他对杨廷和、彭泽两人十分不满。上述诸人全被抓进诏狱中，经审讯没有实据后，才被释放。

此事过后，杨廷和的门生故旧元气大伤，纷纷改换门庭，不敢再以杨门相称。

却说皇上读罢席书的奏折，甚合心意，大喜。他在朝中备受反对派的诟病，此刻见到有地方大员席书支持他的观点，连忙下旨召见，特旨授席书为礼部尚书。自此，皇上将席书倚为亲信，眷待之意甚隆，其风头甚至盖过内阁大臣。

九月下诏，改称孝宗为皇伯考，昭圣皇太后为皇伯母，追尊兴献王为皇考恭穆献皇帝，生母为圣母章圣皇太后。为时三年的"大礼议"以皇上大获全胜告终。

嘉靖皇帝还是兴王府世子的时候，兴献王就曾多次跟他讲，楚地有三杰：刘大夏、李东阳和杨一清。嘉靖皇帝于是记住了他们。皇上登基后，以杨一清为老臣，恩礼加渥，派遣官员赐金币存问，遭杨一清婉拒后，又特授杨一清一养子中书舍人。

嘉靖三年十二月，鞑靼科尔沁永谢布部领主亦不剌率部犯边，皇上急诏杨一清以少傅、太子太傅，领兵部尚书、左都御史衔，总制陕西三边军务。

王阳明闻讯专程从余姚赶至镇江为杨一清送行。这天下午，他走到一个叫马甲镇的地方，看到有一群人抬着一个猪笼，里面装着一个人，像是要去沉江。猪笼里一位赤身男子拼命挣扎，发出杀猪般的嚎叫。

王阳明听这叫声实在凄厉，便唤王能去前面打听。王能跑回来说，镇上人抓了一个杀人的奸夫，按规矩要浸猪笼，那奸夫操一口地道京片子，像是个读书人。

王阳明甚觉好奇，说前面看看去，到了近前一看，这群人正要将猪笼投江，往江里投了一次没投出去，猪笼散了架，里面的奸夫和大石块滚落地上。他见这奸夫甚是面熟，再仔细一看，咦，这不是杨廷和的公子杨慎吗？连忙喝止。

为首一位姓陶的里长满脸横肉，手里挥着根大木棍，气势汹汹地叫嚷着："奸夫就得浸猪笼！这是老辈子的规矩，谁来也莫想阻拦得了！"说着指挥几个后生继续捆了杨慎往破猪笼里塞。

王能只好让家丁把御赐的青罗伞撑起来，肩上扛起了仪刀和豹尾枪，唢呐、云锣、铜鼓等乐器也奏了起来。

陶里长一看果真是个大官，这才让人将抬起的猪笼放下来。

杨慎趴在地上冻得直哆嗦，身上只剩下一条裹裤松松垮垮灯笼似的挂在腰上。王阳明心生怜悯，脱下身上的袍衫披在他身上，无意间瞥见他裹裤里那话儿硕大无比，顿时吓了一跳，赶紧将目光移开。

杨慎见来者是王阳明，高声叫唤："恩师救我！"

王阳明示意王能将他扶起，问："听说你触了龙鳞，发配云南，怎么在这长江边被人装了猪笼呢？"

杨慎一听此话羞愧得无地自容，见围着他的这群人正恶狠狠地盯着他，才硬着头皮把来龙去脉讲了。

杨慎被流放后，被两个兵部的差役押着扶病上路。因杨廷和在总揽朝政时裁撤了许多滥冒军功的官员，这些被裁撤的挟怨者招募了一批亡命之徒在路上埋伏，要伺机杀害杨慎。杨慎知道后，一路小心防备，昼伏夜出，间行小路，到山东临清时这些人才散去。他沿运河南下，好不容易抵达镇江府地面，旧疾复发，便在长江边的马甲镇找了爿小旅馆住下。那两个差役早听说镇江乃江南名城，热闹非凡，哪有心思在这边郊野岭守着一位病号？两人心痒难耐，再三叮嘱杨慎在旅馆里养病，不可外出，他们自己今天一大早便跑去城里逛街去了。

可是两个差役刚走没多久，镇里的陶里长领着官府的人围住小旅馆，把旅客全部叫到大堂来，问："谁是洋僧？"

杨慎便站了出来，答说："罪人便是杨慎。"

官府的人高声道："抓的就是你！"不由分说便把杨慎锁了去。

到了村里祠堂，从县里赶来的汪典史一看抓了个秀才模样的人，便问陶里长："不是让你们去抓洋僧吗，怎么抓了个秀才？"

陶里长答说："没错呀，这人说他就是'洋僧'！"

汪典史哭笑不得。

原来镇里有个胡姓茶商之妇，长得有几分姿色，与一名云游到镇上的印度和尚私通，每每行周公之礼时，此妇人常叫唤："洋僧，洋僧！"后来此妇人与印度和尚为点小事闹别扭绝交了。但她与印度和尚处久了，哪耐得住独守空房这等寂寞？有时候，她睡到半夜便会呼唤："洋僧，洋僧……"邻居听到了，都以为妇人已与印度和尚修好如旧。邻居中有一恶少名叫狗蛋，向来垂涎于妇人的美色，几次调戏，妇人都不从，狗蛋于是怀恨在心。昨晚，恰好胡姓茶商从外地归来，与妇人同寝。狗蛋在镇上酒肆与狐朋狗友喝了酒，醉醺醺地经过妇人家门口，不知茶商已归，以为妇人独宿，顿生歹意。他悄悄爬墙潜入妇人房中，将行奸污之事，一伸手却在枕边摸到一个男人的头，误以为是印度和尚，大怒，掏出随身携带利刃，连砍数刀而去。胡姓茶商当场毙命。

出了人命案，镇上不敢马虎，赶紧报官。县衙掌狱讼的汪典史带了刑名夫子和一帮衙役来现场勘察，却没有头绪。这时有邻居举报说："此前每夜此妇必叫唤她的旧相好为'洋僧'，但是我们只闻其声，未见其人哩。"典史便以为是印度和尚妒奸杀人，遣人去旅馆捉拿此"洋僧"，没承想却捉到了跟"洋僧"谐音的杨慎。

杨慎自然极称冤枉，胡典史本欲将杨慎放了，再遣人去捉拿洋僧。刑名夫子老江在旁边扯了扯他的衣角，直递眼色。胡典史借故小解，走到后院僻静处，老江果然跟了上来，在他耳边私语："此杨慎，乃杨廷和杨阁老之子。"

汪典史吃惊不小，嚷道："老江，你搞什么鬼！那还拦着不给放人？你我有几颗脑袋？"

"小声点，小声点。"老江连忙用手去捂汪典史的嘴。

汪典史有点厌烦地把嘴撇至一边："你有屁快放！前面一堆人还等着哩。"

老江左右张望了一眼，低声说："杨阁老早被新皇上打发回老家种田去了，这个杨慎也惹恼了皇上，被判流放云南哩。"

汪典史睁大了眼睛："当真？"

"千真万确，您没看这一期的邸报？"老江接着说，"你我可都是吃过杨廷和的亏的哦。"

汪典史点点头。他跟老江此前一个在丹徒当挂名的巡检，一个在镇江卫所吃副百户的饷。杨廷和总揽朝政时，在全国范围内裁汰了一批冒领军功的人，他俩也在当中。这次居然阴差阳错地抓了杨廷和的儿子，自然是仇人相见分外眼红。

老江接着出起了主意："兄弟我也知道，要抓的是那个印度的洋僧，不过我也跟旅店老板打听了，那洋僧早在半个月前就不在那店里住了，不知道云游到哪，又祸害谁家媳妇去了哩。"

"哦？有这种事？"汪典史吃了一惊，"那究竟是谁杀了这姓胡的茶商呢？莫非是这印度野和尚的灵魂出窍，隔空杀人不成？"

"瞧你说的，我都起鸡皮疙瘩了。"老江双手摸了摸胳膊，"管他怎么杀人，我的意思是不如将罪名推给这个杨慎，一则解了我们心里的大恨，二则也将此案了结了。不然县太爷那里，我们可是吃不了兜着走。"

"那个洋僧走了，这个杨慎来了，哪有这么巧？依我看，就是这个杨慎杀的哩！"

两人暗地里阴笑了几声，回到祠堂里，吩咐衙役将杨慎一阵好打，直打晕过去，拎着他的手指在供状上按了手印，于是便有了镇里人将杨慎浸猪笼那一幕。

四　杨一清三任三边总制

王阳明等人在江边找了个凉亭坐下，便唤陶里长去叫来那妇人与杨慎对质。

不一会儿，妇人泪眼婆娑地被押至跟前，只见她款款蛇腰，薄唇尖口，狐眼宽眉，颧骨隆起。出乎王阳明意料的是，这妇人一口咬定就是跟杨慎通奸。杨慎涨红了脸，额上的青筋条条绽出，连声辩解，可也是百口莫辩。原来，汪典史和江师爷早就连哄带吓，唆使此妇人如何应付讯问。

陶里长又气壮如牛地叫嚷着让人上前再捆了杨慎。王能等人想拦也拦不住，一时慌了手脚。

"且慢！"王阳明这时大喝一声，指着杨慎问妇人，"你既然与他私通，你可知他身上私处与众不同？"

妇人一听此话，顿时傻了眼，扭扭捏捏老半天才低声说："不知有啥不同？"

"大胆刁妇！竟敢欺瞒本官，诬告好人！"王阳明大吼一声，"左右给我拿下，送去镇江府大刑伺候！"

王能和家丁们一阵吆喝，拿了绳子就要绑人。

这妇人却面不改色，凛然道："官老爷不要唬人，奴家倒想问问，这杨慎杨官人身上私处是铜做的、铁做的不成？"

陶里长等乡亲也疑惑地看着王阳明，等着他发话。

他便让陶里长带了几个人领着杨慎去偏僻处查看私处。一群人回来后，杨慎羞得满脸通红，低垂着头，脖子差点要缩进领口里去，口中直唤："羞煞我也！羞煞我也！"妇人以为杨慎理屈词穷，竟然趾高气扬起来，口中还骂骂咧咧。

陶里长对着妇人的脸啐了一口唾沫，骂道："不要脸的臭婊子，快闭上你的嘴！杨官人那宝物才叫天赋异禀哩，老头子我算是开了眼了哦！"

跟杨慎一起去验身的乡亲也啧啧称奇，大家七嘴八舌地议论开来。王阳明朝王能使了个眼色，王能站出来骂道："这婊子睁眼说瞎话，肯定是谋杀亲夫的凶手，干脆将她装进笼子，投进江里喂鱼算了！"

大家一听，纷纷冲上前将妇人拧住，硬塞进猪笼里去。眼看就要抬起来往江里抛了，妇人在笼子里左右挣扎，哭着大叫："官家大老爷，我招，我招！快放我下来！"

王能做了个手势，大伙这才把猪笼重重地摔在地上。妇人显然摔得有点懵，在笼子里呻吟了半晌才缓缓爬出来，跪在地上，一把鼻涕一把泪地将如何与那印度洋僧通奸，如何反目成仇，又如何在深夜听见夫君在床头惨叫，汪典史、江师爷又如何教唆她做假口供，等等，竹筒倒豆子一般悉数说了。

陶里长朝妇人又啐了一口，骂道："不要脸的臭婊子，把我们马甲镇的脸都丢尽了！快说，杀你丈夫的是不是那印度洋僧？"

妇人摇了摇头："天太黑，看不清，只听夫君一声惨叫，床前一个黑影便溜走了。呜呜呜，我那可怜的夫君哦……"

陶里长伸腿踢了妇人几脚："少在这里猫哭耗子假慈悲，老子看你就是与那洋僧穿一条裤子的贱货，是杀人越货的帮凶！"

几个乡亲气不过，也上前拳脚相加。

"哎哟！奴家与那印度洋僧早没了往来。啊呀！那黑影身手敏捷，刀法又快，像是惯犯。啊！疼死了！救命啊！"妇人一边双手抱头躲避着拳脚，一边大声申辩。

王阳明让王能喝住打人的乡亲，自言自语道："依本部所见，凶手像是另有其人。"

他的话音刚落，有一微胖中年男子气喘吁吁地跑了过来，到了陶里长跟前，见王阳明等人也在，欲言又止。陶里长说："老纪，你火急火燎地跑来做甚？"

"我、我……"老纪说着将脑袋凑到陶里长耳根后面，想说悄悄话。陶里长将头一偏，瞪了他一眼："你搞什么鬼？有啥事光明正大地说！"

"我、我、我知道是谁杀的胡茶商！"

众人一听，都为之侧目。

老纪便将前因后果跟大家讲了。原来狗蛋昨天深夜回到家，神色慌张，嗟叹不已，在妻子一再追问下，便将翻墙入室及怒杀奸夫的事全部说了。狗蛋没想到的是，他妻子也与一人有私情，这人当时正在他们家床下躲避，正计划杀掉狗蛋而娶其妻。这人不是别人，正是老纪。老纪听了狗蛋的话，心中大喜，心想，不等他亲自动手，这狗蛋自有官家人收拾他。等天亮后，官府的人闻讯来到镇上缉捕凶手，动静极大。老纪这才知道，狗蛋杀的是胡茶商，而官府抓的凶手竟然是一个外地来的流放官员，随即便赶到江边来说出实情。

大家都啧啧不已，说天底下竟然有这等巧事。王阳明便令王能等手下跟着陶里长去传唤狗蛋之妻，这时狗蛋还在家里呼呼睡大觉哩，当场把他绑了过来。大家围住狗蛋齐声呵斥，自然少不了一顿好打。狗蛋昨晚喝的酒还没醒，迷迷糊糊的，捧着头直求饶。

王阳明让老纪与狗蛋之妻当场对质。狗蛋抬头看到青罗伞下端坐一个大官，一脸的威严，顿时吓出一身冷汗，酒也全醒了。他这才明白，自己不仅被老纪戴了绿帽子，还被老纪检举揭发。可是他怎么也没想到，昨晚明明杀的是那偷人婆娘的洋僧，死的却是老实巴交的胡茶商，抓的又是外地来的姓杨的读书人。事已至此，别无他法，只好招认杀人之事。王阳明让陶里长派人去狗蛋家里搜出那把行凶的尖刀，押狗蛋、老纪等人去县衙。他又拿出自己的名刺给陶里长，再三交代，务必让知县将汪典史、江师爷二人绳之以法。

一桩命案不到一个时辰就水落石出，不仅解了杨慎的冤情，还揪出县衙里两个大污吏，围观乡亲无不拍手叫好。临上路时，王阳明叫上杨慎一起去杨一清家。杨慎答道："学生今时不同往日了，一个任人羞辱的犯官，哪敢去一清大人府上自讨没趣？"

王阳明知道他还在为刚才验身的事耿耿于怀，笑道："韩信尚有胯下之辱哩。刚才若不如此，恐怕你早已丧身鱼腹了哦。不纠缠这些琐事了，走，跟我去杨部堂家讨杯酒喝，也好给你压压惊！"

押解杨慎的那两个兵部差役，回到旅馆不见了杨慎的踪影，以为他私自逃脱，吓得不轻，一问掌柜的，才知道被官府的人带走了。这时也一路小跑着赶至江边，见王阳明要将杨慎带走，一把拉住，嚷道："此人是钦犯，休得乱来！"

王能呵斥道："大胆贼杀才，睁开你们狗眼看看，兵部尚书王伯爷在此，休得无礼！"

王阳明挥手开路，对那两个差役抛下一句话："两日后去杨一清大人府上接状元公！"

王阳明一行刚至镇江城外，远远地看见李梦阳站在驿亭等候。

李梦阳接到他们，说："估摸着你们今日就该到了，老师吩咐我特在此恭候阳明兄大驾哩。"

"献吉兄这也太客气了，还怕我等迷了路？"王阳明笑道。

"哈哈，也是怕你们走了冤枉路。我们先不进城，恩师这会已在多景楼摆了宴席，就等你们了！"

多景楼雄踞北固山上，楼为两层阁楼，回廊四通，面面皆景。王阳明登楼一望，万里长江尽收眼底，滔滔江流，一泻千里；朝东眺望，青翠的焦山缥缈在万顷碧波之中；往西望去，千峰万岭，重峦叠嶂，与碧空融为一体；近处是掩映在江心的金山，远处是对岸隐约可见的扬州文峰塔。他抬头看了眼楼顶高悬的米芾题的"天下江山第一楼"匾额，不禁感叹："这米元章雄健的书法，配上这一楼的山光水色，真让人有凌空飞翔之感。"

宴席上高朋满座，尽是江淮一带名流。王阳明、杨慎的到来，让杨一清更是欣喜异常，大家就着长江美景，把酒言欢，好不热闹。席间有人说王阳明的"良知"及"知行合一"之说一出，风靡畅行，新人耳目。坐在末座正闷头吃菜的杨慎却冷笑一声，别人问他有何高见，他用筷子指着桌前的几盘菜说："这就像时鱼鲜笋，偶尔吃吃肥美爽口，但连吃几顿，便味如嚼冰，还是鹅鸭等正统菜蔬好些。又如真旦看厌，却爱装旦；北《西厢》听厌，乃唱南《西厢》。观听久了，依旧是真旦、北《西厢》更胜一筹。"

李梦阳听出杨慎话中有话，正欲与他辩论。王阳明给李梦阳递了个眼色，举起酒杯向杨一清敬酒："以尚书身份担任封疆大吏，杨部堂乃开我朝先例。三次出任三边总制，也是前所未有。"

李梦阳也在旁敲边鼓："皇上在诏书中将恩师与郭子仪相提并论，这是在褒奖恩师呀！"

杨一清很兴奋，两腮绯红，扶着桌子站起身，朝来宾拱了拱手："老夫感谢各位盛情！本已解甲归田，没想到又重披战甲。说实话，内心也有点忐忑，廉颇老矣啊！"

大家又是一阵说笑，互相喝了不少酒，正在高兴处，突然听到楼下有人放歌，声音铿锵，极其悲壮，仔细一听，似是辛弃疾的《永遇乐·京口北固亭怀古》。

杨一清道："这是何人放歌？歌声不同寻常。"

杨府家丁将歌者带至楼上，只见是一位年迈的盲翁，须发皆白，脸颊瘦削，鹰鼻阔嘴，身材单薄，嗓音却极其洪亮。

此人自言姓袁，是行走江湖的卖艺人，今日来到这北固山，便应个景唱起了辛弃疾的长短句。杨一清让家丁先打了赏，让他又唱了几首，也尽是辛弃疾的词。李梦阳一边摇头晃脑地击节，一边说："看来，今天是辛幼安的专场。也好，壮怀激烈，正好应了这不尽长江滚滚流，恩师天下英雄谁敌手的景哩。"

袁老头唱了几曲，满座叫好，杨一清又吩咐打赏。袁老头颤颤巍巍地接过赏银，从随身包裹里抖抖索索地摸出一张发黄的纸片。大家正奇怪这纸片是什么物件，老头开口说："这是辛弃疾的真迹。"

大家好奇不已，杨一清也兴趣盎然："老人家，可否借老夫一观？"

袁老头恭恭敬敬地将纸片递给杨府家丁。杨一清站起来展开一看，突然脚一歪，身子一斜，差点摔倒。王阳明正坐在他旁边，赶紧起身扶住，问："老部堂是不是醉了？"

杨一清用一只手揉了揉太阳穴，笑道："老夫不胜酒力了，看了眼辛幼安的真迹，竟然一阵头昏眼花哩！"

"哦——"王阳明顺手拿起纸片看了眼，顷刻被上面狂放不羁的书法吸引，眼睛盯着笔迹入了神，仿佛有一股神力在扯着他顺着字迹一头扎进一口深井里。他刚开始是慢慢地划水，紧接着是全身在水里扑腾，激起阵阵浪花，最后越来越快，整个身子劈开井水，像一支离弦之箭，在井里劈波斩浪。井里有一个苍凉的声音在他耳边低语："心外无理，心外无物，心外无事……"

王阳明此时听到有人喊他名字，这才意识到自己陷得太深，赶紧把身子从井里抽了出来，眼前亮光一闪，他看到李梦阳正扯着他的袖子大声嚷着："你王阳明是魔怔了吧？这字就写那么好？来，我也瞧瞧！"说着就伸手去拿他手上的纸。

王阳明猛然警醒：这纸上的字有问题！于是赶紧将手抽开，说："你莫看！这上面的字会让人产生幻觉。"

李梦阳听他这么讲，也吓了一跳，怔怔地看着他。

这时，一只手从王阳明身后伸过来，将纸一把抢了过去："你们莫信他装神弄鬼！"

王阳明回头一看，杨慎已经将纸捧在手上，聚精会神地看了起来。

"杨慎，看不得！"王阳明大声喊了声，头一晕，瘫坐在椅子上。

杨慎看得入神，看着看着，竟然口中念念有词，手舞足蹈起来，神情怪异。

"不好了！杨部堂眼睛瞎了！"有人突然叫道。

大家的目光聚集到杨一清身上，只见他坐在椅子里，眼神呆滞，两只手在桌子上一个劲地摸索着。李梦阳用手掌在他眼前晃了晃，他竟然毫无知觉。

"纸有问题！抓住姓袁的瞎老头！"王阳明斜靠在椅子里，声嘶力竭地吼着。

众人回头去看杨慎手上的纸和坐在窗前的袁老头，那发黄的纸像长了翅膀一样，倏地飞到了袁老头跟前，瞬间撑大，大得如同一张地毯一般，袁老头脚一跨就坐在了纸毯上，飘了起来。

袁老头嘴角露出一丝狡黠的冷笑，喉咙里发出沉闷的声音："你们还记得我吗？我被燕贼朱棣车裂于市，还被灭了十族，我和黄子澄的妻女都被充为官妓，死后被喂野狗。你们竟然还在这歌舞升平！"这声音像是从地洞里发出的回声，让人听了毛骨悚然。

杨府几个家丁掏出随身携带的弓箭，挽弓要射杀袁老头。王阳明大喊："射不得！他是缑城先生方孝孺！"

家丁如何肯听，箭镞纷飞。袁老头驾着那纸毯飞出了窗外，他朝多景楼里目瞪口呆的众人喊话道："看了这张纸的都会像你们的正德皇帝一样，不得好死，不得善终！这个魔咒将像紧箍一样紧紧地箍住你们燕贼朱棣的子孙！无论白昼和黑夜，无论春夏和秋冬，你们将与猪狗为伍，死后将堕万劫不复的阿鼻地狱……"

袁老头和纸毯慢慢消失在云彩之中。

这边，大家回过神来去照料杨一清，只见他双眼失明，神情恍惚。大家七嘴八舌，却无计可施。另一边，杨慎将自己脱得赤条条的，大喊大叫，在楼里四处乱窜，还时不时要爬窗跳楼，几个杨府家丁跟在他身后追。整个宴席经这一闹腾，乱成了一锅粥。

五 心外无理，心外无物，心外无事

王阳明喝了几口浓茶，缓过神来。而杨一清还没缓过神来，像个老妇人一般口齿不清地嘟囔着："这是咋个回事？怎么看不见东西了呢？"

王阳明猛然想起杨一清是天阉，杨慎又是大阴人，两人本是人间不可多得的奇人和天才，这多景楼又是天地山川阴阳交泰的所在，两人同时在此相遇，定是让阴阳气场失衡，进而导致一腔怨气的方孝孺阴魂乘虚而出，于是在这楼上演绎了一场好把戏。

李梦阳见王阳明在旁一声不吭地沉思，便问他有何良策。

王阳明答道："当务之急，定是要让方孝孺的阴魂归位，魔咒或许能破解。"

"怎么归位？"

"找到他的墓穴，用收魂大法祭拜。"

"何为收魂大法？"

"令有道行、心至诚之人念'大阴符咒'，召其阴魂，与之感应，祈求宽恕，阴阳两界方可相安无事。"

李梦阳似懂非懂地点点头："那要先找到方孝孺的墓穴才行啊。他可是靖难一役被灭了十族的头号反贼，谁还敢给他收尸立墓哟？"

杨一清这时神志略为清楚一些，接过李梦阳的话唠叨起来："成祖爷身边第一谋士姚广孝与方孝孺有旧，破城之前曾请求成祖爷说：'方孝孺是当今第一大儒，城破必不肯轻易归顺，但一定不能杀他，否则天下读书种子绝矣。'成祖爷当初是应允的，但在金銮殿上，成祖爷让他拟诏，他却当众触犯龙鳞，在诏书上写下'燕贼篡位'四个大逆不道的字。成祖爷大声质问：'你就不怕我诛你九族吗？'方孝孺回答说：'就是诛我十族又如何？'就这样，他的门生、故友被划为第十族，成为有史以来被诛十族的第一人。"

大家一听此话，都唏嘘不已。

王阳明却低声说："民间传闻，方孝孺被五马分尸后，他的门生德庆侯廖永忠的孙子廖镛与其弟廖铭偷偷收殓了他的遗骨，掩埋在南京聚宝门外的雨花台上。"

"哦——"李梦阳张大了嘴，双眼放光，"那去雨花台寻访寻访，或能找到。"

"找到墓穴应不难。不过，方孝孺仍未平反，祭拜其墓恐不妥。你们切勿因救我眼盲而授人以柄。"杨一清道。

"仁宗宽厚，即位后即释放遭流放戍边或沦为官籍奴仆的建文朝旧臣家属。正德十五年，黄子澄已得昭雪，方孝孺平反只是早晚的事。"王阳明说，"只要我们不大张旗鼓，私祭应无妨。"

杨一清道："老夫行动不便，那有劳阳明代我主祭，在座诸位都去陪祭。此事切勿张扬，否则休怪老夫翻脸不认人！"

众人下楼来到渡口，正欲乘船赴南京。此时江边传来呼救声："有人落水了！"船工连忙驾舟去救，救上来一名年轻女子，容貌端庄，似是大家闺秀。

杨慎一见这奄奄一息的女子，顿时从痴妄中醒了过来，哭喊着冲上前去，一把抱起，口里直唤娘子。众人这才明白，眼前这女子正是杨慎的续弦继室、京城有名的才女黄娥。黄娥出身名门，是南京工部尚书黄珂的女儿，自幼博通经史，能诗文，擅书札，与杨慎婚后更是夫唱妇和，常有佳句问世。

船工都有救溺水者的经验，此时救人要紧，顾不上男女大防，抱起黄娥倒扣在肩上，疾速快跑。待黄娥将呛入腹中的江水全吐了出来，大家才把悬着的心放了下来。

杨慎见黄娥醒来，喜极而泣，抱着她连声问："娘子怎么来到了这长江边上，又怎会失落水中？"

黄娥睁开眼，看到自己竟然躺在夫君的怀里，有点不敢相信，嗫嗫嚅嚅地问："我们这是在阴曹地府吗？"

杨慎破涕而笑："什么阴曹地府？你看，我们不是活得好好的吗？我们前方是万里长江，后面那山是北固山，就是辛弃疾词里写的那个北固山哩。"

"我从北京一路赶来寻你，找到你住的客栈，那掌柜的说，官人你已被浸了猪笼、沉了长江，我便到江边来给你叫魂。心想官人已不在人世，我活着还有啥意思。便横下心，随官人你去了！"

大家见了此情此景，无不为之心动。

这时有船工在岸边捡到一封信，交与王阳明等人。大家展开一看，竟是黄娥投江前所写的绝命诗：

雁飞曾不到衡阳，锦字何由寄永昌。

三春花柳妾薄命，六诏风烟君断肠。

日归日归愁岁暮，其雨其雨怨朝阳。

相闻空有刀环约，何日金鸡下夜郎？

众人读罢，皆感叹道："'曲中李易安'果真名不虚传！"

杨一清听李梦阳讲了眼前发生的这些事，也感慨不已："我跟黄尚书有旧，跟杨阁老也是同僚至交，今其儿女有难，岂能袖手旁观？"于是吩咐家丁找来押送杨慎的那两名兵部差役，多与盘缠银两，一路上特许黄娥陪同照应。杨慎夫妇感激不尽，从镇江登大船溯长江而去。

听到杨一清刚才说起与杨阁老是同僚至交，王阳明找到一个僻静处，跟杨一清耳语道："锦衣卫牟斌指挥临终前托人转话给我，说当初借日本僧刀构陷我一事，乃杨大人指使。在下一直搞不明白，杨阁老为官清正，待人诚恳，为何独独薄我？"

杨一清一听，稍作迟疑，旋即笑道："牟斌所谓杨大人，非指杨阁老，乃指老夫杨某也。"

王阳明一听此话，彻底懵了，愣在那里半天说不出话。

杨一清若无其事地说："老夫早知牟斌乃刚烈之士，无奈钱宁小儿正欲拿他开刀，我便让他把你当成一份投名状交了出来。那时太后正在抓你，有南京都察院的人关着你，太后那边也算交了差。"

王阳明一听此话，略为明白其中隐曲："老部堂深谋远虑，原来是保护晚辈。晚辈愚钝，险些领不了部堂大人的深情哩。"

杨一清接着说："保护你倒是小事，我其实更想让你知道官场的险恶，让你尝尝被挚友背叛的滋味，别光顾着坐而论道。"

王阳明这才恍然大悟，向杨一清长鞠一躬。

王阳明、李梦阳等人几经暗访，终于在南京雨花台找到方孝孺的墓穴所在。只是一个荒冢野坟，没有碑亭，也没有墓道。

王阳明令人将一件从浙江宁海方孝孺老家搜罗来的他生前的旧衣物，用竹竿撑成人形，立在坟旁，并将"回魂符"贴于旧衣中间胸口处，再将宁海方家旧宅门前泥土与"三魂七魄归身符"一起包好，藏到衣服里。

王阳明身穿道服领着众人在坟前焚香祭拜，然后在人形竹竿前三尺处站好，左手掐道诀，右手持桃木剑指着竹竿，口念"收魂咒"："湛湛青天紫云开，朱李二仙送魂来。三魂回来归本体，七魄回来护本身。青帝护魂，白帝侍魄，赤帝养气，黑帝通血，黄帝中主，万神无越，生魂速来，死魂速去，下次有请，又来赴会。谨请南斗六星、北斗七星，吾奉太上老君急急如律令。"

念罢符咒，王阳明又令人当场宰杀一只公鸡，将鸡血洒在竹竿上的衣服上。此时只见衣服内冲出一道白光，在空中绕了一圈，又变成一道红光瞬间射入坟中。

王阳明率众人朝坟穴又拜了三拜，方才宣告礼毕。大家回头再去察看刚才红光射入坟冢的地方，却惊奇地发现荒草掩映的坟堆底部竟然裂开一道两尺来宽的裂缝。李梦阳朝里面探头望了眼，嚷道："里面好像有暗道！"

王阳明也凑过来往里看，只见里面深不见底，泛着绿光，捡了块砖扔下去，半晌才传回一声闷响。王阳明心中好奇，提出下去看看。

李梦阳怯怯地说："我看还是算了吧，底下好像深得很，也不知道是墓室还是暗洞，怕是有古怪！"

"怕什么？"王阳明笑道，"我以前就是在山洞里住的，这儿好不容易找到一个洞，正想去探探哩！"

王阳明点了火把，在身上绑了根绳子，系了个铃铛，只身一人摸索着下到了洞里。里面有个墓门，门前立着两只怪异的镇墓兽。王阳明使劲推了推墓门，纹丝不动，叩了叩门上的铜环，又上下摸了摸石门板，看看能否找到暗道机关，可惜都没反应。

王阳明突然想起，此前听无为道人说起，墓道挡门机关大多是石门后面一个顺着凹槽滑下来的石球，可以用绳索来对付这种石球。他于是将身上的绳子解下，系成一个套圈，沿着门缝伸进墓道内，然后套住石球底部，猛地一拉，借着石球移位的瞬间猛地一推，石门果真被打开了。

这时一群黑色怪鸟从石门后窜出，向他扑面袭来。他吓了一大跳，连忙挥舞手中的火把去驱赶。怪鸟拍着翅膀飞开了，他仔细一看，原来是一些蝙蝠。

他伸出火把朝石门里照了照，又扔了块砖往里面探路，确保再没有其他动物窜出来，也没有伏弩、墓火等暗器发射，这才蹑手蹑脚地进入了墓室。

两旁是耳室，中间墓室不大，穹顶上画满了密密麻麻的七十二星宿图。墓室正中有一石棺椁，隐隐听见里面有动静。王阳明推开棺盖，一条碗口粗的白蛇窜了出来，张开血盆大口向他袭来。王阳明一个转身，左手执火把，右手迅速抽出青琅剑，刺向白蛇。白蛇在空中飞舞盘旋，"滋滋滋"地伸着舌头，几次差点就咬住了他。王阳明沉着应战，左右腾挪，把剑舞得不见人影。双方大战数十个回合，他瞅准白蛇一个破绽，挥剑斩断它的尾巴。受伤的白蛇顿时化作一缕青烟，飞向穹顶而去，消失在七十二星宿图里。

这时墓室里响起沉闷的说话声："心外无理，心外无物，心外无事……"这声音甚是古怪，又有些熟悉，跟上次他看辛弃疾真迹入幻境后掉井里听到的声音有些相似。莫非棺椁里死者复活了？抑或是那白蛇施了什么法，又让他产生幻觉？王阳明捏了下自己的胳臂，有疼痛感，再环顾墓室四周，也不像是身处幻境。

说话声还在继续。他仔细听了听，确定这声音是从棺椁里传出来的，心想他怀里揣着镇妖符纸，就算有什么厉鬼冒出来，正好收了它，于是提着剑小心翼翼地凑近棺椁。近到跟前，探头往里一看，里面除了摆着一本旧书，什么都没有。他觉得奇怪，明明刚才听见有说话声从里面传来，怎么里面却是空的？拿起书，就着火把看了眼封面，上面写着"侯城集"三个隶书大字。他捧着这本《侯城集》，如获至宝。方孝孺被车裂处死后，其著作从此被列为禁书，永乐年间凡藏其书者皆为死罪。这里竟然有一本方孝孺的作品集，真是弦歌未辍！

可是棺椁中为何不见方孝孺的骸骨呢？莫非被那条白蛇给吃了？或许这里只是疑冢，真的墓穴另在他处？王阳明这么想着，一只手不经意拍了下棺椁内侧的石板，不承想正好触发了什么机关，他整个身子被倒扣进了棺椁里，棺盖随即自动合上，一切如迅雷不及掩耳之势一般。他躺在棺椁里，使出全身力气想要推开棺盖，这棺盖却纹丝不动。刚才身子倒扣时火把也被甩了出去，现在棺内伸手不见五指，空气也稀薄，他刚才推棺盖时用力过猛，现在胸闷得很，能听得见自己大力喘气声。他知道无法推开棺盖，便只好静静地躺着，突然产生一丝对死亡的恐惧。他此前在工部观政时曾监修过威宁伯王越的坟墓，他知道一些反盗墓机关就设在棺盖或棺椁里，只要盗墓贼一触碰，就会将盗墓贼整个人反扣进棺内，从里往外是无法打开的。他明明可以防范这种事情发生的，刚刚因为看到《侯城集》一兴奋就大意了，现在只能躺在棺椁里等死。

不知道过了多久，就在他几近绝望的时候，那个古怪的声音又响起了，在棺内还发出嗡嗡的回声。他侧耳听了听，这声音像是从棺中头顶的位置发出的。他此前听说，有些陵墓里声音也可以当作开启机关的咒语。他想到这里，便抱着试一试的想法，学着那古怪声音的口气大声念道："心外无理，心外无物，心外无事……"

棺椁底板瞬间塌了下去，王阳明掉进了一个无底深渊般的黑洞中，在这黑洞里不知道穿梭了多久，终于重重地摔在一片沙地上，算是到底了。周围还是很黑，他爬起来，拍了拍身上的沙子，依稀看到前方屋子里有亮光透出，心想里面可能有人居住，这时也有点口渴，过去讨杯水喝也好。

屋子里人声喧哗。他敲了敲门没人应答，轻轻推门进去，只见好几位长者模样的人正在高谈阔论。他明明进到屋里了，屋里人却对他视而不见。屋里人有的峨冠博带，有的华服锦袍，有的却是轻装简服，口音也是南腔北调。他不好打扰他们的谈论，只好在墙角找了个空凳子坐下来。

这时背靠着他的一位长者回转身，目光正好与他相对。咦，这不是多景楼上那位袁老头吗？不过其目光炯炯，不像是盲人呀！

袁老头朝他点点头，轻声道："阳明先生来了？"

"您不是袁、袁先生吗？你的眼睛原来、原来看得见呀？"王阳明吃惊地张大了双眼。

"什么圆先生？你该叫他方先生才对，方孝孺，方老先生！"旁边一位大胡子老者看见有客人来了，笑着插话。

王阳明连忙施礼。

方孝孺笑道："老夫的眼睛在你们的世界是瞎的，但在我们自己的世界可是犀利得很，洞若观火啊！"

"你既说洞若观火，那你评评理，我跟陆象山孰是孰非？"大胡子老者指着另一位隆鼻瘦脸的老者说。

王阳明马上猜到了，大胡子老者是朱熹，隆鼻瘦脸老者是陆九渊，两位都是大名鼎鼎、名满天下的大儒。王阳明向两位一一鞠躬施礼。

方孝孺说："你们两个在鹅湖争了三天三夜，不分胜负，一直吵到这里还谈锋甚健啊。你们一个主张'道问学''格物穷理'，一个主张'尊德性''发明本心'；一个是向外求，一个是向内求。但依老夫所见，你们俩其实是本出一源，也将殊途同归。王阳明，你说是不是？"

王阳明赧颜道："两位夫子都是宗师大贤。晚辈认同方老先生的观点，两位都是圣学一脉，晚生试将两位夫子的高论融为'致良知'的学问。"

朱熹抚须对他微笑着说："你说'圣人之心如明镜，纤翳自无所容，自不消磨刮；若常人之心，如斑垢驳杂之镜，须痛加刮磨一番，尽去其驳蚀，然后纤尘即见，才拂便去'。你这'良知说'就不是理学，而是禅学，至于'知行合一'只是常识而已，谈不上是一门学说！"

王阳明反驳道："我所讲的格物、致知、诚意、正心，是学者本来日常用功的具体方法，体究践履，实地用功，有多少功夫、多少积累在！正与空虚顿悟之说相反。那些人本来没有为圣人之志，又没有深入探究，所以怀疑，这也没什么奇怪的。但是您这样高明，自然应当一看就明了，为何还说我的学说是禅学？"

朱熹哈哈一笑："我是在学别人的口气跟你说话哩。你那心学是不是禅学，老夫还不知道？听说你还编了一本《朱子晚年定论》，有人说你尽是臆测之词。老夫看啊，你才是深得我心哟！"

王阳明朝朱熹又鞠了一躬："多谢夫子谬赞。"

"话虽这么说，但我看你跟他老陆走得更近些，人们都称你们是'陆王心学'哦。"朱熹看了眼旁边的陆九渊，问王阳明，"老陆常将'六经皆我注脚'挂在嘴边上，你怎么看？"

"晚辈认为，陆夫子讲的这话，不是要降低儒学经典的地位，而是强调心即理，强调自得、自成、自道，也就是内心的打磨。'不倚师友载籍'，说的也是不唯书、不唯上，而不是号召大家不读书、不尊师。"

陆九渊微笑着点点头："阳明子所言，乃老夫所未言。"

"那你搞的那套心学，与朱子、陆子又有何异同？你是不是找到了通往圣学殿堂的终南捷径？"方孝孺好奇地问王阳明。

"世上哪有捷径啊？要领悟圣学的奥妙，都是要用心的，最快捷的方法就是扎实用心修行。寻求各种奇特法门，反而是浪费时间，浪费生命。"

"那你使了什么招数让诸生围着你团团转，如痴如醉般听你讲学？"

"晚辈只是兼采了朱子和陆子两家之长。既要读书，也要静心；既要内心打磨，也要事上磨练，强调'知行合一'。不只是'道心驾驭人心'，而是'心即理'，道心即是人心。格物致知，致的就是这个良知，而良知自然天成，无须格物，只求其放心、求其本心就好了。"

"呵呵，我说什么？这不就是我的那句秘诀——'心外无理，心外无物，心外无事'吗？"方孝孺看着朱熹、陆九渊得意地说。

陆九渊说："时辰不早了，我们还约了张载张横渠，去拜访周敦颐周老夫子请教学问哩。"

"也好，请阳明子喝口茶，那妖蛇被斩了，我们也可以放心地上路了。"方孝孺唤来书童端出茶碗。

王阳明见这茶碗晶莹如碧玉，瓷质细润，色青带粉红，蟹爪纹，紫口铁足。再看这茶色，翠绿有光泽。凑近一闻，香气扑鼻。抿了一口，茶香慢慢从舌尖沁到咽喉，四肢百骸是说不出的轻松快慰，竟然有点醉了。他依稀听见方孝孺在他耳际说着："燕逆之后是一代不如一代了，你们的皇帝不是瘸腿的胖子、被鞑靼所俘的大脑袋，就是恋母的结巴、天生的秃顶、无后的顽童，以后还会有炼丹的、不上朝的、做木匠的、多疑的，反正都不是好货色，都是视天下文人如粪土的主……"

王阳明听着听着，就睡着了。

过了许久，王阳明仿佛听到耳边有人喊他，他睁开眼，看到王能抱着他的身子使劲地摇晃，李梦阳等人围着他正焦急地注视着他。见他醒了过来，大家才喜形于色。李梦阳挥拳在他胸前重重地击了一下："叫你不要下去，你非要逞能！刚才要不是王能几个下去把你背上来，你就一直睡在底下，被老鼠啃了都不知道哩！"

"我刚才睡着了？"王阳明一脸的纳闷，回想起刚才在墓室里的一幕幕，不像是梦境呀。他咂了几下嘴巴，唇间还留着茶香哩。再摸了摸怀里，似乎有什么东西，掏出来一看，是一本《侯城集》。李梦阳一把抢过去翻了翻，说："这是方孝孺的墓，不假哩。你看，他的集子。"

王阳明还想说说在墓中的奇遇，话刚到嘴边，李梦阳打断了他："这集子是禁书，你可收好了。我们就当什么都没看见。走，我们去山上逛逛去！"说着，把书一扔就迈开脚走了。

阳光从树隙间洒下来，打在王阳明的脸上，他还有点恍惚，心想这世间事如梦亦如幻，说不清道不明，果真是心外无理、心外无物、心外无事哩。

第三章 草原之战

一 察静夫人是正德皇帝布的棋子?

王阳明和李梦阳等人祭祀完方孝孺后,第二天一早,杨一清一起床便唤人将窗户关上,说阳光太刺眼。家人大喜,纷纷奔走相告说,老爷的眼睛重获光明了!

杨一清情不自禁地叹道:"盲而复明的感觉真好!以前眼睛天天能看见东西,不觉得有什么好,有时还嫌眼中之物可憎、碍眼。一旦失明,才知道眼明的可贵,世间万物何尝不是如此呢?"

杨一清在家歇息了几日,眼疾已大好,此时李梦阳从南京过来,他便饶有兴致地问起祭祀方墓的事。杨一清说:"这王阳明还真有两下子,老夫这双眼,算是拜他所赐。可惜他正丁忧,不然为师我一定要上奏朝廷,让他与我同行,助我镇守三边。"

"王阳明少时尚侠,喜读兵书,颇有谋略。听他讲,他十五岁时,便单骑出关,游塞北,纵观山川形胜哩。"李梦阳说起王阳明的事迹来,津津乐道。

"这次为师我奉旨挂帅,三任三边总制,虽说是圣上的莫大恩宠,但内心仍忐忑不安。这次鞑贼亦不剌来势汹汹，恐怕不好对付。若是有王阳明助我一臂之力，还好。不然，怕是凶多吉少。"

"恩师这是哪里的话，这亦不剌充其量不过是有勇无谋的匹夫而已。恩师此前又不是没有跟他交过手。"

"亦不剌此前只是流寇，冬季大漠闹饥荒，南下犯边抢抢粮。这次似成气候，犯我肃州、凉州，南下河套驻牧，似有常住之意。情况不明，不好对付啊。"

"这些日在南京时，王阳明偶尔跟学生探讨过恩师此次出征的形势，他似乎对亦不剌和鞑贼各部落源流有些研究哩。"

杨一清长叹一声："俗话说'书到用时方恨少'，我这会儿才知道，人到用时也方恨少啊！"

又过了几日，边塞急报纷至沓来，朝廷兵部也不断来公文催。杨一清眼看拖不过，便择一吉日，恋恋不舍地辞别亲友，北上赴任。

到了瓜洲渡口，杨一清站在岸边与这个东聊几句，与那个西扯几句，磨磨蹭蹭就是不肯上船。李梦阳站在船上都急了："先生，您就赶紧上船吧，再不发船，等会儿起北风了就更不好走了！"

看到杨一清时不时地往上游瞭望，李梦阳似乎明白了怎么回事，又嚷道："您老是在等王阳明吧？他这会儿估计又上哪个书院讲学去了，肯定是来不了啰。"

杨一清听他这么一讲，只好怅然若失地上了船。艄公起篙挂满帆，大船朝江北徐徐驶去。

刚至江心，只见上游一艘快艇乘风破浪顺江而下，船头立着一位青衣男子，隔着老远朝大船这边挥手喊话。杨一清定睛一看，正是王阳明，顿时喜出望外，忙让艄公抛锚停船。

等到王阳明被接上大船，杨一清喜不自禁地挽着他的手说："这几天总预感你会来，今天果真来了！真是喜从天降啊！"

王阳明笑着说："前几天晚生掐算了下，部堂大人今日会启程，于是特地赶来给您老人家送行。"

"拿酒来！今日我要跟你阳明子在这长江之上痛饮一番！"杨一清神采奕奕，一副豪情满怀的样子，在场的人都被他的情绪感染，整个船舱里顿时喜气洋洋。

几杯酒下肚，杨一清便打开了话匣子，拉着王阳明的手问："听说你对亦不剌这些鞑贼了如指掌，不妨指点老夫一二？"

"岂敢！晚生在兵部时，曾经对鞑贼这些部落沿革和纷争略有研究。前些日听闻您老人家要去北征亦不剌部，又查阅了些典籍和方志，也算是对亦不剌有点了解。"

"这亦不剌，老夫此前也跟他交过手。此贼十分凶悍，好像是从哈密流窜到河套的酋长。这些年打也打了，和也和过，但他就像张狗皮膏药，贴上了。"

"亦不剌，又称亦不剌因、亦孛来、倚巴、尾白儿等，应当出身于驻牧在哈密北山的野乜克力部，是鞑贼太师也先的孙子，他的母亲是亦力把里部歪思汗的妹妹马黑秃木。"

王阳明抿了口茶，如数家珍般地将亦不剌的身世源流讲了个明白。

歪思汗在吐鲁番附近与也先打了一仗，结果战败被俘，不得已将自己的妹妹马黑秃木送给对方。也先将马黑秃木嫁给了自己的儿子阿马桑赤，生下两个儿子——亦不剌和亦剌思。两兄弟都随母亲皈依了回教。后来，由于宗教信仰问题导致阿马桑赤与两个儿子起了冲突。大约在弘治晚期，两兄弟率其所辖部族向东迁徙，侵扰归顺大明的忠顺王领地哈密卫，还将战火烧到嘉峪关、肃州卫一带。经过一番征战，亦不刺终于成为鞑靼右翼永谢布部领主。同部太师锁加思兰、亦思马因先后被剪除后，他继任达延汗的太师，控制右翼三万户，满都赉阿固勒呼的阿尔秃厮部和火筛的满官嗔部都听他调遣。他除了率领右翼与左翼的达延汗争雄抗衡外，还不时窥伺明朝边境。这达延汗，汉地俗称他为"小王子"，是鞑靼的一代霸主。他将当时漠南、漠北各不相属的大小领地合并为六个万户，分为左右两翼，每翼三万户。左翼三万户有察哈尔万户、喀尔喀万户、兀良哈万户，右翼三万户是鄂尔多斯万户、土蛮万户、永谢布万户。左翼三万户由小王子直接统治，驻帐于察哈尔万户；右翼三万户由济农，也就是亲王代为管辖，驻帐于鄂尔多斯万户。

小王子为了消除异姓权臣在右翼的割据势力，派出次子乌鲁斯博罗特赴任右翼济农，却被想保持异姓领主权势的亦不刺杀害。正德三年秋天，痛失爱子的小王子气急败坏，亲率左翼三万户征讨亦不刺。由于报仇心切，出师仓促，准备不足，小王子遭了亦不刺的伏击，险些送命。小王子仓皇逃回察哈尔本部后痛定思痛，重整旗鼓，等到秋高马肥之时，在大青山一带率奇兵击溃亦不刺。亦不刺率领残部西逃青海，其余右翼军队被小王子尽行收服，并一举统一漠南各部。

"可就当小王子在鞑靼各部权势冲天之际，四十四岁的他却在应州大捷一役中被我大明武宗皇帝射了一箭，仓皇北逃大漠后不久就一命呜呼了。他的儿媳妇察静夫人还成了我军的俘虏。"王阳明说起这段神采飞扬。

"过瘾！武宗皇帝真对得起他的这个庙号！"李梦阳在一旁听得如醉如痴，当听到小王子被正德皇帝射死后，禁不住击节称赞。

杨一清也捻须含笑道："阳明说起鞑部掌故来，真是如酒肆说书一般好听。"

"还有精彩的一节，忘了跟你们讲。"王阳明喝了口热茶，不慌不忙地摇起纸折扇来。

李梦阳可急了，用胳膊顶了他几下："快讲！不准卖关子。"

"刚才杨部堂不是说像在听说书吗？那这个关节口，正是扫台打赏的时候了哦。"王阳明开起了玩笑。

李梦阳从怀里掏出一锭银子，砸在茶几上："这可是锭上等官银，够你这个说书佬打好几顿牙祭的了！"

众人大笑。

王阳明接着说："小王子七岁时娶了三十二岁的婶娘为妻，两人还生了八个小孩。"

众人一听此话，无不瞠目结舌。

王阳明说到这里，又摇扇子卖起了关子。

杨一清朝李梦阳使了个眼色，笑道："你又该掏银子了哦！"

李梦阳朝怀里掏了掏，又朝两只衣袖里摸了摸，两手一摊，愁眉苦脸道："囊中羞涩了！"

众人又大笑。

王阳明将折扇一下子折上，朝茶几上一拍："话说满都海十四岁那年嫁给了大汗满都鲁，之后生了两个女儿。可是没几年，满都鲁和他担任济农的哥哥巴延蒙克相继死于部落纷争。满都鲁的遗孀满都海便执掌汗廷大权，统辖鞑靼各部。由于满都鲁没有儿子，这样一来就没有人继承大汗的位置。"

"那咋办？"李梦阳好奇地问。

"于是当时各部落的头目商议后决定，谁迎娶了满都海谁就可以做大汗。一时间求婚的人蜂拥而至。很多人都以为手握重兵、孔武有力的火儿慎部乌讷博罗特王将会脱颖而出。而满都海却想着自己嫁的人不能是外族，如果选择外族头领必将惹来争议，甚至引发各个部落大动干戈。"

"那就只好从内族里挑选了哦。"李梦阳插话说。

"但当时内族的人选只有七岁的孤儿巴图孟克，他是巴延蒙克的儿子、满都鲁大汗的侄子。"

"这也行？"

"行！"王阳明笑着说，"满都海扶立他即了汗位，并同他结婚。当时鞑部内斗不断，为了拿下本部的宿敌卫拉特诸部，满都海只能把小丈夫巴图孟克装在放箭的箭囊里背着，亲自驰骋沙场。这个巴图孟克长大后就是达延汗小王子。他跟他的这位婶娘夫人共生下七个儿子和一个女儿，其中有三对还是双胞胎哩。"

杨一清啧啧道："这也是奇了！"

大家就鞑子部落这些传奇故事和迥异习俗七嘴八舌地议论了起来。李梦阳朝大伙摆了摆手，问王阳明："你这说书佬说书倒是说得很精彩，但恩师要征剿亦不剌，也没见你支什么招啊？"

大家这才安静下来，将目光投向王阳明。

只见他不慌不忙地抿了口茶，又吃了块点心，说："小王子死后，鞑子汗廷的大权便落入他的儿媳察静夫人之手。我刚才讲了，武宗皇帝在应州大捷中生擒过她，但大家可能有所不知，咱们这位好武的先帝爷待她不薄，将她留在身边，形影不离，称其为'香妃'。"

"香妃？武宗朝后妃典册上没见有这封号呀？"李梦阳一脸的坏笑。

"香妃，也就是武宗皇帝身边人称呼她的一个雅号而已。后来武宗又完好无损地将她放回了大漠，还封了她一个'金帐郡主'。"

"这也奇了，这不像咱们这位先帝爷的风格呀，这肥水可流了外人田了哟!"李梦阳哈哈大笑。

"咱们这位先帝爷,有些举止看似荒唐,但其实心中还是很有韬略。你难道看不出来,这察静夫人是先帝爷提前在鞑子部落布下的一颗棋子?"

杨一清一拍大腿:"老夫明白了!你这是在提醒我们,让我们与这察静夫人联手,夹击亦不剌?"

王阳明微笑着点点头。

李梦阳这才如梦初醒:"先帝爷其实是位高人啊!"

分别之际,王阳明又将李梦阳拉至僻静处,再三叮嘱:"我看老部堂此次心高气傲,似有轻敌之举。献吉兄跟随他身边,宜经常劝谕,多加小心!"

李梦阳拍了拍胸脯:"这个你尽可放心,我也是谨慎之人。"

二 杨一清败走柳条川

杨一清一路北上,年底时赶至陕西就任三边总制。三边将士闻之,无不欢欣鼓舞。

此时,亦不剌部已出现在甘、凉边外。此前陕西近边城堡的防冬官兵有春例轮休,现今边防吃紧,官兵已有三年没有轮休。

肃州暗哨"夜不收"杨荣等四人来报,称其在天仓墩瞭望,被鞑贼捕捉到营。鞑贼头目说他们是野乜克力部落人马,先前有满可王等去甘肃见众大人,蒙朝廷给了许多赏赐回来。现今有亦剌思王和亦卜因王、满可王、奴秃卜花太师、哈剌忽平章等从哈密地方上领着部下人口来到亦集乃地方住着,要与朝廷出力气。有大鞑子人马要他们一起去抢肃州，他们不肯依。杨一清心想，这定是亦不剌部受了鞑靼本部的袭击，南下躲避其锋芒。延绥副总兵侯勋说："这亦不剌贼前番吃了小王子的败仗，西遁青海湖畔。但每年冬天趁黄河冰冻时便南下小河套内驻牧，少不了沿路掠抢。"

杨一清道："咱们是仁义之邦，既然鞑贼有心归顺，自然要给他们机会。"于是派抚夷千户陈杰、"夜不收"杨荣和两名充当翻译的哈密哈剌灰夷人，携几车羊酒米面出境招谕。杨一清交代，若他们果有诚心归附，便招抚，令其前来。

几天后，陈杰果然带着亦不剌部一名唤川哥儿的头目和其余三十三人来到花马池三边总制驻地。川哥儿叩见杨一清后，自称是野乜克力部落坐营大头目亦剌思王部下头目。他可怜巴巴地说："有外边大鞑子常要来抢，逼胁我们亦剌思王给其领路来犯肃州。我们不肯依，他们便将我们抢了一遭，说：'再不肯时，还要再抢。'因此，我们亦剌思王无奈之下带马一千、驼二百、羊一千，与其陪话去了。我们在亦集乃地方上住着，害怕汉人把我们认作歹人；在外面住着，又怕大鞑子来抢。我们日子十分艰难，过不得，因此要讨个水草便利地方住着，与朝廷进贡出气力。"

"那你们想在哪住着便利些？"杨一清发话。

"就在这甘肃城边做些买卖过日，别无歹意。"

"城边哪有什么买卖做，况且边境互市要有朝廷的旨意才好。"

"那可否借小河套给我们驻牧，挨过这个冬天就好。"

"河套紧邻我腹地，岂能外借？不如厚犒你们些粮草，你们往乌斯藏一带去吧，那边水草也很肥沃。"

"如此也好。不过可否让我们借道肃州南下，绕道贺兰山过去？往西的路被大鞑子封死了。"

杨一清想了想，答应了下来，并吩咐道，只许借道，不许袭扰百姓。

川哥儿叩了几个响头，连声道谢："大人如此厚爱，我们一定谨遵钧令，秋毫不犯。"一行人欢喜而去。

等这群鞑子出了辕门走远了，李梦阳不无担忧地说："这帮鞑贼，冥顽不化，喜怒无常，恐怕有诈。先生可要当心！"

杨一清笑道："呃，你莫太过紧张，这些不过区区几个流寇，似乎也不是亦不剌的亲支，因被小王子的本部人马追赶得走投无路了，特来求饶，起不了什么风浪。"

没几日，杨一清接报，亦剌思部借道南下后，没有往西去，而是拥众渡过冰封的黄河，乘隙侵入套内西部黄河东岸一带驻牧。杨一清大怒，骂道："鞑贼负我！"当即点兵，要去追杀亦剌思部。李梦阳苦劝道："今鞑贼悍然入套，早有预谋，想必也料到夫子会派兵追击，恐怕沿途早就布下伏兵。"

杨一清还是怒不可遏："这帮背信弃义的鞑贼，都是只会硬冲硬杀的暴徒！就算他们设伏，老夫岂能怕他？"

总兵官马昂也在旁劝道："大帅还是谋划周全方好，此贼来势汹汹，非同往年小股袭扰、见好就收之徒。这小河套北邻乌拉特草原大鞑子本部，搞不好，我们还要腹背受敌。不如征调各路人马，合围方好。"

延绥副总兵侯勋却说："等到我们调兵合围，这帮鞑贼早就流窜至山西去了，到时京师震动，皇上怪罪下来可不好。依末将看，亦不剌前番新败，如丧家之犬，早就被小王子吓破了胆。不如我军来他个出其不意，速战速决。"

"说得好！"杨一清愤慨地说，"民谚有言：'黄河百害，唯富一套。'河套如此水草肥美之地，岂能拱手让人？你们无须多言，本帅将亲率威武文明之师，一举将这帮四处流窜的丧家之犬剿灭殆尽！"

杨一清令侯勋为先锋，率精兵两万由新兴堡出击，他自己则亲率大军五万跟进。

在定边县郊，大军路遇一帮人马，远远看见尘土飞扬。杨一清怕是鞑子兵，派出数名"夜不收"去前方探明虚实，令兵马加快行军速度，准备与鞑子短兵相接。近到跟前，只见这帮人个个手持刀棒，吵吵嚷嚷，为首一人，身材修长，浓眉大眼，颇有威仪，不像是鞑子。杨一清喝问："来者何人？见到本帅还不快快回避！"

此人一听此言，二话不说，领着这股人马仓皇而逃。

这时几名"夜不收"回来禀报说，这帮人马是洛川县谋反的反贼，领头的叫李午，是弥勒教的龙虎大天师。

杨一清一听大怒："这帮山野小寇，装神弄鬼，今天撞到本帅手中，正好灭了他们！"说罢就要下令去追。

李梦阳连忙劝止："俗话说，'将军赶路，不追小兔。'咱们当务之急是阻击亦不剌，这等小贼先放放再说。"

且说先锋侯勋在半路上遭遇川哥儿的小股人马，顿时仇人相见分外眼红。侯勋在阵前大骂："喂不饱的狗鞑子！天杀的畜生！今天看爷爷取你项上狗头当球踢！"

川哥儿也骂道："大路朝天，各走一边！爷爷我走的路是当年咱祖宗成吉思汗蹂躏你们汉人的老路。你敢来送死，休怪爷爷刀下无情！"

侯勋还想再骂，那川哥儿懒得跟他废话，马鞭一挥，率众冲杀过来。侯勋赶紧挥舞令旗，击鼓进军。两军恶战，明军人多势众，鞑部骁勇异常，直打得昏天黑地，不分胜负。此时，只听西北方鼓角齐鸣，随即一队人马出现在战场后方，旌旗分明，兵强马壮。为首者白须过肩，威风凛凛，目光如炬，正是大明三边总制杨一清。杨一清指着川哥儿怒吼道："背信弃义的狗鞑贼！今不灭你，天理不容！"

话音刚落，明军个个如狼似虎般地掩杀过去。鞑部顿时乱了阵脚，川哥儿眼看抵挡不住，率残部逃跑了。

侯勋接到杨一清，气喘吁吁地说："大帅来得正好，鞑子鲁蛮，末将正有些吃不消了哩。"

杨一清笑道："区区小贼，跟我天兵天将作对，岂不是自取灭亡？"

侯勋道："鞑部落荒而逃，我军正好乘胜追击！"

李梦阳连忙制止："《孙子兵法》说'穷寇莫追'，何况天色已晚，前方路况不明，大军不可深入。"

"呃，尽信兵法不如无法。"杨一清信心满满地说，"将士们士气高昂，正好一鼓作气，将鞑贼赶尽杀绝！"

明军一路追赶，到龙州城外遇见鞑部，又是一场好战。川哥儿残部哪里是明军主力的对手，打了一阵，折损过半，只好往北面柳条川方向逃窜。

杨一清还要再追，李梦阳劝道："前方就是龙州城，我军不如进城休息一夜，明日天明再追不迟。"

侯勋道："李郎中此言差矣！战机稍纵即逝，此时不追，更待何时？"

杨一清也点头称是。李梦阳见自己的意见不被采纳，气急败坏地指着侯勋说："此番去，必大败！到时无人收尸，休怪！"

侯勋也怒道："书生之言，危言耸听！老子懒得跟你纸上谈兵！"说罢带着他的部下驱马往北追去。杨一清也被一队校尉簇拥着跟了上去。徒留李梦阳一人驻马在原地，进退两难。他想起临行前王阳明的嘱咐，仰天长叹一声："王阳明，你在哪里呀？老夫子不听我劝啊！"他望着大军远去掀起的飞扬尘土，犹豫了好一阵子，终于一咬牙，调转马头向龙州城奔去。

却说杨一清、侯勋一行追赶鞑部来到柳条川，只见川哥儿正率部急忙过河。侯勋叫道："兄弟们给我杀啊，正好击其半渡！"明军于是对鞑部发动攻击，与他们短兵相接。川哥儿率着部下抵挡了一阵，无奈不谙水性，许多士兵落水而亡。杨一清大喜，命令明军全部下河追击敌人。

正当明军或骑马或乘木筏下水后，河这边山谷后面突然响起雷鸣般的轰鸣声。杨一清回头一看，大惊失色，原来是一大队鞑部人马从山上冲杀过来。这时川哥儿指挥其部下也调转马头，对刚上岸或正在渡河的明军展开夹击。明军腹背受敌，顿时军心大乱，慌不择路，自相践踏，死伤过半。

杨一清在一群亲兵的拼死掩护下，才终于从乱军中冲了出来，单骑沿人烟稀少的柳条川上游逃亡。坐骑乃日行千里的汗血良驹，他风驰电掣般跑了十几里路，天色渐渐暗了下来。而前方的路更加逼仄，山重水复，像是到了一个没有人迹的绝境。好在后方没有了动静，追兵似乎已被他甩开老远。毕竟上了年纪，经过这一阵奔波，人已经困乏到了极点，于是下得马来，走到河边弯身用手掬了几口清冽的河水喝了，精神方觉好些。他偶然发现河对岸有一个洞口，透着光，像是河谷的出口，内心顿时有了一种绝处逢生的喜悦。于是赶紧上马，蹚过刚刚没过马膝的河水，到了对岸，寻到洞口，只见上方刻着三个字"斩石峡"。他朝里面四下张望，发现此洞中是空的，外面连着大路。他正欲打马从洞里穿行，突然十几个蒙面大汉从洞旁山坡荆棘丛里跳了出来，个个脚踏军靴，手里提着刀枪，将他团团围住。

杨一清暗叫一声"不好"，可能遇到了鞑子伏兵。这些人嘴里嚷嚷着，听不清是鞑子语还是土话。杨一清灵机一动，用鞑子语跟他们说道："其赛白努，币报了汗尼乃吉。"他毕竟长年在北地戍边，略通鞑子语，他这话的意思是"我是大汗的朋友"。可这些人一听却傻了眼，你看看我，我看看你，似乎听不懂杨一清说的话。

为首的一个大胖子大声叫道："老子懒得搭理这老小子！老子今天就是要送他上西天！"说着将蒙在脸上的黑布一扯，露出一张满是疙瘩的脸来。

杨一清一看，大怒，骑在马上厉声道："大胆陈杰，竟敢以下犯上，不怕满门抄斩吗？"

原来杨一清军法严峻，不留情面，有参将、游击等将领稍有懈怠，便令中军典仪官在他们脸上涂粉，让他们穿着女人的绿衣裳，扎着女人的头巾，在营中游行示众。由此军威振肃，但含愤者也不在少数。抚夷千户陈杰为了报此前游行的私愤，不仅与亦不剌手下勾结，还在此处设伏，欲害杨一清性命。

陈杰涎着脸说："老子在这苦寒之地戍边十多年，就在营中贪了几杯酒，竟被你这老小子当众游行，士可杀不可辱！"

"你这个叛国贼，算什么士？不要辱了岳飞、文天祥这些士的脸！"

"老子懒得跟你这老鳏夫掉书袋，老子今天就结束了你！这些大道理你就留着下去跟阎王爷讲吧！"

杨一清仰天长叹："'人生自古谁无死，留取丹心照汗青。'老夫今日死得其所，死而无憾！"

陈杰挥刀就要朝杨一清身上砍去，旁边一位蒙面汉一把扯住陈杰，劝道："莫杀他！不如把他交给鞑子，还可换点赏钱！"

"他都看到我的脸了，岂能再留他？"陈杰一把扯了他脸上的黑布，此人正是"夜不收"杨荣。

杨荣连忙用衣衫去遮脸。

"杨荣，我看你还往哪躲？"陈杰哈哈大笑。

杨荣气急败坏地嚷道："当初说好的，只劫一票，换些银两。你这会儿又要害杨大人性命，我一家老小可还在肃州城里呢！"

"杨荣，我命你捉拿叛贼陈杰！戴罪立功，老夫必有重赏！"杨一清说起话来，仍是威风凛凛。

杨荣和其余几位蒙面汉，一听杨一清发令，竟有些动摇，踯躅不前。

陈杰一见这阵势，怕夜长梦多，又举起大刀要砍杀杨一清。杨一清朝他猛然大吼一声："叛贼！"

其声有如雷鸣，陈杰一惊，举过头顶的大刀没拿稳，一下子掉落地上。

杨一清趁其不备马鞭一抽，马儿撒蹄就跑，冲出包围，从洞里穿过了河谷，前面是开阔的草原。陈杰等人骑马拼命追赶，紧紧咬住不放。眼看夜幕降临，天上群星若隐若现。杨一清老眼昏花，这么夺命狂奔了半个时辰，渐渐有些体力不支，几次差点从马上颠了下来。

正在此时，前方地平线上出现灯火，慢慢地，一支队伍出现在眼际。杨一清心里打了个咯噔，若是鞑子兵，那今晚就真的要杀身成仁了！

后面追得更紧，杨一清顾不得多想，只好狂抽马鞭，硬着头皮往前方奔跑而去。

三 明军遁入草原之城乌拉特

快到跟前，杨一清才看清前方是明军的旗帜，连忙大呼"救命"。明军队伍里有人大喊："是杨大帅，快去救护！"杨一清一听嗓子，像是李梦阳的声音，心中燃起希望，便使尽最后一丝力气，纵马向明军奔去。

这时轮到陈杰等人大吃一惊了，纷纷掉转马头，逃命而去。杨一清从马上跌落下来，有气无力地用手指着来的方向说："是叛贼，叛贼陈、陈杰，快、快去追！"说罢昏死过去。

自有一队人马去追捕陈杰。李梦阳勒住马头，翻身下马，将杨一清抱起，用大拇指猛掐他的人中，又解下随身带的葫芦，喂了他几口水。他这才咳嗽一声，苏醒过来，看见眼前是李梦阳，老泪纵横地说："老夫今儿差点折了，后悔没听你的话啊！"

这时，镇守龙州城的副总兵姜奭率众将前来拜见。姜奭说："杨荣几个叛贼都抓回来了，可惜陈杰这厮漏了网。"

李梦阳见天色已晚，杨一清又病得不轻，便吩咐就地扎营，待天明后再做打算。

一夜无话。第二天拂晓，众人发现整座大营已被鞑子兵包围。营寨外黑压压的全是鞑子兵，叫骂不绝，甚嚣尘上。

杨一清被李梦阳搀扶着来到营寨门前张望了一下，突然急火攻心，一口鲜血从嘴中喷了出来。众人忙将他扶回营帐歇息。

杨一清扶病召集李梦阳、姜奭等人商议对策。姜奭激愤地说："我军乃边军精锐，此时虽被围，但拼死一战，突围出去也不在话下。"

　　李梦阳看了眼畏缩在虎皮椅里喘息不宁的杨一清，叹了口气："大帅病得不轻，突围恐怕不易。"

　　杨一清朝他摆了摆手："老夫只是累了些，应无大碍。众将士若能冲得出去，无须顾虑我这一把老骨头。"

　　李梦阳和姜奭对视了一眼，双眼都有些湿润。

　　"那往哪个方向突围才好？"姜奭问道。

　　"依我看，往北好些。"李梦阳想了想，答道。

　　"龙州城在南面，往北可是鞑贼的老巢了呀！"姜奭一脸的疑惑。

　　"我刚才在塔楼上侦察了一下，鞑子兵把东西南三个方向都围得水泄不通，唯有北面似是老弱之兵，稀稀拉拉的，似有空隙可钻。"李梦阳说着，用双手做了一个合围然后突破的手势。

　　杨一清清了清嗓子，用嘶哑的嗓音说道："我同意献吉的想法，就从北突围。但若想成功，我们还得来个'声南击北'才好。"

　　"如何'声南击北'？"姜奭问。

　　"本帅率一支人马，开南门与鞑贼应战，拖住他们主力。姜总兵率主力趁机往北突围。"

　　"不可！"李梦阳和姜奭异口同声地答道。

　　杨一清道："本帅主意已定，一个时辰后全军突围，你们下去准备吧。"

　　李梦阳、姜奭二人含泪出了营帐，窃窃私语道："得想出一个万全之策，不能让杨大帅白白送了性命。"

　　一个时辰后，杨一清披挂上阵，点将发兵。李梦阳低声禀道：

"恩师能否晚半个时辰发兵？"

杨一清瞪了他一眼，厉声道："军营中没有恩师，只有大帅！"说罢，拔出腰间宝剑，下令姜奭率大部主力寻机出北营突围，由他亲率一支敢死队出南门迎敌。姜奭、李梦阳只好遵令。

一声炮响，杨一清率兵冲出了辕门，在营寨前一字排开，身后帅旗招展。

鞑部闻讯也列队对阵，叫嚣声不绝于耳。一个鞑子兵举着一杆旗子，旗杆上挂着一颗人头。杨一清定睛一看，是侯勋的人头，顿时愤怒异常，大声吼道："本帅乃大明兵部尚书、总制陕西三边军务，叫你们头领出来说话！"

这时对方一位老者骑着大白马从队列中出来，只见他满脸都是黝黑的皱纹，头上辫子和胡须都已斑白，腰板却挺得很直。他中气十足地说："本人就是大元天盛可汗也先的嫡孙亦不剌王。"

杨一清大吃一惊，以为这支人马顶多是亦剌思或川哥儿的小股鞑部，没想到竟然是亦不剌的本部人马。他又望了望这位老者，见他虽已年迈，精气神却异常得好，心中暗自称奇：就这么一个年过七旬的老者，竟然让大明边将们引为心腹大患，叫苦不迭。杨一清心里虽对此人有些钦佩，口上却义正词严地说："大胆亦不剌，朝廷对你格外开恩，每年赏赐颇丰，你却口是心非，屡次犯我边境。今番不思悔改，还敢围攻本帅，你不怕朝廷降罪于你吗？"

亦不剌冷笑一声："有水草的地方就是我们成吉思汗子孙们驻牧的地方。你知道脚下这片地叫什么名字吗？"

见杨一清答不上来，亦不剌接着说："叫速罕秃，是咱们老祖宗成吉思汗小时候放牧斩杀恶狼的圣地！"

"这些老皇历，我们先不翻。本帅且问你，前几日，你派来一个叫川哥儿的来跟本帅求饶，口口声声说要给朝廷出力气。本帅赏了许多羊酒米面，还允准你们绕道贺兰山去乌斯藏。你们就是这样为朝廷出力气的？"杨一清高声质问。

亦不剌一时无语。

杨一清接着说："今天你就算杀了本帅，又能得到什么好处？还不是两败俱伤？本帅想与你再来个协议，你们如肯从河套撤兵，我们再厚赏你们更多给养，保你们今冬无忧。"

亦不剌一听此话，有些心动，回头与他兄弟亦剌思等人商量。这时一直躲在他们身后的陈杰骑马出来，大声朝亦不剌喊道："这个姓杨的老小子，一向对人冷酷无情，而且狡诈多疑。大王今天如放他生路，回头他会调动大军围剿你啊！他以前对付你们的手段，你们忘记了吗？那年大王您跟小王子交战，他趁火打劫，烧了你们的粮草，害得你们兵败大青山哩！"

亦不剌一听兵败大青山的事，这可是他由盛转衰的转折点，也是他一生的耻辱，他的眼中就重新燃起复仇的怒火。他狠狠地说："狗官！你们才是搞偷袭的小人！有本事，今天就跟本大王真刀实枪地过过招！"

杨一清笑道："胜败乃兵家常事。今天你若与我为敌，就不怕我军与小王子的旧部夹攻你吗？这样的话，你们还不是要从河套丢盔弃甲而去？与其如此，不如拿了朝廷的赏赐，风风光光地撤出河套，今后我们井水不犯河水，有事还好商量。"

亦不剌又有些动摇。陈杰害怕自己被杨一清活捉回去，害及自己的家人，便焦急地对亦不剌说："大王休听他胡说，他们这些当官的，满嘴仁义道德，其实一肚子尔虞我诈。今天您不动手，明日肯定后悔莫及！"

杨一清指着陈杰骂道："你这个以下犯上的奸贼！无耻之徒！"又转而跟亦不剌说："这种有奶便是娘的家伙，他今天背叛我，你能保证他改日不会再背叛你吗？"

亦不剌还想跟手下商量些什么，这时哨兵来报说，明军主力以迅雷不及掩耳之势从北面突围而去。亦不剌一听，差点从马上暴跳起来，指着杨一清大骂："你在这跟老子瞎扯，原来是为了拖延时间。老子今天一定要亲手宰了你这个天杀的老王八！"他大手一挥，千军万马便朝明军冲杀过来。

杨一清也挥舞令旗，指挥大军迎战。两军短兵相接，杀声一片。明军寡不敌众，自然不是亦不剌部的对手，没多久就败下阵来，杨一清在亲兵护卫下往北撤退。亦不剌死死盯着他，率军紧追，眼看就要追上，就在这时，亦不剌部后方响起隆隆炮声，乱作一团，溃不成军。原来是李梦阳、姜爽二人率军从北面突围后，并没有直接往北逃离，而是转而从东西两翼外围包抄亦不剌部。当杨一清与亦不剌两军对垒、互相对骂时，他们已经像两把尖刀一样插入亦不剌部后方，发起了反攻。

杨一清见这情况，朝手下将士大喊："援军来了！今天不是我们死，就是鞑子亡。兄弟们，给我杀个回马枪！"这边将士见援军已至，迅速调转马头，反击亦不剌部，个个信心百倍，格外英勇。亦不剌哪里料到明军会上演这么一出，一下子乱了方寸，也不清楚攻击他们后方的明军究竟是何方神圣，又有多少人马，只得放弃追杀杨一清，率部往东西两侧山地撤离。

当他们骑马一阵狂奔，来到两侧山地时，亦不剌登高一望，这才连呼上当。原来袭击他们后方的并不是什么明军主力，而是已被他们包围又从北面突围出去的那支军队，充其量不过一千来号人马。亦不刺眼见这支明军护着本已成他俎上鱼肉的杨一清从北面一道狭长的口子里撤了出去，顿时气急败坏，仰天长啸一声："追！"

杨一清与李梦阳、姜奭合兵一处后，士气高涨，策马向北狂奔，将亦不刺部远远地甩在了身后。

等到亦不刺发现自己上当后，便率领手下发了疯似的一路追赶。

双方在草原上跑了大半天。傍晚时分，眼前出现一座规模宏大的草原之城。城郭由砖土堆成，虽不甚高，但却连绵数十里，城楼上旌旗飘扬，城门有行人进出，川流不息。

远远望见城郭之际，明军与亦不刺部都停了下来，双方保持着一段安全距离，驻足歇息。

杨一清问："前方城郭是何地？由谁掌控？"

明军诸将都答不上来。李梦阳想了想，答道："从城郭规模和地理方位来看，十有八九是小王子的鞑子本部乌拉特草原之城。"

杨一清道："怪不得亦不刺不敢逼近。眼看夜幕降临，那我们如何是好？"

大家摇头叹息，不知所措。

李梦阳突然想起王阳明此前在长江船上跟他们讲过有关察静夫人的那些话，便说："学生斗胆建议，直入草原之城，与其联手夹击亦不刺。"

"我们明军与鞑子可是宿敌，我们去他们的汗廷，岂不是自投罗网？"姜奭表达了他的忧虑。

李梦阳回望南面对他们虎视眈眈的亦不刺部，又无奈地看了看杨一清，意思是我们已走投无路，别无选择。

"哎——"杨一清长叹一声，"兵法说'置之死地而后生'，又说'不入虎穴，焉得虎子'。我们既然没有退路，不如直入汗廷，或许可转危为安。"他随即向草原之城派出使节，并解下他随身佩带的一块玉佩作为信物赠予汗廷。

一炷香工夫，使节回来禀报说："汗廷甚是欢迎杨大人率明军来访。"

杨一清于是令明军向草原之城进发，他亲自骑马走在队伍的最前面。一路上，大家心神不定，忐忑不安。姜奭凑到跟前劝道："大帅殿后，我当先锋率先进城。万一有个好歹，你们还好跑路。"

杨一清悍然拒绝了他的建议："我是主帅，危难之际，若还瞻前顾后，众将士心中岂不更是七上八下。我虽与小王子大战数回，但我内心也还佩服他是条汉子。他的汗廷应该不会像亦不剌这种流窜部落，口是心非。"说罢，打马向草原之城奔去。

进了城门，杨一清令姜奭率明军大部人马在瓮城列队等候。他与李梦阳等数名随从步行进入城内。

城内早有汗廷的马车接上杨一清一行，直抵汗廷宫内。说是王宫，其实只是几个庞大的蒙古包。小王子的孙子博迪汗在中间最大一个蒙古包内接见了杨一清。接了蓝色哈达，喝了酥油奶茶，杨一清开门见山道："此次登门拜访大汗，虽实出无奈，但也算是机缘巧合。"

"杨大帅深入大漠，亲临我汗廷，真乃我廷的荣幸。"博迪汗还是个七八岁的孩童，说话时一脸的稚气。

"本帅这次不畏艰险前来汗廷，其实还身负一件重大使命。你我双方可以联手击败共同的敌人。"

"这个要跟母后讲。"博迪汗不等他说完，微笑着打断了他。

不一会儿，一位衣着华丽的贵妇人在十余名侍女簇拥下出现在博迪汗身后。此妇人戴着一顶镶满红珊瑚和绿松石的姑姑冠，冠顶插着几根野鸡毛，穿着一件宽松肥大、长可拖地的袍子，其衣袖形似灯笼。博迪汗连忙起身迎接，右手抚左胸，单膝下跪，表情十分谦卑。

杨一清一看这架势就知道，这位贵妇人便是当今汗廷的实权人物察静太后，便也起身行礼。

察静太后一脸的雍容华贵，朝杨一清点头笑了笑："这位便是明国杨大帅？"

杨一清不卑不亢地答道："大明兵部尚书、总制陕西三边军务杨一清参见老夫人。"

察静太后脸上掠过一丝不悦，但很快又挂满笑容，轻声细语地问："大将军身体可安泰？"

杨一清愣了一下，一时没有反应过来她所问的大将军是谁。李梦阳马上猜到，她问的大将军是指武宗皇帝，便在旁低声提醒杨一清："问先帝呢。"

杨一清这才想起王阳明跟他讲过她与武宗皇帝的交往，马上哭丧着脸，答道："先帝已宾天。"

察静太后一惊："皇上大将军正当壮年，上次见他还生龙活虎，怎么就宾天了呢？"

"先帝亲平宁王叛乱，回师途中还来老夫家中驻跸。没想到，在山东地面被奸臣领着去钓鱼，不慎落水，染了风寒，便一蹶不振了。"

"这奸臣确实可恶！"察静太后手掌在虎皮椅上猛地一拍，眼里泪水在打转。

身边侍女和近臣见太后发怒，吓得纷纷跪倒在地。她这才意识到自己有些失态，深深喘了口气，又平静地问："杨尚书这次来我汗廷，所为何事？"

杨一清答道："亦不剌贼前些年被达延汗征讨惨败，遁逃青海湖畔。今次不自量力，潜入我河套，寇边抢掠。老夫奉天子之命持节镇守三边，亦不剌贼残部被我沿边官军击退，新败后北窜入乌拉特草原汗廷。老夫率部紧追，斩获颇丰，没承想竟至贵部城下。"

察静太后见杨一清信口雌黄，冷笑一声："杨尚书真是文武双全，出将入相之才啊。亦不剌这老贼也算是一匹草原之狼，竟然被杨尚书追到了我汗廷城下。"

杨一清听出话中有话，心想这察静太后年纪不大，倒是干练老辣得很，便把调门降低了些："老朽这次前来拜访，正好有一件大事与夫人商议。"

察静太后抿了口奶茶，淡淡地说："说来听听。"

"你我结盟，夹击亦不剌老贼！"

"结盟倒好，但如何夹击，倒想听杨尚书细说。"

杨一清结结巴巴，一时答不上话来。

李梦阳站出来，向察静太后行了个礼，说："杨大帅诱亦不剌深入汗廷，其实是以身饲虎，设下一个天罗地网。"

"此话怎讲？"察静太后脸一横，"若把我们娘俩当三岁小儿哄，休怪本太后对你们不客气！"

她话音刚落，蒙古包两侧侍卫一个个握紧腰间弯刀，凑上前来虎视眈眈地盯着杨一清等人。

杨一清不知如何是好，一个劲地给李梦阳使眼色，示意他不要闯祸。

李梦阳清了清嗓子，神情自若地说："我军从肃州卫、甘肃镇、永昌卫同时发兵五万，不日将抵乌拉特汗廷。"

察静太后鼻子一哼："不日是几日？"

李梦阳掐指算了下："明日中午前应能到达城下。"

"明日天黑之前，你军若是能到，我们汗廷勇士们将全部出动，与你军南北夹击亦不剌老贼。若是到不了，嘿嘿，你们这些明军一个也休想从城里活着出去！"察静说话口气不紧不慢，但不怒自威。

杨一清看了眼信心满满的李梦阳，倒吸了口凉气。

第二日一早，城外风平浪静。杨一清在蒙古包里坐卧不安，一个劲地问李梦阳："你昨日在那妇人面前夸了海口，这五万精兵连我都不知道从何而来，总不会是玉皇大帝派来的天兵天将吧？"

李梦阳席地而坐，饶有兴致地喝着热腾腾的奶茶，笑着答道："老夫子您就把心放到肚子里去，学生办事，您放心。"

"哎！"杨一清跺了跺脚，"你不知道，这帮鞑子，都是一丘之貉。我们联合汗廷的人去打亦不剌，万一亦不剌联合汗廷来打我们怎么办？"

"不会的，汗廷肯定会站到我们这一边！"李梦阳一副胸有成竹的样子。

杨一清还是半信半疑，在蒙古包里踱来踱去。

临近中午了，杨一清让一亲信随从去外面探听消息。这随从出去转了一圈，回来说，外面还是静悄悄的，城外也没啥动静，亦不剌的人在城门外几里地处扎了营。杨一清长叹了口气："越是平静，越是危机四伏啊。看来，这次老夫命休矣！那个叫察静的妇人看似和蔼，实则是蛇蝎之心。"

太阳慢慢地移至中天了，人影在地上成了一个小点。杨一清绝望地看了眼端坐在地毡上闭目养神的李梦阳，摇了摇头："如果没有天兵天将来救我们，我们想'苏武牧羊'都不可能了哦。"

他话音刚落，十余个壮硕的鞑子军官全副武装地冲了进来。杨一清惊叫道："你们干什么？你们太后不是说天黑前才动手吗？"

为首的军官朝杨一清弯腰行了个礼，说："太后有请。"

杨一清瞪了一眼李梦阳："都是你干的好事！"然后把衣袖一甩，气呼呼地跟着这群军官出了蒙古包。李梦阳从地上爬起来，摇头晃脑地吟出一首诗："尚书号令速雷电，抱玉谁敢前号呼。遂令宵旰议西讨，兹咎只合归吾徒。我师如貔将如虎，九重按剑赫师怒。惜哉尚书谢归早，不睹将军报平虏。"

杨一清回头嗔骂道："都什么时候了，你还有心思念这些歪诗！"

李梦阳嬉皮笑脸地说："恩师教训得是，不过学生我这作的可不是歪诗，是正儿八经的长歌行哩。"

王宫内外已是戒备森严，如临大敌。杨一清惴惴不安地跟着那群鞑子军官进了中间的大帐。察静太后已端坐在虎皮椅上，一脸的严肃，见到他们进来，板着脸冷冷地说："你们干的好事！"

杨一清跟李梦阳对视了一眼，强作镇定地说："老夫人且听老朽一言，我们结盟对付亦不剌贼需从长计议，不在一朝一夕。"

"你这明国官老爷好生糊涂！你们不想报仇，本太后还想报仇呢！"察静太后嗔怪道。

杨一清与李梦阳面面相觑，不明就里。

察静太后转身对身旁的博迪汗厉声说："你父王乌鲁斯博罗特当年就是被这亦不剌老贼给害死的，你想不想给你这死鬼父王报仇？"她边说边掩袖拭泪。

博迪汗挥舞小拳头，嚷道："给父王报仇，给父王报仇！"

底下分立两旁的鞑子勇士全都举起手中武器，齐声喊："给济农报仇，给济农报仇！"

杨一清这才明白，王阳明上次讲的那个被亦不刺杀死的济农乌鲁斯博罗特原来是察静的丈夫、博迪汗的父亲。

察静太后抬了下手，众勇士齐刷刷地放下武器，默然肃立。她站起身，走到杨一清跟前，一双眼睛直勾勾地盯着他，盯得他心里直发毛。杨一清张着嘴，刚想说几句软话时，察静说道："我们的探子来报，杨尚书的人马果真出现在亦不刺南面木瓜山一带。"

杨一清惊得下巴都快掉下来了，嘴里结结巴巴，不知道说什么才好。

"看来，你们没有跟哀家说假话。我们的勇士们已经准备好了，即刻出城，向亦不刺贼发起最猛烈的攻击。你赶紧带上你的人，随哀家一起出征吧！"察静的语气铿锵有力。

事态突然发生一百八十度大转弯，杨一清强掩住内心的激动，故作淡定地说："一切尽在本部堂掌控之中，本来想周密谋划，先派小股人马袭扰，再调大部兵马掩杀。不过，既然夫人下了令，咱们客随主便，以虎狼之师……"

见杨一清唠叨不已，察静心生厌烦，毫不客气地打断他说："哀家亲征，杨尚书请自便。"她随即向帐外勇士发令："成吉思汗的英雄子孙们，黄金家族的无畏勇士们，即刻出城，击杀亦不刺老贼！"

她披上战袍，手握长枪，出了营帐，纵身上马，率领鞑部将士向着城门方向呼啸而去。杨一清望着这群浩浩荡荡的人马，喜不自禁地问李梦阳："献吉啊，你是怎么算到今天中午我们的大部人马会赶到这草原腹地中来呢？"

"不告诉您！"李梦阳狡黠一笑，"我去瓮城通知兄弟们去也！"

杨一清哈哈一笑，嗔怒道："你这臭小子，跟为师也卖起关子来了！"

且说察静太后一马当先，率数万人马像一把尖刀直插到亦不剌部阵前。亦不剌没有想到，汗廷的人马会这么迅速杀将过来，连忙排兵布阵，率众迎战。

在阵前，亦不剌骑在马上，右手抚左胸，朝察静低头行礼："太后大驾光临，末将迎接来迟，太后莫怪！"

"老贼，你还认我这个太后吗？"

"哪敢不认？汗廷可是我蒙古各部落的汗廷。"

"那你还敢杀害达延大汗的儿子、咱汗廷的济农？"

"这里面有很多误会，当时喝多了酒，都是酒后闯的祸。我至今后悔不已，愿意向太后忏悔，向汗廷悔罪。"

"那就按我们蒙古人的规矩，血债血偿吧！"察静说着，就要发出进攻的号令。

"且慢！"亦不剌高声喊道，"咱们都是成吉思汗的子孙，咱们脚下这块草原也是成吉思汗驰骋过的土地。用汉人的话说'兄弟在家打架，在外面可要一致对外抵御外族敌人'。我们可是打断骨头连着筋的兄弟呀。"

"你现在说什么兄弟，当初杀我们家乌鲁时，怎么不想想我们孤儿寡母？"

"我们先杀了那明国狗官，老头我再给汗廷当牛做马，就算要了我的老命我眼都不会眨一下。"

"就怕你口是心非。"

杨一清见察静跟亦不剌有一句没一句地聊着，怕她万一变了主意，他们就危在旦夕了。他焦急地朝身边的李梦阳使了个眼色。李梦阳不慌不忙，从挂在马鞍上的箭囊里抽出一张弓，拎出一支箭，伸长手臂拉出一个满弓，对准对面亦不剌，"嗖"的一声响，亦不剌的坐骑中了箭，发疯似的向前奔跑，他的部将怕他有什么闪失，也紧跟其后。后面的人马不知阵前什么情况，一见主将出马，便一窝蜂似的冲杀了过去。

察静这边将士们不由分说，纷纷迎战。两军杀声震天，人喧马嘶，直杀得昏天黑地。亦不剌骑着快马在阵中左冲右突，如出入无人之境，手中抢起一把丈余长的斩马大刀，接连斩杀数名汗廷大将。汗廷将士见他如此凶猛，纷纷避让。亦不剌部一时气焰嚣张，汗廷人马竟有招架不住之势。

这时，察静操起一杆红缨长枪，打马奔向亦不剌，二话不说，朝亦不剌猛刺。亦不剌侧身躲过，佯装拖刀败走，察静见状赶紧去追。李梦阳在旁看出亦不剌的诡计，连忙朝察静大喊："不要紧追，小心拖刀之计！"

果不其然，等到察静追到他身后时，亦不剌突然回身，挥舞大刀，朝察静横劈。幸亏刚才李梦阳一声喊，她有所警觉，当亦不剌使出回马刀时，说时迟那时快，她身子一偏，脑袋几乎藏到马肚子里。亦不剌的大刀紧贴着马鞍上方削了过去。亦不剌一看没砍中，就势挥起大刀改为竖砍，以泰山压顶的霹雳刀法朝察静坐骑的马头砍去。察静的坐骑不愧是西域大骊名驹，眼见大刀砍来，前腿跃起，呈立马之势。亦不剌的大刀狠狠地砍进了马前的草地里，一时抽不出来。察静趁机使出"百鸟朝凤枪"，手中红缨枪快速旋转，好似围着凰鸟不停盘旋的百鸟，令人眼花缭乱。亦不剌还来不及拔出地上的大刀，枪头已刺向了他的喉咙，他赶紧甩开缰绳，纵身腾空，躲过雨点般的枪头，一个翻滚跌落在地。察静持枪再刺，亦不剌一个打滚躲开。察静气急败坏，抓起枪向亦不剌掷去，正好扎在他的大腿上。

察静拔出腰刀，正要上前补刀，一把长矛挡在刀前。

四　那达慕长调诉衷肠

原来是亦不剌的兄弟亦剌思前来相救。察静与亦剌思又大战了几十个回合，不分胜负。亦不剌被部下趁机救起，且战且退。察静率军大举追击，杨一清部也趁机包抄过去。

亦不剌部刚至木瓜山口，马昂率领五万精兵从山脊上冲杀下来，对亦不剌部迎头痛击。亦不剌部首尾受敌，顿时大乱，兵卒各自夺路而逃。其部下头领川哥儿、亦孛来等人中流矢而死。亦不剌、亦剌思兄弟率残部三千精骑向西突围，趁黄河冰冻过河，向乌斯藏方向逃遁。

杨一清与马昂所率大军兵合一处，士气大振。杨一清看到猎猎军旗在草原上迎风招展，众将士斗志昂扬，也胆大心雄起来，当即就要号令三军，乘胜偷袭乌拉特汗廷。李梦阳赶紧滚下马来，一把扯住杨一清的马辔，苦苦劝道："万万不可，万万不可！文中子曰：'强国战兵，霸国战智，王国战义，帝国战德。'察静夫人在我们走投无路时收留了我们，现在岂能以怨报德？"

"哼，那是察静妇人之仁！孙子有言：'兵者，诡道也。'察静孤儿寡母的，万万想不到我们会在背后插他们一刀。"杨一清眯着眼，嘴角露出一丝狡黠的笑容。

"鞑子本部兵强马壮，以我们数万长途奔袭疲惫之师，此时袭击他们，无异惹火上身！"

"呃，血洗鞑子本部是我们几代大明将士的梦想！一想起可以灭掉汗廷，活捉汗王，老夫也禁不住热血澎湃啊。若不是我们兵败避难此处，大军趁机来救，我们大明军队又怎能如此逼近鞑子本部？要是武宗在世，也定会冒险一试！"

"老夫子，"李梦阳哭丧着脸，几乎是哀求了，"胜算多少倒先不说，仁义不仁义也放一边。您忘了我们临行前，王阳明给我们讲的故事吗？察静就是武宗爷提前布的一颗棋！文中子曰'帝国战德'，后面还有一句'皇国战无为'。"

"这又怎么讲？"杨一清听他提起王阳明，想到前几日就是因为没有按他说的办，差点折了老命，态度也缓和了些。

"这些年，我大明与鞑子多番征战，互有死伤，除了白白耗费大量军费，边关将士颠沛流离之外，别无所获。嘉峪关以西的玉门、瓜州、敦煌本是世代汉土，而今也被吐鲁番所占。"

杨一清听他这么一讲，长叹了一口气，默然良久方道："那如何是好？"

"我们何不利用察静主政鞑子本部，与她修好，开通互市，各取所需。"

"朝廷的拒贡政策明摆在那里，我们岂可私下与鞑子修好？更别说互市了！"

"前朝英宗、武宗都是好胜的君王，当然动辄付诸武力。当今新君幼通《孝经》《大学》及修齐治平之道，重礼节，即位后有修文偃武之象。"

"君王的想法，又岂是我等外臣可以揣摩得了的？"

"这个无妨。我们上书朝廷，就说鞑子本部遣使修贡，乞赐蟒衣锦绢，愿移营荒野，效顺新朝。"

"这倒是好主意！"杨一清沉思一番，又犹豫道，"就怕内阁那些腐臣想着多一事不如少一事，折子还没呈到皇上手中，他们就直接把折子给驳了哟。"

"这个不怕，我自有主张。"李梦阳拍了拍胸脯，一副胸有成竹的样子。

"你又有什么鬼点子？"

"老夫子您别忘了，王阳明有一个弟子叫方献夫，因为此前在大礼议中站对了边，现在正是皇上身边的红人哩。"

杨一清笑了笑："为师想起来了，前些日子皇上要封其生母兴献后为名正言顺的皇太后，一时苦于无人上本保奏，王阳明这个姓方的大弟子力排众议挺身而出，帮皇上圆了场。"

"是啊，皇上是高兴了，可老方自己倒惨了，被廷臣攻讦为媚上取宠、溜须拍马之徒。据说上朝都得绕远路走，免得被人背后拍板砖呢。"

"这老方本来也是个老实人。老夫当吏部尚书那会儿，他辞官不做，在老家西樵山隐居了十年，怎么一下子变得如此孟浪了呢？"

李梦阳嘿嘿一笑："老夫子这就有所不知了。"

"莫非王阳明在背后指使？"

李梦阳笑而不答。

"老夫明白了，王阳明自己丁忧在家，又新封了伯爵，不便出头，便指使弟子替他说话。"

"也不尽然，"李梦阳怕杨一清对老友王阳明产生不好的看法，便想着将方献夫出头的事引到霍韬身上去，"虽说王阳明向来重人伦亲情，私下也跟我说过，岂能因为当了皇上就不认自己的亲生父母？但此次他确实置身事外。"

"不是他王阳明还能是谁？"

"据我所知，老方的南海同乡霍韬被提任礼部右侍郎，深知皇上的心思，欲奏又不敢。恰逢方献夫回京上任，霍韬对老方说起此事，老方劝道：'霍大人为何不上本保奏此事呢？'霍韬说：'我若上奏时遇皇上大怒，无人保我，怎么办呢？不如你上此本，倘有不测，我可保你。'所以说，方献夫上奏的事是霍韬的主意哩。"

"那你怎么跟方献夫熟络了？"

李梦阳一下子被问到了，吞吞吐吐答不上话来。他跟方献夫熟络，自然是因为王阳明。前些日子，方献夫为了大礼议的事给王阳明来信，王阳明不便明说，便暗示李梦阳帮他从中周旋。李梦阳本是性情中人，上次怒鞭张太后兄弟建昌侯，且对张太后外戚一伙人素无好感，此次与方献夫一来二往，意气相投，遂成莫逆之交。

杨一清见李梦阳含糊其词，想到定是与王阳明有关，又想到李梦阳对王阳明言听计从，心想这王阳明诡计多端，又将手伸至自己的身边，居心叵测，以后须对其多加提防方好。他又想起李梦阳竟能在他这位三边总制毫不知情的情况下调动五万大军千里驰援，虽说解了他的围，但心中还是不悦。他阴沉着脸问道："马昂带来这五万大军，又是咋回事？"

李梦阳没想到他突然话锋一转，问起这事，赶紧回答道："学生还没来得及禀报此事哩。当初我苦劝恩师不听，于是只身去了龙州城，心中担忧恩师的安危，便说服镇守龙州城的姜奭副总兵连夜发兵来援。"

"这个我自然知道，只是不明白马昂为何神不知鬼不觉地赶了过来。"

"学生跟姜总兵出了龙州城，转念一想，光靠龙州这几千人，怕是抵挡不住亦不剌老贼的数万骑兵。想起王阳明此前嘱咐联合察静夹击亦不剌的事，便派出几匹快马，星夜兼程，向马昂总兵发出十万火急求救信，与此同时又向肃州、甘肃、永昌等卫镇求援，约定在乌拉特草原会师。"

杨一清一听又是王阳明，心里像是打翻了调味罐，五味杂陈，心不在焉地说："鞑子本部打不得，我们乘胜去追杀亦不剌的残部总可以吧？正好不给他喘息之机，将其赶尽杀绝。"

"这个也使不得！兵书说'穷寇莫追'，追急了，他们狗急跳墙，来个鱼死网破可不好。"

"只要能将他这条鱼捕到，我们破几张网也在所不惜！"

"问题是这条鱼如果捕到了，我们就没有跟察静那边讲和的筹码了哦。"

杨一清想了想，觉得有理，但嘴上仍悻悻地说："岂能让亦不剌老贼就此逃之夭夭？"

"这个好办，趁火打劫可是我们边军的强项。请大帅即刻下令，让沿途赤斤、安定、沙州、罕东等卫守军乘势出击，务必将亦不剌打到西海去！"

杨一清刚刚派出传令兵，鞑子本部那边就派来信使，说察静太后有请最尊贵的客人杨尚书赏光出席汗廷的那达慕庆功宴。杨一清便问"那达慕"是什么意思，信使回答说，那达慕是蒙古人最隆重的节庆盛会，赛马、摔跤、射箭应有尽有，还有蒙古少女的抖肩舞。杨一清听得心潮荡漾，当即答应参加。

等信使走了，李梦阳劝道："大帅切不可出席那达慕庆功宴。"

"这又是为何？刚才你不是还劝老夫要跟察静这妇人结盟吗？"杨一清不解地问道。

"与她结盟是没错，但您忘了刚才在阵前，要不是我向亦不剌射了支冷箭，她被亦不剌说得差点动了想杀您的心呢。"

杨一清回想此前那幕情景，也是倒吸一口凉气："结又要结，去又去不得，那依你之见如何是好？"

"让下官替大帅去吧！凭在下三寸不烂之舌，定能说服察静这妇人与咱修好。"

此刻的乌拉特草原已是一片节日的海洋。鞑靼勇士们一字排开，个个扎着彩色腰带，头缠彩巾。号角一声响，勇士们纷纷飞身上鞍，扬鞭策马，一时红巾飞舞，如箭矢齐发，率先到达终点的勇士，接受大家的欢呼和赞誉。在蒙古包前，大家载歌载舞，好不热闹，有三五成群的摔跤手在弯腰角力，旁边还有射箭、套马、打马球等活动。

察静身着盛装，头上饰品很特别，好像半个扇子，上面镶满了红宝石、孔雀石和珍珠，更显雍容华贵。她端坐在中间一个硕大的蒙古包前，见前来的不是杨一清，而是李梦阳，拉下脸说："杨尚书不赏脸啊，本太后请都请不到？"

李梦阳满脸堆笑："夫人莫怪，杨尚书头痛旧疾复发，特派学生李梦阳前来请罪。杨尚书念念不忘夫人的恩情，说我们联手打败亦不刺老贼，真乃三边之福、草原之福！"

"此话怎讲？"

"亦不刺乃不知好歹的无耻小人，近岁屡犯我大明边境，或潜伏河套，或窜侵边镇，掠夺窖藏粮蓄，偷割田禾，我边民对他恨之入骨。对汗廷而言，他又是您的杀夫仇人，是汗廷本部的奸贼叛将，谁都想杀他而后快。"

察静夫人点点头："此话倒不假，打败了亦不刺，解了哀家心头之恨，不过怎么又成了我们草原之福了呢？"

"我们杨尚书说，既然咱们两家一起打亦不刺能这么合拍，干吗还要作对为敌呢？草原盛产马、牛、羊、沙果和巴林石，大明又多丝绸、茶叶和盐巴，为何不能结盟修契，开放互市呢？"

"好！"察静一听此言大喜，"李先生果真是有勇有谋之士！你们明国如果都是你这样通情达理之人，我们草原岂不是天天如今日这般歌舞升平？"

"咱大明像李某这样的草民比比皆是。"

察静哈哈一笑："李先生，你莫欺我妇人短见，早些年哀家听你们皇上大将军说起过你哩。"

李梦阳一愣，心里暗自吃惊：武宗爷平白无故怎么会跟她说起自己呢？

察静仿佛看穿了他的心思，微笑道："有一次，哀家陪皇上大将军外出狩猎，所获颇多，大将军亲自射了一只狼，圈了一匹野马。他呀高兴得很，当场高歌一曲：'黄河水绕汉宫墙，河上秋风雁几行。客子过壕追野马，将军韬箭射天狼。'"

"黄尘古渡迷飞挽，白月横空冷战场。闻道朔方多勇略，只今谁是郭汾阳？"李梦阳马上将诗接上了，颇为得意。

"哀家当年不通文墨，只知道是皇上大将军自己作的诗哩，于是在旁边夸他的诗写得好。谁知道他告诉我说，这不是他作的诗，是一个叫李梦阳的大文豪写的。"

"大文豪实不敢当，在下只是一个舞文弄墨的穷酸文人而已。"

"依哀家看呀，你不只是舞文弄墨，你还会舞枪弄棒哟。你忘了，你阵前那支冷箭，可是射得我们措手不及哦。"察静爽朗大笑。

李梦阳也跟着笑了起来。一时蒙古包内外响起一阵阵喜气洋洋的笑声。

察静端起一碗马奶酒，走到李梦阳跟前："敬李先生一碗酒，愿我们友谊天长地久，愿草原与明国世代友好相处！哀家先干为敬。"

李梦阳也端起酒碗回敬："祝夫人和汗王身体康泰，祝草原兄弟姐妹诸事顺心！"

紧接着，有蒙古少女向李梦阳献起了蓝色的哈达，鞑靼王公贵族们也纷纷向他敬酒。他本来酒量尚可，但哪禁得住如此轮番敬酒，竟也有些醉意。

夕阳西沉，夜幕降临，一轮圆月徐徐在天边升起。草原上飘荡着悠扬激昂的马头琴声，篝火旁男女青年轻歌曼舞，裙裳翻飞，好一幅祥和喜庆的图景。王公贵族们渐渐散去，察静脸露潮红，目光迷离，她趔趄着身子站起身，对李梦阳说："哀家今日高兴，为先生献上一曲《乌日汀哆》。"

只见她清了清嗓子，长吸了口气，张嘴唱出了高亢悠远的旋律，紧接着她身边几个侍女也吟唱起低回的和声。整个音律雄浑壮美，高亢悠扬，让人浮想联翩。李梦阳听着听着，感觉自己置身于一片蓝天白云之下，天上是一行行飞翔的鸿雁，草原上是一匹匹奔驰的骏马，他在这里看到了连绵的群山、怒放的鲜花、清澈的流水、晶莹的雨露、璀璨的繁星、壮丽的青春、父母的恩情、长者的训导、天下的太平……

　　他按捺不住内心的激动，从地上一骨碌爬起来，走到察静面前，手一扬，用高亢的秦腔吟唱起他的诗作："美人罗带长，风吹不到地。低头采玉簪，头上玉簪坠……"

　　他就这样一首接一首地吟唱着诗歌，伴着察静的天籁之音，伴着悠扬的马头琴声，到最后，他俩在众人的怂恿下忘情地踏歌对跳起来……

　　第二天早上，李梦阳一觉醒来，发现自己置身于一片白色的苍穹之下，身下是软绵绵的青草。再一细看，不对，这白色苍穹原来是蒙古包的穹顶，身下的青草是厚厚的毡毯。他头有点痛，这才意识到自己昨晚喝高了，想起昨晚察静的长调牧歌，真是回味无穷，仿佛置身人间仙境一般。他翻了个身，突然摸到身边躺着一个人，顿时吓了一大跳，赶紧从被窝里坐起来，这才发现自己赤身裸体的。他转身再去看身边那位，不看不要紧，一看吓得魂飞魄散，此人竟是察静！她香肩外露，正睡眼惺忪地看着他哩。他吓得直哆嗦，用被子捂着自己的光膀子，闭着眼，嘴里一个劲地嚷着："学生死罪，学生死罪！"

　　察静扑哧一笑："李先生不要拘礼，咱们这是漠北草原，没有那么多讲究。我喜欢你貌美丰仪，你也喜欢我，我们自然就珠联璧合了，正是好事天成，谁都拦不住我们！"

李梦阳一脸的懵懂和无辜，这时察静在他枕边伸出纤纤玉手，拉了下他的手。李梦阳低头看了眼她，只见她青丝凌乱，双颊晕红，面如桃花，脖颈丰腴，一双眸子澄静如水，眉宇间自带一股英气，虽不如江南女子娇媚，但也另有一番神采。她在阵前英姿飒爽，床笫间却这般温婉柔情，简直判若两人。人家毕竟是鞑子汗廷的太后，他只是一个落魄潦倒的文人，竟然能与这等女子共结连理，这也真是三生有幸了！他想起此前作的一首诗，低声吟道："共欢桃下嬉，心同性不合。欢爱桃花色，妾愿桃生核。"

察静将头枕在了他的胸前，痴痴地看着他："我特喜欢你吟诗的模样，虽然听不太懂，但就是喜欢的不得了。"

李梦阳一把将她搂在怀里，情不自禁地在她脸上狂吻了起来，仿佛整个苍穹之下只有他们两个人……

李梦阳在乌拉特草原安静地过着日子，出则与察静同行，入则与她同眠。察静左右都称其为"汉济农"，察静的儿子博迪汗也亲切地叫他"叔汗"。

日子过得飞快，转眼两个月就过去了，李梦阳在这里还真有些乐不思蜀了。一日，他看到鸿雁南来，突然想起此刻江南应是莺飞草长、河豚欲上之时了，老师杨一清还在翘首等着他的回话哩。夜深人静之时，他看着枕旁的察静，欲言又止，接连几日心事重重，茶饭不思。察静知他思乡心切，又没有其他法子，便整日陪着他去草原上驯鹰、跑马、打兔子，但他就是提不起劲。察静对他讲，只要他不回南边，便封他为本部的济农，或是执掌兵权的太师。李梦阳摇摇头：

"我是大明使节，虽蒙太后错爱，但岂可流连忘返？当如苏武持节，岂能学李陵远托异国，葬身蛮夷？"

察静知其去意已决，也不强留，连日为其举办宴会饯行。到了离别那一天，李梦阳恋恋不舍地踏上了归程。上马前，他手书一首诗赠予察静："出郭江南望，暮天云北飞。断蓬寒更转，长路几人归？"书体刚硬，笔画如刺。察静接过此字，泪眼盈盈："我见此字，如见先生。"转身拔出腰刀，割下一缕头发，与腰刀一起赠予李梦阳："从此天各一方，此生恐难相见，留下此发算是给先生留点念想。另请替我将此腰刀供奉在皇上大将军陵寝之前，也不枉他对奴家一番厚爱。"

第四章 张寅奇案

一 弥勒教主修《水浒》

李梦阳回到花马池三边总制驻地时，整个陕甘一带已经乱成一锅粥。

杨一清正在组织边军和各府州县缉拿散布各地的白莲教匪。王良、李钺等匪首或被擒获，或被斩杀，唯独不见幕后首领李午。杨一清让官军将陕西全境翻了个底朝天，也不见此人踪影。

陕西按察司佥事张崇德来报称，李午初名李福达，系山西太原府崞县人，其家族世代传习弥勒教。他的祖父在成化年间以幻术跟随刘千斤、石和尚作乱。他本人在正德年间与叔父李钺和乡党王良等人谋反。被捕后，戍山丹卫。逃还后，改名李午，为清军御史捕获，再戍山丹卫，再度脱逃，藏身陕西洛川县，宣扬弥勒教。李福达巧舌如簧，宣称弥勒佛是未来佛，说"弥勒佛空降，当主世界"，若信此佛，此生贫苦，来世富贵。远近百姓争相附和，不论贫富，有的献金达千金，有的倾家荡产也甘心，有的携子女、器物接踵而至。李福达的徒弟惠庆、邵进禄等起来造反，攻陷洛川城。邵进禄战死后，惠庆又攻宜川、白水等地。李福达实乃此次叛乱的精神领袖和背后主宰。

张崇德又称，陕西境内没有发现李福达，料想此人已东渡黄河潜回山西。杨一清便移文山西布、按诸衙门，画图张榜通缉此人。

却说李福达深谙易容之术，从陕西逃脱，不敢回山西老家，径直去了京师。在东四牌楼大市街口一间茶馆歇脚喝茶时，他听到邻桌有人说起当今武定侯郭勋，赞不绝口。

"这郭勋乃开国武定侯郭英六世孙，生在钟鸣鼎食之家、诗书簪缨之族，为人豪爽仗义，喜养士，颇有战国孟尝君之风。"一茶客说道。

"可不是吗？这郭侯爷正德年间袭了封，出镇两广。前不久，新君即位，便立马召他进京，入掌三千营，可见新皇上对他的厚爱哦。"另一名茶客接过话头说。

"虽说他出身贵胄，可是开国魏国公徐达的后裔还多着哩，还有永乐四公，哪一个不比他武定侯厉害？"

"可武定侯会站队啊，从大礼议起，他揣测帝意，首助张璁，于是大得宠幸！若是能投到他的门下当名食客，那也是前途无量啊！"

"老潘，那你怎么不去呢？侯爷府里的天池松萝不喝，还坐在这马路边跟我们一道喝这粗茶？"旁边一人起哄道。

那个被唤作老潘的，摇了摇头："兄弟我也想去侯爷府里当个清客相公啊。惜乎哉，无一技之长，难入侯爷法眼哦。"

"孟尝君不是鸡鸣狗盗之徒都收吗，你老潘难道还不如鸡鸣狗盗之徒？"旁人继续挖苦道。

老潘也不生气，笑道："鸡鸣狗盗那也是学问啊。不瞒你们说，我有一个朋友现在就在郭府里当相公哩。别的不会，却会吞刀吐火、划地成川的胡人幻术，竟然在郭府里谋了个相公的差事，而且吃香得很，成日里逗得郭侯爷笑声不断。这朋友现在在罗锅巷赁了个四合院住着哩。"

大家啧啧称羡，又天南海北地聊了一通闲话。

说者无心，听者有意。等到茶客散去，李福达跟着老潘到了一个巷子口，上前鞠了一躬。老潘等他直起身，上下打量半天，有些吃惊地问："兄台哪位？老潘我眼拙，一时认不出来哦。"

李福达满脸堆笑："潘爷自然不认识我，在下张寅，山西五台人氏。"李福达想起此前起义军中有一个秀才名唤张寅，在军中充为书办，后来在一次急行军中被乱马踩死了，这次便顶了他的名。

"原来是张爷，有何见教？"

"刚才在茶馆里碰巧听到您老说，有贵友在武定侯府当差，斗胆请您老引见，能否拜见贵友？"

老潘嘴角一撇，拉下脸来："侯府家的人，岂能说见就见？起开！"

李福达伸手从袖袋里摸出一锭银子，恭恭敬敬地递与老潘："一点见面礼，请潘爷笑纳。"

老潘一看有银子，接过来一掂量还沉甸甸的，少说也有五六两，顿时喜笑颜开："张爷客气，张爷讲究！谁说侯府家的人不能见？有句俗话怎么说来着？有钱能使鬼推磨。走，今天就让侯府家的人给咱推推磨看！"说罢，乐呵呵地拉着李福达往罗锅巷方向走。

老潘这朋友名唤柳四爷，正在四合院里晒着太阳抽大烟，刚开始也是装大得很，对李福达爱理不理。等到李福达赠上一锭雪花花的官银，这才和颜悦色地问他有何长处并答应帮忙引见。

第二天天蒙蒙亮，李福达早早地来到柳四爷家门前等候。柳四爷装扮一新，拎着一个百宝箱迈出了门。李福达一个箭步上前，从他手中接过箱子，在后面跟着。

到了武定侯府，侯爷郭勋正在后院里打五禽戏，看到柳四爷进来，招了招手："今日你有啥好把戏？"

柳四爷领着李福达请了安，指着身后的李福达，毕恭毕敬地答道："小的新收了一徒弟，会点石成金的把戏，请侯爷欣赏。"

郭勋给鸟笼子里的画眉喂了食，洗了把手，又用茶水漱了口，在一把竹躺椅上躺下，手一抬，示意开始。

李福达弓着身子道了声"诺"，从随身背包里拿出一个磨光的铁锅和几片瓦砾，摆在案桌上，又将瓦砾投入铁锅中加满水，然后用文火加热到微沸，用棍子不断地搅动，瓦砾逐渐变红，再用铁钳子将发红的瓦砾挑出来放到一个铜质小炼丹炉里炼了半炷香工夫，将瓦砾取出来放在一个精致的漆盘里，用块红布盖上。

李福达朝郭勋欠了下身子，高声道："请君侯钧鉴。"于是将红布猛地掀起。郭勋惊得目瞪口呆，红布下的瓦砾已经变成黄灿灿的金子。

郭勋放下手中的点心，走上前，拿起这金子仔细掂量，也没看出什么破绽，又放在口里咬了咬，百思不得其解，便好奇地问李福达："这是真金？"

李福达跪在地上磕了个响头："君侯说是真金便是真金，说是瓦砾便是瓦砾。"

郭勋一听此回答，先是一愣，后来一想也有道理，便哈哈大笑起来。

李福达将漆盘高举过头："这是小人送给君侯的见面礼，请君侯赏玩。"

郭勋让仆人收下，对柳四爷说："柳四，你这徒弟甚是了得。这药金本侯收下了。《神仙经黄白之方》《龙虎还丹诀》《太古土兑金》等古书对这神仙黄白之术都有记载，汉唐极盛此法，可是宋代以后，此法已失传。本侯前些日正想钻研此法，不承想今日得偿心愿。"又指着眼前吃剩的一盘黑双麻饼："这盘点心，赏你们了！"

柳四爷和李福达欢天喜地地磕头谢恩。两人正想转身退出，郭勋低头把玩着手里的药金，嘴里哼道："柳四退下，你这徒弟且留下。"

自此后，李福达便以张寅之名成了武定侯府一名门客。郭勋见他长身高颧，仪表堂堂，举止得体，不仅精通黄白之术，而且文字功底了得。郭勋虽是世袭武将，但好聚书为诗，又善书法，乐与文儒交往，文不逮意时，张寅常为其捉刀，郭勋对张寅甚为依赖。

一日大雪，郭勋让姬妾眉生取雪水烹茶。眉生原本是江彬宠妾，江彬被杀后又跟了郭勋。郭勋自觉风雅，得意地问眉生："江家可有此景？"

眉生答道："江彬粗人，哪有如此雅兴？他只会在销金帐下，饮羊羹美酒而已。"

郭勋哈哈一笑："我家虽以军功起家，但并非粗鄙无文的赳赳武夫。祖上均能诗会文，曾祖有《奉贤集》一卷，伯父有《芸兰集》六卷，家父郭良有《宾竹稿》十卷、《宾竹诗余》一卷，就算与诗礼之家相比，也毫不逊色。"

张寅在旁恭维道："君侯也好文多艺，博涉书史，通畅古今，与翰林学士相比，不在其下。"

郭勋摆了摆手："本侯有几斤几两，还是心知肚明的。我喜读书，也喜欢辑录刊刻一些诗文，传之后世，以慰同道。"

"君侯您吩咐刻印的《白乐天文集》三十六卷，前几日已经付印。这真是功德无量、名动士林的义举呀！"

"我最喜欢白居易的诗，可是这么好的诗却只有抄本，没有刻本，那哪成呢？接下来，还得加紧刻印《元次山集》《雍熙乐府》等集子。"

"君侯放心，我们正全力以赴。这《雍熙乐府》目前已选了散曲、杂曲三百余套，很多都是散佚民间的佳作。"

"嗯，记得把《西厢记》编进去。"郭勋说着摇头晃脑地唱了起来，"碧云天，黄花地，西风紧。北雁南飞。晓来谁染霜林醉？总是离人泪。"

张寅在旁击节赞道："真是绝妙好曲！君侯您老真是慧眼识珠。"

"对了，上次本侯在茶馆里听到说书人说水浒英雄好汉的故事，甚是引人入胜。可惜呀，已有的刊本不尽如人意。"郭勋叹息一声，摇了摇头。

"君侯说得对，水浒的故事，小人也断断续续地听过，确实生动有趣，妇孺皆知。"

"既然妇孺皆知，为啥不润色润色？"

"可是，这是讲造反的故事，又是评书演义，是否不妥？"

"这有何不妥的？最后把宋江写成招安了，不就妥了？书名我都想好了，就叫《忠义水浒传》。"

"好！"张寅高声赞叹，"君侯这才是点石成金呢，加上'忠义'二字，《水浒》流传千古！"

郭勋颔首微笑道："你来写个初本，本侯亲自润色，如何？"

"多谢君侯对小人青眼有加，就怕才力不逮，有负厚望。"

"呃，有什么不逮的？你尽管纵情写来，自有本侯为你张目。书成之后，必有重赏！"

这张寅本是造反出身，让他改《水浒》，正中下怀。他打小在坊

143

间也听说过"武松打虎""杨志卖刀"等不少水浒英雄好汉的故事，后来率弥勒教起义，攻城拔寨，也常以水浒英雄自许。他本是才思敏捷之人，改编起《水浒》来，更是下笔千言，如有神助。他写着写着，便将自己结义兴兵、杀富济贫以及道听途说的种种匪盗传说写进了书中，笔下人物活灵活现，栩栩如生。张寅一气呵成，不出半年时间便将《忠义水浒传》的底稿改了出来。

郭勋接到此稿，喜不自禁，逐章为其校对润饰，以正亥鱼。书成后，他把张寅叫到跟前，说："没想到你竟然有如此奇才，让本侯刮目相看。要什么赏赐，尽管说来！"

张寅答道："若无君侯收留，小人此刻还在天桥卖艺糊口呢。胡拼草就此书稿，粗鄙浅陋，让君侯见笑，更不敢让君侯打赏。"

"你不必过谦。本侯虽不擅写，但却擅看，好不好，心中有数呢。既然你不求赏赐，这书就印上你的名。俗话不是说，不求利便留名嘛。"

张寅心想，他这名还是顶的别人的，留名又有何用，便答道："小的本是无名之辈，有幸成为侯府门客，岂敢在宝书上留名？况且此书乃小的受君侯委使，遵照君侯钧旨编撰，书名也是君侯所起，又蒙君侯润色，要署名必署君侯大名方好。此前《淮南子》《世说新语》等书，都有先例可循。"

郭勋一听此话，有点心动，但转念一想，似有不妥："此是小说家言，我乃世袭侯爵，若在书上署名，恐被朝野笑话。"

"书若刻印，又无署名，怕是不好流转。不如署一笔名，让人浮想联翩，岂不更好？"

"这个主意好！不过，署个什么笔名才好呢？"

张寅想了想，答道："署'施耐庵'如何？"

二　武定侯成了朝中清流的众矢之的

听张寅说取一个"施耐庵"的笔名，郭勋点了点头，又有些不解地问："耐庵是本侯书斋名，为何又加一施字？"

张寅微笑答道："施，予也，又有蔓延之意。'施耐庵'也就是'耐庵施'，暗指此书是从耐庵里诞生的。"

郭勋一拍巴掌："这个笔名好，既含蓄又恰当！"

"此名更有妙处呢，"张寅笑道，"'施耐庵'倒过来就是'俺乃是'，也就是说作者不是别人，俺才是哩。"

郭勋哈哈一笑："有此好名，此《水浒》必风靡一时，洛阳纸贵！"

过了些日子，在郭勋后花园一间密室里，张寅说有要事禀报，于是郭勋屏退其左右。张寅向他献上《太上元天垂文秘书》，并低声说："获此书者可得天下。君侯现提督三千营、执掌团营，并常替皇上代行祭祀天地、祖宗之事，又有小的变造的药金，富可敌国，自有天分。"

郭勋一听，大惊，斥道："我郭家满门英烈，侯爵世袭罔替，祖上与开国六王一道配享太庙。你竟敢口出如此大逆不道之言，不怕我要你脑袋吗？"

张寅跪地磕头："小的不敢有二心，可是伴君如伴虎，人无远虑，必有近忧。当今皇上又是以藩王入朝，疑心极重。君侯您刚才说起开国六王，现如今除了魏国公徐达一支尚存，其他后裔何在？即使身居六王之首的徐魏公，坊间也流传着'赐食蒸鹅'的传说呢。"

只听"啪"的一声响，郭勋将案桌重重一拍："住口！越说越离谱，再敢胡言，定不轻饶！"他怒气冲冲地拂袖而去，走前顺手将桌上的《太上元天垂文秘书》藏在了衣袖里。

接连几日，郭勋都不理会张寅，平常张寅都陪侍在侧的曲水流觞雅集也不让他参加。张寅的儿子大仁、大义、大礼此前都冒了京师的匠籍，也以黄白术深得郭勋信任。大仁见张寅在郭府失势，便劝道："郭侯不听劝，父亲久居北京，索然无味，况且一不小心还有杀身之祸，不如早些遁去山西，再作打算。"

张寅呵呵一笑："我儿勿忧，不出三日，郭侯必来找老爹我哩！"

二日无话。第三日傍晚，郭勋果然派来管家亲至张寅租住的屋里找他，说侯爷有请。大仁送张寅出门后，对兄弟大义、大礼说："老爹真是料事如神，我等兄弟难望其项背。"

到了郭府书房，左右皆退下。郭勋一改往日威严之态，和颜悦色地说："前些日先生所言，本侯深思熟虑后也有所动。不过，当今天下太平，马放南山，不宜乱动刀枪，容我相机而动，再作打算。"

张寅道："现今山西、陕西一带弥勒教盛行，小的跟其天师有旧，只需君侯登高一呼，自然应者云集，得天下岂不如探囊取物？"

"山西之乱，本侯也有所耳闻。那是你的老家，不如派你去山西任一武职，先作铺垫，广招兵马，多蓄粮草。等我一声令下，遥相呼应，岂不更好？"

张寅连忙跪地磕头，口里说些"定当赴汤蹈火，万死不辞"的话。

临出门时，郭勋又把他叫住："此事甚密，切勿走漏风声！贤侄大仁，本侯甚是喜欢，且让他留在京城，作为内应。"

过了两日，兵部派专人将朝廷的诰敕、印绶送到了张寅家中，张寅已被任命为山西太原左卫指挥使。等兵部武选司的属官走了后，大仁跟兄弟大义、大礼笑着说："咱爹爹真乃神人，不费吹灰之力就谋了个指挥使的实职，吃着皇粮干着谋反的事！"

张寅听到后，斥道："无知小儿，有皇粮吃，谁还愿意干那谋反掉脑袋的事？从今以后，你们也是官宦子弟，说话可要规矩些！"

大仁朝大义、大礼吐了吐舌头："咱爹爹刚当了官，就好大的官威哦！"

张寅到了太原左卫，厉兵秣马，整饬兵备，缉贼捕盗，对弥勒教旧部打击尤为有力。

徐沟县有一无赖名为薛良，最喜教唆词讼，挑拨是非。此前因与邻居董米万妻刘氏通奸，刘氏被其威逼自缢身死。死者兄弟刘意与薛良理论，反被薛良同伙殴打。恰巧遇到张寅巡城，薛良被当场锁拿。

薛良挨了卫所一顿板子，被逐了出来，坐着牛车回家的路上，碰到同乡魏恭之子魏槐。薛良一路上与他攀谈，得知魏恭任陕西洛川县典史，自然又谈起弥勒教龙虎大天师李福达。魏槐说，李福达在陕西谋反后改名李午，现很可能改名换姓潜回太原府，还掏出一张通缉文书给薛良看。薛良一看文书上的画像，总觉得甚是面熟，左思右想，大惊道："这不是刚才打我那官家老爷吗？"

在魏槐的细问下，薛良便将自己如何犯了事，如何被卫所的官爷抓了去挨了打，以及这卫所审问自己的堂官与画像上的人确实相像等事情说了。

魏槐说："感情是看花了眼，这个谋反的事可千万不能马虎。"

薛良又仔细打量文书画像，真是越看越像，赌誓说："此人一定就是那反贼大天师！"

魏槐一听此话，也来了劲："谋反乃十恶之首罪，知而首告者，犯人财产全给充赏。若能助官捕获，还能授以民官呢。"

薛良正想报挨打之仇，听说又有钱赏，还有官当，岂不乐哉？当即掉转牛车，说："有这等好事，还等什么？赶紧去都院衙门报官去！"

"莫要慌！"魏槐拍了拍薛良的肩膀，"我们再去卫所瞧瞧，莫认错了人，拿不到赏反而又挨顿板子哩。"

两人当即回了太原城，在太原左卫卫所门前蹲了两天，不见审薛良的官爷出来。魏槐说："这样也不是办法，若是这官爷卧病一个月，我们岂不是要在这候上一个月不成？况且这官爷或许出行都是坐轿，也看不到他的脸呀。"

"那如何是好？这煮熟的鸭子，让它飞了去？"薛良一副不甘心的样子。

"你再犯点事，让官爷再抓你一回，不就见到他了？"

薛良摸了摸屁股，嘴里哼哼道："这屁股开了花，现在还没结痂。再打一回，就真打瘸了哦，哥哥！"

"舍不得孩子，套不住狼。你又怕疼，又想封官领赏，天底下哪有这等好事。"

"行！"薛良一咬牙，"老子今天豁出去了！不就是一顿板子吗？就当是不孝儿子打老子。你说，犯点啥事好挨打？"

魏槐见他这么说话，"扑哧"一笑："兄弟，话虽这么说，但挨打的事毕竟不是好事。我们再想想，最好不挨打也能见着他。"

两人一寻思，想出一计。

两人去了附近一家裁缝铺，打听到太原左卫的长官名叫张寅，便借了皮尺、粉笔、布头等物什，扮作裁缝和学徒模样，来到卫所门前，谎称是给张官爷量身定做衣裳，混了进去。两人见正堂无人，又往后院里去，在一间书房门前，看到里面一名四十岁上下的男子，穿着官服，正襟危坐，在低头看书。

薛良朝里面努了努嘴，使了个眼色，示意就是此人。

魏槐仔细打量此人，果真与通缉文书上的画像如出一辙，一时激动，手中的皮尺滑落到地上。他低头去捡时，不小心又打翻了身后的花架。

张寅闻声朝门外一看，见两人鬼鬼祟祟的，喝道："什么人？"

薛良大惊失色，低着头大气都不敢出。魏槐倒还镇定，躬着身答道："小的该死，打扰了长官。小的是都司街裁缝铺里的裁缝，来给长官量身做衣裳。"

张寅见他们手中拿着皮尺等物，也没多想，以为是管家叫他们来的，便站起身让魏槐前后上下量了个遍。薛良脑袋缩在四方巾底下，大气不敢出。好不容易等魏槐量完，从卫所出来，薛良擦了擦额角的冷汗，朝魏槐竖起了大拇指："哥哥真是临危不乱，兄弟我吓得尿都要憋不住了。"

魏槐也不答话，拉起薛良就朝城门外跑。薛良一瘸一拐地跟着，不住地叫唤："哥哥慢点，腿都抽筋了。"

两人慌里慌张地出了城门，扶着拴马桩喘着粗气。薛良边喘边问："我的好哥哥，那官爷又没认出我来，你这么慌张地跑做甚？"

"做甚？我给他量身时看到他手背生有龙虎纹，左肋有朱砂痣，杀气腾腾。若不跑快点，等他醒悟过来，我俩命悬一线了！"

"那现在咋办？还告官不告？"

"他就是官，而且手握重兵，我们咋告？"

"那、那我们就三十六计走为上，跑呗！"

"跑是要跑，不过我们是跑回洛川搬救兵去！"

洛川县典史魏恭听他儿子魏槐讲起在太原府城里的遭遇，尤其是讲到那太原左卫官爷手背生有龙虎纹、左肋有朱砂痣，更加确信此人就是李福达。他不敢怠慢，赶紧向鄜州知州刘永振禀报。刘永振是太原人，太原与徐沟县相邻，其与魏恭既是上下级又是同乡，向来走得很近。他听了魏恭、魏槐等人的讲述，气愤地说："我《大明律》规定，对于谋反之贼，知而不首者，杖一百，流三千里。你等放心去告，我这就给山西巡抚都御史衙门去封公文，为你等撑腰！"

魏槐不知潭水深浅，有点胆怯，跟薛良说："我在洛川县衙再收集些李福达的罪证，你且先去太原打头阵，我随后就到。"

薛良看到盖着鄜州府大印的协查公文，喜不自禁，屁颠屁颠地去太原告状去了，状纸上误将张寅写成了"张英"。

山西巡抚都御史毕昭接报后先行逮捕了张寅的两个儿子张大义和张大礼。但二人指薛良为诬告，反告薛良此前威逼董米万妻刘氏自缢身死等案，并指控魏槐与陕西鄜州知州刘永振等人结伙诬陷，"以无影妖言绝陷全家"。

张寅闻讯后，让家人骑快马赴北京张大仁处报信，随后大摇大摆地赴都院衙门见毕昭，自诉名叫张寅，非张英，系五台人，非崞县人，并反告薛良等人。毕昭经过密访地方并拘人审问，都得不到张寅是李午的证据，也不明了洛川事情，便将张寅送按察使李珏处勘验身体印记，也不见薛良所称李午"手背生有龙虎纹、左肋有朱砂痣"。都司衙门见手下的指挥使平白被拘，便指使一众兵痞去按察司门前闹事施压。李珏提魏槐到按察司，先打了四十军棍再行讯问。魏槐禁不住打，谎称只是曾与徐沟县乡亲们叙说李午惑众烧炼之事，没有与薛良说张寅即是李午。巡抚都御史毕昭未等此案审完，因侍亲离任。薛良与张寅各不相让，又各具前词赴按察司衙门告状。

李珏一边在省内搜捕弥勒教旧部，一边移文陕西按察司协查李福达案。因张寅赴任后，几乎将山西弥勒教旧部打击殆尽，李珏无从下手。陕西抄送李午同伙何蛮汉原招词前来，称"李午事内人犯各病故，无凭开解"。对于薛良又指张寅为李福达，早年跟随崞县反贼王良、李钺谋反之事，经李珏函询五台县、徐沟县、崞县县衙，又查审各县结状，也得不到张寅就是李福达冒名的实证，于是认定薛良系因怀私仇捏造陷害，送交新任巡抚都御史江潮处。后经江潮复审，得出的结果与李珏相同，拟判薛良诬告谋反罪，发口外为民。

本来此案也算结了，但张大仁在京城不知太原这边官司的内情，仍向武定侯郭勋求援。郭勋寄信山西巡按御史马录为此案打招呼，说是冤案。这巡按御史的主要权责，一是考察纠劾地方官吏，二是断理冤狱。马录收到郭勋的信函后，调出薛良诉张寅案的卷宗，发现疑点重重，各方莫衷一是。马录本是朝中清流，因大礼议之故，视郭勋为眼中钉、肉中刺，正愁搜寻不到他的劣迹以供弹劾。便再审此案，传檄命洛川父老仔细辨认张寅本人，游说江潮、李珏等人，以张寅是反贼李福达定案，并联合徐沟籍给事中常泰、洛川籍刑部郎中刘仕等上奏章弹劾郭勋乱法庇奸。

事情越闹越大了。皇上将奏章转至都察院，都御史聂贤等复核案卷后，维持马录原判，言辞激烈地参劾郭勋党羽谋逆之罪。皇上下诏，张寅父子论死，妻女为奴，没收财产，责令郭勋当面向皇帝陈述事状。

郭勋大惧，乞求皇上施恩，并极力为张寅辩护，皇上置而不问。此案本已成定论，但此时朝中一众言官见郭勋不倒，誓不罢休，串联起来将火力全部对准郭勋。给事中王科、郑一鹏、程辂、常泰、刘琦、郑自璧、赵廷瑞、沈汉、秦祐、张逵、陈皋谟，御史程启充、卢琼、邵𬙂、高世魁、任淳，南京御史姚鸣凤、潘壮、戚雄、王献，评事杜鸾，刑部郎中刘仕，主事唐枢，纷纷上书弹劾郭勋，斥其罪当连坐。

郭勋百口莫辩，便在皇上跟前痛哭流涕地说："朝中百官非要置臣于死地，不是因为张寅案，而是醉翁之意不在酒，打狗给主人看啊。臣前番大礼议时，站到皇上一边，触犯众怒。他们这明面上是在参劾我，暗地里却是将矛头直指皇上您啦！"

皇上听了，颇为之心动。

三　方献夫良知断狱讼

郭勋又向在大礼议中处于同一阵营的张璁、桂萼求援。张、桂凭大礼议起家，此前也被朝廷大臣们攻击惨了，也想借这个机会反戈一击，疏解宿愤。他们一齐来面见皇上，说诸臣内外交结，借端陷害郭勋，其目的是想扳倒议礼派。皇上觉得张、桂二人的话有几分道理。而马录等人不知皇上内心已有变化，仍发动大臣们以雪片般的弹章摧毁郭勋。户科右给事中郑一鹏在弹章中说："陛下为何舍不得一个小小的郭勋，而不肯法办呢？恳请皇上大奋乾刚，将郭勋革去管事，重加罪谴。张寅此案仍由山西抚按衙门差官押解陕西抚按衙门审理，明正典刑。"言下之意，此案应全程由地方官员掌控，无须皇上过问。皇上由此开始怀疑大臣们的动机不纯，便下旨将张寅等人犯械送来北京，下三法司讯问，又命令文武大臣们轮番复审，结果却是异口同声，维持马录原判。

皇上更加坚信大臣们是借张寅案泄大礼议的私愤，大怒道："这一干人犯且都监着，待斋祀毕，拿在午门前，待朕亲问。"

此时，杨一清因平定亦不剌进犯，并接受鞑子本部和吐鲁番部求贡有功，已回京担任武英殿大学士兼吏部尚书。他以皇帝不亲理狱讼为由劝阻。皇上才勉强没有坚持亲审，但仍要求有司当廷审理。

张大仁又去五台县买通被顶替的张寅的二十多位邻里乡亲，专程从山西赶到北京为张寅申冤。这些乡亲不明真相，还以为真的秀才张寅被擒，个个表情悲恸，义愤填膺。可是，还没等他们进北京城，户科给事中常泰就上了一道折子称："又访得李福达死党二十余人，偷偷与张大仁传报消息，其中魏庆、王玄、张公、吴保、张老人等人广携财物，现住城外缸市李大仁屋内，谋划营救，辇毂之下岂能是贼党纵横之地？其情节非常可恶！"

皇上看了此奏折，令锦衣卫密探前往城外缸市侦查。锦衣卫北镇抚司调查后称，这些不是什么乱党，只是张寅五台的乡亲。皇上闻讯大怒："这些言官指鹿为马，是欺我年少吗？"

刑部尚书颜颐寿原本主张张寅以谋反罪论处，见皇上对此案态度有变，不敢坚持己见，便奏请改拟妖言惑众罪处斩。

皇上骂道："死刑大狱岂可随随便便出入？这起人犯，各官所问先后情词不一，看来是你们这些人每回审案时多偏听维护，不肯秉公详辨，先是随随便便就给人加了一个谋反重罪，现今又改拟妖言惑众罪，也不见追出妖书下落！这等含糊不明！看来要将原来审问此案的所有官员都押来北京当面质证才行，将这些犯官抓到牢里好好监管！"于是刑部、都察院等法司都是戴罪办事。皇上还派遣锦衣卫赴太原将马录、江潮及参与审讯此案的前山西布政使李璋、按察使李珏和佥事章纶、都指挥马豖等人拿解来京。

当锦衣卫百户刘泰与旗校郭深等欲赴山西时，获得马录早已在北京城，躲在大兴隆寺僧人宋玉房内的消息，当场将其抓获。这时李璋已改任宁夏巡抚都御史，李珏改任甘肃巡抚都御史，都被抓回来下狱廷讯。

李璋、李珏禁不起拷问，乃全盘翻供，称薛良为报私仇诬告好人。李珏说，当初自己审案时见薛良是市井无赖，又勘验张寅手背无龙虎纹、肋无朱砂痣，又查到五台县张子真户内实有张寅姓名，又见崞县左厢都查无"李伏答"军籍及"李午""李五"名贯，本已判薛良诬告结案，但马录收到武定侯书信后，却重审此案，四处游说布按诸臣，为此案翻案。

刑部主事唐枢听到李珏此话，振振有词地与他辩论起来："你怎么能因薛良是个无赖就不相信他？张寅身上没有龙虎纹与朱砂痣，那李福达既会妖术，那就可以自行消掉龙虎纹与朱砂痣！"

李珏答道："施妖术消掉龙虎纹与朱砂痣乃臆测而已，勘查五台户籍中有张寅姓名，确是实据。"

"你难道不知道五台县嘉靖元年才编黄册，张寅父子入户时，张寅已经有五十四岁了，其子名叫张卫辉，都与张寅现在的情形对不上号。这个一查便知呀！另外，崞县在城坊，李福达在兄弟中排行老五，故又外号李五。现在你以李五为实名，查其籍贯住址，那怎么能查得到呢？你又将'李福达'改为'李伏答'，去左厢都追查他的军籍，那肯定是查无可考呀！"

颜颐寿脸一沉，斥道："你一个主事，不该你问的不要问！"

于是，刑部等三法司主官在朝会上联名上奏，将此案归罪于薛良，说薛良原与张寅有隙，将李五妄作李福达，李福达妄作张寅，张寅并未聚众谋反、惑众称乱。

皇上认为这是避重就轻，质问颜颐寿等办案大臣："三法司辗转各地调查取证，最后却以一个无赖薛良抵了罪，你们觉得脸上挂得住吗？你们觉得对得起头上这顶乌纱帽吗？"

颜颐寿等战栗不敢言。皇上将龙案一拍，锦衣卫闻声而动，将尚书颜颐寿，侍郎刘玉、王启，左都御史聂贤，副都御史刘文庄，佥都御史张润，大理卿汤沐，少卿徐文华、顾佖，寺丞汪渊，以及聂贤、徐文华、江潮等大臣，当场拿下，脱去官服，摘去官帽。

锦衣卫大汉将军向皇上请旨："是否将这一干大臣下到诏狱？"

皇上鼻子一哼："下到诏狱？直接将他们下到刑部大狱里去，与张寅等人犯关一起！"

锦衣卫搜抄马录在太原私宅，发现书房一废纸篓里有大学士贾咏、都御史张仲贤、御史张英、大理寺丞汪渊、工部侍郎闵楷等朝臣写给他的私信，有些是焚烧后的残片，但上面对郭勋等议礼派大臣的攻击之辞仍历历可辨。

皇上愈发相信朝中众大臣是借张寅案缔党陷害郭勋，剑锋直指他这九五之尊，于是以诸臣不称职为由，命张璁摄都察院、桂萼摄刑部、方献夫摄大理寺，重新审理张寅案。贾咏引罪致仕，张仲贤等也被捕入狱。桂萼对曾经攻击过他本人的言官也落井下石，上奏称："给事中刘琦、常泰，郎中刘仕，声势相倚，挟私弹事，帮助马录杀人。给事中王科、郑一鹏、秦祐、沈汉、程辂，评事杜鸾，御史姚鸣凤、潘壮、戚雄，扶同妄奏，助成奸恶。给事中张逵，御史高世魁，联名诬告郭勋谋逆，同声嫁祸。郎中司马相妄引事例，故意增减，诬上行私。这些言官缔党求胜，对内则将公卿们当成奴隶，对外则将司属视为草芥，任情恣横，已非一日，请大奋乾断，彰显国法。"皇上准奏，下旨将这些言官全部收系南京刑部。

此前廷臣会讯时，太仆卿汪元锡、光禄少卿余才在旁边窃窃私语说："此案皇上都定了案，还有什么好审的？"

事后，有锦衣卫密探将此话告诉桂萼，桂萼也下令将此二人逮捕讯问。

桂萼找人搜罗了马录目无君父、陷害忠良、徇私枉法等种种罪状，并与张璁、方献夫商议。

此前，方献夫调取卷宗复核时，发现此案各方莫衷一是，疑点重重，十分困惑，便给老师王阳明去了一信求教。王阳明给他回信说："这起案子本是一起单纯的谋反刑案，马录不该将其牵涉到大礼议中去。言官攻郭勋越急，越是能有力地帮助到郭勋！我常跟你们说，'致知格物'就是要致吾心之良知于事事物物呀。执公器者绝不能拿公器当私器，更不能凭个人喜怒好乐来审案。死生乃是大事，岂可儿戏？人心之得其正者即道心，道心之失其正者即人心。此案目前虽扑朔迷离，但后世必将水落石出。"

方献夫得到此信，深以为然，决心凭良知秉公办案，不为外界所动。

桂萼说："这马录自诩清流，视我们议礼派为仇人。这次落到我们手里，正好来个杀鸡儆猴！"说着做了个杀头的手势。

见张璁、方献夫两人都不作声，桂萼有点扫兴，朝张璁使了个眼色："都察院可以'大事奏裁，小事立断'。你说说看，此案怎么个断法？"

张璁老谋深算，觉得这是圣上亲自过问的大案，牵扯面又广，便说："论职责，审案是以刑部和大理寺为主，都察院只负责纠察监督。论资历，兄弟我只是嘉靖元年进士，也没啥办案经验，两位兄台说了算吧。"

桂萼见张璁打起了马虎眼，心中不悦，脸上却挂着笑，站起身来，跟方献夫说："要论资排辈，献夫老兄可是弘治十八年进士，还是庶吉士。这首座得您来坐才好！"说着就要拉方献夫坐首座。方献夫推辞不过，只好在首座坐下。方献夫坐下后才发现上当了，桂萼似笑非笑地盯着他，意思是让他拿主意。

方献夫也不含糊，开门见山地说："马录借事罗织，将刑案变成了党争，确有不妥。但案子还须按事实本身的是非曲直来断。马录虽有错，但罪不该死。"

桂萼脸上残存的一丝笑容都不见了，脸色变得铁青，一对鱼泡眼白多黑少，露出凶狠的眼神："庆父不死，鲁难未已！"

桂萼站起身，朝张璁大声嚷道："张璁，你忘了我们初到京城时，刑部尚书赵鉴与给事中张翀等人勾结，阴谋扑杀我俩吗？要不是得到武定侯郭勋的保护，我俩还能活着坐在这里吗？"

张璁经他这么一吼，有些吃惊，眼睛睁得老大，不知道说什么好。

桂萼气呼呼地说："露头的是马录一个人，没有露头的旧党还藏得深呢。马录这次若是借张寅案扳倒了武定侯，下次死无葬身之地的就是你我三人，老方你也躲不掉！这次一定要杀了马录，灭灭旧党嚣张气焰！"

张璁还是不作声，眼睛直直地盯着首座的方献夫。

方献夫却气定神闲地喝着茶，等桂萼发了一通牢骚后，招呼身边仆人取出一个随身带来的精美食盒。桂萼只好坐下，看他葫芦里究竟卖的什么药。只见仆人打开盒盖，里面盛的是几个明黄的饼子，饼香四溢，桂萼忍不住咽了咽口水。

"请两位老兄尝尝我创制的岭南甜品。"方献夫做了个手势，仆人便从食盒里取出几个小碟，摆在了几张太师椅中间的茶几上。

张璁将脑袋凑上前去，闻了闻，赞道："真香！这就是闻名遐迩的'西樵大饼'吧？"

"正是。"方献夫呵呵一笑，"这饼说来还有一段故事哩。刚回京那会儿，一天早上我起晚了些，要急着赶早朝，却迟迟不见仆人将早膳送来。我亲自到厨房一看，见案板上有一团已发酵好的面团，便叫厨子在面团中加入鸡蛋和糖揉匀，做成一个大饼子，放在炉子上烤。一会儿饼子烤好，用包袱布包好，命轿夫起轿，匆匆上朝去了。我来到朝房，见还有时间，便拿饼子就着清茶吃了起来，味道还真不错。同僚们闻到香，都探过头来问我在吃什么好东西，我随口一答'西樵大饼'。散朝后，我命厨子如法炮制，做了几十个大饼子，第二天上朝时带到朝房，分给同僚享用。这'西樵大饼'便从此在朝中美名扬了哦。"

张璁掭了块饼，咬了口，啧啧称赞："松软甘香，果真美味。"

桂萼也跟着吃了一块，也夸了几句饼子可口。大家有说有笑，气氛轻松许多。

方献夫这才清了清嗓子说："张寅案较为复杂，一时难以定论，但皇命难违，我们不结案也不行。既然有疑点，无须大开杀戒，各方从轻发落为好。姑且留待后人评说吧。"

"其他人可以从轻发落，但马录不行。这家伙目无君父，攻击勋臣，故意挑起事端，将祸水引向我们议礼诸臣。"桂萼还是不依不饶。

"我看此案变得如此复杂，也非马录本意。他不是前段时间主动来京投案了吗？看来也有悔意。巡按御史，生性多疑。再说了，断理冤狱也是他的职责，按律应判他失职罪，削职为民。"

"这太便宜他了，我不同意！"桂萼态度强硬，粗着脖子说，"老方，你是没吃过他们的亏！别以为我吃了你一块大饼，就卖你的人情！"

方献夫也不示弱，拉下脸大声道："刑部若判马录死罪，大理寺必不复核！"

见两人闹得脸红脖子粗，张璁在旁劝道："两位兄台莫伤和气，莫伤和气哦。依兄弟所见，各让一步，改马录流放戍边得了！"

两人这才默不作声。

于是，李福达获得释放，马录免死，被廷杖后发配广西南州卫戍边，永不得赦，其他四十多位审案大臣或廷杖，或戍边，或削籍。桂萼、张璁、方献夫三人以平反有功，受到嘉奖。

这一年正值京察之年，旧党言官多为杨廷和门生故旧，犹借拾遗之例攻击桂萼，桂萼上疏请求斥逐杨廷和在言路的私党，实行科道互纠，得到皇上赞许。桂萼通过京察和互纠罢黜杨廷和旧党十三人。旧党经过两次重大打击，一蹶不振。桂萼、张璁地位日隆。桂萼由吏部左侍郎，升礼部尚书兼翰林学士，尚书兼学士自桂萼始。桂萼任礼部尚书不到两个月，又转任吏部尚书，获御赐银章两枚，银章上刻着：忠诚静慎、绳愆匡违。和内阁辅臣一样，桂萼获得了密疏言事的特权。张璁以兵部左侍郎敕掌都察院事。王阳明的弟子方献夫、席书、黄绾以及友人霍韬、胡世宁等渐居要职，朝局人事焕然一新。

第五章 会稽讲学

一 良知之妙，真个是周流六虚，变通不居

却说那日王阳明在长江舟中与杨一清、李梦阳分别后，本想在镇江再悠游几日，家仆崔二火急火燎地赶来报信：诸夫人殁了！

王阳明大惊失色："前几日出门前，夫人还好好的，怎么就殁了呢？"

崔二哭丧着脸答说："一直好好的，只是说有些头晕、心悸、气短，以为是着了风寒，就胡乱拣了几剂发汗的药吃了。大前天晚上，夫人还在给少爷纳鞋底，说少爷在北京锦衣卫当差，北方天气凉，得多做几双棉鞋才好。前天早上她老人家起床后，出门时一个没站稳，在门槛上绊了一脚。可谁承想，这一脚摔倒就再没起来哟，我的太太哟……"崔二说着说着痛哭了起来。

王阳明眼泪夺眶而出，他与诸夫人的感情是极深的。他十七岁去江西南昌迎娶诸氏为妻，一晃三十七年过去了。诸、王两家是表亲，诸夫人算是他的表妹。这么多年，诸夫人膝下没有生养，一直在绍兴山阴老家侍奉公婆。王阳明对诸夫人也是不离不弃，家人和朋友劝他

纳妾，他一笑了之，说自己整天在外面，不是带兵打仗，就是四处讲学，打仗和讲学总不能带着小妾去吧？湛甘泉出使安南归来，安南国王送了湛甘泉一对双胞胎姐妹，其执意要将妹妹送给他为妾，他也是坚辞不受。张燕娘与他本是郎情妾意，情投意合，但他心里惦记着他的结发之妻，没敢越雷池一步。就在这个月初，岳母大寿，他画了幅蟠桃，题了首祝寿诗，诸夫人还在旁打趣说，蟠桃画得鲜艳欲滴，还真想咬上一口哩。现在突然得到夫人去世的消息，他简直不敢相信。一个活蹦乱跳的人怎么一下子说没就没了呢？真是恶鬼捉蛮人啊！

崔二见老爷失魂落魄的样子，怕他有什么闪失，寸步不离他左右。王阳明当即决定调转船头，返回山阴为夫人料理后事。

正德十六年，继子正宪荫了个锦衣卫副千户，实授百户。在船中，王阳明就拟了封书信召正宪回乡奔丧。出殡那日，绍兴卫所派来四十名巡捕军士，个个戎装整齐，全副武装，骑马开道。绍兴府的二十名排军走在两边，后面是九尺高的铭旌，彩扎的开路神、险道神、采莲船、大肚和尚，纸扎的金山银山及各色旗伞。正宪扶棺，六十四人抬着棺舆。后面是女眷的轿子，黑压压的有百来顶。男人乘马走在最后面。送殡队伍绵延数里路，出南门，到了城南镜湖之畔的墓地，早有一众僧道班子在此处迎候，把响器锣鼓吹打起来。棺舆下葬掩土，鞭炮炸得震天响。

葬了诸夫人后，王阳明闭门不出，常把自己关在书房里枯坐。众弟子见他忧思不已，担心他思郁成疾，便想着多陪他出去散散心。

一日春和景明，阳光甚好，众弟子雇了艘乌篷船，邀请老师出去踏青。小船沿城中水道划至镜湖之中，只见渔舟时见，远山四围，水清如镜，王阳明感慨道："我家先祖王右军有诗'山阴道上行，如在镜中游'，其言无虚。"

钱德洪见老师兴致颇高，内心欢喜，答话道："这镜湖之水真是清澈如镜呀，怪不得贺知章、陆游都爱此湖山绮丽之景而终老此乡呢。"

"前方就是快阁，是陆放翁当年赋诗读书处。"王畿指着岸边竹林掩映下的几间瓦房说。

乌篷船西行数里，来到一处临湖小村，钱德洪说："三山到了。"

"是陆游当年隐居的那个'三山'吧？"王阳明问。

"正是，因村子建在行宫山、韩家山、石堰山三座小山之间，故名'三山'。"弟子南大吉在旁答道。

南大吉原是户部郎中，现任绍兴知府，只比王阳明小几岁，与邹守益是同年，在北京时就以王阳明为座师行弟子礼。他性格豪爽不拘小节，有悟性。一次，他反问王阳明："大吉我当知府多有过失，先生怎么不说说我？"

"你有什么过失？"

南大吉便一一数落自己。

王阳明说："我早就说了呀。"

南大吉一脸懵懂："先生说了什么？"

"我不说，你怎么知道你有这么多的过失？"

南大吉想了想，说："因为我有良知。"

"良知不是我经常跟你说的吗？"

南大吉笑谢而去。

过了几天，南大吉又来忏悔，觉得自己的错误更多了，说："与其犯了过错而后悔，不如直言以告，使我不至于犯错，岂不更好？"

王阳明淡然道："别人说，不如自己悔来得真。"

南大吉又笑谢而去。

过了几天，他又跑来说："身体犯过错倒还可克服，心犯过错怎么办？"

"以前镜未开，可以藏垢。现在镜子擦亮了，哪怕掉了一点尘，自难住脚。这正是入圣的好时机，你要多努力！"王阳明鼓励他说。

南大吉干劲十足，见四方负笈来绍兴向王阳明求学者络绎不绝，寺庙都住不下了，于是在嘉靖三年开辟稽山书院。绍兴旧有稽山书院，在卧龙西岗，荒废已久。他让山阴县令将书院修葺一新，新建尊经阁，请王阳明前来讲学，令八邑才俊听讲其中。这一年十月，他还辑录了王阳明论学书两卷，与薛侃此前在赣州刻的三卷合成五卷本的《传习录》。

南大吉治学以入圣为旨归，为政锄奸兴利，政尚严猛，善于任事，不避嫌怨。一次，绍兴府兵房经承邵志权抓了当地一名叫凌振南的恶霸，此人仗着表姐夫是按察副使，纠集游手好闲之徒，横行乡里，欺男霸女，为害一方。邵志权本是山阴县一个秀才，屡试不第，为了糊口在绍兴府谋了个经承的差事，不像寻常胥吏那般畏首畏尾，却是胆略过人。他见老百姓对凌振南敢怒不敢言，官府的衙史差役们要么不敢管，要么收了好处，睁只眼闭只眼。他跟手下差役们说："读圣贤书，所学何用？我这人眼里进不得沙子！"

手下人忙劝道："邵捕头，这人惹不得，他靠山很硬咧！"

"管他什么鸟靠山，光天化日之下总得讲王法！老子不办了他，对不起每月领的这十石米！"

邵志权说到做到，用计将凌振南擒住，打入大牢候审。可是没几天，按察司就派人把凌振南提了去，还说凌振南在都司捐了个副百户的军职，邵志权以下犯上，也把邵拘走了。

南大吉知道了这事，火冒三丈，亲自跑到杭州按察司衙门要人，说不带回邵志权就直奔京城告御状去。最后按察司拗不过，只好把邵志权给放了。南大吉走时撂下一句话："凌振南只要敢回绍兴界面，见一回抓一回！"这凌振南经此一吓，还果真不敢回绍兴。

南大吉还跟绍兴望族谢家结了梁子。话说正德元年，内阁大学士谢迁上疏请诛奸宦刘瑾，皇上非但不听，还将谢迁罢官遣归。其时任兵部主事的二弟谢迪和时任翰林院编修的二儿子谢丕一同被罢斥。谢迁是成化十一年状元，谢丕是弘治十四年榜眼，父子鼎甲，传为佳话。谢迁父子虽遭贬官回乡，但谢氏一族是东晋谢安遗脉，在绍兴府仍是家大业大，余姚泗门这一支谢氏分为十八房，至嘉靖初年已有五百多口人。谢氏大祠堂堂号"宝树堂"，这宝树堂也有来历，传说晋太元年间，孝武帝突然驾临乌衣巷谢安府第，见堂前瑞柏枝叶茂盛，称赞说："宝树也！"并亲书谢安宅为"宝树堂"。迁至余姚的谢氏祠堂沿用此名，祠堂门口挂着前朝首辅大学士李东阳的一副对联：古今三太傅，吴越两东山。上联中的三太傅，是指晋太傅谢安、宋太傅谢深甫和明太傅谢迁；下联中的两东山，则是指绍兴上虞东山和余姚临山东山。

绍兴城东上虞县上浦镇有一座东山，又名谢安山，是谢安当年隐居、东山再起之地。上虞东山有谢氏家庙国庆寺，谢安当年留给国庆寺的田产不下数千亩，到嘉庆初年，只余下九十七亩三分八厘九毫，其余田亩已转卖给了董家。谢迁父子回乡后，常有族人前来哭诉："家庙寺田被占，子孙如何祭祖，愧对泉下谢安老祖宗！"

谢迁不以为意，说："世事流转，沧海桑田，子孙若贤能，又何必在乎寺田多寡？"他带着谢丕等六个儿子在余姚家乡，亲自垦荒，挑土砍柴，将本来荒芜的丘壑营建成"肥遁""嘉遁"两座庄园，每日以与高人雅士宴游观赏为乐。

谢丕年少气盛，以家庙寺田被占为心中一大憾事。待到嘉靖初年，谢丕复职翰林院编修，参与编纂《武宗实录》。他给上虞县令修书一封，让侄孙谢敏行出面上诉官府，称国庆寺寺田被董家强占。上虞县衙判董家败诉，退回寺田。董家如何肯服，称此寺田已经几世流转，自家是真金白银买到，岂能说退就退，便上诉至绍兴府衙。南大吉经过一番调查，知道了此中原委，大怒道："上虞县令糊涂！田契白纸黑字写着，一方愿卖，一方愿买，价格也公道，岂能说强占？谢阁老虽耿介，其子孙仗着朝中有人，欺凌民户，那也是不行的！"

有师爷从旁劝道："谢家乃绍兴大家，谢阁老六个儿子个个才俊，二公子又在皇上身边侍读，说不定哪天谢阁老重新入阁也未可知。知府老爷不如顺水推舟，送谢家一个人情，将来升官有望。"

"这个官我南某不升也罢！"南大吉于是将寺田改判董家，还将上虞县令申斥一番。

官司打到南大吉这里，口水官司却打到了王阳明那里。谢迁四子左军都督府都事署左军经历谢亘与王阳明相熟，他找到王阳明说情。

王阳明找来南大吉，说："依大明律令秉公判案本没有错，但法与理并不是不容，判案也得掂量下公序良俗。心学不是悬空的，只有把它和事事物物结合，才是它最好的归宿。你要断案，就从断案这件事上学习心学。例如，当你断案时，要有一颗无善无恶的心，不能因为对方的无礼而恼怒，不能因为对方言语婉转而高兴，不能因为厌恶对方的请托而存心整治他，不能因为同情对方的哀求而屈意宽容他，不能因为自己的事务烦冗而随意草率结案。如果抛开事物去修行，反而处处落空，得不到心学的真谛。这就是我常跟你们说到的'凡事要在事上磨练'。你不去磨，按图索骥，照本宣科，怎么行？"

"先生不是常教导我们要致良知吗？要守规矩吗？"

"良知之妙，真个是周流六虚，变通不居。要规矩，也要权变。外方内圆，懂得适当地变通，才能够成大事咧。孟子不是说过'执中无权，犹执一也'？"

"弟子愚笨，孟子的话学生读过，但不明就里，请先生明示。"

"孟子是在说，杨子奉行'为我'，拔根汗毛对天下有利，他也不干。墨子提倡'兼爱'，哪怕从头到脚都受伤，只要对天下有利，也愿意。子莫持中间态度，持中间态度就接近正确了。但是，持中间态度而没有变通，也还是执着在一点上。执着于一点之所以不好，是因为它损害了道，抓住了一点而丢弃了其他一切。"

"那孟子如何主张呢？"

"孟子的主张跟为师的观点是一致的，中道便是天理，便是权变。随时而变，又如何可以执着？必须因时制宜。"

"弟子明白了，您是让我在谢家寺田一案有所权变？"

"田地买卖，本有田契，只要不是强买强卖，随行就市即可。不过，家庙寺田因为涉及子孙祭祀，与寻常田地买卖又不太一样。官府断案，也需灵活变通，最好能找到一个让双方都满意的折中办法。"

南大吉恍然大悟："弟子明白了！多谢先生指点。"

南大吉回到府衙，找来原告、被告双方协商，晓之以理，最后双方各退一步，董家同意由谢家出钱赎回寺田。双方皆大欢喜而去。

过了几年，谢丕升为左春坊左赞善，成为皇上身边的红人。他想起寺田一事，心中甚为不快，便指使族人巧取豪夺了谢安当年的故地，还乘机侵吞了王羲之的兰亭，一时间闹得沸沸扬扬。上虞、山阴等县县令坐视不管，最后有人告到南大吉这里。南大吉勃然大怒，将当事人拘来问话，经过一番审理，责令谢家族人将所侵占之地悉归原主，还将谢敏行打了二十大板，使其颜面扫地。南大吉于是与谢家结怨。谢丕对他痛恨入骨，恨不得除之而后快。

二 有道之士，才能见昭明灵觉、圆融洞彻的良知本体

从绍兴府穿城而过的浙东运河原是山阴故水道，始建于春秋时期，至今已是黄金水道，两岸码头密布、商家林立。一吕姓大户，儿女亲家在都察院当御史，自身在码头经营丝绸生意，又在河边开有酒楼、戏台，把运河占了一小半。往来漕运船队到了这里，只能排队通行，常常塞了半个府城。县丞、巡捕去了几轮，吕家就是油盐不进，官府也是奈何不得。南大吉听说此事，气得吹胡子瞪眼睛，把手下人骂了一通，亲自带兵去把吕家的码头和酒楼给查封了，责令其疏通运河，恢复航道。吕家亲家御史郭弘化给南大吉来了封信说情，南大吉接信后更加气愤："监察御史不为国谏言，却徇私情，简直是为虎作伥！"对吕家的处罚依旧。

南大吉又主持修浚了郡河，开通上灶溪，筑河堤以备旱涝。他又在会稽山麓禹穴处重修禹庙，兴建大禹陵碑，并邀请王阳明题写"大禹陵"三字。

王阳明赞道："大吉，你功德无量啊！你是绍兴知府，绍兴古称'会稽'，你知道为何称会稽吗？"

南大吉答道："是因山得名吧？先有会稽山，后有会稽城。"

"那会稽山又是因何得名呢？"

南大吉摇摇头。

"《史记·封禅书》有载：'禹封泰山，禅会稽。'会稽本是会祭

的意思。大禹召集各方诸侯来这里一起祭祀，实为春秋战国'诸侯会盟'之肇始。后世又将这种祭祀会盟称作'宗庙会同'。会稽山不高，却列为中华九山之首，就是因为大禹在此会诸侯、祭诸神、明君位、示一体咧。"

"只知道大禹葬在绍兴，没想到他跟咱们绍兴还有这么多的故事啊。"

"大禹还疏通了剡溪，也就是现今曹娥江的上游。他娶涂山氏也是在会稽。"

"如此说来，涂山氏还是咱绍兴的媳妇了。"

"大禹陵边有一个村子的人都姓姒，应该是大禹后裔。"

"说来也有趣，据说绍兴城很多地名跟大禹有关哩。比如夏履桥，相传大禹治水经过这里，他的一只鞋被洪水冲走，老百姓为了纪念他，便在他失履的地方造了一座桥，名曰'夏履桥'。还有一个刑塘，相传为大禹斩杀防风氏的所在。"

王阳明点点头："大禹治水，三过家门而不入，老百姓没有忘记他。为政者，为民请命，哪怕不容于当权者，老百姓心中自有一杆秤呢。你在绍兴治水，绍兴百姓也是看在眼里，记在心头。"

南大吉摆摆手，脸上露出羞涩神情："弟子在其位，当谋其政。不然，岂不被老百姓戳脊梁骨？"

"你知道大禹为啥能治水成功吗？"

"改阻为疏啊，这个大家都知道呀。"

"为学之道，也应如此。各方学说，众说纷纭，如同河水泛滥。这个理想不通，不如换一个角度思考。此门不开，另辟蹊径即可，不可钻牛角尖。"

"弟子谨遵教诲。"

"为人处世之道，也是如此。"

"先生教训得是。"

"对了，大禹陵的碑亭，还是你来题写吧。你治水有功，是咱绍兴城的当代大禹哦。你来写，更能体现治学之道，一以贯之。"

"还是请先生赐墨宝好些，弟子德不配位。"

"哪里的话，"王阳明哈哈一笑，"老师也不能掠学生之功啊。再说了，你的字雄浑有力，最适合题碑。我的字，有点飘浮，刻在碑上，不好看。"

话说王阳明与众弟子来到三山，村舍井然，鸡犬之声相闻。王阳明问前来迎接他们的里长："村里还有陆放翁后裔吗？"

里长摇摇头。

"大家都知道陆放翁临终的《示儿》诗：'死去元知万事空，但悲不见九州同。王师北定中原日，家祭无忘告乃翁。'陆游与辛弃疾是南宋两个文武双全、名满天下的人物。你们可知道他俩与我们绍兴都有缘呢？"王阳明向众弟子发问。

"陆游是地道的绍兴人，至今还有后裔在城内聚居。至于辛弃疾与绍兴的关系，倒不是很清楚，请先生为我们讲解一二。"南大吉说。

"辛弃疾当过浙东安抚使兼绍兴知府，陆游年老之时，回到山阴老家，辛弃疾拜访陆游，二人一见如故，惺惺相惜，纵论国事，引为知己。这一年，陆游七十八岁，辛弃疾六十三岁。辛弃疾后来奉召入朝，陆游作诗送别。"

"我绍兴真是幸运，与两位爱国诗人结缘！"南大吉兴奋不已。

"不仅陆放翁自己终其一生拳拳爱国，其子孙后代也多爱国之士。据史载，其孙子陆元廷，闻宋军兵败崖山忧愤而死。曾孙陆传义，崖山兵败后绝食而亡。玄孙陆天骐，在崖山一战中不屈于元，投海自尽。"

南大吉补充道："我前不久正好读了《会稽陆氏族谱》，上面记载说，崖山一战中，背幼帝赵昺投海而死的南宋左丞相陆秀夫竟然是陆游第六子子布之孙哩！"

"这个倒鲜为人知。"钱德洪道。

南大吉接着说："《会稽陆氏族谱》说：子布生三子，第三子元楚迁居盐城，陆秀夫乃元楚之幼子。而且崖山一战，陆氏族人随陆秀夫同殉国难者达十五人之多。"

"陆氏一门真是满门忠烈啊！孔子说'杀身以成仁'，孟子说'舍生而取义'，还说'养吾浩然之气'。我们后来者任重而道远啊。"王阳明颇有感慨地说。

大家在三山村凭吊了一番陆游遗迹，乘舟返程时，王阳明说，去夫人墓前洒扫。一众人来到镜湖之畔，诸夫人的墓在山坡临湖处。王阳明坐在墓前的石头上，默然无语。众弟子肃立左右。过了很久，钱德洪才斗胆在他耳际轻声说："先生，此处风大，可否返城？"

王阳明这才慢慢站起身，拍了拍身上的灰尘，长叹一口气："至今方知贺铸那几句'原上草，露初晞。旧栖新垅两依依。空床卧听南窗雨，谁复挑灯夜补衣'的深意。"

众弟子面有忧色。

乌篷船回城时，经过春波弄的沈园。王阳明提议去沈园看看，众弟子怕他伤感，都说改日再来。王阳明说："你们是怕为师我被陆游和唐琬的故事引发，又想起你们师母来吧？人非草木，岂能无情？人既要在事上磨练，也要受心上的煎熬。如此这般，内心强大，才不被外物所击倒！"

园内亭台楼阁，小桥流水，草长莺飞，一派江南美景。琴台旁有钗头凤碑，上刻陆游和唐琬一唱一和的两首《钗头凤》，背后讲的是著名的"沈园诗谜"故事。二十岁的陆游初娶十五岁的表妹唐琬，并将祖传的凤头钗作为定情信物给了唐琬。婚后他俩情投意合，如胶似漆，"被酒莫惊春睡重，赌书消得泼茶香"。这样神仙眷侣般地生活了五年，陆游却依母命，一纸休书将唐琬赶出家门，另娶王氏为妻，唐琬也迫于父命改嫁同郡赵士程。十余年后，陆游春游，于沈园偶遇唐琬夫妇，伤感之余，在园壁题了著名的《钗头凤》词："红酥手，黄縢酒，满城春色宫墙柳。东风恶，欢情薄，一怀愁绪，几年离索。错，错，错！春如旧，人空瘦，泪痕红浥鲛绡透。桃花落，闲池阁，山盟虽在，锦书难托。莫，莫，莫！"唐琬看到后悲伤不已，也依律赋了一首《钗头凤》："世情薄，人情恶，雨送黄昏花易落。晓风干，泪痕残，欲笺心事，独语斜阑。难，难，难！人成各，今非昨，病魂常似秋千索。角声寒，夜阑珊，怕人寻问，咽泪装欢。瞒，瞒，瞒！"此次邂逅不久，唐琬便忧郁而死。陆游为此哀痛至甚，后又多次赋诗忆咏沈园，沈园也由此久负盛名。

　　王阳明携一众弟子在孤鹤亭、双桂堂、八咏楼、问梅槛和广耜斋等地参观，兴致颇佳。他突然发问："陆放翁与唐琬情投意合，为何要突然休掉爱妻呢？"

　　众人七嘴八舌，有说是因为陆母认为陆游沉迷于和唐琬花前月下，消磨斗志，不思进取；有说是因为陆母在尼姑庵算了一卦，说唐琬会克死她；也有说是因为唐琬与陆母婆媳关系不合。

　　王阳明摇摇头："你们都没说到点子上。"

　　众人你看着我，我看着你，都不作声。

　　"我知道，你们是故意不说。"王阳明抬头远眺含黛远山，若有所思地说，"其实真正的原因是唐琬不孕，为陆母所不喜，陆游被迫与唐琬分离。不孝有三，无后为大啊。"

大家表情凝重，默然无语。

"你们的师母诸夫人，也是我的表妹，她也终身未有所出。可是，她是'唐琬'，我却不是'陆放翁'。我们虽没有《钗头凤》流传，却是'执子之手，与子偕老'。"王阳明说到动情处，两眼泪花花。

众弟子也是心有戚戚然。

良久，钱德洪率先说话："正宪小公子虽是过继来的，但也聪明伶俐，可继先生之志。"

"是啊，先生去春还给他写过扇面呢，上面有这么几句话：'如树不植根，暂荣终必瘁。植根可如何？愿汝且立志！'先生对小公子期望很高呀。"王畿在旁插话。

"可不是吗？我记得小公子年少时甚是活泼，先生还给正宪小公子编过三字儿歌呢，让他明大道。"弟子欧阳德也笑着说。欧阳德是王阳明在南赣时收的弟子，嘉靖二年中了进士，任翰林院编修。这次是外放南京国子司业，顺道来绍兴看望老师。

王阳明长叹一口气："心学无秘传，不要人天资多高，只讲究个立志。正宪才干不高，是因为志气不大。这两年荫了个锦衣卫，不求上进，反而泯然入乎凡庸之流。就说他母亲去世吧，他本该丁忧在家守制。他倒好，每日与乡里狐朋狗友胡吃海喝，被我训了几顿，又借口锦衣卫公务繁忙，回京当差去了。"

欧阳德等弟子只好从旁劝道："小公子年轻，还没入道，等入了正轨，一切皆好。"

这次春游之后，正值大考之年，南大吉接到吏部和都察院通知，攒造实绩文册，画土地人民图本，如期进京朝觐候考。

南大吉还没到京城，御史郭弘化纠劾他的奏疏就已经上奏。谢丕也挟私报复，纠集一帮科道官员多方诽谤。南大吉竟被吏部考评为："不谨。"勒令其罢官致仕，回陕西老家闲住。南大吉从北京致信王阳明，只字不提京察罢官之事，而是请教如何自新，以今后不能当面闻道为恨，不得为圣人为忧，无一语提及得失荣辱之事。王阳明此时已得知他被罢官，见他信中丝毫不提此事，大为感动："这真是'朝闻道，夕死可也'这样的有志之士啊！"王阳明让弟子们传阅他的信，并在回信中说，只有有道之士，才能见"昭明灵觉、圆融洞彻"的良知本体，太虚之中无一物能为之障碍。又向他详细讲解了何谓良知的本性："良知之本体，本自聪明睿智，本自宽裕温柔，本自发强刚毅，本自斋庄中正、文理密察，本自溥博渊泉而时出之，本无富贵之可慕，本无贫贱之可忧，本无得丧之可欣戚，本无爱憎之可取舍。"

王阳明在信中最后感慨："关中自古多豪杰，他们气质忠信沉毅，器宇明达英伟。四方之士，我见得多了，但没有见到像关中这样人才济济的！"他勉励南大吉接过北宋大儒张载的火炬，在老家关中振发兴起圣贤之学。

绍兴士民听闻知府南大吉被罢官回乡，垂涕若失父母。

南大吉回到陕西渭南，不改当年之志，建造湭西书院，传授阳明心学，以教四方来学之士。南大吉自得其乐，一次写了首气魄宏大的抒怀诗，乐滋滋地给弟子们看：

> 昔我在英龄，驾车词赋场。
>
> 朝夕工步骤，追踪班与杨。
>
> 中岁遇达人，授我大道方。
>
> 归来三秦地，坠绪何茫茫。

前访周公迹，后窃横渠芳。

愿言偕数子，教学此相将。

三　岩上花树

一日，福建道监察御史聂豹来访。聂豹是江西永丰县人，王阳明巡视南赣时，一次率大军路过永丰，还是举人的聂豹从远处遥望过王阳明。这次他由华亭县知县改任福建道监察御史，进京前夕，特意来山阴向王阳明问学。王阳明甚喜，携众弟子陪他游会稽山。

聂豹见山林秀丽，山下若耶溪水清如镜，情不自禁地夸赞道："今日游会稽，如在画中游，果真名不虚传。"

"吾乡会稽山虽不及五岳名气大，但也是中华五大镇山之一的南镇山。晋朝顾恺之就说会稽山水是'千岩竞秀，万壑争流，草木蒙笼其上，若云兴霞蔚'。"王阳明笑盈盈地说。

一行人拾级而上，一路上谈论心学之道。聂豹说："先生是平叛的大功臣，朝中却有人对先生的心学不甚认同，指为邪说。嘉靖元年进士科考试，礼部出的策问题中就涉及心学，出题人暗中希望考生指责先生呢。"

王阳明淡然一笑："而今我只信良知才是真理，更无掩藏回护。使天下尽说我是'狂者'，行不掩言，我也只依良知而行。一人信之不为少，天下信之不为多。"

"人言可畏，众口铄金啊，真要做到先生这样率性也难哦。"

"看别人不顺眼，是因为自己的境界不够高。求圣之人，需潜心修行，先调整好自己的心态，修好自己这颗心。"

"怎么修心才好呢?"

"天下无心外之物,万事万物都是人内心的投影。你看到什么,说明你内心有什么。"王阳明兴致勃勃地说,"我讲个故事给你们听吧。"

大家齐声叫好。

"苏东坡与佛印一起坐禅。苏东坡说:'大师,你看我坐在这里像什么?'佛印说:'看来像一尊佛。'苏东坡讥笑着说:'但我看你倒像一堆大便!'佛印微笑不语。回家后,苏东坡把这件事告诉了苏小妹。苏小妹讥笑道:'因为自己是佛,看别人也会像佛;若自己是大便,看别人也会像大便。'苏东坡这才恍然大悟:别人是自己的一面镜子,你看别人像什么,你就是什么!"王阳明讲苏东坡与佛印的故事,引得大家哈哈大笑。

上山的路上,欢声笑语不断。路上偶遇一位头发斑白的老人,他皮肤黝黑,五短身材,名叫林靖,自称是金华的一个乡村野老,爱云游四方,吟些诗句。恰好来游会稽山水,听到王阳明与众人论学,甚觉有趣,便一路跟着听讲,听着听着便入了迷,非要拜王阳明为师。他问的问题也颇为奇怪,如帮他弟弟贩卖粮食赔了老本,连累了许多人,他认为是自己不老实之过。王阳明开导他说:"你认识到自己不老实,这就是致良知的结果。不然,那些所谓老实人,其实是不老实。"

王阳明问他年纪,林靖答说六十八。王阳明对他执意要拜自己为师甚为感动,称他为大勇者,头发虽白,赤子之心依然。

林靖问道:"先生要我们学做圣贤,但孔子以降也有两千年了,为何再也看不到有孔子这样的圣人出现?我们现在言必称孔孟老庄,是不是今人不如古人聪明?"

大家见林靖问出这样的问题，都倒吸一口凉气，一齐将目光投向王阳明。

王阳明仍是和颜悦色，丝毫没有恼怒之态："孔子以后两千年，芸芸众生，自然有人比孔子聪明。"

大家一听此回答更是吃惊不小。

林靖接着发问："既然有人比孔子聪明，那为何没有见有孔子这般的圣人出现？"

"孔子能成为孔子，是因为夏商周以来，文化传承累积已久，蓄势待发，我中华文明正需要一位圣人脱颖而出，孔子正好生逢其时。而且孔子本人既聪明又用功，能够担当此大任。"

"是不是后人不如孔子那般勤奋读书？"钱德洪在旁问道。

"不是，"王阳明手一摆，斩钉截铁地说，"恰恰是因为后人书读得太多了！"

大家又大为吃惊，屏住呼吸，听他往下讲。

"老子、孔子、孟子、庄子那个时代，书都写在竹简上，能读的书非常少，反而可以直接从事上磨练，在社会和生活中观察和体验。你们都知道，他们都不是坐在家里关起门来死读书的。老子骑牛出函谷关。孔子周游列国。孟子一会儿见梁惠王，一会儿又见齐宣王，老在外面跑。庄子也是终日为生计而奔波，当过漆园小吏，他的'子非鱼''庖丁解牛'等故事生动有趣，也全都来自生活。"

"那我们后人书读得多，难道不好？"王畿问。

"书读得多，本没有错。但书读得太多，泥古不化，没有深入生活体验，也不从事上磨练，哪能有什么新的见解？古人直接深入生活，反而能看到人生命中最深刻的一面。"

林靖听他如此一说，一副大彻大悟的样子，手舞足蹈地说："听师一席话，胜读十年书！以后我再也不当苦吟诗人了，不如当个快乐的行者！"

大家看他这般滑稽的样子，无不哈哈大笑。

一行人攀高登顶，只见云蒸霞蔚，风光绮丽，山回路转，前方突现一处悬崖峭壁，一棵野桃花立在峭壁的岩缝之中，开得正艳，大家无不惊叹。聂豹指着这棵野桃花树问："先生说天下无心外之物，如此花树在深山中自开自落，与我心又有什么相关？"

王阳明笑道："你未看此花时，此花与你心同归于寂。你来看此花时，此花颜色一时明白起来，便知此花不在你的心外。"

聂豹一听此话，琢磨一番似觉甚有深意，心中叹服。钱德洪从背包里掏出两壶绍兴黄酒来，众人把酒临风，其乐融融。

王畿借着酒劲，攀爬到陡峭的岩壁上去摘桃花，突然脚一滑，掉到一个坑里，坑里覆盖着荆棘草丛。他刚想爬出坑，感觉脚下被什么东西绊了一下，低头一看，一只灰兔窜了出来，一眨眼工夫又钻到草丛里去了。他觉得好奇，便俯身去草丛里抓这只兔子，却意外地发现草丛里藏有一个大洞，洞里隐约有热气冒出，便招呼大家来看。

大家甚觉奇怪，七嘴八舌议论起来。有的说是个温泉口，有的说是个龙脉，连着通海口，也有的说或许是一个千年妖洞，里面藏着什么狐妖。

"子不语怪力乱神。"王阳明攀岩而上，往洞里好奇地张望，看见里面寒光闪闪，像是有金属反光。他心想，莫非这里是当年越王勾践锻剑之处？便让弟子捡来几截松木枝点燃作火把，他弯腰钻入洞里，聂豹和王畿胆大，也跟着入洞。洞里凉风嗖嗖，隐隐若有婴儿啼哭之声，松枝火把也险些被风吹灭。王畿扯了扯他衣角："先生，此洞古怪，我们还是出去算了。"

"呃，"王阳明不以为然，"我喜洞天，洞可通天，群仙所栖。今日见此奇洞，岂可错过？"

聂、王二人只好硬着头皮跟在他身后徐徐而行，约莫半炷香工夫，只见里面现一石室。石室里有地下河环绕，升起腾腾水雾，像仙境一般。石室正中有一石桌，上面摆放一把长剑，不断有水滴从石室上方的岩石上滴下来，正好滴到剑身上，发出婴儿啼哭般的回声。王阳明上前端详，这是一把青铜宝剑，剑身修长，有中脊，上刻精美暗花鱼纹，透着寒气，剑首外翻卷成圆箍形，剑柄镶有绿松石。

聂、王二人俯身欣赏此剑，赞叹不已。王畿惊叫："先生，剑身上还刻有字哩！"

"刻的什么字？"王阳明问。

王畿答道："像是蝌蚪文，难以辨识。"

聂豹看了看，也摇摇头。

王阳明拿起宝剑，在松枝火把下再三辨认，终于认出剑身上的两排字是鸟篆铭文：越王鸠浅，自乍用剑。

"鸠浅是谁？自乍又是何意？"王畿不解地问。

"鸠浅就是勾践。"

看见二人一脸茫然，王阳明解释说："古越语没有文字，人名用汉字写出来只是谐音。在古越语中，鸠浅和勾践发音相同，所以是通假字，可以替换。'乍'通'作'字。这八个字就是'越王勾践，自作用剑'，意思就是越王勾践亲自制作的佩剑。"

聂豹一脸疑惑："先生说这是越王勾践的剑，我们倒明白。但勾践一代雄主，还会亲自铸剑？"

王阳明哈哈一笑："他或许会，但却铸不出如此名剑。据《吴越春秋》记载，越王勾践当年请了龙泉宝剑铸剑师欧冶子铸造了五把名贵的宝剑。其剑名分别为湛庐、纯钧、胜邪、鱼肠、巨阙，都是削铁如泥的稀世宝剑。"

"这个我听乡间老人们说起过。"王畿迫不及待地插话说，"后来越国被吴国打败，勾践曾把湛庐、胜邪、鱼肠三剑献给吴王阖闾求和，但因吴王无道，其中湛庐宝剑'自行而去'，到了楚国。为此，吴楚两国之间还曾大动干戈，爆发过一场战争，此后，世间再无湛庐剑踪迹。勾践亲自佩戴纯钧剑，以剑殉葬。巨阙剑藏之名山，以待来世。很多老人家说，巨阙剑就藏在咱们的会稽山上哩。很多人曾绞尽脑汁上山寻找此剑，但一无所得。"

"看来真是'踏破铁鞋无觅处，得来全不费工夫'！此剑真是千古名剑啊，虽历经上千年，但剑身没有丝毫锈迹，花纹光亮如新，剑锋寒光闪烁！"王阳明情不自禁地赞道。

聂豹按捺不住内心的激动："先生，让我长长眼，看看这巨阙剑！"说着便伸手要去拿王阳明手中的剑。

王阳明正全神贯注地欣赏着宝剑，没料到聂豹从身后伸手取剑，猝不及防，剑从手中滑落，不偏不倚，正好刺在王阳明左脚背上。

聂、王二人一时慌了手脚，赶紧弯身将剑拔出，鲜血顿时喷薄而出。王阳明轰然一声瘫倒在地，面无血色，口吐白沫，全身抽搐。

"先生中了毒，此剑身有毒！"王畿大叫。

聂豹手足无措，焦急地问："那如何是好？"

王畿二话不说，将王阳明背起，就往外跑，边跑边朝聂豹嚷道："你举好火把，把剑收好，别再割着了！"

出得洞来，众弟子轮流背着他往山下跑。到了半山腰，见路边有一间龙王庙，便进去求助。

庙里的道长鹤发童颜，精通医道，望闻问切了一番，一个劲地摇头："先生中的是剑毒。此剑铸时以毒药并冶，淬以马血，藏之洞穴，吸洞中毒蛙舌尖寒凉毒液，奇毒无比，伤人即死，无药可救。"

众弟子一听此话，哇哇痛哭起来。家仆王能呼天抢地，号啕大哭："去贵州死里逃生，去江西打宁王也没死，没想到刚封了伯爷，却中毒死了，老爷真是命苦啊！"

林靖却不死心，嚷道："世间阴阳相克相生，哪有不能解之毒？只是不得法而已。"说着背起王阳明就要下山。

道长赶紧拦住："贫道是无能为力了。不过，山上前些日来了位仙姑，不同寻常，常给百姓送药，有些疑难怪病，也能妙手回春。"

"你个老道，怎不早说！"林靖气呼呼地说，"那仙姑住在何处？我这就去寻她去！"

"出门左拐，两里路远，有一小庵，名唤念兹庵，就是。"

众人又急匆匆地来到念兹庵，庵主仙姑闻讯来见，一见到王阳明，没有半句话，泪却如雨下。众人觉得事有蹊跷。王能认出来，此仙姑不是别人，竟是张燕娘！便把聂豹和众弟子拉到门外，低声道："此是老爷相好。"

"相好？"众人目瞪口呆。

"不，不是相好，是故交！"

"故交？"众人仍是不解。

"哎，管她是相好还是故交，只要能治好咱家老爷的病就好！"王能急得直跺脚。

燕娘在房里看见眼前竟然是王阳明，心里又喜又忧。喜的是朝思暮想不得相见，今日竟然重逢；忧的是他面无血色，胡须斑白，昏迷不醒，像是中了剧毒。一把脉更是吓了一大跳，脉搏细如游丝，命悬一线之间。当着众人的面，她本想忍住，但却禁不住泪水涌泉而出。

她怪老天爷如此无情，让自己与心上人天各一方，好不容易又相见，眼看就要阴阳两隔。

众人正说着话，燕娘款款而出，抹了抹脸上泪痕，问了来龙去脉，拿了块鸟食在巨阙剑上抹了抹，投入鸟笼中，笼中鸟儿咬了口食物，随即双腿一蹬，倒毙在笼里。燕娘又用丝巾在剑身上抹了几下，扔入鱼池中，池中金鱼却安然无恙。

她自言自语道："原来这是冰寒之毒。"说着便将鸟儿吃剩的半块鸟食塞到自己口里。

众人见状连忙去拦，但哪里拦得住呢？她咕噜一下就将有毒的鸟食全咽了下去。

四　致良知乃治病药方

王能嚷道："姑娘这是何苦？老爷还指望你来救他呢，您这倒好，先殉情了！"

"你莫瞎说，"燕娘听他讲自己殉情，有点难为情，低头道，"奴家只是试试这剑上之毒究竟是不是冰寒之毒。"

大家见她吃了鸟食竟然安然无恙，都睁大眼睛吃惊地看着她。

"此前我在福建山洞里中过水怪的极寒之毒，幸得阳明先生换血相救。此剑上之毒与水怪的寒毒极为相似，我经历上次中毒，体血还残留水怪寒毒，比这剑毒毒力更胜一筹，足可抵御此毒入侵。"燕娘如此一说，大家方如梦初醒。

钱德洪擦了擦额角的汗："原来如此，刚才真是吓出我们一身冷汗。依仙姑所见，如何方能解掉先生之毒？"

"用我体内鲜血，换掉先生体内之血。"

"那可使不得，使不得！"王能一听，连忙摆手，"上次老爷给您换血，有那么多名医看护，仍是死里逃生。在这荒山野岭之上，如何能换血？搞不好，两个人都丢了性命。"

燕娘毅然道："上次先生救我一命，这次我还与他又有何不可？"

聂豹见她说得如此决绝，也劝道："仙姑不可贸然行事，想一想，有没有两全其美之策呢？"

燕娘想了想，突然两颊绯红，低头不语。

聂豹见她有难言之隐，做了个手势让其他弟子们先退了出去，只留他和王能在客房。

聂豹朝她行了个礼："阳明先生虽还不是我的老师，但我已向他问道，在内心也以师事之。今先生中毒很深，情势急迫，仙姑请直言。"

她还是羞答答的，不肯说话。

王能也着急地说："我的好姑娘，就求求您救救先生吧！您再犹豫不决，先生就真的没命了哦！"

燕娘听他这么一说，回头看了眼躺在床上奄奄一息的王阳明，眼眶又湿润了，咬了咬牙，决然地说："请二位移步出去，并守住房门，不可让任何人进来，切不可喧哗吵闹！"

二人见她肯出手相救，感激不尽，忙从客房出来，把大门紧闭，静静地守在门外。

只听见里面塞塞窣窣一片声响，大约半炷香工夫，房门被轻轻地推开了。燕娘有气无力地扶着门框，唤婢女过来搀扶着，擦了擦额头的香汗，气喘吁吁地说："先生救过来了！"然后身子一歪，倒在了婢女怀里。

聂豹忙让婢女扶燕娘回内室休息。他跟钱德洪、王能几个蹑手蹑脚地进去房内，看到王阳明仍躺在床上，脸上红润了些，呼吸也顺畅起来。王能给王阳明披被子时，突然发现床单湿了一片，惊叫一声："这是啥？怎么这么多血！"

聂豹探过头来一看，赶紧用手捂住王能的嘴，低声道："闭嘴！这是少女贞血！"

王能一听，瞪大了双眼，似懂非懂地点点头，不再作声。

聂豹做了个手势，示意钱德洪、王能二人从房里出来，在他们耳际悄声道："此事关系先生和仙姑名节，也是医者迫不得已所为，切勿外传。别人问起，只说先生服了秘方，见好了些。"

二人心领神会。

第二天，王阳明醒了过来，喝了口热粥，问："这是什么地方？"

众弟子见他终于苏醒了，大喜。钱德洪边拭泪边说："这是念慈庵，仙姑精通医道，解了先生的毒了。"

"是念兹庵吧？"王阳明嘴角微微一翘，露出一丝微笑。

聂豹赶紧回答："先生说得没错，确实是念兹庵。"

"'念兹在兹，释兹在兹。'这是《尚书》里的话，意思是不要忘记皋陶的功德。"王阳明脸色苍白，但精神尚佳，接着说，"'念慈'嘛，也好。'慈母手中线，游子身上衣'哩。不过，出家人绝七情六欲，四大皆空，念慈似有不妥。"

"有什么不妥的？我是出家人，但我就念慈了！"门外响起燕娘清脆的嗓音。在丫鬟晓红的搀扶下，燕娘蹀了进来，看着王阳明目不转睛，责怪道："你刚从鬼门关里走了一遭回来，又掉起了书袋。你再有个三长两短，我可是撒手不管了！"又对围在床前的众弟子说："你们若想你们先生好，就不要整天围在床前叽叽喳喳说个没完。先生需要静养四五日，还得喝解毒的汤药，才算好，不然落下病根，休怪我对你们不客气！"

王阳明见是燕娘，又惊又喜，脑海里依稀还记得昨日床上那番云雨之事，似梦非梦，半梦半醒，如幻境一般。

聂豹脸上赔着笑，朝燕娘鞠了一躬："仙姑就是观音娘娘转世，硬是将阳明先生从阎王爷那里拽了回来。有劳仙姑了！"

燕娘听他这么一说，脸上又泛起潮红："你别一口一个仙姑，叫得怪难听的。你问问你们的先生，叫我啥好？"

王畿在旁打趣道："莫非要叫你师母不成？"

王阳明正在琢磨昨天的事，见王畿在这没大没小地开玩笑，也有点难为情，呵斥了他一声："休得无礼！"

燕娘也是满脸羞红，扯了扯晓红，佯装生气："我们走，有其师必有其徒，没一个正经的。本想着给他切切脉，现在谁爱管谁管去！"

聂豹又是赔礼又是道歉，回头将王畿又训了一顿，然后挥挥手，示意大家退出，他自己也跟着出去，顺手把房门虚掩了。

燕娘坐在床沿上，扶王阳明躺下，抓起他一只手放到脉枕上，伸出三根手指全神贯注地给他号脉，号了一会儿，她脸上终于露出了一丝微笑："剑毒是解了，但体内的痰热受此毒侵扰，伤及肺肝，还需按时服汤药调养，切莫大意。"

王阳明点点头。燕娘将他的手塞回被子里。王阳明顺势将燕娘的手一把抓住，眼睛直直地盯着她："多谢了！"

燕娘脸一红，赶紧将手抽出来，将身子转过去，低着头："还说啥谢不谢的，奴家的这条命都是先生您的。"

聂豹和众弟子见王阳明脱离了危险，便放心地下山了，只留下钱德洪和王能在山上照料。燕娘每日陪伴在王阳明身边，精心伺候，亲自煎药。王阳明就这样在庵中调养了几日，身体大好了起来，便动身要下山。燕娘苦留不住，只好准许，临行时又抓了些草药给王能，嘱咐他每日给老爷按时服药。

王阳明下山前，指着巨阙剑说："这虽是千古名剑，无奈剑身有毒，就像虎牙，留它只是害人，不如放炉火里烧成灰烬！"说着就要将此剑投入香炉之中。

燕娘连忙拦住："剑已无毒！"

王阳明不信，看了她一眼："你莫要骗我，我差点命都没了，怎么又说此剑无毒？"

"此剑身的寒毒，乃是于山洞深处，千年不见天日，日积月累，郁结而成。寒毒就像鬼魅，最见不得阳光。这些日，我已将此剑在太阳下曝晒，寒毒早就荡然无存了。"燕娘说着将巨阙剑从剑鞘里抽出，投向过道里一只乱窜的野猫。野猫尾巴断作两截，向山间密林狂奔而去。巨阙剑深深插进地砖里，左右摇晃。

王阳明这才相信剑已无毒，将剑从地砖里用力拔出，重新插入剑鞘中，双手递与燕娘："此次空手上山，意外在山洞中寻得此剑。此剑重见天日，我俩也才得以重逢。将此剑赠你，权当留作纪念。"

"自古宝剑赠英雄，我小女子要此剑作甚？先生而今因军功封了伯爵，正好佩此名剑为国扬威！"

"我有燕娘赠我的青琅宝剑，足矣！"王阳明将巨阙剑放在太上老君塑像案桌前，大步跨出庵门，扬长而去。

燕娘身子倚着庵门，看着他们三人下山的身影越来越小，泪水夺眶而出，心里骂道："没良心的臭男人！头也不回一下，枉费了奴家一片心思！"

下得山来，王阳明仿佛脱胎换骨一般，讲学授徒更为精进。他将治学求圣之道概括为既根本又简易的"致良知"法门。他在讲学中不用搬书本，也不讲寻常知识，而是让弟子们在日常生活体验中日见精明。他常讲："心学的精髓是要体悟到人的本心在宇宙中超然而独立。心外无物，心是能超乎个体生死，又能与宇宙相联结的独立之物的所在。"

有弟子追问："这个超然物外的独立之物究竟是什么？"

"就是孟子所说的'浩然之气'。"

"那什么是'浩然之气'呢？"

王阳明便跟他们比较孟子和告子辩论的"不动心"："孟子说不动心是集义，所行都合义理，此心自然无可动处。告子要此心不动，只是把此心捉拿住，将它生生不息之势阻挠了，不但无益，反而有害。孟子的集义功夫，当然将气养得充沛，并无馁欠，纵横自在，活泼泼的。这气就是浩然之气。"

欧阳德问："什么才是圣人？"

王阳明答道："人但得好善如好好色，恶恶如恶恶臭，便是圣人。"

"先生教我们致良知，也要格物，其他先生所教也是格物，这有何不同呢？"

"我教人致良知，在格物上用功，却是有根本的学问，日长进一日，越久越觉精明。世间儒师教人在事事物物上寻讨，过于琐碎，却是无根本的学问。当他们年轻时，虽能修饰表面，不见有过，等他们老了，则精神衰迈，终须放倒。这就好比无根之树，移栽水边，虽暂时鲜好，终久要憔悴。"

他见弟子们对此话题兴趣盎然，又接着讲："我不主张强行致良知，而是今日良知在这里，只随今日所知扩充到底，明日良知又有开悟，便从明日良知扩充到底，如此才是精一功夫。与人论学，也要因人而异，随人天分所及。如同树有这些萌芽，只用这些水去灌溉。萌芽再长，便又加水。若用一桶水一下子去浇一个小芽，便浇坏了它。"

钱德洪问："您说读书只是调摄此心，但总有一些意思牵引出来，不知怎么克服？"

王阳明答："关键是立志。志立得时，千事万物只是一事。读书作文安能累人？人自累于得失而已。"

他见钱德洪还有些懵懂，又补充说："只要良知真切，虽举业、赴科考，不为心累。即使有些累，也容易觉察出来，克服它就罢了。"

他又接着说："强记之心、欲速之心、夸多斗靡之心，有良知即知其不是，就要克去它。如此，便只是终日与圣贤印证，是个纯乎天理之心。任他读书，也只是调摄此心而已。有什么累的呢？"讲到这里，他喟然长叹："此学不明，不知耽搁了多少英雄汉！"

王畿有次前来请教："先生说'虚灵不昧，众理具而万事出。心外无理，心外无事'。这'心外无理，心外无事'，我们能懂。这'虚灵不昧'的'虚灵'，又是什么意思呢？"

"所谓虚灵不昧，正是这种超越造化存在，又在确实的心性之中的状态。"王阳明娓娓道来，"良知之虚便是天之太虚，良知之无便是太虚之无形。日月风雷，山川民物，凡有貌象形色，皆在太虚无形中发用流行，未尝做得天的障碍。圣人只是顺其良知之发用，天地万物俱在我良知的发用流行中，何尝又有一物超乎良知之外，能做得障碍？"

王阳明说起良知来，越说越兴奋："良知是造化的精灵。这些精灵，生天生地，成鬼成帝，真是与物无对，与天地万物为一体了。人若完完全全致得良知，没有一点欠缺，自然会手舞足蹈，不知天地间更有何乐可待？"

王畿又问："良知之虚与道家之虚、佛家之无相比，又如何呢？"

"仙家说到虚，圣人岂能在虚上加得一毫实？佛家说到无，圣人岂能在无上加得一毫有？圣人只是还他良知的本色，不会添加其他的意思。"

"良知是否与老子的道有得一比？"

"老子的道独与天地精神相往来，这么说，良知就是道，但又不是道，'道可道，非常道'。良知之虚灵是无，不是有。若是硬要着到这个道字上，就又使其支离了，上了邪路。"

"那我们怎么样才能找到这个虚灵的无呢？苦读书做学问能找得到吗？"

"死读书本，只能越读越糊涂，这叫作为学日益、为道日损。"

"那我们怎么做才好呢？"

"良知前冠了个'致'字，只有简易的实践，即做功夫，才能求得我心。"王阳明将手心按在胸前，"宋儒周敦颐、张载、程颢、程颐，都是真见实践，深探圣域，千载绝学，始有指归。"

"弟子明白了，这就是先生常说的知行合一。"

"对，良知是虚的，功夫是实的。致良知的'致'方是要害。将书本知识与实践功夫融为一体，这才是真正的知行合一！"

一日，王阳明与众弟子围坐讨论"致良知"之道。

欧阳德说："《尚书》有言，'知之非艰，行之惟艰。'与先生所说'知行合一'似有不同。"

王阳明答道："良知自知，原是容易的，只是不能致那良知，便是'知之非艰，行之惟艰'。我说知行合一，既不是以知来吞并行，认为知便是行；也不是以行来吞并知，认为行便是知。不仅要知，更当要行，只有把知行合一，才能称得上是止于至善。"

"那怎么个知行合一法？"钱德洪不解地问。

"随物而格，也就是时时刻刻致良知。"王阳明扫视了众弟子一眼，"我与在座的诸位只知格物致知，天天是如此，讲一二十年也是如此。在座诸位听我的话，实实在在地去用功，听我讲一番，自觉长进一番。否则，只作一场话说，虽听之又有何用？"

王畿还是对上次王阳明讲的"虚灵不昧"不甚了解，便用佛门公案来问"见性"问题："佛伸手，问大家看得见吗。大家回答说，可以看见。佛缩手于袖，问还可见吗。大家答说看不见。佛说还未有见性。这是何意？"

王阳明笑道："手指有见有不见，但你的见性常在。"

王畿追问："我们是否要靠这个见性去致良知？"

"问得好！"王阳明若有所思地说，"人之心性一般只关注在看得见、听得着的事物上，不愿在看不见、听不着的事物上着实用功。其实看不见、听不着的，才是良知本体。戒慎恐惧是致良知的功夫。学者时时刻刻去看那些看不见的，去听那些听不到的，功夫才落到了实处。"

"这个良知的虚灵，弟子还是不甚了解。"

"我来打个比方吧。"王阳明指着窗外的沉沉夜色说，"在夜色下发的良知才是良知的本体，因为没有丝毫物欲掺杂其间。学者要在事物烦扰时仍如在夜色下一般心性澄明，就如《易经》所说的'通乎昼夜之道而知'。可见人心与天地一体，上下与天地同流。"

"'子在川上曰：逝者如斯夫？'这是在说自家心性活泼泼的吧？"钱德洪见王阳明讲到人心与天地同流，突然想起"逝者如斯"

的故事来。

"必须时时用致良知的功夫，才能做到活泼泼的，才能和那些江河里的水一样。如果须臾间断，便与天地之道不相似了。这是学问的极致之处，圣人也只是如此。"

一个新来的弟子问："宋儒程颢有诗'万物静观皆自得'。弟子以为静坐时应该像禅宗六祖慧能所说那样'不思善，不思恶'，守住一个虚静，这才是先天易简功夫。如果用先生所说'省察克治之功'，将好名、好色、好货等根，逐一搜寻、扫除廓清，这属于后天起意，是'剜肉做疮'，对于学者修静坐功夫来说，可谓得不偿失。"

王阳明一听此话，有点生气地说："这是我为人治病的药方，能完全去除人的病根。即使他的本领再大，过了十几年，也还用得着。如果你不用，就收起来，不要作坏了我的方子！"

这名弟子十分惭愧地向王阳明道歉。

过了一会儿，王阳明觉得刚才跟这名弟子说话的口气重了一些，便心平气和地跟他说："大概这也不是你的错，必定是对我的主张一知半解的学生对你讲的，反倒是耽误了你。"

大家正在热烈讨论之际，王能进屋在王阳明耳际悄声道："燕娘仙姑的丫鬟求见。"

王阳明一脸的不悦："没看见我正在讲学吗？她找我能有何事？"话虽这么说，身子却不听使唤地起来了，来到了客厅，乐呵呵地对晓红说："姑娘来找老朽，有何贵干？"

"没有贵干就不能来找您这个大老爷了？"晓红气呼呼地说，"我看您在这过得倒是优哉游哉，惬意得很啦！"

他满脸堆笑："姑娘何出此言？倒是让我糊涂了。老朽莫非哪里得罪了姑娘？"

"你没得罪我，你得罪了我家小姐！我来是为我家小姐打抱不平哩！"

王阳明一见她这架势，心里也是七上八下，他朝王能使了个眼色。王能赶紧退了出去，嘴里道："小的这就去上茶！"

"前番你家小姐救了我的命，我心存感激呢。只是这整天教务繁忙，你也看到了，外面黑压压的一片，还等着我去跟他们理论呢。"王阳明笑容可掬地说着，手指了指外面大堂。

"您讲学，我不管。但我家小姐怀了你的种，你管不管？"晓红高声嚷道，气得粉脸通红。

五　年过半百喜得亲生子

王阳明一听此话，也是吓了一大跳，连忙做了个让她小声的手势："此话乱讲不得！姑娘可能有所误会。我与你家小姐虽是多年知音，但却从未有肌肤之亲。"

"哼！没有肌肤之亲？干了好事，这会儿倒没勇气承认了？要不要我上外面大堂找你那帮弟子们评评理去？"晓红站起身，嚷嚷着要去大堂。

王能正在厅外侧着耳朵听着，这时忙把门推开，拦住晓红："我的姑奶奶，这可使不得，使不得哟！"他手里托着的放茶杯的盘子差点打翻在地。他好言将晓红劝住，请她喝茶。

王能转过身低声对王阳明说："老爷，当时您中毒很深，昏睡不醒。仙姑为了救您，就……就……就……"

"就什么？你倒是说话呀！吞吞吐吐的，想把人急死！"王阳明对此事毫无准备，心里也是焦急得很。

"就跟您睡上了！"王能一跺脚，叹了口气。

王阳明脸一红，转身去看晓红。晓红看他这样子，像是真不知情，态度略有好转，喝了口茶，说："看来伯爷是真不知情，这也不能怪您。我家小姐此前中过此寒毒，当时为了救您，只得换血。换血谈何容易？想到精血相交，也如同换血一般，只好出此下策，以身相许了。"

王阳明羞得更是无地自容，连声说："羞煞我也！羞煞我也！"想起那日情景，原以为是梦境，原来竟是实情，心里涌出对燕娘的无限爱恋。

"伯爷您不知不为怪，但我家小姐可是姑娘身。这几日我发现她身子不对劲，逼问之下她才说了真话——怀上了您的孩子！"

说来也怪，自己与诸夫人结婚三十五载，膝下没有生养，今年五十四岁了，与燕娘云雨一番，她就怀上了身孕，这岂不是家门大喜？想到这里，王阳明强按住内心的激动，对晓红一本正经地说："王家在山阴也是望族，绝不辜负了你家小姐。我一定三媒六聘、八抬大轿来娶你家小姐！"

晓红一听此话，转怒为喜，起身朝他道了个万福，嬉笑道："多谢姑爷！"

王能也连忙向他道喜："恭喜老爷，贺喜老爷！老爷这真是双喜临门啊！"

王阳明佯装嗔怒道："我看你俩是约好了来坑我！还不快去禀告太夫人一声！"

王能与晓红正要兴高采烈地出去，王阳明又将他俩叫了回来："太夫人面前说话谨慎些，若是说漏了嘴，我定不轻饶！"

晓红嬉皮笑脸地说："我偏要说漏嘴，太夫人说不定还会赏我哩！"

"你，你！"王阳明装作起身要追打他们的样子，心里却是欢喜得不得了。

晓红和王能笑嘻嘻地出了房门。王阳明愣坐在椅子上，沉浸在巨大的惊喜之中，半天都没有回过神来。

燕娘与王阳明本是多年知音，也不顾自己是续弦的名分，满心欢喜地嫁入伯府。迎娶那天自是择好了的吉日，新建伯府准备了一顶大红花轿，四对红灯笼，派王能、刘二、陈小等几个跟轿，敲锣打鼓地去到城东门的牡丹楼。早几日，燕娘已下山住在这里歇息。约后晌时分，方迎新娘过门。轿子到府门口，王阳明迎了进来，燕娘头顶盖头，身穿大红五彩遍地百兽朝麒麟通袖罗袍，下着金枝线叶纱百花裙，腰束金镶宝石女带，腕上戴着金压袖，胸前绣带垂金，裙边环佩叮当，在晓红的搀扶下，怀抱宝瓶跨进了伯府。

燕娘虽是贵胄出身，但从小寄人篱下，常年漂泊在外，居无定所，此时身心都有了依托，与王阳明更是情投意合。王阳明讲学之余，便与燕娘执手相看，共剪窗烛，如胶似漆，有如少年夫妻。

燕娘嫁入伯府后，王阳明之母太夫人见她明大理、识大体，性格洒脱随和，又怀有身孕，对她格外照顾，处处随其心意。阖府上下也非常喜欢这位新来的张夫人，对她敬重有加。

一日，诸夫人冥寿。太夫人早就嘱咐左右之人只可悄悄祭祀，不可声张，以免张夫人介怀。张夫人早几日听丫鬟晓红私下里说起此事，这天起床便说要去观音庙还愿吃斋，早早出了门。

王阳明的弟子们前些日在绍兴城西郭门内、光相桥东建起了阳明书院，各方士子云集至此，数以万计，蔚为大观。这日傍晚，王阳明从书院出来，过了北海桥，下桥右转至船舫弄，进到内街里再走几十步来到新建伯府前的碧霞池，进府见张夫人不在家，便走到后园。诸夫人的旧婢瑞香脸上挂着泪，坐在香樟树下一副愁容莫展的样子，看见他进到园里来，忙起身拭泪。他这才记起，今日是诸夫人的冥寿。园里建了一座观象台，青石基座，台上有阁楼。王阳明有时在此台上夜观天象。此时他独自登上台，在阁楼里枯坐良久，想起此前与诸夫人的百般恩爱，如今阴阳两隔，颇为感怀，提笔写了首悼亡诗，独自悲吟起来。

窗外暮色昏重，王阳明看到墙角里有一壶黄酒，便自斟自饮。这时，他看见诸夫人款款从门后出来，嗔怪道："只顾自己吃寡酒呀？也不叫上我！"

他赶紧迎上去，两人执手相对，泪眼婆娑。诸夫人关切地问："我走了这些日子，你和家人都还好吧？"

"都还算平安康健。"

"听说瑞香这丫头闹了些情绪，被太夫人卖了？"

"哦，这事呀，说来也是有趣。"王阳明给诸夫人倒了一杯酒，两人互敬了一杯，"瑞香跟太夫人赌气，太夫人一怒之下让牙婆子将她领走卖了，卖给了新昌县的大户张谟。"

"这张家也算是礼仪之家，应该不会难为她吧。"

"张家还算不错，素爱附庸风雅。你听我接着讲，后面的事有趣着哩。"

诸夫人起身给王阳明的酒杯斟满，又敬了他一杯。

王阳明乐呵呵地说："张谟听说咱王家有婢女出售，连忙让管家从牙婆子处高价买走瑞香，连同女红之具也都一并买去。张谟一天到晚坐在瑞香身边欣赏她的女红巧技。瑞香颇得张谟欢心，时常相伴左右。"

"瑞香这副臭脾气，能有这么个好主子，也算她的福分。"

"一日，张谟临窗观赏街景，见有卖绫罗者从窗下经过，便招呼进来。他在一捆捆绫罗中挑选、比较边幅的宽窄，揉卷搓捻，分辨其细密厚薄，与小贩讨价还价，争得面红耳赤，不亦乐乎。旁边随侍的瑞香突然倒地不起，嘴角歪斜，口不能言，像是中风的样子。"

"好好的，怎么突然中风了呢？"

"瑞香示意张谟将自己送回牙婆子处。奇的是，第二天，她竟然痊愈了。有人问她怎么回事，她愤然答道：'我虽贱人，但也曾为王家婢女，死就死了吧，怎能侍奉锱铢必较的市侩牙郎呢？'"

"这臭丫头，原来是在诈病！"诸夫人掩嘴一笑，"不过，咱们清族之家的礼数，岂是暴富的张谟之辈所能知晓的？"

"可不是吗？张谟本想买去瑞香，脸上贴金，谁知道却落得被咱家细婢嘲讽的境地！"王阳明也是笑得合不拢嘴，"太夫人当初卖她时在气头上，过后十分后悔，听说她闹了这么一出，赶紧让王能把她领了回来。"

两人对视一笑，又互敬了几杯酒。

诸夫人忍不住问："听说夫君已再娶，新人比奴家更好吧？"

王阳明一脸愧色，无言以对。

"奴家命薄，无福分侍奉夫君，也没能给你生一儿半女，内心愧疚得很。夫君再婚，乃命中注定。"诸夫人将桌上王阳明写的诗读了几行，感动得哽咽难言，她当场撕裂衣带，在上面题诗一首：花颜共坐时，双飞并膝情。阴阳途自隔，聚散两难心……

她题完诗，举起酒杯："祝夫君福寿绵长，琴瑟合韵，儿孙绕膝，家门崇赫！奴家就此别过。"说罢一饮而尽，转身即走。

王阳明伸手去拦，又如何拦得住。诸夫人倏忽不见，他扑了个空，一骨碌跌倒在地。

"我的老爷哦，黑灯瞎火的，您在这台阁里倒是喝上了！"王能听见里面有动静，推门进来，正好看见王阳明摔倒，连忙将他扶起。

王阳明一把将他推开："去，把诸夫人拦住，不准她走！"

王能一愣："老爷喝高了，走，小的扶您下去。这台子上露水重，莫着了凉。"

燕娘嫁到王家，九个月后产下一子。阖府上下，喜气洋洋。王阳明晚年得子，也是喜出望外，给儿子起名叫正聪，希望儿子得到天赋的睿智——良知。

王家是状元门第，王阳明又封了伯爵，绍兴城内有头脸的都前来道贺，一时宾客盈门，好不热闹。王家在余姚老家也是望族，听闻王阳明晚年得子，同乡先达也纷纷赶来绍兴祝贺。有两个九十多岁的老人专程从余姚乡下赶来，献诗祝福。王阳明喜形于色，当场写诗作答，其中有句"携抱且堪娱老况，长成或可望书香"，希望能子承父业。他还希望接着再生呢——"还望吾家第几郎？"。

儿子出生后，王阳明讲学如故，劲头更足。

钱德洪、王畿乡试中了举，但没有进京参加会试，坐船回到了绍兴山阴。王阳明非常高兴，让他俩侍讲，凡初入门者，都让他俩先行引导，等志定有人后，才正式听讲。每临坐，先焚香默坐，诸弟子举疑，他一一点拨，如同孔子杏坛讲学一般。

一个弟子问："我只是在事上不能了。"

王阳明答说："以不了了之良知。"

这名弟子一时难以理解，但也没想好，不敢再问。

王阳明接着说："所谓了事，也有不同。有了家事的，有了身事

196

的，有了心事的。你现在说了事，其实是惦记着前程的事。虽说是了身上事，其实还想着家业的事，这其实是想了家事哩。如果单单只了身事，能做到'言必信，行必果'就是好男儿了！至于了心事，此事难得。如果知道是了心事，则身家之事一齐都了了。如果只在家事身事上着脚，世事何曾得有了时？"

有弟子问："举业考功名，妨碍为学吗？"

王阳明答："梳头吃饭妨碍为学吗？只要去做就是学！举业考功名只是日常的一件事，自己若能看破得失，把它当作人生游艺适情的一件小事就好了。"

"既然要举业考功名，就得背诵宋儒们的教科书。我们既然已经在先生您这里得到了圣贤的本意，教科书上的文意跟您的又不一样。那我们怎么用心学这一套去答他们那套八股的试卷呢？"弟子又问出这一尖锐的问题。

"若说作圣的真机，当然是我们的心学更为接近。然而宋儒之训乃皇朝之所表彰，臣子当然不敢悖反。因此，师友讲论时，谁有理就听谁的；应举考试时，还得按规定制度来办。要随体赋形，物来顺应，左右逢源才好。"

有弟子对王阳明"人人心中皆有一个圣贤在"的话不甚理解。这时，正好有一个叫杨茂的聋哑人来访，他还识得字，王阳明跟他笔谈。

问："你口不能言是非，你耳不能听是非，你心中还能知是非吗？"
答："知是非。"

"如此说来，你口虽不如人，你耳虽不如人，你心还与常人一样。"

杨茂点头，拱手答谢。

王阳明接着说："每个人都有一颗心。此心若能存天理，就是个圣贤的心，口虽不能言，耳虽不能听，也是个不能言不能听的圣贤。此心若不存天理，便是个禽兽的心，口虽能言，耳虽能听，也只是个能言能听的禽兽。"

杨茂扣胸指天，表示他此心可对青天。

王阳明说："你如今于父母，但尽你的孝；于兄长，但尽你的敬；于乡党乡里、宗族亲戚，但尽你的谦和恭顺。见人怠慢，不要嗔怪；见人财利，不要贪图。只按你那是的心去做，莫按你那非的心去做。纵使外面人说你是非，都不须听。"

杨茂俯身拜谢。

"你口不能言是非，省了多少闲是非！耳不能听是非，省了多少闲是非！凡说是非，便生是非，生烦恼。听是非，便添是非，添烦恼。你比别人省了多少闲是非、闲烦恼，你比别人倒快活自在了许多！"

杨茂扣胸指天画地。

王阳明最后跟他说："我如今教你只需终日按你的心去做，不消口里说；只需终日听从你内心的声音，不消耳里听。"

杨茂跪下磕头，再拜。

王阳明转身对众弟子说："人人胸中都有个圣人，只是不自信，又不肯努力，所以埋没了这位圣人。"

弟子们唯唯应着。

王阳明看着一位弟子说："你胸中有个圣人。"

这名弟子慌张得很，马上站起来说："不敢。"

王阳明见这弟子紧张，便叫他坐下，笑着说："众人皆有，你怎么就没有？天下万事都可谦虚，唯独这事不可谦虚。"

该弟子只好笑着接受。

王阳明扫视众弟子，背诵了自己的一首诗："个个人心有仲尼，自将闻见苦遮迷。而今指与真头面，只是良知更莫疑。"

然后，他又语重心长地解释说："人皆有良知，圣人之学，就是致此良知。自然而致的是圣人，勉强而致的是贤人，不肯致的是愚人。虽是愚人，只要他肯致良知，就和圣人无异。此良知不管你是圣人也好，愚人也罢，人人具备。所以说，人人皆可为尧舜。"

一次，王阳明和众弟子一起出游，看见田间的禾苗长得正旺，随口说道："才过几天呢，就长这么高了！"

王畿笑着答道："禾苗长得好，是因为它有根。学问如果能自己植根，也不怕它不长哩。"

"哪个人没有根？良知就是天植的灵根！本来应当生生不息的，但如果着了私累，把这根切断堵塞了，那还怎么长得高呢？"

王阳明就这样在浙江山阴每日与一众弟子讲学，乐此不疲。而他在江西的一帮弟子继续在当地将其学问薪火相传。

他有一个江西安福籍的弟子刘邦采，原本是本县秀才，却立下做圣人的志向，与同乡刘晓、刘文敏等先后受业于他。嘉靖五年，刘邦采在安福首创惜阴会，召集同门弟子和再传弟子每月聚会五日，"疑义相与析"。王阳明听说此事，大为赞许，专门给他们寄去一篇文章《惜阴说》，以示鼓励。

第六章 朝廷争斗

一 桂萼设下美人计

却说文渊阁大学士费宏因阻止宁王朱宸濠恢复王府护卫，被钱宁等人攻讦，被迫罢官南归江西老家。后来，他助王阳明平叛有功，大臣们纷纷上书，争相请求皇上起用费宏。当时因正德皇帝正在江南一带巡游，未及处理。嘉靖皇帝即位才十天，就降旨起用费宏和其堂弟费寀，并派行人司官员赵岊去催促费宏快快回朝。费宏到了京城，皇上敕封其为少保，仍为阁臣，并赐蟒衣、玉带，特将费宏返故里时在船上烧去的东西如数赐给。费寀不久升为南京礼部右侍郎。

在嘉靖初年"大礼议"事件中，首辅杨廷和同阁臣蒋冕、毛纪合力与皇帝争持不下，费宏虽也附和杨廷和，也在论疏上署名，可他不同于杨廷和顽强地坚持己见，故意使皇上难堪，有时在皇上和杨廷和中间打个圆场。皇上看出四位阁老态度有所差别，认为费宏还算不错。嘉靖三年二月，杨廷和致仕。四月，蒋冕、毛纪也被逐退回乡，内阁独独留下费宏一名老臣。费宏本想挂冠而去，但想着自己是三朝老臣，受国厚恩，未忍离去。皇上也想将费宏一并辞退，但想起袁宗皐生前跟他说的话:"为君之道,就是要拉一个,打一个。"又怕内阁阁老尽行去职的话,朝廷人心不稳,便对他格外恩宠。一次,皇上写了几首律诗,命大臣们唱和。翰林院将皇上的御制诗和大臣们的唱和诗编成了一本诗集,送呈皇上御览。皇上亲自在费宏名字前面署上官衔:内阁掌参机务辅导首臣。费宏由此擢升为内阁首辅。

桂萼、张璁从南京回京后,被任命为翰林学士。嘉靖三年七月,左顺门哭谏争礼事件发生后,皇上召集费宏、席书和桂萼、张璁一起商议如何处置哭谏的这些官员。

皇上怒气冲冲地说:"自从朕进京当了这个皇上,这些臣子们处处给朕难堪,朕都忍了。现在竟然在左顺门哭丧,惊动了母后,也是闹得忒不像话了!"

费宏等人连忙跪地,请皇上息怒。

皇上扫了一眼地上几个大臣,看到席书也跪在地上,帽子有点歪,样子比较滑稽,忍不住想笑,便道:"席爱卿对此事意下如何?"

席书答道:"这些臣子愚昧不化,死脑筋,可恨得很,只要有几个领头的煽风点火,其他人都跟屁虫似的装腔作势。依臣看,把几个领头的打几板子,其他人罚几个月月俸,自然也就老实了。"

桂萼却接过话头厉声说:"这帮臣子公然在宫门哭闹,哪里把皇上放在眼里?他们口口声声说要依祖制,哪条祖制规定他们做臣子的可以在宫门口要挟皇上的?是可忍,孰不可忍!依臣所见,该杀头的杀头,该充军的充军,该打板子的打板子!"

张璁帮腔道:"领头的杨慎,仗着是杨廷和的儿子,狐假虎威,竟敢公然煽动一众大臣与皇上作对!微臣以为,这不仅是议礼,还是党争,是杨党对皇权的挑衅!"

皇上铁青着脸，问费宏：“费阁老，说说你的意见。”

席书、桂萼、张璁一齐看着他。费宏清了清嗓子，说：“百官齐聚宫门外，确有过激之处，但本意只是向皇上哭谏。‘率土之滨，莫非王臣’，文臣们都是皇上的忠臣，哪有党争那么严重？但文臣总有些怪脾气，书呆子也多，有时闹闹别扭，皇上大可不必理会。”

桂萼却顶了句：“他们是文臣，我们就是武将了？我看他们这样闹法，就差全武行了，真是斯文扫地，倒比武将还毛躁哩！”

皇上瞪了一眼他：“桂萼，你好大的胆子，怎么跟费阁老说话呢！”

桂萼这才退到一边，低着头不吭声。

费宏嘴巴嘟嚷着刚想说些什么，皇上脸一沉，给侍立在侧的锦衣卫大汉将军下了道旨：“逮捕杨慎，下诏狱，论死。”

左顺门事件后，席书被擢升为礼部尚书，桂萼升任詹事，仍兼翰林学士。在费宏眼里，桂萼和张璁虽列名翰林，却是投皇上所好的奸邪之徒，于是对他们四处掣肘，不让他们参加经筵，参与教习庶吉士，也不准他们参与正德皇帝实录的修纂。

桂、张二人怀恨在心，常常勾结起来在皇上面前诋毁费宏，甚至数次在奏章上诋骂他，皇上却不以为意。一日休沐，桂萼陪皇上在宫中下棋时，漫不经心地提到，费宏家藏书巨富，里面有许多宋刻珍本，最为奇妙的是还有元朝宫中流出的胡人房中术和春宫图。

皇上当即把棋子一推：“那还下什么棋？走，上老费家瞧瞧去！”

皇上说走就走，锦衣卫大汉将军们迅速行动，锦旗、仪仗一应俱全。皇上说：“我是微服出巡，一切从简。”

一行人打马来到费宏府前，费府家丁都来不及通报，皇上就出现在费宏的院子里。皇上一边说：“费阁老，朕来看你来了！”一边就踏进了后堂。

只见这里歌舞升平，几十名歌伎正裙裾飘飘，翩翩起舞，费宏衣冠不整地席地而坐，左拥右抱，茶几上杯盘狼藉。

看到皇上在锦衣卫簇拥下仿佛从天而降，费宏吓得赶紧喝止正专心奏乐的乐师，磕头请安，跪地不起。众歌伎躲闪不及，乱哄哄地跪了一地。

皇上鼻子一哼："费阁老好雅兴啊！"

费宏吓得面如纸色，伏在地上说："老臣接驾来迟，死罪死罪。"

桂萼指着费宏，嚷道："好你个费宏，你何止是接驾来迟！你平时口口声声礼义廉耻、道德文章，原来在自己家中却是如此淫乱不堪，看你怎么解释！"

皇上当场撞到费宏这副模样，也是大出所料，心里觉得有趣，脸上却装作恼怒的样子，一屁股在锦衣卫搬来的太师椅上坐下，倒想听听他作何理论。

费宏不愧是三朝老臣，定了定神，开口说道："老臣别无他好，独好音律。乐乃和声，当今盛世，老臣在私宅中养几个歌伎，听歌舞以娱情，别无他求。"

"什么独好音律，你这是纵情酒色！你可是首辅，臣僚们都像你这样，谁还能恭敬勤勉地给皇上当差？"桂萼在一旁不依不饶，大声斥责。

皇上却不以为然，笑道："费阁老平时也算稳重老臣，竟然有如此雅兴，难得。不如让你的歌伎再舞一曲，让朕也与民同乐一番，如何？"

"老臣不敢造次。"费宏以为皇上是在说风凉话，吓得头皮都发麻，跪在地上头都不敢抬一下。

"呃，这有啥不敢的？既是歌舞以娱情，无伤大雅嘛。"皇上一副兴致勃勃的样子。

费宏见皇上不像是生气，又不敢抗旨，只好吩咐乐工奏乐，歌伎们登台演出。

一曲舞罢，皇上意犹未尽，让费宏来点新鲜的。

费宏答说，只是些寻常节目，入不了皇上法眼。

桂萼却道："费阁老，听说你家养有胡姬，妖冶异常，何不唤她出来一见？"

费宏脸有难色，期期艾艾。

"快召，朕倒想看看是怎么个妖冶法！"皇上笑嘻嘻地说。

费宏只好令管家去请出胡姬。

胡姬款款从内室走了出来，只见她肌映流霞，足翘细笋，身着粉裙，腰束云带，挺拔娇艳。更让人叫绝的是，随着她舞姿舒展，满室皆香。这香不像是香粉之味，而是她身上独有的体香。胡姬边舞边和着琵琶之声吟唱："繁华事散逐香尘，流水无情草自春。日暮东风怨啼鸟，落花犹似坠楼人。"

一曲舞罢，皇上都叹为观止，连声叫好，喜形于色。费宏见皇上兴致如此之高，便吩咐胡姬又接连舞了几曲。

皇上龙颜大悦，高声道："有赏！"领班太监赵有贵赶紧上前赏了胡姬一锭官银。

胡姬在御前谢恩。皇上问其姓名，何方人氏。

胡姬落落大方地答道："奴家丽珠，陕西人氏。"

皇上又问："来京城多久了？"

胡姬看了眼费宏，答道："只有月余。"

桂萼却在旁边呵呵一笑："姑娘咋不实话实说哩？你来费府不止

月余吧，来京城比老夫还来得早哟。"

胡姬见她被当场揭穿，连忙跪下磕头，不再作声。

"桂萼，你闭嘴！"皇上呵斥桂萼。

桂萼也跪倒在地，申辩说："皇上有所不知，费宏与此胡女沆瀣一气，故意欺君罔上。"

皇上扫了一眼费宏，问桂萼："有何欺君的？你倒说来听听。"

桂萼指着胡姬说："此胡女本名马蓉，系太监张永平宁夏安化王叛乱时，带入京城，送入豹房献与武宗毅皇帝的。"他又指着费宏，怒道："费宏身为内阁首辅大臣，竟敢私藏先帝遗妃，大逆不道，按律当斩！"

费宏却很镇定："老臣不知实情。这丽珠姑娘只是前些日寄养在府中，调教舞伎。老臣从不敢有非分之想，更不敢僭越。"

"你不敢吗？你已经敢了！"桂萼厉声指责说，"你知道这胡女刚才唱的是什么歌吗？唐人杜牧的诗《金谷园》，讲的是西晋巨富石崇与爱妾绿珠的事。你这是在影射当今皇上是谋权篡位的司马伦吗？"

"桂学士不要血口喷人！"费宏怒气冲冲地反驳，"你这是在构陷、污蔑，什么石崇、绿珠、司马伦，你在皇上面前口无遮拦，你以为是在茶馆说书啊？"

皇上一听此话，也差点笑出声来："朕不是三岁小孩，心中有数哩。"他手一挥："给我拿下！"

两旁锦衣卫立马出动，将费宏按在地上动弹不得。

"干什么！朕是让你们将此胡女拿下，朕要亲自审问。你们竟敢对费阁老无礼！一群饭桶！"皇上骂道。

锦衣卫朝费宏作了个揖，这才转身拘捕丽珠。

在回宫的路上，桂萼还一个劲地在皇上面前说着费宏的不是。皇上却大度地说："朕不怕他老费好色贪杯，只怕他不给朕忠心办事。有点雅趣，无妨！"

"那这个胡女咋办？"

"你不是说费宏家有春宫图吗？这胡女丽珠不就是活脱脱的春宫图吗？朕笑纳了！"皇上笑嘻嘻地说，"这老费家中藏有如此娇物，正好被朕逮了个正着。老费呀，也算立了一个大功哩。"

桂萼一听此话，肠子都悔青了。

话说桂萼有次陪翰林院几个同僚逛胭脂胡同喝花酒，偶然得知新来的一个窑姐才貌出众，是宁夏胡女，而且传闻曾被正德皇帝宠幸过，豹房被张太后勒令封园后，她才流落到胭脂胡同来。有一位翰林是费宏的门生，随口说了句："这等佳人沦落到这种地方，倒是可惜了，不如去费阁老家，还能独占花魁。"

另一位学士追问道："费阁老也爱这一口？"

"哪个才子不爱佳人呢？费阁老精通音律，最近在家里排演'云门大卷'，征集了一批舞女歌伎，好不热闹！"

说者无心，听者有意。桂萼计上心来，便重金买通胭脂胡同青楼老鸨，将胡女送至费宏府上，说她是慕名而来学习声乐。费宏一见，喜欢的不得了，连忙纳入府中，充当舞队教习。

桂萼本想通过这一招扳倒费宏，没想到"赔了夫人又折兵"，还帮费宏在皇上面前送了个大人情。

他懊恼不已，当晚便拎了瓶酒来找张璁诉苦。张璁还住在当初刚中进士时赁租的那幢民房里，只不过将房子翻修了。桂萼此前劝他换租一套敞亮点的大房子，张璁却说，这是他的福地，千金不换。

几杯酒下肚，桂萼便开始跟张璁诉苦。张璁笑道："兄台的事我刚刚听说，那胡女明明是兄台献给皇上的，人情却落在费宏这老家伙身上了。兄台真是'助人为乐'呀。"

"你老张还说风凉话，这酒没法喝了！"桂萼站起身，气呼呼地就要走。

张璁把他拉住，好言相劝："你看看，桂兄这急性子，哪斗得过费宏这老狐狸？"

"我俩是捆在一根绳上的蚂蚱哩，我赔了银两折了面子，你一点不同情，比费宏还开心呢！我看你就是跟费宏一伙的！"桂萼气得跟只斗鸡似的，脸红脖子粗地嚷嚷。

张璁给他斟满酒，又给他夹了几筷子菜，乐呵呵地说："桂兄折戟沉沙，出师不利，兄弟深表同情。不过，同情归同情，你这种打法，我可不赞成。"

"那你倒是说说你的妙招来！"

"桂兄，我倒想问问你，满朝文武皇上最为倚重的是谁？"

"这还用问？袁宗皋呀。"

"袁阁老前年就已去世，我是问当今。"

桂萼用手指指了下对面的张璁，又指了指自己，意思是皇上最为倚重他们俩。

张璁摇摇头："皇上对我俩确实信任有加，但我们毕竟资历浅，光靠我俩还镇不住台面。"

"那难道是他费宏不成？他可是杨廷和内阁的副手，八面玲珑的家伙！"

"费宏是首辅，又是三朝老臣，皇上刚刚逐退杨廷和，自然对他要格外依赖。不然，其他臣子不服气呀。"

"那咋办？岂不是扳不倒他了？这口恶气难咽啊！"

"吃吃喝喝、狎妓这些寻常小事肯定是扳不倒他了，反而让皇上觉得他这人也有缺点，没有野心，乐不思蜀哩。"张璁话锋一转，"不过，要想扳倒他也不是完全没有可能。"

桂萼焦急地等着他的下文，可张璁只顾自己吃菜、喝酒，就是不说。

桂萼急了，把桌子一拍："好你个张璁，我把你当患难之交，你倒好，尽跟老子打哑谜！"

张璁看他这副气急败坏的样子，忍不住笑得前仰后合，一边揩眼泪，一边举起酒杯跟他赔不是。

"你今天不说怎么扳倒他，我就不喝酒！"桂萼气得脸都白了。

"说你老桂性子急，还真一点没说错。"张璁不急不忙地说，"找不到老费的破绽，就不能从他的亲友身上做些文章？"

桂萼一盘算："他的堂弟费寀现任翰林院编修兼左春坊左赞善，不擅交际，为人还算老实。他的侄子费懋中正德十六年进士及第，也是翰林院编修，书呆子一个。"

"还有呢？"

"小费？"

张璁点点头。

"可小费只是个待考的举人，又没有一官半职。"

"谁说有官职的才可抓把柄了？铅山费氏几代为官，费宏之父费瑄，成化年间进士，官至兵部员外郎、贵州参议，费宏自己是状元，又是阁老。费宏这个大儿子费懋贤虽也有些才气，却是个地地道道的纨绔子弟，斗鸡走狗、提笼架鸟、拈花惹草什么的，样样精通，但最爱附庸风雅搞些收藏，尤爱字画，据说对名家绘画已经痴迷到入了化境，人称'画痴'。"

"你的意思是让我送几幅名画给他，再举报费宏受贿？"桂萼纳闷地问。

"怕是一般的名画，人家看不上眼哩。"

"那你不是废话吗，咱总不能变出一幅《清明上河图》拿去送他吧？"桂萼叹了口气，端起酒杯，"来，喝酒喝酒，一醉解百愁。"

"桂兄不要灰心嘛，"张璁跟桂萼碰了个杯，一仰脖喝了个底朝天，"咱就要将《清明上河图》送给他！"

"你这是阎王爷开邮驿——鬼信！"桂萼见他还在跟自己开玩笑，努着嘴生闷气。

张璁却一副笑嘻嘻的样子，脸上透着一丝神秘。

桂萼见他不像是开玩笑，吃惊地睁大了眼睛，悄声问："《清明上河图》在你手上？"

"呃，"张璁环顾了一眼房间四周，"你看看我这寒舍，家徒四壁，能藏得住这等稀世珍宝？"

"说得也是，"桂萼点点头，"你老张不像是有钱人。那你不又废话嘛，我说，你老张今晚是不是尽拿我桂某寻开心了？这《清明上河图》据说被王阳明拿去给宁王朱宸濠换了剿匪的军饷，后来京城有人看到此图到了陆完手上，应是朱宸濠转送他的。陆完还在后面题了跋哩。"

"陆完那幅是假的，唐伯虎临摹的。那宁王可不傻，舍得将这好宝贝送给陆完这大傻子？"张璁笑道。

"这个我也有所耳闻。宁王府被焚，此图从此不知所终。有的说化为灰烬了，有的说被叛军趁乱给顺走了，反正是众说纷纭。"

"我知道它现在何处。"张璁神秘兮兮地说。

桂萼这回一点不觉吃惊，自顾自地夹菜喝酒："今晚你老张说什么我都当是放屁，懒得理你！"

"不管你信不信，这图现在就在张文锦手里。"

"张文锦？就是冒死击退朱宸濠的那个安庆知府？"

"正是。他现在是大同巡抚哩。"张璁说，"当宁王久攻安庆不下时，派潘鹏之兄潘鲲执厚礼入城游说张文锦，此厚礼就是《清明上河图》。"

"哦，《清明上河图》确实当得起价值连城！"桂萼恍然大悟。

"这张文锦也是一个狠角色，把《清明上河图》没收了，又把潘鲲给碎尸了，把朱宸濠气得那个哇哇叫，又奈何不了他。"

"这张文锦确实够狠，要是换我也是气得要吐血！"桂萼大笑了一阵，突然把大腿一拍，"我明白了，将张文锦手中有《清明上河图》真迹的消息透露给小费，让小费去找张文锦的麻烦，挑起他俩的争端！"

张璁呵呵一笑："'上兵伐谋，其次伐交'，我们斗不过他老费，找个狠角色来跟他斗，我们坐山观虎斗，多好。"

桂萼用手指着张璁，一脸坏笑："好你个老张，你也是个狠角色哩！考了八次科考的人，就是不一样啊，姜还是老的辣！"

张璁勃然变色："你再提这事，我真的跟你翻脸！"

桂萼这才意识到自己说漏了嘴，七次会试名落孙山的事是张璁心中永远的痛。桂萼赶紧举杯敬酒，笑着赔不是："张兄莫怪，兄弟只是玩笑话。小费的事，包在我身上，他的堂兄费懋中在翰林院跟我同僚，我改天在费懋中面前不经意提下画的事，保准传到小费耳中，让他心动！"

费懋贤从他堂兄费懋中那里得知《清明上河图》在大同巡抚张文锦手中，心痒难耐，就想着怎么样将此画据为己有，也不枉了江湖上给自己"画痴"这一名号。若是能将此画收入囊中，家中其他字画都可付之一炬。可那张文锦是个出了名的狠角儿，花重金跟他买，恐怕他不肯卖哟。费懋贤转念一想，若是以老爷子的名义跟他借来瞧一瞧，他或许愿意。如此名画，先一饱眼福，再作打算。

费宏年事已高，眼神又不好，内阁有票拟不完的奏折有时带回家中斟酌，费懋贤在旁打个下手，出谋划策，也恰到好处。久而久之，费宏便将一些不甚机要的折子让他代为票拟，一则让他为父分忧，二则也借此培养下儿子的参政本领。费宏的印章和专用信笺平时都是由费懋贤代为保管，私信往来也交由他打理。因而费懋贤轻而易举地就以费宏的名义给张文锦拟了一封信，信上说听闻张巡抚府上藏有稀世名画《清明上河图》，欲借来一观，阅后即还，等等。

张文锦收到费宏寄来的信，掂量半天，在家中密室展画又欣赏了半晌，还是不忍心将此画拱手让人。

张文锦之子张池恕见父亲如此喜爱此画，忍不住在旁插话说："爹爹平宁王叛乱，战功赫赫，当初他费宏还被宁王追着打，如丧家之犬哩。此画是爹爹拿命换来的，他凭什么说要就要？"

"他是内阁首辅，天字第二号人物，如果不借画给他，岂不伤了和气？将来事事掣肘，也是麻烦。"张文锦长叹一口气，左右为难。

"谅他也不敢！再说了，费阁老也不是那种见利忘义之人。"

"话说得也是，或许费阁老是真的喜欢此画，想借去看看再还回来也未必呢？"

"爹爹此画来得不明不白的，万一费阁老一借不还咋办？又倘若他追问爹爹此画来历，岂不自露马脚？总不能说是宁王所赠吧？"

"借也不是，不借也不是，那我儿你说咋办才好呢？"

"给费阁老回封信，就说都是江湖传言，家中并无此画。"

"这样是否不妥？岂不是跟费阁老撕破了脸？朝中无人，你老子将来还咋混？"

"有啥不妥的？'将在外，君命有所不受。'爹爹奉旨镇守大同镇，是天子抚臣，他内阁能奈我何？"

张文锦戴上手套在《清明上河图》上仔细摩挲，细细打量那些栩栩如生、跃然纸上的人物，闭上眼仿佛自己此刻就徜徉在汴京城里，走在熙熙攘攘的虹桥之上……

他最后一咬牙："就按我儿意见办，你代我拟一封回信。费阁老休怪我，怪只怪此画画得太好，老夫宁可舍命也舍不得此画哦。"

张池恕笑道："爹爹又说笑，此画是吉祥之物，留在家里，您老还要长命百岁哩。"

费懋贤接到张文锦的回信，见自己的愿望落空，那个懊恼！心想张文锦自恃有功，目空一切，没把咱当首辅的爹爹放在眼里，找机会一定要将他往死里整。

张文锦当年因平叛有功，连升三级，由知府升到了二品大员。他来大同更是建功心切，因而在治军时雷厉风行，刚愎自用，升赏黜罚皆出己意，根本不按常理出牌，军中上下无不怨声载道，有苦难言。考虑到大同以北乃平畴旷野，若有鞑子侵犯没有御敌的屏障之所，张文锦与大同镇总兵朱振商议："敌人几次犯宣化府却不能攻入城内的原因，是宣化城外有葛谷、白阳等堡垒作为战时御敌的屏障。现在咱大同城外一马平川，出城即是战场，一旦有警，鞑子即兵临城下，城池就要遭殃。我们为何不在城外修建几个堡垒，作为御敌的犄角呢？"

朱振也是一代名将，正德皇帝应州大捷时他任宣府总兵，他对张文锦的建议十分赞同，当即表示可在大同镇北九十里外增修五座城堡，名为水口、宣宁、只河、柳沟、桦沟，但却对耗资太巨表示担忧。镇守太监和其他官员也以工期太长、耗资太多、戍兵不够为由表示反对。张文锦力排众议，决定增设五堡，作为大同的预警之地和北部屏障，派出参将贾鉴负责监工。这贾鉴脾气暴躁，督促甚严，役卒们都心怀怨恨。

　　修筑五堡预算共需三十万两银子，报至户部，户部转至内阁票拟。费宏照例将这封折子和其他一些不甚紧要的折子带至家中，费懋贤一看是张文锦递上来的折子，不管三七二十一，先给他打了个大折扣，票拟着户部拨付三万两银子。费宏也没有细看，便呈上去待皇上御批。皇上自从宫中新收了胡姬丽珠，"从此君王不早朝"，整日钻研房中之术，顾不上看这些堆积如山的折子，让司礼监照常批红准旨。

　　张文锦收到户部拨来的三万两银子，哭笑不得，但此时五堡已经开工，也只得硬着头皮继续修筑，自然少不了东挪西凑、横征暴敛和挪用府库银两。五堡建成后，张文锦要迁大同镇军户二千五百家来五堡守卫。这些军户世代戍边，知道鞑子扰边时这镇外堡垒首当其冲。这五堡在修筑时因工程费用不足，矮小局促，比不上大同城墙坚固，若是全家迁入五堡，一旦打仗，大多有去无回，于是纷纷抵制。

　　正在这时，朝中有科道言官参了朱振一本，说他克扣军饷、飞扬跋扈，还挪用五堡的工程款。皇上下旨，革了朱振的总兵职，收监候查。都察院派了个叫李兴善的御史前来调查此事。李御史来前受过费懋贤的好处，到了大同，在张文锦面前闪烁其词，时而说风闻张巡抚也有贪腐事，时而又说费阁老力保张巡抚才使其免受罚，最后不经意间又绕到了书画金石这些事上，说费阁老年纪大了，好琴棋歌咏，尤好书画，对宋画又最有研究。

张文锦听出话里有话，在驿馆好吃好喝地招待着李御史，又让人从春风楼里找了几个板生生、展盈盈、丰乳肥臀的大同婆姨先将他稳住，自己赶紧回到都院后衙找儿子商量对策。

二 《清明上河图》是假的？

张文锦将张池恕唤至内室，焦急地说："我的儿呀，上次费阁老来信借画，你说不借与他。现在可好，他让言官把朱总兵给参倒了，又指使一个姓李的御史来了大同调查军中贪腐之事。我今晚设宴招待他，他三句不离费阁老，一个劲地说费阁老对宋画如何如何喜好，就差没提'清明上河图'五个字了。"

张池恕一听，也大吃一惊："没想到费阁老此人如此小肚鸡肠，看来这李御史不将《清明上河图》带走，誓不罢休啊。"

"可不是吗？再不将这图交出去，你爹爹我就要进监狱了。"

"爹爹也不要过虑，爹爹向来行得正、坐得端，不怕他御史陷害！"

"话虽这么说，但宣大二镇官兵一十四万，延宁二镇又有官兵七万，岁费粮储数以百万计。一方主帅，又有哪个不吃点空饷、克扣些军粮的？真要查起来，都是一屁股屎啊。"张文锦想了想，就要去开百宝箱，"我看啊，这画是奇物，我这里庙小留不住它，送它上青云算了。"

可等他将画从箱中取出，展开一看，又是泪眼汪汪的，依依不舍。

张池恕见父亲如此钟爱此画，不忍让他割爱，便心生一计："爹爹，不如让高手临摹一幅送去，解了燃眉之急再说。"

"这样也行？"张文锦半信半疑地问。

"有什么不行的？此画费阁老从未见过。儿子认识一位民间高人，只要肯出高价，保管让他做得跟真的不差毫分哩。"

张文锦将画卷起来交给张池恕："那就试试看吧，不行的话算了。不就是幅画，总没有命值钱。"

过了几日，张池恕从外面回来，径直来后院见张文锦。他将房门紧闭后，从包里掏出一个卷轴，毕恭毕敬地双手递给张文锦，笑道："完璧归赵，宝图请爹爹收好。"

张文锦将画在案桌上展开，见是原画无异，又重新卷好，问："请高人临摹的那幅呢？"

张池恕还是笑笑，下巴努了努："这不是吗？"

张文锦大吃一惊，重又将画展开，弯腰仔细察看了半天，方才捻了捻胡须笑道："几可以假乱真，差点将你老子给骗了！"

"爹爹的意思，将此画送去给费阁老妥了？"

"妥了！"张文锦笑得合不拢嘴，"今晚爹爹我就去会一会这个李御史。"

位于永泰门内街的驿馆大门紧闭，幽暗冷清，戒备森严，里面却是另外一派景象。池塘边张灯结彩，画舫里笙歌曼舞。张文锦与李兴善在舫中对坐，一边喝着小酒，一边欣赏着船娘的曼妙舞姿。

张文锦将一个长条形匣子和一封书信递与李兴善："内有传世名画《清明上河图》，这是我写给费阁老的信，烦请李兄转交。"

李兴善一惊："北宋张择端的《清明上河图》？"

张文锦点点头。

李兴善将画从匣中取出，当场展开，上下左右鉴赏了一番，赞不绝口："今日大饱眼福，三生有幸！"

张文锦又拿出一幅赵孟頫的《秋郊饮马图》递给他："赵子昂的画，虽不及《清明上河图》稀有，但也算珍品，请李兄笑纳。"

李兴善照例展开一看，连声道谢："张院台对下官如此厚爱，终生难忘。"

两人又把酒言欢，气氛极其融洽。

张文锦笑道："大同边塞苦寒之地，比不上京城繁华，招待不周，还请李兄见谅。"

"哪里，哪里。"李兴善朝张文锦拱了拱手，"人说大同虽是九边，其繁华富庶不下江南。而妇女之美丽，什物之雅好，皆其他边塞之所无。百闻不如一见，下官这次算是不虚此行。"

张文锦哈哈一笑："人称'蓟镇城墙''宣府教场''大同婆娘'为三绝，李兄对咱大同的婆娘有何观感？"

李兴善竖起一个大拇指："果真名不虚传，天下无双！"

张文锦一听又哈哈大笑起来。

李兴善回到北京，当晚来到费府与费懋贤相见。费懋贤正与一帮公子哥儿在花厅喝酒猜枚，厅中有歌女在唱曲，还有一群窑姐儿在一旁斟酒说笑。见他进来，费懋贤连忙招呼道："你来得正好，我们这里正在办雅集呢。缺了你这个雅人，少了好多雅趣。"

李兴善问："老爷子不在府上？"

"今晚他老人家当值，在朝房过夜哩。这里是山中无老虎，我们猴子称霸王哟。"费懋贤醉醺醺地说，"我们正在行酒令，兴善兄若是答不上来，就罚酒一大杯，如何？"

李兴善见座中许多都是老相识，也不客气，一屁股在费懋贤身旁坐下："悉听尊便。"

于是费懋贤出令："两火为炎，此非盐酱之盐，既非盐酱之盐，如何添水便淡？"

定国公徐光祚的孙子徐文珏接了句："两口为吕，此非女人之女，既非女人之女，如何见犬便哭？"

众人大笑。

这下轮到李兴善了，他搂了搂坐在他大腿上的窑姐，微微一笑说："两日为昌，此非娼妓之娼，既非娼妓之娼，如何开口便唱？"

一座哄堂大笑。

李兴善兴致来了，笑道："女人也好，娼妓也罢，大同的婆娘那才叫一绝哩！"

众人便说愿闻其详。李兴善便大大咧咧地讲起大同见闻，令大家羡慕不已。

费懋贤赞道："兴善兄这次大同之行公务繁忙之余，还拨冗深入花间柳巷，体察大同婆姨类美如玉、妖冶已极的民情，真是令我等佩服啊。若是我朝官员们都能像兴善兄这般心系百姓、与民同乐，天下岂不早就承平宴乐？"

徐文珏打趣道："李御史这次亲自纠察大同婆娘的重门叠户，斩获颇丰，斩获颇丰呐。"

李兴善正在喝酒，一听此话，笑得呛了一大口，咳嗽不止，做手势让人端个痰盂来吐口水。

费懋贤唤来一名婢女："给御史大人把痰接着。"

李兴善吐清爽了，这才接过刚才徐文珏的话头说："说斩获，这算得了什么？俺老李给你们看一件稀世宝贝。"

李兴善说着从包里拿出卷轴，小心翼翼地展开来，大家好奇地围观。卷轴露出个头，上面赫然题着宋徽宗的瘦金体：清明上河图。全场顿时惊叫起来。

费懋贤本是个半吊子，并不识货，见此图画得栩栩如生，啧啧称赞。

李兴善拍了拍他的肩膀，哈哈笑道："愚兄这趟赴大同，与那张文锦斗智斗勇，总算在这铁公鸡身上拔了根毛，帮懋贤老弟讨回了这幅画，也算不辱使命了。"

费懋贤朝李兴善深深鞠了一躬："老兄出马，一个顶俩！兄弟感激不尽。"

徐文珏不解地问："记得这画前朝时好像在李东阳李阁老手中，怎么这会儿又成你小费的了？"

"这个……这个嘛……"费懋贤吞吞吐吐的，不知说什么才好。

"这个是孩子没娘——说来话长。小费是收藏大家，大家都知道的。这张文锦从他手中借了此画去鉴赏，一借不还。我这个御史看不下去了，正好赶上去大同公干，顺便帮小费带了回来。总之是物归原主，可喜可贺啊。"李兴善举起酒杯，大家都喜笑颜开举杯庆贺，现场一片觥筹交错。

"这是幅赝品！"声音不大，但却十分刺耳。

大家循声望去，只见是一个穿着布衣，像是店铺伙计模样的人，正在旁边探着头盯着画看。

"你是何人？竟敢在这胡说八道！"李兴善呵斥道。

这人朝大伙鞠了一躬："草民胡汤，裱画为生。"

费懋贤一拍脑袋，对李兴善说："想起来了，他就是那个人称'胡辣汤'的裱画工，裱画裱得还有些名气，前些日招他来家里替我揭裱几幅新收的古画。"

李兴善神情严肃地质问胡汤："你有没有看走眼？若是不懂装懂，在这故弄玄虚，小心爷爷我割了你的舌头！"

胡汤一骨碌跪在地上："史载《清明上河图》是豆人寸马，形象如生。各位大人请看，这画上麻雀的脚踏着两片瓦，张择端断不会画出这样的劣作！"

大家凑过头去看，这画上果真是麻雀的脚比瓦片大。费懋贤十分愤怒，骂道："文锦老儿，欺人太甚，竟敢拿一幅假画来糊弄我！刚才多喝了几杯，眼花了，这等哄三岁小儿的假画能瞒得过我小费的火眼金睛？"

既然知道了此画是赝品，大家的兴致由高潮迅速滑至低谷，场面一下变得十分尴尬。李兴善跟其他来宾胡乱吃了一通酒，都扫兴而去。

等来宾散去，费懋贤还不心甘，把胡汤叫住，详细问了他对此画的看法。胡汤又一五一十地指出了画中的几处谬误。费懋贤气得当场把画撕作几截，摔盘子摔碗。胡汤和费府仆人、婢女都吓得避在门口，垂首侍立，大气都不敢出。

这样大闹了一阵，费懋贤坐在椅子上生了会儿闷气，又把胡汤叫到跟前，问："这赝品作伪也是作到了极致，你咋一眼就能瞧出毛病？"

胡汤欠了下身子，回话说："不瞒大公子，小的原是大同人，此前在张文锦张巡抚家见过真品，上回此画有处残破，还是小的揭裱修补的呢。您老看看，真画这里有残，眼前这幅画一点痕迹都没有，显然是假的。"他指着画中城门外驼队下方，示意此处真画有修补。

费懋贤见胡汤不仅裱画功夫了得，聊天说话也是落落大方，气定神闲，不像一般手艺人那般卑躬屈膝，上不得台面。又听他说是大同人，眼珠子骨碌一转，心生一计："你既是大同人，本公子有件事想交给你来办。"

胡汤是个机灵角儿，一听这话赶紧跪了："多谢大公子抬爱，小的愿赴汤蹈火，为大公子效劳。"

"你且起来，此事你若是办好了，就再也不用干这裱画的营生，本公子赏你一个世袭千户当当，那也是一句话的事。不过，既然是干大事，就得有大胸怀，不知你够不够胆？"

"小的跟大公子交个底，咱本是军户出身，从小打打杀杀，生生死死的事见得多了。俗话说：'破着一身剐，皇帝也对打。'有什么怕不怕的？富贵险中求嘛！"胡汤拍着胸脯表了决心。

"好！"费懋贤大手往桌上一拍，"本大公子没有看走眼，你就是个干大事的人才！"接着便悄声跟他如此这般地交代了。

胡汤满口答应，满心欢喜地跟着费府管家支盘缠银两去了。

整个花厅杯盘狼藉，桌上的画幅像块抹桌布卷成几团。费懋贤独自坐着，鼻子一哼，脸一横，眼中露出一丝凶狠的目光。

三　大同镇卒把巡抚杀了

却说胡汤第二日便启程赶赴大同府。

大同镇的百姓多以军户为主，世代戍守屯田，本是"三分守城，七分屯种"，平时为民垦边，战时为兵征战。英宗正统之后，鞑子兵经常犯边，大同周边已无多少军田可垦，仅有的一些军田又大多被王族巨户侵占，很多军户甚至被迫为权贵种地，沦为佃户。有些军户为了生计，只得做些买卖，有些还与鞑子私下做些贸易。听说巡抚衙门要将他们迁去戍守五堡，还要带着亲属，极为不满，群情汹汹。

一些百户、旗校建议招募新兵派驻，军中各级官吏也赞同这个主意。张文锦却说："军队要打胜仗，最重要的是令行禁止。如若不然，今后军中发出的命令还有谁听？换防五堡的事，大同巡抚衙门的镇兵务必带头。如果有拖延迟疑的，本院一定军法严惩。"不仅如此，他还命令他身边的亲兵营率先垂范，移驻五堡。

可是，这些亲兵们平时放纵懒散惯了，素以油滑著称，且都有家室，听说要出外驻守，都很抵触。但见巡抚态度坚决，众人又提出了一个折中的办法：不带家属，自己只身前往，并分批戍守。张文锦还是一口回绝了亲兵们的请求，并且严厉督促他们尽快前行。

这时胡汤受费懋贤秘密指派回到了大同，找到他的堂叔胡雄。这胡雄正好在亲兵营当差，是个小旗官。胡汤谎称朝廷早就对张文锦不满，前些日还派了御史来查他，现在正在抓他的小辫子哩，劝胡雄干脆借此机会将此事搞大，把张文锦搞下台，大同镇的亲兵们自然不用再移驻五堡了。

胡雄半信半疑："你小子此前不是在张巡抚家当差吗？听说张巡抚甚是欣赏你，帮你脱了军籍，还推荐你去京城给大户人家做事啊。"

胡汤答道："张巡抚待侄儿确实不薄，但他犯了法，朝廷岂能容他？"

"你咋知道朝廷不能容他？我看他这巡抚官儿当的稳当得很哩。"

胡汤便把费府账房给他发盘缠的条子拿出来给胡雄看："叔，您看，这是当今内阁首辅费大人家给您侄子我开的路费条。不瞒您讲，侄儿我现今也是吃皇粮的官家人呢，费阁老有些军国大事都要侄儿帮他拿主意哩。"

胡雄大腿一拍："妥了，你后台这么硬，你叔我就豁出去了！我这就找亲兵营那帮老杆子去，闹他个天翻地覆，不把这不通人情世故的书呆子巡抚搞下去，誓不罢休！"

胡雄去到亲兵营，亲兵队长郭鉴侧着身子躺在床上，总旗柳忠和小旗陈浩等人正围坐在床头，骂骂咧咧的。柳忠说："让老子去外堡送死也就罢了，还要搭上妻儿老小。他张巡抚自个咋不把老婆儿子迁过去？郭队长不就替兄弟们说了几句公道话嘛，他贾阎王就要当众打你的军棍，简直不把我们当兵的当人啊！"

胡雄进去假惺惺地劝道："柳爷莫恼，咱们是军户，吃军粮的，贱命一条，听天由命吧。人家是巡抚老爷，他在大同镇里享着清福，哪管咱们死活？"

"你老胡平时还算条血性汉子，这回咋成了这熊样了？莫非被那张巡抚灌了迷魂汤？"

胡雄笑道："柳爷这是哪的话，巡抚老爷灌谁的汤也轮不到灌咱胡雄的汤呀，灌我几口砒霜汤还差不多哟。"

郭鉴摸了摸皮开肉绽的屁股，板着脸道："你们莫扯了，那个挨千刀的贾阎王，刚才还派人来催咱们明日一早就要开拔，违者就不是打军棍这么便宜了，要军法处置哩。你们说咋办？"

"去是个死，不去也是个死，横竖是个死，不如大闹一场，让他们当官坐府的收不了场！"柳忠气愤地嚷道。

"事情闹大了，朝廷怪罪下来，怕是吃不了兜着走哦。"陈浩在旁表达了他的担忧。

"不怕，朝廷正在查办张巡抚哩！"胡雄压低嗓子说，"我一个大侄子现在在京城给费阁老当差，他捎话来说，费阁老让咱们大同这边先闹点动静出来，他们好接着办掉张巡抚。张巡抚倒了台，咱们自然不用再去外堡戍边了。"

郭鉴眼睛一亮："消息可准确？"

"千真万确，要有半句假话，您现在就砍了我的脑袋当球踢！"

"既然朝廷早就要办张巡抚，咱们把他杀了又如何？前年甘州卫的兄弟闹兵变，杀死了许巡抚，后来朝廷不也没怎么为难兄弟们吗？法不责众，把我们都杀了，谁来给他老朱家守边？"柳忠由于气愤，脸涨得通红。

"好！"郭鉴把桌子一拍，"既然大家都横了心，就交代下去，让兄弟们提前做些准备。明天还是按上面要求移防，先去外堡看看，过得去就算了。实在不行，见机行事，搞一票大的！"

第二日，亲兵营士卒带着家眷在参将贾鉴的督促下，极不情愿地往五堡开拔。他们到了水口、宣宁、只河、柳沟、桦沟等五个外堡，却发现堡子狭窄逼仄，营房根本不够用，马匹行李等物都没有地方安置。众人怨言四起，意欲作乱。

胡雄和陈浩的两支小旗被分在了柳沟，柳沟的营房修得阴暗潮湿，四面透风，大家怨声载道。贾鉴只要听到有人抱怨，便不由分说拿起马鞭一顿抽打。

胡雄暗地里挑拨手下的士卒说："这贾鉴贪虐媚上，待我们如草芥。他督工修建五堡贪了不少银子，结果让我们拖家带口地住在这狗窝不如的地方。此贪官不除，天理不容！"

众人群起响应，当场就要抄家伙去找贾鉴算账。胡雄拦住说：

"先莫急，你们找几个人去水口等堡报信，就说夜间举火为号，杀死贪官！"

天黑后，胡雄点起火把，与陈浩一道带着手下士卒将贾鉴在柳沟的临时住所团团围住，骂骂咧咧地要贾鉴出来说话。贾鉴晚上喝了酒，睡得正香，被这班士卒吵醒，大怒，抄起马鞭从屋里出来，对着门口的士卒挥鞭就抽。挨打的士卒怒不可遏，抢过他的马鞭就往他身上死劲地抽打。贾鉴被打得哇哇叫："反了，反了！贼囚根子，竟敢打上司！"

胡雄一脚将贾鉴踹翻在地，骂道："狗！给脸不要脸的贪官污吏，狗仗人势！这是外堡，天高皇帝远，打你便宜了你，今晚就要宰了你！"

话音刚落，众士卒纷纷上前，你一脚我一脚把贾鉴踢了个半死。贾鉴的几个亲兵刚开始本想来救，后来一看胡雄这边人多势众，也不敢冒头了，心想贾鉴平时对他们也是喝来唤去，动辄打骂，这会儿挨打也算老天有眼，就站在旁边看热闹。到最后见他被打晕过去，干脆也跟着上前踹几脚，出出心中憋着的那股恶气。

陈浩见贾鉴晕死过去，生死未卜，心生害怕，便朝众人高声说："这人作恶多端，害人不浅，今日挨打，也是罪有应得，差不多就行了，大家不如散去，明日再做打算。"

这时有个老兵站出来，对陈浩嚷道："他是死是活，对我们来说都不紧要，天黑他也认不得我们。但如果明日他活过来，你是小旗，你怕是不死也得脱层皮哟。"

陈浩一听此话有理，心想这贾鉴是个活阎王，他要是活过来，自己全家岂不要遭殃？想到这里害怕极了，结结巴巴地问这老兵："那依你所见，真的要将他打死？他可是参将，朝廷怪罪下来，我的哥哥，兄弟我可吃罪不起哦。"

"你这前怕狼后怕虎的，还不如回家给婆娘洗裹脚布去！"人群中传来一声骂。大家回头去看，队长郭鉴来了，身后跟着一群人。

"老大，你来得正好，这贾阎王，现在半死不活的，还有一口气。你说咋办好？"胡雄大声问。

"什么咋办不咋办的？你昨天不是说上头有人吗，今儿个怎么倒婆婆妈妈起来？"郭鉴说着，走到贾鉴跟前，往他脖颈处就是一脚，踹得他口吐鲜血，双腿一蹬，当场断了气。

郭鉴站在台阶上，朝众兵卒大声道："兄弟们，贪官们自己吃喝嫖赌，不把咱们当人，把咱们迁来这鸟不生蛋的地方。现在是八月还好，等到寒冬腊月，咱们不被鞑子杀死，也要被这关外的风雪给冻死。"

"朝廷早就对张文锦这个大贪官起了疑心，前几日还派了御史来查办。"胡雄插话说。

郭鉴接着说："今天我们替朝廷杀了这贪官，是替天行道。兄弟们，听我指挥，围了大同镇，揪出张文锦！"

大家异口同声地跟着喊："围了大同镇，揪出张文锦！"

众兵卒气愤不已，乱刀将贾鉴的尸身斩成几截，抛之野外。因担心官军大举镇压，乱兵留一部分驻守五堡，主力北出塞外，屯于焦山墩，随时准备逃往鞑子草原。

见乱兵出塞，张文锦先是震惊，接着又害怕起来，他没想到自己的举动会引起如此严重的后果，更害怕万一乱兵与鞑子军队勾结进攻大同，后果不堪设想。他赶紧命令副总兵时陈、游击叶宗等人去五堡好言相劝，招降乱兵回城。但在乱兵被劝回大同镇之后，张文锦的胆子又大了起来，头脑也糊涂起来，他没有做出任何安抚乱兵的举动，而是暗地里下令关闭城门，缉捕带头叛乱的头领。

郭鉴、柳忠等人入城之后本就心怀疑虑，听说关了城门，大为惊恐，心知必死无疑，索性再反。于是又聚众焚毁大同府门，打开仓库，发放粮食，砸开监狱，释放囚犯，并纵火焚烧张文锦所在的都院衙门。正在衙门内办公的张文锦大惊失色，翻墙逃走，藏匿在博野王府中。乱兵闻讯后，立刻包围博野王府，并扬言要焚毁王府。博野王胆子小，赶紧向叛军献出了张文锦。张文锦出来之后，乱兵一拥而上，将他杀死分尸，然后又焚烧了行都司衙门，砸毁了总兵官的印信，刚刚上任没几天的大同总兵江桓逃走。乱兵放出了此前因事被系入狱的前总兵朱振，挟持其为大同总兵。

大同兵变的事情被江桓奏报到朝廷，皇上大怒，责令兵部免了江桓的职，降为宁夏副总兵官，以山西按察使蔡天佑为大同巡抚、后军都督府署都督金事桂勇为总兵官，前往大同招抚叛军。

桂勇抵达大同，已是三个月后。他是武举起家，此前当过保定参将和江西副总兵，自恃武艺高强，只身打马来到乱兵营与郭鉴等人理论。郭鉴接连杀了张文锦、贾鉴等官，占了大同镇，正在沾沾自喜，见这个自称是新任大同总兵的黑脸汉子来到营中指手画脚，心中恼怒，喝令道："将这狗官给老子拿了，乱刀砍死！"

众兵卒一哄而上将桂勇擒住，就要推出辕门外问斩，幸亏朱振闻讯赶来，将他救起。

郭鉴说："老子见不得仗势欺人还强词夺理、絮絮叨叨的狗官！"

朱振满脸堆笑："老郭是个血性汉子，但凡事也得分个青红皂白，这桂大帅是皇上钦点，专来解救咱们的！"

"你既然这么说，姑且卖你个面子。下回再敢来营中叨烦，定不轻饶。"

朱振把桂勇救回总兵府，设宴给他压惊。桂勇捧出礼部新铸造的大同总兵印信，说："皇上点了我来接任大同总兵，今后你等就得听我号令。"

朱振连忙跪拜行礼，说："下官正戴罪在身。前些天叛军杀了张巡抚，吓跑了江总兵，挟持下官出来做事。下官死命不从，但他们把刀架在我脖子上，不从就得死啊。"

"你起来吧，这个本帅明白，你不用多言。你姑且戴罪立功吧。"

朱振陪桂勇喝了几杯酒，聊起下一步打算。

朱振说："这些兵卒都是世代军户，互相牵连。这次哗变，确是被张巡抚逼得太急所致，不如给他们一个改过自新的机会，以免事态恶化，一发不可收拾。"

桂勇却不以为然："今日本想与这些叛军晓之以理，没承想差点送了性命。其他胁从者可不追究，但郭鉴等首恶必不可轻饶，不杀不足以扬官威，不杀不足以平民愤！"

朱振还想替他们辩解几句，桂勇手一扬："朱将军无须多言，待明日接蔡巡抚大军入城后再说吧。"

四 大明朝还姓朱，不姓杨

过了两日，桂勇以"谕抚"为名宴请郭鉴等人。结果，郭鉴等三十多人在酒桌上被诱捕杀害。郭鉴的父亲郭疤子又串众起事报复，生擒桂勇。后来朱振百般周旋，才将桂勇救出。直至第二年也就是嘉靖四年的二月，大同兵变才平息下来。桂勇见大同镇官兵与官兵、军户与军户、军户与鞑子之间关系错综复杂，无心蹚这浑水，便举荐朱振接替他重新出任大同镇总兵。以户部左侍郎总制宣大军务的胡瓒也上书说桂勇被擒，全赖朱振营救，朱振有保全主将之功。皇上于是升朱振署都督佥事，充总兵官镇守大同。

大同兵变的事告一段落后，兵部侍郎李昆上书朝廷为张文锦请求抚恤。皇上将此奏折发给内阁票拟。

费宏就此事问费懋贤的意见，费懋贤答道："兵变是因张文锦强迁戍卒激发。兵变中，他不仅不安抚，还杀将激发事变，身为巡抚，没有恪尽职守。大同是九边重镇，北接大漠。大同兵变中巡抚、参将被杀，宗藩受扰，府司衙门被焚，影响极坏。若不能得到妥善处理，进而波及其他边镇，导致边防崩溃，鞑虏再乘机兴兵入犯，后果不堪设想。"费懋贤还举出嘉靖元年甘肃镇兵变的例子，在那次兵变中，巡抚许铭也是被乱兵所杀，最后却查明是官逼兵反，是总兵李隆在借刀杀人，他才是幕后主使。

费宏觉得儿子分析得有理有据，便据此票拟意见驳回李昆奏本。

桂萼得知此事，兴冲冲地跑去皇城根胡同找张璁商量是否将小费的事和盘托出。张璁说："慌啥？得沉住气！让他们再斗一会儿。"

后来，张文锦之父张政又上书争请其子驻守安庆时的功绩，礼部念其功劳，代为上书朝廷为其请功，在内阁的阻挠下，最终也没有得到批准。朝廷中不少大臣觉得费宏主持的内阁对张文锦太过苛刻，纷纷上书为他打抱不平。此事闹得沸沸扬扬，费宏在群臣中的威望因此大打折扣。

桂萼沉不住气了，跟张璁说要出手。张璁却气定神闲地答道："再等等。"

过了些日子，张文锦妻又上书朝廷恳请抚恤，不少大臣也上奏附和。皇帝觉得大同兵变的事本是丢脸的事，有损我朝国威，张文锦家属却在此事上不依不饶，于是勃然大怒，下旨对那些上书为张文锦说话的官员全部进行重罚。

这时，桂萼觉得时机已经成熟，要对费宏反戈一击。张璁制止他说："现在还不是时候，老费家气数未尽，让他们气焰再盛一些，最后好燃得一干二净。"

不久，嘉靖五年春榜放榜，费懋贤中进士出身，授翰林院庶吉士。翰林院为朝廷储才之地，英宗后有惯例：非进士不入翰林，非翰林不入内阁。因此庶吉士号称"储相"，能成为庶吉士的都有机会平步青云。至此，费宏为内阁首辅，堂弟费寀为翰林院编修兼左春坊左赞善，侄子费懋中也为翰林院编修。父子兄弟并列禁近，有明一朝实为罕见，满朝文武羡慕不已。费懋贤更是目中无人，得意忘形。

一日，桂萼和张璁从翰林院放衙出来，见费懋贤携妓乘车在长安街上驰行。行人避让不及，还会挨他马车夫的鞭子。桂萼望着他车后的尘土直跺脚："真后悔没有早点对他下手，让他张狂如此！"

张璁淡淡地说："是时候了。"

"费家现今如日中天，此时下手谈何容易？"

"你忘了《周易》里有'亢龙有悔'的话了？物极则反嘛。"

桂萼想了想，猛地一拍巴掌："正是！不鸣则已，一鸣惊人。我现在出重拳，定叫他老费家一蹶不振！"

"哈哈，那你老桂说说看，怎么个出重拳将他老费家扳倒？"

"张文锦在兵变中惨死，朝廷又不给抚恤，张文锦的儿子张池恕料到是费宏在使绊子，现在四处在告状哩。不瞒你说，张池恕已经将当年费懋贤以费宏名义写给张文锦索要《清明上河图》的信交给我了，只待我奏上一本，保准他费阁老位子不保。"

"你就不怕这折子还没到皇上跟前，费阁老就中途给截留了？"

"不怕，"桂萼呵呵一笑，"皇上赐了我银章，让我密疏奏事呢。"

"光靠这封信，恐怕还扳不倒他费阁老哦。"张璁说，"这信上只不过说是借画一阅，就算是索画，在皇上眼中，跟他迷恋胡姬一般，也只是小节哩。"

桂萼一想，张璁说得有理，便犯了难："那依你所见，这次岂不又是竹篮打水一场空？那你刚才还瞎起哄什么？"

"打蛇要打七寸。我倒问你，这大同兵变，皇上最关心的是费阁老借画，还是什么别的？"

"那还用讲，自然是最关心这兵变是因何而变？"桂萼讲到这里，突然明白张璁的意思，"莫非你老张抓住了他费家把柄？费家跟兵变也有关系？"

张璁点点头："说来也巧，费懋贤对婢女动辄打骂。一名婢女受不了这折腾，装病不起，小费就唤牙婆子将她领出去发卖。兄弟我正好要买一个使唤丫头，听说是费家的婢女，便赶紧买了回来。小费有痰疾，这婢女那晚正好在门外候着给他接痰，于是把他如何撕了假画，如何交代裱画匠胡汤去大同活动，又如何给其盘缠，听了个八九不离十。"

"有这等事？那赶紧捉拿这姓胡的裱工呀！"桂萼一下来了兴致。

"还等你这会儿去捉？人家早跑得没影儿了哦。"张璁嘴一歪，"别忘了，各省按察司都归咱都察院管哟。"此时，因复审张寅案，张璁已摄都察院事。

"这姓胡的全招了？"

"胡汤本是流落街头的贱人，张文锦张巡抚待他不薄，见他有一技之长，能装潢书画，销了他军籍，还推荐他来京城给众王公大臣们裱画，他却恩将仇报！这种小人，打他几板子，有什么不能招的？"

桂萼朝张璁拱了拱手："姜还是老的辣啊！"

张璁一惊："你老桂又想说什么？"

桂萼迟疑了一下，笑道："瞧你老张紧张的！兄弟我只是想说，你这是孙武子教女兵——十捉八九着啊。张兄是高人，兄弟佩服佩服！"

"他小费挟私报复倒是小事，胆敢在拱卫京师的九边重镇大同掀起如此大的风浪，他费家的末日到了！"张璁狞笑道。

果如张璁所料，皇上接到桂萼的密报，还不以为然。但接到张璁的都察院报后，雷霆震怒，当场就要锦衣卫拘了费懋贤来问话。礼部尚书席书正好在跟前进呈《大礼集议》，皇上便问他对此事的看法。席书回话说："张文锦处理兵事不当以致兵变，朝廷对他进行处罚就可以了。如果纵容兵士们杀死自己的主帅后逍遥法外，朝廷还迁就叛兵，打造新印，就此任命叛军从监狱里劫持出来的朱振当总兵。一旦传之于天下，我大明脸面何存？"

皇上听了，十分愤怒："把桂萼和张璁叫来问话。"

不一会儿，桂萼和张璁匆忙赶来，磕头请安。

皇上把折子往桌上一摔："你们俩屙了屎，要朕来给你们揩屁股吗？"

桂萼和张璁不明就里，俯在地上不敢吭声。

皇上朝席书努了下嘴，示意让他们起来。

席书便对桂、张二人说："皇上让你们起来回话。"

两人爬起身，在一旁躬身侍立。

席书又说："折子是二位所奏，还请二位给皇上拿个主意。"

桂萼抬头看了看皇上，见皇上坐在龙椅上铁青着脸，怒气冲冲，便小心翼翼地说："大同兵变的事，微臣以为费阁老处置不当，有失公允，众边将不服啊。"

皇上瞅了眼张璁。张璁说："都察院和山西按察司业已查明，是费懋贤向张文锦索要《清明上河图》不成，指使脱籍军户、裱画匠胡汤潜回大同煽风点火，里应外合，终于酿成大祸！"

"费宏糊涂！"皇上把堆放在龙案上的奏折一把扫在地上。

席书趁机进言道："现在内阁费宏、石王缶、贾泳等阁老因循守旧，才能平平，没有可以与陛下共商军国大事的，都是成事不足，败事有余！"

"那你说，除了他们几个，满朝文武还有谁能入阁？"皇上问。

"若要平定天下祸乱，成就一代功业，非用王守仁不可。"

"王守仁？"皇上觉得这个名字很熟悉，仔细回想了一下，五年前刚登基时，就听袁宗皋说起他，说他在江西平叛时功勋卓著，当时欲调他来京而未果，便说了句，"王守仁倒是个能文能武的干才！"

张璁和桂萼知道席书是王阳明的弟子，对他上回一道复审张寅案时不肯跟他们站在一边甚感不满，觉得席书跟他俩不是一条心的人。两人心想如果王阳明入了阁，跟席书联手起来，岂不是要让他俩靠边站？

张璁于是站出来说："王守仁好是好，就是喜欢聚众讲学，攻讦程朱圣贤。朝中大臣对他颇有非议，恐难以服众。"

桂萼也附和说："王守仁前些日子丁忧在家，身体欠佳，让他入阁恐怕是勉为其难。"

席书一听这些话，气得要当场跟他们理论。

皇上正心烦，懒得听他们的闲碎话，便道："那除了王守仁，还有谁堪当大任？"

"依臣之见，不如召三边总制杨一清进京。他是三朝老臣，还当过王守仁的部堂官，前番平鞑子亦不剌部有功。"张璁答道。张璁议大礼的时候，杨一清还赋闲在家，看到张璁的上疏后，当着门人乔宇的面称赞过他，还写信给他劝他早去赴召，以定大议。张璁这时向皇上引荐杨一清，也算是投桃报李。

"杨一清确是难得的出将入相之才！"皇上夸奖道，又问，"亦不剌贼现今如何？有未再犯？"

桂萼回禀道："亦不剌贼被杨一清击败后，又被鞑子本部人马复仇追杀，退居剌剌山、江零口等地，从此一蹶不振了。也有人说，亦不剌后来误入白帽之哈密城，被当地人所杀。"

"好！就召杨一清入阁！"皇上当即下旨。

"那费阁老怎么办？"张璁明知故问。

"还能怎么办？革职查办！"皇上想了想，又道，"念他是三朝老臣，让他致仕回乡休养吧。"

"遵旨。那他儿子翰林院庶吉士费懋贤呢？"张璁追问。

皇上不耐烦地把衣袖一挥："一并辞退，让他早点滚蛋！"

张璁与桂萼既已攻走费宏，以为杨一清担任内阁首辅后，必然会提拔自己。没想到，杨一清却坚持召七十八岁高龄的谢迁入阁复职。张、桂二人大失所望，心怀怨恨。

谢迁还未抵达，张璁四处运作入阁之事。一次，皇上接到云南巡抚欧阳重的奏折，说杨廷和患病，杨慎恳请回四川老家探视。皇上便问张璁，杨慎在云南咋样了？朝中大臣对这帮"左顺门事件"遭贬的臣子有何看法？张璁趁机危言耸听道："不少大臣蠢蠢欲动，想为他们翻案哩！"

皇上不悦，吩咐道："都察院要严密监控，一有风吹草动，拟密章奏闻。"

过了两个月，杨廷和病愈后，杨慎又返回永昌卫所。他听说寻甸土司安铨、武定土司凤朝文作乱，便率领家童和步兵一百多人，快速赶到木密所，与副使张峩用计击破叛军，平定了叛乱。欧阳重为杨慎请功，朝中不少大臣也串联起来，准备写联名折请求皇上赦免杨慎流放之罪。张璁得知此事，递密折上报。皇上连夜召见，张璁说："众臣子联名为杨慎请功是假，向皇上叫板是真。区区土司打个群架，算得了啥事？若是遂了他们的意，今后皇上的话还有谁听？"

"此事内阁是怎么个态度？"皇上问。

"内阁铁板一块，微臣在都察院，无事也不能擅入。他们的想法，有些还得靠揣摩。"

"这内阁怎么铁板一块了？"皇上好奇地问。

"当初太祖爷为了压制丞相专权，不复设丞相一职。后来设立内阁，阁臣本是代拟诰书、以备顾问的辅臣，但而今之内阁跟丞相又有什么分别？内阁权力积重，六卿有事大抵询阁臣意旨。部院成了内阁的府库了，监司粉饰太平、恬然成风，又成了部院的府库。郡县劳心做事的，被斥为庸才，阿谀奉承的反得到提拔，于是郡县又成了监司的府库了。"张璁越说越激动，唾沫横飞。

"不可妄议祖制！"皇上拉下脸来，张璁这才收住话头。

皇上又责问道："杨阁老新掌内阁，当初还是你推荐的，他的这块铁板就没你一份？"

"回禀皇上，杨阁老的心思，非微臣揣摩得透的。他一回京，即召弘治朝阁老谢迁重返内阁。而今杨廷和病愈，恐怕过些日子还要召他入阁也未可知哩。"

"谅他不敢！朕可不是三岁小儿！"皇上厉声道。

"皇上英明，微臣口无遮拦，请皇上恕罪。"

"这里没有外人，场面上的话就不要讲了，朕想听些真心话。"皇上在房里来来回回踱了几圈，突然在张璁面前驻足，低声问，"让你入阁如何？"

张璁正跪在地上的蒲团上，一听此话，连忙磕下头去："谢皇上隆恩。微臣若能入阁，必定为皇上好好当差，肝脑涂地，不过……"张璁欲言又止。

"不过什么？最见不得你们这样吞吞吐吐的，朕刚才不是说了吗？想听真话！"

"不过微臣才疏学浅，不是庶吉士出身。大礼议时坚持圣人之义，把朝中大臣得罪了个遍，恐怕内阁不会允许微臣入阁。"

"内阁那边你不用管，朕来帮你说话。他杨阁老不是不明事理的人。"

张璁从宫里出来，直趋桂萼府上。桂萼正在书房泡脚剪脚指甲，见张璁来了，让婢女退避，问："你这火急火燎的，有何贵干？莫非皇上要升你官不成？"

"嘿，你还真猜着了。"张璁叹了口气，端起桌上的茶杯，也不管人家喝过没有，一饮而尽。

"嗨，那你应该高兴才对呀，干吗还皱着眉头呢？"

"皇上想提拔我入阁，但我怕杨一清不许。"张璁摇摇头，"哎，说来惭愧，不是庶吉士出身啊。"

"只要皇上下中旨，不是进士也能进。"

"此事皇上也在犹豫，很可能还要问起你来。"

桂萼把胸脯一拍："这个你老张放心，咱俩是一根绳上的蚂蚱，一荣俱荣，一损俱损。皇上若是问起，我保管给你说好话！"

"不，你不用给我说好话。"张璁面色凝重。

桂萼拍了拍他的肩膀："那好，听老兄的。不说你好话，我说几句杨一清的坏话总行了吧？"

"不，你得说杨一清的好话！"

桂萼惊愕地看着张璁。

张璁咳嗽了几声，又喝了口茶，徐徐说道："皇上虽青春年少，但却是绝顶聪明的。你说他为何非要逼退杨廷和？当初选储，杨廷和不发话，皇上还在安陆当他的王爷哩。"

"怪只怪杨廷和不识时务，倚老卖老，在大礼议这件事上跟皇上对着干。"

"大礼议只是导火索。帝王最擅制衡之术，皇上抛出大礼议，其实就是要引爆他杨廷和这个炸药桶。皇上最见不得的就是臣子一手遮天，功高盖主。"

"高！"桂萼大拇指一竖，笑道，"为啥说你老张老奸巨猾呢？你分析得就是透彻！我明白了，我越夸杨一清，皇上越是不放心，你老兄入阁的机会就越大！皇上要你这个小泥鳅去搅浑水哩。"

张璁脸上这才露出一丝笑容："我只会放空炮，百万军中取上将首级的事，还得你桂兄亲自出马才行！"

临走时，张璁又回头跟桂萼低声说："若是皇上让你举荐可入阁之人，请桂兄务必举荐王阳明。"

"王阳明？"桂萼又是云里雾里。

"对，就举荐他！"

桂萼似懂非懂地点点头。

果不出张璁所料，第二天，皇上在廷讲过后，漫不经心地问桂萼觉得张璁这人怎样，桂萼不语。皇上又问杨一清这人如何，桂萼便大赞其在群臣中说一不二，威望极高，有卓识远见，有刚大之气，任劳任怨，不疑不布，克成本原。桂萼把他一时能想到的溢美之词全给说了。

　　皇上不动声色，问："除了张璁，还有谁有入阁之才？"

　　"王守仁。"

　　"王守仁？你上次不是说他好像身体有恙来着？"皇上又问。

　　"回禀皇上，王守仁虽有旧疾，但应不碍大事。他与杨一清虽没有师生之名，却有师生之实。正德六年、正德七年，王守仁历任吏部验封司主事、署员外郎，吏部文选司主事，考功司郎中，而杨一清杨阁老正是吏部尚书。王守仁与杨一清的门生李梦阳诗文唱和，交情深厚。若是王守仁入阁，定能成为杨阁老的左膀右臂，锦上……"

　　"不用说了，大明朝还姓朱，不姓杨！"皇上不耐烦地打断桂萼，"朕有些累了，你跪安吧。"

五　王阳明抱病提督两广

　　早朝过后，得知皇上要用中旨任命张璁入阁，群臣激愤地围住文渊阁阁臣办事之所，要杨阁老出来答话。杨一清从阁中值房走了出来，一脸的不高兴："一大早就闹闹哄哄的，成何体统！"

　　众人稍安。

　　兵科左给事中及宦站出来说："张璁阿谀奉承之辈，溜须拍马之

237

徒，竟想咸鱼翻身、鸠占鹊巢！内阁是率遵祖宪、奉陈规诲的地方，若让他进内阁，先让我一头撞死在这里！"说着就要挺着脖子往门柱子上撞去，被同僚一把拦住。

杨一清指着柱子上悬挂着的一块铁牌说："这是文渊阁，不是菜市场！有理说理，不是你们撒泼的地方。"

众人抬头一看，铁牌上刻着圣谕：机密重地，一应官员闲杂人等，不许擅入，违者治罪不饶。

及宦扯着嗓子喊："你们莫要拦我！让我进去，撞死在孔圣人的画像前。这是什么文渊阁？马上就要成了'马屁阁'了！"几位臣僚也跟在他后面骂骂咧咧不休。

以吏部左侍郎入值文渊阁的翟銮见群情激昂，便在旁劝说杨一清："张璁由二甲进士观政礼部，才是五年前的事，骤升兵部侍郎，掌都察院事，位列公卿，中外为之侧目。现若凭中旨入阁，恐满朝文武不服。"

杨一清长叹一口气："诸位的心思，杨某心里未尝不明镜似的。虽说大臣入阁，一般要经内阁推举，只是中旨出，我为之奈何？"

"对中旨，内阁是有封驳权的，这不是没有先例。"翟銮显然站到了群臣一边。

及宦附和说："翟阁老说得对，我们可以将不合规矩的中旨原封不动地退回去，拒不执行！"

杨一清突然有些晕眩，差点摔倒，被旁边的翟銮一把扶住。翟銮朝众臣僚说："杨阁老都累病了，你们先回吧。你们说的事，内阁都知道了。"

杨一清脸色苍白，朝大家拱了拱手，表示歉意："老夫自有主张，大家请回，放心！"

众臣僚朝杨一清鞠躬行礼，方才散去。

当天晚上，杨一清正躺在家中书房一把竹藤摇椅上小憩，家仆通报："张侍郎求见。"

杨一清鼻子一哼："哪个张侍郎？"

家仆看了看名帖，答："张璁张侍郎。"

"不见！"杨一清侧了个身，背朝外。

"杨阁老！下官看您来了。"门外传来张璁的喊声，夹杂着家仆拦阻他的声音，嘈嘈杂杂的。

杨一清觉得心烦，翻身坐起，这时张璁已经出现在书房门口。

杨一清又赶紧躺下，双眼微闭，装睡。

张璁进来，见杨一清睡了，把手上拎的几包点心放在桌上，在旁边一张凳子上坐下，守着。家仆上前低声劝道："我们家老爷刚服了药睡下，您啦，还请改日再来吧。"

张璁看了眼杨一清，见他还闭着眼一动不动，只好站起身，摇了摇头，自言自语道："来得真不巧，杨阁老睡了，本想向他老先生通报陈九畴被捕一事哩。哎，不巧啊。"

杨一清隐约听到陈九畴被捕，心中纳闷，咳嗽一声，眼睛微微睁开，揉了揉眼睛，假装吃惊地说："哦，这不是张侍郎吗？怎么有空光临寒舍？老夫卧病不起，失礼了。"说着就要撑着摇椅扶手起身。

张璁上前将他一把搀住，扶他在椅子上将身子坐直了，说："听说老先生身体欠佳，晚辈特来探视。"

杨一清抬了抬手，脸上勉强挤出一丝笑容："有心了。年纪大了，头痛脑热的，常事，常事。"

"老先生养病要紧，晚辈就不打扰了，改日再来讨教。"张璁说着，起身告辞。

"既然来了，就聊一会儿吧。"杨一清手一挥，示意家仆退下。

张璁只好重新坐下。

"刚才半梦半醒之间，好像听张侍郎说起陈九畴，是甘肃那个陈九畴吗？"杨一清问。

"哦，"张璁手掌往脑门上一拍，"差点忘了正事，都察院刚刚拘捕了正病休在家的前甘肃巡抚陈九畴，特向杨阁老汇报一声。"

"人都抓了才来汇报，你们都察院，你张侍郎，不，张掌院今天若是要将老夫抓走，老夫也只能束手就擒啊。"

"杨阁老说笑了。按理说，拘捕巡抚这样的重臣是要事先跟内阁打个招呼的。可陈九畴一案是皇上钦点由都察院承办，我们也没有法子。皇上还下了旨，说都察院为朝廷耳目之寄，司风宪之职，以后办案可直达圣听。"张璁满脸堆笑，话里却藏着刀。

"那老夫想问，这陈九畴是我总制三边时的老部下，究竟犯了何事，竟然惊动了直达圣听的贵院？"杨一清阴着脸，没好气地问。

"说来话长。"张璁抿了口茶，"嘉靖三年，吐鲁番酋长满速儿、牙木兰犯甘州、肃州，陈九畴率兵击退，报捷说满速儿、牙木兰俱死于炮石下，当时皇上就有所怀疑。前些日，此二人上表求通贡，陈九畴虚报战功的事就此穿了帮。"

"或许底下部将瞒上邀功，又或许番将姓名复杂，张冠李戴了也未必。"

"此是其罪一。其罪二，陈九畴此前任肃州兵备副使时，在正德朝时曾逮捕和杀害过吐鲁番部的使臣，还杀了一名叫写亦虎仙的哈密卫首领，说他同吐鲁番串谋。甘州兵变，许铭被杀，陈九畴接任甘肃巡抚后，吐鲁番部把陈九畴当作仇敌，停了通贡互市，还连年扰边攻城。此是抚臣抚边不力，激发战事。"

"边事难料，抚边不易啊。"杨一清感慨道。

"抚边是不易，但北拒鞑虏、西和回部是我朝国策。他身为边将，不懂一张一弛之道，四面树敌，导致城池受损，军民无辜丧命，还白白耗费国库银两。朝廷难道不该问责他吗？"

"这陈九畴也确实糊涂！不过此人虽是进士出身，自小即习武事，以武健闻名。"

"更有甚者呢，"张璁低声道，"陈九畴在狱中招供，杀使臣、妄邀功、激边患都是杨阁老授意。"

"胡说！简直血口喷人！"杨一清气得一下子从摇椅上站起来，大骂道，"老夫来到陕西，他陈九畴去到甘肃，杀了多少敌，报了多少功，一个折子到了京城，还用跟我说？"

张璁呵呵一笑："下官也觉得此话纯属诬陷，案卷上就把这些话给抹了，没有报给皇上。"

杨一清铁青着脸，默不作声。

张璁见气氛有些尴尬，便换了个话题："对了，听说老先生有目眩之症，下官认得白云观一老道，擅治此症，下次请他来给阁老把把脉，保准药到病除。"

杨一清不耐烦地说："张侍郎，你无事不登三宝殿，你来何意？明说了吧。"

"好，老先生是爽快人，那下官就跟阁老敞开心扉吧。"张璁顿了顿，压低嗓子说，"皇上的意思，阁老您年事已高，让下官入阁在您身边观政，助您老一臂之力。"

"张璁，你休拿皇上来压我！老夫成化八年即授中书舍人，侍侧待问，那时候你还没投胎呢！你说既是皇上的意思，请皇上下中旨吧。"杨一清非常硬气地顶了回去。

张璁碰了一鼻子灰，脸上有点挂不住，便很快又挤出笑容："呵呵，老先生言重了，不是晚辈想入阁，晚辈才疏学浅、资历也浅，有自知之明的。不过，有一句话，不知该讲不该讲。"

张璁看了一眼杨一清，见他把身子全躺在摇椅里闭目养神，一脸的不屑。他咬了咬嘴唇，强颜欢笑地说："老先生资历老，可皇上资历浅啊。皇上年少即由藩王入掌大宝，最不放心的就是大权旁落啊。大权谁最重？我大明朝，太祖废除丞相，相权尽归内阁。老先生您成化八年即授中书舍人，当今之世，除了杨廷和杨阁老，就数您资格最老。有您老先生掌内阁，皇上既放心，又不放心哦。"

杨一清一听张璁此话，句句如刀，鞭辟入里，便半睁开眼，看了看张璁，见他不仅没有被自己刚才骂恼，还是一副笑容满面、老实巴交的样子。俗话说"伸手不打笑脸人"，于是朝张璁点了点头，示意他接着往下说。

"下官四十七岁才中二甲进士，大礼议之时，虽与百官违拗，但却深得皇上信任。在皇上眼中，下官只是他的一个影子。说句大不敬的话，皇上让下官入阁，其实也就是皇上自己入阁。"张璁说完此话，眼睛直勾勾地盯着杨一清看。杨一清一听此话，也是一惊，脸颊抽搐了一下，内心显然已起波澜。张璁见此番拜访目的已成，便起身告辞。杨一清稍稍欠了下身，道了声："慢走，不送。"

等张璁走了，杨一清一个人在书房里坐着，沉思良久。最后从书柜里取出一个紫檀木匣子，拿出一封已经拟好的折子，徐徐展开，在拟入阁成员的荐单上，将李时的名字改成了张璁。杨一清一边改，一边气得咬牙切齿："张璁，算你狠！无耻小人，奸贼根子，咱们走着瞧！"

不久，张璁以礼部尚书兼文渊阁大学士入阁，朝野震动，议论纷起。光禄寺少卿黄绾上了一道折子论江西军功，并推荐王阳明才德堪任辅弼。皇上为之心动，在奏折上朱批，交内阁议定。

杨一清找张璁商议。张璁不知杨一清底牌，不痛不痒地说："王阳明有奇才，能文擅武，果敢有力。但喜谈新学，广收门徒，目中无人。因而入阁可，不入阁亦可。"

杨一清想起上次征亦不剌时，弟子李梦阳在千里之外仍对王阳明言听计从，觉得他虽多智而近妖，又擅蛊惑人心，此人若入阁，与自己同列，群臣定当对他趋之若鹜，自己将大权旁落。内阁已有张璁这个异类，再多一个王阳明，自己说话还有谁听？于是对张璁说："王阳明这人确是人才，可是我与他的父亲王华是至交，他在吏部时又是我的下属，我若同意他入阁，岂不是授人结党之柄？"

"那元辅的意思是不准王阳明入阁？"

"正是。"

"那晚辈就按您老的意思，写一揭帖，请您领衔，晚辈附名。就说他才固可用，但好服古衣冠，喜谈新学，人颇以此异之，不宜入阁。"

杨一清点了点头："再加一句——但可用为兵部尚书。"

"兵部尚书？"张璁一脸的疑惑不解。

杨一清拿起案桌上另一本奏折："广西思恩、田州叛乱闹得不可收拾了！这是广西巡按御史石金的折子，上奏广西巡抚姚镆兵败之事，请求朝廷对姚镆治罪。"

"晚辈在兵部任侍郎时，对思田之乱略知一二。"张璁娓娓道来，

"嘉靖二年，田州土司、世袭指挥同知岑猛叛乱，袭扰邻近州府。嘉靖五年，朝廷派姚镆击岑猛，五路进兵，大败叛军，岑猛之子岑邦彦被都指挥沈希仪斩杀于阵前。当年九月，岑猛逃至其岳父归顺州知府岑璋地面，岑璋因女儿早就失爱于岑猛，正好借机报复，设计毒杀岑猛，向朝廷邀功。思田之乱不是已经这样平息了吗，怎么又乱了？"

杨一清将奏折递给他。张璁接过一看，大惊："不得了！岑猛部下卢苏、王受再次拥兵造反，竟然攻下了思恩、田州两座府城。"

再往下一看，更是气愤："这个姚镆，糊涂得很！竟然轻敌深入，被土兵包围，损失官军士卒四百余人，粮仓米粟被焚数以万计！"

杨一清呵呵一笑："王阳明不是擅用兵吗？所以说嘛，让你加一句'但可用为兵部尚书'。"

"高明！元辅真是高明！"张璁马上明白了他的用意，"调王阳明去广西征思田之乱，入阁之事自然搁置。"

皇上看到内阁在黄绾奏折上票拟的意见，又看到石金弹劾姚镆的折子，想都不想，御笔一挥："由南京兵部尚书王阳明兼都察院左都御史，提督两广及江西、湖广等处地方军务。"

王阳明在故乡讲学的平静生活就此告一段落。他接到圣旨后，上了道辞免重任的奏折，以"病患久积，潮热痰咳，日甚月深"为由，请辞新职，乞恩养病。他在奏折中也表明了对思田叛乱的看法：此乱起于土官仇杀，比之寇贼攻劫郡县，荼毒生灵，势尚差缓。只要处置得宜，平叛并非难事。他还说，只要专责姚镆，隆其委任，重其威权，略其小过，假以时日，便可成功。万一姚镆终无成绩，可选派谙熟民情土俗的大臣，如南京工部尚书胡世宁、刑部尚书李承勋代替他的职务。

王阳明对朝廷任命他为两广总督之事洞若观火。这时，以粤人乡音未改、语义不通达为由辞官不做的霍韬，再次被召进京，被任命为侍讲学士，值经筵日讲。霍韬推辞不掉，只好打点行装，从老家南海启程进京。他一路游山玩水，顺路来绍兴看望老友王阳明。

王阳明正好患痰疾卧病在床，听说霍韬来了，强打精神，出客厅相见。霍韬见他病得不轻，握住他冰凉的手，担心地说："前些日看邸报，见朝廷要你管理两广兵马，我暗自高兴，还上了折子极力推崇你呢。我本想着带上西樵山四峰书院一帮弟子，助你平叛，历练一番哩。没想到，你却病成这样，这如何是好哇！"

王阳明有气无力地说："我咳嗽厉害时都咳晕过去，老半天才能苏醒，真是死去活来啊，自己预感死期将至。这次朝廷任命我去两广平叛，是我力之所不能及的事，表面上是在用我，实际上是在杀我啊！"

"是啊，你现在起床行走都难，怎能受得了兵甲驱劳？再说我老家那边乃湿热之地，对你这痰疾最不利了。我可要再上一封折子帮你说话，辞掉这个差使才好。"

王阳明摇摇头："圣旨已下，怎么推辞都是做表面文章、打口水官司，没得法子了。"

"那阳明兄对思田之乱作何打算，有没有必胜的把握？"

"思田之乱，是小打小闹，有如身上长的疥疮。群僚百司各怀谗嫉党争之心，这才是心腹大患哟。思田之乱本也无关紧要，只是从前处理得太过轻率了，弄得后来不可轻易收拾，所谓'天下本无事，庸人自扰之'。依我之见，只要厘清乱源，疏通积怨，抚军安民，思田地方很快就会实现长治久安。"

"阳明兄如此胸有成竹，愚弟我也略为心宽。你就在家安心养好病，再赴两广不迟。我会给西樵山的弟子去信，让他们以师事你，趋为向导，助你平叛。"

王阳明勉强露出一丝笑容，朝霍韬拱了拱手："多谢贤弟费心，听天由命罢了。"

第七章　广西平叛

一　天泉桥上传四句教

皇上接到王阳明的辞疏，问杨一清："姚镆现在何处？"

"还在两广任上。兵部奉钦命，授王守仁总制军务，督同都御史姚镆勘处两广事情。"

"糊涂！"皇上斥道，"若姚镆不去，王守仁决不肯来。"

于是令姚镆致仕，又降旨督促王阳明星夜前去，勿再迟疑推诿。

八月，出征前夕，王阳明与阳明书院诸弟子道别，他说："我出征之后，但愿温恭直谅之友来此讲学论道，示以孝友谦和之行，德业相劝，过失相规，以教训我子弟，使毋陷于非僻。"

钱德洪率众弟子恭敬地答道："谨遵先生教诲。"

王阳明又道："今后你们无论是做人，还是修学，都要从良士而不从凶人。"

走出山门，他又回头依依不舍地嘱咐说："我的心学，可归纳为'四句宗旨'——无善无恶是心之体，有善有恶是意之动，知善知恶是良知，为善去恶是格物。切记，切记。"

众弟子又唯唯诺诺表示遵奉。

嘉靖六年九月九日，王阳明奉旨出征思恩、田州。出征的前夜，钱德洪、王畿与诸弟子从新建伯府送别老师出来，同门弟子张元冲邀他二人到船上一叙。钱、王二人谈起王阳明的"四句教"，意见不一致，争得面红耳赤。

王畿说："先生讲的'四句教'恐怕不对头。心体既是无善无恶，意应该也是无善无恶，知应该也是无善无恶，物也是无善无恶。若说意有善有恶，那么心也不是无善无恶。"

钱德洪却不以为然："心体是天命之性，原来无善无恶的。今习染既久，意念上见有善恶在，为善去恶，格致诚正，正是复那本体功夫。若原无善恶，功夫也不消说了。"

王畿又说："依我之见，心体是绝对无善无恶的，而且是超越善恶的绝对无的东西。即使是想通过格致诚正达到这种无善无恶的境界，终会因拘泥于善恶之念而无法领悟绝对无的心体。因此，必须一举领悟那心之本体。"

钱德洪却说："你这说得像是修禅顿悟似的，反倒会陷入虚妄。你是太不了解现实中的人心了，还是要在纷繁复扰中看真相，要积累修行才能达到那绝对无的心体。"

两人争论无果，决定请老师答疑解惑，于是将船划至船舫弄，过了内街里，又折回新建伯府。王阳明在府中正忙着与诸多亲友话别，直到夜深时分，客人方才散去。他正想回房休息，听说钱德洪、王畿二人还在大门石坊前等候，于是移步天泉桥相见。天泉桥是一座建在碧霞池上的拱形木桥，桥上已摆好一桌瓜果点心，还有一壶绍兴老酒。

王阳明听了二人的辩论，呵呵一笑："正要你们来讲破此意！"

他接着说："明日一早，我将远行，朋友中也没有论证此说的。你俩的观点正好相资为用，不可各取一端。王畿须用德洪的功夫，德洪须参透王畿的本体。两者相取为益，我的学说更无遗念了。"

钱德洪、王畿二人相视一笑，各自揣摩老师这段意味深长的话。

"有只是你自有，良知本体原来无有，本体只是太虚。"王阳明指着桥下的流水，又抬头望了望浩瀚的星空，"太虚之中，日月星辰，风雨露雷，阴霾馔气，何物不有？而又有何物作得了太虚的障碍？人心本体也是这样。太虚无形，一过而化，哪里用得着费纤毫气力？"

钱德洪问："先生，我与王畿究竟谁对谁错？"

"你们俩都没有对错。我这里教人本来就有两种方法。一种人是利根之人，可以直接从本源上悟入。人心本体原是明莹无滞的，原是个未发之中。利根之人一悟本体即是功夫，人己内外一齐都透了。像王畿讲的，本体即功夫，简易、直截了当。另外一种人，不免有习心在，本体受蔽，因此且教他在意念上落实为善去恶。功夫熟后，渣滓去尽时，本体也明净了。王畿之所见，是我这里教利根人的；德洪之所见，是我这里教另外一种人的。二君相取为用，则中人上下皆可引入此道。如果各执一边，眼前便有误人之处，于道体也各有未尽。"

王阳明思考片刻，又说："以后与朋友讲学，切不可失了我的宗旨——无善无恶是心之体，有善有恶是意之动，知善知恶是良知，为善去恶是格物。只依我这话头随人指点，自没病痛。这原是彻上彻下功夫。利根之人，世上难遇，本体功夫，一悟尽透。就连颜回、程颢都不敢承认自己是利根之人，岂可轻易奢望他人有此资质！人有习心，不教他在良知上实用为善去恶功夫，只去悬空想个本体，一切事情都不落实，便会养成一个处处鼓吹虚寂的习惯。这个毛病不是小事，不可不早说破。"

"同门有师兄弟对先生讲的'无善无恶是心之体'颇有疑惑之处，说是近乎禅呢。六祖慧能也说过：'不思善，不思恶，正是本来面目。'"钱德洪说。

"六祖慧能的本来面目是空，我所说的心之体是本性，是实实在在的天理。一虚一实，岂能一样？"王阳明一边摇扇，一边笑答。

王畿又问："《易传》有言'何思何虑？'是不是要我们断绝思虑，直达心之本体？"

"所思所虑只是一个天理，更无别思别虑，也不是无思无虑。心之本体即是天理，天理只是一个，哪还有什么天理之外的东西可以思虑的呢？"

当晚，桥横池上，月光如水，清风徐来，水波不兴。王阳明与钱、王二弟子畅所欲言，好不痛快，钱、王二人都有所省悟。

第二日一早，天蒙蒙亮，王阳明睁开惺忪睡眼，见燕娘坐在床头独自垂泪。燕娘见他醒来，连忙拭去眼角的泪花，帮他把外套披上，轻声道："天还没亮，再睡一会儿吧。路上颠簸，难得睡个安稳觉。"

王阳明觉得早上寒气较重，猛咳了几声，把摇篮里的儿子正聪吵醒了，正聪哇哇地哭。他连忙将儿子抱在怀里一个劲地哄着。儿子才十个月，不会说话，张大眼睛盯着父亲看，好像知道父亲要远行似的，于是在父亲怀里哭得更欢了。

看到儿子这个样子，王阳明心中无限眷恋。这时伯府门前的哨兵吹响了出征前的集合号角，他恋恋不舍地将儿子递到燕娘的手中，叹了一口气说："关山万重，我又带病出征，还不知道回不回得来呢！"

"呸呸呸呸！"燕娘嗔怪道，"马上要出征了，尽说些不吉利的话。我们娘俩还盼着你早日凯旋哩。"

"呵呵，好，凯旋那是一定的！"王阳明穿戴整齐，扯了扯衣角，

"聪儿如此可爱，有劳夫人费心照料了。"

燕娘坐在床沿上，解开水田衣上的对襟，给儿子喂奶。儿子吃着吃着又睡了过去。她将衣襟系好，说："你在外面尽管放心好了，家里有我呢。嫁到你们老王家，伯府第五十间，家大业大，还有个嫩人要吃奶，可没少操心！"

"夫人辛苦了！"王阳明笑嘻嘻地给她鞠了一躬。

"你少来这些虚头巴脑的，只要你早日平安归来，我再辛苦也值哩。"燕娘说着，转身从壁柜里取出巨阙剑递给他，"宝剑壮军威，剑锋斩小人！"

王阳明笑道："杀鸡焉用牛刀？区区几个广西小毛贼，我佩青琅剑就好了。"

"青琅剑我留着，作个念想。"燕娘亲手将巨阙剑系在他的腰间，"这是越王爷的千年宝剑，可以辟邪的。愿先生您逢凶化吉，所向披靡。"她说着，情不自禁地扑到了他的怀里，紧紧地将他抱住，将脸在他胸前使劲地蹭着。

王阳明捧起她的脸庞，亲了又亲："燕娘，我的好娘子，我也舍不得你哟，真愿跟你终老田间，不问世事呢。"

燕娘在他肩膀上使劲咬了一口，撒起娇来："那我不许你走了，我要你现在就解甲归田，跟我上山捕蝴蝶，下水捉鱼。"

王阳明又叹了口气："说得轻巧，我又何尝不想如此？可是皇命难违啊。等我平了广西的叛乱，就辞官不做，把这伯爵也辞了更好，天天守着你和聪儿就好了。"

这时丫鬟晓红敲门进来说："早膳都已准备好了，老夫人还在后厅等着呢。"

燕娘说："知道了，我们马上就过来。"

王阳明牵起燕娘的手，拍了拍，轻声道："给老夫人请安去，路上有空我会给你们写家信的。"

燕娘努着樱桃小嘴："奴家是女儿身，不然的话真想替夫从军，免得先生去那烟瘴之地遭这罪受。"

"过去的烟瘴之地，现在早就是花团锦簇繁华地了。湛甘泉就是广东人，健朗得很哩。还有霍韬，上个月才从南海过来，你都见过的，白白胖胖的，哪像是烟瘴之地的人呢？我这次南征，慢则半年，快则三月，定能回来。"王阳明把她搂在怀里，说些宽慰的话逗她开心。

"你先过去后厅吧，我把聪儿照料好了就过来。"燕娘把他送到房门口，转身去照看儿子。

王阳明在后厅给老夫人请了安，用过早膳，换上二品官服，从伯府第出来。浙江兵备、绍兴知府等一众地方官和钱德洪、王畿等弟子早就在大门口等候。

王阳明跨上战马，绍兴卫的兵卒们鸣响礼炮，当场宰了一头牛祭天，还搞了个驰马试槊的仪式。绍兴府倾城而出，万人空巷，好不热闹。兵卒鸣锣开道，大军旌旗鲜明，出了府城。王阳明在钱德洪、王畿的陪同下乘船走水路，沿钱塘江、富春江溯江而上，二十二日到达严州府桐庐县富春山下桐江河畔的严滩。

王阳明笑着问前来迎接他的桐庐县知县沈元材，此地为何叫严滩？

沈元材答道："相传后汉严子陵隐居耕钓于此，后人遂命名其垂钓处为严滩或严陵濑。"

"严子陵我晓得，是我们余姚先贤，东汉著名的隐士。光武帝召他，他却隐居在这富春江畔垂钓。范仲淹的名句'云山苍苍，江水泱泱。先生之风，山高水长！'写的就是他。"王阳明边说边饶有兴致地在钓台周围转了转，感慨道："我若是也能像严子陵一样，找到湖海之交的地方养老，眼前常见山水，那该多好啊！"

钱德洪懂得老师的心意，便问："天真山如何？我们在山上建一个书院，等先生凯旋，给我们授业。"前几日他们一起登上杭州城南的天真山。山上多奇岩古洞，左抱西湖，前临胥海，俯瞰八卦田，王阳明到了这里，像是找到了家似的，不住地感叹"心与山水一起明白起来了"。

王阳明颇为心动："天真山真乃奇异之地，当年我得罪了宦官刘瑾，被贬至贵州龙场，一路上躲过东厂追杀，肺病又患了，在杭州胜果寺养病期间，也常来天真寺小住。说来也奇，每次在该寺小住几日身体便大好起来，如同脱胎换骨一般。有人说是这里的水好，能治病。哎，若能归老此处，也不枉了此生颠沛流离。"

"上次在天真寺，听两个僧人在讨论实相和幻相，争得不可开交。这真真假假，亦真亦幻的事，学生也是不甚了解呢，请先生开示。"王畿在一旁问。

王阳明随口答道："有心俱是实，无心俱是幻。无心俱是实，有心俱是幻。"

"先生是说，有心俱是实，无心俱是幻，是本体上说功夫；无心俱是实，有心俱是幻，是功夫上说本体？"王畿试探性地问。

"正是。"王阳明捻须微笑。

钱德洪却皱着眉头，不甚明了，弱弱地问："弟子愚笨，请先生明示。"

王阳明看了看钓台青石板上的片片青苔和点点落红，说："有心俱是实，这心指的是本心，是本来的心，有则为实，无则为幻。为保持本心，努力使其不丧失，便是王畿刚才讲的'本体上说功夫'。相反，无心俱是实，这个心是指私心、习心、被世障遮蔽的心，无则为实，有则为幻。努力去除私心，保持本心，便是'功夫上说本体'。"

见钱德洪似有所悟，他又接着说："一句话，本体即功夫，功夫即本体。也就是说，本体之中有功夫，功夫之中有本体。既没有无本体的功夫，也没有无功夫的本体。本体与功夫合一，知与行合一。"

钱、王二人略有所得，但仍是一脸的困惑。

"再说明白点吧，本体就是良知，功夫就是致良知。良知人人具有，个个自足，是一种不假外力的道德修养和内在力量。致良知就是将良知推广扩充到事事物物。良知是'知是知非'的'知'，'致'是在事上磨练，本身就是兼知兼行的过程。'致良知'是在事上磨练中实现良知，也就是知行合一。我们要通过实践的修行和时间的砥砺，不断地把自己修养成一个'敬天爱人，自利利他'的人。"

"先生此言，让我等醍醐灌顶，如沐春风。"钱、王二人脸上露出了会心的笑容，"我们与先生就此别过，待我们回去把天真书院建好，再听先生教诲。"

二　苗人的蛊毒

王阳明到达浙江西部的常山县，弃舟登岸，进入江西境内。又从广信府上饶县再次登舟，沿上饶江和弋阳江西下。许多弟子沿途求见，王阳明因尚在征途，答应归来时再见。一个叫徐樾的弟子从广信府贵溪县一路追至鄱阳湖边的饶州府余干县。此时已是傍晚时分，王阳明只好让他到船上来说话。

王阳明一见他就问："你是不是在修禅定？"

徐樾一脸惊讶："先生真是神人，弟子此前在白鹿洞练习打坐，心中却是小鹿乱撞。"

"那你说说你打坐时心中的意境。"

徐樾连举了好几种，王阳明都说不对头。

"良知岂有方向处所？"王阳明指着船舱里的蜡烛对他说，"譬如这个蜡烛，光无所不在，不可独以烛上为光。"指着船中各个角落说："这也是光，那也是光。"又指着夜行船外的水面说："这也是光，那也是光。"

徐樾恍然大悟，连声道谢。徐樾又央求老师允许他跟其去广西前线历练。王阳明见他悟性很高，也甚是喜欢，便道："前线要吃苦，你怕不怕？"

"不怕，就是想吃点苦，才知道什么是甜。"

"若是丢了性命也不怕？"

"不怕。就像这蜡烛，燃尽了，但光照亮了天地，总比被丢到水里去淹没了强。"

王阳明向他投来一缕赞许的目光："后生可畏！那你就藏在我的船舱里，不要让你同门师兄弟知道了。不然，都一窝蜂地跟我去了前线，书院岂不空落了？"

"先生平时总是教我们事上磨练，知行合一，还有什么比行军打仗更能磨练人呢？"

"打仗自是磨练，读书也是磨练。书生带兵本是知其不可为而为之，好好的有书读，哪个还愿意去干这丢性命的事？虽说舍生取义，杀身成仁，但性命没了，就像这蜡烛，没了本体，哪还能发光呢？"王阳明不无感慨地说。

两人正说话间，船外甲板传来吵闹声。船家来报，说有人驾小舟强靠过来，硬要登船。王阳明出舱，借着月色一看，见有一叶扁舟正靠近大船一侧，舟中有一苍白头发的人正在朝船上喊话，指名道姓说要见他。再一细看，此人正是会稽山上强拜他为师的行吟诗人林靖。便让船家放下船索，拉林靖上来。

林靖上得船来，朝王阳明鞠躬行礼，笑嘻嘻地说："弟子四处游学，最爱热闹，听说先生出征，岂能缺席？"

王阳明嗔怪道："行军打仗，岂可儿戏？越来越没有规矩了，你快快下船去，免得耽误大军行程。"

林靖一骨碌跪在地上："弟子虽愚笨，但腿脚却麻利，给先生鞍前马后跑跑腿总还可以。先生不答应，弟子今天就跪死在这里。"说着，一把鼻涕一把泪地哭个不停，样子实在滑稽。

王阳明见他一把年纪，又这么率真，心中不忍，便朝徐樾使了个眼色。徐樾会意，上前将他扶起来。

"你既想跟我去远征广西洞匪，就要守军中规矩，凡事要三思而后行，不可率性而为。你可明白？"

林靖一听此话，高兴得手舞足蹈起来，像个老顽童："太好了，太好了，我听先生的就好了！"

十月，王阳明一行从鄱阳湖沿赣江向南逆流而上，到达南昌府南浦港。八年前，这里曾是平宁王之乱的主战场，王阳明旧地重游，想起当年残酷的战事还心惊胆寒。南昌的军民父老顶香林立，将码头挤得水泄不通。大家轮番为他抬轿，把他接力传递到了都司衙门。他坐在大堂之上，来拜见他的百姓络绎不绝，东边入西边出，有的出去后又排队进来。从前半晌开始一直到过了晌午才结束。

之后，王阳明到了吉安，大会士友，在简陋的螺川驿站站着给三百多人讲课，讲得很实在：尧舜是生而知之、安而行之的圣人，还兢兢业业，用困勉的功夫。我们只是有困勉的资质，却悠悠荡荡，坐享生知安行的成功，岂不误己误人？他强调良知是无所不能，是周流六虚、变动不居的妙道，人最重要的是先要有万物一体之仁，对人要有诚爱恻怛之心，但用它来文过饰非，危害便大了。他再三叮嘱说："功夫只需简易真切。愈真切，愈简易；愈简易，愈真切。"

从吉安府沿赣江继续南下，经赣州府到达南安府，这一带是他平定南赣叛乱的主战场。经过新溪驿时，又有父老乡亲相迎。这座驿城是他当年主持修建的，是为了抵御湖广等地流窜的土匪。而今见当地百姓已安居乐业，他于是下令解散驻守在山头的弓箭手，让他们干脆回家务农。

随后，一行人翻越梅岭关，进入广东境内，沿北江南下到达三水，又沿西江向西逆流而上。十一月十八日经过肇庆府，二十日抵达两广总督所在地——广西东部的梧州府，王阳明在这里开府办公，与当地官员、军民广泛接触，了解民情，思考解决思田之乱的对策。

思恩府哨官覃益，本是当地壮人。王受、卢苏围攻思恩府城时，覃益率兵顽强抵抗，星夜突围，并平安护送知府等官员至宾州府。王阳明叫他来梧州问话，详细了解思田之乱的根源。

王阳明问他："岑猛好好的，为何要作乱？"

覃益答道："广西土著，岑氏为大。我大明开国之初，岑氏率思恩、田州地方归顺朝廷，此地本由土官管辖。嘉靖四年，朝廷在此地推行'改土归流'，由知府与土司共治。"

"改土归流是国策，有何不妥呢？"

"本没有大的不妥。但岑氏之乱，他自身有乱的根子，流官也有逼他作乱的引子。"

"此话怎讲？"

"岑猛乃土司岑瑛之孙、岑溥次子，因长相酷似父亲岑溥，颇得父亲偏爱。弘治九年，岑溥废长立幼，舍弃长子岑猇。弘治十二年，岑猇弑父夺位，后又被部将黄骥等所杀。岑猛虽世袭土司之职，但被人要挟追逐，颠沛流离。直到正德三年，他重贿太监刘瑾，方才谋得田州府同知的官位。官府对他时而利用时而压制，此前都御史陈金曾让他会剿江西山贼，结果他的狼兵比山贼为害更甚。"

"这个我有耳闻。所以我巡抚南赣，不调狼兵。"

"事后，军功尽归流官，他没得到想得的官位，又拥有重兵，于是心怀不满，嚣张生事，自雄一方。当地官府知道他家世代土司，积蓄丰厚，还时不时敲他的竹杠。岑猛父子对'改土归流'的新政不满，心中怨气大，对流官不敬。嘉靖二年，官府唆使岑猛同族诬告他谋反。"

"这官府也是欺人太甚，真是鱼肉百姓之徒！"林靖在旁大声插话。

"休得无礼，退下！"王阳明瞪了他一眼，接着问覃益，"岑猛被逼无奈，便借机滋事？"

"大人说得是。岑猛父子干脆兴兵作乱，成为思田一乱。"

王阳明摇摇头，叹道："这叫生事事生。打也不行，抚也不行，最后却把良民的膏血挥霍于无用之地。岑猛父子已死，土目卢苏、王受为何还要造反？"

"岑猛父子死了，官府以为思田之乱一了百了。可事实上，当地土著盘根错节，岑氏一族影响力还在，岑猛的遗孀岑花，人称瓦氏夫人，也是个厉害角色，以孙子岑芝之名操纵着当地土著的大小政事。而官府以'改土归流'为名对思田一带的大小土目进行打压、盘剥，还不许他们过'三月三'的对歌节，说有伤风化。卢苏、王受自在惯了，哪受得了这个鸟气，被逼得揭竿而起。"

"流官误国误民！"王阳明气得把案板拍得啪啪响。

徐樾见先生有些激奋，赶紧吩咐督府衙门的杂役上茶，说："先喝口茶，慢慢聊。"

王阳明端起茶杯，刚想呷一口，茶杯外面水没擦干净，手一滑，失手将茶杯打破。杂役手忙脚乱地收拾。王阳明心中不悦，本想发作，但见覃益在座，怕他惶恐，便将话题岔开，问他广西产些什么茶？茶农收益几何？

覃益抿了口茶，答道："广西边远之地，茶叶自然没法与西湖龙井相比。此间产的茶以野生的居多，反而另有一番滋味。像这茶，应该是广西特产金花茶，长在十万大山的山隘里。您看，茶水呈金黄色，喝起来清香可口，回味无穷，就像品尝甘醇美酒一般，让人心生暖意，精神为之一振。此外，广西还有六堡茶、白毫茶、桂花茶和白茶，也还拿得出手。"

王阳明见满桌的茶水，心疼地说："可惜了这杯好茶！茶农攀岩所采，来之不易啊。"

覃益还想说些什么，突然眼睛一翻，嘴角一抽，双手往下一松，身子一偏，倒地不起。徐樾、林靖等人上前救治，只见他口中流沫，裤里流尿，不省人事，看这样子随时可能毙命。

林靖说："像是中了当地苗人的蛊毒，要取龙脑樟、安息香，和着井水服了方才能好。"

王阳明六神无主，半信半疑地让手下人按他所说之法去救。半个时辰后，覃益渐渐苏醒。

王阳明这才长舒一口气："好险！不然的话，我这谋害壮人军官的罪名可是坐实了。"当即吩咐按察司彻查此事。

在梧州驻扎了十余日，王阳明率征调过来的数万湖广土兵沿浔江抵达平南县，在这里召集藩、臬二司和巡按御史及都司、兵备诸将商议平叛对策。

藩、臬二司及诸将你一言我一语，语气或激昂或老成，无非是大军所至，所向披靡之类的话。

王阳明双眼微闭，默然无语。众属官及诸将见他不言语，不知道他作何想法，也不敢吭声了。

良久，他开口说："思田之乱，已逾两年。官家所费银两已不下数十万，梧州库银，不满五万两了。兵众所食粮米也不下数十万，梧州仓廪所存，已不满一万石。藩台、臬台，本部且问你们，若用兵不息，用什么来打，又如何善后？"

布政使、按察使二员面面相觑，支吾不言。

巡按御史石金站出来说："卢苏、王受之乱不成气候，只是反抗官府流官欺压而已。他们世守思田之地，家族子弟众多，并不想与大军玉石俱焚。"

"依你之见，是要用安抚攻心之策，平定叛军？"王阳明眼睛一亮。

"只要老先生给他们指条可退的后路，料他们会见好就收，不敢与朝廷为敌。"

"好，"王阳明对他的话表示赞同，"本部正有此意。"

王阳明扫视众人一眼，接着说："叛军虽多，但首恶不过岑猛父子及卢苏、王受数人而已，其余万余之众，皆胁从之人。今日若欲穷兵尽剿，他们狗急跳墙，反而两败俱伤，祸害无辜百姓。罢兵行抚，若卢、王二酋能改过自新，则我等又何必定要问其罪呢？若他们死不悔改，执而杀之，不过一狱吏之事，何至两军交战呢？"

藩、臬二司及都司、兵备诸将本无甚主见，听他说得甚有道理，便改口附和，称赞老先生英明。

随后，王阳明率众属官和诸将士沿郁江西行，抵达紧邻思田地界的南宁府。在这里，他发布《放回各处官军牌》，命令解散思田地区全部守备兵数万名，让他们回乡务农，准备来年的春耕。

石金虽然支持他的决定，但也善意地提醒他这样做是犯忌的，肯定会遭来兵部和朝中大臣们的非议。王阳明却毅然决然地表示："只要有利于地方安稳和社稷稳定，死都应该，还怕什么非议？在这深山老林之中，瑶、壮诸民世代盘踞，由土司帮着朝廷管着这地界，使其作为中土屏障，有何不好？"

"老先生所言极是，下官也不是不知，只是内阁和兵部大臣们高居庙堂之上，不能深辨这边陲利害啊。"石金说着，拿出桂萼写来的信，信中说要王阳明杀瑶壮匪徒，再攻打安南。

右布政使林富也叹了口气说："兵部也刚刚发下来咨文，说老先生前次上奏的安抚之计不是良策，应发兵讨之。"

"这帮大老爷，只会说大话、瞎指挥！"王阳明气愤地说，"难道要我们把这瑶、壮之民全杀了，改土为流，那让谁来替我们抵御安南国？边鄙之患，我自挡之，这实在等于自撤藩篱，将来后悔莫及！我不只要裁撤军队，还要想办法去掉思田的流官！"

石金急得连忙摆手："老先生是洞若观火，但此事急不得，急不得，先平掉叛乱再说此话。现在思恩府城还被卢苏、王受二贼占着哩。"

"收回府城易如反掌，本部自有主张。"王阳明胸有成竹地说。

王阳明唤来覃益，让其带上一封书信，去招降卢苏、王受，并约好时间，他将亲自去思恩府城外与卢、王二人会谈，以表诚意。紧接着，他又给驻守在南宁和宾州等地的镇安府都康州男爵彭一等头领下令，说是年关将至，思乡之情渐浓，让他们自行解散，回乡耕作，并予以慰劳、犒赏。

没几日，覃益回来回话，说卢、王二人已有降意，也确实感觉到了新任总督的招降诚意，愿意如期在府城外驿站恭候大驾。王阳明大喜，随即便准备招降事宜。

等到招降之日，王阳明亲率一支精锐亲兵从南宁府北门出城。出城前，王阳明与徐樾、林靖二弟子密谋使出"擒贼先擒王"之计——王阳明只随身带着一小队亲兵，但个个都是以一当十的精锐勇士，让他们化装成总督衙门的衙役随行，自己一马当先，装作前来招安，要求会见卢、王二人。如果卢、王二人识时务，主动请降则罢，否则他将暗令身边武艺高强的精壮亲兵，以迅雷不及掩耳之势纵马上前，将二人从马上揪下来，摁住捆起来，赶紧回马往本队大营跑。王阳明会派人在路上接应，只要亲兵能顺利跑赢这二三里路，就算胜了。待叛军群龙无首之时，再传檄于叛军士卒，他们必然闻风而降。

徐、林二人赞叹此计甚好，只是担心若擒不住卢、王二人，恐被叛军反制。王阳明叫来几名亲兵，让他们当场表演，只见其身手矫健，训练有素，无论是飞身上马，还是马上擒人，都出神入化。王阳明提醒这几名亲兵，行动要害之处在于马上获人，抓人要"若隼之攫"，一击必中。他又说："官兵的马，比广西本地的马要高大，速度极快，广西马为矮脚马，适合走山路险路，但速度不行，只要能擒住叛军头目，叛军就算反应过来也追不上。"

见徐、林二人还是有些担惊受怕的样子，王阳明指着眼前这几名亲兵笑道:"你们不用担心,他们这些天,天天练的就是马上拿人,可谓万无一失。"

一行人刚出城门,林靖就说肚子疼,从马上下来,在地上直打滚。王阳明只好派人送他回城,心想此人性格古怪,行事毛躁,不让他跟着去更好,免得他惹出什么麻烦。

走到半路上,远远看见一群人抄着武器凶神恶煞地追杀一男一女两个年轻人。王阳明让手下将青年男女给救了下来。那群恶人见是官府的人马,不敢恋战,纷纷夺路而逃。

亲兵将这对青年男女带过来问话,男的叫卞成,女的叫妲菲,是附近村寨里的一对恋人。卞成不爱说话,妲菲倒是伶牙俐齿,一口气把事情的缘由全给说了。因卞成种了土司的军田,土司要征调他去打仗,这一去不知是多少年,十有八九是不能活着回来了。如果不去呢,被土司抓住就要砍头。昨晚她给心上人织黎桶织到深夜,一边织一边垂泪唱《贼歌》:"说哥慢点走,哥你看街头。什么风来什么雨,满城乱如火烧州。"卞成睡不着,骑着马来到妲菲家,躲在窗外正偷看她哩,听到她唱的歌,心里莫提多难受了,低声对唱起来:"躲虎又躲狼,鸡飞狗跳墙。风传土官调兵勇,满圩人散像鸭帮。"妲菲听见是卞成的声音,悄悄溜出门与他相见,两人抱在一起,自是难舍难分。妲菲在他怀里唱道:"叫声妹的郎,开口泪汪汪。郎说要去妹也去,我俩生死共阴阳。"卞成也含泪唱:"可恨河水两边分,可恨天下两个王。逼迫哥哥去做贼,丢田丢地丢娇娘。"眼看天将明,妲菲舍不得心上人去打仗,一狠心便抓了一把毒蛇草丢在了马槽里。马被毒死,卞成没法去当兵了,土官派人来抓卞成,他只好带着妲菲去逃命,正好在路上碰到王阳明率兵路过,才躲过一劫。

王阳明见卞成模样长得精神，妲菲也是率真可爱，便让他俩在帐前听差。两人一听有官爷收留，心里莫提有多高兴了。

　　一行人又往前走，走着走着，王阳明佩在腰际的巨阙剑发出声音。他觉得甚是奇怪，把剑取了下来，挂在马鞍上，往前又走了几里路，巨阙剑又发出嗡嗡的轰鸣声。王阳明勒住马头，暗自道："莫非这剑有啥古怪？"

　　徐樾一见这情景，趋前低声道："先生，古剑有灵性，这是示警之象，前方恐怕有诈！"

　　王阳明说："哪有这话？前方不过几个洞匪毛贼，谅他天大的诈，本部堂也不怕！"

　　"这广西蛮夷之地，有些古怪，小心为好。"徐樾还是不放心，提出要王阳明就地驻扎，自己替他去思恩城探听虚实。

　　王阳明不准，徐樾又是苦劝："交替掩护，一旦前方有诈，后方还可掩杀过去救护。"

　　王阳明无奈，只好在路边找了个长亭，与徐樾换了身上的衣帽，又将巨阙剑系在他的腰间。看他头戴乌纱帽，身穿小团花团领绯袍，束着花犀带，俨然二品文官模样，王阳明笑道："你穿这身行头，比为师还气派很多哩。只是胡须还不够长，让人生疑。"

　　徐樾转身从系在亭柱边的黑色战马身上剪下一束鬃毛，贴在自己的下巴上，摇身一变，成了一个长须长者，逗得王阳明忍俊不禁。

　　王阳明留了一小拨人马在长亭处驻扎。徐樾领着亲兵朝思恩府城而去。走前，王阳明还不放心，再三叮嘱他小心应付，切莫大意。

三　平定思田之乱

一行人到了思恩府城外五里处的上林驿。狡猾的卢苏、王受没有亲自出迎，而是派出被自己收买的一个叫黄富的流官经历出来迎接，并拿出一对金如意打算行贿。徐樾大喝一声，拔出巨阙剑，要一剑将其斩了，那个经历吓得夺路而逃。

之后又来了几个被卢、王收买的生员，在徐樾跟前说了他俩不少好话。徐樾大怒道："既有心归降，本部堂来招，为何不亲自出迎？"并让手下赶走这几个生员。

正在此时，战鼓声响，卢苏、王受各骑一匹高大的战象出城来了，这大大出乎徐樾的预料。徐樾一行骑马，人家骑大象，高高在上，突然擒之的计划没法实行了。

徐樾转念一想，心生一计，叫人从驿站里搬来一张木椅放在门口。他端坐其上，朝卢、王二人喝道："你二人见到本部堂，还不快快行礼！"

卢、王二人在象背上双手合十半鞠躬，口中称："罪民见过总督老先生。"

徐樾大怒："既是罪民，哪有高坐象背行礼的道理？赶紧下来磕头！"

卢苏笑道："我们壮人风俗，以骑象迎客为最高礼仪，还请总督老爷入乡随俗才好。"

王受吩咐手下将徐樾团团围住，口上却笑着说："欢迎总督老爷入城巡视。"

徐樾见骗他们从象背上下来不成，反而被围，一时也没了主张，便说："本部堂跟你们商议正事，就在这驿站说才好。"

卢、王手下的兵卒不由分说，上前就要挟持徐樾。徐樾朝亲兵大喝："给我拿下叛贼头目！"

身边一队亲兵持盾牌挡在徐樾前面，另一队亲兵纵马奔向卢、王二人，手持大刀、长枪都不及象背，抛枪去刺也都不中。徐樾见状，知道擒拿之计已不可能，于是喝退众人，自己持剑上前，斗杀了两名叛卒，无奈寡不敌众，被卢苏亲手擒获。

徐樾一边挣扎，一边大吼："大胆反贼，竟敢擒拿本部堂，皇法不容！"

卢苏冷笑一声："你们谋害我们在先，休怪我们无礼。"

卢苏、王受押着徐樾和众亲兵回城，徐樾一路骂咧不休。

行至一个山隘处，眼看前方就是城池，道路两侧突然响起几声火铳声，在两头大象身旁炸开了花。大象受惊，发疯似的狂奔。卢、王二人也大惊失色，从象背上滚了下来，跌得鼻青脸肿。他们手下兵卒顾不得看押徐樾等人，四处躲避大象，一时队形散乱，张皇失措。徐樾手下亲兵趁机夺取武器，与叛军打作一团。

就在这时，前方山头打出一杆"王"字帅旗，王阳明亲率数千大军冲杀下来，将卢苏、王受的人马包了个饺子。卢苏毕竟土目出身，异常凶狠狡诈，在地上几个翻滚，冲至徐樾跟前，将他紧紧抱住，用短刀抵在徐樾脖颈处，朝王阳明的人马大喊："赶紧给老子退兵，否则你们总督老爷没命！"

众官兵于是止步不前，王阳明也下令不可轻举妄动。徐樾却哈哈大笑，跟卢苏说："卢贼，你将爷爷的胡须扯下来看看。"

卢苏不知何意，瞄了一眼他的胡须，觉得有些异样，右手仍用刀抵住脖颈不放，伸出左手往他下巴一扯，轻而易举将其颈下胡须扯了下来，一看这哪是什么胡须，尽是乱糟糟的马鬃。

卢苏大惊："你，你究竟是什么人？"

徐樾笑道："爷爷是总督老爷的跟班皂隶，名唤小徐子。"

卢苏见他去了胡须，面色白净，约摸三十出头，更不像是总督老爷，心中大惧，一时慌了手脚。

王受见卢苏迟疑，大声嚷："卢哥，你莫信他哄，杀了他再说。咱们死也值了！"

徐樾却淡定自若，朝王受喊话："杀了我，总督老爷府只是少了个皂隶，你们的罪孽可是覆水难收了哦！"

王阳明此时也骑在马上发话道："卢苏、王受听令，本部堂乃钦命兵部尚书、两广总督王守仁是也！奉旨特来招降，给你们指一条重生之路。你们速速放下武器，回头是岸，切勿再伤及无辜！"

卢苏见王阳明双眼炯炯，瘦削精神，胡须垂胸，不怒自威，又看手下人马都被官军围得水泄不通，弓弩手、火铳手正朝自己瞄准，心中有所动摇。

王阳明又问："卢苏，本部堂问你，你们与江西悍匪谢志珊、蓝天凤、陈曰能相比如何？"

卢苏鼻子一哼，笑道："他们虽悍，但是洞匪，我等乃世代土司，又有官爵在身，岂能与他们同类？"

"好一个官爵在身！本部堂再问你，与宁王朱宸濠相比，又如何？"

卢苏一听此话，气势顿时矮了一大截，鼓起勇气朝王阳明回话："王大帅，我本有心投降，无奈怕您使诈，才出此下策。您若是能保全我等兄弟性命，我们此刻甘愿束手就擒。"

"本部堂说了，是来奉旨招降你等。你们若是真愿投降，改恶从善，弃死投生，恢复农耕，不仅保你们不死，还要留你们继续替朝廷守着这十万大山的疆土呢。"王阳明威严地说道。

卢苏看了一眼王受，王受朝他点了点头，表示同意投降。卢苏一咬牙，将短刀掷在地上，双手抱在头顶，一骨碌跪在地上，大呼："罪人卢苏，投降朝廷，任老先生责罚！"

王受和其他叛兵也纷纷效仿，丢了武器，跪伏在地。

王阳明从马上下来，亲自将卢、王二人扶起，笑道："本部堂并非使诈，只是怕你们有二心而已，既愿投诚，自然给你们出路，思田地方，还有赖你等守卫。"

卢、王见王阳明和蔼可亲，话又说得让人信服，都纷纷表示愿将功补过，为朝廷出力。王阳明又口述了刚才劝说卢、王投降的话，让黄富等人笔录下来带回去。

卢、王及部下大喜，欢呼道："总督老爷神武不杀，是为天兵，再生之恩，没齿难忘。"纷纷在王阳明马前跪倒磕头。

王阳明又道："给你们二十天时间考虑，如若想清楚明白了，便来南宁自首。若是不能遵守朝廷规矩，继续为恶作乱，只有死路一条，本部堂将进兵讨伐，绝不轻饶！"

在回南宁的路上，徐樾对王阳明说："好险！学生差点命丧此处。"

王阳明赞道："你临危不惧，有大将之风，今后必成大器！"

"先生过奖，学生不才，只是略施雕虫小技，幸亏先生率大军前来相救。不然，命危矣！"徐樾又疑惑不解地问，"先生此前不是已经解散守军了吗？怎么今日又突率虎狼之师从天而降？"

"这是湖广土兵。"

"湖广距思田甚远，怎么一下子冒出了这么多湖广土兵呢？"

"说来也巧。当初姚镆调湖广、广东等地兵勇来援，因底下的人跟他捣乱，故意错发军令，广东兵搞错了时间不来了。湖广湘西永顺、保靖两宣慰司的六千名土兵则在姚镆罢官后才到，正好给本部堂添了一支现成的重兵哟！"

"有这等好事，真是天助我也！弟子本以为大军全部解散了，原来先生手里还是留了一手好牌没出啊。"

王阳明嘿嘿一笑："兵不厌诈，虚虚实实。我明里解散了思田周边守军，却独留远道而来的湖广兵悄然驻守。虽说兵法有言'不战而屈人之兵'，但此话的背后是要有强大的武力作为支撑啊。今日若不是我悄然调湖广土兵尾随你部之后，将卢、王两名悍匪包围，恐怕他们也不会如此心悦诚服地投降哦。"

徐樾在马上朝王阳明拱了拱手："先生用兵，出神入化，学生受教了！"

王阳明令湖广土军仍在思田与南宁一带险要处驻守窥视。他与徐樾率亲兵轻骑返回南宁，入了府城，在府前街一间名叫"赖翁堂"药铺门前，看见林靖神色慌张地与人交谈。近到跟前，王阳明勒住马头，关切地问他："你的肚痛病好些没有？"

林靖一愣，笑了笑，又摇摇头："好一点，但还没痊愈，这不，又来药店抓药哩。"说着将手中拎着的药包举起给大家看。

王阳明道："治病要紧，不可马虎。"说罢率众人直入府署。

次日，卢苏、王受率部下头领数百人来到南宁府署门前，浑身戎装，却以绳索捆缚自身，表示投降。王阳明端坐大堂之上，徐樾、林靖分立两旁。在鼓乐声中，王阳明令人把降将解入，卢、王等人跪倒一片，自诉罪状，恳求免予死罪，承诺来日必报大恩。

王阳明问："卢苏、王受，你二人有何罪？"

卢、王二人竹筒倒豆子似的数落了自己如何率众作乱，攻占府城，对抗朝廷，为害一方等罪。

王阳明等他俩说完，又问："还有吗？"

卢、王二人对视一眼，又看看王阳明身边的林靖，摇摇头说："一时想不起来。"

王阳明厉声喝道："将林靖押起来！"

不等林靖反应过来，众亲兵一哄而上，当场将他一把擒住。林靖拼命挣扎："先生这是作甚？弟子犯了何罪？"

王阳明把惊堂木一拍："你别叫我先生，我没你这样的弟子！你犯了何罪，还要本部堂明说吗？如果本部堂没猜错的话，那日花茶里下蛊毒的事，是你干的吧？"

林靖哑然失色："就算弟子老糊涂了，也不会干这等缺德的事呀。"

徐樾也是听得云里雾里，忍不住在一旁插话："既是他下毒，为何他又要将覃益救活？"

"我当时也差点被他这假仁假义给骗了呢。"王阳明说，"他想害的是本部堂，覃益只是个陪死的。没承想，本部堂失手打翻了茶杯，覃益却当场中毒发作。覃益死了对他没好处，他救活覃益还可洗刷他的嫌疑，博取本部堂对他的信任。"

"先生好端端的，弟子干吗要毒害先生？这不是天大的笑话吗？"林靖还是一副十分无辜的样子。

"本部堂说了，没有你这样的学生，不要再口口声声叫我先生。"王阳明大吼一声，"来人啦，带赖翁堂的人！"

赖翁堂药铺的掌柜、郎中、学徒全都被一根绳子系着押了进来。

一见这情景，林靖顿时傻了眼。卢、王二人也是吃惊不小，大声检举赖翁堂的人都是安南密探，挑唆他们反抗朝廷，还将其私下给的钱粮数目说了出来。

王阳明指着林靖说："此人你们认识吗？"

卢、王二人摇摇头。

"他就是赖翁堂的后台老板。我们要'马上擒人'的消息就是他通风报信给你们的。"王阳明将此事挑明了，卢、王二人这才如梦初醒。

王阳明对林靖冷笑一声："黎王叔，你还有什么话说？"

林靖哈哈一笑："王总督果真名不虚传，真乃中土奇才！本王爷行事一向诡秘，不知您老先生是从何觉察得知的？"

"要想人不知，除非己莫为。"王阳明扫了一眼卢、王二人，"前日我出城招降之际，密授亲兵马上擒贼之法。你一出城就闹肚子疼，当初我也不作他想，人吃五谷生百病嘛。可是走到半路上，越王古剑嗡鸣示警，我才不敢大意。等到我调兵接应徐樾时，远远看见卢、王二人竟骑白象出城，心中顿时生疑——莫非有人向他们泄露马上擒贼的机宜？"

卢苏跪在地上，答道："总督老爷料事如神，正是赖翁堂的人给我们送来急报，说总督老爷您要使诈擒我们哩。"

王阳明接着说："回城时，远远见你鬼鬼祟祟地从赖翁堂里出来，形迹甚为可疑。这赖翁堂早在枭司衙门的布控之下，为啥没有收网？就等你这条大鱼来钻哩！"

林靖站起身来，大笑着说："老先生心思缜密，令本王爷佩服不已。事已如此，也没啥隐瞒的了。本人乃安南国当今国王黎䴙之叔黎清，被封普越郡王是也。"

王阳明把惊堂木拍得啪啪响，众亲兵上前将黎清按在地上。

王阳明指着他骂道："大胆黎氏，口口声声自称姓林名靖，还说是什么行吟诗人，却大逆不道，乱我中华疆土。你别忘了，你们安南国乃我大明朝贡属国。你更别忘了，你们的国王黎睭是正德八年我朝翰林院编修湛若水奉旨出使安南册封的呢。我倒想问你，你为何要处心积虑接近我，还硬要拜我为师？"

黎清答道："我在安南国本是闲散王爷，倾慕中华文化，常在中土游历。正德末年，见武宗不理朝纲，乱象纷生，我安南国王也想浑水摸鱼，在边境捞些好处。大明朝能带兵打仗的能有几人？国王派我接近您，便是放长线钓大鱼哦。没想到，鱼没钓着，我这鱼饵却被你老先生给吃了呀。"黎清嬉皮笑脸地说着，一副无所谓的样子。

王阳明把脸一拉，斥道："黎清，不要以为你在安南是王爷，我奈何不了你。在我大明国，你只是个犯法的罪人，就要服从我大明的法律，要接受我大明朝廷的审判！"

黎清冷笑一声挣扎着要站起来，被身后的亲兵按住。他大声嚷道："放我起来，我是大明属国王叔，礼同大明藩王，你小小两广总督无权审我！"

"我是无权审你，但我有权杀你！本部堂领兵部尚书衔，有先斩后奏、便宜行事的权力。来人啦，把安南国奸细黎清推出辕门外斩首示众！"王阳明抽出一根令箭重重地掷在地上。

亲兵拖着黎清就要往辕门外去，赖翁堂的几个人跪在地上磕头如捣蒜，连声求饶。徐樾也在旁劝道："先生息怒，这黎清实在可恶，但卢、王二人已降，今日是吉日，不宜动刀见血，不如将此人押解赴京，由刑部、礼部严加审讯为好。"

王阳明这才松口道："那就依你之言，将罪犯黎清大打五十军棍，押入死牢，明日一早解送北京法司。"

等亲兵们将黎清押去后堂行刑后，王阳明仍是怒气未消，对卢、王二人正色道："狼兵骁悍，天下称最。可你等不为朝廷效力，不为百姓保境安民，却占据险要拥兵作乱长达两年多，上使朝廷忧虑，下扰三省百姓，不惩罚不足以平军民之愤。今免去你等死罪是天地有好生之仁，给你们杖刑是我有作为人臣的守法之义。"

于是，王阳明下令将二人各处以杖刑一百，但允许他们身披铠甲受刑。其部下头目在一旁伏地观刑。杖刑结束，给他们松绑后，王阳明抚慰众降将道："你们犯的都是死罪，朝廷也有大臣建议调大军将你们尽行剿灭，那也是不费吹灰之力的事。可本部堂转念一想，杀数千无罪之人，以成一将之功，仁者之所不忍啊。"

众人感动得声泪俱下，纷纷表示誓死报效朝廷。王阳明又令卢、王二人率众出境，归命南宁城下，分屯四营。又令熟悉当地情形的广西右布政使林富和旧任副总兵官张祐两人负责监督，给七万余名叛兵发放归顺牌，全部遣返回籍。

一些叛兵过惯了打打杀杀的日子，不愿回乡务农，却愿在军中立功赎罪。王阳明亲至他们军营安抚，说："之所以招抚你们，就是为了让你们活下去，怎么忍心再把你们投入到刀兵战场呢？你们逃窜日久，家人思念，赶快回家去吧！倘若地方有事，本部堂再行牌调发你们。"

折腾了两年多的思田之乱，王阳明就这样春风化雨般地平复了。不折一矢，不杀一人，全活了数万生灵。

王阳明一面向朝廷奏凯，一面勒石刻碑纪念。他在奏折中详述流官与土官的利弊，说本来这里就是蛮夷之地，从梧州走水路到思恩、田州都要花一个月时间，不适合照搬中土的治理方法，就连重新设置流官都不可行，让都御史这一重臣驻扎更是万万不可。为保此地永久和平，他提出以下对策：特设流官知府以制土官之势，仍立土官知州以顺土夷之情，分设土官巡检以散各夷之党。

为此，王阳明向朝廷建议：把田州划开，别立一州，以岑猛次子岑邦相为吏目，署州事，待有功后再提为知州。在旧田州置十九巡检司，让卢苏、王受等降将分别负责，都归流官知府管辖。又将思恩府分立九个土司，覃益因功得授古零土司，世袭巡检，管辖古零、那学、通感、下畔四城堡，辖区为九司最大。

四 首辅杨一清和阁臣张璁闹得不可开交

王阳明的报捷奏折送到内阁时，首辅杨一清和阁臣张璁正闹得不可开交。

两人恩怨已久，皆由大礼议起。新帝即位之初，张璁上书议礼，杨一清赞赏他是"圣人之言复起"。张璁、桂萼攻去费宏后，又力荐杨一清重新入阁。两人本互有提携举荐之恩，但等到杨一清执掌内阁后，却阻止张璁入阁，引发张璁不满。

张璁和桂萼都是半生坎坷，抑压已久之人，因而养成了一种多疑、自卑且偏激的个性。大礼议以来，又受到各种打压排挤，险些被群臣刺杀殒命，这使得他们的性情更加乖张。等到张璁如愿入阁、桂萼升吏部尚书后，他们最着急要做的便是寻旧怨而报复之，以解心头之恨。张璁初入阁时，虽桂萼还在阁外，但他已经迫不及待地要动手报仇雪恨了。张、桂两人互为援手，一明一暗，相继出头。

最先受到桂萼报复的便是前任首辅杨廷和，他指控杨廷和的罪状是："谬立《朴议》，自诡门生天子、定策国老，法当戮市，姑且削职为民。"当时与杨廷和同为阁臣的蒋冕和毛纪二人，他当然也决不放过。结果蒋冕受到了"落职闲住"的处分，毛纪也以胁从论罪，受到"夺官"的责罚。

张璁、桂萼成为当朝红极一时的人物，虽然被保守派大臣们不齿，视为投机钻营的小人。但他俩升迁之快，史不多见，自有想攀缘富贵、一夜成名的臣僚们将他俩树为榜样，成日围聚在他们周围，或为耳目，或为爪牙，他们声势日盛，可以说是门户已成，羽翼已丰。只要张、桂二人想打击构陷谁，定有一帮手下群起而攻之。那时阁老石珤、贾咏、谢迁都已去职，内阁里只有首辅杨一清、次辅翟銮和辅臣张璁三人。

翟銮是山东诸城人，翰林院庶吉士出身，人很厚道，却极软弱，没有主见，只会和稀泥。而且他心里早就明白，他之所以能入阁，乃是因为保守派臣僚要用他来挤掉张璁、压制桂萼，才把他胡乱推出来的。嘉靖六年春，廷推阁臣。皇上意在张璁，群臣却独不推张璁。过了几日，皇上命群臣再推，群臣便推了翟銮。此时翟銮只是个礼部右侍郎，按理离入阁还差一大截。但不止群臣，宫中太监大珰也多称赞翟銮是厚重之臣，堪当大用。皇上于是想破格提拔他为次辅。杨一清认为翟銮资历太浅，名望也轻，推荐吴一鹏、罗钦顺入阁。皇上不准，最终还是任命翟銮以吏部左侍郎兼学士入值文渊阁，并赐一枚银章，上书：清谨学士。

翟銮刚入阁时，杨一清为首辅，谢迁辅政。后来谢迁致仕，张璁入阁，桂萼虽未入阁但常以吏部尚书参预机务，翟銮都谨慎地与他们相处。张璁、桂萼常以所赐银章密封奏事，翟銮却从无密奏。皇上一次诘问他何故，翟銮则跪下顿首答道："陛下圣明，臣遵旨承办不暇，哪还有工夫密奏言事呢？"皇上自此也知道他是个唯唯诺诺、没有主见的人，但杨一清、张璁此时已是势如水火，皇上也需要翟銮这样的老好人在二人之间调和矛盾。

对于张、桂二人，翟銮早知道他们都是皇上身边的红人，自然开罪不起，他这个次辅反而在他俩跟前事事都唯命是从。对首辅杨一清，他也是言听计从，从不抵触。

杨一清常以三朝元老、出将入相自居，也知道张、桂二人大有来头，他之所以重又入阁，也是因为他们二人的推荐。为此，杨一清倒也时常让着他们一点，不和他们过于计较。但杨一清毕竟是首辅，又是士林倚望之老臣，可不是翟銮那样毫无主见之辈，自然不能事事都依着张、桂二人。但张、桂二人却是容不得别人与他们唱半点反调的，所以双方时常剑拔弩张。虽有翟銮在中间调和补台，也于事无补。

这时，有个名叫聂能迁的锦衣卫佥事跳了出来，疏劾张璁，引发张璁与杨一清之间一场大闹。这里又要说到王阳明的得意弟子黄绾。

黄绾是浙江黄岩人，是侍郎黄孔昭的孙子，他荫袭了后军都督府的都事一职。嘉靖初年，他担任南京都察院的经历，与张璁、桂萼相交甚厚。张、桂二人上书争议"大礼"时，黄绾也上书附和，崭露头角。

王阳明平定宁王叛乱，受到朝臣嫉妒，虽封为伯爵，朝廷却不发他诰命、铁券和岁禄，手下有功的将官或得不到升迁，或明升暗降。黄绾向朝廷上书为王阳明打抱不平，并请召王阳明进京辅佐新君治国。王阳明这才得到礼部的封赏，伍文定等有功将官也得以论功录用。不久黄绾升任南京刑部员外郎。嘉靖六年六月，张璁、桂萼把翰林们大多赶到地方上去任职了，用自己亲近的人来增补，便在皇上面前提议召黄绾回京任光禄寺少卿，升少詹事兼侍讲学士，参与编撰《明伦大典》。像他这样以荫子入官而做到翰林，也是以前闻所未闻的事。第二年《明伦大典》编成，黄绾升为詹事，像他这样的当年议礼之臣大多有升迁。

再说这锦衣卫指挥金事聂能迁当初本是锦衣卫的总旗官，追随钱宁升了这个指挥金事。嘉靖帝即位，他本在裁汰之列，后来降为百户留用。此后他见风使舵，追随张璁、桂萼参加"大礼议"，并且交结司礼监大太监崔文，又官复了原职。《明伦大典》书成，眼看着大家都升了官，偏他没份，聂能迁很恼火，怨张璁忘恩负义，过河拆桥，就花钱请赋闲在家的主事翁洪写了奏章，诬告王阳明是贿赂了弟子席书、黄绾才得到召用，黄绾最终转贿张璁才让王阳明得以任兵部尚书兼两广总督。黄绾上书辩解，并请求离职避嫌。皇上语气亲切地挽留他，而把聂能迁交给法司问罪。

张璁细想，一个小小的锦衣卫指挥金事就敢向他叫板，背后肯定有高人指点，又想为自己立威，便主张拟一严旨，把聂能迁置于死地。杨一清却帮聂能迁说尽好话，说他罪不至死，主张从宽。内阁拟旨，最后的拍板权一向掌握在首辅手里，最终聂能迁被从轻发落，充军了事，翁洪也只是被削职为民。张璁越发怀疑聂能迁是受杨一清指使，大骂杨一清是"奸人""鄙夫"，于是两人结下梁子，彼此攻讦。

张璁看了王阳明的《奏报田州思恩平复疏》，见他抵达广西不到三个月，就兵不血刃地平了叛乱，心中暗自叹服。此时，黄绾、方献夫又一个劲地上折子推荐王阳明入阁。张璁转念又想，杨一清常以"出将入相"自诩，何不召王阳明入阁，用这个也是"出将入相"的狠角色来跟他硬碰硬一番？再说王阳明的弟子黄绾、方献夫，好友霍韬等人都是议礼派大臣，王阳明又向来极有个性，喜欢谈论新学，标新立异，行事风格与杨一清等保守派大臣大为不同。他若入阁，一定与杨一清势同水火。张璁此前抵制他入阁，是因为自己还没有入阁，现在自己已经在内阁有一席之地，有王阳明来施以援手岂不更好？

这样一想，张璁便在内阁会议中力荐王阳明入阁。

次辅翟銮只顾打哈哈："这王阳明打仗确实厉害，学问据说也做得不错，才堪大用啊，能入阁效力当然好啰。不过地方上也很锻炼人，现在地方也不太平，有他这样的栋梁之材替皇上守着疆土，也是国家社稷之福啊。"

杨一清把脸一拉，悍然拒绝了张璁的提议："思恩之乱由来已久，王守仁才去了三个月，目前虽说招降了叛军，但乱源未根除，广西地方仍不安宁。再说安南黎氏也是狼子野心，觊觎我朝日久，与我广西各处土司遥相呼应，或恐生乱。依老夫所见，不如让他兼了两广巡抚，把这两广地面治理好了再说。"

张璁见杨一清果不出所料对王阳明充满戒心，愈发激起他的斗志来："让王阳明治两广，那是大材小用、牛刀杀鸡。我看某些人是梁山上的王伦——妒贤嫉能哩。"

"你说谁是梁山上的王伦？"杨一清气得吹胡子瞪眼睛，"老夫出将入相，他王阳明充其量只是平了几个洞匪山贼而已。老夫在三边大破鞑贼时，他还在穿开裆裤哩，老夫还用妒他？岂有此理，简直血口喷人！"

"谁妒不妒贤，那是肚子里打灯笼——心里明白。反正一句话，我荐王阳明入阁是荐定了！"

翟銮见他俩吵得凶，便出来打圆场："依我看，不如将王阳明的事发给吏部议议再说。是入阁还是兼巡抚，由吏部先拿个意见出来。"

吏部尚书桂萼听说张璁推荐王阳明入阁，顿时气得七窍生烟，心想，好你个张璁，自己入了阁就不顾兄弟死活，我离入阁只一步之遥，千万不能让这个王阳明给顶了缺。幸亏有杨一清给压着这老张，不然自己只有陪太子读书当相公的份了。桂萼于是假惺惺地召集几个侍郎、员外郎和文选司郎中、主事开了个会，会后将吏部大印在一纸官书上一盖，王阳明兼两广巡抚的事就这样烙了印。

张璁事后知道这事，气得直跺脚，大骂桂萼成事不足、败事有余。一次散朝后，桂萼故意走到张璁面前套近乎，张璁气未消，板着脸不理不睬。桂萼挡在他跟前，笑道："哎哟喂，我们的张阁老才入阁没几天，就不理我这患难之交了呀！"

张璁没好气地说："起开，跟你没话说！"

"怎么，还在为王阳明的事跟我生气啊？"桂萼脸上挂着笑，"我的哥哥哟，你是饱汉不知饿汉子饥呀。他入了阁，兄弟我喝西北风去？"

张璁用手指着他的头点了点："你呀，你呀，你就是鼠目寸光！请他这尊佛，是为了对付姓杨的那个活菩萨呢。活菩萨倒了，你还怕你这座本尊显不了灵？"

"你老张头素来深谋远虑，高屋建瓴。兄弟我可是个俗人，没你那么多韬略，能守住自己的一亩三分地就知足了。"

张璁鼻子一哼："我看你是瘸子踩高跷——早晚有你的好看！"

王阳明接到吏部发来任命他兼任两广巡抚的公文，哭笑不得，他上疏请辞。他在奏疏中说，两广的地形与别处不同，到处有贼窝，每天都有乱党出没，百姓困苦至极，只有精明强干的人才能胜任此地巡抚一职。他举荐江西时的老部下、此时已致仕在家赋闲的伍文定，或者刑部左侍郎梁材，或者南赣副都御史汪铉代替自己担任两广巡抚一职。

他给杨一清写了封言辞恳切的信，说此次事毕，若病好了，请杨一清安排他当一个南北国子监一类的散官，他就感激不尽了。他这是在跟杨一清表明心迹，潜台词是：我这人与世无争，绝不会想入阁与您争权，您就放心好了。

王阳明又给黄绾写信，让他和方献夫不要再推荐自己入阁了，得从长计议。王阳明还跟他说了些掏心窝子的话：参与平宁王叛乱的湖广、浙江及南京的有功者均已升赏。唯独功劳最大的江西将士至今勘察未已，有的废业倾家，身死牢狱，他们已失意八年了！王阳明感慨道："群僚百官各怀谗嫉之心，此乃心腹之患！此次南征，会不会重蹈覆辙呢？"

五　安南奸细被八寨之贼劫走

却说王阳明差卞成带着十余名衙役押着黎清一路北上。差船沿都泥江穿过柳州府上林县，刚至庆远府忻城县界面，就被一伙山匪给劫了。黎清被劫走自不用说，众衙役也被几根绳索捆了去。卞成还算机灵，趁乱跳入江中，漂至下游，被冲到江滩乱草丛中，总算捡回一条性命，赶回南宁报信。

王阳明大怒，召集各属官、将领商议。驻田州参将沈希仪此前在柳州、庆远一带为官，谙熟当地夷情土俗。他说："劫黎清的定是那八寨之贼。"

"思田之乱刚平，怎么又冒出一个八寨之贼来？"王阳明问。

"所谓八寨，是指思吉、周安、吉钵、古蓬、剥丁、罗墨等八个寨子，位于柳州府上林县与庆远府忻城县交界处，都泥江从各寨中间穿过，两岸都是悬崖绝壁。"

"只是八个土寨子，竟敢抢劫钦犯，这些寨佬莫非是吃了熊心豹子胆？"徐樾在旁插话。

沈希仪接着说："光是八个寨子寨民作乱，倒还不打紧。关键是沿都泥江东下便是大藤江，两岸断壁之上便是断藤峡，地势极为险要，这里是柳州府武宣县和浔州府桂平县的交界处，又是个两不管之地，这才是洞匪的巢穴。"

"这断藤峡之乱，本部倒是有所耳闻。据说是乱了有些年份了，怎么至今仍未断绝？"王阳明问。

沈希仪答道："要断绝断藤峡之贼，并非易事。登上断藤峡山巅，可以看尽军旅聚散往来，断藤峡之上有上百个山洞，其中如仙人关、九层崖最幽深险峻。峡南有牛肠村、大岾村，均沿江立寨，易守难攻。断藤峡、大藤江之间为力山，力山又比断藤峡险峻几倍。再向南为府江，周遭六百多里，其中多为冥岩岙谷，悬崖峭壁。山寨之中为蓝、胡、侯、盘四姓为主的瑶族，力山中又有善射毒药弩矢的壮人。断藤峡之贼占据天险，拥兵数万，与八寨共为唇齿，互为呼应。这还不算，南与安南夷狄，西与云贵叛贼，东北与盘瑶串通，神出鬼没，烧杀抢掠，防不胜防啊。"

"断藤峡之贼最为凶恶狡猾，两江父老常遮道控诉其淫杀祸害的猖乱罪状！"石金大声说，"而且此贼患由来已久，打也打了，抚也抚了，可就是湿手抓面粉——想甩甩不掉。这些年，此贼已成官府脑袋上一颗毒瘤——留着怕痒，割了怕疼。"

石金说的话，逗得众人窃窃发笑。

"先生大人说的话，句句在理。"广西副总兵官、都指挥张祐说，"断藤峡本名大藤峡，山峡中有大藤，瑶民可以借助大藤在两岸悬崖峭壁间通过，因此得名。"

"哦，那为何后来又改名断藤峡了呢？"王阳明好奇地问。

"这大藤峡就是个乱贼窝子，从我大明洪武年间开始就作乱不休。景泰年间，瑶酋侯大狗率先作乱，聚集上万匪众，先后攻占柳州、浔州、梧州三府十余县，曾七次攻进梧州府城，杀死前布政使宋钦、训导任璩等。英宗下诏，缉捕侯大狗成功者，予以千金，爵一级，仍无法捕获。一些土司不满朝廷'改土归流'，也暗中与贼匪勾结，助其气焰。叛军蔓延至广东高州、廉州、雷州境内，还曾流窜到福建、浙江一带。两广的官员均无对策。成化元年，朝廷派右佥都御史韩雍、都督同知赵辅统兵二十万围剿大藤峡，侯大狗战死。韩宪台于是下令斩断大藤，并改名为'断藤峡'。"

"那后来如何？怎么又乱了呢？"

"大藤是被斩断了，但贼心未死。大军一撤，乱贼就从巢穴涌出攻陷了浔州府城，踞城作乱。于是官军再次征讨安抚，乱贼又退回巢窟。反正是你进他退，你退他进，烧杀抢掠日甚一日。韩雍也曾率兵数万讨伐八寨，也未能攻破贼巢。"张祐说到此处，禁不住长叹一口气，摇了摇头。

沈希仪接着说："后来土官岑瑛，也就是岑猛的祖父，曾经趁乱攻入八寨贼巢，杀掉二百多名乱贼，最终却因不敌乱贼大军，败退下来。其后，再也没有人攻打这一带的叛贼，这一带便成了法外之地。"

王阳明大手往桌上一拍："此贼简直顽冥不化，良知丧尽，凶恶成性，不可改化！这个头顶上长的毒瘤，本部堂不割了它，对不起两江父老！"

众将官齐声高喝："听总督老爷帅令！"

王阳明下令道："听闻柳州、庆远地区参将生病，本部堂当奏请朝廷，委派田州参将沈希仪顶替。沈将军谋勇才能，足当一面，即赴柳、庆地方，防守八寨，督率官兵人等，于贼冲要路，严加把截，如遇奔突，相机擒捕，勿容逃遁。切勿辜负本部堂厚望。"

沈希仪抱拳高声说："遵令！"

王阳明还不放心，又吩咐说："你悄然赴柳州、庆远上任，不可声张，还要严格管束下属，只能剿除真正贼徒，不得乱杀无辜，也不得侵扰百姓一草一木。你可记住？"

沈希仪答道："末将记住了！"

王阳明又对徐樾说："你拟一道公文，就叫《犒送湖兵》，命驻守南宁府的湖广土兵还乡，并指示回乡路线，从南宁经浔州、梧州、平乐、桂林各府到达湖广省。允许湖广兵只带武器不带粮食，命沿途各级官府为他们准备必要的粮食和盘缠。"

徐樾领命。

王阳明又说："对了，对遣送湖广兵的事，你们要搞得大张旗鼓，犒赏仪式也要搞得热烈一些，发动南宁周边各地百姓也来劳军。当地壮人民众不是喜欢唱歌跳舞吗？那就让他们一起来载歌载舞好了，我们管酒管肉，让他们大闹个三天三夜如何？"

大家听了都哈哈大笑。

就在当地百姓与湖广兵联欢，为其饯行的同时，王阳明又发出公移，张贴官榜，命广西提学官从广州县学选派两名教授，兴办思田学校，又为灵山县延师设教。紧接着，又命南宁府新设敷文书院，由季本担任主教。

八寨那边的头人胡缘二劫了安南王叔黎清，以为王阳明必来征讨，便在各个关隘布下机关，带着家属牲畜窜入深山之中潜匿，久不见动静，便又出来。他又派探子打探得知，王阳明在南宁遣散军队，兴建学校，似无意过问八寨和断藤峡这边的事，便放松了警惕，陪着黎清在各山寨四处转悠，边走边聊。

黎清嘱咐他说："王阳明多诈，胡都老切不可大意。"

胡缘二不以为然："王爷放心。这姓王的好大喜功，专挑软柿子捏。咱八寨山高水远，他们不会费力不讨好来攻咱。就算来攻，咱们与断藤峡那边首尾呼应，也让他有来无回！"

"在你们这里，我倒是吃了定心丸，放心得很，不过话说回来，还是小心驶得万年船。"黎清知道王阳明的厉害，又不想吓住了胡缘二，"对了，老胡，赖翁堂药铺被一锅端了，我在你们这里也非长久之计。你们的人要尽快去跟南边联络上，叫他们派人来接我回去。"

"这个我晓得，您把心放在肚子里。"胡缘二拍了拍胸脯，"人已经选好了，都是比猴子还精的后生仔，走小路过去，装扮成茶贩子，顺便也好给国王殿下带几包上等花茶尝尝。"

"人到了就行，茶不茶的，我们不缺哦。"

"晓得晓得，心意嘛。晓得你们富足得很，但礼轻情义重。大老远的，哪能空手上门。"胡缘二笑咧咧地说着，鼻子一抽一抽的，络腮胡子上尽是唾沫星子，"另外，还想劳烦王爷您老人家写封信捎过去。咱们这八个寨子人口多，您也看到了，粮食不够吃哦，武器也不够用，官府又不卖盐给我们，买私盐贵得很呢！"

"放心，信早写好了，"黎清从怀里掏出一封信交到胡缘二手上，"我侄子见到这信，随便给你们一点，也够你们吃十年嘞！"

"那感情好，感情好！我就说，我们跟你们安南人本来是一家子，往前推个两千年，一个老祖宗呢。"

两人正说话间，手下的寨兵说抓了个要饭的，东张西望，鬼鬼祟祟，不像好人。这人正是卞成，是王阳明派他装作叫花子一路行乞，来打探八寨和断藤峡底细的。

胡缘二见卞成是当地人，乌漆麻黑，衣不蔽体，便不耐烦地跟手下说："乱棍赶走！一个要饭的，怎么会像好人呢？现世宝，等你哪天去要饭，也不像好人！"

大家哈哈大笑。卞成吓得抱头鼠窜。

黎清却让寨兵将卞成押到自己跟前，抬起一脚就把他踹翻在地，朝他大吼："说！你是不是王阳明派来的奸细？"

卞成抱着头在地上蜷缩成一团，装作惊恐万分的样子，嘴里一个劲地叫嚷："老爷莫打我，行行好，赏点吃的，小的好饿，好饿。"

黎清双目圆瞪，凶巴巴地盯着卞成："少演戏，本王爷认得你！你就是王阳明身边那个跟班的小狗腿子！老实招了，你是不是来刺探军情的？嗯？！"

卞成歪着嘴，口里哈喇子流了一尺长，傻傻地说："小的不要看戏，求老爷赏个狗腿吃，小的好饿，好饿。"

胡缘二扯了扯黎清："黎王叔，算了，有劲也别跟一个叫花子斗气，赶走得了，省得见了晦气。"说着挥了挥手，让手下人赶紧把他撵走。

望着卞成逃走的身影，黎清捏着自己的大鼻子，还在嘀咕："这人怎么看着有点面熟呢？"

"好了，黎王叔，"胡缘二笑道，"叫花子都是一个样，看着都面熟哩。走，我们上船去，上黄公豹的地盘上去走走。"

到了码头，刚想上船，只见两艘货船正要靠岸，远远向他们打听："这里是不是黄头领的地盘？"

有寨兵手指着上游正想喊话，胡缘二朝他使了个眼色，他看到船上插着南宁府的旗，心生疑惑，高声喊："这就是，做么事？"

船老板一听大喜："那就好，官家给你们送盐来了！"

几个寨兵上船一看，果真一捆捆的盐巴。胡缘二暗喜，按捺住内心的激动，吩咐手下赶紧将盐巴往岸上卸。

等到盐巴卸得差不多了，船老板掏出一封书信，还有一个回执条："请管事的老爷在这上面画押盖个戳，我们好回去交差。"

胡缘二不识字，胡乱在回执上画了个似虎似豹的图形就算了事。

等货卸完了，这船老板还不肯走，一个劲地跟胡缘二说些吉利奉承话。胡缘二一心想知道那书信上写的是么东西，不耐烦地说："老把式，货也卸了，你们赶路要紧，晚了天黑了，江上还闹水怪哩。"

船老板满脸堆笑："莫说天黑闹水怪，我们来的路上就有那螺蛳鬼在船板底下兴风作浪哩，我们兄弟几个差点没了命哦。多亏沾了头领几个福大命大的光，才逢凶化吉，大吉大利呢。"一边说，一边双手搓得直响。

黎清一看这架势就明白是咋回事，掏出几串钱才打发了他们。

胡缘二笑着对黎清说："还是黎王叔见多识广，懂套路。这几个孙子，要钱就明讲嘛，啰哩啰唆，叽叽喳喳的，像树上的碎嘴山雀，烦死人了！"

黎清也不搭理他，撕开书信一看，脸上顿时变色："黄公豹的地盘是去不得了！"

"怎么？信上写的么子事？"胡缘二把脑袋凑过去看，只见信上密密麻麻写满了字，可惜没几个字认得。

黎清一脸的怒气："好一个黄公豹，吃里扒外！这几年没少打我们安南国的秋风。你看，竟然跟官府的人勾搭上了。这信是王阳明的亲笔字，我认得！"

"这个老豹头，吃了豹子胆！信上他们怎么讲？"

"王阳明说要给他封个土司当，让他与官府里应外合来攻八寨，还说要活捉我黎王叔，去向皇帝老儿请赏哩。这盐巴就是见面礼！"

"妈了个巴子！兄弟们抄家伙，老子要去跟这老豹头拼命！"胡缘二怒火中烧，当即就要点兵去打黄公豹。

黎清将他拦住，暗自琢磨了一番，自言自语道："王阳明多诈，莫非是他使的离间计？"

胡缘二一头雾水："使么子计？如何是好嘞？"

"这样，你给黄公豹送个信，说我黎王叔想见见他，叙叙旧，请他下山来八寨走一遭。如果他肯来就好说，定是王阳明在用诡计。如果不肯来，就说明他心中有鬼，不敢来！"

"这样子好，这样子好，就听黎王叔的！"

六　火烧断藤峡

黎清和胡缘二怎么也没有想到，王阳明已经故伎重演，在他们派人抵达断藤峡之前，黄公豹已经收到了两船盐巴和王阳明亲笔写给胡缘二的书信。当胡缘二的人上山来请他去八寨见黎王叔时，黄公豹顿时火冒三丈，拔出腰刀就要砍杀他，骂道："什么狗屁王叔？明明是你们总督老爷的弟子假扮的，还想来蒙我！想抓老子，你倒是真刀实枪地来干啊！死爬灰佬，老发瘟死嚓，老子怕你个鸟！"

胡缘二的人吓得魂飞魄散，一口气跑下山，回到八寨跟胡缘二哭诉说险些送命，黄公豹不由分说就要杀他，还骂黎王叔是狗屁，是总督老爷弟子冒充的。

黎清气得脸发青，说是可忍，孰不可忍。胡缘二正在喝水，当场把瓷碗一摔，发起了毒誓："老子跟他老豹头势不两立，有我没他，有他没我！我跟他在一起，除非府江水倒流！"

就在八寨与断藤峡双方互相猜忌、势不两立之际，王阳明却在暗中调兵遣将，准备一举歼灭八寨、断藤峡之敌。至于先攻八寨还是先攻断藤峡，大家众说纷纭。王阳明问卞成："两处贼穴情况如何？"

卞成答道："八寨寨兵训练有素，防范甚严，那个黎清老狐狸狡猾得很哟，生怕官兵去抓他。断藤峡那边自恃有天险，易守难攻，反而松懈很多咧。"

王阳明当即拍板："那就先打断藤峡。拿下断藤峡后，再攻八寨便如探囊取物一般！"

又问卢苏、王受意下如何，两人刚归降，正愁没有立功自赎的机会，听说有仗打，皆兴高采烈，主动请战。

王阳明命林富和张祐两人率广西官军，连同表面回归湖广省、实则正在武靖州待命的一部分湘西土兵和卢苏、王受的狼兵一道围剿断藤峡。三月十三日，他以总督名义发布公移《征剿八寨断藤峡牌》：务要声言各贼多年杀害良民、攻劫州县乡村之罪，除掉首恶，以绝祸根。除临阵擒斩外，其余胁从老弱，一切皆可宥免。紧接着，又给各个指挥官发布公移，命令各军未至集结地之前，提前三日停军中途，由参将张经与守巡各官商议，由卞成等各向导先将进兵道路之险易远近、各巢山贼之多寡强弱及所过各良民村之经由往复，逐一详细讲解明白，务必要让各路官兵习熟通晓，若出一人。然后确定时日，偃旗息鼓，寂若无人，密至集结地，乘夜速发，以迅雷不及掩耳之势，将各巢首恶，尽数擒剿。

讨伐之战首先在断藤峡打响。四月二日，广西本地官兵、湖广土兵、思田狼兵，共六千二百余名，悄悄在断藤峡附近仙台、花相等地集结，开始分道进军，对断藤峡形成合围之势。

四月三日凌晨，湖广佥事汪溱，广西副使翁素、佥事吴天挺及都指挥谢佩率湖广土兵，率先从断藤峡正面发起进攻。沈希仪、张经率柳州、庆远府兵，卢苏、王受率思田狼兵从四面夹攻。

峡兵之前打探的消息是，王阳明整日在南宁的敷文书院里讲学，没有出征的迹象，也没有看到调兵储粮的动静，因此放松警惕，整日里晒着太阳、喝着小酒、抽着大烟。再加上官兵行军都是衔枚而动，极为肃静，峡兵根本没有察觉。官军突然袭来，峡兵这才匆忙应战，乱作一团。湖广土兵和思田狼兵这时发挥出身手矫健、反应敏捷的优势，攀木援崖仰攻山寨，连破油榨、石壁、大陂等数座寨巢。

峡兵溃败，退守仙女大山，据险顽抗，用巨石、滚木、毒箭多次击退官军。此山形如孤岛，四周绝壁，下有深渊，只有一条羊肠鸟道与外界相通。沈希仪、张经指挥官军连攻数日，损失惨重，但就是攻拿不下。正在他们焦头烂额、士气低迷之际，王阳明坐着一副滑竿出现在前线阵地上。官兵们顿时欢呼雷动。

王阳明察看了下地形，对沈、张二人说："这是一夫当关，万夫莫开的天险，不可硬攻，只可智取。"

怎么智取，大家七嘴八舌，莫衷一是。沈希仪说："围他个一年半载，不用开打，保管饿死他们！"

卞成却说："山上山洞密布，尽是粮草，还有果园，别说一年半载，十年八年的，都饿不死人哦。"

"山上有水源吗？断了他们的水源，或者在水里下毒。"张经说。

"山上有山泉水，终年不断。我们的人都上不去，怎么去下毒呀？"卜成摇摇头。

"那就用火攻！"王阳明望着郁郁苍苍的仙女大山。

"火攻？"众人不解地盯着他。

"对，此前卜成不是探得山上洞里尽藏粮草吗？"

"可是这个季节刮东南风，我们不在风口，而且这些天还下雨，怕是火攻难以奏效哦。"徐樾插话说。

"没有风，可以跟老天爷借嘛。"王阳明说这话时一脸的神秘。

王阳明在阵前设下七星坛，四周竖起八卦旗，他身穿大褂法衣，持剑起舞，口中念念有词，还焚符祝祷。最后他将剑指天，大声道："三日后，西北风起！"

诸将半信半疑，分头去准备火攻之事。

第二天，东南风刮了一天，雨下得更大了。

第三天，东南偏西风又刮了一天，雨还是没有停。诸将士心急如焚。

第三天傍晚，雨突然停了，风向也为之一变，天空刮起西北风来。众将士大喜，交相称赞总督老爷简直是诸葛再世。卢苏、王受主动请缨打头阵。

王阳明摇着蒲扇，慢条斯理地说："不急，吃饱晚饭再打不迟。"

众将士不慌不忙地吃了晚饭，酒足饭饱后，西北风刮得呼呼响。

王阳明一声令下，思田狼兵万箭齐发，箭上都绑有硫黄、火硝，山上贼巢顿时燃烧了起来。

沈希仪问："总督老爷，现在可以开打了吧？"

"莫急！"王阳明朝卜成使了个眼色。卜成双手一拍，姐菲和几十个姐妹出现在军营中，每人手中拎着个竹笼子，里面上百只小老鼠上蹿下跳。

众人好奇地驻足观望，不知道她们要上演什么把戏。

只见妲菲等姑娘将小老鼠一只只从笼中捉出来，系在箭上，再将其尾巴涂上香油，点燃，射入贼巢之中。山上树木、茅草、木栅、房屋烧得噼啪作响，整座仙女大山火势冲天，映红了半边天。成群的野猪、野兔像火球一般从山林中乱窜而出。

徐樾找了个无人处，私问王阳明："先生果真有神力，能呼风唤雨啊，弟子可要好好跟您学一招咧。"

王阳明扑哧一笑："哪有什么神力？为师只是善观天象而已。我山阴老家还专门建有观象台，你忘了？"

徐樾一拍脑袋："原来如此，刚才看先生穿着道服那么一比划，差点信以为真了！"

"为师装神弄鬼，那是哄将士们的把戏！"王阳明笑得直不起腰，"只是这样一来，将士们以为有神力相助，便信心百倍。我这一招其实就是'击鼓其镗，踊跃用兵'的意思咧。"

徐樾听了此话，佩服得五体投地。

王阳明立于一块青石之上，将令旗一挥，数千官兵蜂拥而上。峡兵不战自乱，烧死烧伤者累累。其余退至崖边，或沿大藤横渡，或坠入崖底，溺死者六七百。

战场上一片狼藉，鬼哭狼嚎，惊天动地。一股山风裹挟着刺鼻浓烟从山上席卷过来，王阳明喉咙一痒，忍不住一阵剧烈咳嗽，竟然咳出一口血痰来，当场晕倒在地。徐樾等人赶紧将他扶起，他半晌才苏醒过来，慨然长叹："一将功成万骨枯。山林被毁，生灵涂炭，折人阳寿啊！"

徐樾劝道："先生不要想太多，您这是辅国安民，替天行道，上天自会保佑您身体康健的。"

第二天天明，将士们打扫战场，清理俘虏，唯独不见大头领黄公豹。有俘虏称，昨夜他趁乱攀大藤沿悬崖而下，或已渡江往仙台方向而去。

王阳明说："首恶逃之夭夭，遗患无穷，务必剿灭殆尽。"于是下令命永顺土兵进剿牛肠等寨，保靖土兵进剿六寺等寨，密檄诸将移兵仙台，约定在五月十三日同时发起总攻，对溃逃贼匪展开合围，务必将其赶入断藤峡谷全歼之。

官军一路势如破竹，峡兵节节败退。最后黄公豹率十余亲信骑马冒死从重重包围中杀出，奔向八寨方向。仙台与八寨之间本有一座藤桥，由千年巨藤缠绕而成，上面架有木板，可供单人侧身通过。

当黄公豹逃至藤桥处，翻身下马，刚想过桥，对面八寨那边，胡缘二一声令下，手下守兵挥刀斩断了巨藤。巨藤的一头瞬间坠入万丈深渊之中。黄公豹仰天长叹："我黄公豹枭雄一世，没想到竟命丧此处。胡缘二误我！胡缘二误我！"

黄公豹转身欲上马再走，这时追兵已至跟前。黄公豹来不及上马，只好殊死抵抗，夺得官兵一把朴刀，奋力砍杀，逼退数名官兵。张经骑在马上与他交战十余回合，不分胜负。黄公豹冷不防一刀捅伤张经的马腿，张经翻身落马。黄公豹飞步来取他首级，眼看就要刀起头落。这时沈希仪骑快马来救，朝黄公豹大吼一声，朝他身后挺枪就刺。黄公豹侧身避过，接着与沈希仪厮杀起来。张经这才被手下兵卒救起，捡回一条性命。一时官军数将一齐上阵，只见刀枪并举，马步纵横，黄公豹身中数枪，却全无怯意。

这时，王阳明率亲兵营又至，并力来攻。黄公豹手下亲信大多非死即伤，黄公豹一见不妙，拔腿要跑。卞成飞马赶来截他，黄公豹回手一刀削去，深嵌马背，卞成连人带马被掀翻在地。沈希仪、张经赶紧上前逼退黄公豹。

王阳明朝他喊话："黄公豹，你已被团团包围，赶紧束手就擒，不可再做垂死挣扎！"

黄公豹笑道："狗官！你们火烧仙女大山，仙女定不会饶你！"

沈希仪骂道："总督老爷面前，休得无礼！什么仙女不仙女，休要信口雌黄！"

黄公豹道："你们拿老朱家俸禄，竟不知弘治皇帝生母是谁吗？"

王阳明道："孝宗生母是纪淑妃，也就是孝穆纪太后，大明子民无人不知，无人不晓啊。"

黄公豹指着王阳明骂道："你只知纪淑妃，却不知她本名李唐妹，本是我大藤峡土司的女儿，是被韩雍那狗官掳入皇宫的。这座仙女大山就是以她命名，山上建有她的庙，现在被你这狗官一把火烧了，你就是犯上作乱！仙女娘娘的英魂也不会饶了你的！"

王阳明一听此话，心有悔意，脸色顿时惨白，嘴上却道："简直一派胡言！你若知悔改，快快投降，本部堂还可饶你不死！"

黄公豹哪里肯降，此时虽手无寸铁，仍一手抓住一个官兵头发，冲锋迎战，打出数丈远，勇不可挡。

王阳明暗道："此贼若得数百兵马，其锋难敌啊！"即令弓箭手上前，围而射之，一时乱箭纷飞如雨点一般，黄公豹左右手提着两个人当作挡箭牌，在乱箭中横冲直撞，犹然不屈。全身中箭几无完肤，如同刺猬一般，血流不止，渐渐不支，口中仍大叫："盘王爷，仙女娘娘，小的来了！"长啸而死，立而不倒。

良久，众官兵方敢近前，忽然听到叹息声，众官兵吓得后退数步。大家见死尸不动，才相信他是真死，上前推他，只见其尸如石头雕塑一般，纹丝不动，哪里推得倒。

王阳明也暗自称奇，下马朝他鞠了一躬。黄公豹尸身这才轰然倒地。王阳明长叹一声："人虽已死，其气尤在。气不平，死而不僵。此次杀戮太重，损阴折寿啊！"

黄公豹战死后，官军又将断藤峡周边各巢尽悉扫荡了一遍。至四月二十日，斩获峡兵共计一千一百零四名。至此，讨伐断藤峡之战告终。

王阳明随即挥师乘胜进攻八寨。官兵一路悄无声息，昼伏夜出，深夜进发，沿途村寨村民都无人知晓有大军通过。四月二十二日晚，各路大军在八寨周边集结。

二十三日凌晨，官军夜袭石门天险，八寨这边方才察觉，纠集两千余人奋力反击。两军展开激烈交战，天明时官军已突破石门。寨兵退入古篷寨死守。

王阳明大喜，独留沈希仪在外围接应，亲率官军主力直抵古篷寨下。此时，周安、古钵两寨派出寨兵从左右两翼夹击官军。为避免腹背受敌，王阳明率军撤走。八寨之中地形极为复杂，各路纵横交错，官军转了一圈，发现又转回到了古篷寨。

此时，空气中弥漫一股异香，众人闻了昏昏欲睡。王阳明大叫："小心有毒，掩鼻疾走！"官兵们在寨中头重脚轻地东奔西跑，却转不出来，如同无头苍蝇一般。古篷、周安、古钵等寨碉楼暗堡甚多，时不时放出暗箭，官军伤亡甚重，惊恐万分。

王阳明暗自心惊：莫非入了传说中的八卦迷魂阵？

众官兵正在进亦难退亦难、走投无路、叫苦连天之际，突然古篷寨西北方向一支人马冲杀过来，卷起飞扬尘土。

王阳明仰天长叹："此次命休矣！不该骄兵轻敌啊！连累了众兄弟，可恨，可恨！"

等人马近前一点，听见为首者在喊："王先生，王先生！"王阳明觉得声音很熟悉，定睛一看，来者不是别人，正是他在贵阳收的夷族徒弟阿加！阿加身后跟着百余名健硕的夷苗兄弟，正一路绝尘而来解救他们。

师生相视一笑，来不及多话，王阳明指挥官军迅速从东北方的缺口突围出去。等王阳明从寨子里撤出来老远，沈希仪的人马才赶来接应，一个劲地说："好险！我们在八寨外面拼命想进去救总督老爷，可就是转不进去，眼前好像打了堵无形的墙似的，真是邪门了！"

"此是八卦迷魂阵无疑！"王阳明话一出口，众将无不大惊失色。

七　群臣廷议阳明功过

等到官军撤至安全地带休整，王阳明这才长舒一口气，对阿加说："你来相助真是喜从天降啊！"

"听说先生来广西剿匪，夷寨的兄弟坐不住了，纷纷表示要来助先生一臂之力哟。"阿加黑黝黝的脸上透出一股夷家汉子独有的粗犷和野性，眼眸中藏不住喜悦之情。

"来得好，来得好哦！你们不来，为师险些命丧八寨了哇。"王阳明紧紧握住阿加的手，又朝众夷苗后生挥手致谢。

王阳明又问起伍萨老人和沙依姑娘的情况。阿加说："伍萨老人去年已作古，在一次酒后睡过去就再也没有醒来。沙依现在是三个孩子的母亲，小儿子还没满月，不然她是一定要来广西见先生您的啦。"

阿加又从背包里掏出一块织锦手巾："沙依亲自织的，说一定要当面送到先生您手上，给您拭汗用哩。"

王阳明拿到手上反复欣赏，爱不释手，说沙依真是心灵手巧，又感慨了一番人事代谢，说贵州龙场那段岁月真是让人怀念，龙场的乡亲那么淳朴厚道，令他终生难忘。

他来不及与阿加多叙旧，待大伙喝了些水，稍稍缓了口气，便召集诸将商议下一步的战法。

沈希仪问阿加："这八寨我们削尖了脑袋也闯不进，你们倒好，怎么从西北角一冲就进去了，又从东北角出来了呢？"

"我们也是误打误撞哦。"阿加答道，"当时听说先生被围，心急如焚，哪想那么多，见缝插针，一通乱打呗。"

王阳明双眉紧锁："西北属金，居乾宫，是开门。东北属土，居艮宫，上艮下离是生门。阿加从开门入，是歪打正着啊。不过，我们这次虽然侥幸从生门逃出，但要破这个阵法，还是大伤脑筋啊。"

"既然这八卦迷魂阵是按照河图洛书来设的，我们好好研究下《易经》，总能找到破阵的办法。"徐樾答话说。

"你说是什么阵？"阿加好奇地问。

"八卦迷魂阵啊，怎么，你听说过？"徐樾觉得王阳明的这位夷族弟子非同凡响，有点智勇双全的感觉。

"我以为是什么阵啊，原来是八卦迷魂阵啊！"

阿加此语一出，满座皆惊，大家都看着他。

"阿加，你熟悉此阵法吗？"王阳明也向他投去期待的眼神。

"熟悉呀，我们夷寨和苗寨小孩子穿开裆裤时玩过家家，就玩这个八卦迷魂阵的游戏哩。"

大家一听此话，哄堂大笑，随即失望地摇摇头。

徐樾也觉得很扫兴，嗔怪道："阿加兄弟，不是哥哥说你，这是军前会议，你还有心思在这说笑话！"

王阳明朝他摆摆手，示意阿加说下去。

"咱们贵州夷寨的八卦迷魂阵，相传是诸葛孔明平定南中、七擒孟获之际布下的，后世无人能破。"

"夷寨竟有此阵，我在贵州时，怎么无人跟我说起？"

"因为误入此阵陷在里面丧了性命的人太多，后来此阵被围了起来，渐渐就荒芜了，不为外人所知。"

"用奇门遁甲中的生门、开门之法，能否破解呢？"

"破不了，听说后世好多的阴阳先生拿着罗盘来八卦迷魂阵里钻研演练，不吃不喝，几天几夜，能走出来就算不错了，要破解，没门！"

大家听阿加这么说，都摇头叹息。

"用火攻，如何？"徐樾见大家无计可施，便出一主意。

王阳明细想一番，说："八个寨子各居一方，错落有致，碉堡乃青石所砌，火烧不着。"

"那用水淹！"张经嚷道。

"他们在高处，我们在低处，用水怎么淹，水还能飞上去不成？"沈希仪对张经出的馊主意不以为然。大家听了也是笑他异想天开。

"就是要用水淹！"阿加又是语惊四座。

大家七嘴八舌地议论起来，都说阿加是瞎胡闹。

王阳明让大家安静，听阿加把话说完。

"是用水淹，但不是一般的水，是用大象拉的尿来淹！"阿加话音刚落，大家一片哗然。

阿加提高嗓音继续说："说来也是巧了，我们夷家、苗家娃娃打小就要放牛、养羊，有时也驯几头野象玩。一次，寨里一个小娃娃骑在一头小象背上玩，一不小心就钻到这八卦迷魂阵里去了。旁边的人都吓得半死，叫也叫不应，只能眼睁睁地看着他去送死。"

"后来如何？这小娃娃死了吗？"徐樾好奇地问。

"死了还有戏唱？你们听我讲。"阿加说，"这小娃娃自己也是急得直哭，但小象不听使唤，七拐八拐就钻到阵里最中间，在两处垒起来的高点，各撒了一泡大尿。"

"那两个高点应该对应太极阴阳鱼的两只黑白眼。"王阳明插话说。

"说来也怪，小象撒了尿后大摇大摆地从阵里走了出来。所到之处，畅通无阻，好像各处机关自动给它让路似的。后来我们后生小子就经常骑象进去玩躲猫猫、过家家的游戏咧。大家还编了个顺口溜：'骑象进八阵，象尿就是神。左右各一泡，死人变活人。'"

大家听了，无不称奇。

阿加越说越起劲："后来我在龙冈书院跟王先生识字问学，就这事还作了首小诗哩。"

大家起哄让他念来听听。

阿加摇头晃脑地高声念起来："八阵迷魂看缠山，一重缠是一重关。关门若有千重锁，象尿一泡大路宽。"

大家笑得前仰后合。

"诗是好诗，就是俗了点。"王阳明笑道，"阿加说得没错，象乃祥也，自古以来即是祥物，是象征太平的瑞兽，还相传是佛家普贤菩萨的坐骑。"

"不只是祥物瑞兽，还是战神呢。我们夷人、苗人，还有瑶、缅、傣都好骑象作战，冲锋陷阵，所向无敌啊。"

"依你之见，我们要组织一支大象战队才好咧！"王阳明想起卢苏、王受在思恩府就骑过象，便问他俩当地土司是否有支象队。

两人答说："象队是有，太祖洪武年间在这一带还设了个驯象卫哩。只是路途太远，走得又慢，调来这里恐怕要半个多月。"

沈希仪站出来，扯着大嗓门说："不用两位头领调遣象队，咱们柳州卫就有！大家可别忘了，柳州一带古称象郡，山民自古即有驯象伐木的传统，让柳州卫所征调几只大象过来，不过举手之劳。"

王阳明大喜，丁是令沈希仪去着手调象，其余将士就地扎营歇息。等诸将散去，徐樾半信半疑地问："大象撒的尿，真能破了此八卦迷魂阵？"

"道高一尺，魔高一丈。"王阳明一边摇着扇子，一边说，"象尿不管有无用处，袭击阴阳鱼眼定是破解法门。一旦鱼眼被破，整个卦阵的气场就打乱了。此外，大象乃庞然大物，有象队当我们的开路先锋，军中士气定能大振！"

过了十余日，柳州卫的象队过来了。王阳明令沈希仪、阿加率象队为先锋，卢苏、王受部为左翼，湖广土兵为右翼，他亲率官军主力压阵，只留林富、张祐率一千官兵在外围接应。官兵入寨前，阿加特意交代，每人都要喝一小碗由甘草、陈皮、半夏、白薇、菖蒲等药煎成的汤水，还要从焚有麝香、苏合香等香料的香炉前跨过。

象队从西北乾宫开门处冲杀进去，所向披靡。大象训练有素，象鼻见寨兵就横扫之，遇土堡就用象蹄踩塌之，象皮粗厚刀枪不入，寨兵抵挡不住，被官兵逼退至中心地带的两处"鱼眼"。

"鱼眼"为南北呼应的两座碉楼，一座青砖砌成，另一座是白灰土楼。胡缘二立在北面青楼之上指挥寨兵朝官兵放箭，箭如雨下。几只大象毫无惧色，象鼻挥舞，将箭支纷纷扫落。为首的一只白象朝碉楼拔腿猛跑，眼看就要撞向碉楼了，突然腾空跃起，象脚如弹簧似的飞身上了碉楼，鼻子一扫，将楼上寨兵扫落下来，摔得血肉模糊。官兵蜂拥而上，胡缘二率寨兵望风而逃，逃至南面白楼之上。

官兵继续进逼白楼，将其团团围住。胡缘二立在楼顶，指挥寨兵朝楼下抛巨石和滚木。官兵从容应战，避其锋芒。大象不慌不忙，用鼻子从容卷起楼柱，就势一扯，整座白楼便摧枯拉朽般轰然倒塌，胡缘二和其余寨兵都被活埋在了里面。

拔掉青白二碉楼后，王阳明指挥各路官军对古篷、周安、古钵、都者峒诸寨围而歼之，各个击破。说来也怪，官军此次指哪打哪，如入无人之境。寨兵群龙无首，惊慌失措，毫无招架之力，四处溃散而逃。官军乘胜追击，于六月七日攻克八寨所有寨巢，斩获寨兵一千九百零一名。

打扫战场时，不见黎清的踪迹。这时林富、张祐来报，有千余名寨贼从后山鸟道逃至江边，将几只小船拼在一起，正准备抢渡过江，逃到对岸柳州、庆远一带去。

王阳明亲自登上战船去追，远远看见寨兵挤在几只破船上，人多船小，快要散架了，正在激流中飘摇。黎清立在船尾，身边的寨兵正在拼命划船。

王阳明朝黎清喊话："黎贼，我已布下天罗地网，看你还能往哪跑！"

黎清也不搭话，高声吟唱道："锦鳞密密不容针，带叶连根定计深。常与白云争水面，岂容明月坠波心。千层浪打诚难破，万阵风颠永不沉。多少鱼龙藏里面，太公无计下钩寻。"

此时，正好刮起一股强风，将黎清所在的舟船打翻，寨兵几乎全被激流吞没。八寨之战到此告终。远近室家相庆，道路欢腾。

王阳明看到此情此景，兴奋异常，当场吟出一首诗来：

见说韩公破此蛮，貔貅十万骑连山。

而今止用三千卒，遂尔收功一月间。

岂是人谋能妙算？偶逢天助及师还。

穷搜极讨非长计，须有恩威化梗顽。

他随即向朝廷上奏《八寨断藤峡捷音疏》，请求对以林富、张祐、沈希仪为首的各级将士论功行赏，并为投降不久的卢苏、王受请功。

紧接着，他又上了封《处置八寨断藤峡以图永安疏》，提出为了防患此地乱贼死灰复燃，将柳州府南丹卫城迁至八寨，改筑思恩府城于荒田，改设凤化县于三里，添设流官县治于思龙，增筑守镇城堡于五屯等善后对策。他的方略是：谋成而敌自败，城完而寇自解，险设而敌自摧，威震而奸自伏。

此时，王阳明的痰疾日益恶化，已近危笃状态。他在报捷书中请求尽快回乡养病。

当王阳明的捷书到京后，桂萼生怕皇上召他进京入阁，密奏王阳明夸大事功，还在皇上面前进谗言："王阳明为人怪诞，不懂规矩，他的什么心学，就是自以为是。他还敢非议朱子，这简直是妖言惑众，哗众取宠！"

皇上于是写手诏给首辅杨一清，杨一清一时不知所措，召集内阁及六部九卿廷前商议此事。

户部尚书邹文盛认为，建筑城邑是大事，处置钱粮更是户部的职责，主张对王阳明捷书中报的战功进行重新核查。

新任礼部尚书霍韬，以自己是两广出身为由，为王阳明说公道话："我给王阳明算了笔账，广西这场战役，他为朝廷省了数十万的人力、银米。他的前任姚镆，调三省兵若干万，梧州总督府支出军费若干万，从广东布政司支出银米若干万，折损官兵若干万，仅得田州五十日的安宁，思恩就发生了叛乱。而王阳明不费斗米、不折一卒就平定了思田之乱，你们户部是嫌他银米用得太少了吧？"

邹文盛一时语塞。

兵部尚书胡世宁对王阳明献计将卫城迁至八寨之事，也提出质疑："将一卫精锐陷入贼巢之中，恐非妙招。再说了，迁卫是大事，须从长计议。"

霍韬辩道："王阳明迁卫的计策，是极富远见卓识的。将卫城搬到原来的贼巢里去镇守，如此一来，乱贼将无法再图生变，是一劳永逸的万全之策咧！"

又有一位尚书站出来说："王阳明奉朝廷命令平定思恩、田州，但对八寨、断藤峡之贼用兵却是无旨擅动。"

霍韬哈哈一笑："汉代七国之乱时，吴、楚叛乱反攻梁，汉景帝诏周亚夫救梁。周亚夫不奉诏，而绝吴、楚粮道，遂破吴、楚而平七国。其传记中写道：'大夫出疆，有可以安国家、利社稷，专之可也，古之道也。'何况王阳明知道思、田可以降伏，而八寨、断藤峡之贼顽固之极，只可讨平。虽无诏命，先发后闻可也。况且他是总督军务，手握便宜行事旗牌，抚平思、田后顺便拔除八寨、断藤峡这样的积年老巢，有何不可？"

桂萼跳出来说："就算他可便宜行事，但这次让他征讨思、田，他偏一意主抚，没让他打八寨、断藤峡，他偏劳师动众地去打。这简直是目无王法，是征抚交失，赏格不行。一定要严惩不贷，否则王威何在！国法何在！"

黄绾闻言大怒，用手指着桂萼的鼻尖："忠如王阳明，有功如王阳明，却遭奸人如此陷害！真是天理不容啊！王阳明一屈于江西，讨平宁王叛乱，忌妒者先是诬告他与宁王串谋，后又诬陷他私吞宁王府金帛。当时首辅杨廷和等乘伪行诈，陷害王阳明，至今仍不明不白。若这次再屈于两广，恐怕劳臣灰心，将士解体。以后再有边患民变，谁还肯为国家出力，为陛下办事？"

见大家各执一词，闹得不可开交，张璁和杨一清两个阁臣却作壁上观。张璁有意召王阳明入阁牵制杨一清，杨一清却对王阳明心存戒心。

张璁这时附和黄绾说："忠奸自有公断，不能让前方将士寒心。"

杨一清却针锋相对地说："不能让奸人冒功，不能让圣听不明。"

皇上似乎很享受臣僚之间在廷对中相互攻讦争斗。他坐在龙椅上伸了个懒腰，淡淡地说："朕有些累了，此事再议吧。白云观的道长来了，还等着朕去做斋醮呢。"

八　此心光明

就当朝廷对他是赏是罚还在讨论来讨论去之际，王阳明在南宁犒赏讨贼有功的各路大军。命令左江道守巡官给湖广土兵发放赏银，奖励他们回乡途中助剿贼匪。又指示湖广地方，对湘西永顺、保靖两名宣慰司及有功的土兵头目给予重赏。接着移文右江道命其犒赏卢苏、王受，发给他们粮米三百五十石。

对阿加这些从贵州远道而来志愿参战的夷、苗各族勇士们，也每人发粮一月，作为他们回家的盘缠。阿加他们要走了，王阳明十分不舍，直送出南宁城外，将自己随身所佩的巨阙剑取下来，亲手系到阿加的腰间。

阿加说这剑太过名贵，坚辞不受。

王阳明微笑着说："剑虽好，也是身外之物，为师老矣，保家卫国的事，你辈当之吧。"

阿加三步一回头地登上船，看到王阳明一脸的病容，瘦弱的身躯立在风中似有不胜其力之感，禁不住放声痛哭起来。

直到船影消失在视野之中，王阳明才转身离去，叹息道："今生就此别过！"

送走阿加后，王阳明便一病不起。他接二连三上奏《地方急缺官疏》《举能抚治疏》《边方缺官荐才赞理疏》，说广西叛乱虽平，但官府亟缺能干的官吏，地方治理无方的话，就无法实现长治久安，前面剿匪的事都是白干，很快又会出乱子。他又上奏朝廷说自己病重，恐怕不能再为朝廷奔走，恳请回乡养病。

朝廷只是象征性地提拔了林富等几个人，对王阳明上奏的回乡养病等其他事都置之不理。王阳明几次在梦中梦见自己嗷嗷待哺的幼子，梦见与自己情投意合的燕娘，梦见那些正翘首盼他回去讲学的弟子们。他在病床上给弟子钱德洪、王畿写信："近来同志们叙会如何？而今法堂前草深有一丈长了吧？"

他深知自己已病入膏肓，来日无多，他归心似箭，他还想最后见一见心中牵挂的亲人和弟子。

病情日益加重，圣旨迟迟不下，他已顾不得那么多了，他心里只有一个念头：我要回家，回家！

八月二十七日，他从广西南宁府出发，舟行邕江，朝故乡进发。途经激流湍急的乌蛮滩，船夫说前面就是伏波庙，他大惊，急唤停船，上岸祭拜。叩拜马援将军的塑像时，他想起此前自己曾在梦中来过此地，还在梦里作了一首绝句：

卷甲归来马伏波，早年兵法鬓毛皤。

云埋铜柱雷轰折，六字题文尚不磨。

眼前的伏波庙，跟梦中所见竟然一模一样。而今，他也跟马援一样，在广西平定了蛮族叛乱，这是否是上天早就注定？想起这些，心中感慨万千。

九月初七，王阳明抵达广东省广州府。第二天，皇上派出的使臣抵达广州，对他进行奖赏，称赞他处置得宜，罢兵息民，其功可嘉，赏了他白银五十两。

使臣到时，他硬从床上爬起来，被徐樾搀扶着也站不稳。他接旨后望阙谢主隆恩，一个趔趄，晕死过去，半晌方苏醒。此时，他积年的肺病旧疾因劳累复发，引发咳嗽及水泻，身体极为虚弱。他再次上疏请求归乡养病，若获准则乘舟北上，翻越梅岭进入江西，从赣江北上再沿长江东下归乡。

他的奏折刚刚发走，朝廷下旨来说，皇上为褒奖他的平叛功绩，特遣使臣来下诏书。他只好滞留广州，等候皇上派来的使者。其间无事，他前往增城县，拜谒六世祖王纲的祠堂。

王纲生于元末明初，文武全才，却隐遁于世，不肯入朝为官。他年逾七旬时，地方一再举荐，他推辞不掉才出任兵部郎中。不久，广东潮州发生暴乱，朝廷升他为广东参议，督办兵粮。在完成平叛任务回程途中，王纲和儿子王彦达在增城被一伙海贼扣留。王纲劝海贼改恶从善，海贼不听，见他有威仪，反而执意要他做他们的头领，王纲誓死不从，最终为海贼所杀。当时年仅十六岁的王彦达痛苦不堪，悲愤异常，绝食明志。众海贼本想把王彦达一并杀掉，海贼头目却说："父忠而子孝，杀之不祥。"于是把王彦达放了，让其装着王纲遗骨回乡去了。后来朝廷在王纲殉职的增城县立了祠，并起用王彦达。但王彦达痛惜父亲忠臣死节，朝廷待之太薄，而终身不仕。

王阳明来增城时，增城县学的师生希望将祭祀王纲父子的忠孝祠改建于城门南边的天妃庙。该县知县上报申请至王阳明处，王阳明批准其请，并亲自写了篇祭文。他对照眼下自身境况，对因平定乱贼殉职的王纲及其子王彦达的故事，感慨不已，触景生情，称这绝非偶然之事，冥冥中自有天意。

增城也是王阳明老友湛甘泉的家乡。祭拜先祖后，他顺道拜访了湛甘泉的故居。虽然老友此刻正在北京为官，但丝毫不减他的勃勃兴致。他在《题甘泉居》一诗中写出他的喜悦心情：

> 我闻甘泉居，近连菊坡麓。
>
> 十年劳梦思，今来快心目。
>
> 徘徊欲移家，山南尚堪屋。
>
> 渴饮甘泉泉，饥餐菊坡菊。
>
> 行看罗浮云，此心聊复足。

他在湛甘泉故居，也想起了自家伯府第前清澈如镜的碧霞池水，想起了后园观象台上衔泥筑居的燕子。从弟子的来信中他似乎感觉到了绍兴、余姚两地举办讲会、奋发学习的热烈情景。他从广州府发出给钱德洪、王畿的回信中，欣喜之情溢于言表："吾道之昌，真有火然泉达之势！"他还兴奋地告诉两名弟子："平叛之事已了，快则十天，慢则月余，就可启程归来了。"

王阳明不适应广州湿热的天气，病情恶化了，遍身皆发肿毒，不能坐立。他请求返乡养病的奏折迟迟没有答复，他似乎预感到生命在倒计时，实在等不住了，便再一次向朝廷上了道奏疏，说明必须回乡就医的原因。说他在南赣剿匪时中了寒毒，咳嗽不止，后退伏林野，稍好，但一遇炎热就大发作。这次本来带了郎中来广西，但郎中走到半路上水土不服，得病回老家了。他继续南下，肿毒更甚，病情日甚一日。脚上长疮不能走路，每天只喝几勺粥，稍多就呕吐。但是为了移卫设所，控制夷蛮，他亲自实地考察地形，硬是上岩下谷、穿林越野，确定下县治和新卫所改建方案，方敢离开南宁府，他的身体却从此一蹶不振。这次，他要离开广州府，去广东最北部的韶州府和南雄府一带等候圣旨，请皇上怜悯他濒危垂绝不得已之至情，使他幸存余息，能回到故土。

就在他启程返乡前夜，王阳明在广州还憧憬着回乡的喜悦以及与诸友、弟子们聚会讲学的日子。他在给江西弟子何廷仁的回信中说，即使未能遂归田之愿，也希望能回去与诸友见一面而别。

他在病榻前收到聂豹的求教信，他回信赞赏聂豹近来所学骤进，虽有一两处尚未莹彻，是致良知之功尚未纯熟，到纯熟时，便自然可以莹彻。指出这好比驱车，既已驾驶在康庄大道上，偶尔横斜迂曲，只是因为马性未调、衔勒不齐。还嘱咐他既然已经在康庄大道上了，决不能再入旁蹊曲径。

对于聂豹提出的一些困惑，他虽卧病在床，备受病痛煎熬，但仍一一解答。他劝聂豹在事上用功，不可像他老友湛甘泉所主张的那样，悬空守着一个"勿忘勿助"做虚功夫。不然的话，就像烧锅煮饭，锅内不曾渍水下米，而专去添柴放火，不知能煮出一个什么东西出来。恐怕火还未灭，锅已先破了。这种没有目标，光会做工的方法，只会陷入禅的空寂。

王阳明说，集义修行如果不能兼备致良知，则称不上是圆满，而不能兼备致良知，则是因为集义修行不彻底。聂豹当前面临的困惑就是陷入了这样的泥潭之中。

王阳明与湛甘泉虽是挚友，但与他的论见不同，也丝毫不苟同。

王阳明一针见血地指出，良知学说是培其根本之生意而达之枝叶，而甘泉的"随处体认天理说"却是茂其枝叶之生意而求以复之根本。甘泉学说与良知学说在体认天理的方法上虽然差异微小，但却有着朱子学"枝枝叶叶外头寻"的影子。

王阳明告诉聂豹，良知的本体即为"天理自然明觉发现处"，也就是说，良知即天理。真诚恻隐之心即仁心，是良知的本体，若能把它推及天下黎民百姓，就能达成视天地万物为一体的仁了。若做到了致良知，那么自然也就能做到事亲、忠君、交友、仁民、爱物。在致真诚恻隐之良知方面，良知只是一个，不管它怎么变化，当下具足，当下即是，更无他求，不须假借。最后，他斩钉截铁地说："此良知之妙用，所以无方体，无穷尽，真的是'语大天下莫能载，语小天下莫能破'。"

动身返乡前，王阳明让已升为陨阳副都御史的林富代理广西政务，副总兵张祐代理军务，其余诸事也布置妥当。此时，他还是没能等到朝廷的恩准。

不等了！走了！

嘉靖七年十一月，王阳明终于踏上了归程，从广州府出发，发舟北向，经北江，抵韶州府，在南雄府下船。

这一路上，走得很慢，一来弱体难支，二来还在等待圣旨下来。不管是坐船还是坐轿，他都是日行五十里。多亏走到哪里，都有弟子前来伺候。走到梅岭，他急咳不停，呼吸困难，他对陪在他身旁的弟子广东布政使王大用说："你知道诸葛亮把后事托付给姜维的故事吧？"

王大用含泪点头，不敢深说细问，赶紧找木匠打了一口棺材。其实棺材板早就备好，是柳州产的上好金丝楠木，只是觉得不吉利不敢动工。听到先生吩咐，王大用领着亲兵日夜催工。棺材做好了，圣旨还是没有下来。

归乡的念头让王阳明硬撑着起身，坐上轿，踏上驿道，边走边歇，走走停停，十一月二十五日傍晚，一行人到了梅关城楼，进入这座饱经沧桑的石头城。

梅岭驿道宽约六尺，整齐地铺着鹅卵石，在崇山峻岭间蜿蜒，道旁是繁茂的灌木丛，两侧山崖树木葱茏，层峦叠翠。关楼中间悬有匾额，两侧有一对联：梅止行人渴，关防暴客来。

王阳明抬头看到匾额上"梅關"两个巨字。这"關"字是门内两张丝，他心想人生是一关过后一关拦，朝廷现在也在过关，国库亏空、贪腐盛行、边患民变、淮河水患、巨户侵地、流民失所、南京地震……

想起这些事，如蚕丝裹茧，让人喘不过气来。他又看到前面的"梅"字，有气无力地问王大用："梅岭可有梅？"

"有，不过还要再等两个月方才开。"王大用指着驿道两侧的梅树虬枝说，"相传梅岭是根据南迁越人首领梅绢的姓氏命名的。不过，另一说法是此处梅树众多，因而得名。"

"梅花开尽杂花开，过尽行人君不来。不趁青梅尝煮酒，要看红雨熟黄梅。"王阳明嘴角挤出一丝微笑，低声吟出苏东坡的赏梅诗。

王大用见先生来到梅岭，精神尚好，便让停轿歇息，吩咐手下亲兵煮茶。

王阳明问："圣旨到了没？"

王大用摇摇头。

王阳明朝轿外挥了挥手："不等了，也不歇了，上路吧。"

王阳明乘轿越过广东、江西交界的梅岭关，进入江西南安府大庾县境内。途经丫山灵岩寺。此寺始建于南唐，为"江西有数，赣南为甚"的江南名刹。王阳明吩咐轿夫抬进寺里歇息。

他觉得寺院里的一草一木甚是熟悉，看到一间禅房屋门紧锁，尘封已久，好奇心驱使他想打开门进去看看。管事和尚一个劲地摇头："这是五十七年前一位祖师的肉身舍利所在，五十七年未曾打开，不能看的。"

王阳明坚持要开门。房门打开后，只见一位圆寂高僧端坐在蒲团上，肉身未腐，相貌依旧。只见书案上有本落满灰尘的书，掸去灰尘后，书页上赫然写着一首偈语：五十七年王守仁，启吾钥，拂吾尘，问君欲识前程事，开门即是闭门人。

看完偈语，王阳明这才明白，这位圆寂的高僧便是自己的前世。他恭敬地朝着高僧的尸身拜了拜，从禅房里退了出来。他自知来日无多，吩咐下山，匆匆离去。

南安推官周积、赣州兵备道张思聪闻讯赶到山下迎接老师。傍晚时分，王阳明在周积、张思聪的搀扶下于章江再次登船北上。

周、张二人进到船舱给老师请安。王阳明强打精神坐起来，已咳得无力说话。过了梅岭就是岭北，岭南岭北隔座岭，但气候大不一样。岭南瘴气重，岭北寒气侵。刚过梅岭，天上就飘起了雪花，寒冷刺骨。王阳明吹了风、受了寒，病情加重。

他见到周积、张思聪，脸上挤出一丝笑，问："近来进学如何？"

二人答："学问有所进益。"又连忙问："先生身体如何？"

王阳明苦笑道："病势危亟，所未死者，元气而已。"

他想起过梅岭前，给浙中弟子写信还乐观地期待能早日相见，进益学问。再想起南征广西前，在杭州天真山嘱咐弟子钱德洪、王畿在山上建书院，待他胜利归来再聚集同道讲学。现在已是有心无力了。

他闭上双目，悲从中来，气若游丝地说了句："平生学问方才见得数分，未能与我党同志共同完成，此乃恨事！"

弟子们强忍住悲痛，掩着脸一一退出。王大用一边拭着泪，一边跟张思聪说："上好的棺材，随在舟后，就差裱糊了。"

张思聪哭丧着脸："你放心，我这就叫人用锡纸里外都裱糊好。"

周积则赶紧去找郎中来救。这时天已黑，又是荒江野岭的，哪里去寻能让先生起死回生的郎中呢？

船儿迎着薄薄夜雾，缓缓前行。

夜幕徐徐降下，江中白鹭惊起。王阳明问："船到哪儿了？"

船家答："青龙埔。"

"离南康还有多远？"

"相距还有三个驿站。"

"恐怕到不了了。"

王阳明望着舱外的滔滔江水，依稀看到如水流淌的人群向他走来，里面有李梦阳、何景明、王廷相等士子，当然还有他自己。他想起来了，那是正德元年十月那个燥热的午后，他们义愤填膺地喊着口号，围着紫禁城游行示威。那一张张青春的脸，那用力挥舞的拳头，那声嘶力竭的呐喊，像激起的一朵朵浪花……

他追忆着自己波澜壮阔的一生：触鳞刘瑾、钱塘遇险、龙场悟道、南赣剿匪、南昌平叛、天泉证道、南征思田、荡舟章江……

他在水波之中仿佛又看到了成群结队、朝气蓬勃的弟子，看到了飒爽英姿的燕娘，看到了憨态可掬的小儿，还有那棵在会稽山顶寂寞开放的野桃花……

"儿子还只一岁多，真是让人割舍不下。好在弟子们会教好我的儿子，也会教好我的再传弟子，人生代代无穷已，薪火相传永不熄。

而我自己，此刻已走到了人生的尽头，已薪尽火传，油尽灯枯。我该走了……"王阳明心想。

他让家仆王能叫周积进船舱来。周积躬身侍立。

王阳明徐徐睁开眼睛，说："我走了。"

周积泣不成声："先生，有何遗言？"

王阳明微微一笑："此心光明，亦复何言？"

王阳明静静地躺在一江月色之中，永远地合上了双眼。

这一天是嘉靖七年十一月二十九日，辰时。